suhrkamp taschenbuch
wissenschaft 1296

Der Band enthält zwölf Beiträge zur aktuellen Diskussion über den politischen Liberalismus. Er geht aus einer Arbeitstagung mit John Rawls hervor, deren Ziel es war, die philosophische und politische Tragfähigkeit einer nur auf den Bereich des Politischen beschränkten Theorie der Gerechtigkeit zu prüfen, wie sie Rawls in seinen jüngsten Aufsätzen vorgestellt hatte.

Vom traditionellen Liberalismus unterscheidet sich John Rawls' politischer Liberalismus durch seine philosophische Bescheidenheit. Der für moderne demokratische Gesellschaften charakteristische Pluralismus schließt es aus, die obersten Grundsätze einer gerechten und wohlgeordneten Gesellschaft auf der Grundlage einer das menschliche Leben insgesamt umfassenden moralischen Lehre zu rechtfertigen, wie Kant und John Stuart Mill dies versucht hatten. Dieser Einwand gilt nach Rawls auch für Habermas' Versuch einer diskursethischen Rekonstruktion der normativen Voraussetzungen pluralistischer Demokratie.

Von John Rawls ist im Suhrkamp Verlag erschienen: *Eine Theorie der Gerechtigkeit* (1975; auch als stw 271); *Die Idee des politischen Liberalismus. Aufsätze*, hg. von Wilfried Hinsch (1992; auch als stw 1123).

Zur Idee des politischen Liberalismus

John Rawls in der Diskussion

Herausgegeben von der
Philosophischen Gesellschaft
Bad Homburg und
Wilfried Hinsch

Suhrkamp

Die Deutsche Bibliothek – CIP-Einheitsaufnahme
Zur Idee des politischen Liberalismus :
John Rawls in der Diskussion
hrsg. von der Philosophischen Gesellschaft
Bad Homburg und Wilfried Hinsch
1. Aufl. – Frankfurt am Main : Suhrkamp, 1997
(Suhrkamp-Taschenbuch Wissenschaft ; 1296)
ISBN 3-518-28896-2
NE: Philosophische Gesellschaft <Homburg, Höhe>; GT

suhrkamp taschenbuch wissenschaft 1296
Erste Auflage 1997

Druck: Wagner GmbH, Nördlingen
Printed in Germany
Umschlag nach Entwürfen von
Willy Fleckhaus und Rolf Staudt

1 2 3 4 5 6 – 02 01 00 99 98 97

Inhalt

III. Politische Konzeptionen und umfassende Lehren

Vorwort

Die im vorliegenden Band versammelten Aufsätze gehen auf eine Tagung mit John Rawls im Sommer 1992 in Bad Homburg zurück. Mit zwei Ausnahmen handelt es sich bei allen Beiträgen um Ausarbeitungen der dort gehaltenen Vorträge: der Aufsatz von Jürgen Habermas und die Erwiderung von Rawls auf ihn entstanden in der vorliegenden Form erst später. Englische Fassungen der beiden Texte sind im *Journal of Philosophy* erschienen (Vol. XCII, (1995), S. 109-180). Auch sie lassen jedoch den Einfluß der fruchtbaren Bad Homburger Diskussionen erkennen, und Rawls' Erwiderung ist der Sache nach nicht nur eine Antwort auf Habermas, sondern ebensosehr Auseinandersetzung mit den kritischen Beiträgen der anderen Teilnehmer. Das Ziel der Zusammenkunft in Bad Homburg war es, mit Rawls in eine konstruktiv-kritische Diskussion über die Weiterentwicklungen seiner Gerechtigkeitstheorie einzutreten. *Political Liberalism* (1993), nach *A Theory of Justice* (1971) das zweite Hauptwerk von Rawls, war zum damaligen Zeitpunkt noch nicht erschienen. Als Diskussionsgrundlage dienten die in *Die Idee des politischen Liberalismus* in deutscher Übersetzung erschienenen Aufsätze von Rawls (stw 1123) und ein Manuskript von *Political Liberalism* mit dem Titel *Two Themes*. Die Aktualität und Relevanz der Diskussionsbeiträge in diesem Band wird dadurch nicht geschmälert. Zum einen beruht *Political Liberalism* zu großen Teilen auf Überarbeitungen der damals bereits vorliegenden Aufsätze. (Zwei Aufsätze – »The Basic Structure as Subject« (R 1978) und »The Basic Liberties and their Priority« (R 1982) – sind wörtlich übernommen worden, ein dritter – »The Priority of Right and Ideas of the Good« (R 1988) – nahezu wörtlich.) Zum anderen haben sich alle Autoren die Mühe gemacht, ihre Beiträge nach Erscheinen von *Political Liberalism* noch einmal durchzusehen, um die mit Blick auf ihre Überlegungen und Einwände notwendigen Korrekturen und Angleichungen vorzunehmen.

Uta Reiling und Andrea Arendt möchten wir an dieser Stelle für ihre Mühe und Sorgfalt bei der Herstellung der Druckfassung des Bandes danken. Maria Groenland, Christoph Halbig, Rotraud Hansberger und Christian Suhm waren so freundlich, beim Korrekturlesen und anderen Redaktionsarbeiten zu helfen. Unser besonderer Dank gilt Peter Rohs, von dem die Anregung zu der Tagung in Bad Homburg ausging und ohne dessen Beistand dieser Band so nicht zustande gekommen wäre.

Bad Homburg und Münster, im Juli 1996

Siegfried Blasche, Wilfried Hinsch

Hinweis zur Zitierweise

Durchgängig werden Aufsätze, Artikel und Bücher in allen Beiträgen durch Autorennamen und Erscheinungsjahr gekennzeichnet. Genauere Angaben zu den einzelnen Schriften finden sich im Literaturverzeichnis am Ende des Bandes. Angaben wie »IV«, »IV.6«, »2.5« stehen für Kapitel und Abschnitte; freistehende arabische Ziffern stehen, wenn nicht anders angegeben, für Seitenzahlen. Die Schriften von Rawls werden durch vereinfachte Angaben identifiziert. »TJ« steht für *A Theory of Justice*; »PL« für *Political Liberalism.* Aufsätze von Rawls werden durch ein »R« plus Jahreszahl gekennzeichnet. Häufig werden zu den englischen Textstellen aus Rawlsschen Schriften auch die entsprechenden dt. Übersetzungen angegeben. Für *A Theory of Justice* geschieht dies in der Regel in der Form von »TJ 22; d 40«. Angaben zu den Aufsätzen von Rawls aus der Zeit zwischen 1978 und 1989, die in deutscher Übersetzung in dem Sammelband *Die Idee des politischen Liberalismus* (R 1992) erschienen sind, haben in der Regel die Form von »R 1980: 526; d 1992: 95«. Gelegentliche Abweichungen von den hier genannten Zitierkonventionen in einzelnen Beiträgen sind selbsterklärend und dürften dem Leser keine Schwierigkeiten bereiten.

Wilfried Hinsch
Politischer Konsens in einer streitbaren Welt*

John Rawls formuliert das Grundproblem des politischen Liberalismus in der Einleitung zu *Political Liberalism* so: Wie ist es möglich, daß eine gerechte Gesellschaft freier und gleicher Bürger dauerhaft bestehen kann, wenn ihre Mitglieder verschiedenen zwar vernünftigen, aber dennoch konträren religiösen, philosophischen oder moralischen Lehren anhängen? (PL xviii) Rawls hat seine Antwort auf diese Frage schrittweise in einer Reihe von Aufsätzen entwickelt, die zwischen 1980 und 1989 erschienen sind, um sie dann 1993 in *Political Liberalism* in überarbeiteter Form und im Zusammenhang vorzustellen. Sie läuft auf eine besondere Form einer Konsenstheorie der Gerechtigkeit hinaus. Eine gerechte Gesellschaft kann, so Rawls, nur dann dauerhaft bestehen, wenn die Grundsätze, auf denen sie beruht, von einem übergreifenden Konsens aller vernünftigen Lehren getragen werden, so daß alle Bürger ihnen unangesehen der ansonsten zwischen ihren philosophischen, moralischen und religiösen Überzeugungen bestehenden Differenzen zustimmen können.

Konsenstheorien der Gerechtigkeit sind seit jeher einer Vielzahl nicht leicht zu entkräftender Einwände ausgesetzt gewesen, und wenn es so etwas wie ein Leitthema gibt, das die Beiträge in diesem Band verbindet, so ist es die Frage nach der Plausibilität und Tragfähigkeit der Rawlsschen These, eine gerechte und stabile politische Ordnung sei ohne einen übergreifenden Konsens über Grundsätze politischer und sozialer Gerechtigkeit unmöglich. Ich möchte die ersten drei Abschnitte dieser Einleitung dazu nutzen, im Überblick zu rekapitulieren, an welchen Stellen innerhalb der Rawlsschen Theorie Konsens und Zustimmung eine Rolle spielen und welche Bedeutung in diesem Zusammenhang der Konzeption eines übergreifenden Konsenses zukommt. Dies soll es dem Leser erleichtern, die Angriffspunkte der Diskussionsbeiträge in diesem

* Für Gespräche über die Einleitung danke ich Marie-Luise Raters und Christoph Fehige.

Band in ihrem systematischen Kontext zu lokalisieren und die Tragweite der gegen Rawls vorgebrachten Einwände zu beurteilen. Im vierten und letzten Abschnitt stelle ich dann kurz die einzelnen Beiträge vor.

I

Die Vorstellung eines allgemeinen vernünftigen Konsenses tritt innerhalb der Rawlsschen Theorie in mindestens vier verschiedenen systematischen Kontexten auf, die in diesem Abschnitt kurz vorgestellt werden sollen. Auf der Ebene intuitiver Leitideen ist sie für Rawls' vertragstheoretische Auffassung der Gerechtigkeit als Fairneß bestimmend (*Kontext 1*). Rawls knüpft in diesem Punkt an die klassischen Gesellschaftsvertragstheorien von Locke, Rousseau und Kant an. Eine gerechte Gesellschaft zeichnet sich demnach dadurch aus, daß ihre politischen Institutionen und grundlegenden sozialen Einrichtungen Grundsätzen genügen, auf die sich freie und gleiche Bürger aufgrund vernünftiger Einsichten unter fairen Bedingungen selbst einigen würden. Diese zunächst recht unbestimmte Vorstellung wird bei Rawls durch zwei Modellkonzeptionen konkretisiert, durch die Konstruktion des Urzustandes und die Idee einer wohlgeordneten Gesellschaft.

Das Modell des Urzustandes (*Kontext 2*) beschreibt eine hypothetische Situation, in der die Mitglieder einer Gesellschaft (oder ihre Vertreter) kollektiv darüber zu entscheiden haben, welche obersten Grundsätze die institutionelle Grundstruktur ihrer Gesellschaft regulieren sollen (PL 22-28). Die an den Beratungen im Urzustand Beteiligten betrachten einander als freie Bürger mit ursprünglich gleichen Ansprüchen auf alle kollektiv zu verteilenden Rechte, Privilegien und Güter. Deshalb sind sie bereit, von allem abzusehen, was irgend jemandem bei der Wahl von Gerechtigkeitsgrundsätzen unfaire Vorteile gegenüber seinen Mitbürgern verschaffen könnte. Aus diesem Grund führen sie ihre Beratungen hinter einem ›Schleier der Unwissenheit‹. Der Schleier zwingt die Parteien im Urzustand, sich für bestimmte Gerechtigkeitsgrundsätze in Unkenntnis ihrer konkreten persönlichen und sozialen Lebensumstände zu entscheiden. Weder wissen sie, welche persönlichen Präferenzen und Fähigkeiten sie haben, noch kennen sie ihre besonderen moralischen Überzeugungen und Wertvorstellungen. Darüber hinaus ist ihnen die in ihrer Gesellschaft faktisch bestehende Verteilung sozialer Positionen und Lebenslagen unbekannt. Der durch den Schleier der Unwissenheit bewirkte Informationsausschluß soll faire Bedingungen für alle Beteiligten schaffen, und er soll sicherstellen, daß die Wahl von Gerechtigkeitsgrundsätzen im Urzustand im Sinne einer *volonté générale*, ähnlich wie Rousseau es sich vorgestellt hat, ausschließlich durch Interessen bestimmt wird, die alle Bürger teilen.

Welche Interessen dies sind, ergibt sich bei Rawls aus dem Begriff des Bürgers als einer moralischen Person mit den für das Leben in einer gerechten Gesellschaft erforderlichen Fähigkeiten und Einstellungen (PL 29-35). Als Teilnehmer an einem fairen System sozialer Kooperation müssen Bürger *erstens* mit einem Gerechtigkeitssinn ausgestattet sein, denn eine gerechte Gesellschaft wäre undenkbar ohne die Fähigkeit und Bereitschaft ihrer Mitglieder, faire Regeln des Zusammenlebens zu verstehen und zu befolgen. *Zweitens* müssen sie, wenn Kooperation zum gegenseitigen Vorteil möglich sein soll, über die Fähigkeit verfügen, rationale Überlegungen darüber anzustellen, was sie für gut und richtig halten, und ihnen entsprechend zu handeln. Bürger haben als moralische Personen, wie es bei Rawls heißt, die Befähigung zu einer Konzeption des Guten. Der Gerechtigkeitssinn und die Befähigung zu einer Konzeption des Guten sind notwendige Voraussetzungen dafür, sich als gleichberechtigter Partner an einem System sozialer Kooperation beteiligen zu können. Den beiden Vermögen werden deshalb von Rawls zwei höchstrangige Interessen moralischer Personen zugeordnet, die sich auf die für ihre angemessene Entwicklung und Ausübung notwendigen sozialen und materiellen Bedingungen beziehen. Rawls bezeichnet diese Bedingungen als *Grundgüter*. Darunter versteht er solche Freiheiten, Vorrechte und allgemein dienlichen Mittel, die alle Bürger benötigen, weil sie für die Wahrnehmung ihrer höchstrangigen Interessen unverzichtbar sind. Sie umfassen die aus demokratischen Verfassungsstaaten vertrauten politischen und bürgerlichen Grundfreiheiten, verschiedene soziale Vorrechte und Chancen, Einkommen und Besitz und die sozialen Grundlagen der Selbstachtung (PL 308 f.).

Da den Parteien hinter dem Schleier der Unwissenheit alle Informationen über ihre partikularen persönlichen Interessen fehlen, orientieren sie sich bei der Wahl von Gerechtigkeitsgrundsätzen ausschließlich an den höchstrangigen Interessen, die sie als moralische Personen haben. Sie wählen deshalb Grundsätze, von denen sie aus der Perspektive des Urzustandes annehmen, daß sie ihnen die für die angemessene Entwicklung und Ausübung ihrer beiden moralischen Vermögen notwendigen sozialen und materiellen Bedingungen in allen möglichen sozialen Positionen garantieren. Nach Rawls würden sich die Parteien im Urzustand als rationale moralische Personen einhellig für zwei Gerechtigkeitsgrundsätze entscheiden, die nach einer Formulierung aus *Political Liberalism* lauten:

(1) Jede Person hat den gleichen Anspruch auf ein System gleicher Grundrechte und Freiheiten, das mit demselben System für alle vereinbar ist, und innerhalb dieses Systems wird der faire Wert der politischen (und nur der politischen) Freiheiten garantiert.

(2) Soziale und ökonomische Ungleichheiten müssen zwei Bedingungen erfüllen: *erstens* müssen sie mit Ämtern und Positionen verbunden sein, die allen unter Bedingungen fairer Chancengleichheit offenstehen und, *zweitens* müssen sie sich zum größtmöglichen Vorteil der am wenigsten begünstigten Gesellschaftsmitglieder auswirken (PL 5 f.).

Zu den beiden Grundsätzen gehört außerdem eine Festlegung der zwischen ihren Teilen bestehenden Vorrangverhältnisse. So wird dem ersten Grundsatz ein absoluter Vorrang vor den beiden Teilen des zweiten Grundsatzes zugesprochen, und innerhalb des zweiten Grundsatzes hat das Prinzip der fairen Chancengleichheit einen absoluten Vorrang vor dem sog. ›Differenzprinzip‹, das größtmögliche Vorteile für die am wenigsten Begünstigten fordert.

Die beiden im Urzustand gewählten Gerechtigkeitsgrundsätze zusammen mit den genannten Vorrangregeln lassen die Konzeption der Gerechtigkeit als Fairneß nach Rawls aus drei Gründen zu einer liberalen Gerechtigkeitskonzeption werden: (1) sie garantieren allen Bürgern politische und bürgerliche Grundfreiheiten; (2) sie sprechen der Garantie dieser Freiheiten einen Vorrang vor allen anderen politischen und nicht-politischen Werten zu; (3) sie garantieren allen Bürgern einen angemessenen Anteil an denjenigen Gütern und Ressourcen, die nötig sind, um einen wirksamen Gebrauch von den Grundfreiheiten zu machen (PL 223).

Die Rawlsschen Grundsätze sind in dieser Hinsicht aber nicht ohne Alternative. Der Freiheitsgrundsatz etwa garantiert *bestimmten* politischen und bürgerlichen Grundfreiheiten einen Vorrang vor allen anderen Normen und Werten, und es sind verschiedene liberale Konzeptionen denkbar, die sich darin unterscheiden, welche konkreten Freiheiten in den Anwendungsbereich dieses Grundsatzes fallen. Dasselbe gilt für die Forderung eines zum Gebrauch der Grundfreiheiten angemessenen Anteils an Gütern und Ressourcen. Bei Rawls wird sie durch die Garantie des fairen Werts der politischen Freiheiten, durch das Prinzip der Chancengleichheit und durch das Differenzprinzip konkretisiert. Es gibt jedoch andere Interpretationen, die ebenfalls den Rawlsschen Anforderungen an eine liberale Gerechtigkeitskonzeption genügen (PL 226 f.).

Nun ist der von Rawls unterstellte Konsens aller Parteien im Urzustand ein bloßes Konstrukt und für sich genommen nicht in der Lage, die normative Verbindlichkeit der von Rawls favorisierten liberalen Grundsätze zu begründen. Das letzte Kriterium für die Gültigkeit und Angemessenheit von Gerechtigkeitsgrundsätzen kann nicht darin liegen, daß fiktionale Wesen wie die Parteien des Rawlsschen Urzustandes sie unter den durch den Schleier der Unwissenheit geschaffenen kontrafaktischen Bedingungen für ihre Gesellschaft wählen würden. Entscheidend ist, daß leibhaftige Bürger sie unter Berücksichtigung aller ihnen zugänglichen Informationen und in Übereinstimmung mit ihren wohlerwogenen normativen Überzeugungen als für sich und andere verbindlich anerkennen können. Dies führt uns zu Rawls' Konzeption einer wohlgeordneten Gesellschaft und zur Idee eines übergreifenden Konsenses (*Kontext 3*).

Eine Gesellschaft ist nach Rawls wohlgeordnet, wenn ihre grundlegenden Institutionen den von allen Bürgern öffentlich anerkannten Gerechtigkeitsgrundsätzen genügen und dies darüber hinaus allgemein bekannt ist (PL 35-40). Nun wird in einer durch liberale Grundsätze, wie die der Gerechtigkeit als Fairneß, wohlgeordneten Gesellschaft allen Bürgern unabhängig vom Inhalt ihrer moralischen oder religiösen Überzeugungen uneingeschränkte Gedanken-, Gewissens- und Religionsfreiheit gewährt. Die praktische Konsequenz ist, daß liberale Gesellschaften pluralistische Gesellschaften sind, deren Mitglieder verschiedene und zum Teil einander entgegengesetzte Lebens- und Wertvorstellungen vertreten. Für eine liberale Gerechtigkeitskonzeption bedeutet dies, daß wir bei der Formulierung und Begründung ihrer Grundsätze nicht davon ausgehen dürfen, daß unter den Mitgliedern einer durch sie regulierten Gesellschaft Einigkeit über alle Fragen eines guten und richtigen Lebens in Gemeinschaft mit anderen besteht, denn eben dies ist nicht der Fall. Wir müssen vielmehr vom dauerhaften Bestehen eines moralischen und religiösen Pluralismus ausgehen. Der Konsens, auf dem eine wohlgeordnete Gesellschaft beruht, kann deshalb kein umfassender Konsens sein, der alle philosophischen, moralischen und religiösen Überzeugungen aller Gesellschaftsmitglieder einschließt. Wir können mit Blick auf das Faktum eines moralischen und religiösen Pluralismus allenfalls mit einem partiellen, auf Fragen grundlegender politischer und sozialer Gerechtigkeit beschränkten Konsens rechnen. Einen solchen Konsens bezeichnet Rawls als ›übergreifenden Konsens‹: alle Bürger erkennen unangesehen der ansonsten zwischen ihren normativen Überzeugungen bestehenden Divergenzen dieselbe liberale politische Gerechtigkeitskonzeption an (PL 38 f.).

Die Implikationen und Konsequenzen, die sich für eine liberale Gerechtigkeitskonzeption aus dem Faktum des Pluralismus ergeben, waren von Rawls bei der ursprünglichen Ausarbeitung seiner Konzeption der Gerechtigkeit als Fairneß in *A Theory of Justice* nicht oder jedenfalls nicht hinreichend berücksichtigt worden. Rawls war dort implizit davon ausgegangen, daß sich auf der Grundlage einer umfassenderen vertragstheoretischen Moralkonzeption zumindest die wichtigsten Fragen nach den Merkmalen und Voraussetzungen eines guten und richtigen Lebens in prinzipiell konsensfähiger Weise beantworten ließen. Die Konzeption der Gerechtigkeit als Fairneß erschien ihm damals lediglich als der erste und wichtigste Teil einer solchen allgemeinen vertragstheoretischen Moraltheorie (TJ 17, d 34). Diese Vorstellung hat Rawls inzwischen (seit »Justice as Fairness: political not metaphysical«, R 1985; d 1992: 255-292) als unrealistisch und mit einer liberalen Gerechtigkeitskonzeption unvereinbar verworfen (PL xiv ff.).

Das Faktum des Pluralismus und der Wunsch nach einer Gerechtigkeitskonzeption, die von allen Bürgern aus guten Gründen anerkannt werden kann, führen zur Idee einer auf die grundlegenden Institutionen einer Gesellschaft beschränkten *politischen* Gerechtigkeitskonzeption. Damit eine politische Konzeption von Bürgern, die verschiedene umfassende und teilweise konträre moralische und religiöse Auffassungen vertreten, allgemein anerkannt werden kann, muß sie in besonderer Weise formuliert und begründet werden. So darf sie nicht auf umfassenden Lehren beruhen, die in einer pluralistischen Gesellschaft nicht allgemein anerkannt werden. Wenn wir eine politische Gerechtigkeitskonzeption ausarbeiten, müssen wir, so Rawls, eine Strategie der Problemvermeidung (»method of avoidance«, R 1985: 230 f., 240 Fn. 22; d 1992: 264 f. u. 277 Fn. 22) verfolgen und dürfen nicht auf Prämissen zurückgreifen, die von den Bürgern einer pluralistischen Gesellschaft vor dem Hintergrund ihrer umfassenden normativen Überzeugungen kontrovers beurteilt werden. Weder sollten wir nicht unvernünftige, aber kontroverse umfassende Überzeugungen kritisieren, noch sollten wir uns auf sie stützen; denn beides würde das Zustandekommen eines übergreifenden Konsenses verhindern. Eine liberale politische Gerechtigkeitskonzeption kann deshalb auch nicht im Rückgriff auf die umfassenden liberalen moralischen Lehren von Kant oder John Stuart Mill begründet werden, da über die diesen Lehren zugrundeliegenden Konzeptionen der Autonomie und Individualität begründete Meinungsverschiedenheiten bestehen (vgl. PL 78, 98, 199 f.).

Da wir eine politische Gerechtigkeitskonzeption nicht durch eine umfassende, alle Lebensbereiche einschließende philosophische, moralische oder religiöse Lehre begründen können, müssen wir sie, wie es bei Rawls heißt, als eine ›freistehende‹ Konzeption vorstellen und versuchen, sie ausschließlich auf der Grundlage von allgemein anerkannten Konzeptionen, Begriffen und Werten zu rechtfertigen (PL 10-15). Bei Rawls geschieht dies im Rückgriff auf die ›grundlegenden intuitiven Ideen‹ der Gesellschaft als eines Systems fairer sozialer Kooperation unter Freien und Gleichen, und des Bürgers als moralischer Person mit einem Gerechtigkeitssinn und der Befähigung zu einer Konzeption des Guten. Von diesen Ideen nimmt Rawls an, daß sie als Elemente der öffentlich-politischen Kultur demokratischer Gesellschaften zumindest implizit allgemein anerkannt werden. Nur eine Gerechtigkeitskonzeption, die sich, wie die der Gerechtigkeit als Fairneß, in diesem Sinne als eine ›freistehende‹ politische Konzeption auf der Basis allgemein anerkannter intuitiver Ideen formulieren und begründen läßt, kann damit rechnen, von einem Konsens gestützt zu werden, der alle vernünftigen umfassenden philosophischen, moralischen und religiösen Lehren einschließt, so daß alle Bürger sie im Lichte vernünftiger umfassender Überzeugungen anerkennen können.

Die Konzeption einer konsensgetragenen wohlgeordneten Gesellschaft übernimmt im Rahmen der Rawlsschen Theorie zwei verschiedene Aufgaben, die es auseinanderzuhalten gilt. Zum einen haben wir es mit einer theorie-internen Idealisierung zu tun – *alle* Bürger erkennen dieselben Grundsätze an und handeln entsprechend, *alle* Institutionen genügen den öffentlich anerkannten Grundsätzen. Sie dient dazu, das von einer Theorie der Gerechtigkeit primär zu lösende Problem zu isolieren. Im ersten Schritt geht es lediglich darum, Grundsätze für gerechte soziale Regelungen zu finden, die unter der Voraussetzung angemessen erscheinen, daß alle Bürger sie anerkennen und befolgen, und daß alle Institutionen ihnen genügen. So kann Rawls zunächst alle Fragen ausklammern, die den gerechten Umgang mit ungerechten Handlungen und Institutionen betreffen. Probleme der Strafgerechtigkeit, der Tolerierung ungerechter Institutionen (z. B. der Sklaverei während der Gründungsphase der Vereinigten Staaten) oder der moralischen Zulässigkeit von Revolutionen können für den Anfang ignoriert werden. Sie bilden den Gegenstand einer der Rawlsschen Theorie nachgeordneten Theorie der Gerechtigkeit für nicht-wohlgeordnete Gesellschaften (TJ 8 f., d 24 f.).

Die Idee einer wohlgeordneten Gesellschaft ist bei Rawls jedoch mehr als ein pragmatischer Kunstgriff, der eine vernünftige Arbeitsplanung erlaubt. Sie ist auch Ausdruck eines liberalen politischen Ideals, das uns beschreibt, wie eine vollkommen gerechte Gesellschaft im angestrebten Grenzfall aussähe. Wenn die Mitglieder einer wohlgeordneten Gesellschaft die von allen als gerecht anerkannten institutionellen Regelungen befolgen und unterstützen, leben sie zugleich in Übereinstimmung mit ihren eigenen umfassenden normativen Überzeugungen. Die Ansprüche individueller Autonomie und die Forderungen politischer und sozialer Gerechtigkeit stehen in keinem Gegensatz zueinander, sondern werden zugleich erfüllt. Dies ist ein für die vertragstheoretische Konzeption der Gerechtigkeit als Fairneß wesentliches Element. Eine wohlgeordnete Gesellschaft ist dieser Konzeption zufolge nicht schon dann gerecht, wenn sie von den richtigen Grundsätzen reguliert wird, sondern erst, wenn diese Grundsätze und die aus ihnen resultierenden Institutionen sich auf einen allgemeinen und durch vernünftige Überzeugungen begründeten Konsens aller Beteiligten stützen können.

Ein zweiter, für die Rawlssche Theorie wichtiger Aspekt einer wohlgeordneten Gesellschaft liegt in der Stabilität ihrer Gerechtigkeit (PL 38 ff., 140-144). Das Bestehen eines übergreifenden Konsenses über eine Gerechtigkeitskonzeption in einer wohlgeordneten Gesellschaft bedeutet, daß alle Bürger dieselben Gerechtigkeitsgrundsätze in Übereinstimmung mit ihren umfassenden normativen Überzeugungen öffentlich voreinander anerkennen können. Niemand muß unter dieser Voraussetzung aus dem gemeinsamen System politischer und sozialer Kooperation ausscheren, um seine moralischen oder religiösen Auffassungen bejahen und verfolgen zu können; und alle wissen, daß es für die Lösung von Konflikten, die sich aus bestehenden Interessengegensätzen oder Meinungsverschiedenheiten über politische Regelungen ergeben, eine gemeinsame und von allen öffentlich anerkannte Basis gibt.

Ein dritter Grund dafür, warum sich eine politische Gerechtigkeitskonzeption in einer pluralistischen Gesellschaft auf einen übergreifenden Konsens aller vernünftigen umfassenden Lehren stützen können sollte, ist der folgende. Der von Rawls angestrebte übergreifende Konsens ist keine bloß faktische Übereinstimmung der Gerechtigkeitsvorstellungen aller Bürger. Es handelt sich um einen auf vernünftig begründeten Einsichten beruhenden Konsens. Und der von Rawls vorausgesetzte Pluralismus besteht nicht in irgendeiner disparaten Vielfalt philosophischer, moralischer und religiöser Überzeugungen und Weltanschauungen, sondern in einer Pluralität von Lehren, die zumindest minimale Standards der Rationalität und Vernünftigkeit erfüllen (PL 36 f., 58-66). Einwände gegen eine politische Gerechtigkeitskonzeption, die sich auf der Grundlage *vernünftiger* umfassender Lehren und Überzeugungen ergeben, sind *prima facie* begründete Einwände und müssen von allen Beteiligten als solche anerkannt und berücksichtigt werden. Eine Gerechtigkeitskonzeption, gegen die sich auf der Grundlage vernünftiger Lehren und Überzeugungen keine ausschlaggebenden Einwände vorbringen lassen, und die deshalb zum Gegenstand eines übergreifenden Konsenses werden kann, ist deshalb offensichtlich besser begründet oder vernünftiger als eine, gegen die sich solche Einwände richten. Ein übergreifender Konsens über eine politische Gerechtigkeitskonzeption ist, wie Rawls in seiner Erwiderung auf Habermas sagt, nicht nur die sicherste, sondern auch die *vernünftigste* Grundlage sozialer Einheit und Stabilität (vgl. unten, S. 210 f.).

Wenn das von Rawls formulierte Ideal einer gerechten und stabilen und darum wohlgeordneten Gesellschaft unter den Bedingungen moderner pluralistischer Demokratien nun mehr als eine bloße Fiktion sein soll, müssen offenbar zwei Dinge möglich sein: *erstens* müssen sich allgemeine Grundsätze politischer und sozialer Gerechtigkeit formulieren lassen, denen die Bürger einer pluralistischen Gesellschaft mit in weiten Bereichen divergierenden normativen Überzeugungen rationalerweise zustimmen können, weil sie auf Voraussetzungen beruhen, über die ein übergreifender Konsens besteht oder über die sich ein solcher Konsens durch vernünftige Argumentation herstellen läßt. *Zweitens* muß es möglich sein, diese Grundsätze im Zuge demokratischer Entscheidungsverfahren so zu spezifizieren – ›auszugestalten‹, wie die Verfassungsrechtler sagen –, daß auch die resultierenden Gesetze und Institutionen mit der rationalen Zustimmung aller Bürger rechnen können. Das erste Problem betrifft die allgemeinsten normativen Grundlagen einer wohlgeordneten Gesellschaft, das zweite die Legitimierung konkreter politischer Entscheidungen und Regelungen. So kommen wir zum letzten Kontext innerhalb der Rawlsschen Theorie, in dem die Vorstellung eines allgemeinen und begründeten Konsenses eine zentrale Rolle spielt: die liberale Konzeption demokratischer Legitimität (*Kontext 4*).

›Gerechtigkeit‹ und ›Legitimität‹ werden mit Blick auf politische Institutionen häufig als austauschbare Begriffe verwendet. Dies liegt nahe, weil legitime politische Entscheidungen sich zunächst und vor allem dadurch auszeichnen, daß sie den Forderungen politischer Gerechtigkeit genügen. Dessenungeachtet haben wir es mit aufeinander bezogenen, aber gleichwohl verschiedenen normativen Konzepten zu tun. Grundsätze politischer Gerechtigkeit werden durch rationale Argumentation identifiziert und begründet. Sollte sich zeigen, daß nach gebührender Beratung aller in Frage kommenden Alternativen begründete Meinungsverschiedenheiten darüber bestehen bleiben, nach welchen obersten Grundsätzen die institutionelle Grundstruktur einer Gesellschaft gerechterweise einzurichten sei, bliebe der Inhalt des politisch Gerechten aus eben diesem Grund unbestimmt. Es bliebe dann nur die Alternative, den Versuch, für alle verbindliche Institutionen einzurichten, aufzugeben, oder auf der Basis eines *modus vivendi* fortzufahren.

Hierin unterscheidet sich der Begriff des politisch Gerechten von dem der Legitimität. Auch dann nämlich, wenn sich Gerechtigkeitsgrundsätze identifizieren lassen, die sich im Sinne eines übergreifenden Konsenses auf die rationale Zustimmung aller Beteiligten stützen können, wäre es illusorisch anzunehmen, dieser Konsens ließe sich auf jede konkrete politisch-institutionelle Regelung übertragen. Auch unter idealen Bedingungen einer vollständig rationalen und unparteiischen Urteilsbildung bei allen Beteiligten müssen wir damit rechnen, daß in vielen Fällen unter den Bürgern einer pluralistischen Gesellschaft begründete Meinungsverschiedenheiten darüber bestehen bleiben, wie ein konkretes politisches Problem am zweckmäßigsten und gerechtesten zu lösen sei. Jede angemessene Theorie politischer Legitimität muß dieser grundlegenden Tatsache Rechnung tragen und nicht-argumentative Formen der kollektiven Entscheidungsfindung aufnehmen. Praktisch bedeutet dies für demokratische Verfassungsstaaten, daß der Inhalt des politisch Legitimen, anders als der des politisch Gerechten, nur zum Teil durch rationale Argumentation festgelegt wird. Zum weitaus größeren Teil wird er durch Abstimmungen, typischerweise durch Mehrheitsentscheidungen, bestimmt. Die Konsequenz ist, daß in vielen Fällen für alle verbindliche politische Regelungen getroffen werden, gegen die zumindest auf Seiten einiger Bürger vernünftige Einwände bestehen. Solche kontroversen Entscheidungen können deshalb nicht vollständig durch inhaltliche Argumente allen gegenüber öffentlich gerechtfertigt werden, sondern nur unter Berufung darauf, daß sie das Ergebnis eines Entscheidungsverfahrens sind, dessen Inanspruchnahme unter den gegebenen Bedingungen allen gegenüber gerechtfertigt erscheint.

Es ist die Funktion der politischen Verfassung einer Gesellschaft, einen institutionellen Rahmen für kollektive Entscheidungen festzulegen und anzugeben, unter welchen Bedingungen Abstimmungen über kontroverse Fragen zu legitimen politischen Regelungen führen. Das mit Rawls' Konzeption einer wohlgeordneten Gesellschaft verbundene Ideal politischer Legitimität ist deshalb genau in dem Maße realisiert, in dem konkrete politische Entscheidungen in Übereinstimmung mit einer Verfassung zustandekommen, die allen Bürgern gegenüber unter dem Gesichtspunkt politischer Gerechtigkeit gerechtfertigt werden kann. Dies ist der Inhalt von Rawls' ›liberal principle of legitimacy‹. Es lautet folgendermaßen: »our exercise of political power is fully proper only when it is exercised in accordance with a constitution the essentials of which all citizens as free and equal may reasonably be expected to endorse in the light of principles and ideals acceptable to their common human reason« (PL 137; vgl. PL 217).

II

In welchem Sinne ist nun die Rawlssche Theorie eine Konsenstheorie der Gerechtigkeit? Ist sie es deshalb, weil sie einen allgemeinen und begründeten Konsens als Kriterium der Gültigkeit und normativen Verbindlichkeit von Gerechtigkeitsgrundsätzen voraussetzt, oder weil sie einen Konsens aller Gesellschaftsmitglieder als eine Bedingung politischer und sozialer Stabilität betrachtet, oder weil sie ihn als Teil ihres Ideals politischer Gerechtigkeit und Legitimität anstrebt? Nach dem bisher Gesagten liegt es nahe zu antworten, sie sei es aus allen drei Gründen. Diese Feststellung würde uns jedoch bei der Beantwortung der Frage nach dem Stellenwert von Konsens und Zustimmung innerhalb der Rawlsschen Theorie nicht sonderlich voranbringen. Sie sagt uns allenfalls etwas über diese Theorie insgesamt, in der alle drei Aspekte eine Rolle spielen, aber nichts über die systematischen Beziehungen, die zwischen ihren verschiedenen Teilen bestehen.

Man beachte für eine genauere Antwort, daß Konsens und begründete Zustimmung in den drei die intuitive Idee der Gerechtigkeit als Fairneß konkretisierenden Kontexten auf grundsätzlich verschiedene Weisen ins Spiel kommen: als hypothetischer Konsens, als faktischer Konsens und als begründete Konsenserwartung. Betrachten wir unter diesem Gesichtspunkt noch einmal die Konzeption des Urzustandes, die Idee einer wohlgeordneten Gesellschaft und das liberale Legitimitätsprinzip.

Der von Rawls konstruierte Konsens der Parteien im Urzustand (*Kontext 2*) ist ein bloß hypothetischer oder fiktiver Konsens. Für sich allein genommen sagt er wenig darüber aus, ob die Mitglieder einer bestimmten Gesellschaft die von ihm gestützten Gerechtigkeitsgrundsätze tatsächlich vor dem Hintergrund ihrer wohlerwogenen persönlichen Interessen und umfassenden normativen Überzeugungen anerkennen können oder nicht. Er kann allenfalls ein Indiz, aber kein ausschlaggebendes Kriterium für die Gültigkeit und Angemessenheit der Rawlsschen Grundsätze sein. Rawls' Theorie ist jedenfalls nicht deshalb eine Konsenstheorie, weil ihre Grundsätze mit Hilfe der Vorstellung eines Konsenses aller Bürger im Urzustand hergeleitet werden. Wenn dieses Modell irgendeine Bedeutung für die Begründung gültiger Gerechtigkeitsgrundsätze hat, dann nur deswegen, weil wir Gründe haben, die seiner Konstruktion zugrundeliegenden Prämissen und mithin auch die aus ihnen folgenden Grundsätze vernünftigerweise anzuerkennen. Es sind die Elemente des Urzustandes und ihre Begründungen, auf die es mit Blick auf die Gültigkeit der Rawlsschen Grundsätze ankommt, insbesondere der Begriff der moralischen Person und der Schleier der Unwissenheit. Daß die Rawlsschen Parteien im Urzustand, deren Entscheidung vollständig durch die Konstruktionsmerkmale dieses Modells festgelegt wird, sie als für sich und andere verbindlich wählen würden, ist unter diesem Gesichtspunkt redundant.

Der für eine wohlgeordnete Gesellschaft notwendige übergreifende Konsens (*Kontext 3*) ist, anders als die Übereinkunft im Urzustand, ein faktischer Konsens, wenn auch nicht in dem Sinne, daß wir in irgendeiner existierenden Gesellschaft tatsächlich von einer entsprechenden Übereinstimmung der Gerechtigkeitsvorstellungen aller Gesellschaftsmitglieder ausgehen könnten. Die Annahme eines allgemeinen und begründeten Konsenses tritt hier als definierendes Merkmal eines politischen Ideals und nicht als Teil einer Wirklichkeitsbeschreibung auf. Gleichwohl müssen alle Beteiligten in ihren Gerechtigkeitsvorstellungen wirklich übereinstimmen, damit wir von einer wohlgeordneten Gesellschaft sprechen können.

Für die liberale Konzeption demokratischer Legitimität (*Kontext 4*) schließlich ist die begründete Erwartung eines auf vernünftigen Einsichten beruhenden wirklichen Konsenses über Gerechtigkeitsgrundsätze und grundlegende institutionelle Regelungen bestimmend. Die Ausübung politischer Macht ist nach dem von Rawls formulierten Prinzip nur dann legitim, wenn sie in Übereinstimmung mit einer Verfassung stattfindet, deren wesentliche Inhalte erwarten lassen, daß freie und gleiche Bürger sie im Lichte vernünftiger Grundsätze und Ideale anerkennen können.

III

Es stellt sich jetzt die Frage, welche Konsequenzen sich für die Begründung von Gerechtigkeitsgrundsätzen aus der Notwendigkeit eines Konsenses für eine wohlgeordnete Gesellschaft ergeben. Drei wichtige Konsequenzen sind bereits oben im Zusammenhang mit Rawls' Begriff einer *politischen* Gerechtigkeitskonzeption genannt worden. (1) Der Anwendungsbereich einer politischen

Konzeption muß sich auf die grundlegenden Institutionen einer Gesellschaft beschränken. (2) Sie darf weder als Teil einer umfassenden moralischen Lehre vorgestellt noch im Rückgriff auf eine solche Lehre begründet werden. (3) Sie muß ausschließlich im Rückgriff auf solche ›grundlegenden intuitiven Ideen‹ vorgestellt und begründet werden, die als Bestandteil der öffentlich-politischen Kultur demokratischer Gesellschaften allgemein anerkannt werden. Nur wenn sie diese Bedingungen erfüllt, kann eine politische Konzeption mit der Unterstützung durch einen übergreifenden Konsens aller vernünftigen umfassenden philosophischen, moralischen und religiösen Lehren rechnen. Wir haben es hier allerdings nur mit notwendigen Bedingungen zu tun, denn die drei Merkmale einer politischen Gerechtigkeitskonzeption reichen nicht aus, um einen übergreifenden Konsens zu garantieren.

Zur Identifikation konsensfähiger Gerechtigkeitsgrundsätze kann auch die Vorstellung des in einer wohlgeordneten Gesellschaft *per definitionem* bestehenden Konsenses allenfalls indirekt etwas beitragen. Personen, die das Ideal einer wohlgeordneten Gesellschaft teilen – und wer wollte bestreiten, daß ein allgemeiner Konsens über Gerechtigkeitsgrundsätze und wesentliche Verfassungsinhalte in jeder Gesellschaft *ceteris paribus* wünschenswert ist –, haben damit einen rationalen Grund, sich um eine Annäherung ihrer Gerechtigkeitsvorstellungen zu bemühen. Ob ihnen diese Annäherung mit Blick auf ihre konkreten normativen Überzeugungen tatsächlich gelingen kann, läßt sich jedoch vorab nicht sagen. Der Wunsch allein, daß Übereinstimmung bestehen möge, reicht nicht, um seine eigene Erfüllung zu garantieren oder auch nur wahrscheinlich erscheinen zu lassen. Damit die Vorstellung einer liberalen und wohlgeordneten Gesellschaft für die Mitglieder wirklicher Gesellschaften als ein politisches Ideal praktische Relevanz haben kann, genügt es deshalb nicht, anzunehmen, daß eine solche Gesellschaft wünschenswert wäre. Es muß sich darüber hinaus zeigen lassen, daß sie sich zumindest unter günstigen Bedingungen in hinreichendem Maße realisieren läßt, und dies setzt voraus, daß wir in den Gesellschaften, in denen wir tatsächlich leben, einen wirklichen Konsens über Gerechtigkeitsgrundsätze und grundlegende institutionelle Regelungen für möglich halten.

An diesem Punkt erweist sich die Modellkonstruktion des Urzustandes als ein brauchbares analytisches Instrument. In seiner Erwiderung auf Habermas bezeichnet Rawls den Urzustand als ein analytisches Hilfsmittel, um eine *Hypothese* zu formulieren. Sie lautet: die vernünftigsten Gerechtigkeitsgrundsätze für eine demokratische Gesellschaft sind diejenigen, auf die sich freie und gleiche Bürger unter den Bedingungen des Urzustandes kollektiv einigen würden (vgl. unten, S. 203). Diese Hypothese ist nichts anderes als der Leitgedanke der Gerechtigkeit als Fairneß selbst und bezieht sich insofern nur mittelbar auf die von Rawls vorgeschlagenen Gerechtigkeitsgrundsätze. Primär geht es um die Art und Weise der Identifikation vernünftiger Grundsätze für eine Gesellschaft, deren Mitglieder einander als freie und gleiche Bürger betrachten. Daß die von ihm vorgeschlagenen Gerechtigkeitsgrundsätze selbst die vernünftigsten Grundsätze sind, ist eine zweite, ebenfalls von Rawls vertretene Hypothese, die ich als *Konsenshypothese* bezeichnen möchte; denn Rawls zufolge sind die vernünftigsten Grundsätze eben diejenigen, die in einer pluralistischen Gesellschaft von einem übergreifenden Konsens gestützt werden, weil alle Bürger sie unangesehen ihrer divergierenden umfassenden philosophischen, moralischen und religiösen Überzeugungen aus vernünftigen Gründen anerkennen können.

Rawls vertritt eine holistisch-kohärenztheoretische Auffassung der rationalen Anerkennung moralischer Normen und Werte. Die beiden Grundsätze müssen, wenn sie nach gebührender Reflexion unsere uneingeschränkte Anerkennung finden sollen, mit unseren allgemeinen Auffassungen über das für den Menschen Gute und Richtige ebenso übereinstimmen wie mit unseren konkreteren Gerechtigkeitsvorstellungen. Wir müssen sie, um den Rawlsschen Ausdruck zu verwenden, im ›Überlegungsgleichgewicht‹ mit allen unseren normativen Überzeugungen bejahen können, nachdem wir alle praktikablen Alternativen verglichen und alle relevanten Gesichtspunkte berücksichtigt haben (TJ 19 ff., 48 ff.; d 37 ff., 68 ff.).

Die Konstruktion des Urzustandes hat mit Blick auf das Zustandekommen eines solchen, wie es bei Rawls heißt, ›allgemeinen‹ Überlegungsgleichgewichts (vgl. unten, S. 253, Fn. 16) lediglich die Funktion, die für die Herleitung von Gerechtigkeitsgrundsätzen einschlägigen Prämissen – die Idee der Fairneß, den Begriff der moralischen Person, die Annahme ursprünglich gleicher Ansprüche auf die zur Entwicklung und Ausübung der beiden moralischen Vermögen notwendigen Grundgüter – in einer Weise zu bündeln, die erkennen läßt, welche Grundsätze sich im Sinne einer deduktiven Schlußfolgerung aus ihrer Konjunktion ergeben.

Nehmen wir nun an, daß die Bürger einer Gesellschaft die in die Konstruktion des Urzustandes eingegangenen normativen und empirischen Prämissen tatsächlich akzeptieren, resp. daß sie diese nach gebührendem Überlegen akzeptieren würden. In diesem Fall wäre der Urzustand in der Tat ein geeignetes Mittel, um Grundsätze zu identifizieren, die alle Bürger aus guten Gründen anerkennen können. Ein ›Beweis‹ der Konsenshypothese für diese Grundsätze wäre ihre deduktive Herleitung aus allgemein anerkannten Prämissen mit Hilfe des Urzustandes aber auch dann nicht, da sie für sich genommen nicht garantieren kann, daß die gewonnenen Grundsätze mit *allen* normativ relevanten Überzeugungen der Beteiligten – und nicht nur mit denen, die für ihre Herleitung mobilisiert wurden – in der geforderten Weise übereinstimmen.

Um uneingeschränkt von allen Bürgern im Überlegungsgleichgewicht bejaht werden zu können, müssen die Rawlsschen Grundsätze mindestens drei weitere Bedingungen erfüllen. Erstens müssen sie einen *Konsistenztest* bestehen und auf allen Ebenen des praktischen Überlegens mit den wohlerwogenen Gerechtigkeitsvorstellungen aller Beteiligten zu vereinbaren sind. Zweitens müssen sie einen *Praxistest* bestehen. Es muß möglich sein, auf ihrer Basis ein unter realistischen Bedingungen arbeitsfähiges System gesellschaftlicher Institutionen einzurichten, das ebenfalls mit der rationalen Anerkennung aller Bürger rechnen kann. Drittens schließlich müssen sie sich in einem *Stabilitätstest* bewähren. Ein durch sie reguliertes System von Institutionen muß so beschaffen sein, daß es, wiederum unter realistischen Bedingungen, dauerhaft die Bereitschaft aller Bürger fördert, gerecht zu handeln und gerechte Institutionen zu unterstützen.

Nun ist klar, daß es praktisch unmöglich ist, mit Hilfe der drei genannten Tests zu definitiven Aussagen darüber zu gelangen, ob bestimmte Gerechtigkeitsgrundsätze im Vergleich zu ihren Alternativen die uneingeschränkte Zustimmung aller Bürger im vollen Überlegungsgleichgewicht finden würden. Wir können unmöglich für jeden einzelnen überprüfen, ob seine konkreten normativen Überzeugungen und Wertvorstellungen nach gebührendem Überlegen, wenn alle erkennbaren Irrtümer und Mißverständnisse ausgeräumt worden sind, mit den von uns bejahten Grundsätzen übereinstimmen oder nicht. Darüber, ob diese tatsächlich den Konsistenztest bestehen würden, lassen sich deshalb allenfalls mehr oder weniger gut begründete Vermutungen anstellen. Dasselbe gilt für den Praxis- und für den Stabilitätstest. Die Menge und Komplexität der zu berücksichtigenden Informationen ist einfach zu groß, um zu eindeutigen Aussagen zu gelangen. In der Regel wird man sich auch hier mit tentativen und komparativen Urteilen zufriedengeben müssen, die sich einer endgültigen Verifikation entziehen. Dies legt nahe, die für die Konzeption der Gerechtigkeit als Fairneß grundlegende Vorstellung eines allgemeinen und begründeten Konsenses über Grundsätze politischer und sozialer Gerechtigkeit als eine Hypothese zu verstehen, die mit Blick auf die Resultate der Konstruktion des Urzustandes zwar *prima facie* wohlbegründet erscheint, die aber weder durch den Urzustand noch durch irgendeine andere Form der rationalen Begründung abschließend verifiziert werden kann.

Wir können uns die Beziehung, die innerhalb der Rawlsschen Theorie zwischen den Konzeptionen des übergreifenden Konsenses und des Überlegungsgleichgewichts besteht, in Analogie zur rationalen Begründung und Überprüfung wissenschaftlicher Hypothesen vorstellen. Die zu begründende resp. zu überprüfende Hypothese liegt in der mit den Grundsätzen einer liberalen politischen Gerechtigkeitskonzeption verbundenen Konsenserwartung. Die Daten, die zur Überprüfung herangezogen werden, sind die wohlerwogenen umfassenden philosophischen, moralischen und religiösen Überzeugungen der Mitglieder einer von liberalen Grundsätzen regulierten pluralistischen Gesellschaft. Die Konsenshypothese besagt dann in bezug auf die zu überprüfenden Gerechtigkeitsgrundsätze, daß sie von allen Bürgern einer pluralistischen Gesellschaft nach wohlerwogenem Überlegen im Überlegungsgleichgewicht anerkannt werden können.

Die Konsenshypothese ist *prima facie* oder *pro tanto* begründet, wenn sich die normative Verbindlichkeit der Grundsätze, auf die sie sich bezieht, auf der Grundlage von Prämissen begründen läßt, gegen die sich im Lichte vernünftiger umfassender normativer Überzeugungen keine begründeten und ausschlaggebenden Einwände vorbringen lassen. Im Rahmen der Rawlsschen Theorie ist es die Aufgabe des Urzustandes, diese Begründung zu liefern, indem gezeigt wird, wie sich die beiden Gerechtigkeitsgrundsätze aus den Konzeptionen der Gesellschaft als eines fairen Systems sozialer Kooperation und des Bürgers als moralischer Person ergeben. Rawls betrachtet diese Konzeptionen als ›grundlegende intuitive Ideen‹, die zur öffentlich-politischen Kultur demokratischer Gesellschaften gehören und bereits allgemein von demokratischen Bürgern anerkannt werden. Wenn uns die Konsenshypothese mit Blick auf die Rawlsschen Grundsätze in diesem Sinne begründet erscheint, können wir sie aus guten und von allen Beteiligten geteilten Gründen für wahr halten. Die beiden Grundsätze wären dann aussichtsreiche Kandidaten, um die Rolle von Gerechtigkeitsgrundsätzen für eine wohlgeordnete Gesellschaft zu übernehmen. Daß wir die Konsenshypothese aus guten Gründen für wahr halten können, bedeutet freilich nicht, daß sie auch wahr ist.

Letzteres hängt davon ab, ob die Bürger einer pluralistischen Gesellschaft im Lichte aller ihrer normativ relevanten und wohlerwogenen Überzeugungen begründete und ausschlaggebende Einwände gegen diese Grundsätze vorbringen. Um solche Einwände zu erheben, genügt es nun nicht zu zeigen, daß irgendwelche isolierten Argumente gegen diese Grundsätze sprechen. Angesichts der Allgegenwart von begründeten Meinungsverschiedenheiten in allen Gesellschaften könnte es kaum anders sein. Was gezeigt werden muß, ist, daß die Grundsätze unter Berücksichtigung aller relevanten Gesichtspunkte einschließlich derjenigen, die bereits in der Konstruktion des Urzustandes aufgenommen wurden, nicht von allen Bürgern im Überlegungsgleichgewicht anerkannt werden können. Solange dies nicht gezeigt ist, dürfen wir annehmen, Gerechtigkeitsgrundsätze gefunden zu haben, für die die Konsenshypothese wohlbegründet, wenn auch nicht bewiesen ist. Sollte es alternative oder zusätzliche Grundsätze geben, für die dies ebenfalls gilt, müssen wir feststellen, welche von ihnen die Konsensbedingung alles in allem besser erfüllen und damit für eine wohlgeordnete Gesellschaft geeigneter sind als die anderen. Darauf möchte ich hier jedoch nicht weiter eingehen. Entscheidend ist, daß es möglich ist, die für die vertragstheoretische Konzeption der Gerechtigkeit als Fairneß konstitutive Konsenshypothese als wohlbegründet auszuweisen, ohne definitiv beweisen zu müssen, daß tatsächlich alle Beteiligten bestimmte Gerechtigkeitsgrundsätze im Lichte der von ihnen bejahten umfassenden philosophischen, moralischen und religiösen Auffassungen im Überlegungsgleichgewicht anerkennen können.

Wir können jetzt noch einmal die Frage aufnehmen, in welchem Sinne die Rawlssche Theorie eine Konsenstheorie der Gerechtigkeit ist. Sie ist es, so haben wir gesehen, aus mindestens drei Gründen: *erstens*, weil sie die Möglichkeit eines übergreifenden Konsenses über eine politische Gerechtigkeitskonzeption als eine Bedingung einer dauerhaften politischen und sozialen Ordnung betrachtet; *zweitens*, weil das für sie maßgebliche liberale Ideal einer gerechten und legitimen gesellschaftlichen Ordnung zu seiner Verwirklichung die Möglichkeit eines begründeten Konsenses über Gerechtigkeitsgrundsätze und grundlegende institutionelle Regelungen voraussetzt; und, daran anschließend, *drittens*, weil es für sie eine Adäquatheitsbedingung für Grundsätze politischer und sozialer Gerechtigkeit ist, daß in bezug auf sie die Konsenshypothese unter Berücksichtigung aller relevanten Interessen und Überzeugungen wohlbegründet erscheint.

Wir kommen nun zu den einzelnen Beiträgen, die alle in der einen oder anderen Form der Frage nachgehen, ob es, wie Rawls es vertritt, tatsächlich zutrifft, daß wir gute Gründe für die Annahme haben, die für die Konzeption der Gerechtigkeit als Fairneß konstitutive Konsenshypothese sei wohlbegründet.

IV

Wir haben diesen Band in drei Teile untergliedert, wobei wir uns an den für die einzelnen Beiträge aus unserer Sicht dominanten Fragestellungen orientiert haben. Im Zentrum der Beiträge des ersten Teils, »Öffentliche Vernunft und übergreifender Konsens«, steht die für Rawls' politischen Liberalismus grundlegende Konzeption eines übergreifenden Konsenses und ihre Beziehung zum Problem der normativen Rechtfertigung von Gerechtigkeitsgrundsätzen. Den Beiträgen des zweiten Teils, »Politische Gerechtigkeit und demokratische Legitimität«, ist gemeinsam, daß sie auf je eigene Weise eine Gruppe von Problemen aufnehmen, die sich für jede politische Gerechtigkeitskonzeption notwendigerweise stellen, sobald wir die Ebene oberster politischer Grundsätze und Gerechtigkeitskriterien verlassen und uns der Rechtfertigung und Legitimierung konkreter institutioneller Regelungen und politischer Entscheidungen zuwenden. Die Beiträge des dritten Teils, »Politische Konzeptionen und umfassende Lehren«, gehen der Frage nach, ob und inwieweit wir mit Rawls davon ausgehen können, daß es möglich ist, eine politische Gerechtigkeitskonzeption zu formulieren und rational zu rechtfertigen, ohne auf umfassende moralische, religiöse oder philosophische Lehren zurückzugreifen.

Die Einteilung der Beiträge in die genannten drei Gruppen ist in mehr als einer Hinsicht willkürlich. Eine Reihe von Fragen und Problemen wird in allen oder fast allen Beiträgen angesprochen – z. B. die Frage nach der Rolle eines übergreifenden Konsenses für eine politische Gerechtigkeitskonzeption –, und offenkundig hätte man die Beiträge mit gleichem Recht auch anders gruppieren können. Die vorgenommene Einteilung soll vor allem der Akzentsetzung und der Betonung bestimmter aus unserer Sicht in den einzelnen Beiträgen dominierender Fragestellungen dienen.

Rüdiger Bittner zweifelt grundsätzlich am Erfolg von John Rawls' »politischer Sendung«. Er hält den Versuch, durch vernünftiges Argumentieren einen begründeten Konsens aller Mitglieder einer Gesellschaft über oberste Grundsätze politischer und sozialer Gerechtigkeit herzustellen, für aussichtslos. Für den von Rawls angestrebten übergreifenden Konsens gäbe es keine rationale Grundlage: weder die von Rawls angeführten allgemeinen intuitiven Vorstellungen, die in der öffentlich-politischen Kultur demokratischer Gesellschaften eine Rolle spielen, böten eine solche Grundlage, noch seine elementaren Konzeptionen der Gesellschaft als eines fairen Systems sozialer Kooperation und des Bürgers als freier und gleicher moralischer Person. Diese Konzeptionen seien Ausdruck einer partikularen liberalen Weltanschauung und selbst umstritten.

Ursula Wolf betrachtet Rawls' Konzeption eines spezifisch politischen Liberalismus als eine plausible Alternative zu utilitaristischen, kommunitaristischen und verhandlungstheoretisch-kontraktualistischen Ansätzen in der Moralphilosophie. Zugleich sieht auch sie jedoch Probleme, die den Erfolg des Rawlsschen Unternehmens fraglich erscheinen lassen. Eine erste methodische Schwierigkeit liegt ihr zufolge darin, eine plausible Verbindung zwischen der von Rawls vertretenen holistischen Begründungskonzeption des Überlegungsgleichgewichts und seiner Konzeption eines übergreifenden Konsenses herzustellen. Mit Blick auf die Notwendigkeit eines übergreifenden Konsenses scheine die Rawlssche Theorie uns vor das Problem zu stellen, für jedes einzelne Gesellschaftsmitglied zu zeigen, daß es den Rawlsschen Grundsätzen vor dem Hintergrund aller ihrer normativ relevanten Überzeugungen im Überlegungsgleichgewicht zustimmen könne.

Dies sei jedoch eine praktisch nicht zu bewältigende Aufgabe. Ein weiteres grundlegendes Problem, das von Wolf diskutiert wird, betrifft die Tragfähigkeit eines übergreifenden Konsenses, wenn die Bürger einer pluralistischen Gesellschaft vor dem Hintergrund ihrer divergierenden normativen Überzeugungen dieselben Grundsätze aus verschiedenen und womöglich miteinander unverträglichen Gründen bejahen. Personen, die denselben allgemeinen Grundsätzen aus verschiedenen Gründen zustimmen, werden sie in vielen wichtigen Fällen unweigerlich auch verschieden auslegen, so daß ein auf »Oberflächenmeinungen« beschränkter Konsens stets Gefahr laufe, sich als ein Scheinkonsens zu erweisen.

Wilfried Hinsch befaßt sich in seinem Beitrag mit dem Rawlsschen Argumentationsmodell des Urzustandes und seiner Bedeutung für die öffentliche Rechtfertigung von Normen und Institutionen. Ausgehend von der Annahme, daß demokratische Bürger einander als freie und gleiche moralische Personen anerkennen, verteidigt er die Rawlssche Konsenshypothese, derzufolge sich die beiden Rawlsschen Gerechtigkeitsgrundsätze auf einen übergreifenden Konsens aller vernünftigen philosophischen, moralischen und religiösen Lehren stützen können. Innerhalb der Rawlsschen Konzeption der Gerechtigkeit als Fairneß sei es die Aufgabe des Urzustandes, Gerechtigkeitsgrundsätze zu identifizieren, die öffentlich gerechtfertigt werden können. Im einzelnen wird gezeigt, aus welchen Gründen alle vernünftigen moralischen und religiösen Lehren die wichtigsten Konstruktionsmerkmale des Urzustandes – den Begriff des Bürgers als freier und gleicher moralischer Person und den dichten Schleier der Unwissenheit – als geeignete Prämissen für die Identifikation allgemein verbindlicher Gerechtigkeitsgrundsätze anerkennen.

John Rawls stellt in seiner Frankfurter Vorlesung seine Konzeption der öffentlichen Rechtfertigung von politischen Institutionen und kollektiv verbindlichen Regelungen vor. »Das Ideal des öffentlichen Vernunftgebrauchs« ist ein erster Schritt über die Grenzen einer Theorie der Gerechtigkeit hinaus, hin zu einer Theorie der Legitimierung konkreter politischer Entscheidungen. Es geht in der Hauptsache nicht mehr um die Formulierung und Begründung oberster Gerechtigkeitsgrundsätze für die institutionelle Grundstruktur einer wohlgeordneten demokratischen Gesellschaft, sondern darum, in welcher Weise die Bürger einer solchen Gesellschaft ihre konkreten politischen Entscheidungen bei Wahlen, Abstimmungen und als Mitglieder politischer Gremien öffentlich voreinander rechtfertigen können. Auch wenn ein übergreifender Konsens über eine liberale politische Gerechtigkeitskonzeption besteht, müssen wir bei konkreten regelungsbedürftigen politischen Problemen mit Meinungsverschiedenheiten darüber rechnen, welche Lösungen den Forderungen der Gerechtigkeit am besten genügen. Die Rawlssche Konzeption des öffentlichen Vernunftgebrauchs soll Richtlinien dafür vorgeben, wie solche Meinungsverschiedenheiten in Übereinstimmung mit den liberalen Idealen politischer Gerechtigkeit und Legitimität beigelegt werden können. Rawls' These: Zumindest dann, wenn es um Fragen grundlegender Gerechtigkeit und um die Auslegung wesentlicher Verfassungsinhalte geht, sollten Bürger nur solche Positionen vertreten, die von den Grundsätzen und Werten einer liberalen Gerechtigkeitskonzeption gestützt werden, und die sich mit Hilfe allgemein anerkannter Argumentationsformen verteidigen lassen. Nur wenn sie dies tun, können die Mitglieder einer demokratischen Gesellschaft ihrer ›Pflicht zur Bürgerlichkeit‹ genügen. Diese besteht nach Rawls darin, politische Macht nur in solchen Weisen auszuüben, die mit der Anerkennung aller Bürger als freier und gleicher moralischer Personen zu vereinbaren sind.

Peter de Marneffe diskutiert in seinem Beitrag Rawls' Ideal eines öffentlichen Vernunftgebrauchs. Er kritisiert Rawls' Vorstellung, alle (oder fast alle) Meinungsverschiedenheiten über den Anwendungsbereich der Grundfreiheiten ließen sich durch öffentlichen Vernunftgebrauch auf der Basis von allgemein anerkannten Normen und Werten lösen, wie sie durch eine liberale politische Gerechtigkeitskonzeption bestimmt werden. Am Problem der Zulässigkeit von Schwangerschaftsabbrüchen zeigt er, daß eine liberale politische Gerechtigkeitskonzeption in diesem Sinne nicht vollständig sein kann. Nicht alle den Anwendungsbereich der Grundfreiheiten betreffenden Fragen lassen sich in adäquater Weise beantworten, ohne auf Normen und Werte zurückzugreifen, über die begründete Meinungsverschiedenheiten bestehen; man kann aber auf solche Normen und Werte nicht zurückgreifen, ohne das Rawlssche Ideal aufzugeben. De Marneffe schlägt vor, das Ideal des öffentlichen Vernunftgebrauchs dahingehend abzuschwächen, daß wir lediglich in der Lage sein müssen, unsere moralisch-politischen Auffassungen über den Anwendungsbereich der Grundfreiheiten so zu begründen, daß unsere Begründungen, auch wenn sie keine allgemeine Zustimmung finden, von allen doch als solche angesehen werden können, die auf einer vernünftigen, wenn auch nicht alternativlosen Interpretation der allgemein anerkannten liberalen politischen Werte beruhen.

Jürgen Habermas diskutiert in seinem Beitrag »Versöhnung durch öffentlichen Vernunftgebrauch«, der zusammen mit Rawls' Erwiderung zuerst in englischer Sprache im *Journal of Philosophy* (1995) erschienen ist, eine Reihe von Fragen, die sowohl einzelne inhaltliche Punkte als auch die Gesamtanlage der Theorie von Rawls betreffen. Habermas teilt die wesentlichen Intentionen der Rawlsschen Konzeption und hält ihre wichtigsten Ergebnisse für richtig. Er sieht jedoch eine Reihe von Unklarheiten und Ambiguitäten in der argumentativen Durchführung. Die vorgebrachten Kritikpunkte unterteilen sich in drei Gruppen.

Die Einwände der ersten Gruppe richten sich gegen die Modellkonzeption des Urzustandes. Habermas bezweifelt, daß der Urzustand ein brauchbares methodisches Darstellungsmittel für die normative Rechtfertigung von Gerechtigkeitsgrundsätzen sein könne. Das Modell individueller rationaler Entscheidungen erzwinge eine »Umdeutung« von Grund*rechten* in Grund*güter*, die den zwischen Gütern und Normen bestehenden geltungstheoretischen Unterschied nivelliere. Weiter werde durch den Schleier der Unwissenheit die Vielfalt individueller »Deutungsperspektiven« lediglich durch einen Kunstgriff neutralisiert, wodurch der für die Diskursethik zentrale Gedanke der intersubjektiven Universalisierung von Normen durch »ideale Rollenübernahme« und »Perspektivenverschränkung« nicht zum Zuge komme.

Die zweite Gruppe von Einwänden richtet sich auf Rawls' Konzeption eines übergreifenden Konsenses und ihre Bedeutung für die Begründung von Gerechtigkeitsgrundsätzen. Habermas stellt hier eine Vermengung von Geltungs- und Akzeptanzfragen fest. Anstatt die Vereinbarkeit einer politischen Gerechtigkeitskonzeption mit allen vernünftigen Lehren im Sinne eines Neutralitätstests als ein Kriterium der normativen Gültigkeit einer politischen Konzeption zu betrachten, verstehe Rawls sie im Sinne eines unter Stabilitätsgesichtspunkten notwendigen Akzeptanztests.

Die dritte Gruppe von Einwänden betrifft den Zusammenhang zwischen politischer Gerechtigkeit und demokratischer Legitimität und die internen systematischen Beziehungen zwischen den liberalen bürgerlichen und den politischen Freiheiten. Habermas sieht hier ein demokratietheoretisches Defizit der Rawlsschen Theorie, die zwar von der Idee politischer Autonomie ausgehe, diese aber nicht angemessen entfalte. Die in der Fiktion des Urzustandes modellierte politische Autonomie freier und gleicher Bürger könne sich in der von Rawls in den Blick genommenen rechtlich konstituierten Gesellschaft nicht »verstetigen«. Die im Urzustand gewählten Grundsätze mit den für sie charakteristischen bürgerlichen Grundfreiheiten seien für die von den Bürgern zu gestaltende rechtliche Ordnung bereits absolut verbindlich. So komme es zu einem der Sache nach ungerechtfertigten Primat der durch die Rawlsschen Grundsätze garantierten bürgerlichen Freiheiten gegenüber den politischen Freiheiten.

John Rawls erörtert in seiner langen Erwiderung auf Habermas eingehend die vorgebrachten Kritikpunkte in kritischer Auseinandersetzung mit Habermas' Theorie konstitutioneller demokratischer Rechtsstaaten. Zur Klärung der Bedeutung des Urzustandes für die Konzeption der Gerechtigkeit als Fairneß erläutert er zunächst ausführlich die Unterschiede zwischen seinem Modell des Urzustandes und der von Habermas konzipierten idealen Sprechsituation. Der Urzustand habe als Element einer auf den Bereich des Politischen beschränkten Gerechtigkeitskonzeption lediglich die Bedeutung eines analytischen Hilfsmittels zur Identifikation vernünftiger und konsensfähiger Gerechtigkeitsgrundsätze. Die ideale Sprechsituation dagegen sei Teil einer umfassenden philosophischen Theorie und ziele auf eine Explikation der Wahrheit und Gültigkeit der Urteile der theoretischen und praktischen Vernunft insgesamt.

Im zweiten Teil seiner Erwiderung diskutiert Rawls die Bedeutung eines übergreifenden Konsenses für die normative Rechtfertigung politischer Gerechtigkeitsgrundsätze. Worauf es für eine politische Gerechtigkeitskonzeption ankomme, sei nicht soziale Akzeptanz oder faktische Zustimmung als solche, sondern ihre Anerkennung im Lichte vernünftiger umfassender philosophischer, moralischer und religiöser Überzeugungen. Nur sie führe zur ›Stabilität aus den richtigen Gründen‹, d.h. aus Gründen, die von allen vernünftigen Lehren anerkannt werden können.

Im dritten und vierten Teil geht Rawls ausführlich auf das Problem der demokratischen Legitimierung grundrechtlicher Beschränkungen des sich in demokratischen Mehrheitsentscheidungen artikulierenden Volkswillens ein und erörtert in diesem Zusammenhang auch das Verhältnis zwischen den politischen und den bürgerlichen Grundfreiheiten. Habermas' Kritik, der ›radikaldemokratische Glutkern‹ des Urzustandes könne in der von Rawls konzipierten wohlgeordneten Gesellschaft nicht mehr ›entfacht‹ werden, weil den in ihr stattfindenden Prozessen demokratischer Willensbildung bereits durch die vom politischen Philosophen festgelegten bürgerlichen Freiheiten eine absolute Grenze vorgegeben sei, weist er zurück. Die Souveränität des Volkes werde durch die im Urzustand gewählten bürgerlichen Grundfreiheiten nicht als durch eine ihr äußerliche Instanz rechtlich eingeschränkt. Die verfassungsrechtliche Kodifizierung der bürgerlichen Grundfreiheiten sei als eine rechtliche Festlegung der Grenzen legitimer Mehrheitsentscheidungen vielmehr selbst ein Akt dieser Souveränität. Auch eine nach den Grundsätzen der Gerechtigkeit als Fairneß gerechte Verfassung sei zu ihrer Legitimierung auf die Zustimmung des Volkes angewiesen.

In diesem Zusammenhang erläutert Rawls die Bedeutung des sog. ›Vier-Stufen-Ganges‹ für die Anwendung seiner beiden Grundsätze auf konkrete politische Institutionen und Entscheidungen. Der in *A Theory of Justice* (TJ § 31) beschriebene Vier-Stufen-Gang vom Urzustand über die verfassunggebende Versammlung zur Gesetzgebung und Anwendung der Gesetze beschreibe nicht den tatsächlichen Prozeß der Normsetzung in einer demokratischen Gesellschaft, sondern biete lediglich einen konzeptuellen Rahmen für die am Prozeß der demokratischen Willensbildung Beteiligten, um ihre Gerechtigkeitsvorstellungen und deren praktische Implikationen für die rechtliche Ordnung ihrer Gesellschaft zu organisieren.

Wir können den Vier-Stufen-Gang als eine ›Schnittstelle‹ zwischen der Theorie politischer Gerechtigkeit und der Theorie demokratischer Legitimität betrachten. Aus der Perspektive der Theorie der Gerechtigkeit beschreibt er mit Blick auf die politischen Institutionen einer demokratischen Gesellschaft den Prozeß der schrittweisen Anwendung oberster Gerechtigkeitsgrundsätze. Mit seiner Hilfe können wir antizipieren, welche allgemeinen praktischen Konsequenzen sich aus ihnen auf den verschiedenen Ebenen demokratischer politischer Kooperation ergeben, und so die Grundsätze selbst auf ihre Praktikabilität hin überprüfen. Aus der Perspektive einer Theorie demokratischer Legitimität erlaubt uns der Vier-Stufen-Gang zu beschreiben, welche Rolle überpositive

Gerechtigkeitsgrundsätze für die demokratische Legitimierung konkreter politischer Regelungen und Entscheidungen spielen.

Rawls verteidigt sich auch gegen Habermas' Einwand, die Konzeption der Gerechtigkeit als Fairneß spreche den bürgerlichen Freiheiten der Modernen letztlich einen Vorrang gegenüber den politischen Freiheiten der Alten zu und verkenne damit die internen systematischen Abhängigkeiten zwischen den beiden Arten von Freiheiten. Die bürgerlichen und die politischen Freiheiten seien, ebenso wie Habermas es sich vorstelle, ›gleichursprünglich‹ und ›gleichwertig‹. Dies zeige sich in der Konzeption der Gerechtigkeit als Fairneß darin, daß beide zusammen als Teile des ersten Gerechtigkeitsgrundsatzes von den Parteien im Urzustand gewählt würden. Systematisch liege die Gleichursprünglichkeit der beiden Arten von Freiheiten in ihrer Herleitung aus den Voraussetzungen für die Entwicklung und Ausübung der beiden moralischen Vermögen begründet.

Robert Alexy sieht in seinem Beitrag im wesentlichen zwei Schwächen der Rawlsschen Theorie der Grundfreiheiten, so wie sie sich nach den Revisionen von »The Basic Liberties and Their Priority« (R 1983) darstellt; er hält sie jedoch für prinzipiell korrigierbar. Mit Blick auf die im Urzustand gewählten Grundfreiheiten stelle sich erstens das Problem, daß die Aufgabe der konsistenten Auslegung und Ausgestaltung des Systems der Grundfreiheiten nicht den verfassungsgebundenen Instanzen der Gesetzgebung oder der einfachen Gerichtsbarkeit überlassen werden könne. Gleichzeitig sei es aber weder im Urzustand noch in der verfassunggebenden Versammlung möglich, alle denkbaren Anwendungsschwierigkeiten (z. B. Grundrechtskollisionen) zu antizipieren und sie durch geeignete Grenzziehungen auszuschließen. Alexy plädiert dafür, die Anwendungs- und Auslegungsprobleme einer Verfassungsgerichtsbarkeit zu übertragen, für die es innerhalb der Rawlsschen Konzeption einer demokratischen Ordnung zwar Raum gebe; Rawls selbst habe sie jedoch nicht systematisch in seinen Vier-Stufen-Gang der Anwendung einer politischen Gerechtigkeitskonzeption eingebaut.

Ein zweiter Kritikpunkt von Alexy betrifft die Vollständigkeit der Liste der Grundfreiheiten und Rawls' Argumente dafür, diese Liste strikt zu begrenzen. Alexy sieht in der Rawlsschen Konzeption eine einseitige Gewichtung derjenigen Grundfreiheiten, die notwendig sind, um allen Bürgern gleiche und möglichst weitgehende Freiheiten zur persönlichen Reflexion, öffentlichen Diskussion und politischen Partizipation zu bieten. Dies führe zu einer Vernachlässigung derjenigen Freiheiten, die sich auf die praktischen Handlungsmöglichkeiten von Personen beziehen. Nach Alexy sollten die Berufsfreiheit, die allgemeine Handlungsfreiheit und das soziale Grundrecht auf ein Existenzminimum in den Grundrechtskatalog einer demokratischen Verfassung aufgenommen werden. Darüber hinaus erscheint es ihm aus Effektivitätsgründen sinnvoll, die Frage des Privateigentums an Produktionsmitteln durch verfassungsrechtliche Festlegungen zu entscheiden, um die Bereitschaft zu langfristigen Investitionen nicht zu gefährden.

Christoph Fehige untersucht das Verhältnis der Rawlsschen Theorie zum Präferentialismus – zu der Tradition also, nach der sich öffentliche und private Moral letztlich allein an der Erfüllung der Wünsche der Betroffenen zu orientieren hätten. Von den vielzitierten ›Differenzen‹ zwischen der Rawlsschen und der präferentiellen Konzeption seien, so Fehige, zwar einige nur Scheindifferenzen, die verschwinden, wenn man hinter die Terminologien und philosophischen Feindbilder schaut; andere jedoch nicht. Es bleibe bei grundlegenden (externen und auch internen) Bedenken gegen Inhalt und Methode des Rawlsschen Ansatzes. Von den vielen Berührungs- und Streitpunkten diskutiert Fehige vier besonders ausführlich. Erstens den *Konsens*: seine Rolle im Rawlsschen Projekt treibe dieses entweder in eine materialethische Sackgasse (weil möglicherweise fast alle das Falsche wollen) oder in eine metaethische (wenn wir erst inhaltlich festlegen müssen, welche Konsense wir moralisch respektieren würden). Zweitens den *Urzustand*: seine zahlreichen Prämissen seien, insbesondere in Sachen Toleranz, konklusionsnah, unscharf und normativ fragwürdig. Drittens die *Grundgüter*: Rawls' Einwände gegen Wunscherfüllung als zentrale Währung der Gerechtigkeit können entkräftet werden; umgekehrt könne aber gezeigt werden, daß Rawlssche Grundgüter nicht als eine solche Währung taugen. Viertens kritisiert Fehige Rawls' *Ideal der moralischen Person*: es sei materialethisch inadäquat und könne das, was im Rawlsschen System heute auf ihm lasten soll, nicht tragen; auch würden entscheidende Gewichtungen innerhalb dieses mehrteiligen Ideals einfach verschwiegen.

Ludwig Siep stellt in seinem Beitrag in Frage, ob die für Rawls'

Theorie zentrale Konzeption der moralischen Person tatsächlich unabhängig von einer umfassenden moralisch-metaphysischen Theorie des Subjekts verteidigt werden könne. Ein weiteres von Siep diskutiertes Problem betrifft den epistemischen Status der Aussagen, die eine politische Konzeption über die grundlegenden Vermögen moralischer Personen, namentlich über den Gerechtigkeitssinn und die Befähigung zu einer Konzeption des Guten, macht. Es bleibe unklar, ob es sich um (mutmaßlich kontroverse) Aussagen über Wesenseigenschaften des Menschen handle oder um Aussagen, die das Selbstverständnis der Mitglieder einer bestimmten Kultur beschreiben. Siep bezweifelt auch, daß es möglich sei, mit Hilfe des politischen Begriffs der Person nicht nur den auf vollständige rechtliche Gleichstellung zielenden Rawlsschen Freiheitsgrundsatz zu begründen, sondern auch das sog. ›Differenzprinzip‹, das eine zum größtmöglichen Vorteil der am wenigsten begünstigten Gesellschaftsmitglieder ausfallende Einkommens- und Besitzverteilung fordert. Mit Blick auf den normativen Status von Lebewesen, die keine oder noch keine Personen sind (Tiere, Embryonen, Neugeborene), erörtert Siep schließlich die Frage, auf welche Weise ihre Rechte im Rahmen der Rawlsschen Konzeption gesichert werden können.

Rainer Forst diskutiert, ob das Gerechte Priorität gegenüber den Ansprüchen und Idealen umfassender philosophischer, moralischer und religiöser Konzeptionen des Guten haben könne, wenn seine normative Verbindlichkeit von seiner Vereinbarkeit mit eben diesen Konzeptionen abhängig sei. Er entwickelt seine Antwort auf diese Frage durch eine Unterscheidung zwischen Ethik und Moral. Rawls' ›umfassende Konzeptionen des Guten‹ seien *ethische* Lehren. Sie bestimmen die Merkmale und Voraussetzungen eines guten und sinnvollen Lebens auf nicht universalisierbare Weise im Kontext partikularer kultureller Gemeinschaften. Eine politische Theorie der Gerechtigkeit sei dagegen eine *moralische* Theorie, durch die prinzipiell universalisierbare Gerechtigkeitsgrundsätze festgelegt würden. Der Vorrang der Gerechtigkeit gegenüber besonderen Konzeptionen des Guten ist nach Forst ein Vorrang moralischer, allgemein und reziprok rechtfertigbarer Normen und Werte gegenüber den nicht universalisierbaren ethischen Normen und Werten partikularer Gemeinschaften. Aus dieser Interpretation ergäbe sich für Rawls jedoch das folgende Problem: einerseits müsse die Begründung von universalisierbaren moralischen Gerechtigkeitsgrundsätzen von allen nicht verallgemeinerbaren ethischen Voraussetzungen freigehalten werden, andererseits komme sie nicht umhin, materiale Prämissen in Anspruch zu nehmen – namentlich den Begriff des Bürgers als freier und gleicher moralischer Person mit bestimmten höchstrangigen Interessen –, die als Ausdruck des öffentlich-politischen Selbstverständnisses der Bürger moderner demokratischer Gesellschaften ethische Prämissen seien.

Friedo Ricken diskutiert drei mögliche Interpretationen des Rawlsschen politischen Liberalismus, die nach seiner Auffassung gleichermaßen in Aporien führen. (1) Wenn die den politischen Liberalismus tragende Idee der Gesellschaft als eines Systems fairer sozialer Kooperation unter freien und gleichen Personen als ein *de facto* von allen geteiltes Ideal schlicht vorausgesetzt werde, ergebe sich das Problem eines naturalistischen Fehlschlusses; auch stelle sich die Frage, ob ein entsprechender Konsens in den uns bekannten demokratischen Gesellschaften tatsächlich bestehe. (2) Wenn es sich bei den Konzeptionen der Gesellschaft und der Person dagegen um »Ideen der praktischen Vernunft« handle, müßten sie als solche hergeleitet und begründet werden, was jedoch bei Rawls nicht geschehe. (3) Würden diese Ideen schließlich als das Ergebnis eines Abstraktionsprozesses betrachtet, in dem wir von konkreteren, aber kontroversen normativen Annahmen zu allgemeineren Begriffen in der Erwartung aufsteigen, eine konsensfähige Basis zu finden, müßten sie durch einen Prozeß hermeneutischer Reflexion aus diesen konkreteren Begriffen gewonnen werden. Auch eine solche hermeneutische Herleitung lasse sich bei Rawls jedoch nicht finden. Im Anschluß an diese methodischen Überlegungen bringt Ricken einen grundlegenden Einwand, der sich gegen Rawls' Versuch richtet, eine politische Gerechtigkeitskonzeption ohne eine umfassende moralische Lehre zu begründen. Es sei unmöglich, den Anspruch einer Person *qua moralischer Person* auf Grundgüter zu behaupten, ohne zugleich ihren Anspruch auf die konkreteren Güter anzuerkennen, die sie sich mit Hilfe der Grundgüter verschaffen kann und die sie zur Verfolgung ihrer besonderen Konzeption des Guten benötigt. Wenn es nun richtig sei, daß diese konkreteren Güter nicht von einer politischen Gerechtigkeitskonzeption identifiziert werden können und der Anspruch auf sie mehr oder weniger umfassende Konzeptionen des Guten voraussetze, dann könne es keinen rational begründeten

Anspruch auf Grundgüter ohne eine umfassende philosophische, moralische oder religiöse Konzeption des Guten geben.

Gerechtigkeit ist, wie die hier vorgestellten Diskussionsbeiträge zeigen, kein einfaches Thema. Vielleicht können die vorstehenden Seiten etwas zur allgemeinen Orientierung beitragen, und vielleicht kann auch der Band selbst uns in der Sache wenigstens ein Stück voranbringen.

Rüdiger Bittner
Die Hoffnung auf politischen Konsens

1. Der Ausdruck »politisch« in solchen Kombinationen wie »politische Konzeption« oder »politischer Vortrag« ist zweideutig, so wie auch das englische Wort »political« es ist. Eine Konzeption kann eine politische sein, weil sie von einem politischen Gegenstand handelt, oder weil sie selbst ein politisch relevanter Gegenstand ist. Eine Konzeption kann politisch sein, indem sie Politik behandelt oder indem sie Politik betreibt. (Etwa eignet diese Zweideutigkeit auch dem deutschen Wort »praktisch«, nicht aber dem englischen Wort »practical«, weshalb man im Deutschen ohne Anstoß von »praktischer Philosophie« reden kann, während im Englischen der entsprechende Ausdruck seltsam klingt.) Wenn John Rawls seine Theorie als eine politische Konzeption der Gerechtigkeit bezeichnet (R 1985: 224), gebraucht er das Wort »politisch« im letzteren Sinne, nämlich als Bezeichnung eines Gegenstandes, der selbst eine politisch bedeutsame Rolle spielt. »Politische Konzeption der Gerechtigkeit«, damit ist nicht nur angezeigt, daß diese Konzeption von politischen Gegenständen handelt, sondern daß sie selbst ein politischer Gegenstand ist. Denn Rawls betont mehrfach, es sei in erster Linie eine praktische Aufgabe, seine Konzeption der Gerechtigkeit zu entfalten und zu verteidigen: »Das Ziel von Gerechtigkeit als Fairneß als einer politischen Konzeption ist ein praktisches Ziel« (R 1985: 230, siehe auch R 1980: 519). Dieser Satz gibt keinen guten Sinn, wenn der Ausdruck »politische Konzeption« im Sinne von »Konzeption, die einen politischen Gegenstand behandelt« verstanden wird. Denn es ist nicht einzusehen, warum eine Konzeption, die einen politischen Gegenstand behandelt, darum und als solche ein praktisches Ziel verfolgen muß. Der Satz gibt guten Sinn, wenn der Ausdruck »politische Konzeption« im Sinne von »Konzeption, die selbst eine politische Rolle spielt« genommen wird. Es ist klar, daß eine Konzeption, die eine politische Rolle spielt, ein praktisches Ziel verfolgt. John Rawls' politische Konzeption der Gerechtigkeit ist also eine politische Konzeption nicht in dem Sinne, in dem politische Wissenschaft politisch ist, nämlich dadurch, daß sie von Politik handelt, sondern

in dem Sinne, in dem etwa die Verfassung der Vereinigten Staaten von Amerika ein politisches Dokument ist, nämlich dadurch, daß diese Konzeption ein selbst politisch bedeutsamer Gegenstand ist. Mit dieser Deutung stimmt es überein, daß Rawls ausdrücklich Ansprüche fallengelassen hat, seine Konzeption sei wahr: »Sie tritt auf, nicht als eine Gerechtigkeitskonzeption, die wahr ist, sondern als eine Gerechtigkeitskonzeption, die zur Grundlage einer informierten und freiwilligen politischen Übereinkunft zwischen Bürgern dienen kann, die als freie und gleiche Personen angesehen werden« (R 1985: 230, siehe auch R 1980: 519). Was immer mit dieser letzteren Alternative genau gemeint sein mag, jetzt kommt es darauf an, daß ein Dienst oder jedenfalls ein möglicher Dienst (»dienen kann«) das ist, was Rawls sich von seiner Gerechtigkeitskonzeption verspricht; und nicht Wahrheit. Einen politischen Dienst leisten oder auch einen möglichen politischen Dienst leisten heißt aber, die politische Situation verändern. Es ist ein Stück politischer Praxis.

2. Ich dachte, es sei offenkundig und unstrittig, daß Rawls in diesem Sinne gelesen werden muß. Ich war im Irrtum. Thomas Pogge, der eine frühere Fassung dieses Manuskripts las, hielt mir entgegen, daß Rawls mit seiner Rede von einer politischen Konzeption der Gerechtigkeit nicht das im Auge habe. Gewiß, er wolle nicht sagen, daß die Konzeption bloß von Politik handelt. Aber er wolle auch nicht sagen, daß die Konzeption eine Rolle in der Politik selber spielen soll. Nach Thomas Pogges Meinung versteht Rawls unter einer politischen Konzeption eine solche, die »in ein kohärentes Gesamtbild die tieferen Grundlagen einer Übereinstimmung zusammenbringt, die in der öffentlichen politischen Kultur eines konstitutionellen politischen Systems eingebettet und für die in ihr am festesten bewahrten bedachten Überzeugungen akzeptabel sind« (R 1985: 229). Daß die Konzeption in erster Linie eine praktische soziale Aufgabe hat (R 1980: 519), heiße nicht, wie ich behauptete, daß die Konzeption darauf zielt, einige der Bedingungen, unter denen Menschen jetzt zusammenleben, zu ändern. Es bedeutet nach Thomas Pogges Meinung, daß die Konzeption »die gemeinsamen Begriffe und Prinzipien zu entfalten und ausdrücklich zu machen« suche (R 1980: 518), die in unserer politischen Kultur enthalten liegen. Damit bin ich in einem Dilemma. Thomas Pogge kennt die Arbeiten von John Rawls weit besser als ich. Aber

zugegeben auch, daß er ebenfalls weit besser Englisch kann als ich, so weiß ich doch, daß die Wörter »political« und »practical« das nicht bedeuten. Verstehen wir uns recht: Eine politische Konzeption mag ihr praktisches Ziel, in meiner Bedeutung dieser Ausdrücke, erreichen, *indem* sie die tieferen Grundlagen einer Übereinstimmung, die in einer politischen Kultur eingebettet sind, in ein kohärentes Gesamtbild zusammenführt. Aber sich auf geteilte Begriffe und Prinzipien zu stützen und sie in ein kohärentes Gesamtbild zu formen, kann nicht das sein, was diese Konzeption zu einer politischen macht, zu einer Konzeption, die eine praktische soziale Aufgabe erfüllt. Auf geteilte Begriffe und Prinzipien sich stützen und sie in ein kohärentes Gesamtbild zusammenbringen könnte schließlich auch eine Konzeption, die für immer in der Schublade ihres glücklosen oder schüchternen Autors verbliebe, und das könnte man ja wohl nicht eine Konzeption nennen, die eine praktische soziale Aufgabe erfüllt hätte. Auf gemeinsame Begriffe und Prinzipien zurückgreifen und sie in ein kohärentes Gesamtbild zusammenbringen könnte schließlich auch eine metaphysische Konzeption, wenn die Leute eben Metaphysik in ihren Köpfen haben, und das mag sehr wohl der Fall sein. *Amicus Thomas, magis amica lingua anglica*: Solange John Rawls mich nicht berichtigt, werde ich unterstellen, daß er, wenn er seiner Konzeption in erster Linie eine praktische Aufgabe zuweist, damit anzeigen will, daß er nicht bloß über Politik spricht, sondern Politik macht. Freilich ist die Politik, die er macht, von anderer Art als die, die von gewählten Amtsinhabern oder Mitgliedern von Parteien oder Vertretern von Interessengruppen gemacht wird. Gleichwohl, er macht Politik, das heißt, er verändert die politische Situation; mindestens versucht er es.

3. Das Bedürfnis nun nach einer Veränderung der politischen Situation durch eine politische Konzeption der Gerechtigkeit erwächst nach Rawls' Ansicht aus dem fundamentalen politischen Dissens in den gegenwärtigen politischen Gemeinschaften. Politischer Dissens ist Rawls normalerweise willkommen. Politischer Dissens ist schädlich erst, wenn er fundamental ist, d. h., wenn er das betrifft, was Rawls die Grundstruktur einer Gesellschaft nennt, »ihre wichtigsten politischen, sozialen und wirtschaftlichen Einrichtungen, und die Art, in der sie in ein einheitliches Schema sozialer Zusammenarbeit zusammengefügt sind« (R 1987: 3). Um-

gekehrt ist fundamentaler Dissens in religiösen, philosophischen und moralischen Dingen für Rawls, wenn nicht gleich willkommen, so doch jedenfalls in der Moderne unvermeidlich, es sei denn, der Staat griffe zu massiver Repression; und solcher fundamentaler Dissens ist nicht schädlich. Fundamentaler Dissens ist schädlich nur, wenn er politisch ist; und er *ist* schädlich, wenn er politisch ist. Dieser schädliche Zustand, fundamentaler politischer Dissens, ist nach Rawls' Meinung das, was wir derzeit haben (R 1980: 517, R 1985: 227). Rawls' Gerechtigkeitskonzeption ist eine politische Konzeption, weil ihr aufgegeben ist, diesen schädlichen politischen Zustand zu beheben.

Nicht daß politische Übereinstimmung durchweg herrschen soll, nicht daß fundamentale Übereinstimmung in allen Dingen herrschen soll, sondern daß fundamentale politische Übereinstimmung herrschen soll, das ist das Ziel, auf das sie hinarbeitet. Ob sie dies Ziel zu erreichen fähig ist, kann man nicht vorher wissen (R 1987: 6). Konsequenterweise spricht Rawls von einer Hoffnung, daß es der von ihm angebotenen Konzeption gelingen wird, die Grundlage einer fundamentalen politischen Übereinstimmung bereitzustellen (R 1985: 231, R 1987: 1).

4. Doch gibt es vernünftige und unvernünftige Hoffnungen. Da es sich hier um eine politische Konzeption handelt, ist die Frage unangemessen, ob die Konzeption wahr ist. Es gibt keine Realität, von der sie wahr oder auch nicht wahr sein könnte. Da es sich um eine politische Konzeption handelt, ist die Frage angemessen, was ihre Erfolgsaussichten sind und ob es infolgedessen sinnvoll ist, sich an diesem politischen Unternehmen zu beteiligen. Die Hoffnung darauf, daß die Konzeption den von ihr angestrebten Erfolg erreicht, beruht darauf, wie sie zustande kommt. Erstens, und hier kommt der Zug zum Tragen, der vorhin nicht »politisch« definieren durfte, die Hoffnung auf Erfolg beruht auf der Tatsache, daß die Konzeption sich auf grundlegende intuitive Vorstellungen stützt, die in unserer politischen Kultur enthalten liegen (R 1985: 228, R 1987: 8). Zweitens, die Hoffnung auf Erfolg beruht auf der Tatsache, daß die Konzeption diesen Vorstellungen eine systematische Verbindung mit Hilfe der noch grundlegenderen Idee einer Gesellschaft als eines Systems fairer sozialer Zusammenarbeit unter freien und gleichen Personen verschafft (R 1985: 229). Drittens, die Hoffnung auf Erfolg beruht auf der Tatsache, daß die Konzep-

tion sich von umstrittenen philosophischen, religiösen und moralischen Lehren frei hält (R 1985: 230).

5. Doch das ist zu wenig, um die Hoffnung auf einen grundlegenden politischen Konsens zu rechtfertigen. Was den ersten Punkt angeht, daß wir nämlich, um einen Konsens zu erreichen, »den Blick auf unsere öffentliche politische Kultur selbst richten müssen, darunter auf ihre Hauptinstitutionen und die historischen Traditionen ihrer Deutung, als den geteilten Fundus stillschweigend anerkannter grundlegender Vorstellungen und Prinzipien« (R 1985: 228) – so mag es wohl wahr sein, daß die Begriffe, die Rawls in unserer öffentlichen politischen Kultur enthalten findet, Begriffe wie Freiheit, Gleichheit, Toleranz, wirklich in ihr gegenwärtig sind. Das Schlimme ist nur, viele andere Dinge finden sich da ebenfalls. Da gibt es Militarismus, die Vorstellung, daß die erste Aufgabe der Bürger darin liegt, die militärische Macht ihres Staatswesens zu vergrößern. Da gibt es Nationalismus, die Vorstellung, daß die Unabhängigkeit, die Macht und das Wohlergehen einer Nation das leitende Ziel aller ihrer Bürger sein soll. Und so weiter. Wohl haben solche Vorstellungen in der deutschen politischen Tradition größeres Gewicht, liberale Ideen haben eine tiefere Wurzel in der politischen Kultur der Vereinigten Staaten geschlagen. Aber der Gedanke, daß ein starker Staat mit Recht die Forderung seiner Bürger nach Information unterdrücken kann, ist in den Vereinigten Staaten auch lebendig, wie man an der Reaktion oder vielmehr an dem Fehlen einer starken Reaktion auf die Zensur sehen kann, die das Verteidigungsministerium der Vereinigten Staaten über Berichte vom Golfkrieg verhängte. Kurzum, eine Gerechtigkeitskonzeption, auch wenn sie sich auf Begriffe und Prinzipien stützt, die in der jeweiligen politischen Kultur eingebettet sind, muß auswählen. Wenn sie nicht auswählt, wird sie inkohärent. »Der gemeinsame Fundus stillschweigend anerkannter grundlegender Vorstellungen und Prinzipien« bildet keine konsistente Menge. Eine Gerechtigkeitskonzeption aber, die auswählt, ist auch umstritten. Sie zieht die Angriffe genau derjenigen auf sich, deren Lieblingsideen bei der Auswahl übergangen wurden. So wird die Konzeption fundamentalen politischen Dissens erneuern, nicht überwinden. Überhaupt ist nicht zu sehen, wieso eine Hoffnung auf Konsens sich darauf gründen sollte, daß eine Konzeption sich auf Vorstellungen stützt, die in der politischen Kultur vorhanden sind.

Jeder stützt sich vermutlich auf solche Vorstellungen, die in der politischen Kultur vorhanden sind. Wenn die Zeit aus den Fugen ist, wie kann eine Konzeption sie einrenken, die sich auf nichts als wieder die Zeit beruft?

6. Rawls mag entgegnen, daß seine Konzeption nicht die Gesamtmenge der politischen Vorstellungen, die die Leute im Sinn haben, heranzieht. Diese Menge ist freilich inkonsistent. Vielmehr ist »eine politische Gerechtigkeitskonzeption nur annehmbar, wenn sie mit denjenigen unserer Überzeugungen zusammenstimmt, die nach reiflicher Überlegung auf allen Allgemeinheitsebenen zustande gekommen sind« (R 1985: 228). Indessen ist nicht zu sehen, weshalb diese Menge, die Menge der wohlüberlegten und fest bewahrten Überzeugungen, die in unserer politischen Kultur verankert sind, nun ihrerseits konsistent sein sollen. Es ist nicht zu sehen, was für die Annahme spricht, daß Militaristen und Nationalisten sich ihre politischen Überzeugungen nicht wohl überlegt haben. Genau weil sie sich ihre politischen Überzeugungen wohl überlegt haben, befindet sich unsere politische Kultur ja erst in dem Zwiespalt, den Rawls' politische Konzeption der Gerechtigkeit überwinden wollte. Wenn das politische Problem, dem sich Rawls' Theorie stellt, ernsthaft ist, dann kann das Mittel zu seiner Bewältigung, das sie aufbietet, nicht allein darin bestehen, Militaristen, Nationalisten und ähnlichen Vertretern nicht-liberaler Überzeugungen zu empfehlen, sich ihre Sache noch einmal gut zu überlegen.

7. Rawls könnte auch folgendermaßen auf den Einwand entgegnen, daß die Vorstellungen und Prinzipien, die in unserer politischen Kultur enthalten sind, eine inkonsistente Menge bilden. Nicht auf unsere öffentliche politische Kultur als einen gemeinsamen Fundus von Vorstellungen und Prinzipien (R 1985: 228) sollten wir den Blick richten, sondern auf »grundlegende intuitive Vorstellungen, die in den politischen Institutionen einer konstitutionellen Demokratie und den öffentlichen Traditionen ihrer Deutung eingebettet sind« (R 1985: 225). Militarismus, Nationalismus und dergleichen sind wohl Teil unserer öffentlichen politischen Kultur, ob »unserer« sich nun auf die Vereinigten Staaten oder auf Deutschland bezieht, aber sie sind nicht in den politischen Institutionen einer konstitutionellen Demokratie eingebettet. Doch das

ist nur eine verbale Entgegnung. Freilich können wir das Wort »Demokratie« so definieren, daß nur liberale politische Vorstellungen als eingebettet in die politischen Institutionen einer konstitutionellen Demokratie betrachtet werden können; womit auch auf leichte Weise garantiert ist, daß die darin enthaltenen Vorstellungen eine konsistente Menge bilden. Gewiß werden wir dann imstande sein, einen politischen Konsens aller Demokraten zusammenzubringen, da wir nämlich unter dem Etikett »Demokrat« nur zulassen, wer mit uns ohnehin übereinstimmt. Aber das heißt nicht, daß wir einen politischen Konsens in unserer Welt zustande bringen können. Wer unsere liberalen Vorstellungen nicht teilt, mag uns das Wort »demokratisch« schenken. Aber das bringt uns nicht mehr ein, als daß wir den fundamentalen politischen Dissens, der die politischen Gemeinschaften der Gegenwart entzweit, als einen zwischen Demokraten und Nicht-Demokraten beschreiben können. Es bringt uns einer Überwindung dieses Dissens nicht näher. Das aber war die Aufgabe.

8. Ähnliches gilt für das zweite Merkmal der vorgeschlagenen Gerechtigkeitskonzeption, nämlich daß sie jenen Vorstellungen mit Hilfe der noch grundlegenderen Vorstellung der Gesellschaft als eines Systems fairer Zusammenarbeit zwischen freien und geistigen Personen systematische Entfaltung verschafft. Wie bemerkt, die Frage ist nicht, ob es wahr ist, daß Gesellschaft ein System fairer Zusammenarbeit freier und gleicher Personen ist. Die Frage ist auch nicht, ob es wahr ist, daß die Gesellschaft ein solches System sein sollte. Wir haben es hier mit einer politischen Konzeption in dem erklärten Sinne zu tun, und so ist die Frage, ob die Vorstellung von der Gesellschaft als einem solchen System der Zusammenarbeit (oder auch die Entfaltung der vorhin erwähnten Vorstellungen mit Hilfe dieser Vorstellung) uns alle so überzeugen wird, daß wir daran die Grundlage eines fundamentalen Konsenses besitzen. Die Antwort ist: Nein, sie wird es nicht. Jemand mag überzeugt sein, daß Gesellschaft ein Herrschaftssytem ist, eine Menge von Leuten, die untereinander in den Beziehungen von Zwingen zu bestimmtem Tun und Gezwungenwerden zu bestimmtem Tun stehen. Es ist jetzt nicht um eine argumentative Auseinandersetzung zwischen diesen Positionen zu tun. Eine argumentative Auseinandersetzung zielt darauf, die Wahrheit zu ermitteln, und Wahrheit ist hier nicht von Belang. Die Frage ist, ob

die Vorstellung der Gesellschaft als eines Systems fairer Zusammenarbeit nach reiflicher Überlegung Herz und Verstand desjenigen gewinnen wird, der die Gesellschaft als ein bloßes Herrschaftssystem betrachtet. Es ist kein Grund für die Annahme zu erkennen, daß das geschehen wird. Ebensogut könnte es umgekehrt ablaufen, nämlich daß der Verteidiger fairer Zusammenarbeit sich zu der Ansicht seines Gegenspielers bekehren läßt; oder, was am wahrscheinlichsten ist, keiner von beiden wird von seiner Position abrücken. Wenn die Vorstellung statt dessen die ist, daß die Gesellschaft ein System fairer Zusammenarbeit sein *sollte*, bleibt das Ergebnis doch dasselbe. Warum diese Vorstellung dem Gegenüber nicht als naiv, willkürlich oder inhaltlos vorkommen sollte, selbst nach was für einer reiflichen Überlegung auch immer, ist nicht zu erkennen. Es ist wohl wahr, der Gegner kennt diese Vorstellung sowohl in ihrer »Ist«- wie auch in ihrer »Soll«-Version. Die Vorstellung ist in diesem Sinne Bestandteil unserer politischen Kultur. Aber der Gegner wird die Vorstellung nicht akzeptieren, er wird mit ihr nicht übereinstimmen. In diesem Sinne ist die Vorstellung nicht Bestandteil unserer politischen Kultur. Man kann auch ohne sie auskommen.

9. Der dritte Punkt war negativ: Die vorgelegte politische Gerechtigkeitskonzeption versucht, fundamentalen politischen Konsens dadurch zu erreichen, daß sie sich von umstrittenen Fragen der Religion, Moral und Philosophie fernhält (R 1985: 230). »Und Philosophie«: das ist seltsam. Schließlich ist diese Gerechtigkeitskonzeption zwar eine politische Konzeption im erklärten Sinne, aber sie ist auch ein Stück politische Philosophie (R 1985: 226). Sie versucht sogar, eines »der wichtigsten Ziele« einer politischen Philosophie zu erreichen (R 1987: 1). Diese beiden Dinge sind auch nicht unvereinbar, also der politische Charakter der Gerechtigkeitskonzeption und die Tatsache, daß sie ein Stück politische Philosophie darstellt. Rawls sagt vielmehr, daß Philosophie, sofern sie politische Philosophie ist, jedenfalls unter den gegenwärtigen Umständen in erster Linie eine praktische Aufgabe vor sich hat. Politische Philosophie soll nicht nach der Wahrheit über die politische Welt suchen, sie soll diese Welt verändern. Das Seltsame ist der Gedanke, daß Philosophie, wenn sie einmal den Anspruch auf Wahrheit zurückgelassen hat und praktisch wird, darum aufhören sollte, ein so zerstrittenes Geschäft zu sein wie all die Zeit, in der

es sie gab. Mit Rawls' Gegensatz von »politisch« und »metaphysisch«: Wohl war Metaphysik ein Schauplatz endloser Streitigkeiten. Aber welchen Grund gibt es für die Vermutung, daß es der politischen Philosophie anders gehen wird? Welchen Grund gibt es für die Annahme, daß dieses Stück politischer Philosophie, Rawls' Gerechtigkeitskonzeption, nicht einfach eine weitere Parteiposition darstellen wird?

10. Rawls gibt folgenden Grund an. Die gegenwärtige Gerechtigkeitskonzeption ist keine allgemeine und umfassende Lehre. Eine Lehre ist allgemein, »wenn sie eine große Anzahl von Gegenständen (im Grenzfall alle Gegenstände) umfaßt«. Eine Lehre ist umfassend, »wenn sie Konzeptionen des Wertvollen im menschlichen Leben, Ideale persönlicher Tugend und des Charakters und dergleichen enthält, die einen großen Teil unseres nicht-politischen Lebens (im Grenzfall unser Leben als Ganzes) formen sollen« (R 1988: 252, dieselbe Ausdrucksweise R 1990: 239). Eine allgemeine und umfassende Lehre ist also das, was man auf deutsch eine Weltanschauung nennt. Eine solche Lehre ist Rawls' Gerechtigkeitskonzeption nicht, und sie braucht auch nicht zu ihrer Begründung eine solche Lehre. Sie wird wohl von verschiedenen solchen Lehren gestützt, auch solchen, die untereinander noch unvereinbar sind; und so drückt die Gerechtigkeitskonzeption das aus, was Rawls einen überlappenden Konsens zwischen ihnen nennt (R 1987: 9). Es mag sich also jemand Rawls' Gerechtigkeitskonzeption zu eigen machen, weil seine eigene Lieblings-Weltanschauung sie zur logischen Folge hat. Aber nicht auf diese Weise muß Rawls' Gerechtigkeitskonzeption bejaht werden. Für ihre Annahme ist keine besondere umfassende Lehre vorausgesetzt (R 1990: 239). Da in der Neuzeit allgemeine und umfassende Lehren unvermeidlich strittig sind, kann eine politische Gerechtigkeitskonzeption nur dann hoffen, fundamentalen politischen Dissens zu überwinden, wenn sie sich von solchen Lehren frei hält.

11. Das ist wahr, aber es reicht für den gegenwärtigen Zweck nicht hin. Zugestanden, die Auffassung von Gerechtigkeit als Fairneß ist nicht eine Weltanschauung. Wäre sie eine, so bestünde keine Hoffnung, daß sie Konsens herbeiführt, auch das ist richtig. Aber das gibt keinerlei Grund für die positive Hoffnung, daß diese Konzep-

tion Konsens herzustellen in der Lage *ist*. Die Überlegung zeigt nur, daß die gegenwärtige Gerechtigkeitskonzeption *eine* Gefahr auf ihrem Weg zum politischen Konsens vermeidet, nämlich die Gefahr, Weltanschauung zu werden. Aber das ist zu wenig, um uns eine vernünftige Hoffnung zu geben, daß sie ihren Weg vollenden wird. Anders wäre es, wenn sich behaupten ließe, daß dies die einzige Gefahr auf ihrem Wege ist; daß nur Weltanschauungen Streit erregen. Aber das läßt sich ernstlich nicht behaupten. Man sieht es an der Philosophie: Sie ist voller Streitereien, aber die Streitereien sind nicht alle weltanschaulich. Weshalb Rawls' Gerechtigkeitskonzeption dem Schicksal entgehen sollte, Gegenstand normalen Streits zwischen nicht-umfassenden Konzeptionen zu werden, ist nicht ersichtlich. Man wird nicht etwa sagen, es sei dies, weil es sich hier um eine politische Konzeption handelt. So friedlich ist Politik auch nicht.

12. Vielleicht meint Rawls, daß Weltanschauungen die einzige ernsthafte Gefahr auf dem Weg zu einem politischen Konsens darstellen: Streitereien der Philosophen schaden nicht, Kirchen und ihresgleichen zerstören die politische Einheit. Diese in der Tradition der Aufklärung geläufige Vorstellung ist schwer zu verteidigen. Eine politische Konzeption, die auf der Vorstellung von Gesellschaft als einem Herrschaftssystem aufgebaut ist und in der daher die Begriffe von Gerechtigkeit, Freiheit und Gleichheit keinen Platz haben, ist keine umfassende Lehre. Sonst wäre kaum zu begründen, daß Rawls' Konzeption, die sich auf die Vorstellung der Gesellschaft als eines Systems fairer Zusammenarbeit gründet, nicht eine umfassende Lehre ist. Aber wenn es einen fundamentalen Dissens gibt, dann ist es der zwischen diesen beiden Positionen, und der Konflikt, den sie im politischen Feld miteinander austragen, kann leicht so scharf, so heftig, so zerstörerisch werden wie jeder Konflikt mit irgendeiner Weltanschauung.

13. Manchmal vermeidet Rawls die Schwierigkeit, indem er den Konsens, den er sucht, auf zulässige umfassende Konzeptionen beschränkt (vor allem R 1988: 255-258), im Gegensatz nämlich zu umfassenden Konzeptionen kurzum. Dabei ist eine Konzeption zulässig, wenn nach ihr zu handeln »nicht von den Prinzipien politischer Gerechtigkeit ausgeschlossen wird« (R 1988: 256). Die hier genannten Prinzipien der politischen Gerechtigkeit sind nun

offensichtlich diejenigen, die in Rawls' eigener politischer Gerechtigkeitskonzeption aufgestellt werden. Hiernach würde der Konsens, den seine Gerechtigkeitskonzeption zu erreichen trachtet, sich nur auf solche politischen Ansichten erstrecken, denen zu folgen eben diese Gerechtigkeitskonzeption selber schon erlaubt. Aber das ist ein mageres Ergebnis. Rawls möchte mehr sagen als bloß, daß seine Gerechtigkeitskonzeption die Beistimmung derjenigen finden kann, die mit ihr nicht im Dissens stehen.

14. Zusammen also, es besteht kein Grund anzunehmen, daß John Rawls' politische Sendung erfolgreich sein wird. Daß sie sich auf Vorstellungen stützt, die in unserer politischen Kultur enthalten liegen, daß sie diese Vorstellungen mit Hilfe der Vorstellung von der Gesellschaft als einem System fairer Zusammenarbeit organisiert, daß sie sich nicht auf allgemeine und umfassende Lehren beruft – keiner dieser Züge bewahrt die Gerechtigkeitskonzeption davor, Gegenstand eben derjenigen fundamentalen Meinungsverschiedenheiten zu werden, die wir so gut kennen und die die Konzeption gerade überwinden wollte. Liberalismus ist entgegen seinem Selbstverständnis eine Parteidoktrin. Gewiß, Rawls' Vorhaben, einen politischen Konsens zustande zu bringen, mag immer noch zum Erfolg führen, nämlich durch pures Glück. Aber politisch gesprochen sind die Aussichten nicht gut.

15. Da also die Therapie wohl fehlschlägt, empfiehlt es sich schließlich, noch einmal einen Blick auf die Krankheit zu werfen. Was ist das Schlimme am fundamentalen politischen Dissens? Mit fundamentalem Dissens in anderen Feldern kommen wir aus. Jedenfalls scheint Rawls ungerührt von der Tatsache, die nun wirklich Tatsache ist, daß Einigkeit unter den Weltanschauungen in der voraussehbaren Zukunft nicht zu erreichen sein wird. Auf der anderen Seite ist politischer Dissens, wenn er nicht fundamental ist, sogar wünschenswert. So fragt man sich, was an fundamentalem politischem Dissens gerade das Schädliche ist. Es handelt sich hier sicherlich um einen politischen Schaden, denn sonst bedürfte es nicht einer politischen Gerechtigkeitskonzeption im erklärten Sinne, um ihm entgegenzuwirken. Hier geht es nicht um die Sorgen politischer Philosophen, die, solange kein Konsens erreicht ist, von Meinungsverschiedenheiten, die sie mit ihren Kollegen haben, beunruhigt werden oder Mißtrauen in die Richtigkeit ihrer Theorien

setzen müssen. Es geht hier um die Gesundheit des politischen Körpers selbst.

16. Zwei Antworten auf die Frage, was das Schlimme an fundamentalem politischem Dissens ist, lassen sich bei Rawls finden. Die erste ist: »Die öffentliche Rolle der wechselweise anerkannten politischen Gerechtigkeitskonzeption ist es, einen Gesichtspunkt anzugeben, von dem aus alle Bürger voreinander prüfen können, ob ihre politischen Institutionen gerecht sind oder nicht« (R 1987: 5 f., derselbe Punkt R 1985: 229). Das scheint richtig: Wenn es eine grundlegende politische Übereinstimmung gibt, dann haben die Bürger einen gemeinsamen Gesichtspunkt, von dem aus sie voreinander prüfen können, ob ihre politischen Institutionen gerecht sind oder nicht. Doch dieser Satz gibt keinen Grund für den Wunsch nach Überwindung eines fundamentalen politischen Dissens an, er wiederholt diesen Wunsch nur. Es ist wahr, die Bürger haben keine gemeinsame Grundlage, um die Gerechtigkeit ihrer Institutionen zu beurteilen, solange fundamentaler politischer Dissens herrscht. Aber wenn dies genau der gegenwärtige Zustand ist, warum sollten wir wünschen, daß es anders wäre? Etwa wird der Gegner, der die Gesellschaft als ein bloßes Herrschaftssystem betrachtet, weder überrascht noch erschreckt sein durch das Fehlen gemeinsamer Gerechtigkeitsmaßstäbe. Was diesen Punkt also angeht, so versucht Rawls' politische Gerechtigkeitskonzeption eine Schwierigkeit zu lösen, die sie selbst erst zu einer solchen erklärt.

17. Eine andere Antwort, die sich bei Rawls finden läßt, ist diese: Ein politischer Konsens hilft, »die Stabilität eines konstitutionellen Regierungssystems zu sichern« (R 1987: 4 f.). Dabei ist aber »Stabilität« in Rawls' besonderem Sinne zu verstehen. Rawls erklärt diesen Begriff in der Theorie der Gerechtigkeit folgendermaßen: »Eine Gerechtigkeitskonzeption ist stabiler als eine andere, wenn der Sinn der Gerechtigkeit, den sie zu bilden tendiert, stärker ist und mit größerer Wahrscheinlichkeit sich gegen widerstreitende Neigungen durchsetzt und wenn die von ihr erlaubten Institutionen nicht so starke Motive und Versuchungen zu ungerechtem Handeln fördern« (TJ 454). In diesem Sinn des Wortes ist es klar, daß politischer Konsens die Stabilität eines konstitutionellen Regierungssystems erhöht. Aber diese Behauptung scheint wiederum

nicht so sehr ein Grund dafür zu sein, politischen Konsens zu suchen, als vielmehr eine Neuformulierung des Wunsches, einen solchen zu finden. Es versteht sich, solange fundamentaler politischer Dissens fortbesteht, wird nicht ein gemeinsamer Sinn für Gerechtigkeit in den Menschen erzeugt, und was immer für ein partikulärer Gerechtigkeitssinn besonderen Individuen eingeimpft wird, so wird er vermutlich nie sehr stark sein. Also werden sich die Menschen über Fragen der Gerechtigkeit weiter nicht einig sein und folglich auch hierüber mit sich selbst nicht einig. Das ist der Zustand, den wir gegenwärtig haben, aber wiederum ist nicht klar, was daran schlimm ist. Warum sollte man wünschen, geschweige denn erwarten, daß es anders wäre? Sollten wir nicht endlich hinnehmen, was uns die Moderne gelehrt hat, und aufhören, uns nach irgendeiner Einigkeit zu sehnen? Gewiß, versuchen wir weiter, einander zu überzeugen. Aber geben wir die Vorstellung auf, daß, solange wir damit nicht zum Ziel gekommen sind, es eine grundsätzliche Übereinstimmung geben muß, die all unserem Streit zugrunde liegt. Die gibt es nicht. Wir sollten lernen, ohne sie auszukommen.*

* Thomas Pogges kenntnisreiche Kritik hat diesem Text viel geholfen.

Ursula Wolf
Übergreifender Konsens und öffentliche Vernunft

Zu den Verfeinerungen und Erweiterungen, die die Rawlssche Gerechtigkeitstheorie in seinen neueren Aufsätzen erfährt, gehört die offene Konfrontation mit der Tatsache, daß der Liberalismus, den *A Theory of Justice* zu artikulieren versucht, nicht der einzige Standpunkt ist, mit dem wir heute zu rechnen haben. In der Antwort auf diese Tatsache entwickelt Rawls zwei eng miteinander verknüpfte Vorstellungen, die eines *overlapping consensus* und die von *public reason*.

Der Begriff des übergreifenden Konsenses ist ein eher deskriptiver Begriff, der sich auf das Phänomen bezieht, daß zwischen Gruppen mit divergierenden umfassenden Vorstellungen religiöser oder ähnlicher Art gleichwohl eine Überschneidung in den Meinungen zur politischen Gerechtigkeit bestehen könnte. Der Begriff der öffentlichen Vernunft ist deutlich normativ formuliert und besagt[1], daß Bürger einer Demokratie, die wissen, daß sie verschiedene vernünftige umfassende Sichtweisen haben, als vernünftige Personen anderen die Grundlage ihrer Handlungen in solchen Begriffen zu erklären bereit sein sollten, von denen wir vernünftigerweise erwarten können, daß andere ihnen beipflichten.

Ich werde im folgenden zunächst versuchen, den Gehalt und den Stellenwert der beiden Vorstellungen zu erläutern, und zwar nicht nur innerhalb der Rawlsschen Gerechtigkeitstheorie, sondern im weiteren Kontext der gegenwärtigen Moraltheorie; denn es scheint, daß Rawls einen Vorschlag anzubieten hat, der zwischen der Aussichtslosigkeit einer Moralbegründung und dem unbefriedigenden Zustand einer völligen Grundlosigkeit der Moral hindurchsteuert. In einem zweiten Schritt möchte ich auf einige Probleme hinweisen, die auf diesem Weg anzutreffen sind und den Erfolg des Unternehmens fraglich machen. Ich beziehe mich in der Hauptsache auf die Artikel »Justice as Fairness: Political not Metaphysical« (R 1985), »The Idea of an Overlapping Consensus« (R 1987) und »The Idea of Public Reason« (PL 212-254).

1. Explikation

Der moraltheoretische Kontext, in dem Rawls' Vorstellungen von Konsens und Vernunft einen Ausweg aus den bisherigen Sackgassen zu versprechen scheinen, ist, wie erwähnt, der der Begründungsproblematik, d. h. der Frage, ob und wie sich grundlegende Prinzipien der Moral, aber auch konkrete Normen der Gerechtigkeit, rechtfertigen lassen. Kantianer sind der Meinung, daß das Begründungsproblem lösbar ist. Zeitgenössische Kantianer konzipieren die Lösung so, daß sie von Überlegungen über das Phänomen der Aufklärung ausgehen. Die bekannte Geschichte lautet, daß die Menschen in früheren traditionalen Gesellschaften mythische, religiöse, metaphysische Vorstellungen vom guten (gemeinsamen) Leben hatten, daß aber die Menschen im Verlauf der Aufklärung zu der Einsicht kamen, daß solche »höheren« Überzeugungen unbegründet sind und sich daher nicht aufrechterhalten lassen oder sich bestenfalls in der Form subjektiver Vorlieben beibehalten lassen.[2] Die Folge ist, daß zwei Dinge, die früher verbunden waren, auseinanderfallen: die Moral im engeren Sinn von Gerechtigkeitsproblemen auf der einen Seite und Konzeptionen des guten Lebens, die jetzt nur noch als subjektive Projekte verstanden werden, auf der anderen Seite.[3]

Das ist natürlich nicht das einzige Bild der Situation in modernen Gesellschaften. Insbesondere drei weitere Modelle sind zu nennen: der Utilitarismus, der Kontraktualismus[4] und der Kommunitarismus (*communitarianism*). Rawls geht davon aus, daß diese drei Modelle unbefriedigend sind. Da ich dem zustimme, will ich die Gründe nur erwähnen: der *communitarianism* ist schon deswegen nicht aussichtsreich, weil es unwahrscheinlich ist zu erwarten, daß die Mitglieder einer modernen Gesellschaft sich je auf eine geteilte Weltsicht einigen könnten; vielmehr ist es realistisch, mit Rawls anzunehmen, daß der Pluralismus der Lebenskonzeptionen nicht ein Übergangsstadium, sondern eine bleibende Tatsache ist (R 1987: 4). Der Kontraktualismus in dem Sinn, daß Individuen, die sich rein egoistisch verstehen, nur prudentiell Regelungen aushandeln, ist deswegen unbefriedigend, weil auf diese Weise das Ergebnis keine Stabilität haben wird, kein wechselseitiges Vertrauen erzeugt wird (R 1985: 247). Der Utilitarismus schließlich hat den bekannten Fehler, daß er die für moderne Verfassungsstaaten zentrale Unterscheidung zwischen Rechten der Bürger und Strategien, die gerade durch Rechte begrenzt sind, nicht klar fassen kann (R 1985: 226).

Auch wenn Rawls in den neuesten Aufsätzen nicht mehr wie zuvor eine einfachhin kantische Position vertritt, so ist die Position doch dadurch charakterisiert, daß sie die erwähnten Möglichkeiten ablehnt und an die kantische Auffassung anknüpft, allerdings so, daß sie in entscheidenden Punkten modifiziert wird. Die neue Position scheint mir in der Tat gerade dadurch vielversprechend, daß sie an den Vorteilen des kantischen Modells von Personen als Grenzen für Strategien festhält und andererseits die Schwachpunkte dieser Position zu vermeiden versucht. Der Grundfehler, den diese philosophische Position auch noch in ihren heutigen Varianten hat, wird von Rawls scharfsinnig diagnostiziert: Konzeptionen des Liberalismus, wie Kant oder Mill sie vertreten, sind durchaus nicht Sichtweisen, die von allen Mitgliedern der modernen Gesellschaft geteilt würden. Denn diese philosophischen Konzeptionen stellen in Wirklichkeit eben doch umfassende Konzeptionen (*comprehensive views*) des guten Lebens dar, indem sie Individualität (Mill) oder Autonomie (Kant) zum letzten Lebensziel erheben, und es ist ganz einfach nicht der Fall, daß diese umfassenden Konzeptionen von allen geteilt würden. Es gibt vielmehr neben diesen andere philosophisch-metaphysische Überzeugungen, und es gibt immer noch zahlreiche Personen, die sich an religiösen Vorstellungen orientieren. Was aber können wir dann tun, wenn es erforderlich ist, daß wir uns auf gemeinsame gerechte Regelungen einigen?

Der Vorschlag, den Rawls macht, ist einfach und elegant: Wir beschränken uns, was den Gegenstand der Begründung angeht, auf das, was wir unbedingt brauchen, und das ist keine vollständige Moral oder Gerechtigkeitskonzeption, sondern nur eine Konzeption politischer Gerechtigkeit für die Grundstruktur (*basic structure*) der Gesellschaft, d. h. für die grundlegenden politischen, sozialen und ökonomischen Institutionen (R 1987: 3). Wir beschränken uns ebenso, was den Anspruch der Konzeption angeht, indem wir nicht nach der philosophisch richtigen Gerechtigkeitsvorstellung fragen, sondern nach einer politisch brauchbaren (R 1985: 230). Aufgrund dieser beiden Beschränkungen sowohl in der Reichweite wie im Anspruch besteht, so Rawls, die Hoffnung, daß wir eine Konzeption politischer Gerechtigkeit formulieren können, die durch einen übergreifenden Konsens gestützt wird, welcher von den entgegengesetzten religiösen, philosophischen und moralischen Lehren vertreten wird (R 1987: 1). Anders gesagt: Wir gebrauchen in unserer Rolle als Bürger einer modernen Demokratie nur unsere öffentliche Vernunft, die inhaltlich auf das Gemeinwohl und Gerechtigkeitsfragen beschränkt ist und in ihrem Begründungsanspruch so beschaffen ist, daß sie Rechtfertigungen von Handlungsweisen usw. in Begriffen vornimmt, von denen vernünftigerweise erwartet werden kann, daß auch andere ihnen beipflichten (PL 213, 218).

Worauf bezieht sich der Konsens? Einigkeit besteht offenbar von Anfang an darin, daß Freiheit und Gleichheit in der modernen Gesellschaft grundlegende Werte sind. Uneinigkeit besteht aber darüber, wie diese Werte zu verstehen und in der Grundstruktur der Gesellschaft zu gewichten sind (R 1985: 227). Die Übereinstimmung soll dadurch herbeigeführt werden, daß wir die Grundprinzipien der Freiheit und Gleichheit so zu organisieren versuchen, daß die konfligierenden Ansprüche in neuem Licht erscheinen. Dazu müssen wir sie auf etwas anderes, noch grundlegenderes beziehen, und zwar auf die Vorstellung einer Gesellschaft als einem System fairer sozialer Kooperation zum wechselseitigen Vorteil (R 1985: 227) zwischen freien und gleichen Personen (R 1985: 229); dabei besagt die Freiheit der Personen, daß sie die Fähigkeit haben, eine eigene Konzeption vom Guten zu bilden und nach ihr rational zu leben, und die Gleichheit besagt, daß sie die Fähigkeit zu einem Gerechtigkeitssinn haben, d.h. die Fähigkeit zu fairer sozialer Kooperation (R 1985: 233).

2. Fragen

1. Zur Methode

Ich habe Rawls' Position als einen Versuch charakterisiert, eine bestimmte Konzeption von politischer Gerechtigkeit zu begründen. Vielleicht wäre es mit Bezug auf *A Theory of Justice* übertrieben, überhaupt von einer Begründung zu reden, weil dort nur eine bestimmte Position, ein liberaler Gerechtigkeitsstandpunkt, im Detail expliziert wird. Wenn Rawls jedoch in den späteren Aufsätzen konstatiert, daß nicht alle Bürger in modernen Demokratien einen Liberalismus im Sinne Kants vertreten, wenn er aber gleichwohl daran festhält, daß es Möglichkeiten der Einigung über grundlegende Gerechtigkeitsfragen gibt, die über einen *modus vivendi* hinausgehen, dann impliziert das, daß es Möglichkeiten der Rechtfertigung oder Begründung der Rawlsschen Gerechtigkeitsprinzipien z. B. gegenüber Bürgern gibt, die eine andere umfassende Weltsicht haben, als Rawls sie mit seinem kantisch geprägten Standpunkt vertritt.

Rawls stellt auch in den späteren Aufsätzen keine starken Begründungsansprüche, und das halte ich für sehr plausibel in einem Bereich, in dem es strenge Begründungen kaum geben kann. Die Rechtfertigung geht vielmehr so vor, daß wir innerhalb bestimmter politischer Traditionen bleiben (R 1985: 225) und von denjenigen Meinungen ausgehen, die in der öffentlichen Kultur einer konstitutionellen Demokratie enthalten sind (R 1985: 246). Wir suchen dann nach derjenigen Konzeption politischer Gerechtigkeit, die diese am besten auf den Punkt bringt. Die vorgesehene Methode ist also immer noch die des Überlegungsgleichgewichts (*reflective equilibrium*, R 1985: 228). Ich bin allerdings nicht sicher, daß diese Methode hier geeignet und ausreichend ist.

Genau genommen müssen wir jetzt zwei Stufen der Rechtfertigung einer Gerechtigkeitskonzeption unterscheiden. Die erste Stufe ist die, wo ein Individuum oder ein Wir mit einer bestimmten umfassenden Sichtweise, z. B. dem Rawlsschen liberalen Kantianismus, eine grundlegende Gerechtigkeitsauffassung durch ein Hin- und Hergehen zwischen konkreten Überzeugungen und Prinzipienüberzeugungen zu artikulieren versucht. Das ist die Stufe, auf der die Methode des Überlegungsgleichgewichts ihren ursprünglichen Sinn hat und wo sie in der Tat einen Beitrag leisten kann. Für den wichtigen und schwierigen zweiten Schritt, den Versuch, diese so entwickelte Gerechtigkeitskonzeption auch anderen Personen nahezulegen, die abweichende umfassende Sichtweisen haben, scheint mir diese Methode nicht geeignet. Denn Reflektieren, Überlegen ist wesentlich etwas, was eine Person allein tut, während eine Argumentation zwischen zwei Personen mit divergierenden umfassenden Sichtweisen schwerlich die Form einer Reflexion haben kann. Will Rawls auch auf der zweiten Ebene der Rechtfertigung am Überlegungsgleichgewicht festhalten, dann muß das wohl so gemeint sein, daß jede einzelne Person mit dieser Methode überlegt, ob ihre wohlverstandenen Meinungen und bestimmte Gerechtigkeitsprinzipien zusammenpassen. Aber um wirklich zu zeigen, daß jede Person, welche umfassenden wohlverstandenen Meinungen sie auch haben mag, im Teilbereich der politischen Gerechtigkeit zu denselben Ergebnissen kommen wird, müßte man ein solches Überlegen von allen möglichen Standpunkten her tatsächlich durchprobieren bzw. genau genommen von ihren Vertretern selbst vornehmen lassen. Das ist natürlich nicht praktikabel. Andererseits ist Rawls nicht so naiv anzunehmen, daß der *overlapping consensus* bereits existieren würde; er ist vielmehr etwas, was zustandekommen würde oder immerhin könnte, wenn alle entsprechend reflektieren würden. Aber wie kann man das wissen?

Was Rawls mit dem *overlapping consensus* meint, ist nicht, daß Personen einerseits diese und jene Konzeption vom Guten haben, und dann daneben und abgetrennt davon auch noch eine allen gemeinsame Vorstellung von politischer Gerechtigkeit. Gemeint ist vielmehr, daß die verschiedenen oder sogar sich widersprechenden umfassenden Sichtweisen sich in bestimmten Grundprinzipien überschneiden oder konvergieren, ähnlich wie verschiedene Prämissen zum gleichen Ergebnis führen können (R 1987: 9). Wenn das so ist, dann könnte der gesuchte Nachweis nur darin bestehen, daß man sich tatsächlich die wichtigsten umfassenden Lebenskonzeptionen vornimmt und sie in ihrem Gehalt explizit zu machen versucht, um zu sehen, ob sie die gewünschten Grundsätze in der Tat enthalten. Das ist etwas, was Rawls nirgends tut.

Was er tatsächlich tut, um die Grundprinzipien der Gerechtigkeit herzuleiten, ist etwas anderes, wie z. B. deutlich ist in dem Artikel »Social unity and primary goods« (R 1982). Er fragt nämlich nach objektiven Grundbedürfnissen, die jede Person als Vorbedingung eines guten Lebens erfüllt haben muß, gleichgültig welche spezielle Form des Lebens sie verfolgt. Rawls benennt solche Bedürfnisse zugegebenermaßen relativ zu seinem Begriff von Person und Gesellschaft, der mir nicht selbstverständlich scheint, und kommt entsprechend zu Ergebnissenn und Gewichtungen von Grundansprüchen, die nicht selbstverständlich sind. Aber das Vorgehen, nach empirisch allgemeinen Voraussetzungen für jede Form guten Lebens zu fragen, scheint mir als solches aussichtsreich und in der Tat der einzige Punkt, wo eine Übereinstimmung zu erwarten ist. *Diese* Übereinstimmung wäre nicht die eines übergreifenden Konsenses, der hier gar nicht nötig ist, weil wir uns auf für alle wahrnehmbare allgemeine Tatsachen berufen könnten. Aber damit bin ich im Grunde schon bei den inhaltlichen Problemen.

2. *Zum Inhalt*

Auf der inhaltlichen Ebene sind es drei zusammenhängende Fragen, die ich anreißen möchte: a) Decken sich tatsächlich der benötigte Gegenstand des Konsenses, d.h. der Bereich der Gerechtigkeit für die Grundstruktur der Gesellschaft, mit den Punkten, wo wir vielleicht in der Tat heute auf einen Konsens hoffen können? b) Ist über diejenige Konzeption politischer Gerechtigkeit, die Rawls vertritt, in der Tat ein Konsens zu erwarten? c) Widerspricht die Idee einer Überschneidung in Grundfragen der Gesellschaft bzw. der Suche nach einer solchen Überschneidung nicht gerade dem Wesen dessen, was Rawls einen *comprehensive view* philosophischer oder religiöser Art nennt?

a) Bestimmung des Bereiches der Gerechtigkeit

Der erste Punkt weckt in der Tat in mir den Verdacht, daß Rawls' Position der Auffassung zeigenössischer Kantianer nach wie vor sehr ähnlich ist. Sie ist ähnlich in der Grundidee einer Trennung von evaluativen Fragen und Gerechtigkeitsfragen, auch wenn die Trennlinie ein wenig anders verläuft. So scheint es bei Habermas, daß die ganze Moral als engerer und der Begründung fähiger Bereich ausgrenzbar ist, während sich Rawls auf diejenigen Gerechtigkeitsfragen beschränkt, die für die Organisation der Grundstruktur der Gesellschaft geklärt werden müssen. Aber das eine klingt mir ebenso nach Wunschdenken wie das andere. Denn es wäre schlicht ein glücklicher Zufall, wenn eine Konvergenz zwischen verschiedenen Lebensauffassungen gerade in den Punkten bestünde, wo wir eine Regelung finden *müssen*. Daß diese Punkte die politischen, sozialen und ökonomischen Institutionen betreffen, klingt im übrigen sehr umfassend, und nicht so, als ginge es nur um einen Konsens in einigen ganz wenigen zentralen Fragen.

Man könnte dasselbe Problem auch mit Hilfe der Vorstellung von öffentlicher Vernunft formulieren. Sich im Sinn der öffentlichen Vernunft verhalten, bedeutet, auf Rechtfertigungen aus der eigenen umfassenden Sichtweise, die andere nicht teilen, zu verzichten und nur solche Argumente zu verwenden, die auch andere mit anderen Sichtweisen teilen können, sofern sie sich nur ihrerseits auf die öffentliche Vernunft beschränken. Gleichzeitig ist die öffentliche Vernunft inhaltlich dadurch definiert, daß sie mit grundlegenden Fragen des Gemeinwohls und der politischen Gerechtigkeit zu tun hat (PL 213). Wie diese inhaltliche Bestimmung mit der formal-methodischen zusammenhängt, bleibt offen. Jedoch scheint es alles andere als trivial, daß sich Fragen, die mit den Verfahren der öffentlichen Vernunft verhandelbar sind, mit den lösungsbedürftigen Fragen politischer Gerechtigkeit decken. Es sei denn, der Begriff der öffentlichen Vernunft ist bereits mit substantiellen Voraussetzungen aufgeladen, oder umgekehrt betrachtet, die Inhalte der Gerechtigkeit werden in eine Verfahrensethik aufgelöst.

Es gibt in der Tat Hinweise in »The Idea of Public Reason«, die stark in die Richtung einer Verfahrensgerechtigkeit gehen. In diesem Text räumt Rawls ein, daß der Standpunkt der Gerechtigkeit als Fairneß, d. h. der von ihm selbst entwickelte inhaltliche Standpunkt, nicht die einzige inhaltliche Konzeption eines politischen Liberalismus ist (PL 216). Er räumt weiterhin ein, daß es Situationen geben kann, in denen die öffentliche Vernunft keine eindeutige Entscheidung in einer bestimmten Gerechtigkeitsfrage gibt (PL 240). Die Konsequenz, die Rawls daraus zieht, ist nicht, daß Rechtfertigungsmöglichkeit und inhaltliche Zugehörigkeit zum Bereich der Gerechtigkeit zweierlei sind. Die Konsequenz, die er zieht, ist vielmehr eine Auflösung des Inhalts in die Verfahren; denn bei Grundfragen der Verfassung und Gerechtigkeit soll die Debatte in Begriffen dessen weiter geführt werden, was wir für eine politische Konzeption halten. Wenn Personen mit verschiedenen politischen Konzeptionen dies tun, frage ich mich allerdings, ob diese Situation nicht zeigt, daß das Problem, das Rawls einräumt, die ganze vorher entwickelte Begründungsmethode entwertet. Denn in der jetzigen Beschreibung ist offenkundig das Verfahren selbst an substantielle Annahmen gebunden; wo diese divergieren, gibt es kein übergeordnetes Verfahren mehr, auch keine Begründung für die Vermutung, daß solche Divergenzen zumindest bei Grundsatzfragen keine sehr tiefen Dimensionen annehmen werden.

b) Inhaltliche Voraussetzungen der Rawlsschen Gerechtigkeitskonzeption

Die Schwierigkeiten, die mir die Rawlssche Methode bereitet, bleiben abstrakt, solange sich keine konkreten Anhaltspunkte für die geäußerten Bedenken anführen lassen. Ich denke, daß es solche konkreten Punkte gibt. Was Rawls mit dem Konsens über eine Konzeption politischer Gerechtigkeit konkret meint, entspricht ungefähr den Grundprinzipien, die er in *A Theory of Justice* entwickelt hat. Das aber sind keine selbstverständlichen Prinzipien. Nicht nur sind wir weit davon entfernt, daß sie faktisch von allen akzeptiert würden. Es scheint mir ebenfalls ziemlich unwahrscheinlich, daß alle sie akzeptieren würden, wenn sie geeignete Reflexionsprozesse durchlaufen würden.

Evident ist, daß das zweite Prinzip, wonach soziale und ökonomische Ungleichheiten so zu verteilen sind, daß sie zum größten Nutzen der am schlechtesten Gestellten sind usw. (TJ § 13), nicht von allen gesellschaftlichen Gruppen akzeptiert würde. Es würde in dieser Form sicher von Konservativen nicht unterschrieben, und das kann man herausfinden, indem man sich über ihren Standpunkt informiert und ihn in seine Bestandteile analysiert. Aber auch das weniger problematisch erscheinende erste Prinzip, das Personen die größtmöglichen Freiheiten einräumt, die mit den Freiheiten anderer vereinbar sind (TJ § 11), kann zu tiefgehenden Meinungsverschiedenheiten führen, wenn wir z.B. an die Frage der Abtreibung denken. Denn die Debatte zeigt, daß Menschen mit bestimmten religiösen Überzeugungen das Freiheitsprinzip nicht in dieser radikalen Form akzeptieren würden. Rawls könnte darauf entweder antworten, daß die Abtreibungsfrage kein grundlegendes politisches Gerechtigkeitsproblem betrifft. Diese Antwort schiene mir nicht sehr befriedigend, weil die Frage des Umgangs mit menschlichem Leben natürlich zu den für jede Gesellschaft wesentlichen gehört. Oder er könnte antworten, daß nach seiner Position diejenigen, die aus religiösen Gründen für ein Verbot der Abtreibung sind, infolge der Konzeption einer öffentlichen Vernunft in der öffentlichen Debatte gerade von ihren Vorstellungen religiöser Art absehen müßten. Aber die Frage ist, ob das ein sinnvoller Ratschlag ist. Darauf komme ich zurück.

Wie insbesondere in Zusammenhang mit dem zweiten Prinzip deutlich ist, können auch Vertreter eines politischen Liberalismus,

d. h. Personen, die bereit sind, religiöse u. a. Argumente aus politischen Grundsatzfragen herauszuhalten, verschiedener Auffassung in Fragen der Gerechtigkeit sein. Damit steht in Frage, wo und wie mit einem inhaltlichen Übergreifen von Meinungen zur Gerechtigkeit überhaupt zu rechnen ist. Wie erläutert, stellt Rawls sich die Überlappung so vor, daß es trotz divergierender Sichtweisen zu einer Überschneidung von Gerechtigkeitsüberzeugungen kommt. Das könnte man so verstehen, daß sich nur gewissermaßen die Oberflächenbedeutung der Meinungen deckt, während über ihren letztlichen Sinn Dissens besteht, der allerdings nichts schadet, solange wir uns äußerlich, d. h. in den tatsächlichen Regelungen, einig sind. Es scheint mir jedoch sehr unwahrscheinlich, daß es in Fragen gerade der Grundstruktur der Gesellschaft zusammenfallende Oberflächenmeinungen auf der Basis vollkommen voneinander abweichender Sichtweisen gibt. Wenn in der modernen Gesellschaft Christen und Atheisten in vielen Gerechtigkeitsfragen übereinstimmen, so m. E. einfach deswegen, weil sie eine Reihe von Aspekten der Sichtweise von Person und Gesellschaft teilen.

Im übrigen kann auch Rawls kaum meinen, daß es sich um eine nur oberflächliche Übereinstimmung handelt, wo Einigkeit über grundsätzliche Gerechtigkeitsfragen besteht. Denn wenn er, wie ebenfalls erläutert, gängige moderne Überzeugungen neu zu gewichten und in einer Grundkonzeption von Gerechtigkeit auf den Begriff zu bringen beansprucht, ist das etwas, was tief reicht, nämlich einen bestimmten Begriff von Person und Gesellschaft beansprucht, und diese beiden Begriffe sind so ziemlich das Grundlegenste, was es in diesem Zusammenhang gibt. Rawls' Personenbegriff aber ist nicht selbstverständlich. Er wird in der Fassung, die für die Rawlssche Gerechtigkeitstheorie die Grundlage bildet, sicher nicht nur von Nicht-Liberalen nicht geteilt, sondern auch nicht von allen Spielarten des politischen Liberalismus. Nicht jeder z. B. wird die starke Auffassung des sozialen Charakters der individuellen Existenz teilen, wonach wir unser ganzes Leben lang wesentlich Mitglied ein und derselben Gesellschaft sind und alle Lebenstätigkeiten wesentlich sozial sind (R 1985: 233). Ebenso ist der Vorrang der Freiheitsrechte vor anderen Rechten etwas, was sich nur relativ zur Rawlsschen Auffassung von Individuum und Gesellschaft ergibt. Die Ausformulierung des zweiten Prinzips hat weiterhin als Basis bestimmte Aspekte des Personbegriffs, die alles andere als trivial sind, z. B. starke Anforderungen an die Rationalität und Selbstverantwortlichkeit von Personen; diese weiten sich so aus, daß Rawls auf Kompensationen für diejenigen verzichtet, die aufgrund von mangelnder Selbstkontrolle Nachteile haben (R 1985: 243 f.).[5] Dasselbe gilt für den Begriff der Gesellschaft. Auch hier ist es alles andere als trivial und selbstverständlich, daß eine Gesellschaft zu definieren ist als System der fairen Kooperation zum wechselseitigen Vorteil (R 1985: 227).[6]

Was die Inhalte der Rawlsschen Gerechtigkeitskonzeption angeht, scheint mir daher das Ergebnis zu sein, daß sie auf massiven Voraussetzungen in den zugrundeliegenden Begriffen von Person und Gesellschaft beruhen. Es ist ein Irrtum zu meinen, daß an diesem tiefsten Punkt wenn nicht alle Sichtweisen, so doch wenigstens alle Varianten des politischen Liberalismus übereinstimmen. Noch weniger ist zu erwarten, daß es eine Überschneidungsmenge verschiedener Sichtweisen gerade in Grundsatzfragen der Gerechtigkeit geben wird, wenn diese Sichtweisen wirklich in der Tiefe, in den Vorstellungen von Person und Gesellschaft, divergieren. Die Folgen, d. h. Gerechtigkeitsüberzeugungen, können bei verschiedenen Prämissen, d. h. Sichtweisen, nicht überlappen. Was wie ein übergreifender Konsens und damit wie eine neue Lösung des Rechtfertigungsproblems aussieht, ist nichts anderes als eine Überschneidung oder Gemeinsamkeit in Aspekten der Sichtweisen selbst. Was bleibt, ist also die eher triviale Feststellung, daß die verschiedenen praktischen Sichtweisen, die wir in modernen Demokratien finden, bei allen Abweichungen doch auch einige Grundbestandteile gemeinsam haben.

Eine öffentliche Vernunft, so das überhaupt eine sinnvolle Einrichtung ist, kann sich folglich auch nur auf solche Gemeinsamkeiten beziehen. Sie bedeutet dann allerdings nicht mehr, daß man von der tieferen oder weiterreichenden Sichtweise, in der die eigenen Gerechtigkeitsüberzeugungen verankert sind, absieht, sondern auch hier etwas viel Trivialeres, nämlich daß wir diejenigen Fragen ausklammern müßten, die nicht gemeinsame Grundeinstellungen betreffen. Das zeigt dann allerdings, daß die Konstruktion uns praktisch nicht weit führt, weil viele wichtige Fragen, die geregelt werden müssen, leider nicht von dieser Art sind. Und vermutlich ist das der Grund, weshalb Rawls Personen mit öffentlicher Vernunft konstruiert, die von ihren umfassenden Sichtweisen absehen.

Daß das nicht sinnvoll und möglich ist, läßt sich noch aus einer anderen Perspektive zeigen. Die ganze Idee, Vertreter verschiedener religiöser, philosophischer etc. Sichtweisen könnten nach grundlegenden Gerechtigkeitsprinzipien unter Absehung von ihren divergierenden umfassenden Sichtweisen suchen, ist in sich paradox. Für die jeweilige Person steht die Auffassung von Grundfragen der Gerechtigkeit im Kontext ihrer umfassenden Konzeption des (gemeinsamen) guten Lebens, d. h. sie gewinnt den Sinn oder Inhalt, den sie für die Person hat, aus dieser Einbettung. Dann aber kann die Person von dieser umfassenden Sichtweise nicht einfach absehen, weil sonst überhaupt kein gehaltvoller Begriff von Person und Gesellschaft übrigbleibt. Das Problem mit der öffentlichen Vernunft ist weniger, wie Rawls zwar nicht meint, aber erwägt, daß man unaufrichtig sein müßte, wenn man sich unter Einklammerung des Hintergrunds an Wertüberzeugungen auf politische Werte beschränkt (PL 241 f.). Das Problem ist vielmehr, daß die ganze Strategie der Einklammerung umfassender Sichtweisen unaufrichtig oder inkonsistent ist. Die »Vermeidungsstrategie« (R 1985: 23) ist paradox, weil zu umfassenden Sichtweisen wesentlich gehört, daß man von ihrer Richtigkeit überzeugt ist. Und man kann nicht etwas gleichzeitig für richtig auf der grundlegendsten Ebene halten und es einklammern. Das ist das Grundproblem der liberalen Idee der Toleranz.[7] Rawls erwähnt zwar an verschiedenen Stellen die historische Erfahrung der Kollision konfligierender religiöser Sichtweisen, und er weist auf die Haltung der Toleranz hin, die sich in der Folge entwickelt hat (R 1985: 249), ohne jedoch auf die Paradoxien, die damit verbunden sind, einzugehen.

Die Idee der religiösen Toleranz mag in der Tat eine der historischen Wurzeln des Liberalismus sein. Aber ich denke, diese Toleranz kann verschiedene Formen haben. Einmal könnten die Personen wirklich überzeugt an ihrer Religion im bisherigen Sinn festhalten, aber nach der leidvollen Erfahrung von Religionskriegen sich auf Toleranz einigen. Das kann offenbar zu nicht mehr als einem *modus vivendi*, also einem Vertrag ohne gemeinsame Grundwerte führen. Wenn man wie Rawls zu einem stärkeren Ergebnis kommen will, könnte man die Toleranz so verstehen, wie das etwa in Lessings *Nathan* der Fall ist, wo hinter den Religionen, die auf diese Art subjektiviert werden, eine neue umfassende Grundidee steht, die Idee einer gemeinsamen Menschlichkeit und Brüderlichkeit, die uns wichtiger ist als religiöse Unterschiede. Das sind die Vorstellungen der Aufklärung, wo die Religion an Bedeutung verliert zugunsten von anderen Idealen (wo also doch, entgegen R 1987: 13 u. 24 eine gewisse Indifferenz gegenüber religiöser Wahrheit unvermeidlich ist). Man könnte vielleicht eine weitere Möglichkeit darin sehen, daß sich die verschiedenen praktischen Bereiche immer mehr in voneinander einigermaßen unabhängige Subsysteme ausdifferenzieren, daß also die Religion, die bisher den Sinn aller praktischen Überzeugungen einer Person prägte, sich auf Fragen der individuellen Einstellung zum Leben zurückzieht oder auch immer abstrakter und losgelöster von konkreten Entscheidungen wird. Auch wenn es solche Entwicklungen gibt, bleibt das Faktum, daß moderne Menschen selbst ohne religiöse Überzeugungen divergierende Auffassungen in fundamentalen Gerechtigkeitsfragen haben können und haben.

Es gibt Stellen in R 1987, wo Rawls selbst nahelegt, daß er mehr voraussetzen muß als nur einen Konvergenzpunkt zwischen nach wie vor divergierenden und vielleicht sogar inkompatiblen Sichtweisen. So gibt er zu, daß es unvermeidlich sein könnte, wenn nicht eine ganze religiöse oder philosophische Lehre, so doch Teile von ihr heranzuziehen, und zwar gerade dann, wenn es um die fundamentalsten Fragen geht (R 1987: 14). Er faßt ferner das Problem ins Auge, daß die Grundrechte, die sich aus der politischen Gerechtigkeit ergeben, alle anderen Werte überwiegen, was ganz so aussieht, als hätten wir hier doch eine umfassende Sichtweise, die eine Gewichtung der verschiedenen Werte enthält (R 1987: 16 f.). Er versucht sich damit herauszureden, daß es sich bei Toleranz etc. um *sehr wichtige* Tugenden handelt (R 1987: 17), und daß die Werte, auf die sie sich beziehen, nicht unbedingt die in sich wichtigsten sein müßten; vielmehr könne man sagen, sie seien deswegen immer ausschlaggebend, weil wir sonst in Konflikt mit den Bedingungen kommen, die faire soziale Zusammenarbeit allererst möglich machen. An dieser Stelle setzt Rawls allerdings wieder eine bestimmte umfassende Sicht voraus, weil, wie oben erläutert, sein Begriff des Sozialen durchaus nicht der einzige heute übliche und denkbare ist.

3. Schluß

Wenn diese Kritik trifft, in welcher Lage sind wir dann hinsichtlich der Begründung der Gerechtigkeit grundlegender Institutionen? Die Lage ist nicht viel schlechter, als auch Rawls sie ehrlicherweise in seinen neuesten Arbeiten beschreibt. Es bleibt uns zumindest Dreierlei. Es bleibt, zum einen, ein Bereich, wo sich in der Tat faktisch zwar nicht ein übergreifender Konsens, so doch Gemeinsamkeiten in den umfassenden Sichtweisen herausgebildet haben, wie in der hohen Bewertung individueller Autonomie usw. Es gibt zweitens einen Bereich, in dem wir, wie auch Rawls es manchmal tut, objektiv-empirische Bedingungen eines gerechten Zusammenlebens aufweisen können. Denn es gibt neben Präferenzen auch Bedürfnisse, deren Erfüllung Vorbedingung für jede Weise des guten Lebens ist, worin auch immer sie bestehen mag; dazu gehören Leben, materielle Güter, Freiheiten und Gelegenheiten.

Diese beiden Punkte sind durchaus eine gewisse Basis für die Verständigung über Fragen der politischen Gerechtigkeit. Allerdings reichen sie nicht aus, um eine kohärente Konzeption politischer Gerechtigkeit zu formulieren. Denn sobald es um Fragen der Gewichtung und Rangordnung von Werten geht, werden die Meinungsverschiedenheiten beginnen, und es wird keine Aussicht bestehen, daß alle sich auf die Rawlsschen Gerechtigkeitsprinzipien und die Rawlssche Gewichtung von Gütern einigen werden. Gerade deswegen aber ist es nicht ratsam, die Grundfragen der politischen Gerechtigkeit, wie Rawls vorschlägt, zu vermeiden und sie der Debatte zu entziehen.[8]

Wir haben schließlich drittens die Einstellung der Toleranz als *modus vivendi*, die durchaus nicht zu verachten ist, wo über Grundfragen der Gesellschaft ein Prinzipienstreit besteht und keine Einigung zu erwarten ist. Diese Form der Toleranz, die kein wirkliches Absehen von den eigenen Überzeugungen verlangt, sondern nur die pragmatische Konfrontation mit der Tatsache, daß auch andere ihre festen Überzeugungen haben und an ihnen festhalten werden, könnte natürlich allein keine moralische Basis für Politik abgeben, weil sie in der Tat nicht ausreicht, um wechselseitiges Vertrauen zu stiften. Jedoch ist diese Toleranz nicht das einzige, womit wir rechnen können. Sie ist einer von drei Punkten, und wir können in dem ersten Punkt, den faktischen Übereinstimmungen in der Sichtweise, in den modernen Demokratien auch eine weitgehende Übereinstimmung in der Grundidee der alltäglichen persönlichen Moral konstatieren – in der Idee der wechselseitigen Rücksicht und Achtung. Diese Gemeinsamkeit hat zur Folge, daß auch die bloße Toleranz nicht völlig losgelöst von einem moralischen Kontext ist. Andererseits bleibt der Gehalt dieser moralischen Grundidee zu vage, als daß sich aus ihr konkrete Aussagen über die Struktur gerechter Institutionen ergeben würden.

Anmerkungen

1 Mit »deskriptiv« meine ich nicht, daß nach Rawls der Konsens schon vorhanden ist, sondern nur, daß der Begriff sich auf das entsprechende Phänomen, sei es faktisch oder künftig, bezieht. Hingegen ist der Begriff der öffentlichen Vernunft normativ in dem Sinn, daß in ihm als einer Qualität von Personen schon eine Aufforderung liegt, sich entsprechend zu verhalten.

2 Siehe dazu E. Tugendhat 1984: 126 ff. u. 164.

3 So z. B. J. Habermas 1983b: 118.

4 Von einer Art Kontraktualismus kann man natürlich auch mit Bezug auf Rawls' *A Theory of Justice* sprechen. Ich meine jetzt aber die Vertragstheorie in der minimalistischen Variante, die von bloß eigeninteressierten Individuen ausgeht, welche Regelungen unter sich auszuhandeln versuchen.

5 Wenn man z. B. einen stärker empirischen Personenbegriff zugrundelegen würde, der auf die realen Schwächen und Probleme Rücksicht nimmt, käme man zu anderen Vorschlägen. Zur Kritik siehe B. Barry, 1989: 244.

6 Barry 1989: 234 ff. u. 241 ff.

7 Das Grundproblem und die möglichen Reaktionen darauf werden deutlich formuliert in S. Mendus 1988: Introduction.

8 So z. B. auch in Ch. Kukathas und PH. Pettit 1990: 149.

Wilfried Hinsch

Die Idee der öffentlichen Rechtfertigung und die Fiktion des Urzustandes*

Übersicht

Eines der Leitmotive von John Rawls' Theorie politischer und sozialer Gerechtigkeit ist die Vorstellung, daß eine gerechte und legitime demokratische Ordnung auf Grundsätzen, Werten und Institutionen beruhen muß, die alle Beteiligten aufgrund vernünftiger Einsichten als für sich und andere verbindlich anerkennen können. Hierin kommt ein für das Selbstverständnis moderner Demokratien zentraler Punkt zum Tragen: die für sie grundlegenden politischen Institutionen und gesellschaftlichen Einrichtungen müssen die begründete Zustimmung derjenigen finden können, deren Leben sie regulieren. Dies erklärt die Bedeutung, die in Demokratien dem Akt der Verfassungsgebung durch die Zustimmung eines Volkes (oder seiner Vertreter) zu einem Verfassungsentwurf beigemessen wird. Und es erklärt auch, warum in Demokratien die öffentliche Rechtfertigung von politischen Institutionen und kollektiv verbindlichen Regelungen einen notwendigen Bestandteil ihrer Legitimation bildet.

In diesem Aufsatz soll *erstens* untersucht werden, welche Rolle die Vorstellung eines allgemeinen und begründeten Konsenses über die institutionelle Grundstruktur einer Gesellschaft und die mit ihr verbundene Forderung der öffentlichen Rechtfertigung institutioneller Regelungen innerhalb der Rawlsschen Gerechtigkeitskonzeption spielt (Abschn. 1-2). *Zweitens* geht es mir darum, herauszuarbeiten, in welcher Weise die für die Rawlssche Konzeption zentrale Modellkonstruktion des Urzustandes mit dem Gedanken der Notwendigkeit eines Konsenses verbunden ist (Abschn. 3-5). *Drittens* soll schließlich gezeigt werden, aus welchen Gründen und innerhalb welcher Grenzen sich die Rawlsschen Gerechtigkeitsgrundsätze tatsächlich auf einen übergreifenden Konsens aller vernünftigen moralischen, religiösen und philosophischen Lehren stützen können (Abschn. 6-10).

1. Das Ideal einer wohlgeordneten Gesellschaft

Das von Rawls vorgestellte Ideal einer gerechten und legitimen politischen Ordnung ist in seiner Konzeption einer wohlgeordneten Gesellschaft verkörpert. Eine wohlgeordnete Gesellschaft ist nach Rawls ein Generationen übergreifendes System sozialer und politischer Kooperation, das von öffentlich anerkannten Gerechtigkeitsgrundsätzen wirksam reguliert wird. Im einzelnen müssen folgende Bedingungen erfüllt sein: (1) Die grundlegenden gesellschaftlichen Institutionen und Regelungen entsprechen den von allen Gesellschaftsmitgliedern aus guten Gründen anerkannten Gerechtigkeitsgrundsätzen. (2) Alle Beteiligten handeln gesetzestreu und in Übereinstimmung mit den öffentlich anerkannten Gerechtigkeitsgrundsätzen. (3) Alle wissen, daß die Bedingungen (1) und (2) erfüllt sind, und auch dies ist allgemein bekannt. (4) Es besteht Einigkeit über die Begründung der obersten Gerechtigkeitsgrundsätze (PL 35 ff. u. 66 f.).

Zwei Merkmale des politischen Ideals einer wohlgeordneten Gesellschaft verdienen besondere Beachtung. So handelt es sich um eine Gesellschaft, in der alle Bürger bereitwillig gerechten Regelungen Folge leisten, in der also das, was die Spieltheoretiker das Compliance-Problem nennen, gelöst ist. Wir haben es mit einem stabilen und darum hocheffizienten System sozialer Kooperation zu tun. Das zweite hervortretende Merkmal ist, daß es sich um ein System der Kooperation handelt, dessen institutionelle Grundstruktur von allen Beteiligten nicht nur *de facto*, sondern *aus guten Gründen* als gerecht betrachtet wird. Zwischen beiden Merkmalen besteht ein Zusammenhang, da die wohlbegründeten Überzeugungen ihrer Bürger die empirisch-motivationale Grundlage der Stabilität einer wohlgeordneten Gesellschaft bilden: alle Beteiligten handeln in Übereinstimmung mit den allgemein anerkannten Regelungen, weil sie aus guten Gründen davon überzeugt sind, daß sie gerecht sind, und weil sie wissen, daß alle anderen ebenso handeln. Anders als der Gesichtspunkt der Stabilität jedoch führen uns die unterstellten ›guten Gründe‹ für die Gerechtigkeitsüberzeugungen der Bürger auf ein genuin philosophisches Problem: das Problem der normativen Begründung politischer Grundsätze und Institutionen.

Dem Ideal einer wohlgeordneten Gesellschaft liegt eine Konzeption der öffentlichen Rechtfertigung von Normen und Institutionen zugrunde. Gerechtigkeitsgrundsätze für eine wohlgeordnete Gesellschaft müssen auf der Basis allgemein geteilter normativer Überzeugungen die öffentliche Zustimmung derjenigen finden können, für die sie als oberste regulative Prinzipien der wichtigsten gesellschaftlichen Institutionen Geltung beanspruchen; d.h., es muß möglich sein, sie vor allen Bürgern, allen gegenüber mit für alle gleichermaßen einsichtigen Gründen zu rechtfertigen. Grundsätze, die diese Bedingung erfüllen, können wir als *öffentlich gerechtfertigte* Grundsätze bezeichnen.[1]

Die Idee der Öffentlichkeit spielte schon in *A Theory of Justice* eine wichtige Rolle. Sie wurde dort jedoch vor allem unter dem Gesichtspunkt der Stabilität einer wohlgeordneten Gesellschaft diskutiert (TJ 133, 177 ff., 453 ff.; d 155 f., 203 ff., 492 ff.). Stabile politische und soziale Kooperation setzt voraus, daß die Beteiligten nicht nur *de facto* bestimmte Regeln anerkennen und befolgen, sondern sie müssen auch voneinander wissen, daß sie dies tun. Eben dies wird durch die zum Begriff einer wohlgeordneten Gesellschaft gehörige Öffentlichkeitsbedingung (Bed. 3) sichergestellt. Darüber hinaus geben Bürger durch ihre öffentliche Anerkennung fairer Grundsätze politischer und sozialer Kooperation voreinander zu erkennen, daß sie einander als gleichberechtigte Partner betrachten, und auch darin liegt ein Beitrag zur Stabilisierung einer wohlgeordneten Gesellschaft.

In *Political Liberalism* gewinnt der Gedanke der Öffentlichkeit nun eine zusätzliche Dimension dadurch, daß das ›Faktum des Pluralismus‹ ausdrücklich als ein Grundproblem sowohl der Begründung allgemeiner politischer Grundsätze als auch der Legitimierung konkreter politischer Entscheidungen anerkannt wird. Es geht nicht mehr allein darum, daß nur öffentlich anerkannte Grundsätze politischer Gerechtigkeit zu einem stabilen System sozialer Kooperation führen. Die vorrangige Frage ist jetzt, unter welchen Bedingungen es in einer pluralistischen Gesellschaft grundsätzlich möglich erscheint, Gerechtigkeitsgrundsätze zu finden, die sich mit für alle gleichermaßen einsichtigen Gründen öffentlich rechtfertigen lassen.[2]

Die Existenz einer Pluralität vernünftiger, aber gleichwohl in grundlegenden Punkten divergierender moralischer und religiöser Lehren bedeutet, daß Gerechtigkeitsgrundsätze und, allgemeiner, alle grundlegenden gesellschaftlichen Institutionen die begründete Zustimmung von Bürgern finden müssen, deren moralische oder religiöse Auffassungen darüber, was ein gelungenes Leben in Gemeinschaft mit anderen auszeichnet, nicht oder nur zum Teil übereinstimmen. Dies führt zur Rawlsschen Konzeption eines ›übergreifenden Konsenses‹ (PL 133-172). Keine der von den Bürgern pluralistischer Demokratien vertretenen umfassenden moralischen oder religiösen Lehren findet allgemeine Zustimmung, und keine von ihnen kommt deshalb in ihrer Gänze als Grundlage für eine Gerechtigkeitskonzeption in Betracht, die allen gegenüber gerechtfertigt werden könnte. Die öffentliche Rechtfertigung politischer und sozialer Grundsätze kann gleichwohl nur gelingen, wenn die von den Bürgern bejahten umfassenden normativen Auffassungen und Lehren unangesehen ihrer sonstigen Divergenzen hinreichend viele Übereinstimmungen aufweisen; denn sie muß von Voraussetzungen ausgehen, denen alle zustimmen können. Wir müssen mit anderen Worten annehmen, daß die zur Begründung von Gerechtigkeitsgrundsätzen für eine wohlgeordnete Gesellschaft notwendigen Voraussetzungen von einem übergreifenden Konsens getragen werden.

2. Die kantische Konzeption eines übergreifenden Konsenses

Die Bedeutung von Zustimmung und Konsens für Gerechtigkeitsgrundsätze ist kaum zu übersehen, wenn man deren gesellschaftliche Aufgabe bedenkt, ein System von Institutionen zu regulieren, das dauerhaft friedliche und fruchtbare soziale Kooperation ermöglichen soll. Jede Form dauerhafter politischer Ordnung setzt ein hohes Maß freiwilliger Kooperation und unerzwungener Regelbefolgung voraus. Die zwangsweise Durchsetzung von Gesetzen und politischen Maßnahmen durch staatliche Institutionen ist mit hohen Opportunitätskosten verbunden und stößt schnell an ihre Grenzen. Kein Regime würde lange bestehen, wenn es sich nicht darauf verlasssen könnte, daß hinreichend viele Bürger die ihm zugrundeliegenden Prinzipien zumindest stillschweigend gutheißen und deshalb seinen Geboten und Forderungen willig Folge leisten. Die stabilitätsbezogene, an Hobbes orientierte Konzeption politischen Konsenses betrachtet die Zustimmung der Bürger deshalb zu Recht als eine empirisch-kausale Bedingung dauerhafter Ordnung. Worauf es unter diesem Gesichtspunkt ankommt, ist nicht, daß *alle* Bürger ein Regime bejahen und unterstützen, sondern lediglich, daß hinreichend viele es tun. Einstimmigkeit ist unnötig, da stabile politische Verhältnisse normalerweise auch ohne sie erreicht werden können. Sobald die Anzahl der ›loyalen‹ Bürger eine kritische Schwelle überschreitet, entstehen für alle Gesellschaftsmitglieder unabhängig von ihrer Einstellung gegenüber dem Regime Bedingungen, die offenen Widerstand als riskant und aussichtslos erscheinen lassen.

Eine andere Perspektive ergibt sich, wenn man von Kant ausgeht und wie er die Forderung, das ganze Volk müsse seine ›Einstimmung‹ geben können (Kant 1793: 297), aus dem Gedanken der Autonomie des Individuums herleitet. Die grundlegende Idee ist dann, daß Bürger als freie und gleiche moralische Personen einen unabweisbaren Anspruch haben, nur solchen Normen unterworfen zu werden, denen sie auf der Grundlage vernünftiger Einsichten zustimmen können. Die Möglichkeit eines begründeten Konsenses wird dabei zu einem konstitutiven Element politischer und sozialer Gerechtigkeit, und es reicht nicht, daß die Anzahl der zustimmenden Bürger die für die Stabilität einer Gesellschaft kritische Schwelle überschreitet; als gleichberechtigte autonome und einsichtsfähige Subjekte müssen idealerweise *alle* zustimmen können.

Für die empirische Stabilität einer institutionellen Ordnung sind die faktischen Einstellungen und Überzeugungen der an ihr Beteiligten entscheidend. Deren Rationalität spielt allenfalls indirekt eine Rolle. Wenn Bürger ein Regime unterstützen, weil sie glauben, es sei ihre Pflicht oder in ihrem eigenen Interesse, dies zu tun, so tragen sie damit zu seiner Stabilität bei, ganz unabhängig davon, ob ihre subjektiven Überzeugungen konsistent oder inkonsistent, begründet oder unbegründet sind. Der kantischen Konzeption von Zustimmung und Konsens dagegen geht es nicht primär um faktische Anerkennung und Unterstützung, sondern um die moralische Rechtfertigung von politischen Grundsätzen und Institutionen. Als gerechtfertigt können diese aber erst dann gelten, wenn Bürger vor dem Hintergrund ihrer wohlerwogenen normativen Überzeugungen ausschlaggebende Gründe haben, sie als verbindlich für sich und andere anzuerkennen, und nicht schon, wenn sie glauben, solche Gründe zu haben.

Meine stark vereinfachte Unterscheidung zwischen einer hobbesschen und einer kantischen Auffassung über die Notwendigkeit eines Konsenses soll nicht zur Klassifikation politischer Theorien dienen. Jede akzeptable Theorie politischer Gerechtigkeit enthält hobbessche und kantische Elemente. Worum es geht, ist, deutlich zu machen, zwischen welchen Polen sich eine theoretische Bestimmung der Rolle von Zustimmung und Konsens in der politischen Philosophie bewegt.[3]

Nachdem Rawls in »The Idea of an Overlapping Consensus« (R 1987) seine Konzeption eines übergreifenden Konsenses zuerst systematisch vorgestellt hatte, wurde ihm von Kritikern vorgeworfen, die Begründung von Gerechtigkeitsgrundsätzen in unzulässiger Weise mit pragmatisch-politischen Erwägungen zu durchsetzen. Tatsächlich betont Rawls in seinen neueren Arbeiten seit 1980 die ›praktische Aufgabe‹ der politischen Philosophie. Diese sieht er darin, eine Gerechtigkeitskonzeption auszuarbeiten, die in der Lage ist, auf der Basis eines übergreifenden Konsenses die soziale Einheit und Stabilität pluralistischer Gesellschaften zu gewährleisten.[4] So entstand der Eindruck, Rawls betrachte seine Gerechtigkeitsgrundsätze jetzt als das Ergebnis eines Kompromisses zwischen den in einer Gesellschaft vorherrschenden moralischen und religiösen Auffassungen. Manchem schien es, als ob Rawls bereit sei, um der sozialen Einheit und Stabilität willen die Forderungen der Gerechtigkeit den Ideologien der vorherrschenden gesellschaftlichen Gruppen anzupassen, und Joseph Raz fragte stellvertretend für viele: »Has Rawls become a politician?« (Raz 1990: 10).

Um diesem Mißverständnis entgegenzutreten, werden in *Po-*

litical Liberalism zwei Darstellungsstufen unterschieden (PL xx, 38 f., 64 ff., 133 f., 140-144). Auf der ersten Stufe soll eine liberale politische Gerechtigkeitskonzeption ohne Einbeziehung des Gedankens eines übergreifenden Konsenses als eine, wie Rawls sagt, ›freistehende politische Konzeption‹ vorgestellt und begründet werden. Erst im Anschluß daran ist auf der zweiten Stufe vom übergreifenden Konsens die Rede, wenn es darum geht, zu erörtern, unter welchen Bedingungen eine wohlgeordnete pluralistische Gesellschaft dauerhaft bestehen kann. Die Unterscheidung einander nachgeordneter Darstellungsstufen bei der Formulierung und Begründung einer Gerechtigkeitskonzeption entspricht im wesentlichen dem, was Rawls bereits in *A Theory of Justice* über die Bedeutung des Stabilitätsproblems für eine Theorie der Gerechtigkeit gesagt hat (TJ 6, 455 f., 496-504; d 27, 495, 539-547). Sie ist auch geeignet, die genannten Bedenken zu entkräften. Gleichwohl gibt sie uns nur eine unzureichende Vorstellung von der Bedeutung eines übergreifenden Konsenses für die Rawlssche Gerechtigkeitskonzeption, scheint sie doch die Annahme zu bestätigen, ein übergreifender Konsens sei zunächst und vor allem unter Gesichtspunkten politischer und sozialer Stabilität erforderlich. Doch genau dies ist falsch.

Die Notwendigkeit eines übergreifenden Konsenses ergibt sich bei Rawls weniger aus der hobbesschen als aus der kantischen Perspektive. Es geht nicht allein und nicht einmal in erster Linie darum, sicherzustellen, daß bestimmte Gerechtigkeitsgrundsätze unter den historischen Bedingungen moderner pluralistischer Gesellschaften den Grad an öffentlicher Anerkennung erlangen können, der nötig ist, um das dauerhafte Bestehen einer politischen und sozialen Ordnung zu gewährleisten. Entscheidend ist vielmehr, daß Gerechtigkeitsgrundsätze, die sich nicht auf einen übergreifenden Konsens stützen können, weil sie nicht mit den wohlerwogenen normativen Überzeugungen aller Beteiligten vereinbar sind, keine angemessenen Grundsätze für eine Gesellschaft sein können, deren Mitglieder einander als freie und gleiche Bürger betrachten und die deshalb anerkennen, daß jeder von ihnen denselben Anspruch hat, in Übereinstimmung mit seinen wohlerwogenen Überzeugungen zu leben. Die Stabilität einer wohlgeordneten Gesellschaft ist hier nur insofern bedeutsam, als sie ihre Grundlage in den wohlerwogenen Überzeugungen vernünftiger Bürger hat, die einander als freie und gleiche anerkennen. Die Rawlssche Konzeption eines übergreifenden Konsenses zielt nicht auf politische oder soziale Stabilität als solche ab, sondern, wie es jetzt in der Erwiderung auf Habermas heißt, auf ›Stabilität aus den richtigen Gründen‹ (vgl. unten S. 210 f.), d. h. aus Gründen, die mit dem normativen Selbstverständis freier und gleicher Bürger zu vereinbaren sind.

»The kind of stability required of justice as fairness is based, then, on its being a liberal political view, one that aims at being acceptable to citizens as reasonable and rational, as well as free and equal, and so adressed to their public reason. ... justice as fairness is not reasonable in the first place unless in a suitable way it can win its support by addressing each citizen's reason, as explained within its own framework.« (PL 143)

3. Das Argumentationsmodell des Urzustandes

Die Vorstellung eines allgemeinen begründeten Konsenses über Gerechtigkeitsgrundsätze wird von Rawls durch die Konzeption der *Gerechtigkeit als Fairneß* konkretisiert. Eine Gesellschaft ist demnach dann und nur dann gerecht, wenn die Verteilung der Vorteile und Lasten sozialer Kooperation in ihr Grundsätzen entspricht, die freie und gleiche Personen unter fairen Bedingungen selbst für ihre Gesellschaft wählen würden. Dieser Gedanke wird durch die Fiktion des Urzustandes ausgeführt. Der Urzustand beschreibt eine hypothetische Situation, in der Bürger (oder ihre Vertreter) hinter einem ›Schleier der Unwissenheit‹ kollektiv darüber zu entscheiden haben, welche obersten Gerechtigkeitsgrundsätze die institutionelle Grundstruktur ihrer Gesellschaft regulieren sollen. Der Schleier der Unwissenheit zwingt sie dazu, sich für bestimmte Grundsätze in Unkenntnis ihrer konkreten persönlichen und sozialen Lebensumstände zu entscheiden. Weder wissen sie, welche persönlichen Präferenzen und Fähigkeiten sie haben, noch kennen sie ihre besonderen moralischen Überzeugungen und Wertvorstellungen. Darüber hinaus ist ihnen die in ihrer Gesellschaft bestehende Verteilung sozialer Positionen und Lebenslagen unbekannt.

Die Annahme des Schleiers der Unwissenheit dient dazu, faire Bedingungen für die Wahl von Gerechtigkeitsgrundsätzen zu schaffen. Die Bürger einer Demokratie betrachten einander als freie und gleiche moralische Personen. Sie befinden sich insofern, was die Auswahl und öffentliche Rechtfertigung politischer Grundsätze betrifft, in vollkommen symmetrischen Positionen zueinander. Keiner von ihnen hat Anspruch auf besondere Vorrechte oder Privilegien. Die Funktion des Schleiers der Unwissenheit besteht unter diesem Gesichtspunkt darin, sicherzustellen, daß die in allen Gesellschaften bestehende asymmetrische Verteilung von Machtpositionen und Einflußmöglichkeiten ohne Konsequenzen für die Wahl von Gerechtigkeitsgrundsätzen im Urzustand bleibt. Mit Blick auf die systematische Herleitung der Rawlsschen Gerechtigkeitsgrundsätze eröffnet die Fiktion des Schleiers der Unwissenheit darüber hinaus die Möglichkeit einer am Modell rationaler individueller Entscheidungen orientierten Rechtfertigung (TJ 16 ff.; d 33 ff.). Da die Bürger im Urzustand in Unkenntnis ihrer konkreten Lebensumstände beraten, ist es ihnen unmöglich, Grundsätze unter dem Gesichtspunkt der maximalen Förderung ihrer partikularen Interessen auszuwählen. Die ihnen auferlegten Informationsbeschränkungen bewirken, daß alle Beteiligten sich in derselben Entscheidungssituation befinden. Wenn es also Grundsätze gibt, die irgend jemand unter den Bedingungen des Urzustandes rationalerweise wählen würde, so müssen es Grundsätze sein, die jeder andere *unter denselben Bedingungen* ebenfalls wählen würde. Das Problem der normativen Rechtfertigung von Gerechtigkeitsgrundsätzen wird auf diese Weise zu einem Problem der rationalen individuellen Wahl von Normen unter den durch den Schleier der Unwissenheit geschaffenen fairen Bedingungen.

Angesichts der ihnen auferlegten Informationsbeschränkungen gründen die Parteien im Urzustand ihre Entscheidung darauf, daß sie freie und gleiche Bürger mit den für moralische Personen konstitutiven Merkmalen sind (R 1980: 525; PL 19, 73 f.). Der Begriff des Bürgers als freier und gleicher moralischer Person ist für Rawls' Konzeption grundlegend. Er gehört zu den ›fundamental intuitive ideas‹, von denen Rawls annimmt, daß sie als Bestandteile der öffentlich-politischen Kultur einer Demokratie zumindest implizit allgemein anerkannt werden, und von denen ausgehend es ihm möglich erscheint, eine Gerechtigkeitskonzeption zu formulieren, die ebenfalls auf allgemeine Zustimmung rechnen kann (R 1980: 516-518; PL 18 f.). Moralische Personen zeichnen sich durch drei definierende Merkmale aus: Sie verfügen (1) über die Anlage zu einem Gerechtigkeitssinn, (2) über die Befähigung zu einer Konzeption des Guten und (3) über eine mehr oder weniger umfassende und mehr oder weniger artikulierte besondere Konzeption des Guten, deren Inhalt ihnen freilich hinter dem Schleier der Unwissenheit unbekannt ist (PL 19 f., 29-35).

Unter einem Gerechtigkeitssinn versteht Rawls die Fähigkeit und Bereitschaft moralischer Personen, Gerechtigkeitsgrundsätze und, allgemeiner, faire soziale Regelungen verstehen und in angemessener Weise im eigenen Verhalten beachten zu können. Die Befähigung zu einer Konzeption des Guten umfaßt die zur Ausbildung, rationalen Verfolgung und kritischen Überprüfung von Wertvorstellungen, Präferenzen und Lebensplänen nötigen kognitiven und praktischen Fähigkeiten. Mit Blick auf die Annahme eines Gerechtigkeitssinnes ist zu beachten, daß die Parteien im Urzustand seinen konkreten Inhalt ebensowenig kennen wie den Inhalt ihrer besonderen Konzeptionen des Guten. Dies muß so sein, weil die für eine Gesellschaft angemessenen Gerechtigkeitsgrundsätze der Rawlsschen Konzeption zufolge erst durch die Entscheidung der Parteien im Urzustand festgelegt werden sollen. Die Annahme des Gerechtigkeitssinnes hat deshalb einen lediglich formalen Charakter: die Parteien im Urzustand gehen davon aus, daß alle Beteiligten über die Anlage zu einem Gerechtigkeitssinn verfügen, so daß sie unter geeigneten sozialen Bedingungen gleichermaßen in der Lage sind, die Fähigkeit und Bereitschaft zu gerechtem Handeln zu entwickeln (TJ 145; d 168 f.).

Den drei für den Personbegriff konstitutiven Merkmalen korrespondieren drei übergeordnete Interessen moralischer Personen. Sie bilden die motivationale Basis für die Auswahl von Gerechtigkeitsgrundsätzen durch die Parteien im Urzustand. Jedem der beiden moralischen Vermögen ist ein Interesse an seiner adäquaten Entwicklung und Ausübung zugeordnet. Der bestimmten, aber vom Standpunkt des Urzustandes aus unbekannten Konzeption des Guten jedes Bürgers entspricht ein Interesse daran, den eigenen Lebensentwurf, worin immer er bestehen mag, gegen Übergriffe zu schützen und so gut es geht zu verwirklichen (R 1980: 525; PL 19, 73 f.). Da den Parteien hinter dem Schleier der Unwissenheit alle Informationen über ihre persönlichen und sozialen Lebensumstände fehlen, orientieren sie sich bei der Auswahl von Gerechtigkeitsgrundsätzen ausschließlich an den drei genannten höherrangigen Interessen. So wählen sie Grundsätze, von denen sie aus der Perspektive des Urzustandes annehmen, daß sie die für die angemessene Entwicklung und Ausübung ihrer moralischen Vermögen und für die Förderung ihrer jeweiligen Konzeption des

Guten notwendigen sozialen Bedingungen gewährleisten. Rawls beschreibt diese Bedingungen als ›Grundgüter‹, an denen alle Bürger *als moralische Personen* ein rationales Interesse haben, weil sie für die Wahrnehmung ihrer übergeordneten Interessen unverzichtbar sind (R 1980: 525 ff.; PL 75 f. u. 176-190).[5]

Wegen der überragenden Bedeutung einer adäquaten Entwicklung der beiden Vermögen und angemessener Bedingungen für ihre Ausübung beurteilen die Parteien die ihnen vorliegenden Gerechtigkeitsgrundsätze im Urzustand aus der Perspektive der von sozialen Ungleichheiten am wenigsten begünstigten Gesellschaftsmitglieder und wählen Grundsätze in Übereinstimmung mit der sog. Maximin-Regel der rationalen Entscheidungstheorie, d. h. sie wählen Gerechtigkeitsgrundsätze, die ihnen auch für den Fall, daß sie zu den am wenigsten begünstigten Gesellschaftsmitgliedern gehören, einen für die Entwicklung und Ausübung ihrer beiden moralischen Vermögen adäquaten Anteil an Grundgütern garantieren. Unter diesen Voraussetzungen würden sich die Parteien nach Rawls auf die von ihm vorgeschlagenen Gerechtigkeitsgrundsätze einigen: der erste Grundsatz fordert ein adäquates System gleicher politischer und bürgerlicher Freiheiten für alle, der zweite faire Chancengleichheit und maximale Einkommens- und Vermögensanteile für die am wenigsten Begünstigten (PL 5).[6]

Die Konstruktion des Urzustandes, wie ich sie beschrieben habe, läßt leicht erkennen, auf welchen Voraussetzungen die Rawlssche Herleitung der beiden Grundsätze beruht: es sind der Begriff des Bürgers als freier und gleicher moralischer Person und der dichte Schleier der Unwissenheit, der die vertragschließenden Parteien nicht nur von Informationen über ihre persönlichen Präferenzen und Interessen abschirmt, sondern auch jede Berufung auf umfassende moralische und religiöse Konzeptionen des Guten ausschließt. Erklärungsbedürftig mag zunächst erscheinen, welche Relevanz die Überlegungen und Entscheidungen der Parteien im Urzustand – die Überlegungen also von fiktiven Gedankenwesen in einer ebenso fiktiven Situation – für Personen haben können, die nicht hinter einem Schleier der Unwissenheit leben, die also ihre persönlichen Präferenzen, Interessen und Überzeugungen kennen. Doch die Antwort ist offensichtlich: wenn das Rawlssche Modell argumentative Kraft hat, dann deshalb, weil wir die in seinen Konstruktionselementen verkörperten Annahmen anerkennen oder nach gebührender Überlegung anerkennen würden

(TJ 21; d 39). Es müssen mit Blick auf die öffentliche Rechtfertigung der Rawlsschen Grundsätze also Annahmen sein, über die ein übergreifender Konsens entweder bereits besteht oder über die er sich durch vernünftiges Argumentieren herstellen läßt.

4. Moralische Personen und rationale Egoisten

Die Befähigung moralischer Personen zu einer Konzeption des Guten und die zu ihr gehörigen übergeordneten Interessen erscheinen als Voraussetzungen für die öffentliche Rechtfertigung von Gerechtigkeitsgrundsätzen mehr oder weniger unproblematisch. Es wird, soweit ich sehen kann, allgemein anerkannt, daß die Fähigkeit, rationale Auffassungen darüber auszubilden, was gut und schlecht ist, und ihnen in mehr oder weniger zweckmäßiger Weise nachzuleben, eine notwendige Bedingung moralischer Personalität ist. Problematischer ist die Annahme eines Gerechtigkeitssinnes, d. h. die Annahme der Fähigkeit und Bereitschaft aller Beteiligten, Gerechtigkeitsgrundsätze anzuerkennen und zu befolgen. Sie wird von einigen liberalen Theoretikern als zu idealistisch abgelehnt und durch die methodische Konzeption des rationalen Egoismus ersetzt. Ihnen zufolge können nur solche Normen und Institutionen als rational gerechtfertigt gelten, denen alle Beteiligten allein aus Gründen ihres wohlverstandenen Eigeninteresses zustimmen würden. Die Kontroverse zwischen Konzeptionen, die vom rationalen Egoismus ausgehen, und denen, die einen Gerechtigkeitssinn oder ein ähnliches Vermögen zum moralischen Überlegen und Handeln voraussetzen, verdient eine ausführliche Erörterung, die uns hier jedoch vom Weg wegführen würde. Ich begnüge mich deshalb mit einer kurzen Bemerkung dazu, warum ich glaube, daß die Annahme eines Gerechtigkeitssinnes für die *moralische* Rechtfertigung politischer und sozialer Normen unverzichtbar ist.

Sagen wir, ein rationaler Egoist sei jemand, für den eine Handlung genau dann begründet ist, wenn sie in seinem wohlverstandenen Eigeninteresse liegt. Im paradigmatischen Grenzfall nimmt ein rationaler Egoist niemals persönliche Nachteile in Kauf, es sei denn um längerfristiger Vorteile willen. Dies schließt nicht aus, daß sich die Einrichtung eines Systems fairer sozialer Regeln, insofern sie im wohlverstandenen Eigeninteresse aller Gesellschaftsmitglieder liegt, auch einem rationalen Egoisten gegenüber begründen läßt. Jeder Mensch hat ein rationales Interesse daran, daß seine Mitmenschen ihm gegenüber bestimmte Verhaltensbeschränkungen einhalten; denn nur unter dieser Voraussetzung darf er hoffen, seine eigenen Lebenspläne, worin immer sie bestehen mögen, verwirklichen zu können. Wir dürfen deshalb erwarten, daß auch ein rationaler Egoist *erstens* die Einrichtung eines sanktionsbewehrten Systems sozialer Regeln befürworten und unterstützen wird und sich *zweitens* wegen der Opportunitätskosten regelwidrigen Verhaltens normalerweise selbst regelkonform verhalten wird. In diesem Sinne können wir davon sprechen, daß er die Geltung sozialer Regeln anerkenne.[7]

Entscheidend ist, daß ein rationaler Egoist Regeln ausschließlich unter instrumentellen Gesichtspunkten in seinem Handeln berücksichtigt, nämlich als notwendige empirische Rahmenbedingungen für die optimale Verwirklichung seiner Lebenspläne. Er erkennt sie in dem Sinne an, in dem wir auch davon sprechen, daß jemand die Tatsachen anerkenne: er nimmt sie zur Kenntnis, begrüßt gegebenenfalls ihr Bestehen und berücksichtigt sie in möglichst umsichtiger Weise bei der Verfolgung seiner Pläne. Er macht sie aber nicht zum Maßstab seines Handelns und wird sich nur insoweit an sie halten, wie dies seinen längerfristigen Interessen dient. Wann immer sich ihm die Möglichkeit bietet, durch punktuelle Regelverletzungen Vorteile zu erzielen, denen keine überwiegenden Nachteile gegenüberstehen, wird er dies tun.

Man beachte, daß es einem rationalen Egoisten aus logischen Gründen unmöglich ist, Regeln in dem weiteren Sinne anzuerkennen, den wir mit moralischen Geboten gewöhnlich verbinden. Dazu würde gehören, daß das Gebot als ein *intrinsischer Grund* für regelkonformes Verhalten und damit als *Maßstab* des eigenen Verhaltens betrachtet wird. Und dies setzt voraus, davon überzeugt zu sein, daß man der Regel auch dann folgen soll, wenn dies gelegentlich mit unkompensierten persönlichen Nachteilen verbunden ist. Eine solche Überzeugung ist jedoch mit dem Begriff eines rationalen Egoisten unvereinbar.

Einwände gegen die Voraussetzung eines Gerechtigkeitssinnes, die darauf hinauslaufen, den Rawlsschen Begriff der moralischen Person durch die Konzeption des rationalen Egoismus zu ersetzen, scheitern demnach schon im Vorfeld daran, daß es unter rationalen Egoisten keine moralischen Rechtfertigungen im gewöhnlichen Sinne[8] geben kann, weil diese Homunculi der neuzeitlichen Ökonomie, so wie sie konzipiert worden sind, niemals universalisierbaren Geboten aufrichtig und ernsthaft zustimmen können. Sobald wir uns auf der Ebene moralischen Argumentierens befinden, sind unsere Adressaten deshalb notwendigerweise keine rationalen Egoisten, sondern moralische Personen im Rawlsschen Sinne, d. h. Wesen mit der Fähigkeit und Bereitschaft zu gerechtem Denken und Handeln.

5. Der dichte Schleier der Unwissenheit

Die von den übergeordneten Interessen moralischer Personen ausgehenden Überlegungen der Parteien im Urzustand sind auch vor dem Schleier der Unwissenheit, also ohne Informationsbeschränkungen, starke Gründe für die von Rawls favorisierten Gerechtigkeitsgrundsätze. Wenn die von Rawls benannten Grundgüter tatsächlich notwendige soziale Voraussetzungen für die adäquate Entwicklung und Ausübung der beiden moralischen Vermögen sind, haben alle Gesellschaftsmitglieder angesichts stets ungewisser Zukunftserwartungen gute Gründe, *ceteris paribus* eine institutionelle Grundstruktur zu wünschen, die ihnen und ihren Kindern dauerhaft eine hinreichende Zuteilung an Grundgütern in *allen* gesellschaftlichen Positionen garantiert. Erst durch den dichten Schleier der Unwissenheit werden diese Gründe jedoch zu ausschlaggebenden Gründen, die alle entgegenstehenden Überlegungen überwiegen und definitiv zu den Rawlsschen Grundsätzen und dem mit ihnen festgeschriebenen Vorrang der Grundfreiheiten führen.

Man beachte in diesem Zusammenhang die logische Funktion des Schleiers der Unwissenheit. Eine schon bei Aristoteles analysierte Besonderheit praktischen Schließens besteht darin, daß für einen praktischen Schluß, dessen Konklusion eine präskriptive Komponente enthält, die Hinzufügung als wahr angenommener Prämissen ebenso verhängnisvoll sein kann wie berechtigte Kritik an den Annahmen, auf denen der Schluß beruht. Je nachdem, welche Grundsätze, Werte und Tatsachen jemand in seinen Überlegungen berücksichtigt, können sich verschiedene praktische Folgerungen ergeben. Die Aufgabe des Schleiers der Unwissenheit besteht unter diesem Gesichtspunkt darin, die materialen Prämissen, aus denen die Gerechtigkeitsgrundsätze deduktiv gewonnen werden – also im wesentlichen die Konzeption der moralischen Person –, davor zu schützen, durch Einbeziehung zusätzlicher Informationen ihrer ausschlaggebenden Kraft beraubt zu werden. Jemand, der seine bevorzugte soziale Position kennt, sich also nicht hinter einem Schleier der Unwissenheit befindet, hat, auch wenn er eine moralische Person im Rawlsschen Sinne ist, *ceteris paribus* gute Gründe, z.B. das ›Differenzprinzip‹ (den zweiten Teil des zweiten Rawlsschen Grundsatzes, der maximale Einkommens- und Vermögensanteile für die am wenigsten Begünstigten fordert) abzulehnen. Und ein strenggläubiger Katholik könnte dem übergeordneten Interesse, das er als moralische Person daran hat, seine Konzeption des Guten gegebenenfalls revidieren zu können, ein geringeres Gewicht beimessen als seinem konkreten Interesse daran, in Gemeinschaft mit Gleichgesinnten ein gottesfürchtiges Leben zu führen. Er würde sich dann nicht für den von Rawls im Rahmen des ersten Grundsatzes geforderten Vorrang der Gewissensfreiheit entscheiden und ggf. die Einrichtung einer katholischen Staatskirche befürworten.

Für ein genaueres Verständnis des Schleiers der Unwissenheit ist es hilfreich, drei Stufen der durch ihn vorgenommenen Informationsbeschränkungen zu unterscheiden: Die *erste* Stufe betrifft den Ausschluß von Informationen über die persönlichen Präferenzen und konkreten Lebensumstände einzelner. Auf der *zweiten* Stufe werden außerdem alle Informationen über die allgemeinen gesellschaftlichen Lebensverhältnisse (ökonomischer Entwicklungsstand, Einkommensverteilung, Klassenstruktur) ausgeschlossen. Auf der *dritten* und letzten Stufe kommt es schließlich zum Ausschluß aller Informationen über die besonderen moralischen, philosophischen und religiösen Überzeugungen der Gesellschaftsmitglieder. Der von Rawls in Anspruch genommene *dichte* Schleier der Unwissenheit realisiert alle drei Stufen, so daß sich die Frage nach der Berechtigung von Informationsbeschränkungen ebenfalls auf drei Ebenen stellt.

Rawls hat den Schleier der Unwissenheit als eine »natural condition that must have occurred to many« bezeichnet (TJ 137 Fn.; d 159 f., Fn.), und dies leuchtet ein, solange wir uns auf Stufe Eins beziehen, d.h. auf den Ausschluß von Informationen, die persönliche Präferenzen und Interessen der vertragschließenden Parteien betreffen. Ein ›Schleier‹, der diese Informationen ausschließt, ist eine notwendige Voraussetzung der unparteiischen Auswahl von Gerechtigkeitsgrundsätzen und offenkundig gerechtfertigt, weil persönliche Präferenzen und besondere Lebensumstände nicht einmal *prima facie* geeignete Gründe für die Wahl oberster Gerechtigkeitsgrundsätze abgeben. Ähnliches gilt für die zweite Stufe, durch die Informationen über die allgemeinen gesellschaftlichen Lebensverhältnisse und sozialen Strukturen von den Beratungen im Urzustand ausgeschlossen werden. Dies ist notwendig, um zu verhindern, daß der Inhalt politischer Gerechtigkeit in unkontrollierbarer Weise von Faktoren beeinflußt wird, die selber das Ergebnis gerechter oder ungerechter institutioneller Regelungen sind, und dies gilt ebensosehr für die persönlichen Präferenzen und Fähigkeiten der Bürger wie für die in einer Gesellschaft *de facto* bestehende Verteilung sozialer Positionen und Lebenslagen.[9] Rawls versucht nun den auf der dritten Stufe realisierten Ausschluß aller Informationen über umfassende moralische und religiöse Konzeptionen des Guten in analoger Weise zu rechtfertigen wie die nötigen Beschränkungen der ersten und zweiten Stufe:

»Moreover, one of our considered convictions, I assume, is this: the fact that we occupy a particular social position is not a good reason for us to propose, or to expect others to accept, a conception of justice that favors those in this position. Similarly, the fact that we affirm a particular religious, philosophical, or moral comprehensive doctrine with its associated conception of the good is not a reason for us to propose, or to expect others to accept, a conception of justice that favors those of that persuasion. To model this conviction in the original position, the parties are not allowed to know the social position of those they represent, or the particular comprehensive doctrine of the person each represents« (PL 24).

Doch der von Rawls vollzogene Übergang von der ersten zur dritten Stufe der Informationsbeschränkung beruht auf einem argumentativen Kurzschluß. Er setzt voraus, daß die Bestimmung von Gerechtigkeitsgrundsätzen unter Berücksichtigung nicht allgemein geteilter, umfassender Konzeptionen des Guten zu derselben willkürlichen Bevorzugung einzelner führen würden wie die Einbeziehung partikularer Interessen. Das ist jedoch nicht notwendigerweise der Fall. Eine von mir vertretene umfassende moralische oder religiöse Konzeption des Guten ist nicht darum schon eine Konzeption, die mich bevorzugt, weil nur ich, und vielleicht einige Gleichgesinnte, sie vertreten. Dies wird von Rawls ausdrücklich anerkannt (PL 15). Für die von ihm selbst genannten Beispiele für umfassende moralische und religiöse Lehren (Kants und Mills Liberalismus, Protestantismus und Katholizismus) gilt, daß sie einen aus ihrer Perspektive nicht unbegründeten Anspruch auf Unparteilichkeit erheben. Ob sich aus der Berücksichtigung umfassender moralischer und religiöser Überzeugungen eine ungerechtfertigte Bevorzugung einzelner ergibt oder nicht, kann deshalb nicht vorab, sondern allenfalls auf der Basis einer bereits identifizierten politischen Gerechtigkeitskonzeption entschieden werden, einer Gerechtigkeitskonzeption also, die von allen Bürgern im Lichte ihrer umfassenden Überzeugungen gleichermaßen anerkannt werden muß. Rawls' Argument für den dichten Schleier der Unwissenheit, der auch die dritte Stufe realisiert, setzt deshalb unzulässigerweise bereits voraus, was mit seiner Hilfe erst hergeleitet werden soll: oberste Grundsätze politischer und sozialer Gerechtigkeit.

Sobald wir in Übereinstimmung mit Rawls' Konzeption eines *vernünftigen* Pluralismus annehmen, daß bestimmte Minimalbedingungen der Rationalität und Vernünftigkeit erfüllt sind (PL 58 ff.), müssen wir davon ausgehen, daß umfassende moralische und religiöse Konzeptionen des Guten angemessene und mutmaßlich starke Argumente für die Wahl von Gerechtigkeitsgrundsätzen begründen. Anders als mehr oder weniger partikularistische individuelle Lebensentwürfe erheben sie einen oft nicht unbegründeten Universalitätsanspruch; sie artikulieren Konzeptionen des guten und richtigen Lebens, die potentiell alle Mitglieder einer Gesellschaft einschließen. Wie könnten die Parteien im Urzustand die Argumente, die auf solchen Lehren und Konzeptionen beruhen, ignorieren, ohne ihre Entscheidung für bestimmte Gerechtigkeitsgrundsätze für alle irrelevant werden zu lassen, die wie wir vor dem Schleier der Unwissenheit leben und ihre umfassenden moralischen und religiösen Überzeugungen kennen?[10]

6. Ein entscheidungstheoretisches Argument für den dichten Schleier

Eine zunächst Erfolg versprechende Verteidigung des dichten Schleiers der Unwissenheit läßt sich mit Hilfe eines entscheidungstheoretischen Arguments entwickeln, das Allen Buchanan in seinem Aufsatz »Revisability and Rational Choice« vorgestellt hat

(A. Buchanan 1975). Sie knüpft an das dritte von Rawls angeführte Interesse moralischer Personen an, ihre Konzeption des Guten unabhängig von deren konkretem Inhalt zu schützen und zu fördern. Buchanan geht ebenso wie Rawls von der Überlegung aus, daß die besondere Konzeption des Guten einer Person keine genetisch oder sozial ein für allemal fixierte Disposition ist, in Übereinstimmung mit *bestimmten* Werten und Normen zu handeln. Neue Erfahrungen und Einsichten können ebenso wie philosophische Reflexion oder religiöse Besinnung dazu führen, daß wir selbst grundlegende Elemente unseres Lebensentwurfs aufgeben und durch andere ersetzen. Die möglichen Revisionen einer Konzeption des Guten können sowohl die für sie konstitutiven Werte und Grundsätze als auch ihre empirisch-deskriptive Komponente betreffen. So werden sich in der Regel im Laufe des Lebens unsere Einschätzungen dessen ändern, was wir unter günstigen Bedingungen für realisierbar halten; und unsere empirischen Vermutungen darüber, wie wir unsere Ziele und Ambitionen am sinnvollsten und wirksamsten umsetzen können, erweisen sich in vielen Fällen als falsch und korrekturbedürftig. Dabei ist es unwesentlich, ob die von Fall zu Fall nötigen Revisionen in irgendeinem Sinne einen Fortschritt darstellen, etwa zu größerer Rationalität oder Annäherung an ›die Wahrheit‹. Wichtig ist allein, daß die resultierenden Veränderungen der eigenen Konzeption des Guten *erstens* aus der Sicht der betroffenen Personen und in Übereinstimmung mit den Anforderungen praktischer Rationalität notwendig oder unvermeidbar erscheinen und daß *zweitens* die Gründe für sie nur zum Teil der Kontrolle durch die Betroffenen unterliegen. Jemand, der im Jugendalter feststellt, daß er nicht mehr an den Gott seiner Kinderjahre glaubt und zum Atheisten wird, kann daraus verschiedene gleichermaßen rationale Konsequenzen ziehen, aber er kann die Zehn Gebote nicht länger darum befolgen, *weil* sie die Forderungen Gottes an seine Geschöpfe ausdrücken. Es gehört deshalb zum Begriff einer rationalen moralischen Person, daß sie ihr Handeln nicht nur an gegebenen Grundsätzen und Zielen zu orientieren vermag, sondern darüber hinaus fähig und bereit ist, normative Einstellungen in rationaler Weise zu revidieren und durch vernünftige Neuorientierungen zu ersetzen. Buchanan faßt diesen Grundgedanken in Form einer Rationalitätsbedingung zusammen:

(R1) »One ought, *ceteris paribus*, to maintain an attitude of critical revisability toward one's own conception of the good (or life-plan) and of openmindedness toward competing conceptions« (A. Buchanan 1975: 399).

Aufgrund der unvollständigen Kontrolle über die eigenen normativen Überzeugungen kann nun niemand mit Gewißheit davon ausgehen, in allen Abschnitten seines Lebens dieselbe Konzeption des Guten zu bejahen. Ein rationaler Akteur wird deshalb bei seinen aktuellen Entscheidungen stets die Möglichkeit zukünftiger Revisionen seiner Zielsetzungen und Präferenzen in Betracht ziehen. Es wäre schlicht irrational, alle Entscheidungen so zu treffen, als würde sich die eigene Konzeption des Guten niemals ändern, so daß es unnötig wäre, schon in der Gegenwart möglicherweise veränderten zukünftigen Präferenzen ein gewisses Gewicht beizumessen. Dabei wird vorausgesetzt, daß menschliche Individuen aufgrund ihrer numerischen Identität durch die Zeit nicht nur ein rationales Interesse an der Befriedigung ihrer jeweils aktuellen Präferenzen haben, sondern daß sie auch an der Befriedigung ihrer zukünftigen Präferenzen interessiert sind, und zwar, so nehmen wir an, weitgehend unabhängig von deren Inhalt. Dies führt Buchanan zu einer zweiten Rationalitätsbedingung:

(R2) »One ought, *ceteris paribus*, to attempt to provide for the implementation of those new or revised conceptions of the good which one may develop ...« (A. Buchanan 1975: 402).

R2 entspricht ebenso wie R1 der alltäglichen Lebenserfahrung: viele Leute legen z. B. eine ›stille Geldreserve‹ für den Fall an, daß sie später unversehens etwas wünschen oder benötigen werden, ohne daß sie schon wüßten, was es sein wird, und auch die Theorie rationaler Entscheidungen scheint R2 zu bestätigen. So sprechen Ökonomen seit Keynes von einer rationalen ›Liquiditätspräferenz‹ der wirtschaftlich Handelnden bei ungewissen zukünftigen Präferenzen (Keynes 1936: 166 f.).

Überträgt man Buchanans Prinzip der prudentiellen Vorsorge (R2) auf die Wahl von Gerechtigkeitsgrundsätzen hinter einem Schleier der Unwissenheit, so ergibt sich folgendes Bild: ein rationaler Akteur, der zwar seine besondere Konzeption des Guten kennt, aber nichts über seine gegenwärtigen und zukünftigen Lebensumstände weiß – der sich also hinter einem Schleier der Unwissenheit der ersten und zweiten Stufe befindet –, würde sich so entscheiden, als befände er sich hinter einem dichten Schleier, der auch die dritte Stufe der Informationsbeschränkung realisiert. Da Informationen über persönliche Lebensumstände schon durch den dünnen Schleier der Unwissenheit (Stufen Eins und Zwei) ausgeschlossen sind, fehlt ihm jede verläßliche Basis zur Einschätzung der Wahrscheinlichkeit und Bedeutung möglicher Veränderungen in der eigenen Konzeption des Guten. Angesichts der Tragweite und Bedeutung möglicher ›Konversionen‹ für sein Leben wird er deshalb sicherstellen, daß Gerechtigkeitsgrundsätze gewählt werden, die für ihn akzeptabel erscheinen, *was immer der Inhalt seiner gegenwärtigen oder zukünftigen Lebensvorstellungen sein mag*. Er wird folglich so wählen, als befände er sich hinter einem *dichten* Schleier der Unwissenheit.

Die von mir hier im Anschluß an Buchanan vorgestellte entscheidungstheoretische Interpretation des Schleiers der Unwissenheit findet ihre Entsprechung in Rawls' Behandlung der Gewissensfreiheit. Die Parteien im Urzustand entscheiden sich nach Rawls für religiöse Toleranz, weil sie hinter dem Schleier der Unwissenheit nicht sagen können, ob sie zu einer religiösen (moralischen) Mehrheit oder Minderheit gehören und sicherstellen müssen, daß sie unter allen Umständen der von ihnen bejahten Konzeption des Guten folgen können (TJ 205 ff.; d 234 ff.; PL 310 ff.). Rawls bemerkt zu Recht, daß dies »strictly speaking« kein Argument für Gewissensfreiheit sei. Es gehe hier lediglich darum, die Rolle des Schleiers der Unwissenheit für die Begründung der Garantie dieser Freiheit zu verdeutlichen: »the veil of ignorance combined with the parties' responsibility to protect some unknown but determinate and affirmed religious, philosophical or moral view gives the parties the strongest reasons for securing this liberty« (PL 311). Ein Argument, das auch Bürger überzeugt, die ihre umfassenden religiösen und moralischen Anschauungen kennen, wird aber dann daraus, wenn wir das von Buchanan und Rawls postulierte Interesse moralischer Personen zugrundelegen, ihre möglichen Konzeptionen des Guten unabhängig von deren konkretem Inhalt zu fördern, und die zusätzliche wahre Prämisse einfügen, daß niemand hinreichende Kontrolle über die von ihm bejahte Konzeption des Guten hat, um Überzeugungs- und Präferenzänderungen von vornherein auszuschließen.

Trotz ihrer intuitiven Plausibilität ist die vorgestellte Argumentation nicht schlüssig; sie kann nicht zur Rechtfertigung der dritten

Stufe des Schleiers der Unwissenheit dienen. Zwar ist es im allgemeinen richtig, Vorsorge dafür zu treffen, daß nicht nur aktuelle Präferenzen befriedigt werden können, sondern auch noch unbekannte zukünftige. Es ist aber falsch, anzunehmen, daß dies für *alle* zukünftigen Präferenzen unabhängig von ihrem Inhalt gelte. Dies zeigt sich, sobald wir uns vergegenwärtigen, daß Konzeptionen des Guten nicht einfach geordnete Systeme persönlicher Präferenzen sind (obwohl sie idealerweise zu geordneten Präferenzen führen), sondern normative Überzeugungen mit Universalitätsanspruch einschließen. So kann es zu Inkompatibilitäten zwischen verschiedenen Konzeptionen des Guten kommen, die zwischen schlichten Präferenzen nicht möglich sind. Meine starke aktuelle Präferenz für Tee läßt sich ohne Schwierigkeiten damit vereinbaren, daß ich vielleicht bald schon nur noch Kaffee trinken möchte. So mag es zweckmäßig erscheinen, bereits jetzt auf eine Kaffeemaschine zu sparen, anstatt eine weitere Teekanne anzuschaffen. Anders verhält es sich dagegen, wenn ich erwarten muß, in der Zukunft *moralische* oder *religiöse* Überzeugungen von mir aufzugeben.

Denken wir uns eine strikte, religiös motivierte Abtreibungsgegnerin, die zwei Dinge über ihr künftiges Leben mit Gewißheit weiß: (1) daß sie ihre religiösen Überzeugungen später aufgeben wird und (2) daß sie zu einem späteren Zeitpunkt ein starkes Interesse daran haben wird, selber eine legale Abtreibung vornehmen zu können. Die Frage ist, ob dieses Wissen über ihre zukünftigen Überzeugungen und Präferenzen für sie ein rationaler Grund sein kann, schon jetzt zu wollen, daß sie zu dem späteren Zeitpunkt eine Abtreibung vornehmen lassen kann. Offenbar nicht, solange sie eine strikte Abtreibungsgegnerin ist.

Das bloße Wissen darüber, welche Präferenzen wir in der Zukunft haben werden, impliziert noch keine Wertung der dann von uns präferierten Alternativen. Es konstatiert lediglich das Vorliegen solcher Wertungen in der Zukunft. Sobald wir dagegen nicht nur wissen, welches unsere zukünftigen Präferenzen sind, sondern darüber hinaus ein Interesse an ihrer Befriedigung nehmen, bewerten wir diese Alternativen, und zwar, wenn wir eine *reine Zeitpräferenz* für die Gegenwart ausschließen, gerade so, wie wir es in der Zukunft tun werden. Aber genau diese Bewertung kann eine strikte Abtreibungsgegnerin rationalerweise nicht akzeptieren. Sie ist überzeugt, daß Abtreibungen zu jeder Zeit unangesehen der betroffenen Personen moralisch unzulässig sind, und muß mithin auch die später von ihr selbst gewünschte Abtreibung verurteilen und ablehnen. Dementsprechend wird sie auch kein *aktuelles* rationales Interesse an der Möglichkeit einer Abtreibung zu dem späteren Zeitpunkt haben. Dies unterscheidet diesen Fall von dem des Tee- oder Kaffeetrinkens; denn jemand kann ein passionierter Teetrinker sein, ohne sich darauf festzulegen, das Kaffeetrinken für alle Perioden seines Lebens zu verurteilen.

Mein Wissen über Präferenzen, die ich unter bestimmten, zur Zeit nicht erfüllten Bedingungen hätte, führt deshalb nur dann zu entsprechenden aktuellen Interessen, wenn diese Präferenzen mit meinen gegenwärtigen normativen Überzeugungen kompatibel sind. Buchanans Übergang von R1 zu R2 ist also nicht allgemeingültig: es gibt schlicht kein rational gefordertes übergeordnetes Interesse moralischer Personen an der Verfolgung inhaltlich noch unbestimmter Konzeptionen des Guten. Rawls' Begriff der moralischen Person erscheint in dieser Hinsicht korrekturbedürftig. Bürger, die ihre umfassenden Konzeptionen des Guten kennen, werden mithin – entgegen der Rawlsschen Annahme – nicht schon aufgrund ihres Status als moralische Personen bereit sein, politische Grundsätze allein auf der Grundlage eines übergeordneten Interesses an der Verfolgung jeder möglichen Konzeption des Guten auszuwählen. Und es ist weder grundsätzlich unangemessen noch irrational, politische Gerechtigkeitsgrundsätze auf der Basis umfassender moralischer und religiöser Überzeugungen zu identifizieren. Wie aber können wir dann rechtfertigen, daß Bürger bei der Erörterung und Auswahl von Gerechtigkeitsgrundsätzen von ihren umfassenden normativen Überzeugungen, insoweit diese nicht allgemein geteilt werden, absehen und sich auf die Informationsbeschränkungen des Urzustandes einlassen?

7. Vernünftige Konzeptionen des Guten

Die überzeugendste Verteidigung des dichten Schleiers der Unwissenheit beruht m. E. auf dem Gedanken der öffentlichen Rechtfertigung politischer Grundsätze und der zugehörigen Vorstellung eines übergreifenden Konsenses vernünftiger umfassender Lehren. Grundlegend ist der Begriff einer *vernünftigen* Konzeption des Guten (PL 58-66). Er führt zur Idee eines vernünftigen Pluralismus und erlaubt uns eine vergleichsweise einfache Analyse des Problems der öffentlichen Rechtfertigung von Normen in pluralistischen Gesellschaften.

Die grundsätzliche Berechtigung der im Gedanken einer Pluralität *vernünftiger* Lehren gelegenen Idealisierungen ergibt sich daraus, daß wir eine Gerechtigkeitskonzeption suchen, der alle Bürger im Lichte wohlerwogener Überzeugungen aus guten Gründen zustimmen können. Entscheidend für die Rechtfertigung normativer Grundsätze ist nicht, daß die Bürger sie auf der Basis ihrer faktischen Überzeugungen, wie irrational und unbegründet diese auch sein mögen, *de facto* anerkennen. Worauf es ankommt, ist, daß die Grundsätze nach gebührender Überlegung unter Berücksichtigung aller relevanten Gesichtspunkte aus guten Gründen anerkannt werden. Die für oder gegen bestimmte Grundsätze vorgebrachten Argumente müssen deshalb einer Reihe von Bedingungen genügen, deren Erfülltsein wir, möglicherweise kontrafaktisch, unterstellen, wenn wir ein Argument als Grund für oder als einen Einwand gegen eine bestimmte Gerechtigkeitsvorstellung gelten lassen.

Dabei gehen wir davon aus, daß Bürger ihre Argumente stets im Rückgriff auf mehr oder weniger umfassende moralische oder religiöse Vorstellungen darüber, was sie für gut und richtig halten, erläutern und begründen. Und wir wissen, daß nicht alle diese Vorstellungen allgemeine Zustimmung finden. Bürger beurteilen politische Gerechtigkeitsgrundsätze auf der Basis divergierender Konzeptionen des Guten, deren je spezifischer Inhalt festlegt, ob ein bestimmter Grundsatz rationalerweise von ihnen anerkannt werden kann oder nicht. Damit umfassende moralische oder religiöse Konzeptionen des Guten nun eine geeignete Basis für Argumente für oder gegen die im Urzustand gewählten Gerechtigkeitsgrundsätze sein können, müssen sie offenbar selbst gewisse Anforderungen der Rationalität und Vernünftigkeit erfüllen.[11]

Eine erste elementare Anforderung liegt darin, daß vernünftige Konzeptionen den Bedingungen der logischen Konsistenz und der Vereinbarkeit mit allgemein anerkannten Tatsachen genügen müssen, zumindest in dem minimalen Sinne, daß die aus ihnen resultierenden Beurteilungen der im Urzustand gewählten Grundsätze nicht auf *erkennbaren* Fehlschlüssen oder faktischen Irrtümern beruhen. Diese allgemeine Rationalitätsforderung erscheint vergleichsweise unproblematisch. Alle Bürger haben unabhängig vom konkreten Inhalt ihrer normativen Überzeugungen gute Gründe, sich um die interne Rationalität ihrer Konzeptionen des Guten zu bemühen. Im Kontext der öffentlichen Rechtfertigung von Normen unterstellen wir, daß erkennbar inkonsistente oder empirisch widerlegbare Argumente nach gebührendem Überlegen von ihren Proponenten zurückgezogen würden, weil sie nicht dem entsprechen, was sie im Lichte aller relevanten und zugänglichen Informationen für richtig halten und vertreten wollen. Konzeptionen dagegen, die den genannten Anforderungen genügen, können von Bürgern unter Berücksichtigung aller allgemein anerkannten Tatsachen in konsistenter Weise öffentlich vertreten werden, und die auf ihnen beruhenden Argumente für oder gegen bestimmte Grundsätze können weder als intern unschlüssig noch als empirisch falsch zurückgewiesen werden.

Zu den Tatsachen, deren Anerkennung sich aus den allgemeinen Rationalitätsbedingungen ergibt, gehören auch die von Rawls genannten ›Bürden des Urteilens‹ (PL 54-58). Sie *erklären*, warum selbst unter idealen Bedingungen einer uneingeschränkt rationalen Urteilsbildung nicht ausgeschlossen werden kann, daß Bürger verschiedene moralische oder religiöse Konzeptionen des Guten bejahen und deshalb zu unterschiedlichen Beurteilungen von Gerechtigkeitsgrundsätzen gelangen. Häufig sind die ein moralisches Problem betreffenden empirischen Befunde nicht eindeutig, und die offenen Grenzen des korrekten Gebrauchs empirischer und normativer Begriffe lassen in vielen Fällen einen Spielraum für divergierende Interpretationen. Einschlägige normative Gesichtspunkte können mit guten Gründen verschieden gewichtet werden, und miteinander inkompatible moralische Erwägungen erlauben nicht immer eindeutige Problemlösungen. Auch lassen sich nur selten alle jeweils relevanten moralischen und religiösen Werte gleichermaßen verwirklichen. Bestimmte Werte können häufig nur auf Kosten anderer institutionell realisiert werden, so daß Entscheidungen getroffen werden müssen, für die es in der Regel verschiedene vernünftige Alternativen gibt. In den Bürden des Urteilens treten unüberwindbare Grenzen dafür zutage, durch rationale Argumentation definitive Antworten auf alle moralischen und politischen Fragen zu finden. Sie anzuerkennen, bedeutet die Anerkennung einer rational nicht aufhebbaren Pluralität vernünftiger umfassender Auffassungen über das Gute und Richtige und schließt die Bereitschaft ein, die moralischen und religiösen Überzeugungen anderer Bürger, auch wenn sie von den eigenen wohlerwogenen Auffassungen abweichen, als potentiell vernünftig und rational zu betrachten.

Eine weitere Anforderung an vernünftige Konzeptionen des Guten, die wir ebenfalls zu den allgemeinen Rationalitätsbedingungen rechnen können, liegt darin, daß sie gewissen anthropologischen Grundtatsachen Rechnung tragen und unter den vertrauten Bedingungen der menschlichen Bedürftigkeit angesichts knapper Ressourcen dauerhafte, friedliche und allseitig vorteilhafte soziale Kooperation ermöglichen. Vernünftige Konzeptionen müssen den Wert des menschlichen Lebens und die Bedeutung der menschlichen Selbstverwirklichung anerkennen und darum in der einen oder anderen Form das einschließen, was Herbert Hart den ›Minimalgehalt‹ eines empirischen Naturrechts genannt hat.[12]

Eine über die bisher genannten Rationalitätsbedingungen hinausgehende Anforderung an vernünftige Lehren besteht in der Forderung der Unparteilichkeit. Vernünftige Lehren artikulieren umfassende Konzeptionen des Guten, die wenigstens im Prinzip von allen Bürgern geteilt werden könnten, weil sie auf Werten und Grundsätzen beruhen, die einen glaubwürdigen Anspruch auf Unparteilichkeit erheben können. Die in einer pluralistischen Gesellschaft bestehenden Divergenzen zwischen moralischen oder religiösen Lehren beruhen typischerweise nicht auf widerstreitenden partikularen Interessen der Bürger, wie sie sich aus ihren sozialen und ökonomischen Lebensumständen ergeben. Dies schließt nicht aus, daß sich in konkreten historischen Situationen Korrespondenzen zwischen den wirtschaftlichen Interessen gesellschaftlicher Gruppen und den von ihnen vertretenen moralischen oder religiösen Lehren ergeben mögen. Entscheidend ist die Glaubwürdigkeit ihres Anspruchs auf Unparteilichkeit und nicht, daß dieser Anspruch von allen Beteiligten als vollständig erfüllt angesehen wird. Letzteres wäre eine zu starke Bedingung für die Vernünftigkeit umfassender Lehren, da in einer pluralistischen Gesellschaft naturgemäß begründete Meinungsverschiedenheiten darüber bestehen, welche Normen, Grundsätze und Werte der Forderung der Unparteilichkeit tatsächlich genügen. Es muß deshalb ausreichen, wenn wir annehmen dürfen, daß sich die zwischen vernünftigen Lehren bestehenden Divergenzen nicht aus partikularen Interessengegensätzen ergeben, sondern aus den Schwierigkeiten, angesichts der Bürden des Urteilens eindeutig zu bestimmen, durch welche materialen Werte und Grundsätze ein unparteiischer moralischer Standpunkt am besten konkretisiert wird.

Mit Blick auf die öffentliche Rechtfertigung von Gerechtigkeitsgrundsätzen ist diese schwache Forderung der Unparteilichkeit deshalb wesentlich, weil die bloße Artikulation partikularer Interessen keine Argumente für oder gegen politische Gerechtigkeitsgrundsätze und allgemeine soziale Normen zu stützen vermag. Mögliche Einwände gegen die im Urzustand gewählten Grundsätze können sich deshalb nur im Rahmen vernünftiger Lehren ergeben, die, obwohl sie in einer pluralistischen Gesellschaft *de facto* nicht von allen Bürgern geteilt werden, zumindest einen begründeten Anspruch erheben, unparteiisch im Namen aller zu sprechen.[13]

Eine nach den allgemeinen Rationalitätsbedingungen und der Forderung der Unparteilichkeit dritte Anforderung an vernünftige Lehren und Konzeptionen des Guten besteht darin, daß die im zweiten Abschnitt vorgestellte kantische Konzeption individueller Autonomie anerkannt wird. Wir können diese Bedingung in Form eines Autonomieprinzips formulieren: *Jeder Bürger (und jede Bürgerin) hat als freie und gleiche moralische Person den gleichen Anspruch, nur solchen Normen unterworfen zu werden, denen er (sie) auf der Grundlage seiner (ihrer) wohlerwogenen normativen Überzeugungen zustimmen kann.*

Der Grund dafür, allen vernünftigen moralischen und religiösen Lehren die Anerkennung des Autonomieprinzips zuzumuten, liegt im Begriff des Bürgers als freier und gleicher moralischer Person, von dem wir annehmen, daß er in demokratischen Gesellschaften in der einen oder anderen Form bereits allgemein anerkannt wird. Sobald wir von der Freiheit und Gleichheit aller Beteiligten ausgehen und voraussetzen, daß alle gleichermaßen fähig sind, rationale Überlegungen darüber anzustellen, wie sie leben wollen und wie die Institutionen ihrer Gesellschaft gerechterweise eingerichtet sein sollten, ist schwer zu sehen, aus welchem Grund irgend jemand einen größeren als gleichen Anspruch darauf haben sollte, sei es als Privatperson, sei es als Staatsbürger, in Übereinstimmung mit seinen eigenen wohlerwogenen Überzeugungen zu leben.

Das Autonomieprinzip setzt nicht voraus, daß alle Bürger moderner Demokratien gleichermaßen befähigt sind, eigenständige philosophische Reflexionen über die Voraussetzungen und Merkmale eines guten Lebens und einer gerechten Gesellschaft anzustellen, denn dies ist offenkundig nicht der Fall. Es genügt, wenn alle dazu in hinreichendem Maße in der Lage sind, so daß es ungerechtfertigt wäre, ihnen im Kontext der öffentlichen Rechtfertigung und demokratischen Legitimierung von Normen und Institutionen den Status gleichberechtigter autonomer Subjekte zu entziehen. Wenn wir mit Rawls annehmen, daß alle Beteiligten über die grundlegenden zwei moralischen Vermögen verfügen – die Anlage zu einem Gerechtigkeitssinn und die Befähigung zu einer Konzeption des Guten – und daß eine gerechte Gesellschaft allen die zur angemessenen Entwicklung und Ausübung ihrer beiden Vermögen notwendigen sozialen Voraussetzungen garantiert, müssen wir davon ausgehen, daß in einer hinreichend gerechten Gesellschaft die diesbezüglichen Voraussetzungen für die Anerkennung des Autonomieprinzips allgemein erfüllt sind.

Das von mir formulierte Autonomieprinzip, das sich in dieser Form nicht bei Rawls finden läßt, obwohl es, wie ich meine, der gesamten Anlage seiner Gerechtigkeitskonzeption implizit zugrundeliegt, ist in zwei Punkten erklärungsbedürftig, wenn Mißverständnisse vermieden werden sollen. *Erstens* müssen wir bei der Beurteilung seiner Implikationen und Konsequenzen im Sinn behalten, was in der Einleitung zu diesem Band über die Begriffe der Gerechtigkeit und der Legitimität gesagt wurde (vgl. oben, S. 18 f.). Auch wenn es möglich ist, Gerechtigkeitsgrundsätze zu finden, die alle Bürger vor dem Hintergrund ihrer wohlerwogenen normativen Überzeugungen uneingeschränkt anerkennen können, ist klar, daß es angesichts der Allgegenwart von begründeten Meinungsverschiedenheiten in pluralistischen Gesellschaften keinen solchen Konsens für alle Normen geben kann, die zur Regulierung des politischen und sozialen Lebens notwendig sind. Stets wird es einige (in der Regel viele) Bürger geben, die Normen befolgen müssen, die sie womöglich aus guten Gründen für schlecht, ungerecht oder unzweckmäßig halten. Was kontroverse Normen betrifft, kann das Autonomieprinzip nur auf mittelbare und indirekte Weise erfüllt werden. Wenn über konkrete Regelungen begründete Meinungsverschiedeneiten bestehen, müssen nicht-argumentative Formen der kollektiven Entscheidungsfindung herangezogen werden, z. B. kann man Abstimmungen nach der Mehreitsregel durchführen. Auch auf diese Weise zustandegekommene inhaltlich kontroverse Regelungen können öffentlich gerechtfertigt sein und so dem Autonomieprinzip genügen; dann nämlich, wenn sie das Ergebnis eines fairen Entscheidungsverfahrens sind, das den ursprünglich gleichen Ansprüchen aller Rechnung trägt und sie mit gleichem Gewicht berücksichtigt.

Zweitens stellt sich die Frage, ob das oben formulierte Autonomieprinzip nicht selbst zu einer umfassenden moralischen Lehre, namentlich der Kantischen, gehört, über die begründete Meinungsverschiedenheiten bestehen. Dieser Verdacht liegt einerseits nahe, weil der in Anspruch genommene Begriff individueller Autonomie eng mit Kants Vorstellungen über den Zusammenhang von normativer Verpflichtung und rationaler Begründung verbunden ist. Andererseits scheint mir klar zu sein, daß das Autonomieprinzip weder Kants umstrittene Freiheitslehre noch seine nicht minder kontroverse Theorie des Menschen als eines zugleich empirischen und noumenalen Wesens voraussetzt. Im folgenden Abschnitt möchte ich dieses Prinzip in einer Weise gegen einen prominenten Einwand verteidigen, die deutlich werden läßt, daß es unabhängig von spezifisch Kantischen Voraussetzungen ist und von allen vernünftigen moralischen oder religiösen Lehren anerkannt werden muß.

8. Normativer Fundamentalismus

Ein grundlegender Einwand gegen das Autonomieprinzip stellt sich in der Figur des moralischen oder religiösen Fundamentalisten. Darunter verstehe ich jemanden, der das Autonomieprinzip ablehnt und überzeugt ist, im Namen seiner moralischen Überzeugungen anderen *gegen ihre begründeten Einwände* Normen auferlegen zu dürfen. Ein Fundamentalist erkennt die Forderung der öffentlichen Rechtfertigung von Normen nicht an und wird im Konfliktfall darauf beharren, daß eine für alle Bürger verbindliche Regelung nur auf der Basis der von ihm selbst bejahten, aber nicht allgemein geteilten normativen Überzeugungen möglich sei. Die Bedeutung einer Widerlegung der fundamentalistischen Position für eine Gerechtigkeitskonzeption, die von der Idee der öffentlichen Rechtfertigung ausgeht, ist offensichtlich. Nur wenn es möglich ist, den Fundamentalisten in einer Weise zu widerlegen, die von allen vernünftigen Lehren anerkannt werden muß, können wir auch die allgemeine Anerkennung des Autonomieprinzips einfordern, und nur unter dieser Voraussetzung können wir daran festhalten, daß die Möglichkeit eines begründeten Konsenses über Gerechtigkeitsgrundsätze ein konstitutives Merkmal politischer und sozialer Gerechtigkeit ist.

Nehmen wir der Einfachheit halber an, die inhaltlichen moralischen Überzeugungen von Fundamentalisten könnten sich auf intern rationale Konzeptionen des Guten und Richtigen stützen, die einen glaubwürdigen Anspruch auf Unparteilichkeit erheben; und nehmen wir weiter an, rationale Fundamentalisten würden die Bürden des Urteilens und ihre Konsequenzen für die rationale moralische Urteilsbildung anerkennen. Entscheidend ist, daß eine realistische Konzeption der Wahrheit oder Gültigkeit moralischer Urteile vertreten wird. Ob jemand ein Fundamentalist ist oder nicht, ist keine Frage seiner inhaltlichen normativen Überzeugungen, sondern betrifft ausschließlich seine ›metaethischen‹ Auffassungen über den Status moralischer Urteile und ihrer Begründungen. Ein Fundamentalist ist überzeugt, daß allgemeine rationale Begründbarkeit keine notwendige Bedingung der Geltung von Normen und Werturteilen ist. Die von ihm ausdrücklich anerkannten Bürden des Urteilens betrachtet er deshalb nicht als eine objektive Beschränkung der Klasse allgemein verbindlicher Normen. Aus seiner Sicht beschreiben sie lediglich die subjektiven Grenzen endlicher Wesen, durch praktisches Argumentieren unabhängig von ihrer moralischen Einsicht existierende Normen klar und deutlich zu identifizieren.

Umfassende Konzeptionen des Guten unterscheiden sich von persönlichen Präferenzen und Lebensentwürfen durch den mit ihnen verbundenen Universalitätsanspruch. Eine solche Konzeption zu bejahen, bedeutet, die zu ihr gehörigen Normen und Werturteile als allgemein gültig oder, wenn man einen realistischen Standpunkt vertritt, als wahr zu betrachten. Dies gilt auch dann, wenn ausdrücklich anerkannt wird, daß die betreffenden Urteile in einer pluralistischen Gesellschaft wegen der Bürden des Urteilens nicht gegenüber jedermann mit rationalen Mitteln gerechtfertigt werden können. Einen Nicht-Fundamentalisten, der das Autonomieprinzip uneingeschränkt anerkennt, führen die Bürden des Urteilens allerdings zu einer Unterscheidung von zwei Arten moralischer Forderungen: solche mit einem schwachen und solche mit einem starken Universalitätsanspruch. Ein schwacher Universalitätsanspruch wird dann erhoben, wenn jemand fordert, alle *sollten* in ihrem Verhalten bestimmte, nicht allgemein anerkannte Normen beachten, ohne darauf zu bestehen, diese Normen nötigenfalls mit staatlicher Zwangsgewalt durchzusetzen. Denn mit Blick auf die Bürden des Urteilens wird anerkannt, daß diese Forderung nicht gegenüber jedermann unabhängig von seinen besonderen moralischen Überzeugungen zu rechtfertigen ist. Mit Normen einen starken Universalitätsanspruch zu verbinden, bedeutet demgegenüber, zu behaupten, daß alle diesen Normen folgen *müssen*, weil sie allen Beteiligten gegenüber trotz der ansonsten zwischen ihnen bestehenden Differenzen gerechtfertigt werden können.[14]

Jemand, der das Autonomieprinzip anerkennt, wird demnach nur die zwangsweise Durchsetzung von Normen mit starkem Universalitätsanspruch für moralisch zulässig halten. Er erkennt damit das Faktum des Pluralismus nicht lediglich als eine empirische Beschränkung seiner faktischen Handlungsmöglichkeiten an, sondern darüber hinaus als eine normative Grundtatsache, die über den Bereich des faktisch Möglichen hinaus den des moralisch Zulässigen beschränkt. Für einen Fundamentalisten dagegen, der das Autonomieprinzip nicht anerkennt, ergeben sich aus den subjektiven Überzeugungen seiner Mitbürger selbst dann keine prinzipiellen normativen Beschränkungen, wenn sie auf rationalen moralischen Urteilen beruhen. Die Grundannahme des Fundamentalisten lautet: ›wahre Normen‹ dürfen auch gegen rationalen, moralisch oder religiös begründeten Widerstand durchgesetzt werden; und dies bezieht er im Grenzfall auf alle Normen, die er in Übereinstimmung mit seinen eigenen normativen Überzeugungen für wahr hält.

Ein erster und offenkundiger Einwand gegen fundamentalistische Positionen liegt darin, daß in pluralistischen Gesellschaften die öffentliche Ablehnung des Autonomieprinzips durch bestimmende gesellschaftliche Gruppen mit anhaltend friedlicher sozialer Kooperation in der Regel unvereinbar ist. Es ist praktisch unmöglich, das Faktum des Pluralismus durch Staatsgewalt dauerhaft zu unterdrücken, und angesichts der Kosten und moralischen Übel, die mit dem sektiererischen Gebrauch der Staatsgewalt für alle Bürger verbunden sind, ist schwer zu sehen, im Namen welcher Grundsätze und Werte rationale Einwände gegen die Anerkennung des Autonomieprinzips vorgebracht werden könnten. Hinzu kommen die Vorteile friedlicher sozialer Kooperation für alle Beteiligten: die öffentliche Anerkennung des Autonomieprinzips fördert das Vertrauen der Bürger untereinander und erhöht ihre Kooperationsbereitschaft. Die Opportunitätskosten der zwangsweisen Durchsetzung von Gesetzen und Verträgen sinken und die stets bestehende Entfremdung der Bürger von ihren politischen Institutionen verringert sich. Alles in allem ist kaum zu bestreiten, daß die mit der Anerkennung des Autonomieprinzips verbundenen Vorteile friedlicher Kooperation von einem unparteiischen Standpunkt aus betrachtet normalerweise alle anderen moralischen oder religiösen Werte überwiegen; Autokratien können allenfalls aus der eingeschränkten Perspektive derjenigen wünschenswert erscheinen, für die das den unterdrückten Minderheiten zugefügte Leid kein zu berücksichtigendes Übel darstellt.

Diese Erwägungen allein rechtfertigen es, fundamentalistische Positionen zurückzuweisen und die Anerkennung des Autonomieprinzips zum Kriterium der Vernünftigkeit umfassender moralischer und religiöser Lehren zu machen. Aus der Sicht einer vom kantischen Autonomiegedanken ausgehenden Gerechtigkeitskonzeption wie der Rawlsschen bieten sie jedoch keine hinreichende Begründung dieses Prinzips. Wenn wir vom Selbstverständnis demokratischer Bürger ausgehen, wird durch das Autonomieprinzip ein Anspruch freier und gleicher moralischer Personen zum Ausdruck gebracht, in Übereinstimmung mit ihren wohlerwogenen normativen Überzeugungen zu leben, der unabhängig davon ist, ob Verletzungen der persönlichen Autonomie in konkreten Fällen zu einer Störung des sozialen Friedens führen oder nicht.

Unter welchen Bedingungen der Wert friedlicher Kooperation in konkreten Konfliktfällen überwiegt, beurteilt jeder Bürger, solange das Autonomieprinzip nicht in diesem Sinne anerkannt wird, ausschließlich auf der Grundlage der von ihm selbst vertretenen umfassenden moralischen oder religiösen Konzeption des Guten. Eine Entscheidung für friedliche Kooperation bedeutet deshalb noch nicht, daß Ansprüche, die ›Andersgläubige‹ im Namen ihrer eigenen Konzeption des Guten geltend machen, als begründete Ansprüche aus eigenem Recht anerkannt werden, wie es sich aus dem Begriff der moralischen Person als Forderung ergibt.[15] Es bedeutet zunächst nur, daß es für die Beteiligten unter den gegebenen Umständen und nach Maßgabe ihrer jeweiligen Konzeption des Guten am rationalsten erscheint, so miteinander umzugehen, *als ob* alle von Bürgern erhobenen Ansprüche unabhängig von den ihnen zugrundeliegenden Konzeptionen des Guten gleichberechtigt wären.

Zudem ist nicht zu bestreiten, daß sich intern rationale moralische und religiöse Positionen denken lassen, für welche die Vorteile friedlicher Kooperation im Konfliktfall nicht ausschlaggebend sein können, weil aus ihrer Sicht bedeutendere Werte auf dem Spiel stehen. Die von Rawls in diesem Zusammenhang diskutierte Losung ›extra ecclesiam nulla salus‹ gibt ein Beispiel dafür (PL 138, 152). Was können wir jemandem, der auf der Basis konsistenter religiöser Überzeugungen seine persönliche Heilsgewißheit über die Gewissensfreiheit stellt, entgegnen? Sind wir gezwungen, zu vertreten, ›extra ecclesiam nulla salus‹ sei schlicht falsch und entsprechende Einwände gegen die Gewissensfreiheit darum ungerechtfertigt? Dies liefe darauf hinaus, das Ziel der öffentlichen Rechtfertigung von gesellschaftlichen Normen und Institutionen an der entscheidenden Stelle aufzugeben. Wenn wir den Glauben an Gott und an ein Jenseits als eine nicht rational widerlegbare und insoweit vernünftige und normativ relevante Überzeugung zulassen, wie könnten wir dann ausschließen, daß die Überzeugungen eines religiösen Fundamentalisten wahr sind?

Eine prinzipielle Kritik am Fundamentalismus lautet, die fundamentalistische Position sei nicht universalisierbar, da sie bei inhaltlich divergierenden Überzeugungen verschiedener Personen zu widersprüchlichen Konsequenzen führe. Die Forderung der Universalisierbarkeit ist eine Rationalitätsbedingung für Moralurteile. Jemand, der einem solchen Urteil ernsthaft und aufrichtig zustimmt, muß rationalerweise demselben Urteil in allen identischen Fällen, die sich lediglich hinsichtlich der Rollenverteilung für die Beteiligten unterscheiden, ebenfalls zustimmen können. Ein Fundamentalist muß jedoch zugeben, daß er *nach einem Rollenwechsel*, der ihn zum Normunterworfenen macht, einer Regel, die er nach dem Rollentausch auf der Grundlage wohlerwogener moralischer Überzeugungen für falsch hält, nicht zustimmen könnte. Daraus folgt jedoch noch nicht, daß die vom Fundamentalisten erhobene Forderung der Normdurchsetzung gegen begründeten Widerstand nicht universalisierbar wäre. Worauf es bei der Universalisierbarkeit von Normen und Werturteilen ankommt, ist nicht, daß die gegenwärtigen moralischen Überzeugungen des Fundamentalisten mit dem übereinstimmen, was er *de facto* für richtig halten würde, wenn er sich in der Lage seines Gegenübers befände. Entscheidend ist vielmehr, daß seine jetzigen Überzeugungen mit dem übereinstimmen, wovon er glaubt, daß er es auch nach einem Rollenwechsel tun sollte, was immer seine faktischen moralischen Überzeugungen dann sein mögen. Der konsequente Fundamentalist wird deshalb zur Universalisierung seiner Überzeugungen bereit sein und vertreten, daß die von ihm favorisierten Normen, eben weil sie ›wahre Normen‹ sind, auch gegen ihn selbst durchgesetzt werden müßten, wenn er sie unter veränderten Umständen rationalerweise für falsch hielte.

Joshua Cohen hat gegen den Fundamentalisten eingewendet, seine Position laufe darauf hinaus, von anderen irrationalerweise zu fordern, sich Normen allein aus dem Grunde zu unterwerfen, weil er selbst *glaube*, es handle sich um wahre Normen: »... what they are prepared to do is impose on those who are outside the faith in a way that – so far as those others can tell – is indistinguishable from the concededly irrational practice of imposing in the name of their beliefs« (Cohen 1993: 287). Hieran möchte ich anschließen, auch wenn Cohens Einwand in der vorgestellten Form zunächst sein Ziel zu verfehlen scheint. Zwar sei es richtig, so mag man einwenden, daß für die kausale Erklärung der Forderungen eines Fundamentlisten das faktische Vorliegen der Überzeugung, bestimmte Normen seien wahr, mutmaßlich eine zentrale Rolle spiele, dies gelte aber nicht für die von ihm selbst gegebene Begründung der geforderten Normunterwerfung. Nach seinem Selbstverständnis komme es allein auf den Inhalt resp. die Wahrheit der betreffenden Überzeugung an: das für den Fundamentalisten entscheidende Argument zur Rechtfertigung von Zwangsmaßnahmen ist nicht »Ich glaube, daß N! eine wahre Norm ist«, sondern »N! ist eine wahre Norm«.[16]

Tatsächlich besteht in diesem Punkt jedoch kein wirklicher Dissens zu dem, was Cohen sagt. Cohen sieht die semantische Relevanz der getroffenen Unterscheidung sehr wohl und räumt ausdrücklich ein, daß z. B. die Bedeutung von »It is true that welfare is the sole ultimate good« nicht identisch sei mit der Bedeutung von »We believe that welfare is the sole ultimate good« (Cohen 1993: 283 f.). Entscheidend für sein Argument ist, daß die bloße Berufung auf die Wahrheit eines moralischen Urteils, über das begründete Meinungsverschiedenheiten bestehen, zu dessen rationaler Begründung nichts beitragen kann. Aus der Perspektive derjenigen, die nicht zustimmen, läßt sie sich nicht vom Insistieren auf der schlichten Tatsache des eigenen Überzeugtseins unterscheiden. Es wird also nicht die semantische Identität der beiden Arten von Aussagen vorausgesetzt, sondern lediglich festgestellt, daß sie für die Begründung des in ihnen zum Ausdruck kommenden Wahrheitsanspruches gleichermaßen ungeeignet und insofern ununterscheidbar sind. Dies verstehe ich so: sobald wir annehmen, daß über die Wahrheit oder Gültigkeit einer Norm N! begründete Meinungsverschiedenheiten bestehen, stellt sich die Frage, was einen Fundamentalisten rationalerweise berechtige, zu glauben, N! sei eine wahre Norm, und N! nötigenfalls auch zwangsweise durchzusetzen. Er kann sich offenkundig nicht auf die bloße Tatsache seines subjektiven Überzeugtseins berufen. Und ebensowenig kann er sich auf Gründe berufen, die alle Beteiligten rationalerweise anzuerkennen hätten. Dies folgt daraus, daß wir *ex hypothesi* vom Bestehen begründeter Meinungsverschiedenheiten über die Gültigkeit von N! ausgehen. So muß aus der Sicht aller Beteiligten – einschließlich des Fundamentalisten – die Durchsetzung von N! rational ungerechtfertigt erscheinen, weil die Überzeugung, N! sei eine wahre Norm angesichts begründeter Meinungsverschiedenheiten über N! selbst rational unbegründet ist. Und dies gilt auch für den Fall, daß N! tatsächlich eine wahre Norm sein sollte, was immer man darunter verstehen mag.

Wir können uns die innere Widersprüchlichkeit einer zugleich rationalen und fundamentalistischen Konzeption der Gültigkeit oder Verbindlichkeit moralischer Urteile mit Hilfe einer naheliegenden Unterscheidung zwischen zwei Verwendungsweisen des Prädikats »rational begründet« verdeutlichen. In einem schwachen Sinne können wir eine Überzeugung P schon dann rational begründet nennen, wenn sich gute Gründe für P anführen lassen und wenn wir P in konsistenter Weise und in Übereinstimmung mit allgemein anerkannten Tatsachen für wahr halten können. Dazu muß es nicht möglich sein zu zeigen, daß die gegenteilige Überzeugung nicht-P definitiv falsch ist: daß sich gute Gründe für P anführen lassen, schließt nicht aus, daß es ebensolche Gründe für nicht-P gibt, und gute Gründe für P sind nicht *eo ipso* ausschlaggebende Gründe gegen nicht-P. Sagen wir deshalb, P sei in einem starken Sinne erst dann rational begründet, wenn es nicht nur gute Gründe für P, sondern auch ausschlaggebende Gründe gegen nicht-P gibt. Im schwachen Sinne können mehrere konträre Überzeugungen zugleich rational begründet sein, im starken Sinne nicht. In bezug auf eine bestimmte moralische oder religiöse Überzeugung das Bestehen begründeter Meinungsverschiedenheiten anzuerkennen, bedeutet dann nichts anderes, als anzuerkennen, daß diese Überzeugung zum gegebenen Zeitpunkt nicht im starken Sinne rational zu begründen ist.

Fragen wir uns nun, ob ein Fundamentalist mit Blick auf die von ihm bejahten kontroversen Werte und Normen für sich in Anspruch nehmen kann, nicht nur zu glauben, sondern zu wissen, daß es sich bei ihnen um wahre Werte und Normen handelt. Ich denke, er kann dies nicht; denn moralisches Wissen setzt, wenn wir vom üblichen Verständnis ausgehen, dem zufolge Wissen auf wohlbegründeten wahren Überzeugungen beruht, im starken Sinne begründete moralische Überzeugungen voraus. Wäre es anders, könnten die im schwachen Sinne rational begründeten Überzeugungen P und nicht-P gleichermaßen Wissen sein, obwohl es keinen zwingenden Grund gibt, P gegenüber nicht-P für wahr zu halten. Wer jedoch weiß, daß P wahr ist, muß einen ausschlaggebenden Grund haben, nicht-P für falsch zu halten, und dieser Grund kann nicht die Wahrheit von P selbst sein: er muß also über eine starke rationale Begründung für P verfügen. Die Konsequenz ist, daß in einer Situation, in der über moralische oder religiöse Normen und Werte begründete Meinungsverschiedenheiten bestehen, keine der involvierten Parteien für ihre im schwachen, aber nicht im starken Sinne rational begründeten Überzeugungen den Status moralischen Wissens reklamieren kann.[17]

Dem Fundamentalisten bleibt deshalb nur die Wahl, zuzugeben, daß seine Überzeugung, N! sei eine wahre Norm, kein moralisches Wissen ist, in welchem Fall unklar wäre, aus welchem Grund N! gegenüber allen Beteiligten als verbindlich durchgesetzt werden dürfte; oder er muß vertreten, daß rationale Gründe für die *Beurteilung* des Wahrheitsgehaltes moralischer Überzeugungen (d. h. für moralisches Wissen) gänzlich irrelevant sind und daß es angesichts der Bürden des Urteilens eine Frage des Zufalls sei, ob sich ›wahre moralische Erkenntnisse‹ rational begründen lassen oder nicht. Dies aber liefe darauf hinaus, daß ein Fundamentalist nicht nur das Autonomieprinzip leugnet, sondern allgemeiner die Möglichkeit rational begründeter moralischer Überzeugungen, Einstellungen und Entscheidungen überhaupt. Damit aber zerschnitte er das für jede rationale moralische oder religiöse Lehre lebenswichtige Band zwischen moralischer Verbindlichkeit und rationaler Lebensorientierung. Dies zeigt sich u.a. darin, daß er anderen und ggf. auch sich selbst zumutet, Normen zu befolgen, die sie in voller Übereinstimmung mit den Geboten der Rationalität und Vernünftigkeit für falsch halten. Eben dies läßt seine Position unabhängig von ihren inhaltlich-moralischen Implikationen und unabhängig von ihren sozialen und politischen Konsequenzen rational inakzeptabel erscheinen. Aus diesem Grund können wir die fundamentalistische Position unangesehen ihrer unterstellten internen Konsistenz als zutiefst irrational zurückweisen, ohne bereits die Anerkennung des Autonomieprinzips vorauszusetzen. Die Zurückweisung des Grundsatzes ›extra ecclesiam nulla salus‹ lautet folglich, wenn es um die öffentliche Rechtfertigung von gesellschaftlichen Normen und Institutionen geht, nicht, daß er seinem Inhalte nach falsch sei, sondern daß er angesichts begründeter Meinungsverschiedenheiten über religiöse Fragen selbst im Falle seiner Wahrheit keine rationale Rechtfertigung für die Ausübung staatlicher Zwangsgewalt bieten kann (PL 138).

9. Vernünftiger Pluralismus und öffentliche Rechtfertigung

Fassen wir das bisher Gesagte zusammen und betrachten wir seine Konsequenzen für das Problem der öffentlichen Rechtfertigung von Gerechtigkeitsgrundsätzen: Im idealtypischen Grenzfall enthalten vernünftige umfassende Lehren keine vermeidbaren empirischen Fehlannahmen oder Inkonsistenzen. Sie erheben einen nicht unbegründeten Anspruch auf Unparteilichkeit und erkennen die Bürden des Urteilens ebenso wie das Autonomieprinzip uneingeschränkt an. Divergenzen zwischen den von verschiedenen Bürgern vertretenen vernünftigen moralischen oder religiösen Konzeptionen des Guten lassen sich mit Blick auf die Bürden des Urteilens, auch, wenn sie auf partikulare Traditionen und kulturelle Bindungen oder auf spezifische und nicht allgemein geteilte Lebenserfahrungen zurückgehen, jedenfalls nicht auf mangelnde Einsicht oder erkennbar ungerechtfertigte Voreingenommenheiten und Parteinahmen zurückführen. Wir betrachten sie in diesem Sinne als *vernünftige* oder *begründete* Meinungsverschiedenheiten. Eine Situation, in der Bürger ausschließlich vernünftigen umfassenden Konzeptionen anhängen, können wir mit Rawls als vernünftigen Pluralismus bezeichnen (PL 36 f., 63 ff.).

Das in unserem Zusammenhang wichtigste Merkmal eines vernünftigen Pluralismus besteht in der Asymmetrie zwischen der rationalen Bejahung und der rationalen Verneinung von Konzeptionen des Guten: jeder Bürger kann unter den beschriebenen Bedingungen für sich reklamieren, seine eigene Konzeption in voller Übereinstimmung mit den Anforderungen der Rationalität und Vernünftigkeit zu vertreten, aber keiner kann mit vernünftigen Gründen die Konzeption irgendeines anderen Bürgers als irrational oder unvernünftig zurückweisen. In einer solchen Situation fordert das Autonomieprinzip, daß keine politische Ordnung auf der Basis von Grundsätzen etabliert wird, die von einer der involvierten vernünftigen Lehren nicht anerkannt werden können. Die öffentliche Rechtfertigung von Gerechtigkeitsgrundsätzen kann nur auf der Basis von Prämissen gelingen, über die ein alle vernünftigen Lehren übergreifender Konsens besteht, und keine umfassende Konzeption des Guten, über die begründete Meinungsverschiedenheiten bestehen, kann für sie in Anspruch genommen werden.

Daraus ergeben sich von allen vernünftigen Lehren anerkannte Argumentationsbeschränkungen, die ihren angemessenen Ausdruck in der Rawlsschen Konstruktion des Urzustandes, genauer: im dichten Schleier der Unwissenheit finden. Er ist insofern gerechtfertigt, als die Anerkennung des Autonomieprinzips unter den Bedingungen eines vernünftigen Pluralismus dazu führt, daß nur solche Argumente den Inhalt der politischen Gerechtigkeit festlegen dürfen, die auch hinter einem dichten Schleier der Unwissenheit, d. h. ohne Inanspruchnahme kontroverser umfassender Konzeptionen des Guten überzeugen. Der dichte Schleier der Unwissenheit ist unter diesem Gesichtspunkt nichts anderes als eine argumentative Operationalisierung des Gedankens der öffentlichen Rechtfertigung oberster politischer und sozialer Grundsätze in einer pluralistischen Gesellschaft.

Nehmen wir dies zusammen mit dem, was oben in den Abschnitten 3 und 4 über den Begriff der moralischen Person gesagt worden ist, so können wir feststellen, daß sich die wesentlichen Merkmale des Urzustandes aus dem Gedanken der öffentlichen Rechtfertigung entwickeln lassen. Einwände gegen die Konstruktion des Urzustandes bei Rawls können zurückgewiesen werden, insofern sie mit der Möglichkeit einer öffentlichen Rechtfertigung von Gerechtigkeitsgrundsätzen in einer Gesellschaft von freien und gleichen Bürgern unvereinbar sind. Wenn es nun, wie ich durchgängig angenommen habe, zutrifft, daß die Rawlsschen Gerechtigkeitsgrundsätze aus dem Urzustand deduktiv hergeleitet werden können, dann folgen sie aus Annahmen, gegen die keine vernünftigen Einwände vorgebracht werden können. Wir dürfen insoweit davon ausgehen, daß sie die Unterstützung eines übergreifenden Konsenses finden.

10. Öffentliche Rechtfertigungen als *Pro-tanto*-Begründungen

Eine aufschlußreiche Komplikation dieser Interpretation des Urzustandes ergibt sich daraus, daß das Autonomieprinzip vernünftige, aber kontroverse Konzeptionen des Guten zwar als Grundlage zur öffentlichen Rechtfertigung politischer Grundsätze ausschließt, sie als Basis für öffentlich anzuerkennende Einwände jedoch zuläßt. Jede kontroverse und für die Rechtfertigung einer Norm notwendige Prämisse begründet einen vernünftigen Einwand gegen die Norm und hebt nach dem Autonomieprinzip deren Allgemeinverbindlichkeit auf. Wie leicht zu sehen ist, ist eine Prämisse P zur Rechtfertigung einer Norm N! genau dann unverzichtbar, wenn ›N! → P‹ gilt, so daß wegen ›nicht-P → nicht-N!‹ jeder vernünftige Zweifel an P einen Zweifel an N! begründet. Im Kontext der öffentlichen Rechtfertigung von Normen und Institutionen können demnach kontroverse normative oder faktische Annahmen zwar nicht als *Argumente für*, wohl aber als *Einwände gegen* bestimmte Grundsätze in Anspruch genommen werden. Die öffentliche Rechtfertigung von Gerechtigkeitsgrundsätzen ist also noch nicht vollständig gelungen, wenn gezeigt ist, daß diese aus Annahmen folgen, denen alle vernünftigen Lehren zustimmen. Gefordert ist darüber hinaus, daß sich auf der Grundlage keiner der involvierten vernünftigen Lehren ausschlaggebende Einwände ergeben. Wegen des Autonomieprinzips müßten diese Einwände auch dann öffentlich anerkannt werden, wenn sie auf kontroversen Annahmen beruhen, vorausgesetzt nur, sie erfüllen die angegebenen Kriterien der Rationalität und Vernünftigkeit. Wie läßt sich dies mit dem dichten Schleier der Unwissenheit vereinbaren, der alle kontroversen Annahmen und Überzeugungen von den Beratungen der Parteien im Urzustand ausschließt?

Wegen der unvermeidlichen Fallibilität aller praktischen Argumente kann grundsätzlich nicht ausgeschlossen werden, daß gegen jede denkbare politische Gerechtigkeitskonzeption vernünftige Einwände vorgebracht werden. Vergegenwärtigen wir uns jedoch die argumentative Situation, in der sich jemand befindet, der auf der Basis einer vernünftigen Konzeption des Guten einen begründeten Einwand gegen die im Urzustand angenommenen Gerechtigkeitsgrundsätze vorbringt. Vergleichsweise unproblematisch sind Einwände, die von allen Bürgern unangesehen ihrer besonderen Konzeptionen des Guten nicht nur als intern vernünftig, sondern darüber hinaus auch ihrem Inhalt nach als triftig angesehen werden. Sie stellen die Möglichkeit einer öffentlichen Rechtfertigung von Gerechtigkeitsgrundsätzen nicht in Frage; denn sie können und müssen, eben weil alle sie als triftig betrachten, bei der Wahl solcher Grundsätze im Urzustand oder sonstwo berücksichtigt werden. Der interessantere Fall liegt vor, wenn Bürger auf der Basis einer vernünftigen, aber umstrittenen Konzeption des Guten Einwände erheben – Einwände also, die von allen Bürgen unangesehen ihrer besonderen Konzeption des Guten als vernünftig anerkannt werden, die aber nicht von allen geteilt und als triftig betrachtet werden.[18]

Man beachte zunächst, daß wir es in einem solchen Fall nicht nur mit einem Konflikt zwischen einer besonderen Konzeption des Guten und bestimmten Gerechtigkeitsgrundsätzen zu tun haben, sondern zugleich mit einem internen Konflikt innerhalb der betreffenden Konzeption des Guten selbst. Da wir annehmen, daß die materialen Prämissen der Herleitung der beiden Rawlsschen Grundsätze von allen vernünftigen Lehren akzeptiert werden, sprechen aus der Perspektive jeder dieser Lehren gewichtige Gründe für ihre Anerkennung, und zwar unabhängig davon, welche Einwände darüber hinaus *gegen* die Grundsätze zu berücksichtigen sein mögen. Entscheidend ist deshalb das relative Gewicht der zu berücksichtigenden Einwände. Auf der Grundlage einer vernünftigen Konzeption des Guten ergibt sich nur dann ein triftiger Einwand gegen bestimmte Gerechtigkeitsgrundsätze, wenn die Gründe, von denen wir wissen, daß sie im Rahmen jeder solchen Konzeption für die Grundsätze sprechen, durch gewichtige entgegenstehende Gründe überwogen werden.

Meines Erachtens sprechen mindestens drei Überlegungen dafür, daß sich im Rahmen vernünftiger moralischer oder religiöser Konzeptionen des Guten keine *ausschlaggebenden* Einwände gegen die im Urzustand gewählten Grundsätze ergeben. *Erstens* wird der dem Urzustand zugrundeliegende Personbegriff von allen vernünftigen Lehren anerkannt, und niemand bestreitet vernünftigerweise, daß das Interesse aller Bürger an der adäquaten Entwicklung und Ausübung ihrer beiden moralischen Vermögen für die Wahl von Gerechtigkeitsgrundsätzen überragende Bedeutung hat. *Zweitens* wird der große Wert friedlicher sozialer Kooperation auf der Basis gegenseitiger Achtung, wie sie durch die Rawlsschen Grundsätze gewährleistet wird, nicht leicht überwogen. *Drittens* schließt das von allen vernünftigen Lehren anerkannte Autonomieprinzip kontroverse Annahmen als positive Grundlage einer politischen Gerechtigkeitskonzeption aus. Und dies legt nahe, daß Vertreter vernünftiger Lehren Einwänden, die auf umstrittenen Annahmen beruhen, ein geringeres Gewicht beimessen, als den von allen anerkannten normativen Konzeptionen, die der Konstruktion des Urzustandes zugrundeliegen. So wird etwa der Vorrang der Gewissensfreiheit auch angesichts eines womöglich bestehenden rationalen Interesses an religiöser Homogenität von keiner vernünftigen Lehre in Frage gestellt, weil sich eine entsprechende Einschränkung der bürgerlichen und politischen Freiheiten ›Andersgläubiger‹ diesen gegenüber nicht öffentlich rechtfertigen ließe. Der Wert der Achtung des Autonomieprinzips überwiegt aus der Sicht aller vernünftigen Lehren den Wert religiöser Homogenität.

Ungeachtet dieser Überlegungen kann die Möglichkeit vernünftiger, aber kontroverser Einwände gegen oberste politische und soziale Gerechtigkeitsgrundsätze niemals grundsätzlich ausgeschlossen werden, und es ist müßig, darüber zu spekulieren, wie wahrscheinlich sie sind. Alle öffentlichen Rechtfertigungen haben deshalb den Charakter von *Pro-tanto*-Begründungen, die zu revidieren sind, wenn bislang unberücksichtigte Überlegungen und Einwände auftreten. Werden entsprechende Einwände vorgebracht, so ist zu überprüfen, welche Konsequenzen sich aus ihnen im einzelnen mit Blick auf das von allen geteilte Ziel ergeben, eine öffentlich gerechtfertigte Gerechtigkeitskonzeption zu finden. Festzuhalten ist jedenfalls, daß die Offenheit gegenüber vernünftigen Einwänden keine Besonderheit der Rawlsschen Gerechtigkeitsgrundsätze und des für sie reklamierten übergreifenden Konsenses darstellt. Alle praktischen Argumente können ihrem Wesen nach, auch wenn sie ausschließlich auf wahren Prämissen beruhen, nichts anderes als *Pro-tanto*-Begründungen sein, so daß wir ihre Konklusionen stets nur unter der möglicherweise kontrafaktischen Annahme akzeptieren, daß alle relevanten Gesichtspunkte berücksichtigt sind, und mit dem Vorbehalt, daß keine begründeten Einwände vorgebracht werden. Dies gilt für den von Rawls angestrebten übergreifenden Konsens nicht anders und nicht in höherem Maße als für jede andere Form der rationalen Zustimmung zu praktischen Geboten.

11. Abschließende Bemerkungen

Hinsichtlich der Bedeutung des dichten Schleiers der Unwissenheit für die öffentliche Rechtfertigung politischer Gerechtigkeitsgrundsätze ergibt sich damit folgendes Ergebnis: als eine argumentationstechnische Operationalisierung des Gedankens der öffentlichen Rechtfertigung stellt er sicher, daß die Parteien im Urzustand angesichts eines vernünftigen moralischen und religiösen Pluralismus nur solche Voraussetzungen für die Identifikation oberster politischer Gerechtigkeitsgrundsätze in Anspruch nehmen, die sich auf einen übergreifenden Konsens vernünftiger umfassender Lehren stützen können. Zu Recht schließt der Schleier der Unwissenheit außerdem alle Einwände und Überlegungen aus, die den angegebenen Kriterien praktischer Rationalität und Vernünftigkeit nicht genügen. Mit Blick auf die Möglichkeit vernünftiger, aber kontroverser Einwände, die von ihm ebenfalls ausgeschlossen werden, obwohl sie nach dem Autonomieprinzip öffentlich anerkannt werden müssen, können wir den Schleier der Unwissenheit als Ausdruck des mit allen praktischen Argumenten verbundenen und stets falliblen Anspruchs verstehen, alle relevanten Gesichtspunkte seien bei der Identifikation von Gerechtigkeitsgrundsätzen in angemessener Weise berücksichtigt worden. Ob dies tatsächlich der Fall ist oder nicht, muß sich angesichts jedes kontroversen, aber begründeten Einwandes von neuem erweisen.

Ein weiteres für die vertragstheoretische Konzeption der Gerechtigkeit als Fairneß wichtiges Ergebnis unserer Überlegungen liegt darin, daß wir uns nicht darauf beschränken müssen, zu *hoffen*, für oberste Grundsätze politischer Gerechtigkeit einen übergreifenden Konsens zu finden. Ein solcher Konsens kann vielmehr innerhalb der beschriebenen Grenzen durch rationale Argumentation herbeigeführt werden. Dies geschieht mit Blick auf die Rawlssche Konzeption, dadurch daß *erstens* gezeigt wird, inwiefern sich die Konstruktionselemente des Urzustandes aus dem Gedanken der öffentlichen Rechtfertigung politischer Grundsätze unter den Bedingungen eines vernünftigen Pluralismus ergeben, und indem *zweitens* gezeigt wird, daß die beiden Rawlsschen Gerechtigkeitsgrundsätze tatsächlich von den Parteien im Urzustand gewählt würden. In diesem Aufsatz habe ich mich ausschließlich dem ersten Punkt zugewendet.

An dieser Stelle mag sich nun der Verdacht regen, die von mir beschriebene Argumentationskette vom vernünftigen Pluralismus hin zu inhaltlich bestimmten Grundsätzen politischer und sozialer Gerechtigkeit sei zirkulär, da alles schon in den Begriff *vernünftiger* umfassender Lehren und Konzeptionen des Guten hineingelegt worden sei.[19] Dazu drei abschließende Bemerkungen:

Es sollte *erstens* niemanden überraschen, daß bei deduktiv konzipierten Argumenten alles schon in den Prämissen enthalten ist. Irgend etwas wäre sonst schiefgelaufen. Die Kritik kann sich also allenfalls auf eine ungenügende Begründung der in Anspruch genommenen Voraussetzungen beziehen. Namentlich müßte gezeigt werden, daß die für alles weitere grundlegende Konzeption eines vernünftigen Pluralismus bereits die gesamte Rawlssche Gerechtigkeitskonzeption mitsamt der beiden Gerechtigkeitsgrundsätze voraussetzt. Dies ist offensichtlich jedoch nicht der Fall. Ich habe mich bemüht, zu zeigen, inwiefern sich die einschlägigen Anforderungen an vernünftige Lehren und Konzeptionen des Guten aus dem allgemeineren Gedanken der öffentlichen Rechtfertigung ergeben, wenn wir fragen, welchen Anforderungen rationale Argumente für oder gegen politische Gerechtigkeitsgrundsätze in einer pluralistischen Gesellschaft vernünftigerweise genügen müssen.

Es wird *zweitens* auch nicht behauptet, jede vernünftige moralische oder religiöse Lehre oder Konzeption des Guten impliziere für sich genommen bereits die Rawlsschen Gerechtigkeitsgrundsätze. Dies gilt vielmehr nur unter der Bedingung des Bestehens einer Pluralität solcher Konzeptionen. In einer religiös homogenen Gesellschaft ist es, jedenfalls im Prinzip, denkbar, daß über religiöse Grundsätze politischer Gerechtigkeit keine vernünftigen Meinungsverschiedenheiten bestehen. Ob dieser Fall jemals eingetreten ist oder nicht, ist eine andere Frage. Ich neige dazu, es zu bezweifeln. Dies führt uns auf die schwierige Frage, welche konkreten Bedingungen erfüllt sein müssen, um mit Blick auf historische Beispiele von einem vernünftigen Pluralismus zu sprechen. Eine Schwalbe macht noch keinen Sommer, aber schon ein einziger Häretiker hat, wenn man dem Autonomiegedanken folgt, einen unabweisbaren Anspruch, nur solchen Regeln unterworfen zu werden, gegen die auch er keine vernünftigen Einwände erheben kann.

Schließlich möchte ich *drittens* hervorheben, daß es nicht verwunderlich ist, wenn wir unter den Bedingungen eines vernünftigen Pluralismus eine Konvergenz aller vernünftigen Lehren in bezug auf bestimmte Gerechtigkeitsvorstellungen feststellen können. Alle Lehren befinden sich, was die Rechtfertigung politischer Grundsätze für eine pluralistische Gesellschaft angeht, in derselben normativen Situation. Das Faktum des Pluralismus ist nicht nur ein Problem für die politische Philosophie: jede moralische und religiöse Lehre muß es als eine historische und normative Grundtatsache berücksichtigen, und erst darin, wie dies geschieht, erweist sich ihre Vernünftigkeit.

Anmerkungen

* Für kritische Kommentare und z.T. ausführliche Diskussionen über eine frühere deutsche und eine englische Fassung dieses Aufsatzes möchte ich Michael Anderheiden, Bruce Brower, Joshua Cohen, Christoph Fehige, Miguel Giusti, Werner Hein, Hartmut Kliemt, Arthur Kuflik, Peter de Marneffe, Elijah Millgram, Marie-Luise Raters, John Rawls, Lambert Wiesing und Marcus Willaschek danken.

1 Der hier verwendete Begriff der öffentlichen Rechtfertigung setzt voraus, daß öffentliche Rechtfertigungen auf »für alle gleichermaßen einsichtigen Gründen« beruhen, so daß wir annehmen müssen, dieselben Argumente könnten alle Bürger gleichermaßen überzeugen, bestimmte Grundsätze als für sich und andere verbindlich anzuerkennen. In diesem Punkt geht er über das hinaus, was Rawls in seiner Erwiderung auf Habermas neuerdings über die öffentliche Rechtfertigung einer Gerech-

tigkeitskonzeption sagt (vgl. unten, S. 207 f.). Nach Rawls ist eine Gerechtigkeitskonzeption schon dann öffentlich gerechtfertigt, wenn alle Bürger sie in Übereinstimmung mit ihren umfassenden und nicht an allen Punkten übereinstimmenden normativen Überzeugungen als gemeinsame Gerechtigkeitskonzeption anerkennen können. Dies läßt die Möglichkeit offen, daß verschiedene Personen denselben Grundsätzen aus verschiedenen Gründen zustimmen. Die von Rawls vorgenommene Abschwächung der Bedingungen einer öffentlichen Rechtfertigung leuchtet ein, wenn wir, wie es unumgänglich erscheint, von einem holistischen Verständnis praktischen Argumentierens ausgehen. Im idealen Grenzfall stimmen rationale Personen normativen Grundsätzen vor dem Hintergrund *aller* ihrer normativ relevanten Überzeugungen zu, so daß wir angesichts des Faktums eines moralischen und religiösen Pluralismus keine vollständige Übereinstimmung in den Gründen erwarten dürfen, aus denen verschiedene Personen denselben Grundsätzen zustimmen. Öffentliche Rechtfertigungen, wie ich sie verstehe, können allenfalls erfolgversprechende *pro tanto,* niemals aber vollständige Begründungen für Gerechtigkeitsgrundsätze liefern. (Darauf gehe ich in Abschnitt 10 im Text näher ein.) Wenn ich gleichwohl an der stärkeren Bedingung für öffentliche Rechtfertigungen festhalte, daß alle aus denselben Gründen zustimmen müssen, so aus zwei Gründen: (1) Die Beurteilung und Begründung von Grundsätzen auf der Basis kontroverser moralischer oder religiöser Überzeugungen ist nicht öffentlich in dem Sinne, daß alle *diesen* Beurteilungen und Begründungen zustimmen könnten, und zwar auch dann nicht, wenn sie deren Resultate anerkennen. Für die öffentliche politische Diskussion über Normen und Institutionen können sie deshalb nur eine untergeordnete Rolle spielen, und es ist mir nicht klar, warum wir ihnen das Prädikat ›öffentlich‹ zusprechen sollten. (2) Der Begriff einer wohlgeordneten Gesellschaft setzt nicht nur voraus, daß jedes Gesellschaftsmitglied den allgemein anerkannten obersten Grundsätzen rationalerweise zustimmen kann. Es muß darüber hinaus möglich sein, diese Grundsätze in einer Vielzahl konkreter Fälle (z. B. für die Lösung verfassungsrechtlicher Probleme) anzuwenden, und zwar wiederum auf eine Weise, die auf allgemeine Zustimmung rechnen kann. Ein Konsens über allgemeine Grundsätze, der nicht zugleich ein Konsens über konkrete Anwendungsfälle wäre, bliebe leer und ohne praktisch-politische Bedeutung. Die Stabilität der Gerechtigkeit einer wohlgeordneten Gesellschaft setzt voraus, daß ihre Mitglieder in der Lage sind, den über allgemeine Grundsätze bestehenden Konsens in konkreten Konfliktfällen aufrechtzuerhalten und durch den Austausch allgemein anerkannter Gründe zu bekräftigen. Wie aber sollte dies möglich sein, wenn der unterstellte Konsens über Grundsätze nicht von einem Konsens über Gründe und Begründungsformen getragen würde? Zustimmung zu einer in allgemeinen Begriffen formulierten

Norm allein garantiert nicht die Zustimmung zu irgendeiner konkreteren Formulierung oder Auslegung derselben Norm. Und Personen, die derselben Norm aus verschiedenen Gründen zustimmen, werden sie in vielen Konfliktfällen unweigerlich auch verschieden auslegen. Dies belegen z. B. die nach wie vor unabgeschlossenen Diskussionen über die Zulässigkeit von Schwangerschaftsabbrüchen in pluralistischen Demokratien. Nur unter der Voraussetzung, daß unter den Mitgliedern einer Gesellschaft eine hinreichend große Übereinstimmung über die Gründe für die Anerkennung von Gerechtigkeitsgrundsätzen besteht, dürfen wir deshalb erwarten, daß es auch zu der für eine wohlgeordnete Gesellschaft notwendigen Übereinstimmung hinsichtlich der Auslegung dieser Grundsätze kommt.

2 Der Rechtfertigungsaspekt der Öffentlichkeitsbedingung spielte auch in *A Theory of Justice* schon eine gewisse Rolle (vgl. TJ 582; d 632) und wurde von Rawls in »The Independence of Moral Theory« (R 1975a) im Zusammenhang mit der Konzeption der wohlgeordneten Gesellschaft ausdrücklich hervorgehoben: »When political principles satisfy this condition [publicity, W.H.] and social forms and individual actions are justified, everyone can fully justify their beliefs and conduct to everyone else assured that this public accounting itself will strengthen the public understanding.« (R 1975a: 12) Das Problem der öffentlichen Rechtfertigung von Gerechtigkeitsgrundsätzen unter Bedingungen einer durch moralischen und religiösen Pluralismus gekennzeichneten Gesellschaft wird bei Rawls freilich erst in »Justice as Fairness. Political not Metaphysical« (R 1985) zum Thema.

3 Vgl. dazu auch Nagels Ausführungen im dritten Kapitel von *Equality and Partiality* (Nagel 1991: 30-32).

4 Vgl. R 1980: 515-572, 518 f., 538, 541, 543; R 1987: 13 Fn., 15; PL 10.

5 Welche Güter in diesem Sinne als ›Grundgüter‹ anzusehen sind, wird von Rawls durch eine Liste angegeben, die den Beratungen der Parteien im Urzustand zugrundeliegt. Sie umfaßt: (1) bürgerliche und politische Grundrechte, (2) Freizügigkeit und freie Berufswahl, (3) Befugnisse und Vorrechte von Ämtern und Positionen, (4) Einkommen und Besitz, verstanden als allgemein dienliche Mittel zur Verfolgung einer Vielzahl möglicher Lebenspläne, (5) die sozialen Grundlagen der Selbstachtung (PL 76, 181). Zur Rawlsschen Konzeption der Grundgüter in ihrer gegenüber *A Theory of Justice* revidierten Form vgl. Hinsch 1992: 36-44.

6 Ich werde der Frage, ob diese beiden Grundsätze tatsächlich von freien und gleichen Bürgern im von Rawls konstruierten Urzustand gewählt würden, nicht weiter nachgehen, sondern durchgängig von der Annahme ausgehen, daß dies der Fall ist.

7 Dieser Punkt ist im Anschluß an Hobbes und Hume immer wieder hervorgehoben worden. Mit ihm beginnen alle Versuche, die elementaren Voraussetzungen sozialer Ordnung auf der Grundlage des rationa-

len Eigeninteresses der Beteiligten zu begründen. Vgl. u.a. J. Buchanan 1975; Mackie 1977: Kap. 5 und Gauthier 1986.

8 Unter einer moralischen Rechtfertigung ›im gewöhnliche Sinne‹ verstehe ich hier ein praktisches Argument, dessen Konklusion ein universalisierbares Gebot enthält und das genau dann erfolgreich ist, wenn sein Adressat der Konklusion auf der Basis der angeführten Prämissen aufrichtig und ernsthaft zustimmt.

9 Rawls hat diesen Gedanken mit Hilfe seiner Konzeption der ›background justice‹ ausgeführt (PL 265-275, vgl. PL 23). Zu den Schwierigkeiten, die sich aus ihm für an Präferenzen orientierten Gerechtigkeitstheorien ergeben, vgl. Hinsch 1995: Abschnitt IV.

10 Hinzu kommt das, was Rawls über die sogenannten »strains of commitment« sagt (TJ 145, 176 f.; d 168 f., 201 ff.). Die Parteien im Urzustand müssen sich ›in gutem Glauben‹ auf Gerechtigkeitsgrundsätze einigen und davon ausgehen, daß die von ihnen unter dem Ausschluß bestimmter Informationen gewählten Grundsätze denen keine unzumutbaren Belastungen auferlegen, für die diese Grundsätze im wirklichen Leben verbindlich sein werden. Politische Gerechtigkeitsgrundsätze, die mit den umfassenden moralischen und religiösen Überzeugungen einer Person inkompatibel sind, müssen aber als solche unzumutbaren Belastungen angesehen werden. Die Parteien im Urzustand entscheiden sich deshalb für bestimmte Gerechtigkeitsgrundsätze mit dem Vorbehalt, daß diese für niemanden im Lichte seiner umfassenden Überzeugungen inakzeptabel sind.
Ob dies der Fall ist oder nicht, kann freilich nicht vom Standpunkt des Urzustandes aus entschieden werden, sondern nur von denjenigen, die ihre umfassenden moralischen oder religiösen Konzeptionen des Guten kennen. Vgl. Rawls' Ausführungen über die drei Standpunkte, von denen aus die Konzeption der Gerechtigkeit als Fairneß zu beurteilen ist (PL 27 f.).

11 Die folgende Explikation des Begriffs einer vernünftigen umfassenden Konzeption des Guten stimmt im wesentlichen mit dem überein, was Rawls über vernünftige umfassende Lehren sagt (vgl. PL 58-66). Mit den Forderungen der Unparteilichkeit und der Anerkennung des Autonomieprinzips geht sie jedoch über die von Rawls selbst explizit genannten Anforderungen hinaus.

12 Dazu gehören die Anerkennung von Regeln, die den individuellen Gebrauch von Gewalt unter den Gesellschaftsmitgliedern weitgehend einschränken, und solche, die individuelle Handlungssphären gegen Übergriffe durch andere schützen. Auch sind Regeln notwendig, um die Produktion und den Gebrauch von Gütern kollektiv zu regulieren und zu koordinieren, insbesondere Regeln, die es erlauben, Tauschbeziehungen aller Art einzugehen und das eigene zukünftige Verhalten in Abstimmung mit anderen durch Verabredungen und Verträge festzule-

gen. Schließlich müssen vernünftige umfassende Lehren die Notwendigkeit eines kollektiven Systems von Sanktionen und Zwangsmaßnahmen anerkennen; denn nur ein solches System kann allen Gesellschaftsmitgliedern die Sicherheit geben, daß die für friedliche und fruchtbare Kooperation nötigen Regelungen von der überwiegenden Mehrheit der Gesellschaftsmitglieder unabhängig von kontingenten Interessenlagen und Präferenzen in der Regel eingehalten werden (vgl. Hart 1961: 188-195).

13 Zur Forderung der Unparteilichkeit für moralische Lehren im Kontext der öffentlichen Rechtfertigung von Handlungen, Normen und Institutionen vgl. Gutmann/Thompson 1990: 70 f. und Dworkin 1971. Welche Bedeutung die Unterscheidung zwischen partikularen moralischen oder religiösen Konzeptionen des Guten auf der einen und partikularen persönlichen oder sozialen Interessen auf der anderen Seite für die Anerkennung oder Ablehnung kollektiv verbindlicher Regelungen im Selbstverständnis moderner Verfassungsstaaten hat, zeigt etwa das Recht auf Kriegsdienstverweigerung, wie es in Deutschland durch das Grundgesetz garantiert wird (Art. 4(3) u. 12a). Niemand kann etwa um privater beruflicher Vorteile willen von der Wehrpflicht befreit werden. Anerkannt werden ausschließlich ›Gewissensgründe‹. Das Grundrecht auf Kriegsdienstverweigerung setzt eine moralisch oder religiös begründete ›pazifistische‹ Einstellung des Betroffenen voraus, von der angenommen wird, daß sie nicht auf persönlichen Interessen, sondern auf grundsätzlich verallgemeinerbaren Gründen beruht, auch wenn diese ebensowenig von allen Bürgern geteilt werden wie die grundrechtlich nicht geschützten persönlichen Interessen.

14 Die Möglichkeit, in der angegebenen Weise zwischen einem schwachen und einem starken moralischen Universalitätsanspruch zu unterscheiden, bedeutet, daß Scanlons Versuch, den vertragstheoretischen Grundgedanken der allgemeinen Rechtfertigbarkeit als Basis jeder vernünftigen Moralkonzeption zu betrachten, als zu weitgehend angesehen werden muß. (Nach Scanlon ist eine Handlung moralisch unzulässig, »if its performance ... would be disallowed by any system of rules ... which no one could reasonably reject as a basis for informed, uncoerced general agreement«, Scanlon 1982: 110). Dagegen ist es angesichts der Bürden des Urteilens sehr wohl möglich, *moralischen* Grundsätzen zu folgen, gegen die sich vernünftige Einwände vorbringen lassen. Eben dies ist der Inhalt der Vorstellung eines vernünftigen Pluralismus, daß nämlich vernünftige Meinungsverschiedenheiten zwischen moralischen Lehren bestehen, die gleichwohl moralische Konzeptionen im vollen Sinne des Wortes sind. Das oben vorgestellte Autonomieprinzip verbietet lediglich, solche Lehren in dem Sinne als für alle Bürger verbindlich zu betrachten, daß sie mit Hilfe staatlicher Zwangsgewalt durchgesetzt werden dürften.

15 Vgl. Rawls' Charakterisierung moralischer Personen als »self-authenticating sources of valid claims« (PL 32 f.).
16 Vgl. die Kritik von Joseph Raz (1990: 37 ff.) an Nagels Argumentation in »Moral Conflict and Political Legitimacy« (Nagel 1987: 229 ff.).
17 Dies widerspricht Nagels Auffassung in »Moral Conflict and Political Legitimacy«, derzufolge die Kriterien der Begründung von Überzeugungen stärker oder schwächer sein können, je nachdem, ob wir es mit individuellen Überzeugungen zu tun haben, die nur für diejenigen praktische Konsequenzen haben, die sie teilen, oder ob es sich um Überzeugungen handelt, deren normative Konsequenzen wir auch anderen zumuten (»the standards of individual rationality are different from the standards of epistemological ethics«, Nagel 1987: 230). Da die Rationalitätsbedingungen von Überzeugungen mit normativen Konsequenzen für andere nach Nagel aus moralischen Gründen strengere sind als die für bloß individuelle Überzeugungen, können wir an dem mit letzteren verbundenen Wahrheitsanspruch uneingeschränkt festhalten, auch wenn wir zugestehen müssen, daß andere aus nachvollziehbaren Gründen nicht zustimmen. Wir müssen lediglich darauf verzichten, anderen im Namen dieser kontroversen Überzeugungen Normen aufzuerlegen. Mir leuchtet Nagels Unterscheidung zwischen »standards of individual rationality« und »standards of epistemological ethics« in diesem Punkt nicht ein. Wie könnte ich die Zweifel einer anderen Person an meinen Überzeugungen für begründet halten, ohne selbst einen wie immer schwachen Grund zu haben, auch selbst an ihrer Wahrheit zu zweifeln? Dies schließt nicht aus, daß ich nach wie vor an ihre Wahrheit glaube, aber es schließt zweifellos aus, daß ich sie weiterhin ohne weitere Qualifikation als moralisches Wissen betrachte oder sie auch nur als *uneingeschränkt* rational begründet betrachte. Ich mag sie für wahr halten, sie zu Recht als im schwachen Sinne rational begründet ansehen und muß gleichwohl erkennen, daß sie im starken Sinne weder für mich noch für sonst irgend jemanden rational begründet sind. Ich stimme Nagel zu, daß der Grund für die Forderung der öffentlichen Rechtfertigung von Normen ein moralischer ist. Er liegt in der Anerkennung des Autonomieprinzips. Dies bedeutet aber nicht, daß es einen moralischen Grund für verschieden strenge epistemologische Rationalitätsstandards für Individuen und Gruppen gibt. Es bedeutet lediglich, daß die Standards des begründeten Fürwahrhaltens von normativen Überzeugungen vernünftigerweise schwächer sind als die Standards moralischen Wissens, das jemand für sich in Anspruch nehmen müßte, um anderen gegen ihre begründeten Einwände Normen aufzuerlegen.
18 Solche Einwände müssen drei Bedingungen erfüllen: (1) Unter der Voraussetzung, daß man ihre Prämissen bejaht, lassen sie eine Revision der Grundsätze, gegen die sie gerichtet sind, notwendig erscheinen. (2) Die

in Anspruch genommenen Prämissen können in voller Übereinstimmung mit den Anforderungen der Rationalität und Vernünftigkeit sowohl bejaht als auch verneint werden. (3) Nicht alle Bürger bejahen die fraglichen Prämissen.

19 Diesen Einwand hat Christoph Fehige in der Bad Homburger Diskussion vorgebracht.

John Rawls
Das Ideal des öffentlichen Vernunftgebrauchs*

Eine politische Gesellschaft hat, wie jeder andere vernünftige und rationale Akteur, eine ihr eigene Weise, Pläne zu formulieren, Prioritäten zu setzen und danach zu handeln. Die Art und Weise, in der eine Gesellschaft dies tut, ist ihre Vernunft. Ihre Fähigkeit, dies zu tun, ist ebenfalls ihre Vernunft, doch in einem anderen Sinne. Sie ist ein intellektuelles und moralisches Vermögen, das auf den Fähigkeiten der einzelnen Gesellschaftsmitglieder beruht.

Nicht alle Formen des Vernunftgebrauchs sind öffentlich. Es gibt den nicht-öffentlichen Vernunftgebrauch in Kirchen, Universitäten und anderen Vereinigungen der bürgerlichen Gesellschaft. Wenn in aristokratischen und autokratischen Regimen das Wohl der Gesellschaft erwogen wird, falls es dort so etwas gibt, so geschieht dies nicht öffentlich, sondern nur unter den Herrschenden, wer immer dazu gehören mag.

Öffentlicher Vernunftgebrauch ist eine Besonderheit demokratischer Nationen; es ist der Vernunftgebrauch gleicher Staatsbürger. Er richtet sich auf das Wohl der Öffentlichkeit: auf die Anforderungen der politischen Gerechtigkeitskonzeption an die Institutionen der gesellschaftlichen Grundstruktur und auf deren Aufgaben und Ziele.

Öffentliche Vernunft ist demnach in drei Hinsichten öffentlich: (1) Als Vernunft gleicher Bürger ist sie die Vernunft der Öffentlichkeit. (2) Sie richtet sich auf das Wohl der Öffentlichkeit und auf Fragen grundlegender Gerechtigkeit. (3) Sie ist ihrem Wesen und ihrem Inhalt nach öffentlich; ihre Ideale und Prinzipien werden durch eine politische Gerechtigkeitskonzeption zum Ausdruck gebracht und auf dieser Basis offen für alle erkennbar in Anspruch genommen.

Das in einer konstitutionellen Demokratie zum Begriff des Staatsbürgers gehörige Ideal des öffentlichen Vernunftgebrauchs ist keine gesetzliche Vorschrift; es beschreibt, wozu eine wohlgeordnete Gesellschaft ihre Mitglieder ermutigen und worin es sie bestärken würde.

1. Die Domänen des öffentlichen Vernunftgebrauchs

Der Gedanke des öffentlichen Vernunftgebrauchs ist oft erörtert worden und hat eine lange Geschichte. In der einen oder anderen Form ist er weithin anerkannt. Mein Ziel ist es, ihn in annehmbarer Weise als Teil einer liberalen politischen Gerechtigkeitskonzeption zu formulieren. Beginnen wir damit, daß in einer demokratischen Gesellschaft öffentliche Vernunft die Vernunft gleicher Bürger ist, die als Kollektiv letztinstanzliche politische Zwangsgewalt übereinander ausüben, indem sie Gesetze erlassen und Verfassungsänderungen vornehmen. Die dem öffentlichen Vernunftgebrauch auferlegten Beschränkungen gelten nicht für alle politischen Entscheidungen, sondern nur, wenn wesentliche Verfassungsinhalte oder Fragen grundlegender Gerechtigkeit betroffen sind: »Wer soll gleiche politische Rechte haben?«, »Wer hat Anspruch auf Chancengleichheit?«, »Wer darf Eigentum besitzen?« – Fragen wie diese müssen auf der Grundlage ausschließlich politischer Werte beantwortet werden. Viele, wenn nicht die meisten politischen Entscheidungen lassen diese grundlegenden Fragen unberührt. Dies gilt für einen Großteil der Steuergesetzgebung ebenso wie für viele Gesetze zur Regulierung von Eigentumsfragen oder zur Kontrolle der Umweltverschmutzung. Es gilt auch für politische Entscheidungen darüber, wieviele Mittel für Museen und die Künste abgezweigt werden. Dies schließt nicht aus, daß in allen diesen Bereichen gelegentlich grundlegende Fragen berührt werden.

Nun werden einige fragen, warum nicht alle Angelegenheiten, in denen Bürger letztinstanzliche Zwangsgewalt übereinander ausüben, der öffentlichen Vernunft unterliegen. Warum sollte es jemals zulässig sein, den Bereich politischer Werte zu verlassen? Ich stimme zu, daß es normalerweise wünschenswert ist, politische Fragen auf der Grundlage der Werte des öffentlichen Vernunftgebrauchs zu beantworten, auch wenn dies nicht immer geschieht. Gelegentlich ist es besser, etwas durch Abstimmung zu entscheiden. Ich möchte jedoch zunächst den stärksten Fall erörtern, in dem politische Auseinandersetzungen die grundlegendsten Fragen betreffen. Wenn wir uns hier nicht an die Grenzen des öffentlichen Vernunftgebrauchs halten müssen, dann nirgendwo. Sollte sich andererseits zeigen, daß die Grenzen in diesem stärksten Fall zu beachten sind, dann können wir uns auf dieser Basis anderen Fällen zuwenden.

Eine weitere Besonderheit des öffentlichen Vernunftgebrauchs liegt darin, daß seine Grenzen nicht für unsere persönlichen Überlegungen zu politischen Fragen gelten, und auch nicht für die entsprechenden Beratungen unter den Mitgliedern von Kirchen und Universitäten. Offenkundig spielen hier religiöse, philosophische und moralische Überlegungen verschiedener Art zu Recht eine wichtige Rolle. Die Grenzen des öffentlichen Vernunftgebrauchs gelten für Bürger, wenn sie vor dem Forum der Öffentlichkeit politisch Stellung beziehen, und so auch für Mitglieder politischer Parteien, für ihre Kandidaten in Wahlkämpfen und für die sie unterstützenden Gruppen. Wir müssen jedoch bei der Anwendung des Ideals des öffentlichen Vernunftgebrauchs zwischen Bürgern auf der einen Seite und den Inhabern öffentlicher Ämter auf der anderen unterscheiden. Als ein Ideal für öffentliche politische Diskussionen ist es für Abgeordnete verbindlich, wenn sie im Parlament sprechen, und für die Mitglieder der Regierung in ihren öffentlichen Handlungen und Verlautbarungen. In besonderer Weise gilt es für Richter und hier vor allem für Verfassungsrichter in konstitutionellen Demokratien, die eine verfassungsrechtliche Überprüfung von Gesetzen und politischen Maßnahmen zulassen. Sie müssen ihre Urteile auf der Grundlage ihres Verständnisses der Verfassung und der relevanten Gesetze und Präjudizien begründen. Da Handlungen der Legislative und der Exekutive nicht in gleicher Weise gerechtfertigt werden müssen, wird das Verfassungsgericht eines Staates zu einer beispielhaften Instanz des öffentlichen Vernunftgebrauchs.

II. Öffentliche Vernunft und das Ideal des demokratischen Bürgers

Ich wende mich nun einer Schwierigkeit zu, die für viele den Gedanken eines öffentlichen Vernunftgebrauchs paradox erscheinen läßt. Warum sollten sich Bürger bei der Erörterung der grundlegendsten politischen Fragen an seine Grenzen halten? Wie kann es vernünftig oder rational sein, wenn Grundlegendes auf dem Spiel steht, sich nur auf eine öffentliche Gerechtigkeitskonzeption zu berufen und nicht auf die ganze Wahrheit, so wie sie sich uns darstellt?

Zur Auflösung des Paradoxes ziehe ich ein liberales Legitimitätsprinzip heran. Das Prinzip knüpft an zwei charakteristische Eigenarten des politischen Verhältnisses von Bürgern einer Demokratie an. *Erstens* handelt es sich um ein Verhältnis zwischen Personen innerhalb der Grundstruktur der Gesellschaft, in die sie hineingeboren werden und in der sie normalerweise ihr ganzes Leben verbringen. *Zweitens* ist die stets mit Zwangsbefugnissen verbundene politische Macht in einer Demokratie die Macht der Öffentlichkeit, das heißt die kollektive Macht freier und gleicher Bürger. Ich gehe außerdem davon aus, daß die in einer Demokratie vorfindbare Vielfalt vernünftiger religiöser und moralischer Lehren keine vorübergehende historische Erscheinung ist, sondern ein dauerhaftes Merkmal der öffentlichen Kultur einer Demokratie. Dies vorausgesetzt, fragen wir, unter welchen Bedingungen Bürger berechtigt sind, in grundlegenden Angelegenheiten politische Zwangsgewalt übereinander auszuüben. Anders formuliert: im Lichte welcher Ideale und Prinzipien müssen wir diese Macht gebrauchen, wenn ihre Ausübung gegenüber anderen gerechtfertigt sein soll, die vernünftig und rational und frei und gleich sind. Die Antwort des politischen Liberalismus darauf ist, daß die Ausübung politischer Macht nur dann angemessen ist, wenn sie in Übereinstimmung mit einer Verfassung geschieht, von der wir vernünftigerweise erwarten können, daß alle Bürger sie im Lichte der von ihnen bejahten Prinzipien und Ideale anerkennen. Dies ist das liberale Legitimitätsprinzip. Da nun die Ausübung politischer Macht legitim sein muß, wird uns durch das Ideal eines öffentlichen Vernunftgebrauchs eine moralische (keine rechtliche) Pflicht auferlegt, anderen zu erklären, inwiefern die von uns in grundlegenden Fragen vertretenen politischen Prinzipien und Programme durch politische Werte der öffentlichen Vernunft gestützt werden. Ich möchte dies die *Pflicht zur Bürgerlichkeit* nennen.

Einige mögen sagen, daß die Grenzen des öffentlichen Vernunftgebrauchs nur Amtsinhaber (Abgeordnete, Regierungsmitglieder, Richter) in ihren öffentlichen Handlungen und Entscheidungen betreffen. Beachten sie die Grenzen des öffentlichen Vernunftgebrauchs, so werden den Bürgern in der Tat öffentliche Argumente für die sie betreffenden Gesetze und politischen Maßnahmen gegeben. Dies ginge jedoch noch nicht weit genug. Als vernünftige und rationale Personen, die wissen, daß sie verschiedene vernünftige religiöse und philosophische Lehren vertreten, sollten wir in der Lage sein, die Grundlagen unseres Handelns voreinander so zu erklären, daß wir vernünftigerweise mit der Zustimmung anderer rechnen können. Dies ist eine der Forderungen einer demokratischen Politik an uns, und es gehört zum Wissen darüber, wie sich ein demokratischer Bürger verhält, dieses Ideal des öffentlichen Vernunftgebrauchs zu verstehen.

Darüber hinaus haben die in einem wohlgeordneten Verfassungsstaat verwirklichten politischen Werte großes Gewicht. Sie werden von anderen Werten nicht ohne weiteres überwogen, und die Ideale, die in ihnen zum Ausdruck kommen, werden nicht leichthin aufgegeben. Sobald die politische Konzeption von einem übergreifenden Konsens vernünftiger umfassender Lehren unterstützt wird, löst sich deshalb das Paradox des öffentlichen Vernunftgebrauchs auf. Die Pflicht zur Bürgerlichkeit zusammen mit den bedeutenden Werten des Politischen machen das Ideal einer Bürgerschaft aus, die sich selbst in einer Weise regiert, von der alle glauben, daß alle sie aus guten Gründen akzeptieren können. Dieses Ideal wird seinerseits durch die von vernünftigen Personen vertretenen umfassenden Lehren getragen. Bürger bejahen dieses Ideal, nicht als einen Kompromiß oder *modus vivendi*, sondern auf der Grundlage ihrer eigenen vernünftigen umfassenden Lehren.

Der Anschein des Paradoxen verschwindet restlos, wenn wir uns vertraute Fälle vergegenwärtigen, in denen wir zugestehen, daß wir uns nicht auf die ganze Wahrheit, wie sie sich uns darstellt, berufen dürfen. Man denke daran, wie in vielen Rechtsordnungen die Benutzung von Beweismitteln vor Gericht eingeschränkt wird, um das Grundrecht des Angeklagten auf einen fairen Prozeß zu schützen. So dürfen Beweise nicht auf bloßem Hörensagen beruhen, und Beweismittel, die auf ungesetzliche Weise gewonnen wurden (etwa durch unzulässige Hausdurchsuchungen, durch Mißhandlung Inhaftierter oder dadurch, daß Angeschuldigte nicht rechtzeitig über ihre Rechte informiert wurden) haben keine oder nur beschränkte Beweiskraft. Ebenso darf niemand gezwungen werden, gegen sich selbst auszusagen. Schließlich dürfen, um eine auf anderen Gründen beruhende Einschränkung zu nennen, Ehepartner nicht gezwungen werden, gegeneinander auszusagen. Dadurch soll das bedeutende Gut des Familienlebens geschützt und so dem Wert gegenseitiger Zuneigung öffentliche Achtung erwiesen werden.

Diese Beispiele zeigen, daß wir eine Pflicht anerkennen, etwas nicht im Licht der ganzen Wahrheit zu entscheiden, wenn wir nur so ein Recht achten oder ein ideelles Gut verwirklichen können. Sie zeigen, inwiefern es häufig völlig vernünftig ist, auf die ganze Wahrheit zu verzichten. Darin liegt die Parallele zum öffentlichen Vernunftgebrauch. Seine Grenzen müssen Bürger im allgemeinen deshalb beachten, weil dies von bestimmten Grundrechten und Grundfreiheiten gefordert wird, oder weil es zur Verwirklichung eines bedeutenden Wertes nötig ist.

Der Gedanke des öffentlichen Vernunftgebrauchs steht auch im Widerspruch zu der verbreiteten Ansicht, Wählen sei eine private, ja eine persönliche Angelegenheit. Einer bestimmten Auffassung zufolge ist es völlig in Ordnung, wenn Bürger entsprechend ihrer sozialen Präferenzen und wirtschaftlichen Interessen abstimmen – um nicht von ihren Antipathien und Ressentiments zu sprechen. Demokratie sei, so sagt man, die Herrschaft der Mehrheit, die verfahren könne, wie es ihr beliebt. Nach einer auf den ersten Blick ganz anderen Auffassung sollten Bürger so abstimmen, wie sie es mit Blick auf ihre umfassenden Überzeugungen unmittelbar als wahr und richtig erkennen, ohne daß öffentliche Argumente zu berücksichtigen wären. Bei allen Differenzen ist es für beide Auffassungen kennzeichnend, daß sie weder die Pflicht zur Bürgerlichkeit noch die Grenzen des öffentlichen Vernunftgebrauchs anerkennen, wenn es um wesentliche Verfassungsinhalte und Fragen grundlegender Gerechtigkeit geht. Die erste Auffassung orientiert sich an unseren Präferenzen und Interessen, die zweite an dem, was wir für die ganze Wahrheit halten. Dem Ideal des öffentlichen Vernunftgebrauchs liegt dagegen eine Auffassung vom Wählen zugrunde, die derjenigen Rousseaus im *Contrat Social* ähnlich ist. Nach Rousseau geben wir unsere Stimme idealerweise derjenigen Alternative, die dem Gemeinwohl am besten dient (Rousseau 1762: IV.2, Abs. 8). Die Bürger haben eine *volonté générale*, die auf das Gemeinwohl zielt, das seinerseits durch die allen Bürgern gemeinsamen grundlegenden Interessen bestimmt wird.

III. Nicht-öffentlicher Vernunftgebrauch

Das Wesen des öffentlichen Vernunftgebrauchs wird klarer, wenn wir ihn mit nicht-öffentlichen Formen vernünftigen Argumentierens vergleichen. Zunächst ist festzustellen, daß es verschiedene Formen des nicht-öffentlichen Vernunftgebrauchs gibt, aber nur eine des öffentlichen. Nicht-öffentliche Formen finden wir in allen Arten von Vereinigungen: in Kirchen, Universitäten, wissenschaftlichen Gesellschaften und in den verschiedenen Berufsgruppen. Wie schon gesagt, benötigen Kollektive ebenso wie Individuen eine Form, in der sie beratschlagen, was getan werden soll, wenn sie vernünftig und verantwortlich handeln wollen. Für ihre Mitglieder sind diese Beratungen öffentlich; aus der Sicht der politischen Gesellschaft dagegen – der Sicht der Bürger im allgemeinen – sind sie nicht öffentlich. Nicht-öffentlicher Vernunftgebrauch umfaßt die verschiedenen Formen des Vernunftgebrauchs in der bürgerlichen Gesellschaft. Diese Formen sind sozial und gewiß nicht privat.[1]

Nun müssen alle Formen des Vernunftgebrauchs gewisse gemeinsame Elemente enthalten: einen Begriff vom Urteil, Regeln des Schlußfolgerns, Kriterien und ähnliches mehr. Ohne sie hätten wir es nicht mit Vernunft zu tun, sondern mit Rhetorik oder Überredung. Eine Form des Vernunftgebrauchs muß deshalb diese grundlegenden Begriffe und Prinzipien verkörpern und Kriterien der Richtigkeit und Standards der Rechtfertigung enthalten. Ihre richtige Anwendung gehört zur allgemein menschlichen Vernunft. Gleichwohl sind für verschiedene Formen des Vernunftgebrauchs verschiedene Kriterien und Methoden angemessen, und zwar abhängig vom Selbstverständnis des beratenden Gremiums, von seinen Zielen und Absichten und von den Bedingungen, unter denen die Beratungen stattfinden. So können sich zum Beispiel Einschränkungen daraus ergeben, daß es nötig ist, bestimmte Rechte zu schützen und bestimmte Werte zu verwirklichen. Dies wird durch die Regeln für die Gewichtung von Beweismitteln veranschaulicht. Sie sind notwendig, um das Recht des Angeklagten auf einen fairen Prozeß zu schützen. Eine wissenschaftliche Gesellschaft würde andere Kriterien heranziehen. Verschiedene Kollektive erkennen verschiedene Autoritäten als verbindlich für ihre Beratungen an. Vergleichen Sie in dieser Hinsicht eine theologische Lehrfragen diskutierende Kirchenversammlung mit den

Mitgliedern einer Fakultät, die bildungspolitische Probleme erörtert, oder mit einer wissenschaftlichen Kommission, die versucht, den von einem nuklearen Unfall angerichteten Schaden abzuschätzen.

Nun ist in einer demokratischen Gesellschaft jede nicht-öffentliche Macht, wie zum Beispiel die Autorität einer Kirche über ihre Mitglieder, eine freiwillig akzeptierte Macht. Da Abtrünnigkeit vom Glauben und das Vertreten von ›Irrlehren‹ keine Rechtsverletzungen darstellen, können diejenigen, welche die Autorität der Kirche nicht länger anerkennen, aus der Kirche austreten, ohne in Konflikt mit der Staatsgewalt zu geraten. Welche umfassenden religiösen, philosophischen oder moralischen Auffassungen wir auch vertreten mögen, *politisch gesprochen* gelten sie als freiwillig angenomme; denn solange Gewissens- und Gedankenfreiheit bestehen, erlegen wir uns aus politischer Sicht jede solche Lehre selbst auf. Zwar entscheiden wir uns nicht in einem Akt freier Wahl losgelöst von allen schon bestehenden Loyalitäten und emotionalen Bindungen für eine solche Lehre, aber insofern wir freie und gleiche Bürger sind, fällt es unter unsere durch bestimmte verfassungsmäßige Rechte und Freiheiten umrissene politische Kompetenz, welche besondere Lehre wir bejahen.

Im Gegensatz dazu können wir der Autorität des Staates nicht entgehen, solange wir nicht das Staatsgebiet verlassen, und selbst dann bleiben wir ihr noch in manchen Dingen unterworfen. Daran ändert sich auch durch öffentlichen Vernunftgebrauch nichts. Das eigene Land für immer zu verlassen ist gewöhnlich ein großer Schritt. Es bedeutet, der Gesellschaft und Kultur, in der man aufgewachsen ist, den Rücken zu kehren und damit auch der Sprache, in der man sich mitgeteilt und ausgedrückt hat. Durch die Gewohnheiten und Konventionen unserer Kultur haben wir unseren Platz in der sozialen Welt gefunden; sie bestimmen unser Selbstverständnis. Unsere Bindungen an die Gesellschaft, der wir entstammen, sind deshalb gewöhnlich so stark, daß das Recht zu emigrieren nicht ausreicht, die Autorität des Staates als freiwillig angenommen erscheinen zu lassen, jedenfalls nicht in dem Sinne, in dem die Gewissensfreiheit die Anerkennung kirchlicher Autoritäten freiwillig sein läßt. Gleichwohl können wir im Laufe unseres Lebens dazu gelangen, auf der Grundlage überprüfter Urteile die Ideale und Prinzipien freiwillig anzuerkennen, die unsere Grundrechte festlegen und die politische Macht, der wir unterworfen sind, lenken und mäßigen. Das ist die äußerste Grenze unserer Freiheit.

IV. Die Inhalte der öffentlichen Vernunft

Ich wende mich nun dem Inhalt der öffentlichen Vernunft zu. Er wird durch eine im weitesten Sinne liberale politische Gerechtigkeitskonzeption bestimmt. Damit meine ich dreierlei: *Erstens* werden bestimmte Grundrechte, Grundfreiheiten und Chancen festgelegt, wie sie aus demokratischen Verfassungsstaaten bekannt sind. *Zweitens* wird diesen Rechten, Freiheiten und Chancen ein Vorrang gegenüber den Ansprüchen des Allgemeinwohls und den Werten des Perfektionismus zugewiesen. *Drittens* werden Maßnahmen vorgesehen, die sicherstellen, daß alle Bürger über die zur wirksamen Nutzung ihrer Freiheiten und Chancen nötigen, allgemein dienlichen Mittel verfügen. Die beiden von mir vorgeschlagenen Gerechtigkeitsgrundsätze fallen unter diese allgemeine Beschreibung; doch jeder dieser Punkte könnte auch in anderer Weise ausgelegt werden, und so gibt es verschiedene liberale Lehren.

Nun muß eine liberale politische Konzeption neben Gerechtigkeitsgrundsätzen auch Richtlinien darüber enthalten, in welcher Form argumentiert werden soll und nach welchen Kriterien zu entscheiden ist, welche Informationen für politische Fragen relevant sind. Ohne solche Richtlinien wäre es unmöglich, inhaltliche Grundsätze anzuwenden. Eine politische Konzeption besteht deshalb aus zwei Teilen: zum einen aus Gerechtigkeitsgrundsätzen für die Grundstruktur und zum anderen aus Richtlinien und Kriterien, mit deren Hilfe Bürger feststellen können, ob bestimmte inhaltliche Grundsätze Anwendung finden und welche Gesetze ihnen am besten dienen.

Dem entspricht eine Einteilung liberaler politischer Werte in zwei Gruppen. Die erste Gruppe umfaßt die Werte politischer Gerechtigkeit, die unter die beiden Gerechtigkeitsgrundsätze für die Grundstruktur fallen. Dies sind die gleichen politischen und bürgerlichen Freiheiten, Chancengleichheit, soziale Gleichheit, wirtschaftliche Gegenseitigkeit, das Gemeinwohl und alles für die Verwirklichung dieser Werte Notwendige. Die zweite Gruppe umfaßt die Werte des öffentlichen Vernunftgebrauchs. Sie betreffen die Richtlinien für Diskussionen und Tatsachenfeststellungen, die diese frei und öffentlich werden lassen. Dazu gehören auch die politischen Tugenden der Vernünftigkeit und der Bereitschaft, die moralische Pflicht zur Bürgerlichkeit zu erfüllen. Sie tragen zu einer argumentativ geführten öffentlichen Diskussion politischer Fragen bei.

Wie schon gesagt, müssen die Grundstruktur und die mit ihr verbundenen politischen Programme, wenn wesentliche Verfassungsinhalte oder Fragen grundlegender Gerechtigkeit betroffen sind, allen Bürgern gegenüber gerechtfertigt werden können. Dies ergibt sich aus dem Prinzip politischer Legitimität. Dem fügen wir nun hinzu, daß sich die nötigen Rechtfertigungen nur auf solche Überzeugungen stützen dürfen, die allgemein akzeptiert sind. Dies schließt die vom Common sense anerkannten Formen des Argumentierens und die Methoden und Ergebnisse der Wissenschaften ein, sofern diese unumstritten sind. Wir dürfen uns ebensowenig auf umfassende religiöse oder philosophische Lehren berufen wie auf kontroverse ökonomische Theorien. Soweit möglich, sollten das Wissen und die Argumentionsweisen, die den beiden Gerechtigkeitsgrundsätzen und ihrer Anwendung auf wesentliche Verfassungsinhalte zugrundeliegen, auf allen zugänglichen und weithin anerkannten Wahrheiten beruhen. Andernfalls würde die politische Konzeption keine öffentliche Grundlage der Rechtfertigung bilden.

In *Gerechtigkeit als Fairneß* haben die Richtlinien für den öffentlichen Vernunftgebrauch und das Legitimitätsprinzip dieselbe Grundlage wie die inhaltlichen Grundsätze. Dies bedeutet, daß die Parteien im Urzustand zusammen mit den beiden Gerechtigkeitsgrundsätzen Richtlinien und Kriterien des öffentlichen Vernunftgebrauchs wählen, welche die Anwendung dieser Normen regeln. Im Interesse der von ihnen vertretenen Personen bestehen die Parteien darauf, daß die Anwendung der Gerechtigkeitsgrundsätze nur von solchen Urteilen und Evidenzen geleitet werden darf, die vernünftigerweise mit der Zustimmung der Vertretenen rechnen können. Die Richtlinien des öffentlichen Vernunftgebrauchs, das Legitimitätsprinzip und die beiden Gerechtigkeitsgrundsätze sind demnach zusammengehörige Teile einer einzigen Übereinkunft. Es gibt keinen Grund, warum einige Bürger das Recht haben sollten, die Macht des Staates zu benutzen, um über wesentliche Verfassungsinhalte im Sinne ihrer eigenen umfassenden Lehre zu entscheiden. Unter Bedingungen gleicher Repräsentation würde kein

Bürger einer anderen Person oder einer Vereinigung dieses Recht zugestehen. Eine solche Autorität kann durch öffentlichen Vernunftgebrauch nicht begründet werden. *Vernünftige* umfassende Lehren akzeptieren dies.

Vergessen wir nicht, daß der Ausdruck »politischer Liberalismus« für einen Typ von Auffassungen und nicht für eine bestimmte Lehre steht. Je nach den inhaltlichen Grundsätzen und Argumentationsrichtlinien ergeben sich verschiedene Ausprägungen. Die nachdrückliche Bejahung des Gedankens eines öffentlichen Vernunftgebrauchs und des zugehörigen Legitimitätsprinzips bedeutet deshalb nicht, daß gleichzeitig eine bestimmte Gerechtigkeitskonzeption bis in die letzten Einzelheiten bejaht wird. Meinungsverschiedenheiten darüber, welches die angemessensten Grundsätze sind, lassen sich mit einem öffentlichen Vernunftgebrauch vereinbaren. Es ist möglich, über die Grundsätze verschiedener Meinung zu sein, auch wenn hinsichtlich der allgemeineren Merkmale einer Konzeption Einigkeit besteht. So stimmen wir darin überein, daß Bürger an der politischen Macht als freie und gleiche teilhaben und daß sie als vernünftige und rationale Wesen eine Pflicht haben, sich auf die öffentliche Vernunft zu berufen, obwohl wir uneins darüber sein mögen, welche Gerechtigkeitsgrundsätze die vernünftigste Grundlage öffentlicher Rechtfertigungen bilden. *Gerechtigkeit als Fairneß* ist nur ein Beispiel für eine liberale Konzeption, und ihr besonderer Inhalt enthält keine endgültigen Festlegungen für eine solche Auffassung.

Das Ideal des öffentlichen Vernunftgebrauchs zielt darauf, daß Bürger ihre grundlegenden Auseinandersetzungen im Rahmen dessen führen, was jeder von ihnen als eine politische Gerechtigkeitskonzeption ansieht, als eine Konzeption also, die auf Werten beruht, von denen wir vernünftigerweise annehmen dürfen, daß andere ihnen nicht nur zustimmen, sondern auch ernsthaft bereit sind, sie zu verteidigen. Jeder von uns muß deshalb in der Lage sein, ein Kriterium anzugeben, anhand dessen er entscheidet, welche Prinzipien und Richtlinien vernünftigerweise die Zustimmung anderer erwarten lassen. Wir benötigen irgendeinen Test, um diese Bedingung zu erfüllen. Ich selbst habe dafür diejenigen Werte vorgeschlagen, die in den im Urzustand angenommenen Grundsätzen und Richtlinien zum Ausdruck kommen. Viele werden ein anderes Kriterium bevorzugen.

Wenn wir den materialen Gehalt und die Argumentationsrichtlinien der politischen Konzeption zusammennehmen, sollte diese, wenn möglich, *vollständig* sein. Eine Konzeption erfüllt diese Bedingung, wenn die durch sie bestimmten Werte so kombiniert und aufeinander abgestimmt werden können, daß sie auf alle, oder jedenfalls fast alle Fragen, die wesentliche Verfassungsinhalte oder Probleme grundlegender Gerechtigkeit betreffen, eine vernünftige öffentliche Antwort erlauben. Eine politische Gerechtigkeitskonzeption, welche die wesentlichen Verfassungsinhalte und grundlegenden Fragen der Gerechtigkeit abdeckt, ist von sehr großer Bedeutung, auch wenn sie uns in vielen ökonomischen und sozialen Angelegenheiten, mit denen die Gesetzgebung immer wieder befaßt ist, nur wenig weiterhelfen mag. Zur Beantwortung dieser spezielleren und ins einzelne gehenden Fragen ist es häufig vernünftig, die Grenzen einer politischen Konzeption zu überschreiten und auf nicht-politische Werte zurückzugreifen. Solange Übereinstimmung über die wesentlichen Verfassungsinhalte besteht und die politischen Entscheidungsverfahren aus guten Gründen für fair gehalten werden, kann bereitwillige politische und soziale Kooperation zwischen freien und gleichen Bürgern normalerweise aufrecht erhalten werden.

v. Schwierigkeiten

Wir suchen also nach einer politischen Gerechtigkeitskonzeption, deren Werte der Gerechtigkeit und des öffentlichen Vernunftgebrauchs zusammengenommen vernünftige Antworten auf alle oder doch fast alle grundlegenden politischen Fragen erlauben. Eine Schwierigkeit liegt nun darin, daß der öffentliche Vernunftgebrauch häufig zu mehr als einer Antwort führt; denn es gibt verschiedene politische Werte, die verschieden ausgelegt und gegeneinander abgewogen werden können. Nehmen wir einmal an, in einem gegebenen Fall herrschen verschiedene Kombinationen von Werten oder unterschiedliche Gewichtungen derselben Werte vor, und obwohl sich alle Beteiligten auf politische Werte berufen, kommt es zu keiner Übereinstimmung. Mehr als geringfügige Differenzen bleiben bestehen. Sollte dies, wie nicht selten, der Fall sein, so werden einige sagen, das Problem ließe sich durch öffentlichen Vernunftgebrauch nicht lösen. Um eine Antwort zu finden, die wenigstens einige zufriedenstellt, dürften Bürger sich deshalb unter diesen Umständen auf nicht-politische Werte berufen.[2] Zwar beziehen sich nicht alle auf dieselben nicht-politischen Werte, aber jeder hat nun eine Antwort, die zumindest ihm selbst gerecht wird.

Das Ideal des öffentlichen Vernunftgebrauchs schließt bei wesentlichen Verfassungsinhalten und Fragen grundlegender Gerechtigkeit ein solches Vorgehen aus. Vollständige Übereinstimmung wird selten erreicht, und den öffentlichen Vernunftgebrauch abzubrechen, sobald Meinungsverschiedenheiten darüber auftreten, wie verschiedene Werte gegeneinander abzuwägen sind, hieße ihn ganz aufzugeben. Auch setzt ein öffentlicher Vernunftgebrauch, wie schon gesagt, nicht voraus, daß alle dieselben Grundsätze anerkennen. Es genügt, wenn wir unsere Auseinandersetzungen in den Begriffen einer politischen Konzeption führen und aufrichtig glauben, unsere Sicht der Dinge beruhe auf politischen Werten, die vernünftigerweise erwarten lassen, daß andere ihnen zustimmen. Es ist ein grundlegendes Ideal für Bürger, so vorzugehen und auf diese Weise elementare demokratische Werte zu verwirklichen, die nicht schon darum aufgegeben werden dürfen, weil es keine vollständige Übereinstimmung gibt. Wir können über grundlegende Fragen ebenso wie über alle anderen Fragen abstimmen, und wenn die Auseinandersetzung unter Berufung auf politische Werte geführt wird und die Bürger nach ihrer aufrichtigen Überzeugung abstimmen, so ist das Ideal aufrechterhalten worden.

Eine zweite Schwierigkeit betrifft die Wendung »entsprechend seiner aufrichtigen Überzeugung abstimmen«. Lassen Sie uns sagen, daß die öffentliche Vernunft und das Prinzip politischer Legitimität geachtet werden, wenn folgende Bedingungen erfüllt sind:

(1) Wir bewerten das Ideal des öffentlichen Vernunftgebrauchs sehr hoch und geben ihm gewöhnlich den Vorrang vor anderen Werten und Idealen.

(2) Wir gehen davon aus, daß die öffentliche Vernunft hinreichend vollständig ist, so daß für die überwiegende Mehrzahl, vielleicht sogar für alle Fälle eine vernünftige Antwort auf der Basis einer Kombination und Abwägung politischer Werte gefunden werden kann.

(3) Wir glauben, daß die von uns vertretene Auffassung und die auf sie gegründeten Gesetze und politischen Maßnahmen Ausdruck einer vernünftigen Kombination und Abwägung politischer Werte sind.

Ich bin durchgängig davon ausgegangen, daß Bürger umfassende religiöse und philosophische Lehren vertreten. Viele werden deshalb nicht-politische und transzendente Werte als die wirkliche Grundlage politischer Werte betrachten. Läßt dies nun nicht ihre Berufung auf politische Werte unaufrichtig erscheinen? Nein. Ihre umfassenden Überzeugungen sind völlig konsistent mit den drei genannten Bedingungen. Wenn jemand glaubt, daß politische Werte umfassender begründet werden können, so heißt das nicht, daß er diese Werte nicht wirklich bejahte, oder daß er sie nicht als Bedingungen des öffentlichen Vernunftgebrauchs anerkennen würde. Wenn wir die Axiome der Geometrie anerkennen, halten wir darum die Theoreme nicht für falsch. Ja, es ist denkbar, daß wir die Axiome ebensosehr um der Theoreme willen für richtig halten, die aus ihnen folgen, wie umgekehrt.[3]

Indem wir diese drei Bedingungen akzeptieren, erkennen wir eine Pflicht an, uns auf politische Werte zu berufen: wir verpflichten uns zu einer bestimmten Form öffentlicher Diskussion. Insofern Institutionen und Gesetze stets unvollkommen sind, mögen wir diese Art des Diskurses ebenfalls als unvollkommen ansehen, oder jedenfalls als etwas, das hinter der ganzen Wahrheit, wie sie durch unsere umfassenden Lehren vorgestellt wird, zurückbleibt. Und dennoch gibt es gute Gründe, ihm zu folgen, wenn wir unsere Pflicht gegenüber unseren Mitbürgern bedenken. Nur wenn wir anerkennen, daß die Politik einer demokratischen Gesellschaft nicht durch die ganze Wahrheit, wie wir sie sehen, geleitet werden kann, können wir das im Legitimitätsprinzip zum Ausdruck kommende Ideal verwirklichen und unter Voraussetzungen politisch zusammenleben, von denen wir vernünftigerweise annehmen dürfen, daß alle sie bejahen.

Die Forderung des öffentlichen Vernunftgebrauchs liegt darin, daß Bürger in der Lage sein sollen, durch eine vernünftige Abwägung politischer Werte zu begründen, wofür sie in grundlegenden Angelegenheiten stimmen. Dabei gehen alle davon aus, daß diese Werte in einer Vielzahl vernünftiger Lehren, wie sie von Bürgern vertreten werden, eine tiefergehende und häufig transzendente Grundlage finden. Welche Lehre bejaht wird, bleibt jedem einzelnen Bürger und seinem Gewissen überlassen. Nun muß zwar die Abwägung politischer Werte durch die Bürger auf eine für alle erkennbare Weise vernünftig sein, doch sind nicht alle vernünftigen Abwägungen miteinander identisch. Nur diejenigen umfassenden Lehren geraten mit dem öffentlichen Vernunftgebrauch in Konflikt, die mit einer dieser vernünftigen Abwägungen politischer Werte nicht vereinbar sind. Sobald wir jedoch davon ausgehen, daß dies nicht der Fall ist, gibt es keinen Grund sich zu beklagen. Was könnte irgendjemand einwenden?[4]

Eine dritte Schwierigkeit liegt darin, anzugeben, wann eine Frage zureichend durch öffentlichen Vernunftgebrauch beantwortet worden ist. Einige werden glauben, daß viele Fragen unbeanwortet bleiben. Wir wollen jedoch, daß unsere politische Gerechtigkeitskonzeption vollständig ist und mittels einer vernünftigen Abwägung der von ihr umfaßten Werte eine Antwort auf alle, oder doch fast alle grundlegenden Fragen erlaubt. Zur Erläuterung möchte ich auf zwei Fragen eingehen, die scheinbar keine solche Antwort zulassen. Sie betreffen die Ansprüche des sich entwickelnden Lebens im Mutterleib (das Problem der Abtreibung) und die Ansprüche der Tiere und der Natur im allgemeinen. Einige Auffassungen, zu denen auch *Gerechtigkeit als Fairneß* gehört, gehen in ihrer Antwort auf diese Fragen von den Ansprüchen der erwachsenen Personen einer Gesellschaft aus, das heißt von den berechtigten Forderungen ihrer Bürger.

Nehmen wir ein konkretes Abtreibungsgesetz als Beispiel für den Gebrauch politischer Werte durch die öffentliche Vernunft. Ein solches Gesetz betrifft drei dieser Werte: Achtung für menschliches Leben, das Fortbestehen der politischen Gesellschaft (einschließlich der Familie in irgendeiner Form) und schließlich die Gleichberechtigung der Frau als gleicher Bürger. Ich glaube, daß ein solches Gesetz Frauen ein in angemessener Weise qualifiziertes Recht zusprechen sollte, innerhalb eines bestimmten Zeitraums, sagen wir des ersten Trimesters, selbst darüber zu entscheiden, ob sie eine Schwangerschaft fortsetzen wollen oder nicht. Die Möglichkeit eines legalen Schwangerschaftsabbruchs weiter zu begrenzen, würde meines Erachtens auf eine unvernünftige Abwägung politischer Werte hinauslaufen, und es wäre gewiß gefühllos und hart, Frauen einen Abbruch unter allen Umständen, einschließlich Vergewaltigung und Inzest, zu verbieten.

In ganz ähnlicher Weise können wir die Ansprüche der Tiere und die der Natur im allgemeinen behandeln. Nach der traditionellen christlichen Auffassung werden Tiere und die Natur als Gegenstände unseres Gebrauchs und Begehrens betrachtet. Diese Sichtweise hat den Vorzug der Klarheit, und sie erlaubt eine Antwort auf unsere Frage. Dabei spielen mehrere politische Werte eine Rolle. Unser eigenes Wohl und das zukünftiger Generationen wird durch die Erhaltung der natürlichen Ordnung und ihrer Leben spendenden Eigenschaften gefördert; der Schutz von Tier- und Pflanzenarten kommt der Erweiterung unseres biologischen und medizinischen Wissens zugute und so auch der menschlichen Gesundheit; schließlich dient der Erhalt von Naturschönheiten dem Zweck der öffentlichen Erholung und einem tieferen Verständnis der Welt. Unter Berufung auf diese Werte können wir eine vielen vernünftig erscheinende Antwort auf die Frage nach dem Status der Tiere und der Natur geben.

Gleichwohl wird es einige geben, die politische Werte allein in beiden Fällen für nicht hinreichend halten. Ihre Einstellung gegenüber der Welt mag, mit Blick auf den zweiten Fall, durch eine natürliche Religion geprägt sein. Sie mögen glauben, es sei falsch und Ausdruck einer verengten anthropozentrischen Sichtweise, unsere Stellung in der natürlichen Welt unter Berufung auf solche Werte zu bestimmen. Der Mensch solle vielmehr eine dienende und pflegende Haltung der Natur gegenüber einnehmen und einer ganz anderen Gruppe von Werten Gewicht verleihen. Diese Einstellung ist der Ablehnung der Abtreibung aus theologischen Gründen vergleichbar. Dennoch gibt es einen wichtigen Unterschied. Der Status unserer natürlichen Umwelt und unser Verhältnis zu ihr gehören nicht zu den wesentlichen Verfassungsinhalten und sind auch keine Fragen grundlegender Gerechtigkeit, obgleich sie natürlich dazu werden können, sobald unsere Verpflichtungen zukünftigen Generationen und anderen Gesellschaften gegenüber berührt werden. Solange dies jedoch nicht der Fall ist, brauchen die Grenzen des öffentlichen Vernunftgebrauchs nicht eingehalten zu werden, und die Bürger können in Übereinstimmung mit ihren nicht-politischen Werten abstimmen.

Führen wir die verschiedenen Argumentationslinien in einer Antwort darauf zusammen, wann eine grundlegende Frage durch öffentlichen Vernunftgebrauch beantwortet ist. Offenkundig ist es für eine vernünftige Antwort nicht erforderlich, daß jede umfassende Lehre für sich genommen uns zu derselben Antwort führen würde. In welchem Sinne also muß die Antwort der öffentlichen Vernunft vernünftig sein? Nun, sie muß es ausschließlich nach dem Urteil des öffentlichen Vernunftgebrauchs sein. Darüber hinaus hoffen wir, wenn wir an den Idealfall einer wohlgeordneten Gesellschaft denken, daß die Antwort innerhalb des Spielraums liegt, den jede der im übergreifenden Konsens liegenden vernünftigen umfassenden Lehren zuläßt. Unter diesem Spielraum verstehe ich den Bereich, innerhalb dessen eine Lehre die Ergebnisse des öffentlichen Vernunftgebrauchs im allgemeinen oder mit Bezug auf einen besonderen Fall anerkennen kann.

Nun kann eine vernünftige und regulativ wirksame politische Gerechtigkeitskonzeption sicherlich eine Konvergenz umfassender Lehren bewirken und sie sich gewissermaßen angleichen. Doch selbst wenn wir eine solche Tendenz unterstellen, kann der politische Liberalismus aus sich heraus nicht garantieren, daß für jede dieser umfassenden Lehren die Ergebnisse des öffentlichen Vernunftgebrauchs immer innerhalb dieses Spielraums liegen. Dennoch können wir sagen, die politische Konzeption sei ein vernünftiger Ausdruck der politischen Werte der öffentlichen Vernunft und der Gerechtigkeit zwischen freien und gleichen Bürgern, und als solcher stellt sie im Namen dieser grundlegenden Werte Forderungen an umfassende Lehren. Insofern sie die von anderen vertretenen Lehren als vernünftig ansehen, erkennen die Bürger außerdem an, daß es nichts als bloße Gewalt wäre, mit Hilfe staatlicher Macht ihre eigene umfassende Lehre durchzusetzen. Dem könnten die anderen sich im Namen der öffentlichen Vernunft widersetzen.

VI. Die Grenzen des öffentlichen Vernunftgebrauchs

Ein letzter Punkt zu den Grenzen des öffentlichen Vernunftgebrauchs.[5] Nach dem bisher Gesagten könnte es so scheinen, als dürften in grundlegenden politischen Angelegenheiten niemals Argumente in die öffentliche Diskussion eingebracht werden, die ausdrücklich in Begriffen einer umfassenden Lehre formuliert sind. Von umfassenden Lehren gestützte öffentliche Argumente dürften dann vorgetragen werden, nicht aber die ihnen zugrundeliegende Lehre selbst. Nennen wir diese Auffassung die *ausschließende* Sichtweise des öffentlichen Vernunftgebrauchs. Ihr steht eine andere Auffassung gegenüber, derzufolge Bürger in gewissen Situationen unter Berufung auf diejenige umfassende Lehre argumentieren dürfen, die aus ihrer Sicht die Grundlage politischer Werte darstellt, vorausgesetzt nur, sie tun dies in einer Weise, die das Ideal des öffentlichen Vernunftgebrauchs bekräftigt und ihm nicht widerspricht. Diese Auffassung können wir die *einschließende* Sichtweise nennen. Es stellt sich dann die Frage, ob wir das Ideal des öffentlichen Vernunftgebrauchs im Sinne der ausschließenden oder der einschließenden Sichtweise verstehen sollten.

Die Antwort hängt davon ab, welche der beiden Sichtweisen geeigneter ist, Bürger darin zu bestärken, dem Ideal des öffentlichen Vernunftgebrauchs nachzustreben und so die sozialen Grundlagen einer wohlgeordneten Gesellschaft zu sichern. Aus dieser Perspektive scheint die einschließende Sichtweise richtig zu sein; denn unter verschiedenen politischen und sozialen Bedingungen mit verschiedenen Lehren und Lebensformen muß das Ideal in unterschiedlichen Weisen verfolgt werden, manchmal, wie es der ausschließenden Sichtweise, manchmal, wie es der einschließenden Sichtweise zu entsprechen scheint. Es hängt von diesen Bedingungen ab, wie das Ideal über kurz oder lang am besten zu verwirklichen ist. Da es die einschließende Sichtweise ist, die uns einen solchen Spielraum läßt, ist sie geeigneter, das Ideal des öffentlichen Vernunftgebrauchs zu fördern.

Lassen Sie mich zur Veranschaulichung zunächst ein idealisiertes Beispiel wählen und annehmen, daß wir es mit einer mehr oder weniger wohlgeordneten Gesellschaft zu tun haben. Die Mitglieder dieser Gesellschaft erkennen einen stabilen, durch keine tiefergehenden Auseinandersetzungen gestörten übergreifenden Konsens vernünftiger Lehren an. Die Werte der politischen Konzeption sind allen vertraut, und die Bürger achten das Ideal des öffentlichen Vernunftgebrauchs, indem sie sich klar erkennbar auf politische Werte berufen, wann immer grundlegende Probleme auftreten. Ihre elementaren Rechte sind garantiert, und niemand hat das Gefühl, gegen tiefgreifende Ungerechtigkeiten protestieren zu müssen. In einer solchen Gesellschaft entspricht der öffentliche Vernunftgebrauch der ausschließenden Sichtweise.

Ein anderer Fall liegt vor, wenn es in einer nahezu wohlgeordneten Gesellschaft zu ernsthaften Auseinandersetzungen darüber kommt, wie einer der Gerechtigkeitsgrundsätze angewendet werden soll. Nehmen wir zum Beispiel an, es bestünden zwischen verschiedenen religiösen Gruppen Meinungsverschiedenheiten darüber, wie das Prinzip fairer Chancengleichheit auf die allgemeine Schulbildung anzuwenden sei. Eine Gruppe fordert, der Staat solle nur öffentliche Schulen unterstützen; die andere, auch konfessionelle Schulen sollten unterstützt werden. Die erste Gruppe glaubt, dies sei mit der Trennung von Staat und Kirche unvereinbar, was die zweite Gruppe wiederum leugnet. In einer solchen Situation mögen die Anhänger verschiedener Konfessionen beginnen, an der Loyalität der anderen gegenüber grundlegenden politischen Werten zu zweifeln. Eine Möglichkeit, einen solchen Zweifel auszuräumen, besteht darin, daß die Führer der verschiedenen Gruppen öffentlich darlegen, inwiefern die von ihnen vertretenen umfassenden Lehren tatsächlich zu einer Bejahung der entsprechenden Werte führt. Dies würde zugleich verdeutlichen, daß es sich bei dem übergreifenden Konsens nicht um einen bloßen *modus vivendi* handelt. So würden die Bürger darin bestärkt, dem Ideal des öffentlichen Vernunftgebrauchs weiter nachzustreben.[6]

Ganz anders liegen die Dinge dagegen, wenn eine Gesellschaft nicht wohlgeordnet ist, und tiefgehende Divergenzen über wesentliche Verfassungsinhalte bestehen. Man denke an die Verfechter der Sklavenbefreiung. Sie führten gegen die Südstaaten während der Zeit vor dem Bürgerkrieg an, daß die Institution der Sklaverei im Widerspruch zu den Gesetzen Gottes stehe. Vergessen wir nicht, daß sie schon 1830 für die allgemeine und entschädigungslose Emanzipation der Sklaven eintraten, wobei sich ihre Argumente, wie ich annehme, auf religiöse Überlegungen stützten.[7] In diesem Fall ist es offenkundig, daß die nicht-öffentlichen Argumente bestimmter christlicher Kirchen mit den Ergebnissen des öffentlichen Vernunftgebrauchs übereinstimmen. Dasselbe gilt für die von Martin Luther King geführte Bürgerrechtsbewegung, mit der Ausnahme, daß King sich, anders als die Verfechter der Sklavenbefreiung, auf die in angemessener Weise interpretierte amerikanische Verfassung berufen konnte.[8]

Standen diejenigen, welche die Sklavenbefreiung forderten, nun deswegen im Widerspruch zur öffentlichen Vernunft? Betrachten wir die Frage unter prinzipiellen Gesichtspunkten und nicht historisch. Nehmen wir an, ihre politische Agitation sei eine der Bedingungen gewesen, ohne die es nicht zum Bürgerkrieg, also auch nicht zur Zerschlagung des Übels und Unsegens der Sklaverei gekommen wäre. Zweifellos hatten sie dieses Ergebnis erhofft, und wir dürfen annehmen, daß sie ihre Handlungen für die beste Möglichkeit hielten, eine wohlgeordnete und gerechte Gesellschaft herbeizuführen, in der das Ideal des öffentlichen Vernunftgebrauchs schließlich geachtet werden könnte. Ähnliche Fragen lassen sich in bezug auf die Führer der Bürgerrechtsbewegung stellen. Auch ihre mutmaßlichen Überzeugungen waren nicht unvernünftig, wenn es zutrifft, daß die von ihnen angeführten politischen Kräfte tatsächlich notwendige Bedingungen für die Herstellung von Gerechtigkeit waren. Demnach stünden weder die Verfechter der Sklavenbefreiung noch die Führer der Bürgerrechtsbewegung im Widerspruch zum Ideal eines öffentlichen Vernunftgebrauchs, jedenfalls dann nicht, wenn wir voraussetzen, daß sie geglaubt haben, oder nach gebührendem Nachdenken geglaubt hätten, daß die umfassende Lehre, auf die sie sich beriefen, zur Durchsetzung der politischen Konzeption notwendig war.

Um Mißverständnissen vorzubeugen: für gewöhnlich wird nicht zwischen umfassenden und politischen Argumenten unterschieden, und ebensowenig wird das Ideal des öffentlichen Vernunftgebrauchs in der beschriebenen Weise verstanden. Gleichwohl kann jedermann dazu gebracht werden, diese Unterscheidungen in besonderen Fällen vorzunehmen. So hätten die Verfechter der Sklavenbefreiung vorbringen können, daß sie die politischen Werte der Freiheit und Gleichheit für alle vertreten, daß es aber angesichts der zu ihrer Zeit gängigen Auffassungen und ausgehend von ihrer eigenen umfassenden Lehre notwendig gewesen sei, die umfassenden Grundlagen herauszustellen, auf denen nach allgemeiner Auffassung ihrer Zeit diese Werte beruhten. Unter diesen Umständen war es nicht unvernünftig von ihnen, im Namen des Ideals eines öffentlichen Vernunftgebrauchs so vorzugehen, wie sie es taten.[9] Dieser Fall entspricht der einschließenden Sichtweise des öffentlichen Vernunftgebrauchs.

Ich setze hier voraus, daß die politische Gerechtigkeitskonzeption und das Ideal des öffentlichen Vernunftgebrauchs einander wechselseitig bestärken. Eine wohlgeordnete Gesellschaft, die öffentlich wirksam von einer anerkannten politischen Konzeption reguliert wird, läßt ein Klima entstehen, in dem Bürger einen Gerechtigkeitssinn ausbilden, der sie geneigt macht, ihre Pflicht zur Bürgerlichkeit zu erfüllen und keine gegenläufigen Interessen zu entwickeln. Umgekehrt werden die Institutionen einer wohlgeordneten Gesellschaft dadurch unterstützt, daß das Ideal des öffentlichen Vernunftgebrauchs fest im Verhalten der Bürger verankert ist. Ob diese Annahmen freilich richtig sind und mit Hilfe einer stimmigen Moralpsychologie begründet werden können, ist eine weitergehende Frage, die ich hier nicht verfolgen kann. Es dürfte aber offenkundig sein, daß für *Gerechtigkeit als Fairneß* in der von mir vorgestellten Form erhebliche Schwierigkeiten entstünden, falls sich meine Annahmen als falsch erweisen sollten. Man muß, wie ich es durchgängig getan habe, davon ausgehen, daß sich die politische Konzeption und das Ideal eines öffentlichen Vernunftgebrauchs gegenseitig stützen und in diesem Sinne stabil sind.

Diese kurze Diskussion zeigt, daß es von historischen und sozialen Bedingungen abhängt, welche Grenzen für den öffentlichen Vernunftgebrauch angemessen sind. Für eine wirklich überzeugende Darstellung müßte sehr viel mehr gesagt werden; der wesentliche Punkt besteht jedoch darin, daß Bürger verpflichtet sind, sofern es die Umstände erlauben, dem Ideal des öffentlichen Vernunftgebrauchs nachzustreben; daß sie aber häufig gezwungen sein werden, sich mit einer längerfristigen Perspektive zufriedenzugeben. Unter verschiedenen Bedingungen, die durch jeweils andere umfassende Lehren und Lebensformen gekennzeichnet sind, wird man das Ideal wohl am besten auf unterschiedliche Weisen verfolgen: in guten Zeiten so, wie es der ausschließenden Sichtweise zu entsprechen scheint, in schlechteren Zeiten in Übereinstimmung mit der einschließenden Sichtweise.

VII. Schlußbemerkung

Erinnern Sie sich bitte daran, daß ich mit solchen politischen Problemen begonnen habe, die Gegenstand des öffentlichen Vernunftgebrauchs sind, das heißt mit den wesentlichen Verfassungsinhalten und Fragen grundlegender Gerechtigkeit. Diejenigen, die von der öffentlichen Vernunft Gebrauch machen, sind Bürger, die vor dem Forum der Öffentlichkeit, zum Beispiel in Wahlkämpfen, politisch Stellung beziehen, und Amtsinhaber, wenn sie etwa im Parlament oder bei richterlichen Entscheidungen in der Rolle ihres Amtes auftreten. Der Inhalt der öffentlichen Vernunft wird durch eine politische Gerechtigkeitskonzeption bestimmt. Er umfaßt auf der einen Seite inhaltliche Gerechtigkeitsgrundsätze für die Grundstruktur (die Werte der politischen Gerechtigkeit) und auf der anderen Seite Argumentationsformen und Tugendvorstellungen, die einen öffentlichen Vernunftgebrauch möglich machen (die Werte der öffentlichen Vernunft).

Sollte meine Darstellung des öffentlichen Vernunftgebrauchs irgendetwas Neues bringen, dann in zwei Punkten. *Erstens* wird dem Gedanken des öffentlichen Vernunftgebrauchs eine zentrale Stellung für das Ideal demokratischer Staatsbürgerschaft zugewiesen. Dem entspricht die hervorgehobene Bedeutung der Pflicht zur Bürgerlichkeit. *Zweitens* wird der Inhalt der öffentlichen Vernunft nicht durch eine politische Moral als solche, sondern durch die politischen Werte und Richtlinien einer Gerechtigkeitskonzeption für die Grundstruktur eines modernen Verfassungsstaates vorgegeben. Als Probe dafür, ob wir dem öffentlichen Vernunftgebrauch folgen oder nicht, können wir uns von Fall zu Fall fragen, wie uns unsere Argumente erscheinen würden, wenn sie in einem Verfassungsgerichtsurteil stünden.[10] Vernünftig, haarsträubend oder wie sonst?

Abschließend wiederhole ich noch einmal, daß der Gedanke des öffentlichen Vernunftgebrauchs ein Ideal ausdrückt und nicht etwa eine gesetzliche Vorschrift, die in irgendeiner Form die Redefreiheit oder Gewissensfreiheit einschränken würde. Dieses Ideal verpflichtet uns, wie schon gesagt, zur Bereitschaft, immer dann, wenn grundlegende Dinge auf dem Spiel stehen, unsere politischen Auffassungen und Handlungen mit Hilfe politischer Werte zu rechtfertigen, von denen wir vernünftigerweise annehmen dürfen, daß andere sie anerkennen. Öffentlicher Vernunftgebrauch bedeutet auch, daß wir aufrichtig glauben, die von uns für vernünftig gehaltenen Abwägungen politischer Werte könnten auch von anderen als vernünftig oder zumindest nicht unvernünftig anerkannt werden. Diejenigen, die nicht unserer Meinung sind, könnten dann zumindest sehen, warum vernünftige Personen entsprechende Ansichten vertreten. Unserer Pflicht zur Bürgerlichkeit wären wir damit nachgekommen, und das Band bürgerlicher Freundschaft bliebe erhalten. In Anbetracht mancher Fragen ist das möglicherweise alles, was wir erreichen können.[11]

Alles dies gibt uns einen gewissen Spielraum, da nicht alle vernünftigen Abwägungen miteinander identisch sind. Die einzigen umfassenden Lehren, die nicht mit einem öffentlichen Vernunftgebrauch zu vereinbaren sind, sind diejenigen, welche keine vernünftige Abwägung politischer Werte in den durch sie aufgeworfenen Problemfällen zulassen. Dazu gehören möglicherweise auch einige vernünftige umfassende Lehren, und so bleibt uns nichts als die Hoffnung, daß diejenigen Lehren, die in einer wohlgeordneten

Gesellschaft Anhänger gewinnen, ihre Unterstützung in nicht allzu vielen Fällen versagen werden.

Übersetzt von Wilfried Hinsch

Anmerkungen

* Der Titel bezieht sich auf Kants Unterscheidung zwischen einem öffentlichen und einem privaten Gebrauch der Vernunft in »Was ist Aufklärung?« (Kant 1784: 36 f.). Die Weise, in der ich diese Unterscheidung benutze, stimmt jedoch nicht mit Kants überein. Zum historischen Kontext vgl. J.C. Laursen 1986: 584-593. Man beachte auch die anderen einschlägigen Erörterungen des Themas bei Kant, (etwa Kant 1781: 767-797). Eine hilfreiche Darstellung gibt Onora O'Neill 1989.

1 Die Unterscheidung ›öffentlich‹ vs. ›nicht-öffentlich‹ ist nicht identisch mit der zwischen ›öffentlich‹ und ›privat‹, auf die ich nicht weiter eingehe; es gibt keine private Vernunft. Dagegen gibt es soziale Vernunft, die mannigfachen Weisen des Vernunftgebrauchs in den sozialen Vereinigungen, die den kulturellen Hintergrund bilden. Es gibt auch den Vernunftgebrauch in Familien und kleinen Gruppen innerhalb der Gesellschaft (*domestic reason*), der sich vom öffentlichen und vom sozialen Vernunftgebrauch unterscheidet. Als Bürger sind wir gleichberechtigt an allen diesen Formen des Vernunftgebrauchs beteiligt.

2 Dieser Auffassung scheint Kent Greenawalt zuzuneigen. Vgl. die ins einzelne gehende Diskussion in den Kap. 6 u. 7 seines Buches *Religious Convictions and Political Choice* (Greenawalt 1988).

3 Dies ist ein wichtiger Punkt; denn wir müssen zwischen der *order of deduction* und der *order of support* unterscheiden. Deduktive Argumente stellen dar, wie Aussagen untereinander verbunden werden können. Axiome und grundlegende Prinzipien dienen dabei dazu, die bestehenden Verbindungen klar und deutlich hervortreten zu lassen. Eben dies ist auch die Aufgabe einer Konzeption wie der des Urzustands. Sie erlaubt uns, *Gerechtigkeit als Fairneß* in systematischer Weise vorzustellen. Die Aussagen dagegen, welche eine normative Konzeption rechtfertigen und uns darauf vertrauen lassen, sie sei vernünftig, müssen nicht notwendigerweise weit oben in der *order of deduction* stehen. Prinzipien und Überzeugungen, welche die Lehre, die zu ihnen führt, in hohem Maße bestätigen, können deshalb nur einen niedrigen Platz in der *order of deduction* einnehmen. Es ergibt sich aus dem Gedanken des Überlegungsgleichgewichts, daß Überzeugungen auf allen Stufen der Allgemeinheit eine Lehre bestätigen können. In einer gut dargestellten

Theorie kann die *order of deduction*, sofern es eine gibt, offen zutage liegen, doch die *order of support* ist eine andere Sache und kann nur durch gebührendes Nachdenken festgestellt werden. Aber selbst dann kann man nicht endgültig sicher sein. Sobald diese Unterscheidung getroffen ist, gibt es überhaupt keinen Grund anzunehmen, Menschen mit religiösen oder philosophischen Anschauungen könnten schon dieser Anschauungen wegen nicht aufrichtig den öffentlichen Vernunftgebrauch bejahen. Man könnte denken, religiöse Menschen würden die Unterscheidung zwischen der *order of deduction* und der *order of support* ablehnen, doch dies ist nicht notwendigerweise der Fall. Da bei ihnen Gott am Anfang steht, fallen die *order of deduction* und die *order of support* zusammen. Die begriffliche Unterscheidung zwischen den beiden Ordnungen schließt dies nicht aus.

4 Ich glaube, daß der Gedanke des öffentlichen Vernunftgebrauchs, so wie er hier im Text erläutert wird, mit Greenawalts Auffassung in *Religious Convictions* übereinstimmt. Daß Greenawalt selbst die gegenteilige Meinung vertritt, liegt m. E. daran, daß er den philosophischen Liberalismus und die Forderungen, die sich aus dem mit ihm verbundenen Ideal einer liberalen Demokratie ergeben, sehr viel weitergehend versteht, als ich den von mir so genannten politischen Liberalismus. Zum einen gehören die Forderungen des öffentlichen Vernunftgebrauchs zu einem Ideal demokratischer Staatsbürgerschaft. Sie beschränken sich auf unser Verhalten im öffentlich politischen Forum und darauf, wie wir in Fragen, die wesentliche Verfassungsinhalte oder die grundlegende Gerechtigkeit betreffen, abstimmen. Zum anderen fordert der öffentliche Vernunftgebrauch nicht, wie die Ausführungen oben deutlich machen, daß Bürger sich gerwissermaßen von ihren religiösen Überzeugungen lösen und über diese Fragen nachdenken, so als ob sie »ganz von vorn anfingen unangesehen dessen, was sie jeweils als grundlegende Voraussetzungen ihres moralischen Denkens ansehen« (Greenawalt 1988: 155). Diese Vorstellung ist dem Gedanken eines öffentlichen Vernunftgebrauchs geradezu entgegengesetzt. Ich glaube, was ich im Text sage, stimmt mit Greenawalts Erörterung auf den Seiten 153-156 im zentralen Kapitel seines Buches überein und auch mit dem, was er im dritten Teil über angemessene politische Diskussionen in einer liberalen Gesellschaft sagt.

5 Ich bin Amy Gutmann und Lawrence Solum für unsere Diskussion und Korrespondenz über diese Grenzen großen Dank schuldig. Zunächst war ich dem, was ich die ausschließliche Sichtweise nenne, zugeneigt, doch sie haben mich davon überzeugt, daß dies zu restriktiv wäre, wie die Beispiele der Vertreter der Sklavenbefreiung (Solum) und Martin Luther Kings zeigen. Ich bin noch nicht in der Lage, der Komplexität des Problems, wie sie sich in der Korrespondenz mit Gutmann und Solum zeigt, gerecht zu werden.

6 Ich bin Lawrence Solum und Seana Shiffrin dankbar, daß sie diesen Punkt betont haben.

7 Vgl. die Darstellung der Auffassungen der Abolitionisten in McPherson (1964: 1-8). Pease & Pease (1965) enthält eine Reihe von Schriften der Abolitionisten. Charakteristisch ist die Argumentation aus William Ellery Channings *Slavery* (³1836): »Ich komme nun zu dem, was in meinen Augen das entscheidende Argument dagegen ist, einen Menschen in Besitz zu nehmen und als Eigentum zu gebrauchen. Er kann in den Augen Gottes und der Gerechtigkeit kein Eigentum sein, weil er ein rationales, moralisches und unsterbliches Wesen ist, weil er nach Gottes Antlitz geschaffen wurde und deshalb im höchsten Sinne sein Geschöpf ist und weil er geschaffen wurde, um gottähnliche Fähigkeiten zu entwickeln und sich selbst zu regieren nach einem in sein Herz geschriebenem göttlichen Gesetz, das in Gottes Wort ein zweites Mal öffentlich wurde. Und weil dies eben sein Wesen ist, ist es eine Beleidigung seines Schöpfers und ein schwerwiegendes soziales Übel, ihn in Besitz zu nehmen. Jedem menschlichen Wesen hat Gott eine unsterbliche Seele eingehaucht, wertvoller, als die ganze äußere Schöpfung zusammen. ... Hat Gott ein solches Wesen geschaffen, damit es zu einem Stück Besitz werde wie ein Baum oder ein Vieh? (Pease & Pease 1965: 115 f.) Obwohl die Vertreter der Sklavenbefreiung häufig in der üblichen Weise unter Berufung auf politische Werte und Überlegungen argumentierten, gehe ich mit Blick auf unsere Frage davon aus, daß die religiöse Grundlage ihrer Auffassungen stets offenkundig war.

8 So konnte sich King, wie er es oft tat, auf die Entscheidung des obersten Gerichtshofes im Fall *Brown* von 1954 berufen, in der die Rassentrennung für verfassungswidrig erklärt wurde. Für King war ein »gerechtes Gesetz ein von Menschen gemachter Kodex, der mit dem moralischen Gesetz und dem Gesetz Gottes übereinstimmt. Ein ungerechtes Gesetz ist ein Kodex, der nicht mit dem moralischen Gesetz harmoniert. Um es in den Worten des Heiligen Thomas von Aquin zu sagen, ein ungerechtes Gesetz ist ein Gesetz von Menschen, das nicht in der Ewigkeit und im natürlichen Recht verwurzelt ist. Jedes Gesetz, das die menschliche Person entwürdigt, ist ungerecht. Alle Rassentrennungsgesetze sind ungerecht, weil die Rassentrennung die menschliche Seele verzerrt und die Persönlichkeit beschädigt«. Im nächsten Absatz folgt eine konkretere Definition: »Ein ungerechtes Gesetz ist ein Kodex, den eine Mehrheit einer Minderheit auferlegt, ohne selbst an ihn gebunden zu sein. Dies ist der zum Gesetz gewordene Unterschied ... ein gerechtes Gesetz ist ein Kodex, den eine Mehrheit einer Minderheit auferlegt und dem zu folgen sie selber bereit ist. Dies ist die zum Gesetz gewordene Gleichheit«. Im folgenden Absatz finden wir: »Ein ungerechtes Gesetz ist ein einer Minderheit aufgezwungener Kodex, an dessen Beschließung oder Schaffung die Minderheit nicht beteiligt war, weil sie kein uneinge-

schränktes Stimmrecht hat« (Aus den Absätzen 14-16 von *Letter from Birmingham Jail* (April 1963). Vgl. Washington 1986: 293 f. Andere Schriften und Ansprachen Kings könnten angeführt werden, die denselben Punkt zur Geltung bringen, z. B. »Give us the Ballot« (ebd.: 197-200), die Rede im Mai 1957 zum dritten Jahrestag von *Brown* und »I Have a Dream« (ebd.: 217-223) sowie seine Rede auf der Bürgerrechtsdemonstration in Washington im August 1963, die beide vor dem Lincoln Memorial Denkmal gehalten wurden. Es ist offenkundig, daß den Auffassungen Kings religiöse Lehren zugrunde liegen, die für seine Aufrufe Bedeutung hatten. Doch werden sie in allgemeinen Begriffen ausgedrückt und bestätigen konstitutionelle Werte in Übereinstimmung mit dem öffentlichen Vernunftgebrauch.

9 Dies legt die Auffassung nahe, daß die Verwirklichung einer wohlgeordneten Gesellschaft, in der öffentliche Diskussionen im wesentlichen auf der Grundlage politischer Werte geführt werden, angesichts der historischen Bedingungen umfassendere Gründe voraussetzt, die herangezogen werden, um diese Werte zu bestärken. Dies erscheint umso wahrscheinlicher, wenn wir es mit einigen wenigen nachdrücklich vertretenen und in gewisser Hinsicht ähnlichen Lehren zu tun haben und sich noch keine allzu große Vielfalt verschiedener Lehren entwickelt hat. Fügen wir zu diesen Bedingungen eine weitere hinzu: die Vorstellung eines öffentlichen Vernunftgebrauchs und die zugehörige Pflicht zur Bürgerlichkeit ist noch unbekannt und noch nicht zum Ausdruck gelangt.

10 Man denke dabei nicht an einen wirklichen Gerichtshof, sondern an das Verfassungsgericht als Element einer idealen konstitutionellen Ordnung. Ich hebe dies hervor, weil von einigen bezweifelt wird, daß ein wirkliches Verfassungsgericht normalerweise vernünftige Entscheidungen erwarten läßt.

11 Ich schulde Robert Adams Dank für lehrreiche Diskussionen über diesen Punkt.

Peter de Marneffe
Rawls' Konzeption des öffentlichen Vernunftgebrauchs*

Eine zentrale Aussage des Rawlsschen Denkens ist, daß aus der Achtung anderer als freier und gleicher Bürger einer Demokratie die Anerkennung eines Grundsatzes gleicher Grundfreiheiten folgt. Der von Rawls aufgestellte Grundsatz gleicher Grundfreiheiten besagt, daß jede Person den gleichen Anspruch auf ein völlig adäquates System gleicher Grundrechte und Freiheiten hat, das mit demselben System für alle vereinbar ist (PL 5). Die Grundfreiheiten, an die Rawls dabei denkt, sind die Freiheiten der politischen Rede, Versammlung und Partizipation, die Freiheiten der Person und der zur Rechtsstaatlichkeit[1] gehörige Schutz vor willkürlichen Verhaftungen und Beschlagnahmungen. Diese Freiheiten sind jedoch recht allgemein formuliert, und so muß es unter Bürgern, selbst wenn sie den Grundsatz gleicher Freiheiten uneingeschränkt anerkennen, unvermeidlich zu Meinungsverschiedenheiten über seine Anwendung in konkreten Fällen kommen. Meinungsverschiedenheiten wird es etwa darüber geben, ob »Hetzreden« oder Pornographie durch die Rede- und Gedankenfreiheit geschützt werden oder nicht. Es ist deshalb von Bedeutung, Grundsätze zu finden, an denen sich die öffentliche Diskussion über den Anwendungsbereich der Grundfreiheiten orientieren kann; und Rawls entwickelt seine Konzeption des öffentlichen Vernunftgebrauchs hauptsächlich mit dem Ziel, eben solche Grundsätze zu finden (PL 212-254).

Die zentrale These der Rawlsschen Konzeption des öffentlichen Vernunftgebrauchs ist folgende: wenn es um die Ausübung politischer Macht geht, sollten Bürger mit Blick auf den Anwendungsbereich der Grundfreiheiten (und andere grundlegende Fragen der Gerechtigkeit) nur solche Positionen vertreten, die von einer liberalen politischen Gerechtigkeitskonzeption unter Verwendung weithin verstandener und anerkannter Untersuchungs- und Argumentationsweisen gestützt werden. Eine *liberale* Gerechtigkeitskonzeption enthält einen Grundsatz gleicher Grundfreiheiten, sie gibt dem Schutz dieser Freiheiten einen Vorrang gegenüber anderen sozialen Werten, und sie enthält einen Grundsatz, der für alle Bürger angemessene Mittel zum Gebrauch ihrer Grundfreiheiten fordert (PL 223). Eine *politische* Gerechtigkeitskonzeption bezieht sich ausschließlich auf die Grundstruktur einer Gesellschaft, ist unabhängig von allen weitergehenden umfassenden religiösen oder philosophischen Lehren formuliert und beruht auf grundlegenden politischen Vorstellungen, die implizit zur politischen Kultur einer Demokratie gehören (PL 223). Die zwei Gerechtigkeitsgrundsätze von Rawls (PL 5 f.) stellen eine liberale politische Gerechtigkeitskonzeption dar, aber es gibt auch andere (PL 226). Die zentrale These der Rawlsschen Konzeption des öffentlichen Vernunftgebrauchs ist deshalb nicht, daß wir nur solche Positionen vertreten sollten, die von Rawls' eigener Auffassung der Gerechtigkeit als Fairneß gestützt werden; die zentrale These ist, daß wir nur solche Positionen vertreten sollten, die von einer Gerechtigkeitskonzeption gestützt werden, die sowohl liberal als auch politisch ist (PL 226).

Das Hauptargument für diese These ist dies: Eine freie und gleiche Person, die verünftig und rational ist, kann, was den Anwendungsbereich der Grundfreiheiten betrifft, *erstens* nichts akzeptieren, das nicht völlig mit ihren gleichen Grundfreiheiten vereinbar wäre. Aus diesem Grund fordert die Achtung anderer als freier und gleicher Bürger, daß wir, wenn es um die Grundfreiheiten geht, nur solche Positionen beziehen, die von einer *liberalen* Gerechtigkeitskonzeption gestützt werden. Eine freie und gleiche Person, die vernünftig und rational ist, kann, wenn es um die Grundfreiheiten geht, *zweitens* keine Position akzeptieren, die nur auf der Grundlage einer von ihr abgelehnten umfassenden religiösen oder philosophischen Lehre vertreten werden kann. So fordert die Achtung anderer als freie und gleiche, daß nur solche Positionen vertreten werden, die von einer *politischen* Gerechtigkeitskonzeption gestützt werden. Schließlich kann eine freie und gleiche Person, die vernünftig und rational ist, wenn es um Grundfreiheiten geht, *drittens* keine Position akzeptieren, die auf Untersuchungs- oder Schlußformen beruht, die sie nicht versteht oder denen sie nicht zustimmen kann. Die Achtung anderer als freie und gleiche fordert deshalb, daß wir nur solche Positionen vertreten, die sich durch weithin verstandene und anerkannte Argumentationsformen begründen lassen.

Rawls' Konzeption des öffentlichen Vernunftgebrauchs ist eine Fortentwicklung des vertrauten liberalen Gedankens, daß ein demokratischer Staat seine politischen Entscheidungen nicht im Rückgriff auf religiöse Werte begründen sollte. Dies zu tun, wäre falsch, so nehmen wir an, weil solche Begründungen nicht von jedem vernünftigen Bürger anerkannt werden könnten. Wenn dies tatsächlich der Fehler solcher Begründungen wäre, sollte ein demokratischer Staat in der Tat seine politischen Entscheidungen nicht auf kontroverse Werte, von welcher Art auch immer, gründen. Vielmehr sollte er seine politischen Entscheidungen ausschließlich auf der Grundlage von Werten treffen, die jeder vernünftige Bürger bejahen kann – zumindest dann, wenn es um grundlegende Fragen der Gerechtigkeit geht. Und da politische Entscheidungen in einem demokratischen Staat letztlich Entscheidungen des Volkes sind, sollten auch gewöhnliche Bürger, wenn sie abstimmen oder öffentlich politisch für etwas eintreten, in grundlegenden Fragen der Gerechtigkeit nur solche Positionen beziehen, die sich in dieser Weise begründen lassen.

Einige Leser werden dieser Verallgemeinerung von religiösen hin zu allen kontroversen Werten nicht folgen wollen. Es sei eine Sache, so mögen sie einwenden, eine politische Position dadurch zu rechtfertigen, es sei gut, Gottes Willen zu befolgen, und eine andere, sie durch den liberalen Wert der Autonomie zu begründen. Beide Werte mögen kontrovers sein, aber der Grund, sich nicht auf den einen von ihnen zu berufen, ist nicht zugleich ein Grund, sich auch nicht auf den anderen zu berufen. Dennoch werden viele Leser von Rawls' Ideal angezogen sein, wie wir uns verhalten sollten, wenn Meinungsverschiedenheiten über den Anwendungsbereich der Grundfreiheiten auftreten. So werden viele Liberale, auch wenn sie einen anfänglichen Widerstand gegen die Analogie mit der Religion verspüren mögen, dieses Ideal anerkennen wollen, solange dadurch, daß wir ihm nachstreben, nichts Bedeutendes verlorengeht. Womöglich geht jedoch etwas Bedeutendes verloren. Rawls' Konzeption des öffentlichen Vernunftgebrauchs fordert von Bürgern, daß sie, wenn es um die Grundfreiheiten geht und sie abstimmen oder öffentlich Stellung beziehen, nur solche Positionen vertreten, die sich allein auf der Grundlage liberaler politischer Werte angemessen verteidigen lassen – solche Werte also, die einer liberalen politischen Gerechtigkeitskonzeption zugrundeliegen. Rawls' Konzeption des öffentlichen Vernunftgebrauchs zu übernehmen, wäre also dann von einem liberalen Standpunkt aus mit beträchtlichen Kosten verbunden, wenn es wichtige liberale Positionen über den Anwendungsbereich der Grundfreiheiten gäbe, die sich nicht auf der Basis solcher Werte allein angemessen verteidigen lassen; und es scheint, daß es solche Positionen gibt.

Betrachten wir z. B. die Auffassung, daß Frauen ein Recht zu einer Abtreibung (zumindest in den ersten drei Monaten ihrer Schwangerschaft) haben. Diese Ansicht ist für den zeitgenössischen Liberalismus zentral, aber es ist unklar, ob sie sich allein auf der Grundlage liberaler politischer Werte angemessen verteidigen läßt. Betrachten wir das von Rawls skizzierte Argument für ein Recht zur Abtreibung.

»Nehmen wir weiter an, daß wir das Problem auf der Grundlage von drei bedeutenden politischen Werten zu lösen versuchen: der dem menschlichen Leben gebührenden Achtung, der geregelten Reproduktion der politischen Gesellschaft im Laufe der Zeit ... und schließlich der Gleichheit der Frauen als gleicher Bürger. Ich glaube nun, daß jede vernünftige Abwägung dieser drei Werte einer Frau ein auf angemessene Weise qualifiziertes Recht zuerkennt, selbst zu entscheiden, ob sie ihre Schwangerschaft im ersten Trimester beenden will oder nicht. Der Grund dafür ist, daß während dieses frühen Stadiums der Schwangerschaft der politische Wert der Gleichheit der Frauen ausschlaggebend ist, und daß dieses Recht notwendig ist, um ihm Inhalt und Kraft zu geben« (PL 243 Fn.).

Warum aber ist ein Recht zur Abtreibung für die Gleichheit der Frau notwendig und wie läßt es sich gegebenenfalls mit der dem menschlichen Leben gebührenden Achtung vereinbaren? Diese Fragen müssen beantwortet werden, bevor das Argument völlig zu überzeugen vermag. Es ist jedoch schwer zu sehen, wie man sie allein auf der Grundlage der von Rawls benannten Werte beantworten könnte. Lassen Sie mich dies erläutern.

Nehmen wir an, Frauen hätten keine gleichen Chancen, wenn sie nicht selbst über ihre reproduktiven Verpflichtungen entscheiden könnten. Welche Konsequenzen hätte diese Annahme für das Recht abzutreiben, wenn es nicht um Abtreibungen nach Vergewaltigungen geht? Eine Frau kann schließlich ihre reproduktiven Verpflichtungen kontrollieren, indem sie völlig auf sexuelle Beziehungen verzichtet. Es gibt keine moralisch relevante Verbindung zwischen Chancengleichheit und dem Recht zur Abtreibung, solange wir es nicht als unvernünftig betrachten, von Menschen zu erwarten, auf sexuelle Beziehungen zu verzichten, wenn sie keine Kinder wollen. Diese Behauptung muß sich jedoch auf die weitere Behauptung stützen, daß die Möglichkeit, sexuell zu verkehren, ohne eine Schwangerschaft fürchten zu müssen, eine moralisch wertvolle Möglichkeit ist, von der man vernünftigerweise nicht erwarten kann, daß Menschen um der Chancengleichheit willen auf sie verzichten. Zweifellos stimmen die meisten von uns dem zu. Aber wie läßt sich diese Behauptung durch die von Rawls benannten liberalen politischen Werte stützen?

Nehmen wir um des Arguments willen gleichwohl an, dies wäre möglich. Auch dann wäre die dem menschlichen Leben gebührende Achtung mit Sicherheit ein höherer moralischer Wert als die Chancengleichheit. Wenn also das Recht zur Abtreibung unvereinbar mit der dem menschlichen Leben gebührenden Achtung wäre, dann würde eine vernünftige Abwägung dieser Werte Frauen dies Recht nicht zuerkennen. Rawls' Begründung setzt demnach voraus, daß das Recht zur Abtreibung mit der dem menschlichen Leben gebührenden Achtung zu vereinbaren ist. Um dies zu begründen, muß man entweder vertreten, daß das menschliche Leben seinen charakteristischen moralischen Wert erst nach den ersten drei Monaten erhält[2] oder daß allgemein die Tötung von Menschen, die von uns so wie ein Fötus von seiner Mutter abhängig sind, völlig mit der dem menschlichen Leben gebührenden Achtung vereinbar ist.[3] Beide Auffassungen lassen sich vertreten, aber es ist wiederum schwer zu sehen, wie dies allein auf der Grundlage der von Rawls genannten liberalen politischen Werte möglich sein sollte.

Die Abtreibungsproblematik deutet darauf hin, daß es wichtige liberale Auffassungen über den Anwendungsbereich der Grundfreiheiten gibt, die auf der Grundlage liberaler politischer Werte allein nicht angemessen verteidigt werden können. Wenn dies so ist, dann gibt es wichtige liberale Auffassungen über den Anwendungsbereich der Grundfreiheiten, für die man politisch nicht argumentieren oder stimmen darf, wenn man die Rawlssche Konzeption des öffentlichen Vernunftgebrauchs übernimmt, und dies ist von einem liberalen Standpunkt aus gesehen ein ernster Einwand gegen diese Konzeption.

Im folgenden möchte ich eine Lösung für dieses Problem vorschlagen. Eine Konsequenz meines Lösungsvorschlages wird allerdings sein, daß Bürger im Rahmen des öffentlichen Vernunftgebrauchs ebenso für kontroverse konservative Auffassungen über den Anwendungsbereich der Grundfreiheiten eintreten können wie für kontroverse liberale Auffassungen. An die Stelle der anfänglichen Besorgnis, Rawls' Konzeption des öffentlichen Vernunftgebrauchs könne von einem liberalen Standpunkt aus gesehen zu restriktiv sein, tritt dann freilich die Sorge, sie könne zuviel zulassen. Bevor ich nun in Abschnitt III meinen Hauptgedanken aufnehme, möchte ich auf ein Problem hinweisen; es betrifft die von Rawls vorgeschlagene Methode zur Bestimmung des Inhalts des öffentlichen Vernunftgebrauchs.

II

Der Leitgedanke der Rawlsschen Konzeption ist, daß wir in bezug auf den Anwendungsbereich der Grundfreiheiten nur solche Auffassungen vertreten sollten, die sich auf der Basis von Werten angemessen verteidigen lassen, die jeder vernünftige Bürger bejahen kann. Um diesem Leitgedanken zu folgen, muß man diese Werte jedoch kennen. Rawls gibt uns eine Liste an die Hand: gleiche bürgerliche und politische Freiheiten, Chancengleichheit, soziale Gleichheit, wirtschaftliche Gegenseitigkeit und das Gemeinwohl (PL 224). Es ist aber offensichtlich, daß er diese nicht für die einzigen liberalen politischen Werte hält. (So stehen zwei der liberalen politischen Werte, die er im Zusammenhang mit der Abtreibung nennt, nicht auf dieser Liste, vgl. PL 243 Fn.). Um den Inhalt des öffentlichen Vernunftgebrauchs zu bestimmen, muß Rawls demnach eine allgemeine Methode zur Identifikation liberaler politischer Werte vorstellen. Dies tut er auch: liberale politische Werte sind Werte, die den Grundsätzen einer liberalen politischen Gerechtigkeitskonzeption zugrundeliegen. Es scheint jedoch so zu sein, daß einige der den Grundsätzen einer liberalen politischen Gerechtigkeitskonzeption zugrundeliegenden Werte nicht von jedem vernünftigen Bürger bejaht werden können. Und wenn dies so ist, dann ist es ein Problem für die von Rawls vorgeschlagene Methode zur Bestimmung des Inhalts des öffentlichen Vernunftgebrauchs.

Lassen Sie mich zur Illustration des Problems zwei liberale Gerechtigkeitskonzeptionen skizzieren. Die eine sei durch einen kantischen Grundsatz gleicher Grundfreiheiten charakterisiert, die andere durch einen millschen, die Grundsätze zur Verteilung von Chancen und Ressourcen und alles andere seien gleich. Der kantische Grundsatz lautet: *Jede Person hat den gleichen Anspruch auf ein völlig angemessenes System von gleichen Grundfreiheiten, das mit demselben System für alle vereinbar ist, und ein System von Grundfreiheiten ist nur dann völlig angemessen, wenn es die sozialen Bedingungen gewährleistet, die für die uneingeschränkte Ausübung der eigenen Autonomie notwendig sind.*[4]

Der millsche Grundsatz lautet: *Jede Person hat den gleichen Anspruch auf ein völlig angemessenes System von gleichen Grundfreiheiten, das mit demselben System für alle vereinbar ist, und ein System von Grundfreiheiten ist nur dann völlig angemessen, wenn es die sozialen Bedingungen gewährleistet, die für die Ausbildung rationaler Überzeugungen und Wünsche und für die vollständige Entwicklung der eigenen Individualität notwendig sind.*

Nehmen wir nun um des Arguments willen an, daß diese beiden liberalen Gerechtigkeitskonzeptionen *politische* Gerechtigkeitskonzeptionen im von Rawls definierten Sinne seien (PL 223). Wenn sie dies sind, dann sind die Werte der Autonomie und der Individualität politische Werte, weil sie in den Grundsätzen einer liberalen politischen Gerechtigkeitskonzeption genannt werden. Keiner der beiden Werte kann jedoch von jedem vernünftigen Bürger bejaht werden, denn keiner von ihnen kann in Übereinstimmung mit jeder umfassenden vernünftigen Lehre bejaht werden, die von Bürgern vertreten werden mag.[5] Diese Werte stimmen z. B. nicht mit der christlichen Naturrechtslehre überein: der kantische Wert der Autonomie unterscheidet, auch wenn er nur moralisch zulässigen Zielen einen Wert zuspricht, nicht hinreichend zwischen solchen Zielen, die die christliche Naturrechtslehre als würdig und solchen, die sie als unwürdig betrachtet[6], und der millsche Wert der Individualität unterscheidet nicht wie die christliche Naturrechtslehre zwischen tugend- und lasterhaften Arten der Individualität. So können wir in Übereinstimmung mit der christlichen Naturrechtslehre nicht bejahen, daß diese Werte für sich genommen ausreichend moralische Autorität hätten, um ein angemessenes Kriterium für ein völlig adäquates System von Grundfreiheiten abzugeben.[7] Es gibt jedoch Bürger, die die christliche Naturrechtslehre bejahen, und im Rawlsschen Sinne handelt es sich um eine vernünftige Lehre: sie kann auf der Basis eines kompetenten Gebrauchs der theoretischen und praktischen Vernunft bejaht werden, und sie gehört zu einer langen Tradition des Denkens (PL 59). Wenn also die so beschriebenen kantischen und millschen Gerechtigkeitskonzeptionen politische Gerechtigkeitskonzeptionen sind, dann gibt es liberale politische Werte, die nicht von jedem vernünftigen Bürger bejaht werden können, und dies stellt ein Problem für Rawls' Methode zur inhaltlichen Bestimmung des öffentlichen Vernunftgebrauchs dar.

Lassen Sie uns das Problem so formulieren: Rawls' Konzeption des öffentlichen Vernunftgebrauchs beruht auf zwei Gedanken, die er als äquivalent betrachtet. Auf der einen Seite steht die allgemeine Vorstellung, daß Bürger, wenn es um die Ausübung politischer Macht geht, nur solche Auffassungen über den Anwendungsbereich der Grundfreiheiten vertreten sollten, die von Werten gestützt werden, die jeder vernünftige Bürger bejahen kann (PL 218, 226). Auf der anderen Seite steht die konkretere Vorstellung, daß Bürger mit Blick auf die Ausübung politischer Macht nur solche Auffassungen vertreten sollten, die sich auf liberale politische Werte stützen können (PL 217, 224). Diese Vorstellungen sind jedoch nur dann äquivalent, wenn jeder vernünftige Bürger jeden liberalen politischen Wert bejahen könnte. Und wenn es sich bei den oben skizzierten kantischen und millschen Gerechtigkeitskonzeptionen um politische Gerechtigkeitskonzeptionen handelt, dann ist dies nicht der Fall.

Einige werden nun einwenden, die kantische und die millsche Gerechtigkeitskonzeption seien keine politischen Gerechtigkeitskonzeptionen. Eine Gerechtigkeitskonzeption, welche die Werte der Autonomie und der Individualität als Kriterium für ein völlig angemessenes System von Grundfreiheiten heranziehe, könne, so werden sie denken, keine politische Gerechtigkeitskonzeption sein. Sie glauben, daß eine auf diesen Werten beruhende Gerechtigkeitskonzeption zumindest implizit das ganze menschliche Leben umfassen müsse, daß sie nicht wirklich unabhängig von umfassenden Lehren vorgestellt oder daß sie nicht aus grundlegenden, zur öffentlichen politischen Kultur einer Demokratie gehörigen Vorstellungen hergeleitet werden könne. Nichts von alledem trifft jedoch zu.

Zunächst einmal wird jeder Grundsatz gleicher Grundfreiheiten der Sache nach auf die zur gesellschaftlichen Grundstruktur gehörige Verfassung einer Demokratie angewendet; und zwar auch dann, wenn der Grundsatz als Kriterium für ein völlig angemessenes System von Grundfreiheiten einen Wert identifiziert, der für das gesamte menschliche Leben Bedeutung hat, so wie es bei den Werten der Autonomie und der Individualität der Fall ist. Einen Wert als Kriterium für ein völlig angemessenes System von Grundfreiheiten heranzuziehen, ist nicht dasselbe, wie zu sagen, jedermann solle sein ganzes Leben an ihm ausrichten und ihn in all seinen Handlungen zu verwirklichen streben. So gewährleistet nach Rawls ein völlig angemessenes System gleicher Grundfreiheiten, die für die Entwicklung und Ausübung der beiden moralischen Vermögen – die Anlage zu einem Gerechtigkeitssinn und die Befähigung zu einer Konzeption des Guten – notwendigen sozialen Bedingungen (PL 331-334). Es wird aber nicht unterstellt, daß Personen ihr ganzes Leben allein der Ausübung und Entwicklung dieser beiden Vermögen widmen sollten. Es gibt deshalb keinen Grund zu glauben, daß eine Gerechtigkeitskonzeption, welche die Werte der Autonomie und der Individualität als Kriterien für ein völlig angemessenes System von Grundfreiheiten heranzieht, darauf zielen müsse, das gesamte menschliche Leben und nicht nur die Grundstruktur zu regulieren.

Natürlich sind die Werte der Autonomie und der Individualität für bestimmte umfassende Lehren charakteristisch, namentlich für die von Kant und Mill. Man muß jedoch keine besondere umfassende Lehre übernehmen, um zu glauben, daß diese Werte die besten Kriterien für ein völlig angemessenes System von Grundfreiheiten bieten. Man kann einfach überzeugt davon sein, daß diese Werte mit Blick auf das, was Freiheit ist, und darauf, welche Bedeutung sie für Menschen hat, angemessene Werte sind, um zu beurteilen, ob ein System von Grundfreiheiten völlig angemessen ist oder nicht.[8] Eine Gerechtigkeitskonzeption, welche die Werte der Autonomie und der Individualität enthält, kann deshalb unabhängig von jeder umfassenden philosophischen oder religiösen Lehre vorgestellt werden.

Wenn Rawls schließlich sagt, eine politische Gerechtigkeitskonzeption ließe sich aus grundlegenden politischen Vorstellungen herleiten, die implizit zur öffentlichen politischen Kultur einer Demokratie gehören, so meint er damit, daß sie sich aus den grundlegenden politischen Vorstellungen der Gesellschaft und der Person herleiten läßt (PL 13-15). So geht Rawls' eigene politische Gerechtigkeitskonzeption von der grundlegenden Vorstellung der Gesellschaft als eines fairen Systems der Kooperation von freien und gleichen Personen aus (PL 15-22), von der er annimmt, daß sie implizit zur öffentlichen politischen Kultur einer Demokratie gehört. Rawls behauptet jedoch nicht, daß eine politische Gerechtigkeitskonzeption sich nur auf politische Vorstellungen beziehen darf, die wir als zur öffentlichen politischen Kultur gehörig betrachten. Eine politische Gerechtigkeitskonzeption darf nach Rawls vielmehr auch philosophische Ausarbeitungen solcher Vorstellungen enthalten. So hält er es beispielsweise für zulässig, daß die Vorstellung von Grundsätzen zur angemessenen Regulation der Grundstruktur einer Gesellschaft durch Grundsätze konkretisiert wird, die im Urzustand gewählt würden. Er behauptet jedoch nicht, daß die Vorstellung einer Wahl im Urzustand selbst implizit zur öffentlichen politischen Kultur einer Demokratie gehöre (PL 22-28). Die Werte der Autonomie und Individualität müssen demnach nicht selbst zur öffentlichen politischen Kultur gehören, um für eine politische Gerechtigkeitskonzeption geeignet zu sein. Es genügt, wenn wir sie als vertretbare philosophische Konkretisierungen des Wertes der Freiheit betrachten, welcher der Vorstellung der freien und gleichen Person zugrundeliegt.[9] So können wir mit Hilfe der Werte der Autonomie und der Individualität eine Gerechtigkeitskonzeption formulieren, die von politischen Vorstellungen ausgeht, welche wir als implizit zur öffentlichen politischen Kultur einer Demokratie gehörig betrachten.

Dies zeigt, daß die oben skizzierten Gerechtigkeitskonzeptionen von Kant und Mill politische Gerechtigkeitskonzeptionen im von Rawls definierten Sinne sind. Und dies stellt ein Problem für die von Rawls vorgeschlagene Methode zur inhaltlichen Bestimmung des öffentlichen Vernunftgebrauchs dar. Der Sinn der Forderung, in bezug auf den Anwendungsbereich der Grundfreiheiten, nur solche Positionen einzunehmen, die angemessen durch liberale politische Werte gestützt werden können, liegt darin, daß wir nur solche Positionen einnehmen sollen, die von Werten angemessen gestützt werden, die jeder vernünftige Bürger bejahen kann (PL 226). Nun scheint es jedoch, daß einige liberale politische Werte – Werte, die in einer liberalen politischen Gerechtigkeitskonzeption auftauchen – nicht in kohärenter Weise von jedem vernünftigen Bürger bejaht werden können.

Dies zeigt uns, daß Rawls' Methode zur Identifikation liberaler politischer Werte weiter ausgearbeitet werden muß. Ich werde jedoch annehmen, daß dies möglich ist. Im folgenden möchte ich den Ausdruck »liberaler politischer Wert« so verwenden wie Rawls es sich vorstellt, nämlich so, daß er sich nur auf Werte bezieht, die von jedem vernünftigen Bürger bejaht werden können. Wir müssen deshalb diskutieren, ob es kontroverse liberale Auffassungen über den Anwendungsbereich der Grundfreiheiten gibt, die nicht auf der Grundlage liberaler politischer Werte allein angemessen verteidigt werden können.

III

Rawls' Konzeption des öffentlichen Vernunftgebrauchs zufolge sollten Bürger, wenn sie ihre Stimme abgeben oder sich politisch für etwas einsetzen, mit Blick auf die Grundfreiheiten nur solche Positionen einnehmen, die man unter Berufung allein auf liberale politische Werte vertreten kann. Es stellt sich deshalb die Frage, ob jede für den gegenwärtigen Liberalismus zentrale Position auf diese Weise vertreten werden kann. Die bestehende Schwierigkeit wird durch den Fall der Abtreibung illustriert. Wenn wir uns wie Rawls ausschließlich auf liberale politische Werte berufen, um das Recht zur Abtreibung zu verteidigen, bleiben bestimmte Fragen offen. Warum z. B. ist das Recht zur Abtreibung für die Gleichstellung der Frau notwendig? Und wie ist ein solches Recht mit der dem menschlichen Leben gebührenden Achtung zu vereinbaren? Um diese Fragen zu beantworten, so scheint es, muß man etwas darüber sagen, warum Sexualität wichtig ist und warum das Leben eines menschlichen Embryos nicht ebenso wichtig ist oder warum es, wenn es wichtig ist, vollkommen zulässig sein sollte, es zu beenden. Will man etwas über diese Dinge sagen, kommt man, wie es scheint, nicht umhin, sich auf nicht-politische Werte zu berufen, die nicht von jeder vernünftigen umfassenden Lehre anerkannt werden. Die Besorgnis ist, daß Positionen, die für den gegenwärtigen Liberalismus mit Blick auf den Anwendungsbereich der Grundfreiheiten zentral sind, nicht eingenommen werden können, sobald man sich der Rawlsschen Konzeption des öffentlichen Vernunftgebrauchs anschließt.

Einige Leser werden dieses Problem in folgender Weise lösen wollen: Nehmen wir an, eine philosophisch angemessene oder intellektuell vollständige Verteidigung kontroverser liberaler Positionen wäre nicht ausschließlich auf der Grundlage liberaler politischer Werte möglich. Gleichwohl wäre eine für alle praktischen Belange angemessene Verteidigung denkbar. Diese Werte könnten starke *Prima-facie*-Gründe für, aber keine solchen Gründe gegen liberale Auffassungen abgeben. Und wenn dies der Fall wäre, könnte man sagen, daß eine *angemessene*, wenn auch vielleicht keine *vollständige* Verteidigung dieser Auffassungen auf der Grundlage allein von liberalen politischen Werten möglich ist. Die Abtreibungsproblematik zeigt jedoch, daß diese Antwort unzureichend ist; denn liberale politische Werte geben uns in der Tat starke *Prima-facie*-Gründe gegen die liberale Position. Der liberale politische Wert der dem menschlichen Leben gebührenden Achtung ist ein starker *Prima-facie*-Grund gegen ein Recht zur Abtreibung, sofern das Leben der Mutter nicht bedroht ist. Unsere Besorgnis können wir auf diese Weise deshalb nicht ausräumen.

Gleichwohl können wir die Vorstellung einer *angemessenen* Verteidigung in einer Weise verstehen, die dem Problem gerecht wird. Sagen wir, eine Position sei *im allgemeinen* angemessen zu verteidigen, wenn sie in der Lage ist, alle von ihr aufgeworfenen Fragen mindestens so gut zu beantworten wie die Gegenposition die von ihr aufgeworfenen Fragen, und sie sei *auf der Grundlage liberaler politischer Werte* angemessen zu verteidigen, wenn sie in der Lage ist, alle von ihr aufgeworfenen relevanten Fragen auf der Grundlage allein von liberalen politischen Werten mindestens ebenso gut zu beantworten wie die Gegenposition die von ihr aufgeworfenen Fragen.

Betrachten wir nun Rawls' Begründung eines Rechts zur Abtreibung. Sie wirft schwierig zu beantwortende Fragen auf. Jedes Argument freilich, das sich gegen ein solches Recht richtet, wird schwieriger oder gleichschwer zu beantwortende Fragen aufwerfen. Warum z. B. sollte dieses Recht nicht mit dem Wert der dem menschlichen Leben gebührenden Achtung zu vereinbaren sein? Und warum ist dieses Recht nicht notwendig zur Gleichstellung der Frau? Die liberale Position in der Abtreibungsfrage kann demnach auf der Grundlage allein von liberalen politischen Werten verteidigt werden, und Bürger können diese Position unterstützen und gleichzeitig der Rawlsschen Konzeption des öffentlichen Vernunftgebrauchs anhängen.

Es ist freilich nicht dasselbe, ob wir sagen, eine Positon sei in diesem Sinne *angemessen* verteidigt oder sie sei in einer Weise *vollständig* verteidigt, die philosophisch adäquat oder intellektuell vollständig wäre. Und um für Liberale akzeptabel zu sein, reicht es nicht aus, daß Rawls' Konzeption des öffentlichen Vernunftgebrauchs es Bürgern erlaubt, kontroverse liberale Auffassungen über den Anwendungsbereich der Grundfreiheiten *zu unterstützen*, sondern sie muß es auch zulassen, diese in der öffentlichen Diskussion vollständig *zu verteidigen*. Andernfalls wäre es Bürgern verboten, ernsthafte und offene geistige Auseinandersetzungen mit denen zu führen, die ihre Auffassungen nicht teilen, und so ihren eigenen moralischen Einstellungen gerecht zu werden. Die Abtreibungsproblematik zeigt jedoch, daß eine *vollständige* Verteidigung liberaler Positionen in einigen Fällen die Berufung auf kontroverse nicht-politische Werte voraussetzt. Um für Liberale akzeptabel zu sein, muß Rawls' Konzeption des öffentlichen Vernunftgebrauchs deshalb nicht nur erlauben, liberale Positionen *zu unterstützen*, sondern sie auch unter Berufung auf kontroverse *nicht-politische* Werte öffentlich *zu verteidigen*. Es mag nun so scheinen, als schlösse Rawls' Konzeption des öffentlichen Vernunftgebrauchs die Berufung auf kontroverse philosophische oder religiöse Werte durch Bürger klarerweise aus, wenn es um die Verteidigung ihrer Auffassungen über den Anwendungsbereich der Grundfreiheiten geht. Dies ist jedoch nicht der Fall. Die Pflicht zur Bürgerlichkeit, wie Rawls sie versteht, fordert, daß Bürger in grundlegenden Fragen in der Lage sein müssen, einander zu erklären, inwiefern die politischen Programme, für die sie eintreten und für die sie stimmen, durch liberale politische Werte gestützt werden (PL 217). Sie fordert nicht, daß Bürger ihre Auffassungen tatsächlich ausschließlich auf der Grundlage liberaler politischer Werte rechtfertigen, sondern lediglich, daß sie dies tun können. Und Rawls läßt ausdrücklich zu, daß Bürger sich unter bestimmten Bedingungen, wenn sie ihre Auffassungen in grundlegenden Fragen der Gerechtigkeit vertreten, auf nicht-politische Werte berufen (PL 247-253).[10] Nach Rawls' Konzeption des öffentlichen Vernunftgebrauchs dürfen Bürger sich auf nicht-politische Werte berufen, wenn sie ihre Auffassungen über den Anwendungsbereich der Grundfreiheiten vertreten, solange sich diese Auffassungen auch auf der Grundlage ausschließlich politischer Werte angemessen verteidigen lassen.[11]

Wir können Rawls' Konzeption des öffentlichen Vernunftgebrauchs deshalb so verstehen, daß sie Bürgern erlaubt, kontroverse Positionen über den Anwendungsbereich der Grundfreiheiten zu vertreten und diese unter Berufung auf nicht-politische Werte zu verteidigen. Es gibt deshalb keinen Grund für die Besorgnis, daß Rawls' Konzeption von einem liberalen Standpunkt aus gesehen zu restriktiv sein könnte. Wir mögen uns jetzt freilich sorgen, daß sie zu wenig restriktiv sei und einen zu großen Spielraum lasse.

IV

Die Annahme liegt nahe, daß Rawls' Konzeption des öffentlichen Vernunftgebrauchs eindeutig liberale Auffassungen über den Anwendungsbereich der Grundfreiheiten gegenüber konservativen Auffassungen vorziehe. Sie besagt, daß wir in dieser Frage nur solche Positionen einnehmen sollten, die durch liberale politische Werte gestützt werden. Und wenn wir einen Blick auf die von Rawls angeführten liberalen politischen Werte werfen – gleiche bürgerliche und politische Freiheiten, Chancengleichheit, soziale Gleichheit, wirtschaftliche Gegenseitigkeit und das Gemeinwohl (PL 224) – dann scheint klar zu sein, daß diese Werte liberale Auffassungen über den Anwendungsbereich der Grundfreiheiten stützen und keine konservativen. Es scheint z. B. offensichtlich, daß diese Werte das Recht einer Frau zur Abtreibung stützen, denn wenn dieses Recht vorenthalten würde, kämen Frauen nicht in den Genuß gleicher bürgerlicher Freiheiten, der Chancengleichheit und der sozialen Gleichheit.

Sobald wir länger darüber nachdenken, erscheint dies freilich nicht mehr ganz so offensichtlich. Die von Rawls benannten liberalen Werte sind abstrakt und können auf verschiedene Weise ausgelegt werden. Gleiche Bürgerfreiheit kann z. B. bedeuten, ein gleiches Recht auf die Freiheiten, die traditionellerweise als wesentlich für die Demokratie angesehen werden: Redefreiheit, Religionsfreiheit, Freizügigkeit und die Freiheit vor willkürlichen Verhaftungen. Chancengleichheit kann bedeuten, ein gleiches Recht auf eine angemessene Ausbildung und daß Positionen ausschließlich unter dem Gesichtspunkt der Eignung vergeben werden. Soziale Gleichheit kann so gedeutet werden, daß sie gleiche Abwehrrechte gegen eine Kastengesellschaft und gegen Rassentrennungsgesetze bedeutet. Und wenn wir diese Werte so auslegen, dann stützen sie kein Recht zur Abtreibung.

Betrachten wir nun die konservative Auffassung, derzufolge eine

Frau nur dann ein Recht zur Abtreibung hat, wenn diese notwendig ist, um ihr Leben zu retten, oder im Falle einer Vergewaltigung. Wir können liberale politische Werte so auslegen, daß sie diese Auffassung im folgenden Sinne rechtfertigen.

Der liberale politische Wert der dem menschlichen Leben gebührenden Achtung fordert von Individuen, das Leben von Menschen zu erhalten, die von ihnen abhängen, es sei denn, diese Abhängigkeit resultiere aus einer Verletzung von Grundrechten oder sei mit der Selbsterhaltung unvereinbar. Der liberale politische Wert der Gleichheit gerät, wenn er angemessen ausgelegt wird, nicht in Konflikt mit dieser Behauptung. Die für die Abtreibungsproblematik relevanten politischen Werte unterstützen demnach die Auffassung, daß kein allgemeines Recht zur Abtreibung besteht.

Diese Begründung läßt natürlich wichtige Fragen offen, z.B. warum die Grundsätze zur moralischen Behandlung anderer Menschen auch auf einen Fötus in den ersten drei Monaten seiner Entwicklung Anwendung finden sollten. Und warum es, wenn dies nicht der Fall ist, von Frauen vernünftigerweise erwartet werden kann, auf sexuelle Beziehungen zu verzichten, wenn sie mit Erfolg um erstrebenswerte Positionen konkurrieren wollen. Eine Auffassung über den Anwendungsbereich der Grundfreiheiten ist jedoch schon dann angemessen gerechtfertigt, wenn sie alle von ihr selbst aufgeworfenen Fragen ebenso gut zu beantworten vermag wie die gegenteilige Auffassung. Und wir haben bereits gesehen, daß die Begründung eines Rechts zur Abtreibung ähnliche Fragen unbeantwortet läßt. Wenn deshalb die liberale Auffassung zur Abtreibung ausschließlich auf der Grundlage liberaler politischer Werte gerechtfertigt werden kann, so muß dies gleichermaßen auch für die konservative Auffassung gelten.

Erinnern wir uns: wenn eine Position zum Anwendungsbereich der Grundfreiheiten angemessen auf der Grundlage liberaler politischer Werte gerechtfertigt werden kann, dann läßt Rawls' Konzeption des öffentlichen Vernunftgebrauchs die Berufung auf kontroverse nicht-politische Werte bei der öffentlichen Verteidigung dieser Position zu. Wenn also die konservative Auffassung zur Abtreibung auf der Grundlage allein von liberalen politischen Werten verteidigt werden kann, können Bürger vertreten, daß ein Recht zur Abtreibung mit der dem menschlichen Leben gebührenden Achtung unvereinbar ist, *weil das menschliche Leben seinen charakteristischen Wert vom Moment der Empfängnis an hat.*

Und sie können vertreten, daß Frauen ihre reproduktiven Verpflichtungen ohne eine Recht zur Abtreibung angemessen kontrollieren können, *weil es schlecht ist, sexuelle Beziehungen zu haben, ohne eine Schwangerschaft als das gewünschte Ergebnis anzustreben*. Dies sind natürlich kontroverse Behauptungen, aber wenn sich Bürger zur Verteidigung liberaler Positionen auf kontroverse Behauptungen stützen dürfen, so wird man zugestehen, daß dies auch zur Verteidigung konservativer Positionen zulässig sein muß.

So erlaubt Rawls' Konzeption des öffentlichen Vernunftgebrauchs, vielleicht überraschenderweise, daß Bürger mit Blick auf den Anwendungsbereich der Grundfreiheiten konservative Positionen einnehmen und diese unter Berufung auf kontroverse nicht-politische Werte verteidigen können. Eben deshalb besteht die Besorgnis, daß Rawls' Konzeption des öffentlichen Vernunftgebrauchs von einem liberalen Standpunkt aus gesehen zuviel zulassen könnte. Nun muß man sich fragen, ob sich das Beispiel der Abtreibung verallgemeinern läßt. Die Abtreibungsproblematik mag einen singulären Fall darstellen, gerade weil sie den Wert des menschlichen Lebens betrifft. In anderen Bereichen, in dem Liberale und Konservative nicht übereinstimmen, so könnte man einwenden, führten liberale politische Werte klarerweise zu liberalen Positionen. Um zu zeigen, daß dies nicht zutrifft, möchte ich ein anderes Problem diskutieren.

V

Einige Leute vertreten die Auffassung, daß sexuelle Beziehungen außerhalb der traditionellen monogamen, heterosexuellen Ehe durch den Staat verhindert werden sollten, um die traditionelle Institution der Ehe zu stützen. Nun mag man annehmen, daß diese Auffassung nicht in Übereinstimmung mit Rawls' Konzeption des öffentlichen Vernunftgebrauchs vertreten werden kann. Lassen Sie mich deshalb erklären, warum ich glaube, daß dies doch möglich ist. Man betrachte folgende Begründung:

Ein demokratischer Staat darf Tätigkeiten beschränken, wenn drei Bedingungen erfüllt sind: (1) die fragliche Tätigkeit wird nicht durch irgendeine Grundfreiheit geschützt, (2) das konkrete Ziel, das durch die beabsichtigte Beschränkung erreicht werden soll, wird weithin anerkannt, (3) es gibt ausreichend Belege dafür, daß die Beschränkungen zur Erreichung dieses Ziels führen. Sexuelle Beziehungen außerhalb der traditionellen Ehe werden nicht durch irgendeine Grundfreiheit geschützt. Das Ziel, die traditionelle Institution der Ehe zu unterstützen, wird weithin anerkannt, und es gibt ausreichend Belege dafür, daß die Verhinderung außerehelicher Sexualität diese Institution stützen würde. Der Staat darf deshalb die außereheliche Sexualität verhindern.

Wenn wir annehmen, daß die empirischen Prämissen dieser Begründung durch weithin anerkannte Forschungsmethoden angemessen gestützt werden[12], könnte man m. E. diese Begründung in Übereinstimmung mit Rawls' Konzeption des öffentlichen Vernunftgebrauchs vorbringen.

Einige Leser mögen der Auffassung sein, daß dies offenkundig falsch sei. Rawls' Konzeption des öffentlichen Vernunftgebrauchs verböte es Bürgern, für Gesetze einzutreten, welche die individuelle Freiheit beschränken, es sei denn, diese Gesetze seien durch liberale politische Werte gerechtfertigt, z. B. durch den Wert der Chancengleichheit. Rawls' Konzeption des öffentlichen Vernunftgebrauchs läßt jedoch mehr zu als dies; sie erlaubt es Bürgern, für Gesetze einzutreten, welche die individuelle Freiheit um nichtpolitischer Werte willen einschränken, solange die fraglichen Freiheiten keine Grundfreiheiten sind (PL 214-215). So mögen Bürger für ein Gesetz eintreten, daß die Freiheit des Walfangs aus Gründen der Arterhaltung einschränkt, obwohl Arterhaltung kein liberaler politischer Wert ist; denn die Freiheit, Wale zu fangen, ist keine Grundfreiheit. Und Bürger mögen für ein Gesetz eintreten, das die Freiheit, unbekleidet in der Öffentlichkeit zu erscheinen, aus Gründen des öffentlichen Anstandes einschränkt, obwohl öffentlicher Anstand kein politischer Wert ist; denn die Freiheit, unbekleidet öffentlich aufzutreten, ist keine Grundfreiheit.[13] Wenn die Freiheit, sexuelle Beziehungen außerhalb der traditionellen Ehe einzugehen, keine Grundfreiheit ist, dann läßt Rawls' Konzeption des öffentlichen Vernunftgebrauchs es zu, für Gesetze einzutreten, die diese Freiheit beschränken, um die traditionelle Form der Ehe zu unterstützen, obwohl die traditionelle Ehe kein liberaler politischer Wert ist.

Es hängt also alles davon ab, ob die Freiheit außerhalb der traditionellen Ehe sexuelle Beziehungen einzugehen, eine Grundfreiheit ist oder nicht. Viele Leute werden meinen, daß sie dies offensichtlich sei und sich über die Vorstellung empören, sie sei es nicht. Andere Leute werden jedoch genau der gegenteiligen Überzeugung sein. Lassen Sie uns deshalb überlegen, ob sich die Auffassung, sie sei keine Grundfreiheit, angemessen allein auf der Grundlage liberaler politischer Werte rechtfertigen läßt.

Eine Auffassung über den Anwendungsbereich der Grundfreiheiten läßt sich angemessen verteidigen, so haben wir gesagt, wenn sie alle von ihr aufgeworfenen Fragen ebenso gut zu beantworten vermag wie die entgegengesetzte Auffassung die von ihr aufgeworfenen Fragen. Die Auffassung, derzufolge die Freiheit zu sexuellen Beziehungen außerhalb der traditionellen Ehe keine Grundfreiheit ist, läßt sich demnach angemessen verteidigen, insofern ihre Begründung nur solche Fragen unbeantwortet läßt, die auch von der Begründung für die entgegengesetzte Auffassung, sie sei eine Grundfreiheit, nicht beantwortet werden.

Betrachten wir nun die folgende Begründung der Auffassung, sie sei keine Grundfreiheit:

Gleiche bürgerliche Freiheit ist ein grundlegender politischer Wert, er rechtfertigt jedoch nur ein gleiches Recht auf alle Grundfreiheiten, z. B. ein gleiches Recht auf freie Religionsausübung, aber kein gleiches Recht, Mitglieder bedrohter Arten zu jagen. Die Vereinigungsfreiheit ist eine Grundfreiheit, aber nicht alle Formen der Vereinigung werden durch sie geschützt. Die Vereinigungsfreiheit schützt nicht die Freiheit von Weißen oder von Männern, Schwarze oder Frauen aus dem Geschäftsleben oder aus Handelsorganisationen oder Gewerkschaften auszuschließen. Ebensowenig schützt sie die Freiheit der Prostitution. Um eine besondere Art der Vereinigung durch die Vereinigungsfreiheit zu schützen, müssen wir zeigen, daß ihr Schutz für ein völlig angemessenes System von Grundfreiheiten notwendig ist. Lassen Sie uns Rawls folgend sagen, daß ein System von Grundfreiheiten völlig angemessen sei, wenn es die zur Entwicklung und Ausübung der beiden moralischen Vermögen – die Anlage zu einem Gerechtigkeitssinn und die Befähigung zu einer Konzeption des Guten – notwendigen sozialen Bedingungen gewährleistet (PL 331-334). Dies würde bedeuten, daß eine Art der Vereinigung nicht durch die Vereinigungsfreiheit geschützt wird, wenn sie keine soziale Bedingung für die Entwicklung und Ausübung der beiden moralischen Vermögen ist. Die Freiheit zu sexuellen Beziehungen außerhalb der traditionellen Ehe ist nicht notwendig, um die beiden moralischen Vermögen zu entwickeln, also wird sie auch nicht durch die Vereinigungsfreiheit geschützt und ist keine Grundfreiheit.

Diese Begründung wirft Fragen auf. Warum z. B. ist die Freiheit zu sexuellen Beziehungen außerhalb der traditionellen Ehe für die Entwicklung und Ausübung der beiden moralischen Vermögen nicht notwendig? Falls die liberale Auffassung jedoch ähnliche Fragen offenließe, wäre die vorgestellte Begründung eine angemessene Verteidigung der konservativen Position ausschließlich auf der Grundlage liberaler politischer Werte.[14]

Betrachten wir deshalb die folgende Begründung für die liberale Position:

Vereinigungsfreiheit ist eine Grundfreiheit und mit ihr alle besonderen Freiheiten, die für sie wesentlich sind. Die Freiheit, Freundschaften einzugehen, ist für die Vereinigungsfreiheit wesentlich und die Freiheit von Erwachsenen, sexuelle Partnerschaften einzugehen, ist für die Freiheit, Freundschaften einzugehen, wesentlich; und die Freiheit, außerhalb der traditionellen Ehe sexuelle Beziehungen einzugehen, ist für die Freiheit zu sexuellen Partnerschaften wesentlich. Die Freiheit zu sexuellen Beziehungen außerhalb der traditionellen Ehe ist deshalb eine Grundfreiheit, weil sie für die Vereinigungsfreiheit wesentlich ist.

Aber warum ist die Freiheit zu sexuellen Partnerschaften für die Freiheit, Freundschaften einzugehen, wesentlich? Man mag antworten, daß die Freiheit zu sexuellen Partnerschaften für die uneingeschränkte Entwicklung und Ausübung der beiden moralischen Vermögen wesentlich sei, aber warum? Es scheint deshalb, als könne man die konservative Auffassung über die sexuelle Freiheit angemessen auf der Grundlage liberaler politischer Werte verteidigen; denn die Begründung der liberalen Position läßt Fragen offen, die denen ähnlich sind, die von der konservativen Position offengelassen werden. Dies zeigt, daß die Abtreibungsproblematik nicht die einzige ist, in der Bürger konservative Positionen über den Anwendungsbereich der Grundfreiheiten auf der Grundlage liberaler politischer Werte angemessen verteidigen können.

VI

Rawls' Konzeption des öffentlichen Vernunftgebrauchs besagt, daß Bürger, wenn sie abstimmen oder sich politisch engagieren, nur solche Positionen über den Anwendungsbereich der Grundfreiheiten einnehmen dürfen, die unter Berufung allein auf liberale politische Werte angemessen verteidigt werden können. Ich habe die Auffassung vertreten, daß diese Konzeption von einem liberalen Standpunkt aus gesehen nicht zu restriktiv sei, insofern sie es zulasse, daß Bürger kontroverse Auffassungen über den Anwendungsbereich der Grundfreiheiten vertreten können, und zwar unter Berufung auf nicht-politische Werte. Ich habe auch die Auffassung vertreten, daß diese Konzeption es zulasse, kontroverse konservative Auffassungen über den Anwendungsbereich der Grundfreiheiten zu vertreten, und zwar ebenfalls unter Berufung auf nicht-politische Werte. So kam es zu der Besorgnis, Rawls Konzeption des öffentlichen Vernunftgebrauchs könne von einem liberalen Standpunkt aus gesehen zuviel zulassen.

Wir können das Problem so darstellen: Sagen wir eine Auffassung über den Anwendungsbereich der Grundfreiheiten sei nur dann uneingeschränkt vernünftig, wenn sie von einer uneingeschränkt vernünftigen Gerechtigkeitskonzeption gestützt wird. Und sagen wir weiter, eine Gerechtigkeitskonzeption sei nur dann uneingeschränkt vernünftig, wenn sie das Ergebnis einer angemessenen Abwägung aller für die Gerechtigkeit relevanten Gründe ist. Von einem liberalen Standpunkt aus gesehen sind die von mir diskutierten konservativen Auffassungen über den Anwendungsbereich der Grundfreiheiten nicht uneingeschränkt vernünftig. Jede Gerechtigkeitskonzeption, die ein allgemeines Recht zur Abtreibung im ersten Trimester leugnet, gibt den Interessen von Frauen zu wenig Gewicht und den Interessen von Embryos ein zu großes. Und jede Gerechtigkeitskonzeption, die Erwachsenen das Recht auf sexuelle Beziehungen außerhalb der traditionellen Ehe bestreitet, gibt den Interessen von gleichgesinnten Erwachsenen, ihr sexuelles Verhalten in Übereinstimmung miteinander selbst zu regulieren, ein zu geringes Gewicht. Rawls' Konzeption des öffentlichen Vernunftgebrauchs scheint jedoch diese Positionen zuzulassen. Von einem liberalen Standpunkt aus gesehen scheint sie deshalb zuviel zuzulassen.

Einer der wesentlichen Beiträge von Rawls' Konzeption des öffentlichen Vernunftgebrauchs liegt darin, den Inhalt des öffentlichen Vernunftgebrauchs durch liberale politische Werte zu bestimmen (PL 253-254).[15] Die von Rawls benannten politischen Werte sind jedoch abstrakt und können so ausgelegt werden, daß sie sowohl liberale als auch konservative Positionen über den Anwendungsbereich der Grundfreiheiten stützen. Liberale politische Werte stützen liberale Positionen demnach nur dann, wenn sie in besonderer Weise ausgelegt werden. Rawls gibt uns jedoch keine Interpretationsmethode an die Hand, die nur solche Interpretationen liberaler politischer Werte zuließe, welche liberale Positionen stützen. So bleibt eine Lücke zwischen den von ihm benannten politischen Werten und denjenigen Auffassungen über den Anwendungsbereich der Grundfreiheiten, die von einem liberalen Standpunkt aus gesehen uneingeschränkt vernünftig sind.

Kehren wir zur Abtreibungsproblematik zurück, um das Problem zu verdeutlichen. Rawls behauptet, daß ein (qualifiziertes) Recht zur Abtreibung auf der Basis jeder vernünftigen Abwägung der folgenden drei Werte gerechtfertigt sei: (1) die dem menschlichen Leben gebührende Achtung, (2) die geregelte Reproduktion der politischen Gesellschaft, (3) die Gleichheit der Frau als gleicher Bürger. Und diese Behauptung ist zweifellos wahr, wenn wir voraussetzen, daß die Interpretation dieser Werte, die ein Recht zur Abtreibung stützt, die einzige vernünftige ist. Rawls nennt jedoch keine Interpretationsmethode, die diese Auslegung als die einzige vernünftige ausweisen würde. Der Inhalt des öffentlichen Vernunftgebrauchs ist deshalb noch nicht ausreichend bestimmt, um ein Recht zur Abtreibung eindeutig zu unterstützen.

Nun könnte man einwenden, Rawls habe (zumindest implizit) eine Methode zur Auslegung liberaler politischer Werte vorgestellt, die ausschließlich liberale Auffassungen über den Anwendungsbereich der Grundfreiheiten unterstütze. Nehmen wir an, die Unterstellung sei, daß Bürger nur solche Auffassungen über den Anwendungsbereich der Grundfreiheiten vertreten sollten, die durch eine uneingeschränkt vernünftige Interpretation liberaler politischer Werte gestützt werden, und nehmen wir weiter an, eine Interpretation eines liberalen politischen Wertes sei genau dann uneingeschränkt vernünftig, wenn sie mit einer uneingeschränkt vernünftigen liberalen politischen Gerechtigkeitskonzeption übereinstimmt (d. h. zu ihrer Begründung beiträgt und von ihr selbst begründet wird). Nehmen wir schließlich an, eine liberale politische Gerechtigkeitskonzeption sei nur dann uneingeschränkt vernünftig, wenn sie im Urzustand gewählt würde. Die Interpretationsmethode wäre dann, daß liberale politische Werte so ausgelegt werden müssen, daß sie mit den Grundsätzen übereinstimmen, die im Urzustand gewählt würden.

Diese Interpretationsmethode löst jedoch nicht unser Problem. Der Grundsatz gleicher Grundfreiheiten, der im Urzustand gewählt würde, lautet, daß jede Person den gleichen Anspruch auf ein völlig angemessenes System gleicher Grundrechte und Freiheiten hat (PL 5), wobei ein System gleicher Grundrechte und Freiheiten genau dann angemessen ist, wenn es die für die Entwicklung und Ausübung der beiden moralischen Vermögen notwendigen sozialen Bedingungen sichert (PL 331-334). Die Frage der sexuellen Freiheit hat jedoch gezeigt, daß, sobald Meinungsverschiedenheiten über den Anwendungsbereich der Grundfreiheiten vorliegen, ebenso Meinungsverschiedenheiten darüber vorliegen können, welche Rechte und Freiheiten für die Entwicklung und Ausübung der beiden moralischen Vermögen notwendig sind. Wir benötigen deshalb eine Methode, um diese Meinungsverschiedenheiten beizulegen, bevor wir feststellen können, welche Interpretationen liberaler politischer Werte mit Rawls' Grundsatz gleicher Grundfreiheiten übereinstimmen, und hier gibt uns der Urzustand keine Orientierungshilfen. Die Lücke zwischen liberalen politischen Werten und liberalen Auffassungen über den Anwendungsbereich der Grundfreiheiten wird deshalb durch die genannte Interpretationsmethode nicht geschlossen.

Möglicherweise ist es gar nicht das Ziel von Rawls, diese Lücke zu schließen (PL 227). Rawls gesteht zu, daß es oft nicht nur unvermeidbar, sondern sogar wünschenswert sei, daß Bürger verschiedene Gerechtigkeitskonzeptionen vertreten, und verschiedene Gerechtigkeitskonzeptionen stützen verschiedene Auffassungen über den Anwendungsbereich der Grundfreiheiten. Vielleicht will Rawls Meinungsverschiedenheiten über den Anwendungsbereich der Grundfreiheiten nicht eliminieren, sondern sie lediglich innerhalb der Grenzen des Vernünftigen halten. Sagen wir eine Auffassung liege innerhalb der Grenzen des Vernünftigen, wenn es eine vertretbare Interpretation liberaler politischer Werte gibt, die sie stützt, und sie liege außerhalb dieser Grenzen, wenn es keine solche Interpretation gibt. Zur Verdeutlichung: die Auffassung, daß es kein allgemeines Recht zur Abtreibung gibt (auch nicht im ersten Trimester), liegt innerhalb der Grenzen des Vernünftigen; denn es gibt eine vertretbare Interpretation liberaler politischer Werte, die diese Auffassung stützt. Die Auffassung, daß einigen Bürgern wegen ihrer Rasse oder ihres Geschlechts politische Grundfreiheiten vorenthalten werden sollten, liegt dagegen außerhalb der Grenzen des Vernünftigen; denn es gibt keine vertretbare Interpretation liberaler politischer Werte, die diese Auffassung stützen würde. Möglicherweise will Rawls es zulassen, daß Bürger konservative Auffassungen über den Anwendungsbereich der Grundfreiheiten vertreten, vorausgesetzt nur, sie liegen innerhalb der Grenzen des Vernünftigen. Vielleicht will er nur ausschließen, daß Bürger Auffassungen vertreten, die außerhalb der Grenzen des Vernünftigen liegen.

Wenn es Rawls lediglich darum geht, darauf zu drängen, daß Bürger nur solche Auffassungen über den Anwendungsbereich der Grundfreiheiten vertreten, die im beschriebenen Sinne innerhalb der Grenzen des Vernünftigen liegen, dann ist es ihm, so meine ich, ausreichend gelungen, den Inhalt des öffentlichen Vernunftgebrauchs zu bestimmen. Was ich zu zeigen versucht habe, ist, daß es ihm noch nicht gelungen ist, den Inhalt des öffentlichen Vernunftgebrauchs so zu bestimmen, daß er eindeutig alle diejenigen (und nur diejenigen) Auffassungen über den Anwendungsbereich der Grundfreiheiten stützt, die von einem liberalen Standpunkt aus gesehen uneingeschränkt vernünftig sind. Der Grund dafür liegt darin, daß er bislang noch keine Methode zur Auslegung liberaler politischer Werte angegeben hat, die nur zu solchen Interpretationen führt, die diese liberalen Auffassungen stützen. Weiter habe ich zu zeigen versucht, daß es nicht immer möglich ist, liberale Auffassungen *vollständig* zu verteidigen, ohne sich auf nicht-politische Werte zu berufen. Und dies deutet darauf hin, daß jede Interpretationsmethode, die alle liberalen Auffassungen über den Anwendungsbereich der Grundfreiheiten (und nur sie) unterstützt, sich in irgendeiner Weise auf nicht-politische Werte berufen muß. So scheint es z.B., daß die liberale Auffassung über die sexuelle Freiheit nicht eindeutig durch die von Rawls benannten liberalen politischen Werte gestützt wird, es sei denn, man interpretiert diese Werte auf der Grundlage nicht-politischer Werte wie der Autonomie und Individualität oder sogar des konkreteren Wertes eines emotional befriedigenden Sexuallebens. Das Ausmaß, in dem liberale Auffassungen über den Anwendungsbereich der Grundfreiheiten durch liberale politische Werte gestützt werden, die jeder vernünftige Bürger bejahen könnte, mag sich so als eine Funktion des Ausmaßes erweisen, in dem diese Werte durch nichtpolitische Werte interpretiert werden, die einige vernünftige Bürger nicht bejahen können. Dies bedeutet nicht, daß Rawls' Konzeption des öffentlichen Vernunftgebrauchs keinen in wichtiger Hinsicht liberalen Inhalt hätte. Es deutet jedoch darauf hin, daß dieser Inhalt allein nicht ausreicht, jede wichtige liberale Auffassung über den Anwendungsbereich der Grundfreiheiten zu formulieren, zu erklären oder zu rechtfertigen.

Übersetzt von Wilfried Hinsch

Anmerkungen

* Ich danke Wilfried Hinsch, Andrew Koppelman, Arthur Kuflik, Sharon Lloyd, Thomas Pogge und besonders John Rawls für ihre Kommentare zu früheren Fassungen dieses Aufsatzes. Auch danke ich Charles Dresser für viele Gespräche, die mir halfen, den konservativen Standpunkt besser zu verstehen.

1 Vgl. »The Idea of Public Reason«, PL 212-254.

2 Vgl. u.a. Warren 1973: 43-61.

3 Vgl. u.a. Thomson 1971: 47-66 u. Kamm 1992.

4 Eine Person übt ihre Autonomie uneingeschränkt aus, so nehme ich an, wenn alle ihre Handlungen von einem moralisch zulässigen System von Grundsätzen oder Zielen bestimmt werden, die sie aufgrund von Überlegungen bejahen würde. Ich glaube, daß diese Vorstellung von Autonomie sowohl für Kants ethische Theorie als auch für einen Großteil der gegenwärtigen liberalen politischen Theorie zentral ist.

5 Rawls' Ausführungen legen dies nahe, weil er die Werte der Autonomie und Individualität mit den umfassenden liberalen Theorien von Kant und Mill in Verbindung bringt (PL 78, 98, 199) und klarmacht, daß er sie nicht als politische Werte betrachtet (PL 199 f.).

6 Kant ist, was moralisch zulässige Systeme von Grundsätzen und Zielen angeht, weniger großzügig als viele gegenwärtige Liberale, insbesondere bezüglich der nur einen selbst betreffenden Handlungen. Ich nehme jedoch an, daß auch nach Kants Auffassung der Wert der Autonomie keine angemessene Unterscheidung zwischen Zielen erlaubt, die von der christlichen Naturrechtslehre als verfolgenswürdig resp. als nicht-verfolgenswürdig angesehen werden.

7 Zu behaupten, daß eine Lehre einen bestimmten Wert nicht bejahen kann, bedeutet zu behaupten, daß die Bejahung dieses Wertes eine Lehre in so grundlegender Weise verändern würde, daß es nicht mehr dieselbe Lehre wäre. Wenn ich also behaupte, daß die christlichen Naturrechtslehren die Werte der Autonomie und der Individualität nicht in kohärenter Weise bejahen können, stütze ich mich auf eine besondere Interpretation der christlichen Naturrechtslehre, über die man diskutieren kann. Man beachte deshalb, daß ich nicht behaupte, in der christlichen Naturrechtslehre sei kein Platz für die Werte der Autonomie und Individualität. So nehme ich z. B. an, diese Lehre räume ein, daß es weit besser für Individuen ist, ihre religiösen Pflichten »autonom« zu erfüllen als aus Unwissenheit oder Furcht.

8 D. h., man kann zu der Auffassung, daß ein völlig angemessenes System von Grundfreiheiten die uneingeschränkte Ausübung der Autonomie und die uneingeschränkte Entwicklung der eigenen Individualität erlaube und fördere, einfach dadurch gelangen, daß man über das Wesen der Freiheit selbst als eines »freistehenden« Wertes nachdenkt. Niemand würde dagegen z. B. zu der Ansicht gelangen, ein völlig angemessenes System von Grundfreiheiten sei ein solches, das es Individuen erlaube und sie darin fördere, Gottes (durch eine besondere Konzeption näher zu bestimmenden) Willen zu folgen, wenn er nicht von einer besonderen umfassenden Lehre bereits ausgeht.

9 Selbst dann jedoch, wenn man darauf bestehen würde, daß jeder durch eine politische Gerechtigkeitskonzeption identifizierte Wert zumindest implizit zur öffentlichen politischen Kultur einer Demokratie gehören müsse, würde dies die Berufung auf die Werte der Autonomie und Individualität nicht notwendigerweise ausschließen, da einige Leute diese Werte als implizit zu dieser Kultur gehörig betrachten. Vgl. u. a. Richards 1986.

10 Vgl. »The Idea of Public Reason: Further Considerations« (Ms. Nov. 1993), wo Rawls die Bedingungen erweitert, unter denen eine Berufung auf nicht-politische Werte zulässig ist.

11 Rawls' Konzeption des öffentlichen Vernunftgebrauchs mag gleichwohl von politischen Amtsinhabern – Mitgliedern der Regierung oder der politischen Parteien – verlangen, ihre Positionen ausschließlich auf der Grundlage liberaler politischer Werte zu verteidigen. Politische Amtsinhaber versuchen nicht nur andere Bürger davon zu überzeugen, ihre Ansichten zu teilen, sondern sie nutzen die politische Macht der Bürgerschaft als ganze, um die von ihnen unterstützten politischen Programme durchzubringen. Die Achtung vor allen Bürgern als freien und gleichen mag es erforderlich erscheinen lassen, daß politische Amtsinhaber ihre politischen Programme, wenn es um grundlegende Fragen der Gerechtigkeit geht, ausschließlich auf der Grundlage von Werten rechtfertigen, die jeder vernünftige Bürger bejahen kann. Wenn

dies zutrifft, können politische Amtsinhaber ihre Positionen nicht immer vollständig rechtfertigen. Wir erwarten von Politikern freilich auch nicht, daß sie Philosophen sind, und gewöhnliche Bürger können und werden die vollständige Rechtfertigung dieser Positionen anderen gegenüber in Gesprächen, philosophischen Schriften oder Leitartikeln geben.

12 Dies bedeutet natürlich nicht, daß die empirischen Belege zwingend sein müssen, es reicht, wenn sie ausreichend überzeugen. Für die Gesetzgebung zwingende Belege zu fordern, wäre zu viel. Es würde z. B. viele auf den Umweltschutz zielende Gesetze unmöglich werden lassen.

13 Sowohl die Erhaltung von Arten als auch der öffentliche Anstand mögen als Teil des Gemeinwohls angesehen werden, das ein politischer Wert ist. Dann wäre jedoch auch die traditionelle Ehe ein Teil des Gemeinwohls. Wir mögen sagen, ein Wert werde von der Regierung angemessenerweise als Teil des Gemeinwohls betrachtet, wenn er von vielen Bürgern als ein Teil des Gemeinwohls angesehen wird. Nach dieser Auffassung würden alle drei Werte angemessenerweise von der Regierung als Teile des Gemeinwohls angesehen werden.

14 Ich nehme an, daß der Wert der Entwicklung und Ausübung der beiden moralischen Vermögen ein liberaler politischer Wert ist, und zwar aus folgenden Gründen. *Erstens*: er liegt implizit den Grundsätzen der politischen Gerechtigkeitskonzeption von Rawls zugrunde. *Zweitens*: jeder vernünftige Bürger könnte ihn bejahen. Die Begründung für die zweite Behauptung ist folgende: ein Wert kann dann von jedem vernünftigen Bürger bejaht werden, wenn er in Übereinstimmung mit jeder von Bürgern bejahten vernünftigen Lehre bejaht werden kann. Eine *vernünftige* umfassende Lehre ist eine, zu der wir durch den kompetenten Gebrauch der theoretischen und der praktischen Vernunft gelangen (PL 59), und die beiden moralischen Vermögen sind die grundlegenden Vermögen der praktischen Vernunft selbst. Deshalb kann der Wert der Entwicklung und Ausübung der beiden moralischen Vermögen innerhalb jeder vernünftigen Lehre von jedem vernünftigen Bürger bejaht werden. Diese Begründung impliziert natürlich nicht, daß jeder vernünftige Bürger auch jede vertretbare Interpretation dieses Wertes bejahen könnte. Es bedeutet lediglich, daß jeder vernünftige Bürger diesen Wert in irgendeiner seiner vertretbaren Interpretationen bejahen kann. Obwohl die christliche Naturrechtslehre diesen Wert in irgendeiner Interpretation anerkennen kann, gibt es sehr weitgehende liberale Interpretationen dieses Wertes, die von ihr nicht bejaht werden können.

15 Die Bedeutung dieses Beitrags wird deutlich, wenn wir Rawls' Konzeption des öffentlichen Vernunftgebrauchs Ackermans Konzeption eines »neutralen Dialogs« gegenüberstellen. Nach Ackerman kann ein

Grund für eine staatliche Zwangsmaßnahme diese nur dann angemessen rechtfertigen, wenn er sich in einem neutralen Dialog vorbringen läßt – ein Dialog, in dem es niemandem gestattet ist, zu behaupten, seine Konzeption des Guten sei besser als die eines anderen (vgl. Ackerman 1980: 11). Man kann freilich nicht für eine politische Maßnahme eintreten, ohne irgendeinen Wert zu bejahen, und einen Wert zu bejahen impliziert die Annahme, daß die Konzeptionen des Guten, die diesen Wert anerkennen, *ceteris paribus* besser seien als solche, die dies nicht tun. Für eine politische Maßnahme einzutreten, bedeutet deshalb implizit stets, einige Konzeptionen des Guten für besser als andere zu halten. Es ist deshalb ziemlich unklar, welche Gründe in einem neutralen Dialog zugelassen sind und nach Ackermans Auffassung staatliche Zwangsmaßnahmen angemessen rechtfertigen können. Um irgendeine klare Vorstellung davon zu bekommen, welche Gründe öffentliche Gründe sind, müssen deshalb die Werte, die diese Gründe bestimmen, ausdrücklich genannt werden, und eben dies tut Rawls, wenn er den Inhalt des öffentlichen Vernunftgebrauchs auf der Grundlage liberaler politischer Werte bestimmt.

Jürgen Habermas
Versöhnung durch öffentlichen Vernunftgebrauch

John Rawls' Theorie der Gerechtigkeit bedeutet eine Zäsur in der neuesten Geschichte der praktischen Philosophie. Mit diesem Werk hat Rawls die lange Zeit verdrängten moralischen Fragen als Gegenstand wissenschaftlich ernstzunehmender Untersuchungen rehabilitiert. Kant hatte die moralische Grundfrage so formuliert, daß sie eine rationale Antwort finden konnte: in Konfliktfällen sollen wir das tun, was gleichermaßen gut ist für alle Personen. Ohne Kants transzendentalphilosophische Hintergrundannahmen in Anspruch zu nehmen, hat Rawls diesen Ansatz im Hinblick auf das gerechte Zusammenleben von Bürgern eines politischen Gemeinwesens erneuert. In Frontstellung gegen den Utilitarismus auf der einen, den Wertskeptizismus auf der anderen Seite, hat er eine intersubjektivistische Lesart für Kants Begriff der Autonomie vorgeschlagen: autonom handeln wir, wenn wir genau den Gesetzen gehorchen, die von allen Betroffenen auf der Grundlage eines öffentlichen Gebrauchs ihrer Vernunft mit guten Gründen akzeptiert werden könnten. Diesen moralischen Begriff der Autonomie benützt Rawls als Schlüssel für die Erklärung der politischen Autonomie von Bürgern eines demokratischen Rechtsstaates: »Our exercise of political power is (fully) proper only, when it is exercised in accordance with a constitution the essentials of which all citizens as free and equal may reasonably be expected to endorse in the light of principles and ideals acceptable to their common human reason« (PL 137). Dieser Satz stammt aus dem Buch, mit dem Rawls einen zwanzigjährigen Prozeß der Erweiterung und Revision seiner Gerechtigkeitstheorie vorerst abgeschlossen hat. Wie er sich seinerzeit gegen utilitaristische Positionen gewendet hatte, so reagiert er heute vor allem auf kontextualistische Positionen, die die Voraussetzung einer allen Menschen gemeinsamen Vernunft bestreiten.

Da ich dieses Projekt bewundere, seine Intention teile und die wesentlichen Ergebnisse für richtig halte, bleibt der Dissens, den ich zur Sprache bringen soll, in den engen Grenzen eines Familienstreits. Meine Zweifel beschränken sich darauf, ob Rawls seine wichtigen und – wie ich meine – zutreffenden normativen Intuitionen stets auf die überzeugendste Weise zur Geltung bringt. Zunächst möchte ich aber an die Umrisse des Unternehmens erinnern, wie es sich jetzt darstellt.

Rawls begründet Grundsätze, nach denen eine moderne Gesellschaft eingerichtet werden muß, wenn sie die faire Zusammenarbeit zwischen ihren Bürgern als freien und gleichen Personen gewährleisten soll. In einem *ersten* Schritt klärt er den Gesichtspunkt, unter dem fiktive Repräsentanten diese Frage unparteilich beantworten könnten. Er erklärt, warum sich die Parteien im sogenannten Urzustand auf zwei Prinzipien einigen würden: und zwar einmal auf den liberalen Grundsatz, wonach allen Bürgern gleiche subjektive Handlungsfreiheiten eingeräumt werden; und zum anderen auf den nachgeordneten Grundsatz, der den gleichberechtigten Zugang zu öffentlichen Ämtern regelt und festlegt, daß soziale Ungleichheiten nur insoweit in Kauf genommen werden dürfen, wie sie auch noch für die unterprivilegierten Bürger von Vorteil sind. In einem *zweiten* Schritt zeigt Rawls, daß diese Konzeption unter jenen Bedingungen eines Pluralismus, den sie selbst befördert, auf Zustimmung rechnen kann. Der politische Liberalismus ist weltanschaulich neutral, weil er eine vernünftige Konstruktion ist, ohne selbst einen Wahrheitsanspruch zu stellen. In einem *dritten* Schritt skizziert Rawls schließlich die Grundrechte und die Prinzipien des Rechtsstaats, die sich aus den beiden obersten Gerechtigkeitsprinzipien herleiten lassen. In der Reihenfolge dieser Schritte werde ich Einwände vortragen, die sich weniger gegen das Projekt als solches als vielmehr gegen einige Aspekte seiner Durchführung richten. Ich fürchte, daß Rawls Zugeständnisse an philosophische Gegenpositionen macht, die der Klarheit seines eigenen Ansatzes schaden.

Meine in konstruktiver Absicht vorgetragene Kritik setzt immanent an. Zunächst habe ich Zweifel, ob das Design des Urzustandes in jeder Hinsicht geeignet ist, um den Gesichtspunkt der unparteilichen Beurteilung von deontologisch verstandenen Gerechtigkeitsprinzipien zu erklären und zu sichern (I). Ferner habe ich den Eindruck, daß Rawls Begründungsfragen von Fragen der Akzeptanz schärfer trennen müßte; er scheint die weltanschauliche Neutralität seiner Gerechtigkeitskonzeption mit der Preisgabe ihres kognitiven Geltungsanspruchs erkaufen zu wollen (II). Diese beiden theoriestrategischen Entscheidungen haben eine Konstruktion des Rechtsstaats zur Folge, die die liberalen Grundrechte dem demokratischen Legitimationsprinzip überordnet. Damit verfehlt Rawls sein Ziel, die Freiheit der Modernen mit der Freiheit der Alten in Einklang zu bringen (III). Ich schließe mit einer These zum Selbstverständnis der politischen Philosophie: diese soll unter Bedingungen nachmetaphysischen Denkens bescheiden sein, aber nicht auf die falsche Weise.

Die mir von der Redaktion des *Journal of Philosophy* zugedachte Rolle des Opponenten nötigt mich dazu, tentative Bedenken zu Einwänden zuzuspitzen. Diese Zuspitzung läßt sich mit der freundschaftlich-provokativen Absicht rechtfertigen, den nicht leicht überschaubaren Argumentationshaushalt einer hoch komplexen und wohldurchdachten Theorie so in Bewegung zu setzen, daß sie ihre Stärken zur Geltung bringen kann.[1]

I. Das Design des Urzustandes

Rawls konzipiert den Urzustand als eine Situation, in der rational entscheidende Repräsentanten der Bürger genau den Beschränkungen unterliegen, die eine unparteiliche Beurteilung von Gerechtigkeitsfragen garantieren. Der volle Begriff der Autonomie bleibt den Bürgern vorbehalten, die bereits unter Institutionen einer wohlgeordneten Gesellschaft leben. Für die Konstruktion des Urzustandes zerlegt Rawls diesen Begriff politischer Autonomie in zwei Elemente: in die moralisch neutralen Eigenschaften von Parteien, die ihren rationalen Vorteil suchen, und in die moralisch gehaltvollen Situationsbeschränkungen, unter denen jene Parteien Grundsätze für ein System fairer Kooperation wählen. Diese normativen Beschränkungen erlauben es, die Parteien sparsam auszustatten, nämlich nur mit »der Befähigung, rational zu sein und von (ihrer) jeweils gegebenen Konzeption des Guten aus zu handeln« (R 1983: 16; d 1992: 176). Gleichviel ob die Parteien nur zweckrationale Erwägungen anstellen oder auch ethische Gesichtspunkte der Lebensplanung einbeziehen, ihre Entscheidungen fällen sie stets aus der Sicht ihrer eigenen Wertorientierungen (bzw. aus der Perspektive der von ihnen repräsentierten Bürger). Sie brauchen und können die Dinge nicht unter dem moralischen Gesichtspunkt betrachten, unter dem zu berücksichtigen wäre, was im gleichmäßigen Interesse aller liegt. Denn diese Unparteilichkeit wird durch eine Situation erzwungen, die einen Schleier des Nichtwissens über die wechselseitig aneinander uninteressierten, zugleich freien und gleichen Parteien senkt. Weil diese nicht wissen, welche Position sie einst in der von ihnen zu ordnenden Gesellschaft einnehmen werden, sehen sie sich schon aus eigenem Interesse veranlaßt, zu überlegen, was gleichermaßen gut für alle ist.

Die Konstruktion eines Urzustandes, der die Willkürfreiheit rational entscheidender Aktoren vernünftig *einrahmt*, erklärt sich aus der anfänglich verfolgten Absicht, die Theorie der Gerechtigkeit als Teil der allgemeinen Theorie rationaler Wahl darzustellen. Rawls war nämlich zunächst davon ausgegangen, daß man den operativen Spielraum rational entscheidender Parteien nur in geeigneter Weise beschränken müsse, um aus ihrem aufgeklärten Selbstinteresse Gerechtigkeitsgrundsätze ableiten zu können. Bald sollte er jedoch einsehen, daß sich die Vernunft autonomer Bürger nicht auf die Wahlrationalität willkürlich entscheidender Aktoren zurückführen läßt (R 1985: 237, Fn. 20; d 1992: 273 f., Fn. 20). Auch nach der Revision des Beweiszieles, dem das Design des Urzustandes ursprünglich dienen sollte, hat er freilich daran festgehalten, daß sich der Sinn des moralischen Gesichtspunktes auf diese Weise operationalisieren läßt. Das hat mißliche Konsequenzen, von denen ich im folgenden drei erörtern möchte: (1) Können die Parteien im Urzustand allein auf der Grundlage ihres rationalen Egoismus die vorrangigen Belange ihrer Klienten wahrnehmen? (2) Dürfen Grundrechte an Grundgüter assimiliert werden? (3) Garantiert der Schleier des Nichtwissens die Unparteilichkeit des Urteils?[2]

(1) Die Entscheidung, daß »vollständig« autonome Bürger durch Parteien vertreten werden, denen diese Art der Autonomie fehlt, kann Rawls nicht konsequent durchhalten. Bürger sind nach Voraussetzung moralische Personen, die einen Gerechtigkeitssinn und die Befähigung zu einer eigenen Konzeption des Guten besitzen sowie ein Interesse daran haben, diese Anlagen vernünftig auszubilden. Die Parteien des Urzustandes werden durch ein objektiv vernünftiges Design von eben diesen vernünftigen Eigenschaften moralischer Personen entlastet. Gleichwohl sollen sie die »highest order interests« der Bürger, die sich aus diesen Eigenschaften erge-

ben, verstehen und angemessen berücksichtigen können. Sie müssen beispielsweise damit rechnen, daß autonome Bürger die Interessen anderer im Lichte von gerechten Prinzipien und nicht nur aus Eigeninteresse beachten, daß sie sich zu loyalem Verhalten verpflichten lassen, daß sie sich durch den öffentlichen Gebrauch ihrer Vernunft von der Legitimität bestehender Einrichtungen und Politiken überzeugen wollen usw. Die Parteien sollen also Folgen einer Autonomie, die ihnen selbst in vollem Umfang versagt ist, und Implikationen der Ausübung einer praktischen Vernunft, die sie selbst nicht in Anspruch nehmen können, begreifen, ernstnehmen und zum Gegenstand ihrer Verhandlungen machen. Das mag im Hinblick auf eine stellvertretende Wahrnehmung des *selbstbezogenen* Interesses an der Verfolgung der im einzelnen unbekannten Konzeptionen des Guten noch plausibel sein; aber kann der Sinn von Gerechtigkeitsbelangen von der Sichtweise rationaler Egoisten unberührt bleiben? Jedenfalls sind die Parteien innerhalb der Schranken ihres rationalen Egoismus unfähig, gegenseitig genau die Perspektivenübernahme zu vollziehen, die die von ihnen repräsentierten Bürger selbst vornehmen, wenn sie sich gerechterweise an dem orientieren, was gleichermaßen gut ist für alle: »in their rational deliberations the parties ... recognize no standpoint external to their own point of view as rational representatives« (PL 76). Wenn sie gleichwohl den deontologischen Sinn der Gerechtigkeitsgrundsätze, nach denen sie suchen, verstehen und die Gerechtigkeitsbelange ihrer Klienten angemessen berücksichtigen sollen, müssen sie mit kognitiven Kompetenzen ausgestattet werden, die weiter reichen als die Fähigkeiten, mit denen rational entscheidende, aber gerechtigkeitsblinde Aktoren auskommen müssen.

Natürlich kann Rawls das Design des Urzustandes entsprechend variieren. Bereits in der »Theorie der Gerechtigkeit« qualifiziert er die Rationalität der Vertragspartner. Einerseits nehmen sie kein Interesse aneinander. Sie verhalten sich zueinander in der Art von Spielern, die »nach einer möglichst hohen Punktzahl streben« (TJ § 25, 144; d 168). Andererseits sind sie mit einem »rein formalen Gerechtigkeitssinn« ausgestattet; denn sie sollen voneinander wissen, daß sie sich in der Gestalt künftiger Bürger an Abmachungen halten werden, wenn sie erst einmal unter dem Regime einer wohlgeordneten Gesellschaft leben (TJ 145; d 169). Das läßt sich wohl so verstehen, daß die Parteien im Urzustand immerhin

Kenntnis haben von jener Art verpflichtender Gegenseitigkeit, die das Zusammenleben ihrer Klienten in Zukunft bestimmen wird, obwohl sie selbst ihre Verhandlungen zunächst unter anderen Prämissen führen müssen. Nichts spricht gegen solche Stipulationen. Meine Frage ist nur, ob ein derart erweitertes Design nicht seinen Witz verliert, weil es sich zu weit vom ursprünglichen Modell entfernt. Denn sobald die Parteien aus den Schranken ihres rationalen Egoismus einen Schritt heraustreten und auch nur entfernte Ähnlichkeiten mit moralischen Personen annehmen, wird jene Arbeitsteilung zwischen subjektiver Wahlrationalität und geeigneten objektiven Beschränkungen zerstört, aufgrund deren doch selbstinteressiert handelnde Subjekte zu vernünftigen, d. h. moralischen Entscheidungen gelangen sollen. Diese Konsequenz mag für das weitere Vorgehen keine große Bedeutung haben; sie lenkt aber die Aufmerksamkeit auf die begriffsstrategischen Zwänge, die sich aus der ursprünglichen Absicht, das Hobbessche Problem entscheidungstheoretisch zu lösen, ergeben. Eine andere Konsequenz aus der entscheidungs-theoretischen Anlage des Urzustandes ist nämlich die Einführung von Grundgütern; und diese Weichenstellung hat eine Bedeutung für den weiteren Ausbau der Theorie.

(2) Für rational entscheidende, an die Perspektive der 1. Person gebundene Aktoren kann sich Normatives, was immer es sei, nur in Begriffen von Interessen oder Werten darstellen, die durch Güter erfüllt werden. Güter sind das, was von uns erstrebt wird, eben gut für uns ist. Dementsprechend führt Rawls »Grundgüter« als generalisierte Mittel ein, die Personen brauchen können, um ihre Lebenspläne auszuführen. Obwohl die Parteien wissen, daß für die Bürger einer wohlgeordneten Gesellschaft einige dieser Grundgüter den Charakter von Rechten annehmen, können sie selbst, in der Situation des Urzustandes, Rechte nur als eine Kategorie von Gütern unter anderen beschreiben. Für sie kann sich die Frage nach Prinzipien der Gerechtigkeit nur als Frage nach der gerechten Distribution von Grundgütern stellen. Damit läßt sich Rawls auf einen güterethischen Begriff von Gerechtigkeit ein, der besser zu aristotelischen oder utilitaristischen Ansätzen als zu seiner eigenen, vom Begriff der Autonomie ausgehenden Theorie der Rechte paßt. Da Rawls an einer Konzeption der Gerechtigkeit festhält, wonach sich die Autonomie der Bürger durch Rechte konstituiert, bringt ihn das Distributionsparadigma in Schwierig-

keiten. Rechte lassen sich nur in der Weise »genießen«, daß man sie *ausübt*. Sie können nicht an distributive Güter assimiliert werden, ohne ihren deontologischen Sinn preiszugeben. Eine gleichmäßige Verteilung der Rechte ergibt sich erst daraus, daß sich Rechtsgenossen gegenseitig als freie und gleiche anerkennen. Natürlich gibt es Rechte *auf* einen fairen Anteil an Gütern oder Chancen, aber die Rechte selbst regeln Beziehungen zwischen Aktoren – und können von diesen nicht wie Dinge »besessen« werden (Young 1990: 25). Wenn ich recht sehe, wird Rawls durch die begriffsstrategischen Zwänge des immer noch wirksamen Modells rationaler Wahl dazu genötigt, Grundfreiheiten nicht von vornherein als Grundrechte zu konzipieren, sondern zunächst in Grundgüter *umzudeuten*. Damit gleicht er aber den deontologischen Sinn von Normen, die uns verpflichten, an den teleologischen Sinn von Werten an, die wir präferieren.[3] Rawls verwischt damit wesentliche Unterschiede, an die ich kurz erinnere, um zu zeigen, wie er in seinem weiteren Vorgehen unter Zugzwang gerät.

Im Lichte von Normen läßt sich entscheiden, was zu tun geboten ist, im Horizont von Werten, welches Verhalten sich empfiehlt. Anerkannte Normen verpflichten ihre Adressaten ausnahmslos und gleichermaßen, während Werte die Vorzugswürdigkeit von Gütern ausdrücken, die in bestimmten Kollektiven als erstrebenswert gelten. Während Normen im Sinne einer Erfüllung generalisierter Verhaltenserwartungen befolgt werden, können Werte oder Güter nur durch zielgerichtetes Handeln realisiert bzw. erworben werden. Ferner treten Normen mit einem binären Geltungsanspruch auf und sind entweder gültig oder ungültig; zu normativen Sätzen können wir, ähnlich wie zu assertorischen Sätzen, nur mit »Ja« oder »Nein« Stellung nehmen – oder uns des Urteils enthalten. Demgegenüber legen Werte Vorzugsrelationen fest, die besagen, daß bestimmte Güter attraktiver sind als andere; deshalb können wir evaluativen Sätzen mehr oder weniger zustimmen. Die Sollgeltung von Normen hat des weiteren den absoluten Sinn einer unbedingten und universellen Verpflichtung: das Gesollte beansprucht, gleichermaßen gut für alle (bzw. für alle Adressaten) zu sein. Die Attraktivität von Werten hat den relativen Sinn einer in Kulturen und Lebensformen eingespielten oder adoptierten Einschätzung von Gütern: gravierende Wertentscheidungen oder Präferenzen höherer Ordnung sagen, was aufs Ganze gesehen gut für uns (oder für mich) ist. Schließlich dürfen verschiedene Normen, wenn sie für denselben Kreis von Adressaten Geltung beanspruchen, einander nicht widersprechen; sie müssen in einem kohärenten Zusammenhang stehen, d.h. ein System bilden. Verschiedene Werte konkurrieren hingegen um Vorrang; soweit sie innerhalb einer Kultur oder Lebensform intersubjektive Anerkennung finden, bilden sie flexible und spannungsreiche Konfigurationen. Zusammenfassend unterscheiden sich also Normen von Werten erstens durch ihre Bezüge zu verschiedenen Typen des regelgeleiteten oder des zielgerichteten Handelns; zweitens durch die binäre bzw. graduelle Kodierung ihres Geltungsanspruchs; drittens durch ihre absolute bzw. relative Verbindlichkeit und viertens durch die Kriterien, denen der Zusammenhang von Norm- bzw. Wertsystemen genügen muß.

Nun will Rawls der deontologischen Intuition, die sich in diesen Unterscheidungen ausdrückt, Rechnung tragen; deshalb muß er die Einebnung der deontologischen Dimension, die er zunächst – wegen der Anlage des Urzustandes – in Kauf nimmt, durch den Vorrang des ersten vor dem zweiten Grundsatz korrigieren. Aber ein absoluter Vorrang der gleichen subjektiven Handlungsfreiheiten vor den durch den zweiten Grundsatz regulierten Grundgütern läßt sich aus der Perspektive der ersten Person, aus der wir uns an je unseren Interessen oder Werten orientieren, nicht begründen. Diesen Punkt hat H. L. H. Hart in seiner Kritik klar herausgearbeitet (Hart 1973). Dieser Kritik begegnet Rawls interessanterweise nur so, daß er *nachträglich* in die Grundgüter eine Qualifikation einbaut, die ihnen einen Bezug zu Grundfreiheiten als Grundrechten sichern; er läßt nämlich nur noch solche gesellschaftlichen Güter als Grundgüter gelten, die für die Lebenspläne und die Entwicklung der moralischen Vermögen von Bürgern *als freier und gleicher Personen* geeignet sind (Hinsch 1992: 36 ff.). Ferner differenziert Rawls zwischen Grundgütern, die für den institutionellen Rahmen der wohlgeordneten Gesellschaft im moralischen Sinne konstitutiv sind, von den übrigen Grundgütern dadurch, daß er in den ersten Grundsatz die Gewährleistung des »fairen Werts« der Freiheit aufnimmt (R 1983: 21 ff., 39 ff.; d 1992: 178 ff., 196 ff.).

Diese zusätzliche Bestimmung setzt aber stillschweigend eine deontologische Unterscheidung zwischen Rechten und Gütern voraus, die der prima facie vorgenommenen Klassifikation von Rechten als Gütern widerspricht. Der faire Wert gleicher Freiheiten bemißt sich nämlich daran, daß faktische Voraussetzungen für eine chancengleiche Ausübung entsprechender Rechte erfüllt sind; und in dieser Weise können allein Rechte qualifiziert werden. Nur im Hinblick auf Rechte können wir eine Gleichheit der Kompetenzen von der Gleichheit faktischer Lebenslagen unterscheiden. Nur zwischen Berechtigungen einerseits und gegebenen Chancen für die Nutzung von Rechten andererseits kann ein unter Gleichheitsgesichtspunkten problematisches Gefälle entstehen, während zwischen der faktischen Verfügung über Güter und dem faktischen Genuß von Gütern ein solches Gefälle nicht besteht. Es wäre entweder redundant oder sinnlos, vom »fairen Wert« gleich verteilter Güter zu sprechen. Die Unterscheidung zwischen rechtlicher und faktischer Gleichheit findet, wie Wittgenstein sagen würde, aus grammatischen Gründen keine Anwendung auf »Güter«. Wenn aber die Konzeption der Grundgüter im zweiten Schritt korrigiert werden muß, fragt man sich, ob der erste Schritt – das Design eines Urzustandes, das zu dieser Konzeption nötigt – weise war.

(3) Die bisherigen Überlegungen zeigen, daß für die Parteien des Urzustandes die Fähigkeit zu rationalen Entscheidungen nicht ausreicht, um die vorrangigen Belange ihrer Klienten wahrzunehmen und Rechte (im Sinne Dworkins) als Trümpfe zu verstehen, die kollektive Zielsetzungen ausstechen. Warum werden die Parteien dann aber der praktischen Vernunft überhaupt beraubt und in den Schleier des Nichtwissens gehüllt? Die Intuition, von der sich Rawls leiten läßt, ist deutlich: die Rolle des Kategorischen Imperativs übernimmt ein von mehreren Teilnehmern intersubjektiv angewendetes Verfahren, das sich in Zulassungsbedingungen wie der Parteiengleichheit und in Situationsmerkmalen wie dem Schleier des Nichtwissens verkörpert. Ich meine freilich, daß der Gewinn, den diese intersubjektivistische Wendung bedeuten könnte, gerade durch den systematischen Entzug von Informationen wieder verspielt wird. Diese dritte Frage verrät die Perspektive, aus der ich auch die beiden vorangehenden Fragen aufgeworfen habe: ich meine, daß Rawls die mit der Konstruktion eines Urzustandes verbundenen Schwierigkeiten vermeiden könnte, wenn er den moralischen Gesichtspunkt auf andere Weise operationalisieren und den Verfahrensbegriff der praktischen Vernunft von substantiellen Konnotationen befreien, also konsequent prozeduralistisch entwickeln würde.

Bereits der Kategorische Imperativ überwindet die Egozentrik der Goldenen Regel. Die Goldene Regel »Was Du nicht willst, das man Dir tu, das füg' auch keinem andern zu« verlangt einen Verallgemeinerungstest aus der Sicht eines beliebigen Einzelnen, während der Kategorische Imperativ fordert, daß alle möglicherweise Betroffenen eine gerechte Maxime als allgemeines Gesetz müssen wollen können. Aber solange wir diese anspruchsvollere Prüfung monologisch vornehmen, bleiben es immer noch individuell vereinzelte Perspektiven, aus denen sich jeder von uns privatim vorstellt, was alle wollen könnten. Das ist unbefriedigend. Denn nur wenn sich in je meinem Selbstverständnis ein transzendentales Bewußtsein, d. h. ein allgemeingültiges Weltverständnis reflektierte, läge das, was aus meiner Sicht gleichermaßen gut ist für alle, tatsächlich im gleichmäßigen Interesse eines jeden. Davon wird unter Bedingungen des modernen gesellschaftlichen und weltanschaulichen Pluralismus niemand mehr ausgehen dürfen. Auf dieses Faktum des Pluralismus können wir, wenn wir die Intuition des Kantischen Universalisierungsgrundsatzes retten wollen, in verschiedener Weise reagieren. Rawls legt die Parteien des Urzustandes durch Informationsbeschränkung auf eine gemeinsame Perspektive fest und neutralisiert damit von vornherein die Vielfalt der partikularen Deutungsperspektiven durch einen Kunstgriff. Die Diskursethik sieht hingegen den moralischen Gesichtspunkt im Verfahren einer intersubjektiv durchgeführten Argumentation verkörpert, welches die Beteiligten zu einer idealisierenden *Entschränkung* ihrer Deutungsperspektiven anhält.

Die Diskursethik stützt sich auf die Intuition, daß die Anwendung des recht verstandenen Universalisierungsgrundsatzes eine gemeinsam vorgenommene »ideale Rollenübernahme« verlangt. Sie interpretiert diese von G. H. Mead entwickelte Idee allerdings mit Mitteln einer pragmatischen Argumentationstheorie (Habermas 1983a u. 1992a).[4] Unter den Kommunikationsvoraussetzungen eines inklusiven und zwanglosen Diskurses unter freien und gleichen Teilnehmern, ist jeder gehalten, sich in die Perspektive und damit in das Selbst- und Weltverständnis aller anderen zu versetzen; aus dieser Perspektivenverschränkung baut sich eine ideal erweiterte Wir-Perspektive auf, aus der alle gemeinsam prüfen können, ob sie eine strittige Norm zur Grundlage ihrer Praxis machen wollen; das soll eine gegenseitige Kritik an der Angemessenheit von Situationsdeutungen und Bedürfnisinterpretationen einschließen. Auf dem Wege *sukzessiv* vorgenommener Abstraktionen kann sich dann der Kern verallgemeinerungsfähiger Interessen herausschälen (vgl. Rehg 1994).

Anders verhält es sich, wenn der Schleier des Nichtwissens das Blickfeld der Parteien im Urzustand *von Anbeginn* auf die Grundsätze einschränkt, auf die sich präsumptiv freie und gleiche Bürger, unangesehen ihres divergierenden Welt- und Selbstverständnisses, einigen würden. Mit diesem anfänglichen Abstraktionsschritt übernimmt Rawls eine *doppelte* Beweislast. Der Schleier des Nichtwissens muß sich auf alle partikularen Gesichtspunkte und Interessen erstrecken, die ein unparteiliches Urteil beeinträchtigen könnten; zugleich darf er sich aber *nur* auf solche normativen Gehalte erstrecken, die von vornherein als Kandidaten für das von freien und gleichen Bürgern zu akzeptierende gemeinsame Gute ausscheiden dürfen. Diese zweite Bedingung stellt an die Theorie eine kaum erfüllbare Anforderung; das zeigt eine kurze Überlegung. Nach der Begründung der Gerechtigkeitsgrundsätze wird der Schleier des Nichtwissens auf den folgenden Stufen der Verfassunggebung, der einfachen Gesetzgebung und der Rechtsanwendung schrittweise gelüftet. Da die dann einströmenden Informationen mit den unter Informationsentzug bereits gewählten Grundsätzen harmonieren müssen, dürfen keine bösen Überraschungen eintreten. Wenn wir das sicherstellen wollen, müssen wir aber den Urzustand schon in Kenntnis, ja in Voraussicht all der normativen Gehalte konstruieren, die jemals ein Anregungspotential für das geteilte Selbst- und Weltverständnis von freien und gleichen Bürgern darstellen könnten. Mit anderen Worten: auf den Theoretiker selbst fällt die Last der Informationsverarbeitung zurück, die er den Parteien im Urzustand abnimmt! Die Unparteilichkeit des Urteils würde im Urzustand nur dann garantiert sein, wenn die für dessen Konstruktion verwendeten normativen Grundbegriffe des politisch autonomen Bürgers, der fairen Kooperation und der wohlgeordneten Gesellschaft – und zwar in der Rawlsschen Lesart dieser Begriffe – revisionsfest wären gegenüber künftigen Erfahrungen und Lernprozessen.

Wenn aus dem Informationsentzug, der mit dem Schleier des Nichtwissens über die Parteien im Urzustand verhängt wird, eine so schwere Beweislast erwächst, liegt es nahe, die Bürde dadurch zu verringern, daß wir den moralischen Gesichtspunkt anders operationalisieren. Ich denke an das offenere Verfahren einer Argumentationspraxis, die unter den anspruchsvollen Präsuppositionen des »öffentlichen Gebrauch der Vernunft« steht und den Pluralismus der Überzeugungen und Weltbilder nicht von vornherein ausschaltet. Dieses Verfahren kann ohne Inanspruchnahme der substantiellen Grundbegriffe, die Rawls für die Konstruktion des Urzustandes braucht, erklärt werden.

II. Die Tatsache des Pluralismus und die Idee des übergreifenden Konsenses

Seit den Dewey-Lectures betont Rawls den *politischen* Charakter von Gerechtigkeit als Fairneß. Diese Wendung ist motiviert durch eine Beunruhigung über die Tatsache des gesellschaftlichen und vor allem weltanschaulichen Pluralismus. Am Beispiel des »veil of ignorance« haben wir uns die Beweislast klargemacht, die die Theorie der Gerechtigkeit mit ihren ersten Weichenstellungen auf sich nimmt. Für die Begründung der beiden obersten Prinzipien geben weniger die Verhandlungen im Urzustand den Ausschlag als vielmehr jene Intuitionen und Grundbegriffe, die die Konstruktion des Urzustandes anleiten. Rawls steckt in das Begründungsverfahren normative Gehalte hinein, vor allem die, die er mit dem Begriff der moralischen Person verbindet – den Sinn für Fairneß und die Befähigung zu einer eigenen Konzeption des Guten. Der Begriff der moralischen Person, der auch den Begriff der fairen Zusammenarbeit politisch autonomer Bürger trägt, bedarf also einer *vorgängigen* Begründung. Weiterhin muß gezeigt werden, daß diese Konzeption weltanschaulich neutral ist und unkontrovers bleibt, nachdem sich der Schleier des Nichtwissens gehoben hat. Daraus erklärt sich Rawls Interesse an einer »politischen« – und nicht metaphysischen – Gerechtigkeitskonzeption. Ich vermute hinter dieser Terminologie eine gewisse Unklarheit über den Charakter des Begründungsbedarfs; daraus resultiert wiederum eine Unentschiedenheit in der Frage, wie der Geltungsanspruch der Theorie selbst zu verstehen ist. Ich möchte (1) untersuchen, ob der übergreifende Konsens, auf den die Gerechtigkeitstheorie angewiesen ist, eine kognitive oder nur eine instrumentelle Rolle spielt – ob er primär der weiteren Rechtfertigung der Theorie dient, oder ob er im Lichte der bereits gerechtfertigten Theorie dazu dient, eine notwendige Bedingung gesellschaftlicher Stabilität zu erläutern. Damit hängt (2) die Frage zusammen, in welchem Sinne Rawls das Prädikat »vernünftig« verwendet – als Prädikat für die Gültigkeit moralischer Gebote oder als eines für die reflektierte Einstellung aufgeklärter Toleranz.

(1) Um den normativ tragenden Ideen Halt zu geben, beruft sich Rawls auf die Methode des sogenannten Überlegungsgleichgewichts. Er gewinnt den Grundbegriff der moralischen Person und die weiteren Grundbegriffe des politisch autonomen Bürgers, der fairen Kooperation, der wohlgeordneten Gesellschaft usw. auf dem Wege einer rationalen Nachkonstruktion von bewährten, also in den Praktiken und Überlieferungen einer demokratischen Gesellschaft *angetroffenen* Intutionen. Das Überlegungsgleichgewicht ist dann erreicht, wenn sich der Philosoph vergewissert hat, daß die Angehörigen die derart rekonstruierten und geklärten Intuitionen nicht mehr mit guten Gründen zurückweisen könnten. Das Verfahren rationaler Rekonstruktion erfüllt bereits Scanlons Kriterium des »not reasonable to reject«. Freilich will sich Rawls nicht nur auf die normativen Grundüberzeugungen einer *bestimmten* politischen Kultur beschränken – auch der Rawls von heute ist nicht, wie Rorty vermutet, zum Kontextualisten geworden. Er rekonstruiert gewiß nach wie vor einen Grundstock intuitiver Gedanken, der in der politischen Kultur einer zeitgenössischen Gesellschaft und in deren demokratischen Traditionen angelegt ist. Soweit sich in dieser bestehenden politischen Kultur, beispielsweise der amerikanischen, bereits Erfahrungen mit einer im Ansatz gelungenen Institutionalisierung von Gerechtigkeitsgrundsätzen sedimentiert haben, kann aber die rekonstruierende Aneignung mehr leisten als nur die hermeneutische Vergewisserung eines kontingenten Überlieferungszusammenhangs. Das auf dieser Basis *ausgearbeitete* Gerechtigkeitskonzept muß freilich dann noch einmal daraufhin geprüft werden, ob es in einer pluralistischen Gesellschaft auf Akzeptanz rechnen kann. Wie verhält sich dieser zweite Schritt zu der bisher betrachteten ersten Stufe der Begründung der beiden obersten Grundsätze? Handelt es sich bei diesem weiteren Schritt überhaupt um einen der *Begründung?*

Bereits in den letzten Kapiteln der »Theorie« hatte Rawls untersucht, ob sich eine nach Gerechtigkeitsprinzipien eingerichtete Gesellschaft selbst stabilisieren, ob sie sich z.B. aus eigener Kraft die funktional notwendigen Motive beschaffen könnte, indem sie ihre Bürger auf die richtige Weise politisch sozialisiert (TJ 496 ff.; d 539 ff.). Im Hinblick auf das erst später ernsthafter in Betracht gezogene Faktum des gesellschaftlichen und weltanschaulichen Pluralismus glaubt nun Rawls, in ähnlicher Weise prüfen zu sollen, ob die theoretisch eingeführte Konzeption der Gerechtigkeit überhaupt »unter die Kunst des Möglichen« fällt und insofern »praktikabel« ist (R 1989: 246; d 1992: 350). Vor allem muß der zentrale Begriff der Person, auf den sich die Theorie letztlich stützt, so neutral sein, daß er aus den Deutungsperspektiven verschiedener Weltanschauungen akzeptiert werden kann. Es soll also gezeigt werden, daß Gerechtigkeit als Fairneß die Grundlage eines »übergreifenden Konsenses« bilden kann. Was mich daran irritiert, ist Rawls' Annahme, daß eine solche Akzeptabilitätsprüfung von *derselben Art* ist wie jene Konsistenzprüfung, die er auf der ersten Stufe hinsichtlich der Selbststabilisierungsmöglichkeit einer wohlgeordneten Gesellschaft vorgenommen hatte.

Diese methodische Parallelisierung ist deshalb irritierend, weil dieses Mal die Prüfung nicht *theorieintern* vorgenommen werden kann. Der Test auf die Weltanschauungsneutralität der tragenden Grundbegriffe steht nämlich unter anderen Prämissen als eine hypothetische Überprüfung der Reproduktionsfähigkeit einer nach Gerechtigkeitsprinzipien bereits eingerichteten Gesellschaft. Rawls selbst spricht jetzt von »zwei Stufen« der Theoriebildung. Die auf der ersten Stufe begründeten Prinzipien müssen auf der zweiten Stufe öffentlich zur Diskussion gestellt werden, weil erst hier das Faktum des Pluralismus ins Spiel gebracht und der Abstraktionsschnitt des Urzustandes rückgängig gemacht wird. Vor dem Forum des öffentlichen Vernunftgebrauchs muß die Theorie im ganzen der Kritik der Bürger ausgesetzt werden; dabei handelt es sich nicht mehr um die fingierten Bürger einer gerechten Gesellschaft, über die innerhalb der Theorie Aussagen gemacht werden können, sondern um die Bürger aus Fleisch und Blut. Den Ausgang eines solchen Tests muß die Theorie offen lassen. Rawls faßt denn auch reale Diskurse mit offenem Ausgang ins Auge: »What if it turns out that the principles of justice as fairness cannot gain the support of reasonable doctrines, so that the case for stability fails?...We should have to see whether acceptable changes in the principles of justice would achieve stability« (PL 65 f.). Offensichtlich kann der Philosoph bestenfalls versuchen, den Verlauf realer Diskurse, wie sie unter Bedingungen einer pluralistischen Gesellschaft wahrscheinlich stattfinden würden, im Geiste vorwegzunehmen. Aber eine solche mehr oder weniger realistische Vorwegnahme läßt sich der Theorie nicht in der nämlichen Weise einverleiben wie die Ableitung von Selbststabilisierungsmöglichkeiten aus den zugrundegelegten Prämissen einer gerechten Gesellschaft. Denn nun diskutieren die Bürger selber über die von den Parteien des Urzustandes entwickelten Prämissen.

Die irreführende Parallele wäre nicht weiter schädlich, wenn sie nicht den übergreifenden Konsens, den die Gerechtigkeitsprinzipien sollen finden können, in ein falsches Licht rückte. Weil Rawls die Frage nach der Stabilität in den Vordergrund rückt, drückt sich im »overlapping consensus« nur noch der funktionale Beitrag aus, den die Theorie der Gerechtigkeit zur gewaltlosen Institutionalisierung gesellschaftlicher Kooperation leisten kann; dabei muß der intrinsische Wert einer *gerechtfertigten* Theorie bereits vorausgesetzt werden. Aus dieser funktionalistischen Sicht müßte die Frage, ob die Theorie in der Öffentlichkeit, also vor dem Forum des öffentlichen Vernunftgebrauchs aus den Perspektiven verschiedener Weltanschauungen Zustimmung finden kann, einen die Theorie selbst berührenden epistemischen Sinn verlieren. Der übergreifende Konsens wäre dann nur noch ein Symptom der Brauchbarkeit, nicht mehr eine Bestätigung der Richtigkeit der Theorie; er interessierte dann nicht mehr unter dem Gesichtspunkt der rationalen Akzeptabilität und damit der Gültigkeit, sondern unter dem der Akzeptanz, d. h. der Sicherung gesellschaftlicher Stabilität. Wenn ich Rawls richtig verstehe, möchte er aber Begründungs- und Stabilitätsfragen nicht auf diese Weise unterscheiden. Indem er seine Konzeption der Gerechtigkeit »politisch« nennt, scheint er vielmehr die Unterscheidung zwischen ihrer begründeten Akzeptabilität und der tatsächlichen Akzeptanz überhaupt einziehen zu wollen: »Das Ziel von Gerechtigkeit als Fairneß als einer politischen Konzeption (ist) nicht ein metaphysisches oder ein epistemologisches. Sie stellt sich nicht als eine Gerechtigkeitskonzeption dar, die wahr ist, sondern die als Grundlage einer informierten und bereitwilligen Übereinkunft dienen kann« (R 1985: 230; d 1992: 263 f.).

Mir scheint, daß Rawls genauer zwischen Akzeptabilität und Akzeptanz unterscheiden müßte. Ein bloß instrumentelles Verständnis der Theorie scheitert schon daran, daß sich die Bürger von der vorgeschlagenen Gerechtigkeitskonzeption erst *überzeugen* müssen, bevor ein solcher Konsens zustandekommen kann. Diese soll nicht auf die falsche Weise »politisch« sein, nicht bloß zu einem modus vivendi führen. Die Theorie selbst muß die Prämissen liefern, »die wir und die anderen als wahr oder als vernünftig anerkennen, wenn wir das Ziel verfolgen, eine praktikable Übereinkunft über die grundsätzlichen Punkte politischer Gerechtigkeit zu erreichen« (R 1987: 6; d 1992: 301). Wenn Rawls aber eine funktionalistische Deutung von Gerechtigkeit als Fairneß ausschließt, muß er irgendeine *epistemische* Beziehung zwischen der Gültigkeit seiner Theorie und der Aussicht auf eine Bewährung ihrer Weltanschauungsneutralität in öffentlichen Diskursen zulassen. Die gesellschaftsstabilisierende Wirkung eines übergreifenden Konsenses erklärt sich dann aus der kognitiven Bestätigung der Annahme, daß sich die Konzeption von Gerechtigkeit als Fairneß gegenüber »umfassenden Lehren« neutral verhält. Ich meine nicht, daß sich Rawls auf Prämissen stützte, die ihn hinderten, diese Konsequenz zu ziehen; ich sehe nur, daß er zögert, diese Konsequenz auszusprechen, weil er mit der Kennzeichnung »politisch« den Vorbehalt verbindet, die Theorie der Gerechtigkeit möge nicht mit einem epistemischen Anspruch ausgestattet und ihre erhoffte praktische Wirkung möge nicht von der rationalen Akzeptabilität ihrer Aussagen abhängig gemacht werden. Wir haben also Anlaß zu fragen, warum Rawls seine Theorie nicht für wahrheitsfähig hält, und *in welchem Sinne* er hier anstelle von »wahr« das Prädikat »vernünftig« ins Spiel bringt.

(2) Daß eine Gerechtigkeitstheorie nicht wahr oder falsch sein kann, hat in einer schwachen Interpretation nur den unverfänglichen Sinn, daß normative Aussagen keine von uns unabhängige Ordnung moralischer Tatsachen abbilden. In einer starken Interpretation hat die These den wertskeptischen Sinn, daß sich hinter dem Geltungsanspruch normativer Aussagen etwas bloß Subjektives verbirgt – Gefühle, Wünsche oder Entscheidungen, die in grammatisch irreführender Weise ausgedrückt werden. Für Rawls sind aber Wertrealismus und Wertskeptizismus gleichermaßen unannehmbar. Er will normativen Aussagen – und der Theorie der Gerechtigkeit im ganzen – eine gewisse, auf begründete intersubjektive Anerkennung gestützte Verbindlichkeit sichern, ohne ihnen einen epistemischen Sinn zuzusprechen. Deshalb führt er als

praktischen Gegenbegriff zu »wahr« das Prädikat »vernünftig« ein. Die Schwierigkeit besteht darin, genau anzugeben, in welchem Sinne das eine ein »Gegenbegriff« zum anderen ist. Zwei alternative Deutungen bieten sich an. Entweder verstehen wir »vernünftig« im Sinne der praktischen Vernunft als gleichbedeutend mit »moralisch wahr«, d.h. als einen wahrheitsanalogen Geltungsbegriff, der von propositionaler Wahrheit verschieden ist, mit ihr aber auf der gleichen Ebene liegt; darauf scheint eine Linie der Argumentation hinauszulaufen (a). Oder wir verstehen »vernünftig« als so etwas wie »reflektiert« im Umgang mit diskutablen Auffassungen, deren Wahrheit einstweilen dahinsteht; dann wird »vernünftig« als ein höherstufiges Prädikat verwendet, das sich eher auf den Umgang mit »reasonable disagreements«, also auf das fallibilistische Bewußtsein und die zivile Einstellung von Personen bezieht als auf die Geltung ihrer Äußerungen. Diese Lesart scheint Rawls zu favorisieren (b).

(a) Rawls führt das »Vernünftige« zunächst als Eigenschaft moralischer Personen ein. Als vernünftig gelten Personen, die einen Sinn für Gerechtigkeit haben, also bereit und fähig sind, faire Bedingungen der Kooperation zu berücksichtigen; aber auch Personen, die ein Bewußtsein von der Fallibilität des menschlichen Erkenntnisvermögens haben und – in Anerkennung dieser »Bürden der Vernunft« – willens sind, ihre Auffassung von politischer Gerechtigkeit öffentlich zu rechtfertigen. Demgegenüber handeln Personen solange bloß »rational«, wie sie im Lichte ihrer Konzeption des Guten auf kluge Vorteile bedacht sind.[5] Was »vernünftig sein« heißt, kann mithin an solchen Eigenschaften einer moralischen Person erläutert werden. Aber das Personenkonzept selbst setzt den Begriff der praktischen Vernunft schon voraus.

Letztlich erklärt Rawls die Bedeutung von praktischer Vernunft mithilfe von zwei Dimensionen; er bezieht sich einerseits auf die deontologische Dimension der Sollgeltung von Normen (was ich hier als unproblematisch beiseite lasse) und andererseits auf die pragmatische Dimension der Öffentlichkeit, worin die Begründung von Normen stattfindet (was in unserem Zusamenhang von besonderem Interesse ist). Der Vernunft ist sozusagen die Öffentlichkeit ihres Gebrauchs eingeschrieben. »Öffentlich« ist die gemeinsame Perspektive, aus der sich die Bürger *gegenseitig* mit der Kraft des besseren Arguments von dem, was gerecht und ungerecht ist, überzeugen. Diese von allen geteilte Perspektive des öffentlichen Vernunftgebrauchs verleiht moralischen Überzeugungen erst ihre Objektivität. »Objektiv« nennt Rawls gültige normative Aussagen; und Objektivität begründet er prozedural, nämlich mit Bezugnahme auf einen öffentlichen Vernunftgebrauch, der gewissen kontrafaktischen Bedingungen genügt: »Political convictions (which are also moral convictions) are objective – actually found on an order of reasons – if reasonable and rational persons, who are sufficiently intelligent and conscientious in exercising their powers of practical reason...would eventually endorse those convictions...provided that these persons know the relevant facts and have sufficiently surveyed the grounds that bear on the matter under conditions favorable to due reflection« (PL 119). Zwar fügt Rawls an dieser Stelle hinzu, daß Gründe erst durch ein anerkanntes Gerechtigkeitskonzept als gute Gründe spezifiziert werden; aber dieses Konzept soll ja wiederum unter denselben idealen Bedingungen Zustimmung finden können. Deshalb müssen wir Rawls wohl so verstehen, daß auch nach seiner Auffassung die Prozedur des öffentlichen Vernunftgebrauchs letzte Instanz der Bewährung für normative Aussagen bleibt.

Im Lichte dieser Überlegung ließe sich sagen, daß sich das Prädikat »vernünftig« auf die Erfüllung eines diskursiv eingelösten Geltungsanspruchs bezieht. In Analogie zu einem nicht-semantischen Wahrheitskonzept, das von Korrespondenzvorstellungen gereinigt ist, könnte man »vernünftig« als Prädikat für die Gültigkeit von normativen Aussagen verstehen (vgl. Habermas 1991b: 125 ff.). Offensichtlich möchte Rawls diese – nach meiner Meinung richtige – Konsequenz nicht ziehen; sonst müßte er den irritierenden Sprachgebrauch vermeiden, wonach Weltbilder, auch wenn sie »vernünftig« sind, nicht »wahr« sein müssen – und umgekehrt. Das Problem besteht nicht darin, daß Rawls einen platonisierenden Wertrealismus ablehnt und deshalb normativen Aussagen ein semantisch verstandenes Wahrheitsprädikat vorenthält, sondern darin, daß er Weltbildern – *comprehensive doctrines* – ein solches Wahrheitsprädikat *zuspricht*. Damit beraubt er sich der Möglichkeit, dem Ausdruck »vernünftig« die epistemischen Konnotationen zu belassen, die er als Attribut seiner eigenen Gerechtigkeitskonzeption behalten muß, wenn diese in irgendeinem Sinne normative Verbindlichkeit soll beanspruchen können.

(b) Nach Rawls' Auffassung können metaphysische Lehren und religiöse Weltdeutungen wahr oder falsch sein. Infolgedessen könnte eine politische Gerechtigkeitskonzeption nur dann wahr sein, wenn sie mit solchen Doktrinen nicht nur verträglich, sondern aus einer wahren Doktrin *ableitbar* wäre. Ob das der Fall ist, können wir freilich aus der weltanschauungsneutralen Sicht der politischen Philosophie nicht feststellen. Aus dieser Sicht zählen die Wahrheitsansprüche aller vernünftigen Weltbilder gleich viel, wobei »vernünftig« diejenigen Weltbilder heißen, die in dem reflexiven Bewußtsein miteinander konkurrieren, daß sich der eigene Wahrheitsanspruch in öffentlichen Diskursen auf lange Sicht nur mit besseren Gründen dürfte durchsetzen können. »Reasonable comprehensive doctrines« zeichnen sich letztlich durch die Anerkennung der »burdens of proof« aus, so daß die konkurrierenden Glaubensgemeinschaften – for the time being – ein »reasonable disagreement« als Grundlage ihres friedlichen Zusammenlebens akzeptieren können.

Da nun der Streit um metaphysische und religiöse Wahrheiten unter Bedingungen des andauernden Pluralismus offenbleibt, ist es einstweilen allein die »Vernünftigkeit« dieses reflexiven Bewußtseins, die sich als Geltungsprädikat von vernünftigen Weltbildern auf eine politische Gerechtigkeitskonzeption übertragen kann, welche mit allen Doktrinen dieser vernünftigen Art verträglich ist. Zwar hält eine vernünftige Gerechtigkeitskonzeption den Bezug zu einem aufgeschobenen Wahrheitsanspruch der Idee nach aufrecht; aber sie kann nicht sicher sein, daß es überhaupt unter den vernünftigen Doktrinen, aus denen sie sich herleiten läßt, eine gibt, die zugleich die wahre ist. Sie zehrt allein von der »Vernunft« einer Lessingschen Toleranz gegenüber nicht unvernünftigen Weltbildern. Was uns Weltkindern dann noch bleibt, ist ein Akt des Glaubens an die Vernunft – der Akt »eines vernünftigen Glaubens an die Realisierbarkeit eines gerechten Verfassungsstaats« (R 1987: 25; d 1992: 332). Das ist eine sympathische Auffassung; aber wie läßt sie sich mit genau den Gründen, aus denen Rawls und ich einen Vorrang des Gerechten vor dem Guten akzeptieren, in Einklang bringen?

Gerechtigkeitsfragen sind einer begründeten – im Sinne rationaler Akzeptabilität begründeten – Entscheidung zugänglich, weil sie sich aus einer ideal entschränkten Perspektive auf das beziehen, was im gleichmäßigen Interesse aller liegt. Demgegenüber lassen

»ethische« Fragen im engeren Sinne eine solche für alle moralischen Personen verbindliche Beurteilung nicht zu, weil sie sich aus der Perspektive der ersten Person auf das beziehen, was für mich oder für uns, ein bestimmtes Kollektiv, im ganzen und auf lange Sicht gesehen gut ist – auch wenn es nicht gleichermaßen gut ist für alle. Nun sind metaphysische oder religiöse Weltbilder mit Antworten auf ethische Grundfragen mindestens imprägniert; in ihnen artikulieren sich nämlich auf exemplarische Weise kollektive Lebensentwürfe und Identitäten. Weltbilder bemessen sich deshalb eher an der Authentizität der Lebensstile, die sie prägen, als an der Wahrheit der Aussagen, die sie enthalten (Forst 1992). Weil solche Doktrinen »umfassend« gerade in dem Sinne sind, daß sie die Welt im ganzen deuten, dürfen sie nicht wie Theorien als eine geordnete Menge assertorischer Aussagen verstanden werden; sie gehen nicht in wahrheitsfähigen Sätzen auf und bilden kein symbolisches System, das als solches wahr oder falsch sein kann. So jedenfalls erscheint es uns unter den Bedingungen nachmetaphysischen Denkens, unter denen Gerechtigkeit als Fairneß begründet werden soll.

Dann ist es aber nicht möglich, die Gültigkeit einer Konzeption der Gerechtigkeit von der Wahrheit eines wie immer auch »vernünftigen« Weltbildes abhängig zu machen. Unter dieser Prämisse ist es vielmehr sinnvoll, die verschiedenen Geltungsansprüche, die wir mit deskriptiven, evaluativen und normativen Aussagen (verschiedenen Typs) verbinden, unabhängig von jenem charakteristischen Syndrom von Geltungsansprüchen zu analysieren, die in religiösen und metaphysischen Weltdeutungen auf undeutliche Weise zusammenschießen (Habermas 1988: 35-60).

Warum hält Rawls die identitätsstabilisierenden Weltbilder gleichwohl im ganzen für wahrheitsfähig? Ein mögliches Motiv könnte die Überzeugung bilden, daß es eine profane, sozusagen freistehende Moral nicht geben kann, daß moralische Überzeugungen in metaphysische oder religiöse Lehren eingebettet sein müssen. Das würde jedenfalls zu der Art passen, wie Rawls sich das Problem des übergreifendes Konsenses zurechtlegt: als Modell schwebt ihm jene Institutionalisierung der Glaubens- und Gewissensfreiheit vor, die die konfessionellen Bürgerkriege der Neuzeit auf politischem Wege beendet hat. Aber wäre der Religionsstreit im Sinne des Toleranzprinzips überhaupt beendet worden, wenn sich das Recht auf Glaubens- und Gewissensfreiheit – nach Jellinek der

Kern der Menschenrechte – nicht mit guten Gründen auf eine moralische Geltung *diesseits* von Religion und Metaphysik hätte berufen dürfen?

III. Private und öffentliche Autonomie

Die Einwände, die ich im ersten Abschnitt gegen die Konstruktion des Urzustandes, im zweiten gegen die Vermischung von Geltungs- und Akzeptanzfragen vorgetragen habe, weisen in dieselbe Richtung. Mit der Einrahmung rational entscheidender Parteien durch vernünftige Situationsbeschränkungen bleibt Rawls auf starke substantielle Grundannahmen angewiesen; mit der Umrüstung einer universalistisch angelegten Theorie der Gerechtigkeit auf Fragestellungen der politischen Stabilität durch einen übergreifenden Konsens macht er Abstriche an ihrem epistemischen Anspruch. Beides geht auf Kosten eines konsequent durchgeführten prozeduralistischen Ansatzes. Statt dessen könnte sich Rawls der Beweislasten, die er mit seinem starken und präsumptiv weltanschauungsneutralen Begriff der moralischen Person übernommen hat, eleganter entledigen, wenn er die substantiellen Grundbegriffe und Grundannahmen aus der Prozedur des öffentlichen Vernunftgebrauchs entfalten würde.

Der moralische Gesichtspunkt steckt bereits in der sozial-ontologischen Verfassung der öffentlichen Argumentationspraxis, nämlich in jenen komplexen Anerkennungsverhältnissen, auf die sich die Beteiligten in einer diskursiven Meinungs- und Willensbildung über praktische Fragen (im Sinne einer schwachen transzendentalen Nötigung) einlassen müssen. Rawls meint, daß sich eine Theorie der Gerechtigkeit mit einer solchen prozeduralen Vorgabe allein nicht »hinreichend strukturieren« lasse. Da mir eine Arbeitsteilung zwischen Moral- und Handlungstheorie vorschwebt, halte ich dieses Bedenken nicht für gravierend: die begriffliche Strukturierung der Handlungszusammenhänge, auf die sich Fragen der politischen Gerechtigkeit beziehen, ist nicht Sache einer normativen Theorie. Mit dem Inhalt lösungsbedürftiger Konflikte drängt sich uns ein ganzes Netzwerk handlungstheoretischer Grundbegriffe für normengeregelte Interaktionen auf – ein Netzwerk, in dem Begriffe wie Person und interpersonale Beziehung, Aktor und Handlung, normenkonformes und abweichendes Verhalten, Zurechnungsfähigkeit und Autonomie, in dem selbst die moralischen Gefühle, die intersubjektiv strukturiert sind, alle ihren Platz finden. Diese Begriffe bedürfen einer vorgängigen Analyse. Wenn wir dann dem Begriff der praktischen Vernunft die prozeduralistische Fassung geben, die Rawls selbst mit seinem Konzept des öffentlichen Vernunftgebrauchs andeutet, können wir sagen, daß genau die Prinzipien gültig sind, die unter Diskursbedingungen eine ungezwungene intersubjektive Anerkennung finden könnten. Es ist dann eine weitere, und zwar weitgehend empirisch zu beantwortende Frage, wann gültige Grundsätze unter Bedingungen des modernen Weltanschauungspluralismus auch politische Stabilität sichern. Im folgenden interessiert mich die mehr oder weniger konsequente Durchführung des prozeduralistischen Ansatzes nur im Hinblick auf eine Konsequenz, die sie für die Erklärung des demokratischen Rechtsstaats hat.

Die Liberalen haben die »Freiheiten der Modernen« betont, in erster Linie die Glaubens- und Gewissensfreiheit sowie den Schutz von Leben, persönlicher Freiheit und Eigentum, also den Kern der subjektiven Privatrechte; demgegenüber hat der Republikanismus die »Freiheiten der Alten« verteidigt, d. h. jene politischen Teilnahme- und Kommunikationsrechte, die die Selbstbestimmungspraxis der Bürger ermöglichen. Rousseau und Kant hatten den Ehrgeiz, beide Elemente als gleichursprünglich aus derselben Wurzel, eben der moralischen und politischen Autonomie herzuleiten: weder dürfen die liberalen Grundrechte der Selbstbestimmungspraxis als äußere Beschränkungen bloß übergestülpt, noch dürfen sie für diese bloß instrumentalisiert werden. Auch Rawls folgt dieser Intuition; dennoch ergibt sich aus der zweistufigen Anlage seiner Theorie ein Vorrang der liberalen Grundrechte, der den demokratischen Prozeß gewissermaßen in den Schatten treten läßt.

Rawls geht gewiß von der Idee der politischen Autonomie aus und bildet diese auf der Ebene des Urzustandes ab: sie ist im *Zusammenspiel* der rational entscheidenden Parteien mit jenen die Unparteilichkeit des Urteils gewährleistenden Rahmenbedingungen repräsentiert. Aber diese Idee kommt auf der Ebene des demokratischen Verfahrens der politischen Willensbildung freier und gleicher Bürger, der sie doch entlehnt ist, nur selektiv zur Geltung. Die Art von politischer Autonomie, der im Urzustand, also auf der ersten Stufe der Theoriebildung, ein virtuelles Leben beschieden ist, kann sich im Herzen der rechtlich konstituierten Gesellschaft nicht verstetigen. Rawls' Bürger finden sich nämlich, je weiter sich der Schleier des Nichtwissens hebt und je mehr sie selbst eine reale Gestalt aus aus Fleisch und Blut annehmen, umso tiefer verstrickt in die Hierarchie einer über ihre Köpfe hinweg schrittweise bereits institutionalisierten Ordnung. So nimmt die Theorie den Bürgern zu viele von jenen Einsichten ab, die sie sich doch in jeder Generation von neuem zu eigen machen müßten. Aus der Sicht der *Theorie der Gerechtigkeit* kann und braucht der Akt der Gründung des demokratischen Rechtsstaats unter den institutionellen Bedingungen einer bereits eingerichteten gerechten Gesellschaft nicht wiederholt zu werden, kann und braucht der Prozeß der Verwirklichung der Rechte nicht auf Dauer gestellt zu werden. Die Bürger können diesen Prozeß nicht, wie es die wechselnden historischen Umstände doch erfordern würden, als einen offenen, unabgeschlossenen Prozeß erfahren. Sie können den radikaldemokratischen Glutkern des Urzustandes im realen Leben ihrer Gesellschaft nicht entfachen, denn aus ihrer Sicht sind alle *wesentlichen* Legitimationsdiskurse schon innerhalb der Theorie geführt worden; und die Ergebnisse der theoretischen Erörterungen finden sie bereits sedimentiert in der Verfassung vor. Weil die Bürger die Verfassung nicht als *Projekt* begreifen können, hat der öffentliche Gebrauch der Vernunft nicht eigentlich den Sinn einer aktuellen Ausübung politischer Autonomie, sondern dient nur noch der gewaltlosen *Erhaltung politischer Stabilität.* Diese Lesart gibt gewiß nicht die Intention wieder, die Rawls mit seiner Theorie verbindet[6], sie verrät aber, wenn ich recht sehe, eine ihrer ungewollten Konsequenzen. Das zeigt sich beispielsweise an der starren Grenze zwischen der politischen und der nicht-öffentlichen Identität der Bürger. Rawls zufolge wird diese Grenze durch liberale Grundrechte gezogen, die die demokratische Selbstgesetzgebung und damit die Sphäre des Politischen *von vornherein*, d.h. vor aller politischen Willensbildung, begrenzen.

Rawls verwendet den Ausdruck »politisch« in dreifachem Sinne. Bisher haben wir die theoriespezifische Bedeutung kennengelernt: politisch und nicht metaphysisch ist eine Gerechtigkeitskonzeption, wenn sie weltanschaulich neutral ist. Weiterhin gebraucht Rawls den Ausdruck »politisch« wie üblich für die Klassifikation von Angelegenheiten öffentlichen Interesses, wobei sich die politische Philosophie auf die Rechtfertigung des institutionellen Rahmens und der Grundstruktur einer Gesellschaft beschränkt. Beide Bedeutungen gehen schließlich in der Rede von den »politischen Werten« eine interessante Verbindung ein. »Das Politische« bildet in dieser dritten Bedeutung einen Fundus sowohl für gemeinsame Überzeugungen der Bürger wie für die Gesichtspunkte der regionalen Abgrenzung eines Gegenstandsbereichs. Die politische Wertsphäre, die sich in modernen Gesellschaften von anderen kulturellen Wertsphären abhebt, behandelt Rawls – darin fast ein Neukantianer wie Max Weber – als etwas Gegebenes. Denn nur mit Bezug auf politische Werte, welche immer es seien, kann er die moralische Person in die öffentliche Identität des Bürgers und in die nicht-öffentliche Identität einer durch die je eigene Konzeption des Guten bestimmten Privatperson aufspalten. Diese beiden Identitäten bilden sodann die Bezugspunkte für zwei Sphären, von denen die eine durch politische Teilnahme- und Kommunikationsrechte, die andere durch liberale Freiheitsrechte geschützt wird. Dabei genießt der grundrechtliche Schutz der Privatsphäre Vorrang, während »die politischen Freiheiten weitgehend eine instrumentelle Rolle zur Bewahrung der übrigen Freiheiten« spielen (R 1983: 13; d 1992: 169). Mit Bezug auf die politische Wertsphäre wird also eine vorpolitische Freiheitssphäre ausgegrenzt, die dem Zugriff der demokratischen Selbstgesetzgebung entzogen ist.

Eine solche a priori vorgenommene Grenzziehung zwischen privater und öffentlicher Autonomie widerspricht aber nicht nur der republikanischen Intuition, daß sich Volkssouveränität und Menschenrechte aus derselben Wurzel herleiten. Sie widerspricht auch der historischen Erfahrung, vor allem dem Umstand, daß die geschichtlich variierenden Grenzziehungen zwischen Privatsphäre und Öffentlichkeit unter normativen Gesichtspunkten stets problematisch gewesen sind (Benhabib 1992: 89-120). Auch an der Entwicklung des Sozialstaats läßt sich ablesen, daß die Grenzen zwischen der privaten und der öffentlichen Autonomie der Bürger im Fluß sind und daß solche Grenzziehungen der politischen Willensbildung der Bürger zur Disposition stehen müssen, wenn diese die Möglichkeit haben sollen, den »fairen Wert« ihrer subjektiven Freiheiten gegenüber Justiz und Gesetzgebung einzuklagen.

Diesem Umstand kann eine Theorie der Gerechtigkeit eher Rechnung tragen, wenn sie die Abgrenzung des »Politischen« unter einem anderen, von Rawls nur beiläufig erwähnten Aspekt vornimmt – dem der rechtlichen Regelung. Es ist schließlich das

Mittel des positiven und zwingenden Rechts, mit dem das Zusammenleben einer politischen Gemeinschaft legitim geregelt wird (PL 215). Die Grundfrage lautet dann: welche Rechte müssen sich freie und gleiche Personen gegenseitig einräumen, wenn sie ihr Zusammenleben mit Mitteln des positiven und zwingenden Rechts regeln wollen.

Nach Kants Bestimmung der Legalität erstreckt sich *zwingendes* Recht nur auf das äußere Verhältnis zwischen Personen, und es adressiert sich an die Willkürfreiheit von Subjekten, die sich nur an je eigenen Konzeptionen des Guten zu orientieren brauchen. Das moderne Recht konstituiert deshalb den Status von Rechtspersonen durch einklagbare subjektive Handlungsfreiheiten, die nach je eigenen Präferenzen genutzt werden können. Da aber eine legitime Rechtsordnung auch aus moralischen Gründen muß befolgt werden *können*, bestimmt sich die legitime Stellung von privaten Rechtspersonen durch das Recht auf *gleiche* subjektive Handlungsfreiheiten.[7] Als *positives* oder gesatztes Recht erfordert dieses Medium andererseits die Rolle eines politischen Gesetzgebers, wobei sich die Legitimität der Gesetzgebung aus einem demokratischen Verfahren erklärt, das die politische Autonomie der Bürger sichert. Politisch autonom sind Bürger nur dann, wenn sie sich gemeinsam als Autoren derjenigen Gesetze verstehen können, denen sie als Adressaten unterworfen sind.

Das dialektische Verhältnis von privater und öffentlicher Autonomie wird nun daran deutlich, daß der Status eines solchen, mit Kompetenzen der Rechtsetzung ausgestatteten demokratischen Staatsbürgers seinerseits nur mithilfe des zwingenden Rechts institutionalisiert werden kann. Weil sich dieses Recht aber an Personen richtet, die ohne subjektive Privatrechte den Status von Rechtspersonen gar nicht einnehmen könnten, setzen sich die private und die öffentliche Autonomie der Bürger *wechselseitig* voraus. Wie erwähnt, sind beide Elemente bereits im Begriff des positiven und zwingenden Rechts verschränkt: kein Recht überhaupt ohne einklagbare subjektive Handlungsfreiheiten, die die private Autonomie einzelner Rechtspersonen gewährleisten; und kein legitimes Recht ohne die gemeinsame demokratische Rechtsetzung durch Bürger, die berechtigt sind, als gleiche und freie an diesem Prozeß teilzunehmen. Wenn man das Konzept des Rechts auf diese Weise klärt, ist leicht zu sehen, daß die normative Substanz der Freiheitsrechte bereits in dem Medium enthalten ist, das zugleich für die rechtliche Institutionalisierung des öffentlichen Vernunftgebrauchs souveräner Bürger nötig ist. Den zentralen Gegenstand der weiteren Analyse bilden dann die Kommunikationsvoraussetzungen und Verfahren einer diskursiven Meinungs- und Willensbildung, in der sich der *öffentliche Gebrauch der Vernunft* manifestiert. Auf diese Alternative kann ich hier nicht näher eingehen (vgl. Habermas 1992b: Kap. III und IV).

Eine solche prozeduralistisch angelegte Moral- und Rechtstheorie ist im Vergleich mit Rawls Theorie der Gerechtigkeit bescheidener und unbescheidener zugleich. Bescheidener, weil sie sich auf die prozeduralen Aspekte des öffentlichen Vernunftgebrauchs beschränkt und das System der Rechte aus der Idee seiner rechtlichen Institutionalisierung entwickelt. Sie kann mehr Fragen offenlassen, weil sie dem *Prozeß* einer vernünftigen Meinungs- und Willensbildung mehr zutraut. Bei Rawls sind die Gewichte anders verteilt: während es der Philosophie vorbehalten bleibt, die konsensfähige Idee einer gerechten Gesellschaft zu entfalten, benutzen die Bürger diese Idee als Plattform, von der aus sie die bestehenden Einrichtungen und Politiken beurteilen. Demgegenüber schlage ich vor, daß sich die Philosophie auf die Klärung des moralischen Gesichtspunkts und des demokratischen Verfahrens, auf die Analyse der Bedingungen für rationale Diskurse und Verhandlungen beschränkt. In dieser Rolle braucht die Philosophie nicht konstruktiv, sondern nur *rekonstruktiv* zu verfahren. Substantielle Antworten, die hier und heute gefunden werden müssen, wird sie dem mehr oder weniger aufgeklärten Engagement der Beteiligten überlassen, was ja nicht ausschließt, daß sich auch Philosophen – in der Rolle von Intellektuellen, nicht von Experten – am öffentlichen Streit beteiligen.

Rawls dringt auf eine Bescheidenheit anderer Art. Er möchte jene »method of avoidance«, die zu einem übergreifenden Konsens in Fragen der politischen Gerechtigkeit führen soll, auch auf das Geschäft der Philosophie selbst übertragen. Die politische Philosophie soll sich nach Möglichkeit von kontroversen fachlichen Fragen entlasten, indem sie sich spezialisiert. Diese Vermeidungsstrategie kann, wie wir an diesem großartigen Beispiel sehen, zu einer bewundernswert geschlossenen Theorie führen. Aber selbst Rawls kann seine Theorie nicht so »freistehend« entwickeln, wie er es möchte. Sein »politischer Konstruktivismus« zieht ihn, wie wir gesehen haben, nolens volens in den Streit um Rationalitäts-

und Wahrheitskonzepte hinein. Auch sein Personenkonzept sprengt die Grenzen der politischen Philosophie. Die anfänglichen Weichenstellungen der Theorie bedeuten ebensoviele Optionen in lange währenden und immer noch ungeschlichteten Debatten unseres Faches. Es ist, wie mir scheint, die Sache selbst, die das unbescheidene Dillettieren auf angrenzenden Gebieten oft nötig und manchmal ergiebig macht.

Anmerkungen

1 Bei der Vorbereitung hilfreich waren für mich insbesondere Baynes 1992 und Forst 1994.

2 Unter einem anderen Gesichtspunkt kritisiert die Spuren des entscheidungstheoretischen Ansatzes T. M. Scanlon (1982: 123 ff.).

3 Diesem Einwand liegt nicht (wie bei Onora O'Neill 1989: Kap. 12, 206 ff.) die These eines Vorrangs von Pflichten vor Rechten zugrunde.

4 Zur Plazierung der Diskursethik in der zeitgenössischen amerikanischen Diskussion vgl. S. Benhabib 1989/90; ferner Special Issue: Universalism vs. Communitarianism, *Philosophy and Social Criticism*, *14*, No 3/4, 1988.

5 »What rational agents lack is the particular form of moral sensibility that underlies the desire to engage in fair cooperation as such, and so on terms that others as equals might reasonably be expected to endorse« (PL 51).

6 Vgl. Rawls' Tanner Lectures, wo es am Ende von Abschnitt VII heißt: »Der Gedanke geht dahin, in die Grundstruktur der Gesellschaft ein wirksames politisches Verfahren zu integrieren, das in dieser Struktur die faire Repräsentation der Personen widerspiegelt, die durch den Urzustand erreicht wird« (R 1983: 45; d 1992: 203).

7 Dieses Kantische Rechtsprinzip kehrt in Rawls' erstem Grundsatz wieder.

John Rawls
Erwiderung auf Habermas*

Zunächst möchte ich Jürgen Habermas für die großzügige Diskussion meiner Arbeiten und für seine scharfsinnigen Kommentare danken. Sie bieten mir eine Grundlage, um auf seine instruktive Kritik zu antworten. Habermas hat mir dadurch einen idealen Kontext geschaffen, um die Bedeutung des *politischen Liberalismus* im Kontrast zu seiner eigenen wichtigen philosophischen Lehre zu erklären. Ich muß ihm auch dafür danken, mich gezwungen zu haben, Dinge, die ich einmal gesagt habe, zu überdenken. Dabei ist mir klar geworden, daß meine Formulierungen häufig nicht nur unklar und mißverständlich, sondern oft auch widersprüchlich waren und daß sie meine Gedanken nicht immer akkurat wiedergaben. Ich habe sehr von dem Versuch profitiert, seinen Einwänden gerecht zu werden und meine Ansichten jetzt so darzustellen, daß die wichtigsten Thesen klarer und präziser herauskommen.

Meine Erwiderung auf Habermas beginnt in Teil I mit einer Diskussion der zwei hauptsächlichen Unterschiede zwischen seinen Auffassungen und meinen. Sie ergeben sich im wesentlichen aus unseren unterschiedlichen Zielen und Absichten. Im Anschluß daran versuche ich, auf die wichtigsten seiner Kritikpunkte einzugehen, wobei ich mich allerdings aus Platzgründen auf diejenigen Punkte im zweiten und dritten Teil seines Beitrages konzentriere, denen ich die größte Bedeutung beimesse. In vielen philosophischen Fragen stimmen wir überein. Gleichwohl gibt es grundlegende Differenzen, wie ich im folgenden insbesondere in den Teilen I und II deutlich zu machen versuche. Dabei unterstelle ich beim Leser durchweg eine gewisse Vertrautheit mit Habermas' Schriften; viele meiner Überlegungen dienen dazu, zu vergegenwärtigen, was Habermas sagt.

1. Zwei grundsätzliche Unterschiede

Die erste der beiden hauptsächlichen Differenzen zwischen Habermas' Position und meiner ist, daß Habermas eine umfassende Lehre vertritt, während ich mich auf eine Theorie des Politischen beschränke. Dieser Unterschied ist umso bedeutsamer, weil durch ihn ein Rahmen vorgegeben wird für den zweiten, den Unterschied zwischen den von uns gewählten *Darstellungsmodellen*, wie ich es nenne: bei Habermas ist es die zu seiner Theorie kommunikativen Handelns gehörige ideale Sprechsituation, bei mir der Urzustand. Beide unterscheiden sich durch ihre Ziele und Aufgaben und durch charakteristische Merkmale, die sich aus den unterschiedlichen Zielsetzungen ergeben.

(1) Ich verstehe den politischen Liberalismus[1] als eine Lehre, die unter die Kategorie des Politischen fällt. Er beschränkt sich nur auf diesen Bereich und setzt nichts über ihn Hinausgehendes voraus. Das übliche Verständnis der politischen Philosophie ist, daß sich ihre Begriffe, Grundsätze, Ideale und anderen Elemente aus umfassenden religiösen, metaphysischen oder moralischen Lehren ableiten lassen. Demgegenüber beruht die politische Philosophie des politischen Liberalismus weitgehend auf ihr selbst eigentümlichen und als *freistehend* vorgestellten Konzeptionen des Richtigen und Gerechten. Obwohl der politische Liberalismus natürlich eine liberale Lehre ist, kann deshalb nicht ausgeschlossen werden, daß einige zur so verstandenen politischen Philosophie gehörigen Konzeptionen des Richtigen und Gerechten konservativ oder radikal sind; sie mag Vorstellungen eines Gottesgnadentums oder sogar der Diktatur einschließen. Auch wenn in diesen Fällen den entsprechenden politischen Ordnungen die uns vertrauten historischen, religiösen und philosophischen Begründungen fehlen würden, kann es sich bei ihnen um freistehende Konzeptionen des politisch Richtigen und Gerechten handeln; dann fallen sie in den Bereich der politischen Philosophie, wie wenig sie auch immer einleuchten mögen.[2]

So sind von den verschiedenen freistehenden politischen Gerechtigkeitskonzeptionen der politischen Philosophie einige liberal und einige nicht. Ich verstehe die Auffassung der Gerechtigkeit als Fairneß als eine liberale politische Gerechtigkeitskonzeption für eine demokratische Ordnung, und zwar eine, von der wir hoffen, daß sie die Zustimmung aller vernünftigen umfassenden Lehren in einer von ihr oder einer ähnlichen Konzeption regulierten Demokratie finden kann. Andere liberale politische Konzeptionen haben etwas abweichende Elemente und Grundsätze. Ich nehme jedoch an, daß jede von ihnen Grundsätze formuliert, die bestimmte Rechte, Freiheiten und Chancen festlegen, ihnen einen gewissen Vorrang gegenüber anderen Ansprüchen einräumen und Vorkehrungen treffen, um allen Bürgern einen sinnvollen und wirksamen Gebrauch ihrer Freiheiten zu gewähren (vgl. PL 5 f., 156 f.).[3]

Der zentrale Gedanke ist, daß sich der politische Liberalismus innerhalb der Kategorie des Politischen bewegt und die Philosophie im übrigen so läßt, wie sie ist. Alle Arten von religiösen, metaphysischen oder moralischen Lehren mit ihren weit zurückreichenden Traditionen der Auslegung und Fortentwicklung bleiben unberührt. Die politische Philosophie schreitet abseits dieser Lehren voran und präsentiert sich freistehend in ihren eigenen Begriffen. Dies bedeutet, daß sie, um ihre Sache zu vertreten, umfassende Lehren weder heranziehen noch kritisieren oder zurückweisen darf, vorausgesetzt natürlich, daß es sich um vernünftige Lehren im politischen Sinne handelt (PL II:3). Angewendet auf Personen enthält die Konzeption des Vernünftigen zwei Hauptelemente: *erstens* die Bereitschaft, faire Bedingungen sozialer Kooperation vorzuschlagen, denen andere als Freie und Gleiche ebenfalls zustimmen können, und diesen entsprechend zu handeln, auch wenn es dem eigenen Interesse widerspricht, sofern andere ebenfalls dazu bereit sind; *zweitens* die Anerkennung der Bürden des Urteilens (PL II:2-3) und ihrer Konsequenzen für die eigenen Einstellungen (einschließlich der Toleranz) gegenüber anderen umfassenden Lehren. Der politische Liberalismus enthält sich aller Aussagen über umfassende Lehren, es sei denn, sie vertreten unvernünftige Auffassungen und lehnen jede Form einer demokratischen Ordnung ab. Dies ist ein Aspekt dessen, was es heißt, die Philosophie so zu lassen, wie sie ist.

In Übereinstimmung mit diesen Vorgaben charakterisiert der politische Liberalismus eine politische Gerechtigkeitskonzeption durch drei Merkmale:

a) Ihr primärer Gegenstand ist die Grundstruktur einer Gesellschaft (von der wir mit Blick auf die Gerechtigkeit als Fairneß annehmen, daß es eine demokratische Gesellschaft ist). Dazu ge-

hören die wichtigsten politischen, wirtschaftlichen und sozialen Institutionen und die Art und Weise, in der sie zu einem einheitlichen System sozialer Kooperation verbunden sind.
b) Sie kann unabhängig von jeder besonderen religiösen, philosophischen oder moralischen Lehre formuliert werden. Auch wenn wir es für möglich halten, eine politische Gerechtigkeitskonzeption aus einer oder mehreren umfassenden Lehren abzuleiten und durch sie zu stützen oder sie sonstwie zu ihnen in Beziehung zu setzen (und tatsächlich hoffen wir, daß dies in vielen Fällen möglich ist), stellen wir sie doch nicht so dar, als sei sie auf eine solche Lehre angewiesen oder würde sie voraussetzen.
c) Ihre grundlegenden Begriffe – im politischen Liberalismus z. B. der Begriff der politischen Gesellschaft als eines fairen Systems sozialer Kooperation zwischen vernünftigen und rationalen, freien und gleichen Bürgern – gehören ausnahmslos unter die Kategorie des Politischen. Sie sind uns aus der politischen Kultur einer demokratischen Gesellschaft vertraut, zu der die Auslegung der Verfassung und grundlegender Gesetze ebenso gehören wie die Interpretation bedeutender historischer Dokumente und allgemein bekannter politischer Schriften.

Diese Merkmale verdeutlichen, was damit gemeint ist, daß eine politische Gerechtigkeitskonzeption freistehend ist (PL I:2).

(2) Habermas vertritt demgegenüber eine umfassende Lehre, die weit über die politische Philosophie hinausgeht. Das Ziel seiner Theorie kommunikativen Handelns liegt in einer umfassenden Erklärung der Begriffe der Bedeutung, Referenz, Wahrheit und Geltung, und zwar sowohl für die theoretische als auch für die verschiedenen Formen der praktischen Vernunft. Sie verwirft naturalistische und emotivistische Formen moralischen Argumentierens und zielt auf eine umfassende Verteidigung der theoretischen und der praktischen Vernunft. Auch werden an vielen Stellen religiöse und metaphysische Ansichten kritisiert. Habermas nimmt sich nicht viel Zeit, sie detailliert zu widerlegen. Er legt sie schlicht beiseite, gelegentlich mit Hinweisen auf ihre Nutzlosigkeit oder weil es ihnen mit Blick auf seine philosophische Analyse der Bedingungen rationaler Diskurse und kommunikativer Handlungen an glaubwürdigen unabhängigen Verdiensten mangelt. Ich führe zwei Abschnitte aus dem Vorwort von *Faktizität und Geltung* (Habermas 1992b, kurz FG) an[4]:

»Die Diskurstheorie ist ein Versuch, dieses Selbstverständnis so zu rekonstruieren, daß es seinen normativen Eigensinn gegenüber szientistischen Reduktionen wie gegenüber ästhetischen Assimilationen behaupten kann. Die drei Geltungsdimensionen, in denen sich das Selbstverständnis der Moderne ausdifferenziert, dürfen nicht kollabieren. Nach einem Jahrhundert, das uns wie kaum ein anderes die Schrecken existierender Unvernunft gelehrt hat, sind die letzten Reste eines essentialistischen Vernunftvertrauens zerstört.[5] Um so mehr bleibt aber die Moderne, die sich ihrer Kontingenzen bewußt geworden ist, auf eine prozedurale, und das heißt auch: auf eine gegen sich selbst prozessierende Vernunft angewiesen. Die Kritik der Vernunft ist deren eigenes Werk: dieser Kantische Doppelsinn verdankt sich der radikal antiplatonischen Einsicht, daß es weder Höheres noch Tieferes gibt, an das wir – die wir uns in unseren sprachlich strukturierten Lebensformen vorfinden – appellieren könnten« (FG 11).

Nun, wenn man dies nicht auf religiöse oder metaphysische Lehren bezieht, könnte der politische Liberalismus Ähnliches über die politische Gerechtigkeit sagen;[6] gleichwohl bestünde ein grundlegender Unterschied. Indem er sich darauf beschränkt, eine freistehende politische Konzeption vorzustellen, überläßt er es den Bürgern und Vereinigungen der Zivilgesellschaft, in ihrer Weise zu formulieren, wie sie weiter und tiefer gehen wollen, um die politische Konzeption in Übereinstimmung mit ihren umfassenden Überzeugungen zu bringen. Solange die umfassenden Lehren im politischen Sinne vernünftig sind, zieht der politische Liberalismus sie weder in Zweifel, noch widerspricht er ihnen. Daß Habermas in dieser grundlegenden Frage selbst einen anderen Standpunkt vertritt, ist Teil seiner umfassenden Überzeugungen. Es scheint, daß er allen höheren oder tieferen Lehren jede eigenständige logische Kraft abspricht. Er lehnt das, was er den essentialistischen platonischen Vernunftbegriff nennt, ab und behauptet, dieser müsse durch eine prozedurale Vernunft ersetzt werden, die kritisch über sich selbst zu Gericht sitzt und in eigener Sache urteilt.

In einem anderen Abschnitt im 5. Kapitel von *Faktizität und Geltung* betont Habermas, nachdem er die ideale Sprechsituation erläutert hat, daß das Diskursprinzip fordere, Normen und Werte aus der Sicht der 1. Person Plural zu beurteilen.

»Für eine solche gemeinsam praktizierte und verallgemeinerte ideale Rollenübernahme empfiehlt sich die Argumentationspraxis. Als Reflexionsform kommunikativen Handelns zeichnet sie sich gleichsam sozialontologisch durch eine vollständige Reversibilität aller Teilnehmerperspektiven aus, die die höherstufige Intersubjektivität des beratenden Kollektivs *ent-*

schränkt. Dadurch sublimiert sich Hegels konkret Allgemeines (Sittlichkeit)[7] zu einer von allem Substantiellen gereinigten Kommunikations*struktur*« (FG 280).

Nach Habermas werden demnach die substantiellen Elemente von Hegels Verständnis der Sittlichkeit – ein Beispiel unter vielen für eine offenkundig metaphysische Konzeption des ethischen Lebens –, insofern sie Gültigkeit haben, vollständig von der Theorie kommunikativen Handelns mit ihren prozeduralen Voraussetzungen des idealen Diskurses in sublimierter Form übernommen (ausgedrückt oder artikuliert). Ich glaube, daß die Theorie von Habermas eine Logik im weiten Hegelschen Sinne darstellt, d.h. eine philosophische Analyse der Bedingungen rationaler Diskurse (der theoretischen und praktischen Vernunft), welche die vermeintlich substantiellen Annahmen religiöser und metaphysischer Lehren in sich aufnimmt. Seine Logik ist metaphysisch im folgenden Sinne: sie gibt uns eine Theorie dessen, was ist[8], und das, was ist, sind menschliche Wesen, die in ihrer Lebenswelt kommunikativ handeln. Was die Ausdrücke »Substanz« und »substantiell« betrifft, so vermute ich, daß Habermas mit ihnen folgenden Sinn verbindet: viele Leute glauben, daß das, was sie tun – ihr kommunikatives Handeln mit den ihm zugrundeliegenden Annahmen der idealen Sprechsituation oder ihrer Vorstellung der Gesellschaft als eines fairen Systems sozialer Kooperation unter freien und gleichen Bürgern – einer von ihm selbst unterschiedenen Grundlage bedarf, die durch eine platonische Wesenheiten erfassende Vernunft erkannt wird oder jedenfalls in metaphysischen Substanzen begründet ist. Im Denken gelangen wir weiter oder tiefer zu einer metaphysischen Lehre, die eine sichere Grundlage bietet. Von dieser wird außerdem erwartet, daß sie moralisch motivierende Kraft habe.[9] Ohne eine solche Grundlage mag uns alles schwankend erscheinen, und es mag ein Schwindelgefühl aufkommen, ein Gefühl des Verlorenseins ohne festen Boden. Habermas sagt dagegen: »Im Taumel dieser Freiheit gibt es keine Fixpunkte mehr außer dem des demokratischen Verfahrens selber – eines Verfahrens, dessen Sinn schon im System der Rechte beschlossen ist« (FG 229).[10] Ich komme auf diese Auffassung von Habermas am Ende von Teil V zurück.

Die vorangegangenen Kommentare beziehen sich auf die letzten zwei Paragraphen bei Habermas (oben S. 194), wo er sagt, daß jeder von uns beiden seine eigenen Ansichten für bescheidener halte als die des anderen. Er betrachtet seine Auffassung als bescheidener als meine, weil er sich erklärtermaßen auf eine prozedurale Lehre beschränkt, die die Beantwortung inhaltlicher Fragen dem freien Dialog freier und rationaler, wirklicher und lebender Teilnehmer überläßt und nicht den künstlichen Kreaturen des Urzustandes. Habermas will, so sagt er, die Moralphilosophie darauf beschränken, den moralischen Standpunkt und die Verfahren demokratischer Legitimation zu klären, einschließlich einer Analyse der Bedingungen rationaler Diskurse und Verhandlungen. Demgegenüber läge meiner Sichtweise eine ehrgeizigere Aufgabenstellung zugrunde, da sie auf der Hoffnung beruht, man könne eine politische Gerechtigkeitsauffassung für die Grundstruktur einer Demokratie formulieren. Dies setze grundlegende inhaltliche Konzeptionen voraus und werfe damit Fragen auf, die, so Habermas, nur ein wirklicher Diskurs mit wirklichen Teilnehmern beantworten könne.

Zugleich meint Habermas, daß ich selbst meine eigene Sichtweise für bescheidener halte als seine, da sie nur auf eine politische Konzeption und nicht auf eine umfassende Lehre gerichtet sei. Er glaubt freilich, daß ich mich in diesem Punkt täusche. Meine politische Konzeption der Gerechtigkeit sei tatsächlich nicht in der Weise freistehend, wie ich mir dies vorstelle, da der Begriff der Person im politischen Liberalismus, ob mir dies gefalle oder nicht, über die Grenzen der politischen Philosophie hinausgehe. Auch behauptet er, daß der politische Konstruktivismus Fragen der Rationalität und der Wahrheit nicht ausklammern könne. Er mag darüber hinaus annehmen, daß ich, nicht anders als Immanuel Kant, eine apriorische und metaphysische Vorstellung von Vernunft habe, die in den Grundsätzen und Idealen von *Gerechtigkeit als Fairneß* zum Ausdruck komme. All dies verneine ich. Der philosophische Begriff der Person wird im politischen Liberalismus durch den politischen Begriff des freien und gleichen Bürgers ersetzt. Und was den politischen Konstruktivismus betrifft, so liegt seine Aufgabe darin, den Inhalt politischer Gerechtigkeitsgrundsätze mit der Konzeption des vernünftigen und rationalen Bürgers zu verbinden. Das Argument dafür findet sich in *Political Liberalism* (III:1-3). Es setzt weder einen platonischen noch einen kantischen Vernunftbegriff voraus, und falls doch, dann nicht anders als dies auch bei Habermas der Fall ist. Keine plausible Konzeption kann auf das Vernünftige und das Rationale, so wie ich diese Begriffe verstehe, verzichten. Wenn meine Argumentation auf einem platonischen oder kantischen Vernunftbegriff beruht, dann gilt dies auch von den einfachsten Aussagen der Logik und Mathematik. Darauf komme ich in Teil II zurück.

(3) Wie schon gesagt, liegt der zweite Unterschied zwischen Habermas' Position und meiner im ersten begründet. Dies ergibt sich daraus, daß in den unterschiedlichen Darstellungsmodellen – die ideale Sprechsituation und der Urzustand[11] – ihre Plazierung in verschiedenen Kontexten, dem einer umfassenden Lehre und dem einer politischen Konzeption, zum Ausdruck kommt.

Der Urzustand ist ein analytisches Hilfsmittel, um eine Hypothese zu formulieren. Die Hypothese ist folgende: Wenn wir wissen wollen, welches die vernünftigsten politischen Gerechtigkeitsgrundsätze für eine konstitutionelle Demokratie sind, deren Bürger als frei und gleich, vernünftig und rational angesehen werden, dann lautet die Antwort: die Grundsätze werden durch ein Darstellungsmodell festgelegt, das rationalen Parteien (die als Treuhänder je einen Bürger vertreten) vernünftige Bedingungen auferlegt, die ihnen absolute Beschränkungen setzen. So stellen wir uns vor, daß die freien und gleichen Bürger selbst zu einer Übereinkunft über diese politischen Grundsätze gelangen unter Bedingungen, die sie als vernünftig und als rational darstellen. Daß die Grundsätze, auf die man sich einigen würde, tatsächlich die vernünftigsten sind, ist eine Hypothese, die sich natürlich als falsch erweisen mag. Wir müssen sie an den Fixpunkten unserer wohlerwogenen Überzeugungen auf verschiedenen Ebenen der Allgemeingültigkeit überprüfen. Auch müssen wir untersuchen, wie gut und mit welchem Erfolg sich diese Grundsätze auf demokratische Institutionen anwenden lassen, d. h. wir müssen überprüfen, wie gut sie in der Praxis nach gebührendem Überlegen mit unseren wohlerwogenen Überzeugungen übereinstimmen.[12] Unter beiden Gesichtspunkten werden wir womöglich dazu gelangen, unsere Urteile zu revidieren.

Habermas' Theorie kommunikativen Handelns bietet das analytische Instrumentarium der idealen Sprechsituation als eine Erklärung der Wahrheit und Gültigkeit von Urteilen der theoretischen und praktischen Vernunft. Die Bedingungen rationaler und freier Diskussionen, die von den stärksten Gründen geleitet werden, sollen vollständig dargelegt werden, so daß ein rationaler Konsens als ein Garant von Wahrheit und Gültigkeit angesehen werden könnte, wenn alle nötigen Anforderungen tatsächlich erfüllt und von allen aktiv Beteiligten uneingeschränkt geachtet würden. Zu behaupten, daß eine Aussage, von welcher Art sie auch sein mag, wahr sei, hieße dann umgekehrt nichts anderes, als zu behaupten, daß sie von den Teilnehmern einer idealen Sprechsituation in dem Maße bejaht würde, in dem alle zu diesem Ideal gehörigen Anforderungen erfüllt wären. Wie schon gesagt, Habermas' Theorie ist eine Logik im umfassenden Hegelschen Sinne, d. h. eine philosophische Analyse, die alle augenscheinlich substantiellen Elemente religiöser und metaphysischer Lehren in sich einschließt.

Aus welcher Perspektive sollen wir die beiden Darstellungsmodelle diskutieren und von welchem Standpunkt aus ist die Debatte zwischen ihnen zu verstehen? Stets gilt es aufmerksam zu berücksichtigen, wann und wo wir sprechen. In allen drei Punkten ist die Antwort dieselbe: alle diese Diskussionen werden von Bürgern innerhalb der Kultur der Zivilgesellschaft geführt, die Habermas als *Öffentlichkeit* bezeichnet.[13] Dort diskutieren wir als Bürger, wie Gerechtigkeit als Fairneß zu formulieren ist und was an dieser Konzeption akzeptabel erscheint – ob z. B. der Urzustand angemessen konstruiert ist und ob man den gewählten Grundsätzen in allen Einzelheiten zustimmen kann. Genauso werden auch die Ansprüche der idealen Sprechsituation und ihre prozedurale Konzeption demokratischer Institutionen überprüft. Man darf nicht aus dem Blick verlieren, daß zur Hintergrundkultur umfassende Lehren aller Art gehören. Sie werden unablässig gelehrt, erklärt, bestritten und in Diskussionen gegeneinander gehalten, solange eine Gesellschaft noch Vitalität und Elan hat. Es ist die Kultur der Gesellschaft, nicht die des öffentlich Politischen, die Kultur des täglichen Lebens mit seinen verschiedenartigen Vereinigungen: den Universitäten und Kirchen, den gelehrten und wissenschaftlichen Gesellschaften. Endlose politische Diskussionen über Ideen und Lehren sind, wo man auch hinblickt, das Übliche.

Der Standpunkt der Zivilgesellschaft schließt alle Bürger ein. Wie bei Habermas' idealer Sprechsituation haben wir es mit einem Dialog, ja mit einem Omnilog[14], zu tun. Es gibt keine Experten, und der Philosoph hat nicht mehr Autorität als andere Bürger. Wer die politische Philosophie studiert, mag gelegentlich über manche Dinge mehr wissen als andere, aber dies gilt für jeden anderen ebenso. Alle berufen sich auf die gesellschaftliche Präsenz der Autorität der menschlichen Vernunft. Wenn andere Bürger dem, was geschrieben wird, Beachtung schenken, so geht es in die fortschreitende öffentliche Diskussion ein, bis es schließlich verschwindet, *A Theory of Justice*[15] ebenso wie alles andere. Diskussionen zwischen den Bürgern können (aber müssen nicht) vernünftig und überlegt sein. Sie werden, zumindest in einer achtbaren Demokratie, durch ein wirksames Recht der freien Rede geschützt. Die Auseinandersetzung mag gelegentlich nicht nur einen recht hohen Grad an Offenheit und Unparteilichkeit erlangen, sondern auch Wahrheit und – wenn es ums Politische geht – Vernünftigkeit anstreben. Inwiefern sie tatsächlich erreicht werden, hängt natürlich von den Tugenden und der Klugheit der Beteiligten ab.

Es ist eine normative, Ideale und Werte betreffende Auseinandersetzung, die aber gleichwohl vom politischen Liberalismus anders als von der Diskursethik auf das Politische beschränkt wird. Insofern sich die Auffassung der Gerechtigkeit als Fairneß als eine demokratische Lehre notwendigerweise an die Mitglieder einer Zivilgesellschaft wendet, artikuliert sie verschiedene grundlegende politische Konzeptionen – die der Gesellschaft als eines fairen Systems sozialer Kooperation, die des Bürgers als freien und gleichen und die der wohlgeordneten Gesellschaft – in der Hoffnung, sie zu einer vernünftigen und vollständigen Konzeption politischer Gerechtigkeit für die Grundstruktur einer konstitutionellen Demokratie zu verbinden. Vorrangig geht es darum, dem Publikum der Zivilgesellschaft vorgestellt und von ihm verstanden zu werden, damit die Bürger über sie nachdenken können. Das letztendliche Kriterium der Vernünftigkeit dabei ist das allgemeine und weite Überlegungsgleichgewicht.[16] Nach Habermas besteht das Kriterium moralischer Wahrheit oder Gültigkeit dagegen in der uneingeschränkten rationalen Zustimmung in der idealen Sprechsituation, unter den für sie charakteristischen Bedingungen. Das Überlegungsgleichgewicht ähnelt seinem Test in folgender Hinsicht: es wird ein unerreichbarer Punkt im Unendlichen angestrebt, dem wir uns durch Diskussionen in dem Sinne nähern können, daß unsere Ideale, Grundsätze und Urteile uns zunehmend vernünftiger erscheinen und daß wir sie als zunehmend besser begründet betrachten.

II. Übergreifender Konsens und Begründung

(1) Im zweiten Teil seiner Kritik wirft Habermas zwei Fragen auf.[17] Die erste Frage ist, ob ein übergreifender Konsens zur Begründung einer politischen Gerechtigkeitskonzeption beiträgt, von der wir bereits annehmen, daß sie vernünftig begründet sei. Anders gesagt, er fragt, ob die vom Konsens eingeschlossenen Lehren die Begründung der freistehenden Konzeption stärken und vertiefen, oder ob sie lediglich eine notwendige Bedingung sozialer Stabilität sind (oben S. 180-184). So, wie ich Habermas verstehe, läuft diese Frage auf folgendes hinaus: welche Bedeutung haben die im übergreifenden Konsens eingeschlossenen Lehren für die Begründung einer politischen Konzeption, wenn diese von den Bürgern als vernünftig und als freistehend betrachtet wird?

Die zweite Frage betrifft den Gebrauch des Ausdrucks »vernünftig« durch den politischen Liberalismus. Wird durch ihn die Gültigkeit politischer und moralischer Urteile zum Ausdruck gebracht oder lediglich eine reflektierte Einstellung aufgeklärter Toleranz (oben, S. 185-189)?

Die zwei Fragen von Habermas sind eng miteinander verbunden. Beide werden durch die Art und Weise beantwortet, in welcher der politische Liberalismus zwischen drei Arten von Begründungen und zwei Arten von Konsens unterscheidet und diese mit den Vorstellungen der Stabilität aus den richtigen Gründen und der Legitimität verbindet. Ich beginne mit den drei Begründungsarten: (1) die *Pro-tanto*-Begründung der politischen Konzeption, (2) die vollständige Begründung dieser Konzeption durch ein Gesellschaftsmitglied, (3) die öffentliche Rechtfertigung der politischen Konzeption durch die politische Gesellschaft. Die anderen Vorstellungen werden im Verlauf der Ausführungen erläutert.

Betrachten wir *erstens* die *Pro-tanto*-Begründung. Im Rahmen des öffentlichen Vernunftgebrauchs werden zur Begründung der politischen Konzeption nur politische Werte in Anspruch genommen, und ich unterstelle, daß eine angemessen ausformulierte politische Konzeption vollständig ist (PL 221, 241). Damit meine ich, daß die zu ihr gehörigen politischen Werte so in eine Rangordnung gebracht oder gegeneinander abgewogen werden können, daß es möglich ist, durch öffentlichen Vernunftgebrauch allein auf ihrer Grundlage alle (oder fast alle) Fragen zu beantworten, welche die wesentlichen Verfassungsinhalte und grundlegenden Probleme der

Gerechtigkeit betreffen. Dies ist die Bedeutung der *Pro-tanto*-Begründung. Indem wir uns ein weites Spektrum von politischen Fragen vornehmen und überprüfen, ob eine politische Konzeption auf jede von ihnen eine vernünftige Antwort zu geben vermag, können wir feststellen, ob sie uns vollständig erscheint. Da es sich jedoch bei der politischen Begründung um eine *Pro-tanto*-Begründung handelt, können ihre Ergebnisse von den umfassenden Lehren der Bürger aufgehoben werden, nachdem alle Werte in Betracht gezogen wurden.

Zweitens: die vollständige Begründung. Sie wird von den einzelnen Bürgern als Mitglieder der Zivilgesellschaft vorgenommen. (Wir nehmen an, daß jeder Bürger eine politische Konzeption und eine umfassende Lehre bejaht).[18] In diesem Fall wird die politische Konzeption vom Bürger akzeptiert; führt ihre Begründung weiter, indem er sie in irgendeiner Weise als wahr oder vernünftig in seine umfassende Lehre einbettet, je nachdem, wie es diese Lehre zuläßt. Einige mögen die politische Konzeption für vollständig begründet halten, auch wenn andere ihr nicht zustimmen. Ihrer Zustimmung wird dann kein ausreichendes Gewicht gegeben, um die volle Begründung in Frage zu stellen.

So bleibt es den Bürgern überlassen, einzeln für sich oder zusammen mit anderen anzugeben, welche Vorrangverhältnisse zwischen den Ansprüchen politischer Gerechtigkeit und den nicht-politischen Werten bestehen oder wie sie gegeneinander abzuwägen sind. Die politische Konzeption gibt uns dafür keine Richtlinien, da sie nichts darüber sagt, in welcher Weise nicht-politische Werte zu berücksichtigen sind. Maßgeblich sind die umfassenden Lehren der Bürger. Ich erinnere daran, daß eine politische Konzeption keine besonderen umfassenden Lehren voraussetzt, nicht einmal agnostische Auffassungen. Daß eine politische Konzeption freistehend ist, bedeutet nicht, daß sie nicht auf mannigfache Weise in verschiedene von Bürgern bejahte Lehren eingebettet, auf sie abgebildet oder als Modul[19] in ihnen eingeschlossen sein könnte.

Drittens und letztens die öffentliche Begründung durch die politische Gesellschaft: dies ist eine grundlegende Idee des politischen Liberalismus, die mit den Vorstellungen eines vernünftigen übergreifenden Konsenses, der Stabilität aus den richtigen Gründen und der Legitimität zusammenhängt. Zur öffentlichen Begründung kommt es, wenn alle vernünftigen Mitglieder der politischen Gesellschaft eine Begründung für die von ihnen geteilte politische

Konzeption geben, indem sie diese in ihre verschiedenen vernünftigen umfassenden Lehren integrieren. Dabei berücksichtigen vernünftige Bürger einander als Vertreter vernünftiger umfassender Lehren, die dieser politischen Konzeption zustimmen, und eben dieses Einander-Berücksichtigen prägt die moralische Qualität der öffentlichen Kultur einer politischen Gesellschaft. Entscheidend ist, daß die öffentliche Begründung der politischen Konzeption für die politische Gesellschaft zwar auf umfassenden Lehren beruht, aber nur in einer mittelbaren Weise. Die expliziten Inhalte dieser Lehren spielen keine normative Rolle für die öffentliche Begründung. Die Bürger schauen einander nicht in ihre umfassenden Lehren und verbleiben so innerhalb der Grenzen des Politischen. Sie berücksichtigen lediglich das Faktum – die Existenz – eines vernünftigen übergreifenden Konsenses selbst und geben ihm ein gewisses Gewicht.[20]

Dieser grundlegende Fall einer öffentlichen Begründung[21] geht von der von allen geteilten politischen Konzeption als einer gemeinsamen Basis aus. Alle vernünftigen Bürger sind als Kollektiv (aber nicht als eine gemeinsam handelnde Körperschaft[22]) im allgemeinen und weiten Überlegungsgleichgewicht, wenn sie die politische Konzeption auf der Grundlage ihrer verschiedenen vernünftigen umfassenden Lehren bejahen. Nur dann, wenn ein vernünftiger übergreifender Konsens besteht, kann die politische Gerechtigkeitskonzeption einer politischen Gesellschaft öffentlich (wenn auch niemals abschließend) begründet sein. Dies ergibt sich aus folgendem: wenn wir zugestehen, daß wir den wohlerwogenen Überzeugungen anderer vernünftiger Bürger ein gewisses Gewicht geben müssen, bietet uns ein allgemeines und weites Überlegungsgleichgewicht die beste Begründung für eine politische Konzeption, die wir jemals erreichen können.[23] Deshalb gibt es keine öffentliche Begründung für eine politische Gesellschaft ohne einen vernünftigen übergreifenden Konsens, und diese Begründung ist mit den Vorstellungen der Stabilität aus den richtigen Gründen und der Legitimität verbunden, auf die ich jetzt ausführlicher eingehe.

Zunächst unterscheide ich zwei verschiedene Konzeptionen von Konsens; denn ein Mißverständnis an dieser Stelle wäre fatal. Die eine Konzeption kommt aus der Alltagspolitik, in der die Aufgabe des Politikers darin besteht, Übereinstimmungen zu finden. Unter Berücksichtigung der verschiedenen bestehenden Interessen und

Ansprüche versucht der Politiker eine Koalition zu bilden und ein politisches Programm aufzustellen, das alle oder ausreichend viele unterstützen können, so daß sich eine Mehrheit ergibt. Diese Vorstellung des Konsenses ist nichts anderes als die Vorstellung bereits bestehender, latenter Übereinstimmungen, die durch die Fähigkeit des Politikers, bestehende und ihm vertraute Interessen zusammenzubringen, zur Artikulation kommen. Die hiervon sehr verschiedene Konzeption des Konsenses im politischen Liberalismus – die ich »vernünftigen übergreifenden Konsens« genannt habe – besteht darin, daß die politische Gerechtigkeitskonzeption zunächst als eine freistehende Auffassung formuliert wird, die *pro tanto* begründet erscheint, ohne daß Übereinstimmung mit umfassenden Lehren angestrebt oder deren Inhalt auch nur zur Kenntnis genommen wird (PL 39 f.). Man versucht, der Zustimmung zur politischen Konzeption durch die umfassenden Lehren keine Steine in den Weg zu legen, indem man alles wegläßt, was über das Politische hinausgeht und wovon man vernünftigerweise nicht erwarten kann, daß alle vernünftigen Lehren ihm zustimmen können. (Etwas anderes würde den Gedanken der Gegenseitigkeit verletzen.) Wenn die politische Konzeption diesen Anforderungen genügt und außerdem vollständig ist, hoffen wir, daß vernünftige, umfassende und von vernünftigen Bürgern bejahte Lehren sie stützen können, und daß sie in der Tat in der Lage ist, diese Lehren in ihrem Sinne zu formen (PL IV:6-7).

Betrachten wir die politische Soziologie eines vernünftigen übergreifenden Konsenses. Da es weit weniger Lehren als Bürger gibt, können wir diese nach den Lehren einteilen, denen sie anhängen. Wichtiger als die durch die Zahlenverhältnisse ermöglichte Vereinfachung ist indes, daß Bürger (häufig durch Geburt) verschiedenen Gemeinschaften angehören, von denen sie in der Regel, wenn auch nicht immer, ihre umfassenden Lehren übernehmen (PL IV:6). Die von verschiedenen Gemeinschaften vertretenen und propagierten Lehren – man denke z. B. an religiöse Gemeinschaften aller Art – spielen für die Möglichkeit der öffentlichen Begründung eine grundlegende soziale Rolle. Durch sie kommen Bürger zu ihren umfassenden Lehren. Darüber hinaus haben diese Lehren unabhängig von ihren jeweiligen Anhängern ihr eigenes Leben und ihre eigene Geschichte, sie haben Bestand von einer Generation zur nächsten. Der Konsens dieser Lehren ist auf entscheidende Weise in den Eigenarten der verschiedenen Gemeinschaften verwurzelt.

Diese grundlegende Tatsache der politischen Soziologie einer demokratischen Ordnung bildet die entscheidende tiefe und dauerhafte Basis für deren soziale Einheit.

In einer durch einen vernünftigen Pluralismus gekennzeichneten demokratischen Gesellschaft gehört es zur öffentlichen Begründung, zu zeigen, daß Stabilität aus den richtigen Gründen zumindest möglich ist.[24] Der Grund ist folgender: wenn Bürger vernünftige, aber divergierende umfassende Lehren bejahen, können wir feststellen, ob es ausreichende Gründe gibt, Gerechtigkeit als Fairneß (oder eine andere vernünftige Lehre) als eine Auffassung vorzutragen, die sich im Ernst andern gegenüber verteidigen läßt, ohne deren tiefste religiöse oder philosophische Überzeugungen zu kritisieren oder zurückzuweisen, indem wir prüfen, ob ein vernünftiger übergreifender Konsens über eine politische Konzeption möglich ist.[25] Wenn wir zeigen können, daß es gute Gründe für verschiedene vernünftige Leute gibt, gemeinsam Gerechtigkeit als Fairneß als regulativ-wirksame politische Konzeption anzuerkennen, dann sind die Bedingungen dafür erfüllt, daß sie legitime politische Zwangsgewalt übereinander ausüben können – etwas, das wir als Bürger in Abstimmungen, wenn nicht auch auf andere Weise, unvermeidlich tun (PL 136 ff.). Dieses Argument zeigt – wenn es denn erfolgreich ist – wie man eine politische Konzeption bejahen und sich auf sie als eine allen Bürgern gemeinsame Basis von Gründen berufen kann, wenn man zugleich annimmt, daß andere, die ebenso vernünftig sind, sie ebenfalls bejahen und anerkennen können. Trotz der Tatsache eines vernünftigen Pluralismus sind die Bedingungen demokratischer Legitimität erfüllt.[26]

Wenn in einer politischen Gesellschaft ein solcher vernünftiger Konsens besteht, so ist dies dem politischen Liberalismus zufolge die tiefste und vernünftigste Grundlage sozialer Einheit, die wir als Bürger moderner demokratischer Gesellschaften erreichen können.[27] Diese Einheit führt zur Stabilität aus den richtigen Gründen im folgenden Sinne[28]:

(a) Die Grundstruktur der Gesellschaft wird durch die vernünftigste politische Gerechtigkeitskonzeption wirksam reguliert.

(b) Diese politische Gerechtigkeitskonzeption wird von einem übergreifenden Konsens getragen, der alle vernünftigen umfassenden Lehren in einer Gesellschaft einschließt, und diese befinden sich in einer dauerhaften Mehrheit gegenüber denjenigen, die diese Konzeption ablehnen.

(c) Öffentliche politische Diskussionen lassen sich, wenn es um wesentliche Verfassungsinhalte oder Fragen grundlegender Gerechtigkeit geht, immer (oder fast immer) durch Gründe entscheiden, die von der vernünftigsten politischen Gerechtigkeitskonzeption (oder durch eine vernünftige Familie von solchen Konzeptionen) identifiziert werden.

Zwei Kommentare: Zum einen ist diese Grundlage sozialer Einheit die vernünftigste, weil die politische Gerechtigkeitskonzeption die vernünftigste ist und weil sie die Zustimmung oder in irgendeiner Weise die Unterstützung aller (oder der) vernünftigen umfassenden Lehre(n) in der Gesellschaft findet. Zum anderen ist sie die am tiefsten verankerte, weil die grundlegenden Vorstellungen der politischen Konzeption von den vernünftigen umfassenden Lehren bejaht werden, und diese Lehren repräsentieren, was die Bürger als ihre tiefsten religiösen, philosophischen und moralischen Überzeugungen betrachten. Daraus aber folgt die Stabilität aus den richtigen Gründen. Das Gegenbeispiel wäre eine Gesellschaft, in der, wenn man die Bürger nach ihren vollen Begründungen einteilt, deren politische Vorstellungen nicht in einer geteilten politischen Konzeption eingebettet oder mit einer solchen verbunden sind. In diesem Fall gibt es nur einen *modus vivendi* und die Stabilität der Gesellschaft beruht auf einem Gleichgewicht der Kräfte unter zufälligen und womöglich wechselnden Umständen.

Diese Erläuterungen zu den drei Arten von Begründung scheinen ein wichtiges Problem aufzuwerfen. So mag man fragen, wie es möglich sein soll, eine politische Konzeption öffentlich zu begründen, wenn alle politischen Begründungen *pro tanto* sind. Die Antwort ergibt sich natürlich daraus, daß ein vernünftiger übergreifender Konsens besteht und daß dies öffentlich bekannt ist. Besteht ein solcher Konsens, so ist die von den Bürgern geteilte politische Konzeption in ihre jeweiligen vernünftigen umfassenden Überzeugungen eingebettet. Unter dieser Voraussetzung besteht die Hoffnung, daß Bürger (im Lichte ihrer umfassenden Überzeugungen) so urteilen werden, daß politische Werte normalerweise (wenn auch nicht immer) einen Vorrang gegenüber nichtpolitischen Werten haben und sie im Konfliktfall überwiegen.

Diese Hoffnung mag unrealistisch erscheinen, doch zwei Dinge deuten darauf hin, daß sie es nicht ist. *Erstens* müssen sich diejenigen, welche vernünftige umfassende Lehren vertreten, fragen, unter welchen politischen Bedingungen sie bereit sind, mit Vertretern anderer solcher Lehren in einer fortdauernden freien Gesellschaft zusammenzuleben. Da vernünftige Bürger vernünftige Lehren vertreten (PL 59), sind sie bereit, eine politische Konzeption vorzuschlagen (oder einer solchen zuzustimmen), die Bedingungen fairer politischer Kooperation formuliert. So mögen sie auf der Grundlage ihrer vernünftigen umfassenden Lehren zu dem Urteil gelangen, daß politische Werte sehr bedeutende Werte sind, die es im Rahmen der eigenen politischen und sozialen Existenz zu verwirklichen gilt, und ebenso ein gemeinsames öffentliches Leben unter Bedingungen, von denen wir vernünftigerweise erwarten können, daß alle vernünftigen Parteien sie anerkennen werden.

Zweitens kommt hier schließlich die Vorstellung der Legitimität ins Spiel. Vernünftige Bürger verstehen sie so, daß sie sich auf die allgemeinen Strukturen der politischen Autorität bezieht (PL 135 ff.). Sie wissen, daß Einstimmigkeit über grundlegende Fragen im politischen Leben kaum – wenn überhaupt jemals – zu erwarten ist, und so muß eine demokratische Verfassung Verfahren für Mehrheitsentscheidungen oder andere Formen des Abstimmens vorsehen, um zu Entscheidungen zu kommen. Es wäre unvernünftig, nicht irgendeine solche Regelung vorzuschlagen oder keiner beizupflichten. So können wir sagen, daß die Ausübung politischer Macht nur insofern legitim ist, als sie in grundlegenden Fällen mit einer Verfassung übereinstimmt, von deren wesentlichen Inhalten vernünftigerweise erwartet werden darf, daß sie die Zustimmung vernünftiger, freier und gleicher Bürger finden können. So erkennen Bürger die vertraute Unterscheidung an zwischen der Annahme einer (hinreichend) gerechten und legitimen Verfassung – mit all ihren Verfahrensregelungen für faire Wahlen und gesetzgebende Mehrheiten – auf der einen Seite, und der Annahme eines bestimmten Gesetzes in einer konkreten politischen Angelegenheit als legitim (auch wenn es nicht gerecht ist[30]) auf der anderen Seite.[31] (In Teil V.3 komme ich auf den Legitimitätsbegriff zurück.)

So weigern sich z. B. die Quäker, die Pazifisten sind, sich an Kriegen zu beteiligen. Gleichwohl unterstützen sie eine verfassungsmäßige Ordnung und akzeptieren die Legitimität der Mehrheitsregel und anderer Abstimmungsformen. Obwohl sie sich weigern, in einem Krieg zu dienen, den zu führen sich ein demokratisches Volk vernünftigerweise entscheiden mag, bejahen sie demokratische Institutionen und die von ihnen repräsentierten Grundwerte.

Sie glauben nicht, daß die Möglichkeit eines Volkes, für einen Krieg zu stimmen, ein ausreichender Grund für die Ablehnung demokratischer Regierungen ist.

Nun mag man sich fragen, warum die religiöse Lehre der Quäker, die ihnen die Beteiligung an Kriegen verbietet, nicht ihre politische Loyalität in Frage stellt. Unsere Religion kann jedoch verschiedene Dinge einschließen. Dazu mag die Aufforderung an uns gehören, eine verfassungsmäßige Regierung zu stützen, insofern sie unter allen möglichen politischen Ordnungen am besten mit der religiösen Forderung übereinstimmt, die Grundrechte und fundamentalen Interessen von anderen und von uns selbst gleichermaßen zu schützen. Ebenso wie in jeder anderen vernünftigen Lehre enthält sie viele politische und nicht-politische Werte und bringt sie in eine Ordnung. Dies vorausgesetzt, kann sich die Loyalität gegenüber einer gerechten und dauerhaften Regierung auch innerhalb einer religiösen Lehre durchsetzen.[32] Dies verdeutlicht, wie politische Werte bei der Aufrechterhaltung des Verfassungssystems selbst dann den Ausschlag geben können, wenn bestimmte vernünftige Gesetze und Entscheidungen abgelehnt werden und wenn es notwendig erscheint, durch Verweigerung aus Gewissensgründen und zivilen Ungehorsam gegen sie zu protestieren.

Das Gesagte führt den Gedanken einer begründeten und freistehenden politischen Konzeption aus und erlaubt uns, die erste Frage von Habermas zu beantworten. Erinnern wir uns: er hatte gefragt, ob der Gedanke eines übergreifenden Konsenses zur Begründung einer politischen Konzeption beitrage oder ob er sich lediglich auf eine notwendige Bedingung sozialer Stabilität beziehe. Die Antwort auf diese Frage ergibt sich aus der dritten Art von Begründung – der öffentlichen Begründung – und daraus, wie diese mit den drei weiteren Vorstellungen des vernünftigen übergreifenden Konsenses, der Stabilität aus den richtigen Gründen und der Legitimität zusammenhängt.

(2) Wir sind jetzt in der Lage, die zweite Frage von Habermas kurz zu erörtern. Verwendet der politische Liberalismus den Ausdruck »vernünftig« zur Bezeichnung der Wahrheit oder Gültigkeit von moralischen Urteilen oder schlicht als Ausdruck einer Einstellung reflektierter Toleranz?

Die Antwort fügt dem bereits Gesagten nichts Neues hinzu. Der politische Liberalismus benutzt den Begriff der moralischen

Wahrheit nicht so, daß er auf seine eigenen politischen (und immer moralischen) Urteile Anwendung fände. Er sagt, daß politische Urteile vernünftig oder unvernünftig sind, und formuliert als Kriterien des Vernünftigen politische Ideale, Grundsätze und Standards. Diese Kriterien wiederum knüpfen an die zwei grundlegenden Merkmale vernünftiger Personen als Bürger an: *erstens*, ihre Bereitschaft vorzuschlagen und im Falle der Anerkennung zu achten, was sie für faire Bedingungen sozialer Kooperation halten, die andere als gleiche akzeptieren können; und *zweitens*, die Bereitschaft, die Bürden des Urteilens und ihre Konsequenzen anzuerkennen. Mit Blick auf die Diskussion wesentlicher Verfassungsinhalte und grundlegender Fragen der Gerechtigkeit betrachtet der politische Liberalismus diese Vorstellung von Vernünftigkeit als ausreichend. Der Wahrheitsbegriff wird nicht abgelehnt oder in Frage gestellt, sondern den umfassenden Lehren zum Gebrauch oder zur Ablehnung überlassen. Schließlich drückt das Vernünftige natürlich auch eine reflektierte Einstellung der Toleranz aus, welche die Bürden des Urteilens berücksichtigt, die wiederum die Gewissens- und Gedankenfreiheit nach sich ziehen (PL 54-61).

Habermas hält jedoch daran fest, daß der politische Liberalismus das Wahrheitsproblem ebensowenig umgehen könne wie eine philosophische Konzeption der Person. Ich habe bereits angedeutet, daß ich nicht einsehe, warum dies so sein sollte. Der politische Liberalismus vermeidet es, sich auf diese beiden Begriffe zu berufen und ersetzt sie durch andere: den des Vernünftigen einerseits, den der Person, verstanden als freier und gleicher Bürger, andererseits. Wenn wir in einer Zivilgesellschaft die Konzeption der Gerechtigkeit als Fairneß (oder irgendeine andere politische Konzeption) präsentieren, werden diese Begriffe stets durch Vorstellungen und Grundsätze expliziert und zum Ausdruck gebracht, die zur politischen Konzeption selbst gehören. Solange diese Art des Vorgehens sich nicht als unbefriedigend erweist oder in irgendeiner Form scheitert, muß der politische Liberalismus nicht den Rückzug antreten. Ich gestehe zu, daß der Begriff des Vernünftigen gründlicher untersucht werden muß, als dies in *Political Liberalism* geschehen ist, glaube jedoch, daß die Grundzüge der Unterscheidung zwischen dem Vernünftigen auf der einen Seite und dem Wahren oder Rationalen auf der anderen klar genug sind, um die Vorstellung einer durch einen vernünftigen übergreifenden Konsens gesicherten sozialen Einheit plausibel erscheinen zu lassen. Gewiß wird man fortfahren, die Fragen der Wahrheit und den philosophischen Begriff der Person zu diskutieren und den politischen Liberalismus dafür zu kritisieren, sich nicht an dieser Diskussion zu beteiligen. Ohne konkrete Anhaltspunkte stellen diese Klagen jedoch keine Einwände dar.

III. Die Freiheiten der Moderne und der Wille des Volkes

(1) In diesem Abschnitt beginne ich mit meiner Antwort auf den von Habermas im dritten Teil der Zusammenfassung seiner eigenen Auffassung (oben S. 192 ff.) vorgebrachten Einwand. Im nächsten Abschnitt führe ich meine Erwiderung zum Abschluß, wobei ich von dem ausgehe, was er in seiner Zusammenfassung sagt.

Der Einwand betrifft das rechte Verhältnis zwischen zwei vertrauten Klassen von Grundrechten und Freiheiten. Ich meine die sogenannten Freiheiten der Alten und die Freiheiten der Modernen. Habermas gesteht zu, daß ich die Hoffnung von Jean-Jacques Rousseau und Kant teile, man könne beide Arten von Rechten auf dieselbe Wurzel zurückführen. Dies zeige sich daran, daß beide Arten von Freiheiten zugleich im ersten Gerechtigkeitsgrundsatz auftauchen, der im Urzustand angenommen wird. Daß beide Freiheiten dieselbe Wurzel haben, hat, so glaubt Habermas, zur Konsequenz, daß die Freiheiten der Modernen dem politischen Prozeß der Selbstbestimmung der Bürger nicht als externe Beschränkungen auferlegt werden können. Danach verweist Habermas auf den zweistufigen Charakter der politischen Auffassung der Gerechtigkeit als Fairneß (oben S. 189 ff.). Dies verstehe ich so, daß er meint, diese Konzeption beginne mit der hypothetischen Situation des Urzustandes, in der von gleichen Parteien hinter einem Schleier der Unwissenheit Gerechtigkeitsgrundsätze gewählt werden, die für alle Zeiten gelten sollen. Im zweiten Schritt wird dann die geregelte Anwendung eben dieser Grundsätze unter den wirklichen Bedingungen des politischen Lebens behandelt.[33] Diese Zweistufigkeit der politischen Konzeption führe zu einem Vorrang der, so glaubt Habermas, liberalen Freiheiten der Modernen, der dem demokratischen Prozeß eine untergeordnete Stellung zuweist (oben S. 189 ff.). Diesem letzten Punkt möchte ich widersprechen.

Habermas erkennt auch an, daß ich von der Idee der politischen Autonomie ausgehe und sie auf der Ebene des Urzustandes modellhaft ausarbeite. Dieser Form der Autonomie komme zwar ein, wie er es nennt, »virtuelles Leben« im Urzustand und damit in der Theorie zu, sie könne sich aber im Herzen einer rechtlich konstituierten Gesellschaft nicht mehr entfalten. Die Begründung dafür gibt Habermas in einem langen Abschnitt, den ich in drei Teilen nahezu vollständig wörtlich zitieren und abschnittweise kommentieren werde. Ich meine den Abschnitt, der oben auf Seite 191 beginnt (»Rawls' Bürger finden sich nämlich, je weiter sich der Schleier des Nichtwissens hebt«) und mit »das heißt vor aller politischen Willensbildung begrenzen« endet. Dieser Textabschnitt bildet die Grundlage meiner Diskussion der zwischen den Grundfreiheiten bestehenden Beziehungen. Er enthält eine Reihe verwirrender Aussagen, und ich fürchte, ihn nicht richtig zu verstehen. Wie dem auch sei, der Abschnitt wirft tiefgreifende Fragen über die Beziehungen zwischen unseren Ansichten auf.

(2) Ich beginne mit einem offenkundigen Mißverständnis dessen, was ich den Vier-Stufen-Gang genannt habe. Auch wenn es sich nur um ein Mißverständnis handelt, so möchte ich doch erklärend darauf eingehen. Der erste Satz lautet:

> »Rawls' Bürger finden sich nämlich, je weiter sich der Schleier des Nichtwissens hebt und je mehr sie selbst eine reale Gestalt aus Fleich und Blut annehmen, umso tiefer verstrickt in die Hierarchie einer über ihre Köpfe hinweg schrittweise bereits institutionalisierten Ordnung« (oben S. 191).

Zwei Punkte sind hier wesentlich: Erstens, die Abfolge des Vier-Stufen-Ganges beschreibt weder einen faktischen politischen Prozeß, noch einen rein theoretischen. Vielmehr gehört sie zur Konzeption der Gerechtigkeit als Fairneß. Sie ist Teil eines konzeptuellen Rahmens, in dem wir uns als Mitglieder einer Gesellschaft von Bürgern, die Gerechtigkeit als Fairneß anerkennen, bewegen müssen, wenn wir die zugehörigen Begriffe und Grundsätze anwenden. Er umreißt, welche Arten von Normen und Informationen unsere politischen Gerechtigkeitsurteile je nach Gegenstand und Kontext anleiten.

Wir beginnen mit dem Urzustand, in dem die Parteien Gerechtigkeitsgrundsätze wählen. Dann kommen wir zur verfassunggebenden Versammlung, als deren Mitglieder wir uns betrachten, um Verfassungsgrundsätze und Regeln im Lichte der vorgegebenen Gerechtigkeitsgrundsätze aufzustellen. Danach werden wir, wie beschrieben, zu gesetzgebenden Parlamentariern, die im Rahmen der verfassungsmäßigen Ordnung und nach Maßgabe der Gerechtigkeitsgrundsätze Gesetze verabschieden.[34] Schließlich übernehmen wir die Rolle von Richtern, die die Verfassung und die Gesetze als Teil der Judikative interpretieren. Auf jeder Stufe sind Art und Menge der verfügbaren Informationen verschieden, je nachdem, was benötigt wird, um die beiden Gerechtigkeitsgrundsätze in intelligenter Weise anzuwenden und zu rationalen (aber nicht parteilichen) Entscheidungen zu kommen, die nicht unsere eigenen Interessen bevorzugen oder diejenigen von Personen, denen wir als Freunde oder durch unsere Religion, politische Partei oder soziale Stellung verbunden sind.

Dieser Rahmen erweitert das Modell des Urzustandes und paßt es, wie es die Anwendung der Grundsätze erfordert, unterschiedlichen Rahmenbedingungen an. So müssen wir, wenn wir eine Verfassung beurteilen, nicht nur den Gerechtigkeitsgrundsätzen folgen, sondern auch allgemeine Informationen über unsere Gesellschaft berücksichtigen, wie sie Verfassungsgründer benötigen, aber, wie oben ausgeführt, keine konkreten Informationen über uns selbst und unsere Bindungen an andere. Diese Art relevanter Informationen sollen bei ausreichender Intelligenz und Einsicht sicherstellen, daß unsere Urteile unparteiisch und vernünftig sind und uns anleiten, den Gerechtigkeitsgrundsätzen folgend eine gerechte Verfassung aufzustellen. Ähnliches gilt für die anderen Stufen (TJ 31, d 49 f.). Eine schwierige Frage übergehe ich hier: welche Informationen sind relevant, wenn die bestehende Gesellschaft – wie es immer der Fall ist – schwerwiegende Ungerechtigkeiten aufweist? Dies war in der amerikanischen Gesellschaft zwischen 1787 und 1791 der Fall[35] (und ist es immer noch), die Sklaverei kannte, Frauen das Wahlrecht vorenthielt und ebenso allen anderen, die nicht über genügend Eigentum verfügten. Einige behaupten, es wäre damals keine Verfassung, die Sklaverei verboten hätte, angenommen worden, und es fragt sich, ob dies eine relevante Information ist. In *A Theory of Justice* wird die Auffassung vertreten, daß alle Informationen dieser Art irrelevant sind, und es wird angenommen, daß eine gerechte Verfassung realisierbar ist. Nachdem ausgearbeitet worden ist, wie diese Verfassung unter, wie ich es nenne, einigermaßen günstigen Bedingungen auszusehen hätte, müssen wir diese als ein Ziel langfristiger politischer Reformen betrachten, falls sich aus der Sicht der Zivilgesellschaft herausstellen sollte, daß eine gerechte Verfassung nicht vollständig zu verwirklichen ist. In Habermas' Worten handelt es sich um ein Projekt, das es auszuführen gilt (FG 163).

Der zweite, mit dem ersten verbundene Punkt ist, daß Bürger in politischen Ämtern – oder die Zivilgesellschaft als ganze –, wenn sie diesen konzeptuellen Rahmen benutzen, es nicht mit Institutionen zu tun haben, die das Werk eines politischen Philosophen sind und sich der Kontrolle durch die Bürger entziehen. Vielmehr sind diese Institutionen das Werk vorangegangener Generationen, die sie an uns übergeben haben, während wir mit ihnen aufgewachsen sind. Wir urteilen über sie, sobald wir erwachsen sind, und handeln entsprechend. All dies erscheint offensichtlich, sobald Zweck und Gebrauch des Vier-Stufen-Ganges klar sind.[36] Ein Mißverständnis mag daher rühren, daß man annimmt, Gerechtigkeit als Fairneß würde beim Gebrauch eines abstrakten Darstellungsmodells wie des Urzustandes und bei der Wahl von für alle Zeit gültigen Grundsätzen davon ausgehen, daß die Gerechtigkeitsauffassungen von Bürgern sich ein für alle Male fixieren ließen. Dabei wird aber der entscheidende Punkt übersehen, daß wir uns innerhalb der Zivilgesellschaft befinden, und daß die politische Gerechtigkeitskonzeption, nicht anders als alle anderen Konzeptionen auch, einer fortwährenden kritischen Überprüfung durch unsere reflektierten und wohlerwogenen Überzeugungen unterworfen ist. Die Vorstellung der Gültigkeit für alle Zeiten besagt hier nichts anderes als dies: wenn wir uns vorstellen, daß rationale (nicht vernünftige) Parteien Grundsätze wählen, dann ist es vernünftig, dies unter der Annahme fortdauernder Gültigkeit zu tun. Unsere Gerechtigkeitsvorstellungen sind im folgenden Sinne fixiert: wir können sie nicht ändern, um sie nach Gutdünken unseren rationalen Interessen und unserem Wissen um besondere Umstände anzupassen.[37] Etwas anderes ist es natürlich, sie durch Gegenüberstellung mit unseren wohlerwogenen Urteilen zu überprüfen.

(3) Der nächste Punkt in Habermas' Einwand wirft die Frage auf, was politische Autonomie bedeutet und wie sie realisiert wird. Dieses Problem wird treffend in dem Satz ausgedrückt, daß die

Bürger unter einer gerechten Verfassung »den radikaldemokratischen Glutkern des Urzustandes im realen Leben ihrer Gesellschaft nicht entfachen« können (oben S. 191). Ausführlicher noch kommt dieser Gedanke im zweiten Abschnitt der Passage zum Tragen. Auf »bereits institutionalisierten Ordnung« folgt:

»So nimmt die Theorie den Bürgern zu viele von jenen Einsichten ab, die sie sich doch in jeder Generation von neuem zu eigen machen müßten. Aus der Sicht der »Theorie der Gerechtigkeit« kann und braucht der Akt der Gründung des demokratischen Rechtsstaats unter den institutionellen Bedingungen einer bereits eingerichteten gerechten Gesellschaft nicht wiederholt zu werden, kann und braucht der Prozeß der Verwirklichung der Rechte nicht auf Dauer gestellt zu werden. Die Bürger können diesen Prozeß nicht, wie es die wechselnden historischen Umstände doch erfordern würden, als einen offenen, unabgeschlossenen Prozeß erfahren. Sie können den radikaldemokratischen Glutkern des Urzustandes im realen Leben ihrer Gesellschaft nicht entfachen, denn aus ihrer Sicht sind alle *wesentlichen* Legitimationsdiskurse schon innerhalb der Theorie geführt worden; und die Ergebnisse der theoretischen Erörterungen finden sie bereits sedimentiert in der Verfassung vor. Weil die Bürger die Verfassung nicht als *Projekt* begreifen können, hat der öffentliche Gebrauch der Vernunft nicht eigentlich den Sinn einer aktuellen Ausübung politischer Autonomie, sondern dient nur noch der gewaltlosen *Erhaltung politischer Stabilität*« (oben S. 191).

Zunächst eine Bemerkung über die Bedeutung der Autonomie. Im politischen Liberalismus wird Autonomie als politische und nicht als moralische Autonomie verstanden (PL II: 6). Letztere ist eine viel weitere Vorstellung und gehört zu umfassenden Lehren von der Art, wie wir sie bei Kant und Mill finden. Politische Autonomie wird durch verschiedene politische Institutionen und Praktiken konkretisiert, sie kommt in bestimmten Tugenden und im Denken und Handeln der Bürger zum Ausdruck – in ihren Diskussionen, Beratungen und Entscheidungen – wenn sie eine verfassungsmäßige Regierungsform realisieren. Für den politischen Liberalismus ist sie ausreichend.

Dies im Sinn behaltend, ist nicht klar, was die Aussage bedeuten soll, daß die Bürger einer gerechten Gesellschaft »den radikaldemokratischen Glutkern des Urzustandes im realen Leben ihrer Gesellschaft nicht entfachen« können. Man muß sich fragen, warum nicht. Schließlich haben wir oben bei der Erörterung des Vier-Stufen-Ganges gesehen, daß Bürger unablässig Fragen politischer Grundsätze und sozialer Programme diskutieren. Darüber hinaus können wir davon ausgehen, daß jede wirkliche Gesellschaft mehr oder weniger (meistens gravierend) ungerecht ist, so daß solche Diskussionen umso nötiger sind. Keine (von Menschen aufgestellte) Theorie ist in der Lage, all die nötigen Überlegungen zu antizipieren, die sich unter den bestehenden Umständen auf diese Probleme beziehen, und ebensowenig lassen sich alle notwendigen Reformen zur Verbesserung der bestehenden Einrichtungen voraussehen. Das Ideal einer gerechten Verfassung ist stets etwas, auf das man hinarbeiten muß. Mit diesen Punkten, so scheint es, würde Habermas übereinstimmen:

»Die Rechtfertigung des zivilen Ungehorsams[38] sützt sich überdies auf ein *dynamisches Verständnis* der Verfassung als eines unabgeschlossenen Projektes. Aus dieser Langzeitperspektive stellt sich der demokratische Rechtsstaat nicht als fertiges Gebilde dar, sondern als ein anfälliges, irritierbares, vor allem fehlbares und revisionsbedürftiges Unternehmen, das darauf angelegt ist, das System der Rechte unter wechselnden Umständen *von neuem* zu realisieren, d. h. besser zu interpretieren, angemessener zu institutionalisieren und in seinem Gehalt radikaler auszuschöpfen. Das ist die Perspektive von Bürgern, die sich an der Verwirklichung des Systems der Rechte aktiv beteiligen und die, mit Berufung auf und in Kenntnis von veränderten Kontextbedingungen, die Spannung zwischen sozialer Faktizität und Geltung praktisch überwinden möchten« (FG 464).

Habermas scheint zu meinen, daß Gerechtigkeit als Fairneß irgendwie unvereinbar mit dem wäre, was er hier sagt. Er verweist (im Zitat vor dem zuletzt zitierten Abschnitt) auf eine bereits gerechte Gesellschaft (mit einer, so nehme ich an, gerechten Verfassung und einer gerechten Grundstruktur) und auf die »wesentlichen Diskurse der Legitimation«. Er sagt, die Verfassung könne nicht als ein Projekt – als etwas, das noch zu verwirklichen ist – verstanden werden, und deshalb könne der öffentliche Vernunftgebrauch keine Form der Ausübung politischer Autonomie sein, sondern nur der Erhaltung politischer Stabilität dienen. Vielleicht meint Habermas, daß Bürger nur dann politisch autonom sein können, wenn sie von ganz oben bis ganz unten autonom sind – d. h., wenn sie sich selbst eine Verfassung geben, die ihren grundlegenden Debatten entspringt (ihren »wesentlichen Diskursen der Legitimation«), und dasselbe muß für alle untergeordneten Akte der Gesetzgebung gelten. Es ist jedoch zweifelhaft, ob er wirklich glaubt, daß in einer wohlgeordneten Gesellschaft, wie wir sie idealerweise in Gerechtigkeit als Fairneß beschreiben, der radikaldemokratische Glutkern nicht entfacht werden könne, weil sich die Bürger keine aus ihrer Sicht gerechte Verfassung geben können, wenn sie schon eine haben.

Falls dies das Problem sein sollte, so ist es einfach aufzulösen. Zur Klärung des Gedankens der politischen Autonomie sagen wir *erstens*: Bürger erlangen volle politische Autonomie, wenn sie unter einer einigermaßen gerechten Verfassung leben (eingeschlossen alle untergeordneten Gesetze und Vorschriften zur Regulierung der Grundstruktur), die ihre Freiheit und Gleichheit sichert, wenn sie diese Verfassung und die Gesetze verstehen und ihnen uneingeschränkt zustimmen und wenn sie diese, von ihrem Gerechtigkeitssinn und den anderen politischen Tugenden geleitet, in erforderlicher Weise Veränderungen der sozialen Umstände anpassen. Dem fügen wir *zweitens* hinzu, daß vernünftige Bürger, wenn Verfassung und Gesetze in irgendeiner Weise ungerecht oder unvollkommen sind, danach streben, autonomer zu werden, indem sie tun, wovon sie unter den gegebenen historischen und sozialen Umständen vernünftiger- und rationalerweise erwarten können, daß es der Förderung ihrer uneingeschränkten Autonomie dient. So gesehen ist eine gerechte Ordnung tatsächlich ein Projekt, wie Habermas sagt, auch nach der Gerechtigkeit als Fairneß.

Wir kommen jedoch nicht umhin zu fragen, warum die Bürger, selbst wenn die Verfassung gerecht wäre, nicht uneingeschränkt autonom sein sollten. Sind die Bürger der in Rousseaus *Du Contrat Social* beschriebenen Gesellschaft niemals völlig autonom, weil der ursprüngliche Gesetzgeber ihnen die Verfassung gegeben hat, unter der sie aufgewachsen sind? Warum sollte diese denkwürdige und weit zurückliegende Tat irgendeinen Unterschied machen, wenn sie jetzt die Verfassung verstehen und sie auf kluge und umsichtige Weise ausführen?[39] Wie könnte die Weisheit des Gesetzgebers den Bürgern diejenigen Einsichten nehmen, die sie sich in Generationen angeeignet haben? Warum können diese Einsichten nicht in ihren Überlegungen und Erfahrungen mit ihren Institutionen in dem Maße angeeignet werden, in dem sie die Gründe für den Aufbau ihrer Verfassung verstehen? Hält uns Kants *Grundlegungsschrift* davon ab, die Einsichten des Sittengesetzes zu verstehen, wenn wir über diese Schrift nachdenken? Gewiß nicht. Wie könnte es beim Verstehen der Gerechtigkeit einer Verfassung anders sein?

Überdies ist es nicht jeder Generation aufgegeben, alle wesentlichen Diskurse der Legitimation zu einem vernünftigen Abschluß zu bringen und sich eine neue und gerechte Verfassung zu geben. Ob eine Generation dies tun kann, hängt nicht nur von ihr selbst ab, sondern auch von der Geschichte ihrer Gesellschaft. Daß die Gründungsväter von 1787 bis 1791 zu Gründungsvätern wurden, haben nicht allein sie bestimmt, sondern der Verlauf der vorangegangenen Geschichte. In diesem Sinne können die, die bereits in einer gerechten verfassungsmäßigen Ordnung leben, keine gerechte Verfassung mehr aufstellen, aber sie können uneingeschränkt über sie reflektieren und ihr zustimmen und sich so in jeder notwendigen Richtung frei betätigen. Was könnte so besonders wichtig daran sein, daß wir uns selbst eine gerechte Verfassung geben, die vernünftig und rational ist, wenn wir schon eine haben, sie verstehen und nach ihr handeln? Auch wenn die politische Autonomie ein Ausdruck unserer Freiheit ist, ist es nicht vernünftiger, die Akte ihrer Ausübung zu maximieren als bei irgendeiner anderen Art von Freiheit, wir handeln vielmehr immer dann entsprechend, wenn es nötig erscheint. Gleichwohl mag Habermas Einwände gegen den Vier-Stufen-Gang als Überlegungsrahmen haben, auch wenn wir diesen so interpretieren, wie ich dies in Abschnitt III.2 getan habe. Er mag die Abfolge zunehmend durchlässigerer Schleier der Unwissenheit für zu einschränkend und restriktiv halten.

(4) Ich komme nun zum dritten und letzten Teil des Abschnitts auf S. 191, ergänzt durch ein späteres Zitat. Habermas räumt ein, daß die von ihm benannten Konsequenzen nicht meinen Intentionen entsprechen, aber er glaubt, daß meine Auffassungen zu ihnen führen. Dies zeige sich:

»beispielsweise an der starren Grenze zwischen der politischen und der nicht-öffentlichen Identität der Bürger. Rawls zufolge wird diese Grenze durch liberale Grundrechte gezogen, die die demokratische Selbstgesetzgebung und damit die Sphäre des Politischen *von vornherein*, d. h. vor aller politischen Willensbildung begrenzen« (oben S. 191).

Der zusätzliche Abschnitt findet sich auf Seite 192. Er lautet folgendermaßen:

»Diese beiden Identitäten bilden sodann die Bezugspunkte für zwei Sphären, von denen die eine durch politische Teilnahme- und Kommunikationsrechte, die andere durch liberale Freiheitsrechte geschützt wird. Dabei genießt der grundrechtliche Schutz der Privatsphäre Vorrang, während 'die politischen Freiheiten weitgehend eine instrumentelle Rolle zur Bewahrung der übrigen Freiheiten' spielen. Mit Bezug auf die politische Wertsphäre wird also eine vorpolitische Freiheitssphäre ausgegrenzt, die dem Zugriff der demokratischen Selbstgesetzgebung entzogen ist.«

Ich beginne mit der Bedeutung der kursivgesetzten Wörter am Ende der ersten Textstelle. Habermas sagt dort »von vornherein« bedeute »vor aller Willensbildung«. Wenn dies zuträfe, wäre das, was er sagt, keine akkurate Wiedergabe der Konzeption der Gerechtigkeit als Fairneß. Der Grund ist folgender: vom Standpunkt der Bürger in der Hintergrundkultur aus habe ich angenommen, daß wir auf der Ebene der verfassunggebenden Versammlung, nachdem die Gerechtigkeitsgrundsätze im Urzustand gewählt wurden, eine Verfassung wählen, die durch einen Grundrechtskatalog und andere Vorkehrungen gesetzgeberischen Mehrheiten Beschränkungen hinsichtlich der Belastungen auferlegt, die sie solchen Grundfreiheiten wie der Gewissens-, der Rede- und der Gedankenfreiheit zumuten dürfen. In dieser Weise wird die in der Gesetzgebung zum Ausdruck kommende Volkssouveränität eingeschränkt. Der Gerechtigkeit als Fairneß zufolge gehören diese Grundfreiheiten keiner vor-politischen Sphäre an. Nicht-öffentliche Werte werden nicht, wie es in manchen umfassenden Lehren der Fall sein mag (z. B. im rationalen Intuitionismus oder in Naturrechtslehren), als ontologisch primär und darum politischen Werten gegenüber vorrangig angesehen. Zweifellos vertreten einige Bürger diese Auffassung, aber das ist eine andere Sache. Es gehört nicht zur Auffassung der Gerechtigkeit als Fairneß. Diese Konzeption erlaubt uns (aber sie zwingt uns nicht), die Grundfreiheiten auf der Grundlage der Beratungen der Bürger und ihrer Urteile im Laufe der Zeit in die Verfassung einzubauen und sie als verfassungsmäßige Rechte zu schützen. Die Zustimmung zu einer Verfassung, welche die Mehrheitsregel einschränkt, muß deshalb dem Volkswillen nicht vorgeordnet sein und so auch keine äußere Beschränkung der Volkssouveränität darstellen. Sie ist der Wille des Volkes, der sich in demokratischen Verfahren mit der Annahme einer Verfassung und der Verabschiedung von Verfassungsänderungen ausdrückt. Dies erscheint offensichtlich, sobald wir den Vier-Stufen-Gang als ein Modell betrachten, um die politischen Urteile von Bürgern zu ordnen.

All dies wird noch deutlicher durch die Unterscheidung zwischen Verfassungspolitik und gewöhnlicher Politik, wie ich sie im Teil VI.6 von *Political Liberalism* dargestellt habe.[40] Wir gehen von der bei John Locke zu findenden Vorstellung einer dualistisch konzipierten konstitutionellen Demokratie aus. Die konstitutive Macht des Volkes, eine Verfassung aufzustellen, sie anzunehmen und zu ändern, wird von der gewöhnlichen Macht der Legislative und Exekutive in der Alltagspolitik unterschieden. Ebenso wird zwischen dem übergeordneten Recht (*higher law*) des Volkes und dem gewöhnlichen Recht (*ordinary law*) gesetzgebender Körperschaften unterschieden (PL 231 ff.). Die Vorherrschaft des Parlaments wird zurückgewiesen. Die drei innovativsten Perioden in der amerikanischen Verfassungsgeschichte waren, so würde ich sagen, die Gründungsphase (1787-1791), der Wiederaufbau nach dem Bürgerkrieg, und, auf ihre Weise, die Zeit des *New Deal*.[41] In allen drei Perioden wurden gesellschaftsweit grundlegende politische Diskussionen geführt. Sie bieten uns drei Beispiele dafür, wann vorgeschlagene und schließlich angenommene Verfassungsänderungen durch eine Wählerschaft motiviert und bestätigt wurden. Diese Beispiele zeigen gewiß, daß der verfassungsmäßige Schutz von Grundrechten nicht dem vorausgeht, was Habermas als Willensbildung bezeichnet. Es genügt, James Madison zu nennen, der im Juni 1789 die *Bill of Rights* so durch den Kongreß brachte, wie es den Antiföderalisten versprochen worden war; und ohne sie wäre die Verfassung womöglich nicht ratifiziert worden.[42]

Der Vier-Stufen-Gang stimmt demnach mit der Vorstellung überein, daß die Freiheiten der Modernen dem verfassunggebenden Willen des Volkes unterliegen. In den Begriffen dieser Stufenfolge urteilt das Volk – oder besser diejenigen Bürger, falls es sie gibt, die Gerechtigkeit als Fairneß bejahen – auf der Ebene der verfassunggebenden Versammlung. Ich vermute, Habermas nimmt an, nach meiner Auffassung seien die Freiheiten der Modernen eine Art Naturrecht und deshalb, wie es seiner Interpretation zufolge bei Kant der Fall ist, externe inhaltliche Beschränkungen des öffentlichen Willens des Volkes.[43] Gerechtigkeit als Fairneß ist jedoch eine politische Gerechtigkeitsauffassung, und auch wenn sie natürlich eine moralische Auffassung ist, so ist sie doch keine Naturrechtslehre. Weder leugnet noch vertritt sie irgendeine solche Lehre. Meine Entgegnung auf Habermas besteht in der schlichten Feststellung, daß vom Standpunkt einer politischen Gerechtigkeitskonzeption aus die Freiheiten der Modernen dem konstitutiven Willen des Volkes keine, wie Habermas einwendet, vorgängigen Beschränkungen auferlegen.[44]

Falls dies zutrifft, mag Habermas keine Einwände gegen Gerechtigkeit als Fairneß haben, er könnte aber gleichwohl die Verfassung ablehnen, zu der sie seiner Überzeugung nach führt und die, wie ich glaube, sowohl die alten als auch die modernen Freiheiten schützt. Vielleicht betrachtet er die in *A Theory of Justice* (Kapitel IV) zur Illustration herangezogenen Beispiele aus der US-Verfassung als Hinweis darauf, daß die Verfassung der Gerechtigkeit als Fairneß dieser ähnlich und darum auch denselben Einwänden wie sie ausgesetzt wäre. Jedoch diskutieren er und ich nicht darüber, ob die US-Verfassung, so wie sie ist, gerecht ist oder nicht. Vielmehr geht es darum, ob Gerechtigkeit als Fairneß Volkssouveränität, an der ihm soviel liegt, zuläßt und wie diese mit ihr zu vereinbaren ist. Ich habe mit Nachdruck vertreten, daß dies der Fall sei. Und ebenso wie er habe ich Einwände gegen unsere gegenwärtige Verfassung, die sich (in meinem Fall) von den beiden Gerechtigkeitsgrundsätzen herleiten und gegen die Einrichtung der Grundstruktur unserer Gesellschaft als eines Systems sozialer Kooperation richten. Ich nenne drei: Das gegenwärtige System versagt kläglich bei der öffentlichen Finanzierung politischer Wahlen und führt zu schwerwiegenden Unausgewogenheiten, was die fairen politischen Freiheiten angeht. Es läßt große Ungleichheiten bei der Einkommens- und Vermögensverteilung zu, die faire Chancengleichheit in der Bildung und bei der Wahl erfüllender Berufstätigkeiten unmöglich machen und die soziale und ökonomische Gleichheit unterlaufen. Außerdem fehlen wesentliche Verfassungsinhalte wie z. B. die Gesundheitsfürsorge für diejenigen ohne Krankenversicherung. Diese dringenden Fragen betreffen jedoch nicht die von Habermas aufgebrachten philosophischen Probleme wie das Modell des Urzustandes und seine Beziehungen zur Diskurstheorie, die beiden Gerechtigkeitsgrundsätze und den Vier-Stufen-Gang und die Beziehung zwischen den alten und den modernen Freiheiten.

Möglicherweise entsprechen Habermas' Vorstellungen in gewisser Hinsicht denen von Jefferson, der von diesen Fragen zutiefst beunruhigt gewesen zu sein scheint. In seinem Brief an Samuel Kercheval von 1816 diskutiert Jefferson seine Ideen zu einer Reform der Verfassung von Virginia und entwickelt die Grundzüge seines Ward-Systems, durch das größere Kreise (*counties*) in Gemeinden (*wards*) unterteilt werden, die so klein sind, daß jeder Bürger seine Auffassungen zu Fragen auf der Ebene der Gemeinde und des Kreises und auf höheren Ebenen vertreten und zu Gehör bringen kann. Diese Gemeinden, verbunden vermutlich mit einer Stufenfolge von Konsultationen, schaffen für die Leute den notwendigen öffentlichen Raum, um sich als gleiche Bürger zum Ausdruck zu bringen. Solche Einrichtungen fehlten ebenso in der Verfassung von Virginia wie in der der Vereinigten Staaten. Man denke auch an Jeffersons Idee im gleichen Brief, alle neunzehn oder zwanzig Jahre eine verfassunggebende Versammlung einzuberufen, damit jede Generation ihre eigene Verfassung wählen könne, wobei frühere Generationen ohne Stimme bleiben.[45] Wenn ich hier auf Jeffersons Ansichten Bezug nehme, so deshalb, weil sie ein Licht auf Habermas' Bemerkung bezüglich des Entfachens des radikal demokratischen Glutkerns in einer gerechten Gesellschaft zu werfen vermögen.

Ich glaube außerdem, daß der angemessenste Aufbau einer Verfassung nicht ausschließlich eine Frage der politischen Philosophie ist, sondern ebensosehr von unserem Verständnis der Wirkungsweise politischer und sozialer Institutionen und ihrer Grenzen abhängt und davon, wie man bewirken kann, daß sie effektiv arbeiten. Diese Dinge sind durch die Geschichte und durch die Einrichtung der betreffenden Institutionen bestimmt. Hier findet natürlich der Wahrheitsbegriff Anwendung. Auf die Frage des Verfassungsaufbaus komme ich in Teil IV.3 zurück.

IV. Die Wurzeln der Freiheiten

(1) Der erste Teil von Habermas' Kritik bezüglich der Freiheiten, auf den ich in Teil III eingegangen bin, ist mit der kurzen Zusammenfassung verbunden[46], die er am Ende seiner kritischen Ausführungen über das, wie er sagt, dialektische Verhältnis von privater und öffentlicher Autonomie gibt (oben, S. 193 f.). Ich schließe meine Erwiderungen mit einer Diskussion dieser Zusammenfassung, in der Überlegungen aus dem zentralen Argumentationsgang von *Faktizität und Geltung* aufgenommen werden[47], die dort im wesentlichen im 3. und 4. Kapitel zu finden sind. Habermas kommt auf sie aber auch im 9. Kapitel und im Nachwort zurück.[48] Aus diesem Grunde beginne ich mit einer Besprechung dessen, was er dort sagt, um meine Erwiderungen auf seine Einwände ge-

gen das abzuschließen, was er als die historische Lehre des Liberalismus betrachtet.[49]

Habermas meint, die liberalen und bürgerlichen Republikaner hätten die gesamte Geschichte der politischen Philosophie hindurch den inneren Zusammenhang zwischen öffentlicher und privater Autonomie nicht verstanden. So behauptet er zum Beispiel, liberale Autoren würden den Zusammenhang zwischen den beiden Formen der Autonomie typischerweise so betrachten, als gründe sich die private Autonomie, wie sie durch die Freiheiten der Modernen konkretisiert wird, auf die Menschenrechte – z. B. das Recht auf Leben, Freiheit und (persönliches)[50] Eigentum – und auf die »anonyme«[51] Rechtsstaatlichkeit. Die öffentliche (politische) Autonomie werde dagegen aus dem Prinzip der Volkssouveränität hergeleitet und artikuliere sich in demokratischen Gesetzen. In der philosophischen Tradition sei die Beziehung, so Habermas, zwischen den beiden Arten der Autonomie durch ein »ungelöstes Konkurrenzverhältnis« gekennzeichnet (Nachwort III. 1).

Er sieht den Fehler darin, daß der Liberalismus seit dem 19. Jahrhundert die große Gefahr einer Tyrannei der Mehrheit beschworen und zur Begrenzung der Volkssouveränität einfach die Menschenrechte postuliert habe. Was den bürgerlichen Republikanismus in der aristotelischen Tradition betrifft, so habe er von Anfang an die Priorität der alten Freiheiten gegenüber den modernen zugestanden. Entgegen Locke und Kant bestreitet Habermas, daß die Rechte der Modernen moralische Rechte sind, die entweder auf dem Naturrecht oder auf einer moralischen Vorstellung wie dem kategorischen Imperativ beruhen. Indem er diese Rechte moralisch begründe, unterwerfe der Liberalismus, so Habermas, die Rechtsordnung einer externen Begründung und lege den legitimen demokratischen Gesetzen Beschränkungen auf. Die Auffassung Rousseaus und des bürgerlichen Republikanismus dagegen gründe die Freiheiten der Alten auf die ethischen Werte einer besonderen Gemeinschaft mit dem für sie typischen Ethos des Gemeinwohls und somit auf partikulare und lokale Werte.

Zwischen diesen beiden Auffassungen, die er für falsch hält, hin- und hergehend, betrachtet Habermas die Freiheiten der öffentlichen Autonomie und die Freiheiten der privaten Autonomie als »gleichursprünglich« und »gleichwertig«; keine von beiden habe gegenüber der anderen einen Vorrang oder könne dieser übergeordnet werden (FG 135). Entscheidend ist, daß das ungelöste Konkurrenzverhältnis zwischen öffentlicher und privater Autonomie durch den zwischen ihnen bestehenden inneren Zusammenhang aufgelöst wird, den schon Rousseau und Kant auf den Begriff zu bringen versuchten, wenn ihnen auch die entscheidende Einsicht fehlte. Sobald wir den Zusammenhang zwischen ihnen verstehen, erkennen wir, daß sie einander wechselseitig bedingen (oben, S. 193), denn wenn dieser Zusammenhang besteht, tritt die eine Form der Autonomie stets mit der anderen zusammen auf, und keine muß der anderen aufgezwungen werden. Dem diskurstheoretischen Demokratieverständnis zufolge herrschen Harmonie und Ausgeglichenheit, und beide Formen der Autonomie werden voll verwirklicht.[52]

Habermas stellt nicht in Frage, ob Menschenrechte als moralische Rechte begründet werden können. Worauf es ihm ankommt, ist, daß sie, sobald wir sie als zum positiven Recht gehörig betrachten, das stets Zwangscharakter hat und von der Staatsgewalt sanktioniert wird, nicht durch eine externe Instanz der Legislative einer demokratischen Ordnung aufgezwungen werden können. Das ist gewiß richtig. Stellen wir uns vor (und dies ist wilde Phantasie), der preußische Kanzler zu Kants Zeiten hätte mit Unterstützung des Königs dafür gesorgt, daß alle erlassenen Gesetze mit Kants Prinzip des Gesellschaftsvertrags übereinstimmten, so daß freie und gleiche Bürger, sagen wir nach gebührendem Überlegen, ihnen zustimmen könnten.[53] Da die Bürger selber jedoch nicht über diese Gesetze frei diskutieren, über sie abstimmen und sie erlassen können, sind sie nicht politisch autonom und können sich auch nicht so betrachten. Habermas sagt auf der anderen Seite, auch ein demokratisches und politisch völlig autonomes Volk dürfe als Gesetzgeber nichts verfügen, was diese Menschenrechte verletzt. Er sieht hier ein Dilemma des Liberalismus (Nachwort III.2), dessen Lösung der politischen Philosophie lange entgangen sei, wodurch es zu einem ungelösten Konkurrenzverhältnis zwischen den Freiheiten gekommen sei. Das konstatierte Dilemma, so denke ich, liegt darin, daß, obwohl die Menschenrechte der Ausübung der öffentlichen Autonomie in einer demokratischen Ordnung nicht von außen auferlegt werden können, diese Autonomie, wie groß sie auch sein mag, diese Rechte auch nicht durch ihre Gesetze in legitimer Weise verletzen kann (Nachwort III.2).

(2) Ich möchte jetzt den Liberalismus, so wie ich ihn verstehe, gegen das, was Habermas zu sagen scheint, verteidigen. So bestreite ich *erstens*, daß der Liberalismus politische und private Autonomie in einem ungelösten Konkurrenzverhältnis beläßt, und *zweitens*, daß das behauptete Dilemma, in dem der Liberalismus hier gesehen wird, kein wirkliches Dilemma ist, denn beide Behauptungen sind offensichtlich richtig. *Drittens* halte ich schließlich daran fest, daß für einen richtig verstandenen Liberalismus – wie der, so hoffe ich, von Gerechtigkeit als Fairneß und anderen auf Locke zurückgehenden liberalen Lehren – öffentliche und private Autonomie ebenfalls gleichursprünglich und gleichwertig sind (um die Ausdrücke von Habermas zu benutzen) und daß keine der beiden der anderen von außen auferlegt werden kann. Ich beginne mit letzterem.

Ich ziehe drei Parallelen zwischen Gerechtigkeit als Fairneß und der Auffassung von Habermas, die verdeutlichen, daß für einen richtig verstandenen Liberalismus öffentliche und private Autonomie gleichursprünglich und gleichwertig sind. Sie zeigen, so glaube ich, daß Gerechtigkeit als Fairneß und andere liberale Auffassungen ebenso wie seine diskurstheoretische Betrachtungsweise das anerkennen, was er den inneren Zusammenhang nennt, d. h. das wechselseitige Bedingtsein der alten und der modernen Freiheiten. Ich beginne mit dem letzten Satz des ersten kurzen Absatzes, mit dem die Zusammenfassung beginnt.[54]

»Die Grundfrage lautet dann: welche Rechte müssen sich freie und gleiche Personen gegenseitig einräumen, wenn sie ihr Zusammenleben mit Mitteln des positiven und zwingenden Rechts regeln wollen« (oben, S. 193).

Bei Habermas ist diese Frage der Ausgangspunkt seiner Interpretation der sich selbst verstehenden Demokratie (FG 109).

Nun, liegt in dieser Feststellung nicht eine Parallele – wenn auch keine vollständige Übereinstimmung – zu dem, was in der Zivilgesellschaft geschieht, wenn Bürger die Vorzüge des Urzustandes und der in ihm vermutlich gewählten Grundsätze diskutieren und sie, falls sie dies tun, anerkennen?[55] Ist es nicht so, daß die Parteien als Treuhänder der Bürger Gerechtigkeitsgrundsätze auswählen, um das System von (Grund-)Freiheiten festzulegen, welches die fundamentalen Interessen der Bürger am besten schützt und fördert, und das sie darum einander zugestehen? Auch hier sind also die alten und die modernen Freiheiten gleichursprünglich und gleichwertig, und keiner von ihnen wird ein Ehrenplatz vor der anderen eingeräumt. Die Freiheiten der öffentlichen und der privaten Autonomie werden nebeneinander ohne Rangordnung durch den ersten Gerechtigkeitsgrundsatz festgelegt. Diese Freiheiten sind auch gleichursprünglich in dem weiteren Sinne, daß beide Arten von Freiheiten jeweils in einem der beiden moralischen Vermögen (der Anlage zu einem Gerechtigkeitssinn und der Befähigung zu einer Konzeption des Guten) oder in beiden zusammen begründet liegen. Die zwei Vermögen stehen in keiner Rangordnung, beide sind wesentliche Aspekte des politischen Begriffs der Person, und jedem Vermögen korrespondieren ihm eigene höherrangige Interessen.[56]

(3) Eine zweite Parallele zwischen Gerechtigkeit als Fairneß und der Konzeption von Habermas ist, daß beide auf einer zweistufigen Konstruktion beruhen.[57] Die Parallele besteht darin, daß diejenigen in der Zivilgesellschaft, die Gerechtigkeit als Fairneß akzeptieren, den Urzustand als ein Darstellungsmittel benutzen, um die Rechte von Bürgern festzulegen, die einander als gleiche anerkennen und deren Rechte durch eine demokratische Ordnung gewährleistet werden müssen. Mit den beiden Gerechtigkeitsgrundsätzen in Händen (mit Betonung auf dem ersten Grundsatz) kommen wir dann (in Übereinstimmung mit dem Vier-Stufen-Gang, Teil III.2) als Delegierte in eine verfassunggebende Versammlung. Und hier, genau wie bei Habermas, »schreiten wir an die verfassungsrechtliche Disziplinierung der bereits vorausgesetzten Staatsgewalt« (Nachwort III.8). Gerechtigkeit als Fairneß zufolge wählen wir im Denken und der aus ihm folgenden Praxis eine Verfassung. Diese kann, wie schon gesagt, einen Grundrechtskatalog einschließen. Falls dies der Fall ist, unterwirft sie die parlamentarische Legislative gewissen verfassungsrechtlichen Beschränkungen und diszipliniert und reguliert so auf eine mögliche Weise die bereits als bestehend vorausgesetzte Staatsgewalt. Diese Gewalt selbst wird in Gerechtigkeit als Fairneß von Anfang an vorausgesetzt (Teil I); wir haben es mit Grundsätzen und Idealen für die Grundstruktur einer Gesellschaft und ihrer wichtigsten politischen und sozialen Institutionen zu tun, von der wir annehmen, daß sie bereits in irgendeiner Form existiert.

Wenn Habermas sagt, daß liberale Rechte in seiner Konzeption keine ursprünglichen Rechte seien, sondern sich aus einer Transformation wechselseitig eingeräumter Freiheiten ergeben (Nachwort III.8), so bezieht sich dies, wie der Kontext zeigt, auf in die Verfassung aufgenommene Rechte gegen den Staat (man denke an die amerikanische *Bill of Rights* oder an das deutsche Grundgesetz). Er spricht nicht über die individuellen Rechte, welche die Personen einander in seinem ersten Schritt ursprünglich einräumen.[58] Diese letzteren Rechte jedoch sind ursprünglich in dem Sinne, daß wir mit ihnen beginnen, ebenso wie wir sagen können, daß die durch den ersten Grundsatz abgedeckten Grundrechte ursprünglich sind. Die Grundfreiheiten dieser Grundsätze können wir zusammen mit unseren Auffassungen über die Funktionsweise der Legislative und der gesellschaftlichen Institutionen als Gründe dafür anführen, diese Freiheiten in einer verfassunggebenden Versammlung in die geschriebene Verfassung aufzunehmen. In den Worten von Habermas: sie können transformiert werden. Die Grundfreiheiten (entsprechend seinen ursprünglich eingeräumten Rechten) sind ursprünglich (in seinem Sinne), die Beschränkungen der Legislative dagegen nicht. Habermas stellt nicht in Frage, daß diese Freiheiten in geeigneter Weise auf die Ordnung moralischer Rechte bezogen werden können. Seine Auffassung ist vielmehr die (und dem stimme ich zu), daß die Herstellung dieser Beziehung in einer demokratischer Gesellschaft alleine nicht ausreicht, um sie als legitime Gesetze durchzusetzen. Auch würde er nicht in Frage stellen, daß der vernünftige Glaube von Bürgern an das Bestehen dieser Beziehung einen guten Grund dafür darstellt, gewisse private Rechte nach einer demokratischen Debatte in Kraft zu setzen.

Wenn all dies richtig ist, so unterscheidet sich Habermas' Auffassung ebensowenig von der der Gerechtigkeit als Fairneß wie von der Frank Michelmans, den er als einen bürgerlichen Republikaner betrachtet, und von vielen anderen Formen des Liberalismus. Seine Auffassung und unsere (und ein Großteil der amerikanischen Verfassungsrechtslehre) stimmen darin überein, daß die Frage, ob die Freiheiten der Modernen in eine Verfassung aufgenommen werden oder nicht, durch die konstitutive Macht eines demokratischen Volkes entschieden werden muß.[59] Dies ist eine auf George Lawson via Locke zurückgehende vertraute Linie verfassungsrechtlichen Denkens.[60] Ich denke, Habermas' Auffassungen über den Liberalismus entsprechen nicht dessen historischer Entwicklung.

Es ist darüber hinaus eine Frage von wirklicher Bedeutung, wie in Teil III dargestellt, ob diese Freiheiten am besten dadurch gesichert und geschützt werden, daß man sie in die Verfassung aufnimmt. Diese Frage betrifft die Gestaltung einer Verfassung. Natürlich setzt ihre Beantwortung Rechts- und Gerechtigkeitsgrundsätze voraus, aber sie erfordert auch historische Kenntnisse und ein Verständnis der Funktionsweise demokratischer Institutionen unter verschiedenen historischen, kulturellen und sozialen Bedingungen. Gerechtigkeit als Fairneß zufolge müssen diese Dinge in der verfassunggebenden Versammlung beurteilt werden nach den jeweiligen Vor- und Nachteilen, wie sie sich von diesem Standpunkt aus darstellen. Meinungsverschiedenheiten beruhen hier zum guten Teil darauf, wie wir die historischen Befunde über die Wirksamkeit verfassungsmäßiger Schutzvorkehrungen gewichten und ob diese mit Nachteilen, wie z. B. einer Schwächung der Demokratie, verbunden sind. Wie attraktiv es auf den ersten Blick auch erscheinen mag, die Legislative einzuschränken, eine Überprüfung der einschlägigen Befunde, historischen Beispiele und des politischen und sozialen Denkens mögen etwas anderes nahelegen. Entscheidend ist, daß Fragen des Verfassungsaufbaus weder ausschließlich durch die politische Philosophie – sei sie nun liberal, diskurstheoretisch oder anders orientiert – noch allein durch politische und soziale Studien entschieden werden können, ohne jeden einzelnen Fall für sich zu untersuchen und ohne die besondere politische Geschichte und die demokratische Kultur einer Gesellschaft zu berücksichtigen. So halte ich daran fest, daß es im Liberalismus (und auch in Habermas' Konzeption) kein ungelöstes Konkurrenzverhältnis zwischen den alten und den modernen Freiheiten gibt, sondern nur das Problem der Abwägung von Befunden in der einen oder anderen Weise. Es verhält sich hiermit genau so wie mit der Antwort auf die (in *A Theory of Justice* diskutierte) Alternative zwischen einer Demokratie mit Privateigentum und einem liberalen Sozialismus (TJ 270-274, d 302-308).

Ich bestreite kurzum, daß der Liberalismus das Konkurrenzverhältnis zwischen politischer und privater Autonomie ungelöst läßt. Dies ist meine erste These. Die zweite ist, daß das dem Liberalismus zugeschriebene Dilemma tatsächlich ein Dilemma ist, da, wie ich schon gesagt habe, beide Behauptungen wahr sind. Die eine besagt, daß kein moralisches Gesetz der Souveränität eines demokratisches Volkes von außen auferlegt werden kann, die andere besagt, daß ein souveränes Volk sich gerechterweise keine Gesetze geben kann (wohl aber legitimerweise[61]), die diese Rechte verletzen. Diese Aussagen sind einfach Ausdruck des Risikos, das für die politische Gerechtigkeit mit jeder Regierung (sei sie nun demokratisch oder nicht) verbunden ist; denn es gibt keine von Menschen geschaffenen Institutionen – seien sie nun politisch, sozial, rechtlich oder kirchlich – die garantieren könnten, daß nur legitime (oder gerechte) Gesetze gegeben werden und daß alle gerechten Gesetze immer geachtet werden. Dem ist hinzuzufügen: gewiß und unbezweifelbar kann eine einzelne Person allein auf sich gestellt recht haben, wenn sie sagt, daß die Gesetze und die Regierung falsch und ungerecht seien. Es ist keine besondere Lehre der Gleichursprünglichkeit und Gleichwertigkeit vonnöten, um diese einfache Tatsache zu erklären. Es fällt schwer zu glauben, daß alle die bedeutenden liberalen und bürgerlich-republikanischen Autoren dies nicht verstanden hätten; denn es geht um die uralte Frage, wie Macht und Gesetz am besten zu verbinden seien, um Gerechtigkeit zu erreichen.

(4) Eine dritte Parallele zwischen Gerechtigkeit als Fairneß und der Vorstellung, daß öffentliche und private Autonomie gleichursprünglich und gleichwertig sind, ist folgende: Für Habermas ergibt sich, so glaube ich, der innere Zusammenhang zwischen den beiden Formen der Autonomie aus der diskurstheoretischen Rekonstruktion der Legitimität demokratischer Gesetze. In Gerechtigkeit als Fairneß sind die beiden Formen der Autonomie ebenfalls intern miteinander verbunden, und zwar in dem Sinne, in dem diese Konzeption zu einem Ideal zusammengefügt wird. Ihr System von Grundrechten und Grundfreiheiten hat seinen Ursprung in der Vorstellung der Gesellschaft als eines fairen Systems sozialer Kooperation und darin, daß rationale Vertreter von Bürgern die Bedingungen sozialer Kooperation unter vernünftigen Bedingungen auswählen. Als Kooperationsteilnehmer verfügen die Bürger, so nehmen wir an, über die beiden notwendigen moralischen Vermögen mit ihren drei höherrangigen Interessen, die sie befähigen, sich an einer Gesellschaft im beschriebenen Sinne zu beteiligen. Diese Vermögen sind die Anlage zu einem Gerechtigkeitssinn und die Befähigung zu einer Konzeption des Guten. Das erste Vermögen ist dem Vernünftigen zugeordnet – dem Vermögen, faire Bedingungen sozialer Kooperation vorzuschlagen und sie im Handeln zu beachten, vorausgesetzt, andere handeln ebenso; das zweite

Vermögen ist dem Rationalen zugeordnet[62] – der Befähigung zu einer rationalen und kohärenten Konzeption des Guten, die innerhalb der durch die fairen Bedingungen festgelegten Grenzen verfolgt wird.

Von hier aus geht es darum, die Grundfreiheiten in einem völlig adäquaten System der zwei Arten von Freiheiten zu verbinden. Dies geschieht in sechs Schritten, die ich hier nur skizziere:

(a) Es werden (für alle Bürger) die sozialen Bedingungen für die adäquate Entwicklung und für die uneingeschränkte und informierte Ausübung der beiden moralischen Vermögen in den zwei grundlegenden Fällen identifiziert (PL VIII, 332).[63]

(b) Es werden die Rechte und Freiheiten identifiziert, die zum Schutz und zur Ausübung der beiden moralischen Vermögen in den beiden grundlegenden Fällen nötig sind. Der erste Fall betrifft die Anwendung der Gerechtigkeitsgrundsätze auf die Grundstruktur der Gesellschaft und die Sozialpolitik. Politische Freiheit und die Freiheit der politischen Rede und des politischen Denkens sind hier wesentlich. Der zweite Fall betrifft die lebenslange Anleitung des eigenen Handelns durch die deliberative Vernunft. Gewissens- und Gedankenfreiheit kommen hier in einem verallgemeinerten Sinne ebenso ins Spiel wie die Versammlungsfreiheit (PL VIII, 332).

(c) Da die Freiheiten unausweichlich miteinander in Konflikt geraten und keine gegenüber den anderen absolut ist, müssen wir überprüfen, ob jede Freiheit zugleich mit allen anderen in einer arbeitsfähigen Grundstruktur in ihrem zentralen Anwendungsbereich realisiert werden kann (PL 297 ff.). Wir können dies nicht einfach postulieren, sondern müssen es zeigen, indem wir die zentralen Anwendungsbereiche der einzelnen Freiheiten genau umreißen und aufweisen, wie sie durch arbeitsfähige, den beiden Gerechtigkeitsgrundsätzen genügende Institutionen miteinander in Einklang gebracht werden können.[64]

(d) Man wähle zwei Vorgehensweisen (die eine historisch, die andere theoretisch), um eine Liste von Grundfreiheiten aufzustellen. Wenn wir historisch vorgehen, betrachten wir die Verfassungen demokratischer Gesellschaften, stellen die von ihnen normalerweise geschützten Freiheiten zusammen und untersuchen, welche Rolle diese in historisch erfolgreichen Demokratien gespielt haben. Die andere Vorgehensweise besteht darin, zu überlegen, welche Freiheiten für die adäquate Entwicklung und lebenslange

Ausübung der beiden moralischen Vermögen entscheidend sind (PL 292 ff.).

(e) Man führe Grundgüter ein (zu denen die Grundfreiheiten und faire Chancengleichheit gehören), um den Inhalt der Gerechtigkeitsgrundsätze weiter zu konkretisieren, so daß diese unter normalen sozialen Bedingungen zur Anwendung gebracht werden können. Von den Grundrechten, Freiheiten und Chancen wissen wir, daß sie gleich zu verteilen sind, außerdem benötigen Bürger ausreichende allgemein dienliche Mittel, um diese wirksam zu nutzen. Aber welche Rechte, Freiheiten und Mittel sind im einzelnen zur Anwendung dieser Grundsätze nötig? Auf diese Frage antwortet die Liste der Grundgüter (PL V:3-4). Sobald wir sie zusammengestellt haben, können uns die Grundsätze unter einigermaßen günstigen Bedingungen dabei anleiten, ausgehend von der real existierenden Gesellschaft schrittweise ein gerechtes System politischer und sozialer Institutionen einzurichten, das sowohl die Freiheiten der Alten als auch die der Modernen in ihren zentralen Anwendungsbereichen schützt.

(f) Man zeige schließlich, daß diese Grundsätze im Urzustand von Treuhändern der Bürger der Gesellschaft angenommen würden, die als freie und gleiche betrachtet werden und die über die beiden moralischen Vermögen und eine bestimmte Konzeption des Guten verfügen.

Auf diese Weise werden die den beiden Autonomieformen zugeordneten Gruppen von Freiheiten intern durch die Konzeption der Gerechtigkeit als Fairneß als einer politischen Gerechtigkeitsauffassung miteinander verbunden. Diese Variante des Liberalismus läßt die Freiheiten demnach nicht in einem ungelösten Konkurrenzverhältnis. In konkreten Fällen wird es gleichwohl häufig zu Konflikten zwischen Freiheiten kommen. Dies kann jedoch kein System des Verfassungsaufbaus völlig verhindern, das von Habermas so wenig wie irgendein anderes, aber dies weiß er natürlich selbst.

Ich komme nun zu den Differenzen zwischen Habermas' Auffassung und der meinigen über die Frage der Gleichursprünglichkeit und Gleichwertigkeit der öffentlichen und der privaten Autonomie. Ich bin hier im Zweifel. Obwohl seine Auffassung eine umfassende Lehre darstellt (Teil 1), vertreten wir beide ein normatives Ideal von Demokratie, das auf dem inneren Zusammenhang zwischen den beiden Formen der Autonomie beruht, und diese

Ideale stimmen an verschiedenen Punkten überein. Sein Ideal scheint mir zu vage umrissen, um sagen zu können, zu welcher Gruppe von Freiheiten das Verfahren der idealen Sprechsituation führen würde. In der Tat ist fraglich, ob es überhaupt zu irgendwelchen konkreten Ergebnissen führen kann.[65]

(5) Ein letzter Punkt: Wenn man Habermas wörtlich nimmt, so scheint er zu glauben, daß der innere Zusammenhang zwischen den beiden Formen der Autonomie auf dem »normativen Gehalt der Art der Ausübung politischer Autonomie« (FG 133) beruht. Aber warum diese Betonung des Politischen? Will er hier wirklich sagen, daß die politische Autonomie vorgängig und grundlegend ist, nachdem doch beide Arten der Autonomie als gleichursprünglich und gleichwertig bezeichnet wurden? Warum geht es nach seiner Auffassung nicht gleichermaßen gut in beide Richtungen?

Wie dem auch sei, Gerechtigkeit als Fairneß behauptet, daß, auch wenn es möglich wäre, die Freiheiten der Privatautonomie mit denen der politischen Autonomie zu verbinden und durch letztere zu begründen, sie doch nicht ausschließlich durch diese Verbindung zu begründen sind. Dies ergibt sich daraus, daß Gerechtigkeit als Fairneß zufolge die Freiheiten der Modernen eine eigenständige Grundlage im zweiten moralischen Vermögen mit der ihm zugeordneten, wenn auch im Urzustand unbekannten, bestimmten Konzeption des Guten haben. Darüber hinaus kommen das zweite moralische Vermögen und seine zwei höherrangigen Interessen als eigenständige Größen im System der Grundfreiheiten zum Ausdruck, und zwar durch den Schutz und die Freiheiten der Personen als Mitglieder der Zivilgesellschaft mit ihrem sozialen, kulturellen und spirituellen Leben. Dieser Teil der Gesellschaft schließt verschiedene Arten von Institutionen und Vereinigungen ein: kulturelle Organisationen, wissenschaftliche Gesellschaften, Universitäten und Kirchen, Medien aller Art, alles dies in einer endlosen Mannigfaltigkeit. Der Wert und die Würdigkeit dieser Aktivitäten in den Augen der mit ihnen befaßten Bürger ist eine mindestens hinreichende und in der Tat lebenswichtige Grundlage der die Privatautonomie ausmachenden Rechte; denn das dauerhafte Bestehen einer politischen Demokratie hängt, wie Habermas zugesteht (FG 165), von einer sie stützenden liberalen Hintergrundkultur ab. Diese Kultur würde sie aber nicht unterstützen, wenn die Institutionen der Demokratie von vernünftigen

Bürgern nicht als etwas angesehen würden, das den von ihnen als angemessen betrachteten Konzeptionen des Guten förderlich ist, so wie sie durch ihre umfassenden Lehren im Rahmen der politischen Gerechtigkeit bestimmt werden. Selbst dann also, wenn der innere Zusammenhang zwischen den bürgerlichen und den politischen Freiheiten eine ausreichende diskurstheoretische Herleitung der bürgerlichen Freiheiten erlaubte, schlösse dies nicht aus, daß sie, so wie ich es glaube, auch eine andere und ebenso ausreichende Begründung haben können.

Die anscheinende Betonung des Politischen bei Habermas wäre (falls sie tatsächlich seinen Absichten entspricht), allenfalls dann plausibel, wenn man von der Wahrheit des klassischen Humanismus ausgeht, d. h., wenn es zuträfe, daß die Tätigkeiten, durch die menschliche Wesen sich in höchstem Grade entfalten (ihr höchstes Gut), eben diejenigen des politischen Lebens wären. Offenkundig kann die Teilnahme am politischen Leben für viele Menschen einen vernünftigen Teil ihrer Konzeption des Guten bilden. Für manche mag es in der Tat ein großes Gut sein, was bedeutende Staatsmänner wie George Washington und Abraham Lincoln bezeugen. Doch die Auffassung der Gerechtigkeit als Fairneß weist solche Erklärungen zurück und betrachtet die Unterordnung des Gutes der Zivilgesellschaft unter das öffentliche Leben als einen Irrtum.

V. Prozedurale versus substantielle Gerechtigkeit

(1) Ich schließe meine Verteidigung des Liberalismus (in meinem Fall des politischen Liberalismus) in diesem Abschnitt mit einer Entgegnung auf Habermas' Einwand, Gerechtigkeit als Fairneß sei eine substantielle und keine prozedurale Konzeption. Erinnern wir uns, er sagt, seine Theorie sei prozedural,

»... weil sie sich auf die prozeduralen Aspekte des öffentlichen Vernunftgebrauchs beschränkt und das System der Rechte aus der Idee seiner rechtlichen[66] Institutionalisierung entwickelt. Sie kann mehr Fragen offenlassen, weil sie dem *Prozeß* einer vernünftigen Meinungs- und Willensbildung mehr zutraut. Bei Rawls sind die Gewichte anders verteilt: während es der Philosophie vorbehalten bleibt, die konsensfähige Idee einer gerechten Gesellschaft zu entfalten, benutzen die Bürger diese Idee als Plattform, von der aus sie die bestehenden Einrichtungen und Politiken beurteilen« (oben, S. 194).

Ich verstehe meine Erwiderung als eine Verteidigung des Liberalismus, denn jede liberale Auffassung muß notwendigerweise substantiell sein, dagegen ist nichts einzuwenden. Darüber hinaus kann ich nicht erkennen, inwiefern Habermas' Auffassung selbst nicht substantiell sein sollte, auch wenn sich die substantiellen Elemente unterscheiden mögen.

Ich beginne damit, zu erklären, wie ich die Unterscheidung zwischen prozeduraler und substantieller Gerechtigkeit resp. die zwischen der Gerechtigkeit (oder Fairneß) eines Verfahrens und der Gerechtigkeit (oder Fairneß) seiner Resultate verstehe.[67] Beide Arten von Gerechtigkeit exemplifizieren bestimmte Werte, die des Verfahrens und die der Resultate; und beide Arten von Werten hängen in dem Sinne zusammen, daß (wenn man den Sonderfall der Glücksspiele außer Betracht läßt) die Gerechtigkeit des Verfahrens stets von der Gerechtigkeit seiner wahrscheinlichen Resultate, d. h. von substantieller Gerechtigkeit abhängig ist. Prozedurale und substantielle Gerechtigkeit hängen demnach zusammen und sind nicht getrennt. Dies schließt nicht aus, daß faire Verfahren auch einen intrinsischen Wert haben – etwa den Wert der Unparteilichkeit, wenn ein Verfahren allen Beteiligten z. B. die gleichen Chancen gibt, ihre Sicht der Dinge vorzutragen.[68]

Wir können uns den Zusammenhang zwischen prozeduraler und substantieller Gerechtigkeit veranschaulichen, indem wir uns zwei eindeutige Fälle von prozeduraler Gerechtigkeit vergegenwärtigen.[69] Der erste Fall ist der der vollkommenen Verfahrensgerechtigkeit, wie sie durch das Common sense-Verfahren der Aufteilung eines Kuchens veranschaulicht wird. Worauf es ankommt ist, daß dieses Verfahren gerade darum vollkommene Verfahrensgerechtigkeit illustriert, weil es stets das als fair anerkannte Resultat hervorbringt: die Gleichverteilung. Käme kein faires Resultat zustande, so hätten wir es nicht mit einem gerechten Verfahren zu tun. Dasselbe gilt für den Strafprozeß, der eine Form unvollkommener Verfahrensgerechtigkeit ist. Unvollkommen deshalb, weil keine Prozeßordnung, wie gerecht und wirksam sie auch gesetzlich geregelt sein mag – durch die Regeln der Beweisführung und die Rechte und Pflichten der Beteiligten, alles dies in vernünftiger Weise ausgelegt –, sicherstellen kann, daß der Angeklagte dann und nur dann verurteilt wird, wenn er tatsächlich das Verbrechen begangen hat. Genau wie im anderen Fall jedoch wäre das Strafgerichtsverfahren nicht gerecht (kein Verfahren für einen fairen Prozeß), wenn es nicht auf intelligente Weise so eingerichtet wäre, daß es (zumindest in den meisten Fällen) zur richtigen Entscheidung führte. Wir wissen, daß gelegentlich Irrtümer vorkommen, zum einen wegen der hoch angesetzten Maßstäbe für die Schuldfeststellung und weil man vermeiden will, Unschuldige zu verurteilen; zum anderen wegen der unvermeidlichen menschlichen Schwächen und nicht vorhersehbarer Zufälle in bezug auf die Beweisgründe. Doch diese Fälle dürfen nicht zu häufig auftreten, sonst wäre das Verfahren nicht länger gerecht.

Gelegentlich mag es so scheinen, als hätten wir es mit einem Disput über prozedurale und substantielle Gerechtigkeit zu tun; aber es stellt sich heraus, daß dies nicht der Fall ist. Beide Seiten stimmen darin überein, daß prozedurale Gerechtigkeit substantielle Gerechtigkeit voraussetzt, und die Divergenzen liegen woanders. Denken wir an pluralistische Demokratiekonzeptionen, die für irgendeine Form der Mehrheitsdemokratie eintreten und eine konstitutionelle Demokratie mit ihren institutionellen Vorkehrungen (Gewaltenteilung, qualifizierte Mehrheiten in manchen Angelegenheiten, Grundrechtskataloge, verfassungsrechtliche Normenkontrolle) ablehnen, weil sie mit demokratischer Herrschaft unvereinbar oder jedenfalls für diese unnötig seien. Diesen Konzeptionen zufolge ist die Mehrheitsregel ein in öffentlich-politischen Institutionen ausdifferenziertes faires Verfahren zur Lösung politischer und sozialer Konflikte. Einige Merkmale dieses Verfahrens sind für die Demokratie konstitutiv und definieren Aspekte des Verfahrens selbst: z. B. das Wahlrecht, die Mehrheitsregel, die Freiheit der politischen Rede, das Recht, sich um öffentliche Ämter zu bewerben und sie auszuüben. Um demokratisch zu sein, muß eine Regierung diese Rechte in sich verkörpern; sie sind ein unverzichtbarer Bestandteil demokratischer Institutionen.[70]

Die Debatte zwischen Mehrheitsdemokraten und konstitutionellen Demokraten betrifft im wesentlichen solche Grundrechte und Freiheiten, die nicht offensichtlich Teil des anerkannten demokratischen Verfahrens sind – z. B. die nicht-politische Rede, die Freiheit der Religion und ihrer Ausübung, die Freiheit des philosophischen und des moralischen Denkens und die Gewissensfreiheit. Sie sind für das demokratische Verfahren nicht wesentlich. Wenn man von der Definition der Mehrheitsregel ausgeht, so geht der Streit zwischen Mehrheitsdemokraten und Konstitutionalisten darum, ob diese Regel ein faires Verfahren darstellt und ob sie diese anderen Rechte und Freiheiten schützt.

Die Mehrheitsdemokraten sagen, daß die Mehrheitsregel fair sei und alle Rechte einschließe, die für eine gerechte Gesetzgebung zur Gewährleistung vernünftiger Ergebnisse notwendig seien. Die Konstitutionalisten sagen, daß eine Mehrheitsherrschaft nicht akzeptabel sei. Solange der gesetzgebenden Mehrheit keine verfassungsmäßigen Schranken auferlegt und andere Vorkehrungen getroffen werden, seien die Grundfreiheiten und andere Freiheiten nicht angemessen geschützt. Auch würde eine Demokratie ohne sie weder die sichere Unterstützung noch die bereitwillige Zustimmung des Volkes finden. Dem halten die Mehrheitsdemokraten entgegen, daß sie die grundlegende Bedeutung der nicht-politischen Rede, der Gedanken- und Gewissensfreiheit und der freien Religionsausübung uneingeschränkt anerkennen. Sie halten jedoch daran fest, daß konstitutionelle Beschränkungen unnötig seien, und daß in einer wahrhaft demokratischen Gesellschaft und Kultur diese Rechte und Freiheiten von der Wählerschaft geachtet würden. Sie sagen, daß es in jedem Fall auf die Gesinnung der Wählerschaft ankomme, ob ein Volk die Schranken der Grundfreiheiten achte oder nicht, und daß der Rückgriff auf verfassungsmäßige Vorkehrungen die Demokratie selbst schwäche.

Entscheidend ist hier, daß Mehrheitsdemokraten und Konstitutionalisten darin übereinstimmen können[71], daß es in ihrer Auseinandersetzung darum geht, ob eine Mehrheitsdemokratie zu gerechten Resultaten führt, ob sie also substantiell gerecht ist. Mehrheitsdemokraten behaupten nicht, daß die Demokratie ein bloß formales Verfahren sei; sie wissen, daß sie diese nicht gegen die Konstitutionalisten verteidigen könnten, ohne daran festzuhalten, daß sie auch in ihren Resultaten gerecht sei und daß darüber hinaus verfassungsmäßige Vorkehrungen unnötig seien und allenfalls zu schlechteren Resultaten führen würden.[72] Der Disput dreht sich um grundlegende Fragen dazu, wie politische Institutionen tatsächlich arbeiten, und es wird vorausgesetzt, daß wir ein ungefähres Verständnis dieser Dinge haben.

(2) Kann Habermas nach diesen Ausführungen daran festhalten, daß seine Konzeption eine rein prozedurale sei? Gewiß, er betrachtet seinen diskurstheoretischen Ansatz ausschließlich als eine Analyse des moralischen Standpunktes und der Verfahren demo-

kratischer Legitimation, und er überläßt die »hier und jetzt« auf Beantwortung drängenden Fragen der mehr oder weniger aufgeklärten Diskussion unter den Bürgern (oben, S. 194). Dies bedeutet jedoch nicht, daß er es vermeiden könnte, auf substantielle Inhalte zurückzugreifen.

Er erkennt an, daß, sobald Idealisierungen auf das Diskursverfahren angewendet werden, damit auch inhaltliche Elemente eingebaut werden (FG 18). Darüber hinaus ist das so konstruierte ideale Verfahren für seine Konzeption von Demokratie wesentlich; denn der Grundgedanke dabei ist, daß der Prozeß der öffentlichen Diskussion nur in dem Maße vernünftige Ergebnisse garantieren kann, in dem er den Anforderungen an einen idealen Diskurs genügt. Je gleicher, unparteiischer und offener dieser Prozeß ist, je weniger die Beteiligten zu etwas gezwungen werden und je bereiter sie sind, sich von der Kraft des besseren Arguments leiten zu lassen, desto wahrscheinlicher ist es, daß wahrhaft verallgemeinerbare Interessen von allen in relevanter Weise Betroffenen anerkannt werden. Hier haben wir fünf Werte, die auf den ersten Blick als Werte des Verfahrens erscheinen – Unparteilichkeit und Gleichheit, Offenheit (keine Person und keine relevante Information wird ausgeschlossen), Abwesenheit von Zwang und Einstimmigkeit – und die zusammengenommen eine Diskussion hin zu verallgemeinerbaren Interessen und zur Übereinstimmung aller Beteiligten führen. Dieses Resultat ist gewiß ein substantielles; denn es verweist auf eine Situation, in der die verallgemeinerbaren Interessen der Bürger erfüllt werden. Darüber hinaus ist jeder der genannten fünf Werte auf inhaltliche Urteile bezogen, sobald sie deswegen berücksichtigt werden, weil sie notwendig sind, um vernünftige oder gerechte Ergebnisse zu erzielen. In diesem Falle haben wir das Verfahren so angelegt, daß es mit unseren Beurteilungen seiner Ergebnisse übereinstimmt.

Außerdem vertritt Habermas die Auffassung, daß die durch demokratische Verfahren erzielten Ergebnisse des öffentlichen Vernunftgebrauchs vernünftig und legitim sind. So sagt er z.B., daß die Gleichverteilung der Freiheiten durch ein demokratisches Verfahren erreicht werden kann, welches die Vermutung begründet, daß die Ergebnisse der politischen Willensbildung vernüftig sind (Nachwort III:3-4). Mit dieser Aussage unterstellt er eine Vorstellung von Vernünftigkeit zur Beurteilung dieser Ergebnisse und vertritt so eine substantielle Auffassung.

Es ist ein verbreiteter Irrtum (den ich Habermas nicht unterstelle) zu glauben, daß prozedurale Legitimität (oder Gerechtigkeit) auf weniger ziele und für sich genommen ohne substantielle Gerechtigkeit auskomme. Dies ist nicht der Fall.[73]

Tatsächlich glaube ich, daß Habermas seine Konzeption selbst als substantiell betrachtet; denn er sagt lediglich, daß sie bescheidener sei als meine und »mehr Fragen offen lasse, im Vertrauen auf den *Prozeß* der rationalen (vernünftigen) Meinungs- und Willensbildung«. Er behauptet nicht, daß seine Konzeption alle inhaltlichen Fragen der offenen Diskussion überlasse. Im letzten Absatz von *Faktizität und Geltung* räumt er ein, daß seine Konzeption nicht ausschließlich formal sein könne.[74]

»Dieses behält gewiß, wie der Rechtsstaat selber, einen dogmatischen Kern: die Idee der Autonomie, wonach Menschen nur in dem Maße als freie Subjekte handeln, wie sie genau den Gesetzen gehorchen, die sie sich gemäß ihren intersubjektiv gewonnenen Einsichten selber geben. ›Dogmatisch‹ ist diese Idee freilich nur in einem unverfänglichen Sinne. Denn in dieser Idee spricht sich eine Spannung von Faktizität und Geltung aus, die mit dem Faktum der sprachlichen Verfassung soziokultureller Lebensformen ›gegeben‹, d. h. *für uns*, die wir in einer solchen Lebensform unsere Identität ausgebildet haben, unhintergehbar ist« (FG 536 f.).

Einige Dinge werden vermutlich bereits durch die Analyse des moralischen Standpunktes und der Verfahren demokratischer Legitimation entschieden. Da dies eine Sache des Mehr oder Weniger ist, bedarf es einer eingehenden Untersuchung, um die substantiellen Elemente in beiden Konzeptionen zu identifizieren, sie zu vergleichen und irgendeinen Maßstab an sie anzulegen.[75] Wir müssen vergleichen können, welche Fragen genau in jeder der beiden Konzeptionen unter welchen Bedingungen zur Diskussion offenbleiben. Einen solchen Vergleich kann ich hier nicht anstellen.

Schließlich gebrauchen Bürger in der Zivilgesellschaft, dies habe ich schon in Teil 1 herausgestellt, die Auffassung der Gerechtigkeit als Fairneß nicht einfach als eine (für sie von Philosophen aufgestellte) Plattform, von der aus bestehende Einrichtungen und politische Programme zu beurteilen sind. Der Gerechtigkeit als Fairneß zufolge gibt es gottlob keine philosophischen Experten. Gleichwohl müssen die Bürger irgendeine Vorstellung von den Ideen des Richtigen und Gerechten in ihrem Denken haben und irgendeine Grundlage für vernünftige Überlegungen. Wer sich eingehend mit Philosophie beschäftigt, beteiligt sich an der Formulierung dieser Vorstellungen, doch stets nur als ein Bürger unter anderen.

(3) Bevor ich nun zum Ende komme, nenne ich einen Gesichtspunkt, unter dem man tatsächlich sagen kann, daß Habermas' Konzeption »sich auf die prozeduralen Aspekte des öffentlichen Vernunftgebrauchs beschränkt« (oben S. 194). Er bezieht sich darauf, daß Habermas regelmäßig den Begriff der Legitimität und nicht den der Gerechtigkeit verwendet. Ich gehe darauf ein, nicht, weil Habermas diesen Punkt bringen würde (was, wie ich meine, nicht der Fall ist), sondern, weil er um seiner selbst willen unser Interesse verdient. Nehmen wir an, es sei unser Ziel, legitime demokratische Institutionen zu beschreiben, so daß die von ihnen getroffenen politischen Entscheidungen und Gesetze ebenfalls legitim sind. Dies würde unsere Aufmerksamkeit auf den Begriff der Legitimität und nicht auf den der Gerechtigkeit richten.

Es mag als ein nur geringfügiger Unterschied erscheinen, ob man sich auf die Legitimität oder auf die Gerechtigkeit konzentriert. Ein wenig Nachdenken zeigt jedoch, daß dies nicht so ist. Ein legitimer König (eine Königin) kann seine (ihre) Herrschaft durch eine gerechte und durchsetzungsfähige Regierung ausüben, oder aber auch nicht; jedenfalls ist dies auch dann, wenn er (sie) legitim ist, nicht notwendigerweise der Fall. Ihre Legitimität sagt etwas über ihren Stammbaum aus, darüber, wie sie zu ihrem Amt kamen. Sie bezieht sich darauf, ob sie den Thron in Übereinstimmung mit den etablierten Regeln und Traditionen (z. B. des englischen oder französischen Königtums) geerbt haben.

Ein wichtiger Aspekt des Legitimitätsbegriffs liegt darin, daß er einen gewissen Spielraum zuläßt, wie gut Souveräne herrschen müssen und wie weit sie zu tolerieren sind. Dasselbe gilt für eine demokratische Ordnung. Sie mag legitim sein und mit einer langen Tradition übereinstimmen, die ihren Ursprung hat in der ersten Zustimmung einer Wählerschaft (eines Volkes) zu ihrer Verfassung in einer besonderen verfassunggebenden Versammlung. Gleichwohl kann sie nicht sehr (oder nur kaum) gerecht sein, und dasselbe gilt für ihre Gesetze und politischen Maßnahmen. Gesetze, die von soliden Mehrheiten verabschiedet werden, gelten als legitim, auch wenn viele protestieren und sie zutreffend als ungerecht oder aus anderen Gründen als falsch betrachten.

Legitimität ist demnach schwächer als Gerechtigkeit und legt dem, was getan werden kann, schwächere Beschränkungen auf. Sie ist außerdem institutionell definiert, obwohl natürlich eine wesentliche Verbindung zur Gerechtigkeit besteht. Zunächst ist zu beachten, daß demokratische Entscheidungen und Gesetze nicht deshalb legitim sind, weil sie gerecht sind, sondern weil sie in legitimer Weise in Übereinstimmung mit anerkannten legitimen demokratischen Verfahren zustandegekommen sind. Dabei ist es von großer Bedeutung, daß die das Verfahren definierende Verfassung hinreichend gerecht ist – wenn auch nicht vollkommen gerecht, wie es keine von Menschen eingerichtete Institution sein kann. Sie muß jedoch nicht gerecht sein und kann gleichwohl legitim sein, solange sie im Lichte der bestehenden Umstände und sozialen Bedingungen hinreichend gerecht ist. Ein legitimes Verfahren führt zu legitimen Gesetzen und Maßnahmen, die in Übereinstimmung mit ihm zustandegekommen sind; und legitime Verfahren können auf Gewohnheiten beruhen, lang etabliert sein und als solche anerkannt werden. Weder die Verfahren noch die Gesetze müssen an strengen Maßstäben gemessen gerecht sein, wenn sie auch, und dies ist ebenso wahr, nicht allzu ungerecht sein dürfen. Ab einem bestimmten Punkt korrumpiert die Ungerechtigkeit der Ergebnisse eines legitimen demokratischen Verfahrens seine Legitimität, und dies gilt auch für die Ungerechtigkeit der Verfassung selbst. Bevor dieser Punkt jedoch erreicht ist, sind die Ergebnisse legitimer Verfahren legitim, wie immer sie aussehen mögen. Dies führt zu einem rein prozeduralen Begriff demokratischer Legitimität, der sich vom Begriff der Gerechtigkeit unterscheidet, auch wenn wir annehmen, daß Gerechtigkeit nicht prozedural definiert werden kann. Legitimität läßt einen unbestimmten Spielraum von Ungerechtigkeit zu, Gerechtigkeit nicht.

Gerade weil sich Legitimität eindeutig auf Gerechtigkeit bezieht, lohnt es sich zu beachten, daß ihre spezifische Rolle in demokratischen Institutionen (auf die ich in Teil II kurz eingegangen bin) darin besteht, ein angemessenes Entscheidungsverfahren zu autorisieren, wenn die Konflikte und Meinungsverschiedenheiten des politischen Lebens Einstimmigkeit unmöglich erscheinen oder kaum erwarten lassen. So kommen durch viele verschiedene Verfahrensformen mit unterschiedlichen Anforderungen an die Größe von Mehrheiten, je nachdem worum es geht, legitime Entscheidungen zustande: angefangen mit verschiedenen Arten von Komitees und legislativen Körperschaften hin zur allgemeinen

Wahl und den ausgearbeiteten verfassungsmäßigen Prozeduren zur Verfassungsänderung. Ein legitimes Verfahren ist ein solches, daß alle als Freie und Gleiche vernünftigerweise für den Fall anerkennen können, daß eine Entscheidung notwendig ist und eine Übereinstimmung normalerweise fehlt. Dies ist die Konsequenz aus den Bürden des Urteilens, auch wenn alle vernünftig und guten Willens sind.[76]

(4) Gleichwohl gibt es ernsthafte Vorbehalte gegenüber dieser prozeduralen Vorstellung von Legitimität. Sie ist einigermaßen plausibel für eine hinreichend wohlgeordnete Gesellschaft. Bei wohleingerichteten und achtbaren Institutionen werden vernünftige und rationale Bürger Gesetze verabschieden und politische Maßnahmen ergreifen, die fast immer legitim (wenn auch nicht immer gerecht) sind. Doch diese Gewißheit der Legitimität nimmt in dem Maße ab, in dem eine Gesellschaft aufhört, wohlgeordnet zu sein. Wie wir gesehen haben, ergibt sich dies daraus, daß die Legitimität legislativer Handlungen auf der Gerechtigkeit der zugrundeliegenden Verfassung (sei sie nun kodifiziert oder nicht) beruht. Je stärker diese von der Gerechtigkeit abweicht, desto wahrscheinlicher sind ungerechte Resultate, und Gesetze dürfen nicht zu ungerecht sein, wenn sie legitim sein sollen. Unter normalen und achtbaren Umständen können wir verfassungsmäßige politische Verfahren in der Tat im Sinne einer rein prozeduralen Legitimität verstehen. Für die politische Gerechtigkeit dagegen kann es angesichts der Unvollkommenheit aller von Menschen eingerichteten politischen Verfahren kein solches Verfahren geben. Kein Verfahren kann ihren substantiellen Inhalt festlegen. Darum bleiben wir immer von unseren substantiellen Gerechtigkeitsurteilen abhängig.[77]

Des weiteren kann ernsthaft bezweifelt werden, ob eine konstitutionelle Demokratie in der Praxis jemals in der Lage ist, ihre Debatten und politischen Verfahren dem kommunikativen Ideal des Habermasschen Diskurses ausreichend anzunähern, um sicher zu sein, daß die Legislative nicht den Spielraum des Legitimen überschreitet. Die faktischen politischen Bedingungen, unter denen Parlamente und andere Körperschaften ihre Geschäfte führen, lassen große Abweichungen von dem Ideal unausweichlich erscheinen. Eine dieser Bedingungen ist der bestehende Zeitdruck: Diskussionen müssen durch Ordnungsregeln gelenkt, in gebührender Zeit beendet und durch Abstimmungen abgeschlossen werden. Nicht jeder Beteiligte kann alle Sachgründe überblicken und beurteilen, oft gibt es zuviel zu lesen und zu verstehen. Die Mitglieder der Legislative müssen nicht selten im Ungewissen entscheiden und abstimmen oder dem folgen, was ihre nicht immer unparteiischen Führer oder Wählerschaften wollen. Auch wenn wohleingerichtete politische Verfahren diese und andere Mängel mildern mögen, können wir von keinem legislativen Verfahren, selbst wenn es unter dem Gesichtspunkt der Legitimität normal prozedural funktioniert, vernünftigerweise erwarten, daß dies auch für die Gerechtigkeit gilt. Der Abstand dafür ist stets viel zu groß.

Darüber hinaus ist Habermas' Beschreibung der Formen des Schließens und Argumentierens im idealen Diskurs unvollständig. Es ist nicht klar, welche Argumentationsformen verwendet werden können, obwohl diese entscheidenden Einfluß auf die Ergebnisse haben. Müssen wir etwa davon ausgehen, wie Habermas es nahezulegen scheint, daß im idealen Diskurs die Interessen jedes einzelnen gleichermaßen berücksichtigt werden? Welche sind die relevanten Interessen? Müssen z. B. alle Interessen berücksichtigt werden, wie es in manchen Fällen die Anwendung des Grundsatzes der Gleichberücksichtigung fordert? Dies könnte zu einem utilitaristischen Grundsatz der größtmöglichen Befriedigung der Summe aller Interessen führen. Demgegenüber beschränkt die deliberative Konzeption der Demokratie (für die Habermas viel Sympathie zeigt) die Gründe, welche Bürger bei der Gesetzgebung heranziehen können, auf solche, die mit der Anerkennung anderer Bürger als gleiche vereinbar sind. Hier liegt die Schwierigkeit der Begründung diskriminierender Gesetze.[78] Entscheidend ist, daß die deliberative Demokratiekonzeption (ebenso wie der politische Liberalismus) die menschlichen Interessen auf grundlegende Interessen eines bestimmten Typs (oder auf Grundgüter) eingrenzt und fordert, daß Gründe mit der wechselseitigen Anerkennung der Bürger als gleiche vereinbar sein müssen. Der entscheidende Punkt ist, daß kein institutionelles Verfahren ohne solche inhaltlichen Richtlinien für zulässige Begründungen die Maxime aufheben könnte: *Steckst du Müll rein, kommt Müll raus.* Obwohl die Bedingungen einer konstitutionellen Demokratie Gruppen, die Einfluß gewinnen wollen, tendenziell dazu zwingen, vernünftige und vermittelnde Auffassungen zu vertreten, kann die Mischung von Überzeugungen und Begründungen, die in einer Abstimmung zum Tragen kommen, wenn Bürgern das Bewußtsein dieser Richtlinien fehlt, leicht zu Ungerechtigkeiten führen, obwohl das Ergebnis des Verfahrens legitim ist.

Schließlich sollten die Bürger die Verfügungen und Gesetze aller institutionellen Verfahren als offen für Kritik betrachten. Es gehört nicht nur zum kollektiven, sondern auch zum individuellen Selbstverständnis der Bürger anzuerkennen, daß die politische Autorität von ihnen ausgeht und daß sie dafür verantwortlich sind, wie sie in ihrem Namen ausgeübt wird. Politische Autorität ist kein Mysterium und bedarf nicht der Verklärung durch Symbole und Rituale, die Bürgern im Lichte ihrer gemeinsamen Ziele nicht verständlich sind. Offensichtlich würde Habermas dem nicht widersprechen. Es bedeutet jedoch, daß unsere wohlerwogenen Urteile mit ihren Fixpunkten – dazu gehören die Verurteilung der Sklaverei und Leibeigenschaft, der religiösen Verfolgung, der Unterdrückung der arbeitenden Klassen und der Frauen, der unbegrenzten Akkumulation von Vermögen, der Abscheulichkeiten von Grausamkeit und Folter und des Übels der Freude an der Unterdrückung anderer – stets im Hintergrund als inhaltliche Überprüfungsinstanzen stehen, was den illusorischen Charakter jeder vermeintlich rein prozeduralen Vorstellung der Legitimität und politischen Gerechtigkeit deutlich werden läßt.

Ich habe diese Punkte hier behandelt, um zu verdeutlichen, warum ich nicht bereit bin, meine Auffassungen zu ändern, und warum ich mich nicht von dem Einwand getroffen fühle, Gerechtigkeit als Fairneß sei eine substantielle und keine prozedurale Konzeption. So wie ich diese Begriffe verstehe, könnte es gar nicht anders sein. Ich glaube, Habermas' Konzeption ist in dem von mir diskutierten Sinne ebenfalls substantiell, und in der Tat würde er dies wohl auch nicht bestreiten. Seine Konzeption muß also in einem anderen Sinne prozedural sein. Ich vermute, wenn ich auf Teil I zurückblicke, wo ich zwei Abschnitte aus *Faktizität und Geltung* zitiert habe, daß er die Ausdrücke »inhaltlich« und »substantiell« so verwendet, daß sie sich entweder auf Elemente religiöser oder metaphysischer Lehren beziehen oder auf Elemente, die zum Denken und zur Kultur besonderer Gemeinschaften oder Traditionen (oder vielleicht zu beiden) gehören. Seine Grundidee ist vermutlich, daß alle vermeintlich substantiellen Elemente dieser religiösen und metaphysischen Lehren, sobald die Strukturen der Bedingungen des Denkens, der Vernunft und des Handelns in theoretischer und praktischer Hinsicht durch seine Theorie kommunikativen Handelns geklärt sind, von diesen vollständig absorbiert (oder sublimiert) werden. Dies bedeutet, daß die Kraft dieser Elemente, insoweit sie Gültigkeit und Bedeutung für moralische Begründungen in Angelegenheiten des Richtigen und Gerechten haben[79], völlig durch Überlegungen dieser Art erfaßt und verteidigt werden kann. Denn diese Voraussetzungen sind formal und universell, es sind Bedingungen jeder Art von Vernunft im Denken und im Handeln.[80] Die Auffassung der Gerechtigkeit als Fairneß ist substantiell, jedoch nicht in diesem, sondern in einem anderen Sinne. Sie entspringt der Tradition liberalen Denkens und gehört zur größeren Gemeinschaft der politischen Kulturen demokratischer Gesellschaften. Sie ist nicht wirklich formal und wahrhaft universell und gehört darum auch nicht zu den quasi-transzendentalen Voraussetzungen (wie Habermas es gelegentlich nennt), die in der Theorie kommunikativen Handelns begründet werden.

Als eine politische Lehre will Gerechtigkeit als Fairneß sich nicht an einer umfassenden Konzeption der Form und Struktur der Bedingungen des Denkens und Handelns beteiligen. Sie bemüht sich vielmehr, wie schon gesagt, diese Lehren so zu lassen, wie sie sind, und kritisiert sie nur dann, wenn sie politisch gesehen unvernünftig sind.[81] Mir geht es darum, den Liberalismus der Gerechtigkeit als Fairneß gegen Habermas' scharfsinnige Einwände zu verteidigen. So habe ich zu zeigen versucht, daß im Liberalismus der Gerechtigkeit als Fairneß die Freiheiten der Modernen nicht vor-politisch sind und daß sie nicht aller Willensbildung vorausgehen. Weiter habe ich festgestellt, daß es in Gerechtigkeit als Fairneß eine innere Verbindung zwischen der öffentlichen und der privaten Autonomie gibt und daß beide gleichursprünglich sind.

Ich möchte ebenso der Tendenz widerstehen, die sich bei einigen Autoren im amerikanischen Rechtsdenken feststellen läßt, die Basis für die private Autonomie (die Freiheiten der Modernen) ausschließlich in ihrer Beziehung zur öffentlichen Autonomie (die Freiheiten der Alten) zu sehen. Wie ich in Teil IV.3 angedeutet habe, hat die private Autonomie eine zusätzliche und ausreichende Basis im zweiten moralischen Vermögen. Wenn wir die Gleichursprünglichkeit und Gleichwertigkeit der alten und der modernen Freiheiten bewahren wollen, müssen wir anerkennen, daß die einen nicht auf die anderen zu reduzieren sind. Eine andere von mir genannte mögliche Differenz zwischen Habermas und mir betrifft die Institutionen, d.h. Fragen des Verfassungsaufbaus. Obwohl sich die Kritik von Habermas nicht darauf richtet, betone ich, daß diese Aufgabe keinesfalls von der politischen Philosophie allein bewältigt werden kann (ich unterstelle nicht, daß er dies sagt); erwartungsgemäß kann sie nur die politischen Grundsätze für kritische und informierte Urteile dazu beitragen.

VI

In diesem Zusammenhang stellt sich ein Problem, das ich nicht im Detail erörtert habe. Ich meine die Frage, wie wir die Vereinbarkeit der zu einer konstitutionellen Demokratie gehörenden politischen Institutionen mit der Idee der Volkssouveränität genauer verstehen sollen. Wenn wir den Gedanken der Volkssouveränität mit so etwas wie Mehrheitsentscheidungen nach freien, offenen und gesellschaftsweiten Diskussionen verbinden, entsteht hier zumindest dem Anschein nach eine Schwierigkeit. Diese Schwierigkeit mag einen Aspekt dessen darstellen, worum es Habermas geht, wenn er sagt: »Die Art von politischer Autonomie ... kann sich im Herzen der rechtlich konstituierten Gesellschaft nicht verstetigen« (oben, S. 190 f.). Auf die Übereinstimmung der konstitutionellen Demokratie mit dem Gedanken der Volkssouveränität habe ich mich in Teil III.4, wo dies der Sache nach diskutiert wurde, mit der Vorstellung einer dualistischen Demokratie bezogen. Dies ist eine zu grundlegende Frage, als daß ich sie in meiner Erwiderung hätte beantworten können. Dazu wäre eine Darstellung und Erklärung der besonderen Eigenarten derjenigen Institutionen nötig gewesen, durch die ein demokratisches Volk konstitutionelle Entscheidungen trifft, gegenüber denjenigen Institutionen der gewöhnlichen demokratischen Politik im Rahmen der getroffenen konstitutionellen Entscheidungen. Ich möchte jedoch zum Ausdruck bringen, daß ich dieses Problem sehe.[82]

Zum Abschluß seiner einleitenden Bemerkungen sagt Habermas, er teile die Intentionen von Gerechtigkeit als Fairneß, stimme ihren wesentlichen Schlußfolgerungen zu und wolle darum seinen Dissens in den Grenzen eines Familienstreites halten. Seine Zweifel beschränken sich darauf, ob ich meine Auffassungen in der überzeugendsten Weise zur Geltung bringe, und er möchte, daß sein Insistieren auf Einwänden als eine Gelegenheit für die Auffassung der Gerechtigkeit als Fairneß wahrgenommen werde, ihre ganze Stärke zu zeigen. Ich nehme die von Habermas so großzügig angebotene Kritik aus vollem Herzen an und habe versucht, der Herausforderung, die sie darstellt, gerecht zu werden. Ich wiederhole, was ich zu Beginn gesagt habe. Beim Formulieren meiner Erwiderungen war ich gezwungen, viele Aspekte meiner Theorie zu durchdenken und zu überprüfen, und ich glaube, sie jetzt besser als vorher zu verstehen. Dafür werde ich immer in Habermas' Schuld stehen.

Übersetzt von Wilfried Hinsch

Anmerkungen

* Ich stehe bei vielen in der Schuld, die mir bei dieser Erwiderung geholfen haben, seit ich vor mehreren Jahren angeregt von Sidney Morgenbesser anfing, über sie nachzudenken. Thomas McCarthy hat mir unverzichtbare Orientierungshilfen gegeben und mit mir seine profunden Kenntnisse über Habermas' Ansichten geteilt, wie sie sich von den Anfängen her entwickelt haben. Mehrere Diskussionen mit Gerald Doppelt waren für den Anfang sehr aufschlußreich. In späteren Gesprächen war Kenneth Baynes stets sehr großzügig mit Rat und Ratschlägen. Ich stehe auch in der Schuld von Samuel Freeman, Wilfried Hinsch, Erin Kelly und David Peritz für ihre wertvolle Unterstützung während der ganzen Zeit. Besonderen Dank schulde ich Burton Dreben, der an jedem Punkt ein wunderbarer Kritiker war, besonders was Teil II angeht, in dem es mir, wie ich hoffe, endlich gelungen ist, die drei Begründungskonzeptionen zu erklären. Die Erwiderung hat sich durch ihr unermüdliches Interesse und durch ihre Vorschläge sehr verbessert. Im weiteren Fortgange zeige ich meine Dankesschuld anderen gegenüber an.

1 Mir sind keine liberalen Autoren früherer Generationen bekannt, welche die Lehre des politischen Liberalismus klar vorgetragen hätten. Gleichwohl ist es keine neue Lehre. Zwei Zeitgenossen, welche die allgemeine Sichtweise, wenn auch nicht in allen Punkten, mit mir teilen und sie völlig unabhängig entwickelt haben, sind Charles Larmore (1990) und die verstorbene Judith Shklar (1989). Mindestens zwei Aspekte finden sich auch in Bruce Ackermans *Social Justice in the Liberal State* (1980: 357-661). Er legt dort seine Vorstellung von der relativen Autonomie politischer Diskussionen dar, die von seinem Neutralitätsprinzip geleitet werden, und erörtert dann verschiedene Möglichkeiten,

zu dieser Vorstellung des politischen Diskurses zu gelangen. Es sollte hier auch die verwandte Auffassung von Joshua Cohen in seiner Darstellung der deliberativen Demokratie (Cohen 1989a) und in seinem unveröffentlichten Manuskript »Notes on Deliberative Democracy« (Cohen 1989b) genannt werden. Es ist mir ein großes Rätsel, warum der politische Liberalismus nicht schon sehr viel früher ausgearbeitet wurde. Vom Faktum eines vernünftigen Pluralismus im politischen Leben ausgehend, erscheint er als die natürliche Darstellungsform der Idee des Liberalismus. Enthält er tiefliegende Irrtümer, die vorangegangene Autoren gesehen haben, so daß sie ihn verworfen haben, und die mir entgangen sind?

2 Dies läßt uns fragen, ob die Lehren eines göttlichen Rechts der Könige und der Diktatur plausibel erscheinen können, ohne daß wir den Bereich des Politischen verlassen. Wirft die Antwort auf diese Frage irgendein Licht auf die Bedingungen, die zur Demokratie geführt haben?

3 Diese Konzeptionen unterscheiden sich von den vertrauten älteren Formen des Liberalismus bei Kant und John Stuart Mill. Ihre Auffassungen gehen ein gutes Stück über das Politische hinaus. Sie beruhen auf Vorstellungen des moralischen Wertes von Autonomie und Individualität, die zu einer umfassenden Lehre gehören.

4 William Rehg hat eine Übersetzung des gesamten Werkes vorbereitet, und ich bin ihm und Thomas McCarthy dankbar dafür, mir eine Kopie überlassen zu haben. Ohne sie wäre ich niemals zu einem Verständnis dieses langen und komplexen Werkes gelangt. Alle Textangaben beziehen sich auf die deutsche Ausgabe. Hinweise auf Habermas' Kritik an mir beziehen sich auf den oben abgedruckten Text im vorliegenden Band.

5 Es gibt zwei seltsame Ausdrücke in diesem Textabschnitt: »existierende Unvernunft« und »essentielles Vernunftvertrauen«. Ich nehme an, Habermas meint mit dem ersten die Existenz unvernünftiger menschlicher Institutionen und Handlungsweisen und mit dem zweiten das Vertrauen in die Fähigkeit unserer Vernunft, platonische Wesenheiten richtig zu erfassen.

6 Das ist der Sinn der Wendung: Gerechtigkeit als Fairneß, politisch, nicht metaphysisch.

7 Ich nehme an, das konkret Allgemeine bezieht sich auf Hegels Idee der Sittlichkeit, wie sie in seiner Rechtsphilosophie entwickelt wird.

8 Ich verstehe Metaphysik so, daß sie mindestens eine allgemeine Erklärung darüber enthält, was es gibt, einschließlich grundlegender, uneingeschränkt allgemeiner Aussagen – z. B. die Aussage »jedes Ereignis hat eine Ursache« oder »alle Ereignisse finden in Raum und Zeit statt oder können auf sie bezogen werden«. So gesehen ist auch W. V. O. Quine ein Metaphysiker. Bestimmte metaphysische Lehren zu verneinen, bedeutet eine andere solche Lehre zu bejahen.

9 Vgl. dazu seine Bemerkungen zu Ronald Dworkin, FG 86 ff.

10 Ein anderes Beispiel dafür ist, daß Habermas sagt, sobald die öffentliche und die private Autonomie (ich diskutiere sie in Teil III und IV) in Übereinstimmung mit der diskurstheoretischen Konzeption der Demokratie im Recht und in politischen Institutionen realisiert sei, sei »leicht zu sehen, daß die normative Substanz der Freiheitsrechte bereits in dem Medium enthalten ist, das zugleich für die rechtliche Institutionalisierung des öffentlichen Vernunftgebrauchs souveräner Bürger nötig ist« (vgl. oben, S. 193 f.).

11 Dies habe ich nicht immer klar gesehen. Eine Zeitlang dachte ich, es sei hilfreicher, die ideale Sprechsituation mit der Stellung von Bürgern in der Zivilgesellschaft (Sie und ich) zu vergleichen. Zu letzterem vgl. Habermas (1980: 533 f. u. PL 28). Ich bin John Mandle für einen wertvollen Briefwechsel über dieses Thema dankbar.

12 Vgl. Anm. 16 am Ende dieses Teils zu weiteren Bemerkungen zum Überlegungsgleichgewicht.

13 Vgl. FG Kap. 8 und das beträchtlich frühere *Strukturwandel der Öffentlichkeit* (Habermas 1962). Hier mag uns die Terminologie in die Quere kommen. Man könnte den öffentlichen Vernunftgebrauch des politischen Liberalismus mit der Öffentlichkeit bei Habermas verwechseln, sie sind aber nicht dasselbe. Öffentlicher Vernunftgebrauch ist in *Political Liberalism* der Vernunftgebrauch von Mitgliedern der Legislative und der Exekutive (z. B. des Präsidenten) und von Richtern (insbesondere denen des Verfassungsgerichts, falls eines existiert). Es schließt auch den Vernunftgebrauch von Kandidaten bei politischen Wahlen, Parteiführern und anderen ein, die sich am Wahlkampf beteiligen, ebenso wie den Vernunftgebrauch von Bürgern, wenn sie über wesentliche Verfassungsinhalte oder Fragen grundlegender Gerechtigkeit abstimmen. Das Ideal des öffentlichen Vernunftgebrauchs stellt nicht in allen diesen Fällen dieselben Anforderungen. Was Habermas' Öffentlichkeit betrifft, so entspricht sie im wesentlichen dem, was ich die Hintergrundkultur genannt habe (PL 14); der öffentliche Vernunftgebrauch mit seiner Pflicht zur Bürgerlichkeit findet keine Anwendung. Wir stimmen in diesem Punkt überein. Mir ist nicht klar, ob er dieses Ideal anerkennt (vgl. oben S. 191 ff.). Einige seiner Äußerungen deuten gewiß in diese Richtung (vgl. FG 18, 84, 152, 492, 534 f.). Ich glaube jedoch nicht, daß dieses Ideal mit seiner Sichtweise zu vereinbaren ist. Bedauerlicherweise kann ich diese Frage hier nicht diskutieren.

14 Für diesen Ausdruck ist Christine Korsgaard verantwortlich. Habermas sagt gelegentlich, der Urzustand sei monologisch und nicht dialogisch, weil die Parteien letztlich dieselben Gründe haben und deshalb dieselben Grundsätze auswählen. Dies sei eine ernsthafte Schwäche, weil es so »dem Philosophen« als Experten und nicht den Bürgern einer sich fortentwickelnden Gesellschaft zufalle, den Inhalt der politischen

Gerechtigkeitskonzeption festzulegen (vgl. Habermas 1983b: 66 ff.). Meine Entgegnung auf seinen Einwand ist, daß Sie und ich und alle anderen Bürger es sind, die im Laufe der Zeit jeder für sich und zusammen mit anderen über die Verdienste des Darstellungsmodells des Urzustandes und über die Grundsätze, die sich aus ihm ergeben, urteilen (vgl. Habermas 1991).

15 R 1971b, im folgenden kurz TJ.

16 Ich füge zwei Bemerkungen zum *weiten* und *allgemeinen* Überlegungsgleichgewicht an. Ein *weites* Überlegungsgleichgewicht liegt für einen einzelnen Bürger dann vor, wenn er alle alternativen Gerechtigkeitskonzeptionen und die Kraft ihrer Begründungen sorgfältig erwogen hat: Konkreter gesprochen, hat der Bürger die führenden politischen Gerechtigkeitskonzeptionen unserer philosophischen Traditionen (einschließlich kritischer Ansichten über den Begriff der Gerechtigkeit selbst) erwogen und die Kraft der verschiedenen philosophischen und anderen Gründe für sie gegeneinander abgewogen. Wir nehmen an, daß die allgemeinen Überzeugungen des Bürgers – die ersten Grundsätze – schließlich mit seinen besonderen Urteilen übereinstimmen. *Weit* nennen wir das Überlegungsgleichgewicht wegen der weit ausgreifenden Überlegungen und der möglicherweise vielen Auffassungsänderungen, die ihm vorangegangen sind. Philosophisch bedeutsam ist der Begriff des weiten Überlegungsgleichgewichts und nicht der des engen, bei dem wir lediglich unsere eigenen Überzeugungen berücksichtigen. Man denke daran, daß eine wohlgeordnete Gesellschaft eine Gesellschaft ist, die von einer öffentlichen Konzeption politischer Gerechtigkeit wirksam reguliert wird. Man muß sich vorstellen, daß jeder Bürger in einer solchen Gesellschaft ein weites Überlegungsgleichgewicht für sich erreicht hat. Da die Bürger außerdem erkennen, daß sie alle dieselbe öffentliche Konzeption politischer Gerechtigkeit anerkennen, ist das Überlegungsgleichgewicht auch *allgemein*: dieselbe Konzeption wird von den wohlerwogenen Urteilen aller bestätigt. So haben die Bürger ein *allgemeines* und *weites* oder, wie wir auch sagen können, *volles* Überlegungsgleichgewicht erreicht. In einer solchen Gesellschaft gibt es nicht nur einen öffentlichen Standpunkt, von dem aus alle Bürger ihre Ansprüche politischer Gerechtigkeit beurteilen können, sondern dieser Standpunkt wird von allen auch als ein solcher betrachtet, den alle im vollen Überlegungsgleichgewicht bejahen können. Dies Gleichgewicht ist uneingeschränkt intersubjektiv, d.h., jeder Bürger hat die Begründungen und Argumente jedes anderen berücksichtigt.

17 Ich habe sehr von der wertvollen Diskussion mit Wilfried Hinsch und Peter de Marneffe über frühere Entwürfe dieses Abschnittes profitiert.

18 Einige Bürger werden keine umfassende Lehre haben, es sei denn vielleicht eine Null-Lehre wie den Agnostizismus oder Skeptizismus.

19 Diese Wendung wurde in *Political Liberalism* zweimal benutzt (PL 12 f., 144 f.). Man könnte auch darauf hinweisen, wie in der Algebra eine Gruppe als Untergruppe in jeder Gruppe einer Menge von Gruppen enthalten sein kann.

20 Ich nehme hier an, daß die Existenz vernünftiger umfassender Lehren und ihre Verbindung in einem übergreifenden Konsens Tatsachen des politischen und kulturellen Wesens einer pluralistischen demokratischen Gesellschaft sind und daß sie wie alle anderen Tatsachen genutzt werden können. Auf solche Tatsachen Bezug zu nehmen und Annahmen über sie zu machen, bedeutet keinen Rückgriff auf die religiösen, metaphysischen oder moralischen Inhalte solcher Lehren.

21 Ich betrachte die öffentliche Begründung als eine grundlegende Angelegenheit für den politischen Liberalismus wegen ihrer Rolle in dieser Lehre und wegen ihrer Verbindung mit den Vorstellungen des vernünftigen übergreifenden Konsenses, der Stabilität aus den richtigen Gründen und der Legitimität. Diese Idee der Begründung ist Teil meines Umbaus einer grundlegenden Konzeption aus dem dritten Teil von *A Theory of Justice*, die auch in § 79 in der Idee einer sozialen Einheit von sozialen Einheiten und ihrer Begleitidee der Stabilität zum Tragen kommt, und die sich auf eine Kongruenz des Guten und Rechten stützt (vgl. Freeman 1994: 619-68). Diese Konzeption beruht jedoch darauf, daß alle dieselbe umfassende Lehre vertreten. Sie ist als ein politisches Ideal nicht länger haltbar, sobald wir das Faktum des Pluralismus anerkennen, das für die öffentliche Kultur einer von den beiden Gerechtigkeitsgrundsätzen geforderten politischen Gesellschaft charakteristisch ist. Jetzt stehen wir vor einem anderen Problem, und der Gedanke eines vernünftigen übergreifenden Konsenses und die anderen Dinge kommen zum Zuge. Sobald wir die Verschiedenartigkeit der Aufgabe begreifen, werden die Gründe für die Einführung dieser weiteren Ideen verständlich, z. B. sehen wir, warum politische Begründungen *pro tanto* sein müssen. Man versucht nicht, Einwände zu widerlegen, sondern vielmehr einen grundsätzlichen internen Konflikt (den man erst später erkannt hat) zu lösen, der zwischen den kulturellen Bedingungen, unter denen Gerechtigkeit als Fairneß eine umfassende Lehre sein könnte, und den Bedingungen der Freiheit, die durch die beiden Gerechtigkeitsgrundsätze garantiert werden, besteht. Sobald man dies verstanden hat, lösen sich die Verwirrungen – wenn es denn welche sind –, und alles fällt an seinen Platz.

22 Damit meine ich, daß es keine politische Körperschaft gibt, die über die politische Konzeption abstimmt; so etwas würde der Vorstellung des Vernünftigen widersprechen. Über eine politische Gerechtigkeitskonzeption kann man ebensowenig abstimmen wie über Axiome, Grundsätze und Schlußformen in der Mathematik und Logik.

23 Vgl. meine Bemerkung in Anm. 16.

24 Hier spreche ich vom Standpunkt des politischen Liberalismus aus. Ob ein Bürger dasselbe vom Standpunkt seiner umfassenden Lehre aus sagen kann, ist von der Lehre abhängig.

25 Wie in Teil 1 angemerkt, verstößt Habermas' umfassende Lehre dagegen.

26 Mit diesem Absatz stehe ich in der Schuld von Thomas Hills Diskussionsbeiträgen in Los Angeles im April 1994 darüber, wie das Bemühen um Stabilität mit den Vorstellungen der öffentlichen Begründung und des übergreifenden Konsenses verbunden ist. Er betonte Aspekte dieses Themas, auf die ich nicht klar genug eingegangen war.

27 In PL 3-4 ist das Ziel dieser Konzeption nicht optimal dargestellt worden. Der Text scheint sich dort darauf zu konzentrieren, wie Stabilität unter Bedingungen eines vernünftigen Pluralismus erreicht werden kann, aber diese Frage hat eine uninteressante hobbessche Antwort. *Political Liberalism* versucht dagegen, ausgehend vom Faktum des Pluralismus die Frage nach der vernünftigsten Grundlage sozialer Einheit zu beantworten (vgl. PL 133 f., 202). Wenn wir diese Frage beantwortet haben, können wir auch zwei weitere Fragen beantworten: Welche ist die angemessenste Gerechtigkeitskonzeption, um faire Bedingungen sozialer Kooperation für Bürger einer demokratischen Gesellschaft festzulegen, die als freie und gleiche betrachtet werden? Was ist die Grundlage der Toleranz, wenn man vom Faktum des Pluralismus als unausweichlicher Konsequenz freier Institutionen ausgeht?

28 Sobald Stabilität aus den richtigen Gründen erreicht ist und sie diese Grundlage sozialer Einheit stützt, kann der politische Liberalismus hoffen, der traditionellen liberalen Forderung zu genügen, die soziale Welt in einer Weise zu rechtfertigen, die vor dem Tribunal des Verständnisses jeder einzelnen Person akzeptiert werden kann. So hat es Jeremy Waldron formuliert (1993: 61).

29 In diese Richtung gehen verschiedene Äußerungen in PL IV.5. Wenn man diese Hintergrundbedingung für einen vernünftigen übergreifenden Konsens übersieht, muß die Behauptung im Text für sich gesehen als Ausdruck einer umfassenden moralischen Sichtweise erscheinen, welche die Pflicht gegenüber gerechten Grundinstitutionen allen anderen menschlichen Verpflichtungen überordnet. Wie könnte es sonst möglich sein, daß die Werte des Politischen (eine Teilmenge aller Werte) normalerweise den Ausschlag geben, welche Werte auch immer mit ihnen in Konflikt geraten mögen. Zu Schwierigkeiten führt diese Aussage aber nur dann, wenn man vergißt, daß wir vom Bestehen eines vernünftigen übergreifenden Konsenses ausgehen, und daß im Text die öffentliche Begründung der politischen Konzeption, die von den Gesellschaftsmitgliedern vorgenommen wird, kommentiert wird.

30 Es wäre unvernünftig zu erwarten, daß menschliche Statute und Gesetze nach unseren Vorstellungen völlig gerecht sein können. Ich

kann hier nicht diskutieren, welches Ausmaß Abweichungen haben dürfen.

31 Diesen Punkt hebt Stuart Hampshire zu Recht hervor. Vgl. seine Besprechung von PL (Hampshire 1993: 44).

32 Dasselbe gilt *mutatis mutandis* für diejenigen, die das von einer demokratischen Ordnung gestützte Recht zur Abtreibung ablehnen.

33 Ich danke Frank Michelman für Klärung in diesem Punkt.

34 Hier liegt ein beachtliches Problem verborgen, auf das ich nur hinweisen kann, nämlich die wichtige Unterscheidung zwischen solchen gesetzgeberischen Akten, die sich auf die wesentlichen Verfassungsinhalte und Fragen grundlegender Gerechtigkeit beziehen, und solchen, die sich auf Verhandlungen zwischen Interessengruppen durch ihre Repräsentanten in der Zivilgesellschaft beziehen. Die letztere Art von Gesetzgebung ist notwendig, um einen Rahmen für faire Verhandlungen sowohl in der Legislative als auch in der Zivilgesellschaft zu schaffen. Das Problem ist groß, weil es eine schwierige Aufgabe ist, die Kriterien, die für diese Unterscheidung benötigt werden, im einzelnen zu benennen und sie anhand einschlägiger Beispiele zu illustrieren.

35 Ich benutze diese Jahreszahlen so, daß sie die gesamte Periode von der verfassunggebenden Versammlung bis zur Ratifikation der *Bill of Rights* einschließen. In diesem und im nächsten Teil bin ich James Fleming für diesen und für viele andere wertvolle verfassungsrechtliche Hinweise dankbar, ich habe sie fast alle aufgenommen.

36 Vgl. zu den beiden Punkten in diesem und im nächsten Absatz TJ § 31, 196 f. u. 200 f.; d 224 f. u. 228f.

37 In den beiden letzten Absätzen hoffe ich, Habermas' Bedenken gegen den Vier-Stufen-Gang gerecht zu werden. Ich danke McCarthy und Michelman für lehrreiche Diskussionen.

38 Vgl. Rousseau 1762: II.7.

39 Hier zitiert Habermas aus PL VIII (»The Basic Liberties and their Priority«; R 1983, d 1992). In dem Absatz, aus dem das Zitat stammt, geht es darum, daß nicht alle Grundfreiheiten aus demselben Grund wichtig und wertzuschätzen sind. Ich erwähne eine liberale Traditionslinie, die die von Benjamin Constant sog. *Freiheiten der Modernen* in ihrem Wert über die *Freiheiten der Alten* stellt, und die die Rolle der politischen Freiheiten wohl im wesentlichen instrumentell als Schutz der anderen Freiheiten sieht. Ich sage dann: »Aber selbst wenn diese Auffassung richtig wäre, würde dies kein Hindernis darstellen, bestimmte politische Freiheiten zu den Grundfreiheiten zu zählen und sie durch den Vorrang der Freiheit zu schützen. Denn um diesen Freiheiten einen Vorrang einzuräumen, müssen sie nur als wesentliche institutionelle Hilfsmittel wichtig genug sein, um die anderen Grundfreiheiten unter den Bedingungen eines modernen Staates zu gewährleisten.« (PL 299) Ich behaupte weder, daß die politischen Freiheiten

ausschließlich instrumentell seien, noch daß sie keinen Platz im Leben der meisten Menschen hätten. Im Gegenteil würde ich darauf insistieren, daß sie in mindestens zwei Hinsichten von intrinsischem Wert sind. *Erstens* indem sie eine bedeutende oder vorherrschende Rolle im Leben von vielen Bürgern spielen, die sich in der einen oder anderen Form am politischen Leben beteiligen. *Zweitens* gehört die Achtung dieser Freiheiten zu den sozialen Grundlagen der Selbstachtung der Bürger und so zu den Grundgütern. Vgl. PL V.6 und auch TJ 233 f., d 264, wo ich sage »natürlich haben die Gründe für die Selbstregierung nicht nur Mittelcharakter.« Dann schließe ich, nachdem ich kurz auf die Rolle der politischen Freiheiten für die Förderung der Selbstachtung der Bürger, der Qualität des moralischen Lebens und die Ausübung unserer moralischen und intellektuellen Vermögen eingegangen bin, mit der Bemerkung: »[Diese Überlegungen] zeigen, daß die gleiche politische Freiheit nicht nur ein Mittel ist« (TJ 234, d 265). Tatsächlich spreche ich dort [in der engl. Fassung, W. H.] von »self-esteem« und nicht von »self-respect«, obwohl ich nun dank David Sachs sehe, daß dies zwei verschiedene Vorstellungen sind. Ich hätte bei einem Ausdruck bleiben sollen, Stilfragen hin oder her. Ich hatte gemeint, dort keine Stellung zur Frage der Merkmale des öffentlichen politischen Raumes im Hinblick auf die Rolle des Volkes zu beziehen. Dies ist eine Frage, welche die verfassunggebende Versammlung im Sinne des Vier-Stufen-Ganges betrifft, und ich sehe das nicht als ein Problem an.

40 Hier stütze ich mich auf Bruce Ackermans lehrreiches Werk *We The People* (Ackerman 1991). Eine Theorie der konstitutionellen Demokratie kann jedoch dualistisch im allgemeinen Sinne sein, ohne Ackermans konkretes Verständnis des Dualismus zu übernehmen, das »strukturelle Verfassungsänderungen« auch außerhalb des durch Artikel 5 bestimmten formalen Änderungsverfahrens zuläßt. Eine politische Bewegung wie der *New Deal* kann großen Einfluß darauf haben, wie eine Verfassung, sagen wir durch Richter, ausgelegt wird; Verfassungsänderungen sind jedoch etwas anderes. Auch würde ich die Unterscheidung zwischen Dualismus und Rechte-Fundamentalismus, so wie er sie versteht, nicht akzeptieren. Er glaubt, daß der Dualismus anders als der Rechte-Fundamentalismus fordere, daß jede Verfassungsänderung in Übereinstimmung mit den Verfahren des Artikels 5 verfassungsmäßig gültig ist. In PL 238 f. sage ich etwas anderes. Ich kann diese Dinge hier nicht erörtern und nehme nur Stellung zu Habermas' Bedenken. Vgl. Freeman 1992 und Fleming 1993. Ich bin Fleming für seinen wertvollen Rat und unsere Korrespondenz dankbar, die diese Dinge geklärt hat und von der ich so viel gelernt habe.

41 Hier folge ich Ackerman.

42 Vgl. Elkins/McKittrick 1993: 58-75.

43 Er bezeichnet mich und Kant als Naturrechtstheoretiker.

44 Dies stimmt mit Michelmans Auffassungen in seinem Aufsatz »Law's Republic« überein (Michelman 1988: 1499 f.), wo er sagt: »Für mich beruht der amerikanische Konstitutionalismus – wie er sich in der akademischen Verfassungstheorie, in der Berufspraxis von Anwälten und Richtern und im gewöhnlichen Selbstverständnis der Amerikaner insgesamt manifestiert – auf zwei die politische Freiheit betreffenden Prämissen: Erstens: das amerikanische Volk ist insofern frei, als es sich kollektiv selbst regiert, und zweitens: das amerikanische Volk ist frei, weil es durch Gesetze regiert wird und nicht durch Menschen. Ich gehe davon aus, daß es niemandem, der sich ernsthaft und nicht nur störend an der amerikanischen Verfassungsdiskussion beteiligt, freisteht, eines dieser beiden Glaubensbekenntnisse abzulehnen. Ich halte sie für Prämissen, deren gegenseitige Beziehung, und damit deren Bedeutung, Gegenstand endloser Auseinandersetzungen ist«.

45 Vgl. Peterson 1984: 1399 f. u. 1401 f. Vgl. auch Jeffersons Brief an James Madison vom 6. September 1789, in dem er sagt, »daß die Nutzung der Erde den Lebenden zusteht, und daß die Toten keine Rechte und keine Macht über sie haben« (ebd.: 959). Eine Generation von Menschen kann eine andere nicht binden. In diesem Zusammenhang verweist Hannah Arendt auf das scheinbar unlösbare Problem eines revolutionären Geistes, der danach strebt, eine konstitutionelle Regierung zu etablieren. Das Problem besteht darin, wie der revolutionäre Geist in einer dauerhaften Regierung untergebracht werden kann. Sie vermutet, daß Jeffersons Feindschaft gegen diejenigen, die einer Verfassung in ehrfürchtiger Unterwerfung gegenübertreten, auf einem Gefühl der Empörung über die Ungerechtigkeit beruht, daß nur seine Generation in der Lage sein sollte, »die Welt von vorn anzufangen« (dies ist eine Wendung aus Thomas Paines *Common Sense*, vgl. Arendt 1963: 235). Doch so ein Gefühl der Ungerechtigkeit ist hier überhaupt nicht am Platze und kann vernünftigerweise nicht aufkommen. (Ebenso könnte ich mein Leben damit verbringen, darüber zu klagen, daß ich nicht Kant, Shakespeare oder Mozart bin.) Was die Schwierigkeit betrifft, einen angemessenen öffentlich-politischen Platz zu finden, um der politischen Autonomie des Volkes Raum zu geben, so glaube ich, daß es sich dabei, wie im Text oben gesagt, um eine Frage des Verfassungsaufbaus handelt. Jedes Gefühl eines unauflösbaren Problems ist illusorisch. Ich glaube nicht, daß Hannah Arendt dem widersprochen hätte.

46 Die Zusammenfassung beginnt mit den Wörtern »Diesem Umstand kann eine Theorie der Gerechtigkeit« oben auf S. 192 und endet zu Beginn von S. 194.

47 Vgl. Rasmussen 1994: 41.

48 Das Nachwort vom September 1993 erscheint in der 4. Aufl. von *Faktizität und Geltung* (661-680). Eine engl. Übersetzung von Rehg findet sich in *Philosophy and Social Criticism* 20 (1994): 135-150. Ich danke

Rasmussen dafür, mir die Fahnen der Übersetzung zugeschickt zu haben.

49 Ich verweise auf das Nachwort mit Nummern für die Abschnitte und Absätze. Der wichtigste Abschnitt, in dem das Hauptargument zusammengefaßt wird, ist Abschnitt III. Er besteht aus acht Absätzen. Die ersten vier stellen das Hauptargument vor, die nächsten vier enthalten Antworten auf zwei Kritiker, Otfried Höffe und Charles Larmore, in jeweils zwei Absätzen.

50 Ich setze dies hinzu, weil Gerechtigkeit als Fairneß kein Recht auf Privateigentum an Produktionsmitteln einschließt.

51 [Bemerkungen von Rawls über die engl. Übers. des Textes von Habermas].

52 Die vorangegangenen drei Abschnitte geben eine Interpretation des Nachworts (III:1); vgl. auch FG 129-135, 491 ff.

53 Vgl. Kant 1797: Rechtslehre, Abschnitte 47, 52 und Bemerkung D in den Allgemeinen Bemerkungen nach § 49; vgl. auch Kant 1793: 289 f., 297 f.

54 Dieser Satz hat eine Parallele in dem Satz der Nachschrift II.2(3): »Unter diskursethisch veränderten Prämissen läßt sich dann die Ausgangsfrage des Vernunftrechts in der folgenden Weise reformulieren: Welche Rechte müssen sich Bürger gegenseitig zuerkennen, wenn sie sich entschließen, sich als eine freiwillige Assoziation von Rechtsgenossen zu konstituieren und ihr Zusammenleben mit Mitteln des positiven Rechts legitim zu regeln?«

55 Wie wir gesehen haben, ist es wichtig, wo diese Diskussionen stattfinden. Gerechtigkeit als Fairneß zufolge finden sie zwischen den Bürgern einer Zivilgesellschaft statt – d. h. zwischen Ihnen und mir. Ich nehme an, dasselbe gilt für Habermas' Konzeption.

56 Es gibt ein drittes höherrangiges Interesse, das sich auf die von einer Person zu einem bestimmten Zeitpunkt vertretene Konzeption des Guten bezieht. Da dieses Interesse jedoch den mit den beiden moralischen Vermögen verbundenen höherrangigen Interessen daran, daß diese Konzeption rational und vernünftig sei, untergeordnet ist, erörtere ich es hier nicht weiter.

57 Die Vorstellung einer zweistufigen Konstruktion liegt der Argumentation in der Zusammenfassung implizit zugrunde (oben S. 191 f.). Im Nachwort (III.8) wird sie kurz mit den Worten »eine zweistufige Rekonstruktion« genannt. Mir ist unklar, wie sich eine Konstruktion von einer Rekonstruktion unterscheidet. Ist es hier von Bedeutung?

58 Mein Verständnis dieses Punktes verdanke ich Thomas McCarthy.

59 Zu Lockes Auffassung über die konstitutive Macht des Volkes vgl. Locke, *Second Treatise of Government*, §§ 134 u. 141. Ich möchte hinzufügen, daß dies dem entspricht, was die *Föderalisten* über das Volk sagen. Vgl. Gordon Woods glänzende Darstellung (Wood 1969).

60 Vgl. Franklin 1978.
61 Die Legitimität läßt hierfür einen Spielraum, vgl. unten Teil V.
62 Ich weise darauf hin, daß der Begriff des Rationalen hier eine weitere und tiefere Bedeutung hat als im Urzustand, wo er in einem engeren Sinne verwendet wird. Ich kann auf diese Unterscheidung hier nicht weiter eingehen.
63 Dies bezieht sich auf den Aufsatz »The Basic Liberties and their Priority« (R 1983, d 1992), der unverändert als Teil VIII in PL übernommen worden ist.
64 Es ist das Ziel des zweiten Teils von TJ, diese Institutionen zu beschreiben. Dort heißt es auf S. 195 (d 223), das Ziel von Teil II sei, den Inhalt der Gerechtigkeitsgrundsätze zu veranschaulichen, indem man eine Grundstruktur von Institutionen beschreibt, die diesen Grundsätzen genügt. Sie definieren eine, wie es im Text heißt, arbeitsfähige politische Konzeption, d. h. eine, die in wirklichen Institutionen realisiert und zur Ausführung gebracht werden kann, je nachdem, was Bürger vermutlich wissen können und was sie motiviert. Letzteres wird in Teil III diskutiert. Ich erwähne dies, weil Habermas sagt, TJ sei abstrakt und ignoriere diese Dinge (FG Kap. 2.2).
65 Zugegebenermaßen habe ich selbst nicht viel in dieser Richtung getan, aber einige Grundfreiheiten werden mit ihren Anwendungsfällen in PL VIII (»Basic Liberties«) kurz diskutiert.
66 Brauchen wir hier nicht die Legitimität?
67 Hier folge ich Hampshires Unterscheidung (vgl. Hampshire 1993: 44).
68 Ich verdanke hier viel dem Aufsatz von Joshua Cohen »Pluralism and Proceduralism« (Cohen 1994). Er enthält eine gründliche und profunde Erörterung dieser Frage, auf die ich mich an vielen Punkten stütze. Sein Leitgedanke ist, daß – da prozedurale Gerechtigkeit auf substantieller Gerechtigkeit beruhe – ein übergreifender Konsens über substantielle Fragen im allgemeinen nicht utopischer sei als eine Übereinstimmung über prozedurale Gerechtigkeit: ein Verfassungskonsens setze bereits viele Übereinstimmungen über substantielle Dinge voraus. So verwirft Cohen den Einwand gegen die substantielle Gerechtigkeit, prozedurale Gerechtigkeit stelle im allgemeinen geringere Anforderungen, da sie von substantieller Gerechtigkeit unabhängig sei. Dies paßt gut zu der in PL (IV.6-7) vertretenen Auffassung, daß es Tendenzen gibt, die einen Verfassungskonsens zu einem übergreifenden Konsens werden lassen. Ich habe in PL Cohens Argument nicht aufgenommen, weil es mir schlicht nicht eingefallen ist. Das Thema der prozeduralen Gerechtigkeit wird auch von Charles Beitz gut erörtert (Beitz 1989). Er vertritt die These (der ich folge), daß prozedurale Gerechtigkeit zum Teil auf der Gerechtigkeit der Verfahrensergebnisse beruht. Für eine hieran orientierte Kritik an John Hart Elys Buch *Democracy and Distrust* (Ely 1981) vgl. Dworkin 1985: Kap. 2, 57-69 und Tribe 1985: Kap. 2, 9-20.

69 Dies habe ich (einschließlich der Glücksspiele) in TJ 84-87 (d 105-109) diskutiert.

70 Vgl. Dahl 1989: 167 ff.

71 Ich sage hier »können«, weil einige die Auffassung vertreten mögen, die Mehrheitsregel sei eine endgültig regulative Norm. Diese Möglichkeit diskutiere ich nicht.

72 Ich denke, dies ist die Art von Argument, die Robert Dahl in seinem Buch *Democracy and its Critics* (Dahl 1989) im Sinn hat. Er bestreitet nicht die große Bedeutung der nicht-politischen Rechte und Freiheiten, sondern stellt in Form allgemeiner politischer Überlegungen die Wirksamkeit und Notwendigkeit der vertrauten verfassungsrechtlichen Vorkehrungen in Frage; vgl. Dahl 1989: Kap. 11-13.

73 Vgl. Cohens Diskussion von Hampshires *Innocence and Experience* in Cohen 1994: 589-94, 599 f., 607-610.

74 Ich danke Baynes dafür, daß er mich auf die Bedeutung des letzten Abschnittes aufmerksam gemacht hat.

75 Dies stimmt mit McCarthys Ansicht überein, der nach einem Vergleich von Habermas' Auffassungen und meinen feststellt, die Unterscheidung zwischen prozeduraler und substantieller Gerechtigkeit sei bei Habermas eine Frage des Grades. Vgl. McCarthy 1994: 59, Fn. 13. Ich danke Baynes für einen lehrreichen Briefwechsel, der auch diesen Punkt betraf. In seiner Erörterung von FG in *Companion to Habermas* (Cambridge University Press) finden sich weitere Kommentare dazu.

76 Ich verdanke Hinsch wertvolle Diskussionen über die Bedeutung und Rolle der Legitimität und ihrer Unterscheidung von der Idee der Gerechtigkeit (vgl. sein Ms. *Demokratische Legitimität* und seine Einleitung zu diesem Bd.). Ich bin auch David Estlund für sein wertvolles unveröffentliches Manuskript über diesen Begriff, wie er in PL auftritt, dankbar.

77 Ich denke, Habermas würde dieser Unterscheidung zwischen politischer Gerechtigkeit und Legitimität zustimmen, da er an einer Stelle sowohl die Legitimität besonderer Gesetze als auch die der Verfassung selbst diskutiert, die beide von Gerechtigkeit oder Rechtfertigung abhängen. Oder wie es in der Theorie kommunikativen Handelns heißt: »Satzungsprinzip und Begründungsprinzip fordern sich gegenseitig. Das Rechtssystem bedarf *als ganzes* einer Verankerung in legitimationswirksamen Basisinstitutionen« (Habermas ³1985, Bd. 2: 266). Habermas scheint sich hier gegen Max Weber zu wenden, der Legitimität als Akzeptanz politischer und sozialer Institutionen durch das Volk verstand. Akzeptanz allein ohne Begründung genügt nicht, wie Habermas zu Recht sagt, da sie viel zu viel zuließe. Ich würde dem nur noch hinzufügen (und denke, Habermas würde zustimmen), daß diese Institutionen nicht vollkommen gerecht sein müssen, sondern je nach Lage der Umstände ungerecht und gleichwohl legitim sein können. Ich

danke Peritz, dessen Verständnis von Habermas für mich von unschätzbarem Wert war, für den Hinweis auf diese Stelle.

78 Vgl. Cohens Besprechung von Dahls *Democracy and its Critics* (Cohen 1991: 223 f.).

79 Habermas spricht nicht über Ethik oder ethische Werte von Individuen und Gruppen. Diese können innerhalb der Grenzen legitimer und gerechtfertigter Gesetze verfolgt werden.

80 Vgl. Habermas [2]1992a: 100-119.

81 Einen ähnlichen Einwand hat Larmore in seiner profunden Besprechung von *Faktizität und Geltung* vorgebracht (Larmore 1993). Eine längere englische Version soll im *European Journal of Philosophy* erscheinen (April 1995).

82 Ich danke Dworkin, Thomas Nagel and Lawrence Sager dafür, daß sie auf dieser Frage insistiert haben, und Sager auch für aufschlußreiche spätere Diskussionen.

Robert Alexy
John Rawls' Theorie der Grundfreiheiten

1. Die Modifikation des ersten Gerechtigkeitsgrundsatzes

Seit dem Erscheinen der *Theorie der Gerechtigkeit* im Jahre 1971 hat Rawls seine Auffassungen in einer Reihe von Aufsätzen vielfach präzisiert, ergänzt und modifiziert. Eine wichtige Änderung ist die Umformulierung des ersten Grundsatzes der Gerechtigkeit. Seine ursprüngliche Fassung lautet:

»Each person is to have an equal right to the most extensive total system of equal basic liberties compatible with a similar system of liberty for all.«[1]

In dem 1983 erschienenen Artikel »The Basic Liberties and Their Priority« ersetzt Rawls die Klausel »the most extensive total system« durch die Wörter »a fully adequate scheme«, was einige weitere kleinere Änderungen nach sich zieht und zu der folgenden neuen Formulierung führt:

»Each person has an equal right to a fully adequate scheme of equal basic liberties which is compatible with a similar scheme of liberties for all.«[2]

Der zweite Gerechtigkeitsgrundsatz bleibt unverändert. Rawls formuliert ihn in dem oben erwähnten Aufsatz wie folgt:

»Social and economic inequalities are to satisfy two conditions. First, they must be attached to offices and positions open to all under conditions of fair equality of opportunity; and second, they must be to the greatest benefit of the least advantaged members of society.«[3]

Das Verhältnis dieser beiden Gerechtigkeitsgrundsätze wird in der »Theorie der Gerechtigkeit« durch eine Prioritätsregel bestimmt, deren zweiter Teil jedenfalls insoweit nicht mehr gelten kann, als in ihm der Begriff der »less extensive liberty« verwendet wird, denn dieser Begriff korrespondiert der aufgegebenen Klausel »most extensive« in der ursprünglichen Fassung des ersten Gerechtigkeitsgrundsatzes. Nach wie vor in Geltung ist jedoch der erste Teil der Prioritätsregel:

»The principles of justice are to be ranked in lexical order and therefore liberty can be restricted only for the sake of liberty.«[4]

Rawls selbst hebt hervor, daß bis auf die Änderung des ersten Grundsatzes der durch die beiden Gerechtigkeitsgrundsätze und die Prioritätsregel definierte Kern seiner Theorie im wesentlichen unverändert geblieben ist. »Nevertheless, the structure and content of justice as fairness is still much the same; except for an important change of phrase in the first principle of justice, the statement of the two principles of justice is unchanged and so is the priority of the first principle over the second.«[5]

Rawls' Modifikation ist Teil seiner Reaktion auf eine Kritik Herbert Harts.[6] Hart hat gegen die ursprüngliche Version der Rawlsschen Theorie im wesentlichen zwei Einwände erhoben. Der erste sagt, daß es Rawls nicht gelungen sei darzutun, daß die Parteien in der ursprünglichen Position (original position) die Grundfreiheiten wählen und sich für ihre Priorität entscheiden würden.[7] Dies ist das Begründungsproblem. Der zweite macht geltend, daß Rawls kein Kriterium anbiete, das es erlaube, die Gerechtigkeitsprinzipien auf den Stufen der Verfassunggebung, der Gesetzgebung und der Rechtsprechung auf eine befriedigende Weise anzuwenden. Das Kriterium des Umfangs oder des Ausmaßes der Freiheit sei nicht nur unbestimmt, sondern auch unverständlich.[8] Dies ist das Anwendungsproblem. Rawls hat eingeräumt, daß Hart auf »two serious gaps« in seiner Theorie aufmerksam gemacht hat.[9] Die Frage soll lauten, ob es ihm gelungen ist, diese Lücken auf eine akzeptable Weise zu schließen, also das Begründungs- und das Anwendungsproblem zu lösen.

2. Der liberale Personenbegriff

Um die Frage zu beantworten, ob es Rawls gelungen ist, die von Hart gerügten Mängel zu beseitigen, reicht es nicht aus, lediglich die in den ersten Gerechtigkeitsgrundsatz eingefügte neue Klausel zu betrachten. Die Klausel »fully adequate scheme of equal basic liberties« wirkt für sich genommen wie eine typische Leerformel. Eine Verbesserung der Theorie kann mit ihr nur dann erreicht werden, wenn sie mit weiteren Begriffen und Thesen verbunden wird. Genau das ist der Weg, den Rawls einschlägt. Die neue Formel wie auch die mit ihr verbundene Theorie der Grundfreiheiten ist eingebettet in ein umfassendes System von eng miteinander verknüpften Begriffen und Thesen, das in seiner Gesamtheit die liberale Theorie der Gerechtigkeit darstellt. Es ist hier nicht möglich, diese Theorie auch nur annähernd vollständig zu beschreiben. Ich werde mich deshalb auf einen Begriff konzentrieren, der für das Verständnis und die Kritik der Rawlsschen Theorie der Grundfreiheiten von besonderer Bedeutung ist: den liberalen Personenbegriff. Rawls stützt seinen Versuch, die Hartschen Einwände auszuräumen, ausdrücklich auf diesen Begriff: »I shall outline how the basic liberties and the grounds for their priority can be founded on the conception of citizens as free and equal persons in conjunction with an improved account of primary goods. These revisions bring out that the basic liberties and their priority rest on a conception of the person that would be recognized as liberal.«[10] Auf weitere Bausteine des Rawlsschen Systems wird im Rahmen des Personenbegriffs einzugehen sein, soweit dies für die Kritik seiner Theorie der Grundfreiheiten erforderlich ist.

Der Begriff der liberalen Person unterscheidet sich grundlegend von dem des individuellen Nutzenmaximierers. Letzterer liegt den Vertragstheorien zugrunde, die in der hobbesschen Tradition stehen. Als ein Beispiel aus jüngerer Zeit kann die Theorie David Gauthiers angeführt werden.[11] Rawls meint nicht zu Unrecht, daß Harts Einwände schlagend sind, wenn man von individuellen Nutzenmaximierern ausgeht. Sie sollen aber ausgeräumt werden können, wenn man die liberale Konzeption der Person voraussetzt.[12] Seine Gerechtigkeitstheorie wird auf diese Weise zu einer Theorie, die wesentlich auf einen bestimmten Begriff der Person gegründet ist.

Die liberale Person ist durch zwei moralische Kompetenzen (moral powers) gekennzeichnet: (1) durch die Fähigkeit zu einem Sinn für Recht und Gerechtigkeit (capacity for a sense of right and justice) und (2) durch die Fähigkeit zu einer Konzeption des Guten (capacity for a conception of the good). Die Fähigkeit zu einem Sinn für Recht und Gerechtigkeit – kurz: zu einem Gerechtigkeitssinn – ist die Fähigkeit, die Gerechtigkeitsprinzipien als faire Bedingungen der sozialen Kooperation zu verstehen (to understand), anzuwenden (to apply) und normalerweise durch ein wirksames Verlangen bewegt zu werden, nach ihnen und nicht lediglich in Übereinstimmung mit ihnen zu handeln (normally to be moved by an effective desire to act from (and not merely in accordance with) the principles of justice). Die Fähigkeit zu einer Konzeption des Guten ist die Fähigkeit, eine Konzeption dessen, was wir für uns als ein wertvolles menschliches Leben ansehen, zu entwickeln, zu revidieren und rational zu verfolgen (to form, to revise, and rationally to pursue).[13] In beiden Fällen scheint es sich um reine Kompetenzen zu handeln, d.h. um Kompetenzen, die nicht schon ein Interesse an ihrer Ausübung einschließen. Diese Deutung läßt sich insbesondere auf den Aufsatz »Kantian Constructivism in Moral Theory« stützen, in dem Rawls den beiden moralischen Kompetenzen zwei höchstrangige Interessen an ihrer Realisierung und Ausübung (two highest-order interests to realize and exercise these powers) zuordnet. Das ist nicht nur wegen der klaren Trennung von Kompetenz und Interesse an der Kompetenzausübung bedeutsam, sondern auch deshalb, weil Rawls diesen beiden abstrakten höchstrangigen Interessen ein konkretes höherrangiges Interesse (higher-order interest) unterordnet. Es ist das Interesse, eine bestimmte Konzeption des Guten zu sichern und voranzubringen.[14]

Die Unterscheidung von Kompetenz und Interesse bedeutet nicht, daß die Kompetenzen keinerlei motivationale Elemente einschließen. Die Fähigkeit, die Gerechtigkeitsprinzipien nicht nur äußerlich zu befolgen, sondern durch ein wirksames Verlangen bewegt zu werden, nach ihnen zu handeln, ist eine motivationale Fähigkeit. Diese motivationale Fähigkeit darf jedoch nicht mit einer Motivation verwechselt werden. Daß jemand fähig ist, aus einem bestimmten Motiv heraus zu handeln, heißt noch nicht, daß er tatsächlich durch dieses Motiv bewegt wird. So wenig wie aus einer bloßen Kompetenz auf ein Interesse an ihrer Ausübung geschlossen werden kann, so wenig impliziert eine potentielle Motivation eine aktuelle. Es ist deshalb konsequent, daß Rawls die beiden Kompetenzen mit korrespondierenden Interessen verknüpft, um zu einem voll ausgebildeten Begriff der liberalen Person zu gelangen.[15]

In späteren Arbeiten tritt der Begriff des höchstrangigen Interesses zurück. Der Sache nach bleibt er aber für den Begriff des liberalen Bürgers konstitutiv, auf den sich die Parteien in der ursprünglichen Position beziehen, auch wenn sie selbst nicht dieselbe motivationale Ausstattung haben wie die Bürger, die sie repräsentieren.[16] So sollen die Parteien in der ursprünglichen Position zu fragen haben, was die Bürger benötigen, um nicht nur ihre bestimmte Konzeption des Guten zu verfolgen, sondern auch ihre beiden moralischen Kompetenzen zu entwickeln und auszuüben (to develop and exercise their two moral powers).[17] Diese Frage ist nur sinnvoll, wenn ein Interesse an der Ausübung der Kompetenzen vorausgesetzt wird. Es heißt ferner, daß die »vollständig autonomen Bürger in einer wohlgeordneten Gesellschaft« (fully autonomous citizens in a well-ordered society) mit der Entwicklung und Ausübung des Gerechtigkeitssinns »um seiner selbst willen« (for its own sake) befaßt sind.[18] Des weiteren sollen die Bürger als Personen betrachtet werden, »die eine bestimmte natürliche politische Tugend haben, ohne die alle Hoffnungen auf einen Staat der Freiheit unrealistisch sein könnten« (as having a certain natural political virtue without which the hopes for a regime of liberty may be unrealistic).[19] Berücksichtigt man schließlich, daß den Bürgern die »Fähigkeit zu einer bestimmten Hierarchie der Interessen« (capacity for a certain hierarchy of interests) zugeschrieben wird, die u. a. im Vorrangverhältnis zwischen den beiden Gerechtigkeitsgrundsätzen, also in genau dem, was durch die Einführung der höchstrangigen Interessen begründet werden sollte, zum Ausdruck kommt[20], so kann festgestellt werden, daß die Idee der höchstrangigen Interessen zwar eine gewisse und nicht ganz klare Abschwächung erfährt, aber doch als Grundidee im Spiel bleibt.[21]

Der skizzierte Personenbegriff spielt bei der Begründung der Grundfreiheiten eine doppelte Rolle. Die erste betrifft die in der »Theorie der Gerechtigkeit« noch dominierende ursprüngliche Position, die zweite die in den späteren Arbeiten immer stärker hervortretende Idee eines übergreifenden Konsenses (overlapping consensus).[22] Die Parteien, die in der ursprünglichen Position über die Gerechtigkeitsprinzipien und damit über die Grundfreiheiten entscheiden, repräsentieren Personen, die nicht ausschließlich an der Maximierung ihrer jeweils gegebenen konkreten individuellen Präferenzen interessiert und in diesem Sinne keine individuellen Nutzenmaximierer sind. Rawls bezeichnet es als Fehler, daß er in seinem Hauptwerk die Theorie der Gerechtigkeit als Teil der Theorie der rationalen Wahl eingestuft hat.[23] Vielmehr sollen die Parteien in der ursprünglichen Position Repräsentanten liberaler Personen sein. Bei der Verknüpfung des Begriffs der ursprünglichen Position mit dem der liberalen Person spielt der Schleier des Nichtwissens (veil of ignorance) eine wesentliche Rolle. Die Parteien in der ursprünglichen Position sind, was ihre Motivation betrifft, dadurch definiert, daß sie so viel wie möglich für die Personen, die sie repräsentieren, herausholen wollen. Nun wird ihnen aber durch den Schleier des Nichtwissens jede Information darüber vorenthalten, was die konkreten Güter der von ihnen repräsentierten Personen sind. Damit stehen sie vor der Aufgabe, Güter zu bestimmen, von denen sie sagen können, daß die von ihnen repräsentierten Personen sie wollen, ohne daß sie wissen, um welche konkreten Personen es sich handelt. Rawls nennt diese Güter »Grundgüter« (primary goods). Genau an dieser Stelle findet die Verknüpfung zwischen dem Begriff der ursprünglichen Position und dem Begriff der liberalen Person statt. Welche Güter jemand will, hängt davon ab, welche Person er ist. Für Rawls ist die Person, die in der ursprünglichen Position vertreten wird, die liberale Person. Die Grundgüter bestehen deshalb nicht nur aus Mitteln für beliebige Zwecke (all-purpose means), sondern vor allem aus Dingen, die Personen mit den beiden moralischen Kompetenzen in erster Linie wollen.[24] Für Personen, deren höchstes Interesse (unmittelbar oder mittelbar) die Realisierung der beiden moralischen Kompetenzen ist, sollen die Grundfreiheiten die höchsten Güter sein.

Es ist hervorzuheben, daß der liberale Personenbegriff nicht aus der Tatsache folgt, daß in der ursprünglichen Position unter einem Schleier des Nichtwissens entschieden wird. Hieraus folgt nur, daß irgendein Personenbegriff und damit irgendeine Theorie der Grundgüter vorausgesetzt werden muß. Der Personenbegriff ist eine gegenüber der Idee der ursprünglichen Position selbständige Idee. Rawls spricht deshalb treffend von »a conception of the person given in advance«.[25] Die ursprüngliche Position sichert nur die Unparteilichkeit. Die substantiellen Fragen werden mit Hilfe des Begriffs der liberalen Person entschieden. Deshalb trägt dieser Begriff wesentlich die Last der Begründung der Grundfreiheiten.

Seine zweite Rolle spielt der Begriff der liberalen Person im Rahmen der Theorie des übergreifenden Konsenses. Diese Theorie bildet den zweiten Teil der Begründung der Gerechtigkeitsprinzipien. Im ersten Teil werden die Gerechtigkeitsgrundsätze im Rahmen der ursprünglichen Position, wie eben angedeutet, begründet. Diese Begründung ist noch eine vorläufige. Erst im zweiten Teil wird sie zu einer vollständigen und endgültigen. Es geht dort darum, ob eine durch die Gerechtigkeitsgrundsätze wohlgeordnete

Gesellschaft eine stabile Gesellschaft sein würde.[26] Nur wenn diese Frage positiv zu beantworten ist, kann die Theorie der Gerechtigkeit ihre praktische Aufgabe erfüllen, was nach Rawls Voraussetzung einer adäquaten Gerechtigkeitstheorie ist.

An dieser Stelle kommt die Idee eines übergreifenden Konsenses ins Spiel. Hier sind zwei Merkmale dieses Begriffs von Bedeutung. Der Begriff des übergreifenden Konsenses ist erstens von dem eines umfassenden Konsenses zu unterscheiden. Ein umfassender Konsens würde zustande kommen, wenn alle Bürger eines Staates sich auf eine religiöse, philosophische oder moralische Doktrin einigten, die nicht nur Antworten auf Fragen der politischen Gerechtigkeit, sondern auch auf solche des guten Lebens und der Tugenden gibt.[27] Beispiele wären der Katholizismus und der Marxismus-Leninismus. Es ist Rawls darin zuzustimmen, daß jedenfalls in modernen Gesellschaften ein solcher Konsens nur um den Preis staatlicher Unterdrückung erreichbar ist.[28] Auch vernünftige Personen können nach einem rationalen Diskurs in vielen praktischen Fragen zu unterschiedlichen Ergebnissen kommen.[29] Der Begriff des übergreifenden Konsenses ist ein Kontrastbegriff zum Begriff des umfassenden Konsenses. Ein übergreifender Konsens bezieht sich seinem Inhalt nach nicht auf Fragen des Guten, sondern ausschließlich auf Gerechtigkeitsfragen, was nach Rawls nicht bedeutet, daß Gerechtigkeitsfragen nicht eng mit Fragen des Guten verwoben sind.[30] Ein übergreifender Konsens kommt zustande, wenn Bürger mit unterschiedlichen Konzeptionen des Guten, die sich in verschiedenen umfassenden religiösen, philosophischen oder moralischen Doktrinen ausdrücken können, aber nicht müssen, in Fragen der politischen Gerechtigkeit übereinstimmen. Ich bin mir nicht ganz sicher, aber ich vermute, daß die potentiellen Gegenstände eines übergreifenden Konsenses ihrer Art nach mit den Gegenständen übereinstimmen, die Kant in seiner Rechtslehre behandelt oder behandelt haben würde, wenn sie ihm als für das Recht substantiell bedeutsam erschienen wären.

Das zweite wesentliche Merkmal eines übergreifenden Konsenses wird deutlich, wenn man ihn mit einem Konsens im Sinne einer Übereinstimmung oder eines Kompromisses zwischen Personen vergleicht, die die anderen nur aus der Perspektive individueller Nutzenmaximierung wahrnehmen. Die Stabilität eines Konsenses zwischen solchen individuellen Nutzenmaximierern hängt davon ab, ob dieser Konsens auch bei sich ändernden Umständen im

Interesse aller Beteiligten bleibt.[31] Demgegenüber soll die Stabilität eines übergreifenden Konsenses darauf beruhen, daß nicht nur seine Gegenstände einen moralischen Charakter haben – es geht um die politische Gerechtigkeit –, sondern auch die Gründe, die ihn tragen.

Der Grund für einen übergreifenden Konsens soll nicht darin bestehen, daß er einen fairen Ausgleich zwischen unterschiedlichen Konzeptionen des Guten zum Inhalt hat; das wäre nur ein Kompromiß. Vielmehr soll sein Grund darin liegen, daß er gegenüber freien und gleichen Bürgern als Personen, die solchen Konzeptionen anhängen, fair ist.[32] Diese These ist im einzelnen sicher interpretationsbedürftig. Immerhin aber scheint deutlich zu sein, daß Rawls mit ihr sagen will, daß der wichtigste Grund für die Stabilität eines übergreifenden Konsenses über die Grundfreiheiten darin besteht, daß dieser ein Konsens zwischen liberalen Personen mit den beiden moralischen Kompetenzen ist: »Basic rights and liberties secure the conditions for the adequate development and exercise of those powers by citizens viewed as fully cooperating members of society. Citizens are thought to have and to want to exercise these powers whatever their more comprehensive religious, philosophical or moral doctrine.«[33]

Wenn dies zutrifft, dann erhält der Begriff der liberalen Person im Rahmen der Begründung der Grundfreiheiten eine zweite zentrale Bedeutung. Rawls' Ziel ist es, einen übergreifenden Konsens zu gewinnen.[34] Der übergreifende Konsens ist kein Konsens in einer bloßen Konstruktion wie der der ursprünglichen Position. Vielmehr geht es um einen Konsens in der Wirklichkeit und in diesem Sinne um einen faktischen Konsens. Dann aber hängt alles davon ab, daß der Begriff der liberalen moralischen Person nicht nur ein Ideal definiert, sondern auch eine politische Realität beschreibt.

Letzteres provoziert geradezu den Einwand, daß Rawls' Personenbegriff unter psychologischen, soziologischen oder historischen Gesichtspunkten wenig mit der Wirklichkeit zu tun habe. Dieser Einwand berücksichtigt jedoch nicht hinreichend den Charakter des liberalen Personenbegriffs. Es geht bei ihm um eine normative und politische Idee.[35] Als normative Idee soll er mehr sein als ein bloß ausgedachtes und zur Annahme vorgeschlagenes Ideal. Es soll sich um eine grundlegende intuitive Idee handeln, die in der öffentlichen Kultur moderner demokratischer Gesellschaften zumindest implizit enthalten ist.[36] Das entspricht Rawls' These vom praktischen und politischen Charakter der Theorie der Gerechtigkeit. Das Ziel der Theorie der Gerechtigkeit soll nicht darin bestehen, wahre oder richtige Behauptungen über das, was gerecht ist, aufzustellen.[37] Sie soll vielmehr die »praktische soziale Aufgabe« (practical social task)[38] haben, einen übergreifenden Konsens herzustellen. Auch diese Aufgabe wird beschränkt. Es soll nicht um einen universellen Konsens, sondern nur um einen Konsens innerhalb moderner demokratischer Gesellschaften gehen. Dieser soll sich auf die »überwölbende fundamentale intuitive Idee« (overarching fundamental intuitive idea) der »Gesellschaft als faires System der Kooperation zwischen freien und gleichen Personen« (society as a fair system of cooperation between free and equal persons) stützen.[39] Diese Idee, die den Begriff der liberalen Person als wesentlichen Baustein einschließt, soll in der öffentlichen Kultur, den Traditionen und den Institutionen des demokratischen Verfassungsstaates enthalten sein[40] und seine am tiefsten verankerten Überzeugungen und Traditionen (most deep-seated convictions and traditions) zum Ausdruck bringen.[41]

Schließlich soll der Personenbegriff auch deshalb politisch sein, weil es bei ihm nicht um persönliche oder individuelle Ideale geht. Ein solcher Personenbegriff könnte nur Gegenstand eines umfassenden Konsenses sein, den Rawls zu Recht, wie schon dargelegt, wegen der Tatsache des Pluralismus ausschließt. Der liberale Personenbegriff soll nicht ausdrücken, wie die Bürger sich im Lichte ihrer Konzeption des Guten, also ihrer wie auch immer beschaffenen religiösen, philosophischen oder alltäglichen Ideale verstehen, sondern wie sie sich als Bürger einer demokratischen Gesellschaft begreifen, wenn Fragen der Gerechtigkeit auftauchen.[42]

Damit steht fest, worauf es im weiteren ankommt. Es geht um zwei eng miteinander verbundene Fragen. Die erste lautet, ob die Parteien in der ursprünglichen Position und die Bürger bei der Herstellung eines übergreifenden Konsenses tatsächlich zu Rawls' Theorie der Grundfreiheiten gelangen, wenn sie vom liberalen Personenbegriff ausgehen. Die zweite ist, ob dieser Begriff tatsächlich der Kultur, den Traditionen und den Institutionen des demokratischen Verfassungsstaates zugrunde liegt.[43]

3. Die Grundfreiheiten und ihr Vorrang

Um zu prüfen, ob die Änderung des ersten Gerechtigkeitsgrundsatzes zusammen mit dem liberalen Personenbegriff die von Hart herausgearbeiteten Begründungs- und Anwendungsprobleme beseitigen kann, ist zunächst zu fragen, was mit der Klausel »fully adequate scheme of equal basic liberties which is compatible with a similar scheme of liberties for all« gemeint ist. Diese Klausel verbindet zwei Ideen: (1) die einer Liste der Grundfreiheiten und (2) die der Bestimmung ihres Verhältnisses. Ich beginne mit Rawls' Liste der Grundfreiheiten.

1. *Rawls' Liste der Grundfreiheiten*

Rawls' Liste der Grundfreiheiten ist keine bloße Ergänzung oder Interpretation der Gerechtigkeitsgrundsätze, sondern ein Teil von ihnen.[44] Die Parteien entscheiden nicht erst über die Gerechtigkeitsgrundsätze und dann über die Liste der Grundfreiheiten, sondern gleich über die Grundsätze mit einer bestimmten Liste.[45] Entsprechendes dürfte für die Bürger als Träger eines übergreifenden Konsenses gelten. Das zeigt, daß die Liste der Grundfreiheiten zum Kern des Rawlsschen Systems gehört.

Rawls' Liste ist nicht ganz eindeutig. An der Spitze stehen die Gedankenfreiheit (freedom of thought), die Gewissensfreiheit (liberty of conscience) und die politischen Freiheiten (political liberties). Dieser Trias werden die Vereinigungsfreiheit (freedom of association)[46], die Freiheiten, die durch die Freiheit und die Integrität der Person (liberty and integrity of the person) bestimmt werden, und die vom Rechtsstaatsprinzip eingeschlossenen Rechte und Freiheiten (rights and liberties covered by the rule of law) hinzugefügt.[47] Vielleicht kann man im Blick auf diese sechs Grundfreiheiten von den allgemeinen Rawlsschen Grundfreiheiten sprechen. Das ermöglicht es, ihnen spezielle Grundfreiheiten zuzuordnen. Eindeutige spezielle Grundfreiheiten sind die politische Meinungsfreiheit (freedom of political speech) und die Pressefreiheit (freedom of the press), die unter die Gedankenfreiheit fallen sollen.[48] Zugleich sollen sie für die politischen Freiheiten notwendig sein.[49] Die Versammlungsfreiheit (freedom of assembly) soll von der Gedankenfreiheit und den politischen Freiheiten gefordert sein.[50] Schwierigkeiten bereitet die Beantwortung der Frage, ob die Freizügigkeit (freedom of movement) und die Berufsfreiheit (free choice of occupation) auf die Rawlssche Liste gehören. In seinen Listen der Grundgüter erscheinen sie nicht in der ersten Abteilung, die den Grundfreiheiten vorbehalten ist, sondern werden erst in der zweiten Abteilung genannt, und zwar im Zusammenhang mit einem »Hintergrund diverser Möglichkeiten« (background of diverse opportunities).[51] Um eine faire Gleichheit von Möglichkeiten (fair equality of opportunity) aber geht es erst bei dem zweiten Gerechtigkeitsgrundsatz.[52] Das legt den Schluß nahe, daß die Berufsfreiheit und die Freizügigkeit nicht zu den Grundfreiheiten zählen sollen und deshalb auch nicht an der Priorität der Grundfreiheit teilhaben.[53] Ein anderes Bild ergibt sich jedoch, wenn Rawls sagt, daß die Freiheit und Integrität der Person, die eindeutig zu den Grundfreiheiten zählt, verletzt werde, wenn die Berufsfreiheit und die Freizügigkeit verweigert würden, wobei er als andere Beispiele der Verletzung von Freiheit und Integrität die Sklaverei und die Leibeigenschaft nennt.[54] Wenn die Verweigerung einer speziellen Freiheit die Verletzung einer generellen impliziert, dann ist die spezielle Freiheit entweder ein Unterfall der generellen Freiheit oder ein Mittel für diese.[55] Das legt den Schluß nahe, daß auch die Berufsfreiheit und die Freizügigkeit zu den Grundfreiheiten zu zählen sind. Da der Text zwei gegenläufige Schlüsse zuläßt, ist Rawls' Antwort auf die Frage, ob die Berufsfreiheit und die Freizügigkeit zu den Grundfreiheiten gehören, nicht eindeutig.

Ein besonderer Fall ist die Eigentumsgarantie. Nach Rawls ist das Recht, persönliches Eigentum zu besitzen und ausschließlich zu nutzen, Bestandteil der allgemeinen Grundfreiheit der Freiheit der Person.[56] Das bedeutet, daß das persönliche Eigentum als spezielle Grundfreiheit auf die Liste gehört. Dieses Recht soll allerdings weder das Privateigentum an Produktionsmitteln und an natürlichen Ressourcen noch dessen Gegenstück, das gesellschaftliche Eigentum an diesen Gegenständen, einschließen.[57] Über derartige Rechte könne nicht in der ursprünglichen Position, sondern erst auf einer späteren Stufe entschieden werden.[58]

Ebenso wichtig wie das, was sich auf der Liste findet, ist das, was auf ihr fehlt. Dies sind vor allem zwei Dinge: die allgemeine Handlungsfreiheit und die sozialen Grundrechte.[59] Die allgemeine Handlungsfreiheit wird mit Nachdruck ausgeschlossen. Die Freiheit als solche sei kein überragender Wert und nicht der Hauptzweck und schon gar nicht der einzige Zweck der politischen und sozialen Gerechtigkeit. Allerdings gebe es eine allgemeine Vermutung (general presumption) gegen die Auferlegung rechtlicher und anderer Handlungsbeschränkungen ohne hinreichenden Grund. Diese Vermutung führe aber nicht zu irgendeiner Priorität.[60]

Daß Rawls keine sozialen Grundrechte in die Liste aufnimmt, dürfte seinen Grund darin haben, daß sie in den Bereich des zweiten Gerechtigkeitsgrundsatzes fallen, dieser aber nach Rawls weder ganz noch teilweise Bestandteil der Verfassung sein darf. Die Geschichte erfolgreicher Verfassungen zeige, daß Fragen ökonomischer und sozialer Ungleichheiten wie überhaupt Probleme der Umverteilung nicht auf der Ebene der Verfassung, sondern auf der der Gesetzgebung zu lösen seien.[61]

Es fällt ferner auf, daß mehrere Freiheiten, die in der Tradition westlicher Verfassungen häufig genannt werden, bei Rawls keine Erwähnung finden. Ich möchte hier nur die Kunst- und Wissenschaftsfreiheit und die Garantie der Ehe nennen. Es ist allerdings zu vermuten, daß diese Dinge von den allgemeinen Grundfreiheiten erfaßt werden sollen. So können die Wissenschafts- und die Kunstfreiheit der Gedankenfreiheit, die Kunstfreiheit vielleicht auch der Gewissensfreiheit, zugeordnet werden, und die Ehefreiheit dürfte zur Freiheit und Integrität der Person gehören.

2. *Der Vorrang der Grundfreiheiten*

Rawls' Liste der Grundfreiheiten ist vor allem deshalb interessant, weil dieser Liste Priorität zukommt. Alle Grundfreiheiten haben gegenüber allen öffentlichen oder kollektiven Gütern und allen perfektionistischen Werten ein absolutes Gewicht und damit einen absoluten Vorrang.[62] Grundfreiheiten können nur um der Grundfreiheiten willen eingeschränkt werden: »The priority of liberty implies in practice that a basic liberty can be limited or denied solely for the sake of one or more other basic liberties.«[63] Diese These wäre, wenn sie zuträfe, vom Standpunkt des Verfassungsrechts aus äußerst attraktiv. Das überall zu beobachtende Abwägen zwischen individuellen Grundrechten und kollektiven Gütern könnte entfallen. Genau dies ist ein Ziel von Rawls: »These rules are introduced to handle the complexity of the many prima facie reasons we are ready to cite in everyday life.«[64] Die Frage lautet deshalb, ob Rawls die Begründung seiner Liste der Grundfreiheiten einschließlich ihrer Priorität als – wie er sagt – Familie[65] gelungen ist.

Sieht man zunächst vom übergreifenden Konsens ab, der in einem öffentlichen Diskurs herzustellen ist, so ist die ursprüngliche Position der Schauplatz der Begründung. In ihr wird über die Gerechtigkeitsgrundsätze und damit auch über die Priorität der Liste der Grundfreiheiten entschieden. Die Ergebnisse dieser Prozedur sollen dann in weiteren Prozeduren unter Lüftung des Schleiers des Nichtwissens weiter konkretisiert und auf die tatsächlichen Verhältnisse angewandt werden. Diese weiteren Prozeduren sind die der Verfassunggebung, der Gesetzgebung und der Rechtsprechung.[66]

Für die Beurteilung der Liste und ihres Vorranges ist es von großer Bedeutung, daß zwischen der Wahl in der ursprünglichen Position und der Verfassunggebung eine besondere Beziehung existiert, wenn und soweit es um Grundfreiheiten geht. Diese besondere Beziehung kommt bei Rawls zwar zum Ausdruck, sie wird aber nicht so klar beschrieben, wie es aus systematischen Gründen notwendig ist. Rawls stellt der verfassunggebenden Versammlung zwei ganz unterschiedliche Aufgaben. Die erste orientiert sich an einem prozeduralen Verfassungsbegriff[67], nach dem die Verfassung zunächst »a just and workable political procedure without any constitutional restrictions on legislative outcomes« sein soll.[68] Diese Prozedur wird sodann in einem zweiten Schritt inhaltlich durch die Grundfreiheiten begrenzt, die als Grundrechte in die Verfassung einzubauen sind. Auf diese Weise wird aus der Liste der Grundfreiheiten ein Grundrechtskatalog.[69] Die Transformation der Grundfreiheiten in Grundrechte wird von Rawls auf unterschiedliche Weisen geschildert. In der einen Version hat die verfassunggebende Versammlung bei der Abfassung des Grundrechtskatalogs keinerlei kreative Arbeit mehr zu leisten. Er ist »simply the result of applying the first principle of justice at the stage of the constitutional convention«.[70] Es kommen auch keine Grundrechte hinzu, denn »all legal rights and liberties other than the basic liberties ... are to be specified at the legislative stage«.[71]

In einem gewissen Gegensatz hierzu stehen zahlreiche Äußerungen von Rawls, nach denen die in der ursprünglichen Position gewonnene Liste auf den weiteren Stufen, darunter auch der der Verfassunggebung, weiter zu spezifizieren ist[72], wobei es u. a. um die Bedeutung einzelner Freiheiten und damit das Gewicht einzelner Freiheitsansprüche gehen soll.[73] Die Delegierten einer verfassunggebenden Versammlung sollen durch das rationale Interesse der Bürger an einem »fully adequate scheme of basic liberties« geleitet werden.[74] Ein solches Schema aber schließt die Lösung der Grundrechtskonflikte und damit die Schließung der von Hart gerügten zweiten Lücke ein.[75] Das alles darf jedoch nicht so gelesen werden, als solle schon bei der Verfassunggebung das Problem der Grundrechtskollision und -begrenzung und damit das Anwendungsproblem mehr oder weniger vollständig gelöst werden. Dies widerspräche der Aufgabe und den Möglichkeiten einer Verfassung und steht auch nicht im Einklang mit der Verfassungstradition moderner demokratischer Staaten, auf die Rawls immer wieder abstellt.[76] Eine Verfassung kann und sollte einen Grundrechtskatalog enthalten, sie sollte auch einige Regelungen, die Grundrechte einschränken oder sie einzuschränken erlauben, einschließen, sie kann und soll aber nicht versuchen, eine Regel für die Lösung einer jeden Grundrechtskollision aufzustellen. Das kommt auch bei Rawls deutlich zum Ausdruck, wenn er sagt, daß die Verfassung kein Normensystem sein könne, das dem Bürger, dem Gesetzgeber oder dem Richter in jedem Fall eine klare und unzweideutige Information darüber biete, was die Verfassung verlangt.[77] Es spricht also alles dafür, daß die verfassunggebende Versammlung allenfalls einige generelle Gewichtungen der Grundfreiheiten vornehmen kann, ansonsten aber darauf beschränkt ist, sie in eine gerechte und effektive Prozedur einzubauen. Wenn dies zutrifft, dann beschränkt sich, was die Liste der Grundfreiheiten angeht, die Aufgabe der verfassunggebenden Versammlung im wesentlichen darauf, diese Liste als Grundrechtskatalog zu übernehmen. Das aber bedeutet, daß in der ursprünglichen Position ein entscheidendes Stück Verfassunggebung bereits definitiv erledigt wird.

Letzteres führt zu der Frage, wer denn nun die zweite Lücke schließen und die Grundfreiheiten oder Grundrechte weiter spezifizieren und miteinander vereinbar machen soll. Dem Gesetzgeber kann in dieser Sache nicht das letzte Wort zukommen, denn er ist an die Verfassung und damit an die Grundrechte gebunden. Auch empfiehlt es sich nicht, diese Aufgabe ganz der einfachen Rechtsprechung zu übertragen, denn diese könnte sich dann unter Berufung auf die Grundrechte unbegrenzt von der Bindung an die

Parlamentsgesetze lösen, was dem Demokratieprinzip und dem Grundsatz der Gewaltenteilung widerspräche. So läuft alles darauf zu, diese Aufgabe, in welcher Form auch immer, in letzter Instanz einer Verfassungsgerichtsbarkeit zu übertragen. Rawls bemerkt zwar, daß eine demokratische Verfassung Raum für eine Verfassungsgerichtsbarkeit gebe[78], und seine Beispiele der Spezifizierung und der Gewichtung der Grundfreiheiten sind auf die Verfassungsgerichtsbarkeit bezogen[79], er versäumt es jedoch, die Verfassungsgerichtsbarkeit in seine Vier-Stufen-Sequenz systematisch einzubauen.

Hier soll es zunächst nur um die Begründung der Liste und noch nicht um ihre Anwendung gehen. Es ist oben festgestellt worden, daß die Begründung der Liste der Grundfreiheiten die Begründung eines Grundrechtskatalogs ist. Insofern wird die ursprüngliche Position auf die denkbar engste Weise mit der verfassunggebenden Versammlung verbunden. Zu dieser Verbindung kommt eine zweite. Gegenstand der Entscheidung in der ursprünglichen Position ist nicht die Grundstruktur (basic structure) beliebiger Gesellschaften, sondern die Grundstruktur einer modernen konstitutionellen Demokratie (modern constitutional democracy).[80] Das impliziert, daß die Parteien in der ursprünglichen Position wissen, was es politisch bedeutet, ein Grundgut (primary good) als Grundfreiheit (basic liberty) einzustufen. Es wird von der politischen Tagesordnung genommen.[81] Eine Entscheidung gegen die Grundfreiheit ist zumindest mit einfacher Mehrheit nicht mehr möglich. Demgegenüber bleiben Freiheiten, die keine Grundfreiheiten sind, Gegenstände der politischen Tagesordnung. Da der Grundrechtskatalog sie nicht einschließt, stehen sie zur Disposition der einfachen Mehrheit im Parlament.

Vor diesem Hintergrund soll nunmehr gefragt werden, ob die Liste einschließlich ihres Vorranges die Zustimmung aller Parteien in der ursprünglichen Position finden kann, wenn der liberale Personenbegriff vorausgesetzt wird. Das Verhältnis zwischen den Grundfreiheiten und dem liberalen Personenbegriff in der ursprünglichen Position wird bei Rawls auf zwei Weisen dargestellt: auf eine einfache und auf eine komplizierte. In der einfachen Darstellung geht es um die Frage, »which liberties are essential social conditions for the adequate development and full exercise of the two powers of moral personality over a complete life«.[82] Diese Frage soll sich auf das Leben in einer demokratischen Gesellschaft beziehen[83], in der einigermaßen günstige Bedingungen (reasonably favorable conditions) herrschen, die die effektive Institutionalisierung und die volle Ausübung der Freiheiten erlauben, wenn ein entsprechender politischer Wille existiert.[84] Nimmt man noch hinzu, daß das Interesse an der Ausübung der beiden moralischen Kompetenzen – wie oben dargelegt – den höchsten Rang hat, so kann in der Tat nicht nur gesagt werden, daß die drei auf Reflexion, Diskussion und politische Partizipation bezogenen Grundfreiheiten, nämlich die Gedankenfreiheit, die Gewissensfreiheit und die politischen Freiheiten sowie deren Unterfreiheiten, für die Ausübung der beiden moralischen Kompetenzen notwendig sind, sondern auch, daß sie allen anderen Grundgütern vorgehen. Das Argument wird weitgehend analytisch[85]: Was für ein höchstrangiges Interesse notwendig ist, geht dem vor, was nur für ein nachrangiges Interesse notwendig ist. Harts Einwand, daß die Parteien im ursprünglichen Zustand damit rechnen müßten, Personen zu repräsentieren, die politische Freiheiten gern gegen materiellen Wohlstand eintauschen würden[86], entfällt. Die repräsentierten Personen sind so definiert, daß sie diesen Tausch nicht vornehmen würden. Geht man von der einfachen Darstellung aus, so gelingt Rawls die Begründung der Priorität der drei ersten Grundfreiheiten unter der Voraussetzung (1) der ursprünglichen Position und (2) des liberalen Personenbegriffs.[87] Die Hauptlast ruht dabei auf dem liberalen Personenbegriff.

Nicht so einfach ist die Sache bei der oben als »kompliziert« bezeichneten Fassung des Arguments aus der ursprünglichen Position. Diese Variante kann hier nicht vollständig dargestellt werden. Ich will mich auf einige Teile dieser Version des Arguments beschränken, und zwar auf diejenigen Teile, die für die Frage bedeutsam sind, ob die Berufsfreiheit, deren Zugehörigkeit zur Liste der Grundfreiheiten von Rawls auf unklare Weise verneint wird, nicht doch definitiv auf die Liste gehört. Die komplizierte Version stützt sich nicht unmittelbar auf eine »Fähigkeit zu einer bestimmten Hierarchie von Interessen« (capacity for a certain hierarchy of interests), die sich, wie Rawls an anderer Stelle schreibt, aus dem liberalen Personenbegriff ergeben soll.[88] Vielmehr gleicht das komplizierte Argument stark der alten Variante in der »Theorie der Gerechtigkeit«. Die Parteien in der ursprünglichen Position sehen ihre Aufgabe danach ausschließlich darin, die bestimmte, jeweils vorhandene Konzeption des Guten der Personen zu fördern, die sie repräsentieren[89], wobei sie diese Konzeptionen aufgrund des Schleiers des Nichtwissens nicht kennen. Nach Rawls führt dies zu drei Arten von Überlegungen, von denen zwei hier betrachtet werden sollen. Die erste stützt sich auf die bestimmte, allerdings unbekannte Konzeption des Guten der repräsentierten Personen. Rawls wählt die Gewissensfreiheit als Beispiel. Die Parteien müssen damit rechnen, daß die von ihnen repräsentierten Personen eine bestimmte religiöse Überzeugung haben, die nur von einer Minderheit geteilt wird. Um zu verhindern, daß die Mehrheit die Religion der Minderheit unterdrückt, muß die parlamentarische Mehrheitsregel durch das Grundrecht auf Gewissensfreiheit eingeschränkt werden. Wenn hierauf verzichtet werden würde, würden religiöse, philosophische und moralische Überzeugungen nicht ernst genommen werden. Es käme zu Leid. Damit könnten die Parteien nicht spielen.[90]

Es soll hier darauf verzichtet werden zu fragen, wie dieser Teil des Arguments sich zur These von der Höchstrangigkeit des Interesses an der Realisierung und Ausübung der beiden moralischen Kompetenzen verhält. Jedenfalls scheint ein Argument dieser Art auch auf die Berufsfreiheit bezogen werden zu können. Hier soll nur ein Aspekt der Berufsfreiheit behandelt werden, und zwar die Berufswahlfreiheit. Unter der Berufswahlfreiheit soll das Recht des Bürgers gegen den Staat darauf verstanden werden, daß dieser die Berufswahl des Bürgers nicht behindert, also ein Abwehrrecht.[91] Es soll ferner zu den »allgemeinen Tatsachen der menschlichen Psychologie« (general facts about human psychology)[92] gehören, daß es zumindest einige Menschen gibt, für die der Beruf nicht nur eine – lästige oder willkommene – Gelegenheit zum Gelderwerb oder zur Gewinnung von Sozialprestige, sondern auch notwendig für ihren Lebensplan ist, wenn dieser ihrer Konzeption des Guten entsprechen und in diesem Sinne wertvoll sein soll. Zu einigen Lebensplänen passen nur bestimmte Berufe. Die Parteien in der ursprünglichen Position müssen also damit rechnen, daß sie Personen repräsentieren, die einen Lebensplan haben, für den ein bestimmter Beruf notwendig ist, und sie können wissen, daß die Möglichkeit besteht, daß eine durch das Grundrecht der Berufswahlfreiheit nicht begrenzte parlamentarische Mehrheit die Berufswahlfreiheit aus mannigfachen Gründen einschränkt. Wenn sie sich nicht für das Grundrecht auf Berufswahlfreiheit entscheiden, nehmen sie Lebenspläne und mit ihnen verbundene

Konzeptionen des Guten nicht ernst. Sie spielen mit schwerem Leid.

Die zweite Überlegung ist direkt mit dem Personenbegriff verbunden, und zwar mit der Fähigkeit, eine Konzeption des Guten zu haben. Auch hier kann nur ein Ausschnitt behandelt werden. Wenn Personen die vom liberalen Personenbegriff vorausgesetzte Fähigkeit haben, eine Konzeption des Guten zu entwickeln, zu revidieren und rational zu verfolgen, dann muß in der ursprünglichen Position damit gerechnet werden, daß zumindest einige ein Interesse daran haben, diese Fähigkeit auch zu realisieren. Wenn man die Äußerungen Rawls' berücksichtigt, nach denen die moralischen Fähigkeiten stets von einem Interesse an ihrer Realisierung begleitet werden[93], bedeutet die Voraussetzung des liberalen Personenbegriffs sogar, daß bei allen ein Interesse an der Realisierung jener Fähigkeit anzunehmen ist. Doch darauf soll es hier nicht ankommen. Wichtiger ist, daß Rawls darin zugestimmt werden kann, daß für alle, die ein Interesse an der Realisierung jener moralischen Fähigkeit haben, diese nicht nur ein bloßes Mittel zur Verwirklichung einer bestimmten Konzeption des Guten ist, sondern auch Teil dieser Konzeption.[94] Es ist ein Wert an sich, eine Lebensform zu haben, zu der man sich – ganz gleich, ob man sie übernommen oder mehr oder weniger selbst ausgebildet hat – aufgrund eigener Überlegungen bekennt.

Die Gewissensfreiheit betrifft wesentlich die Reflexionsseite, die Berufsfreiheit den Handlungsaspekt. Eine Lebensform – ob irrend oder nicht – reflektierend zu entwerfen und dann aufgrund einer parlamentarischen Mehrheitsentscheidung ihre beruflichen Implikationen nicht realisieren zu können ist für Personen, die ein Interesse an der Realisierung ihrer Fähigkeit zur Entwicklung einer Konzeption des Guten haben, unerträglich. Die Aufnahme der Berufswahlfreiheit in die Liste kann deshalb nur verweigern, wer entweder behauptet, daß die Entscheidung für eine Lebensform keine beruflichen Implikationen hat, oder geltend macht, daß die Fähigkeit zur Entwicklung einer Konzeption des Guten nur für den Bereich der Reflexion, nicht aber für den des Handelns von Bedeutung ist. Da beides nicht akzeptiert werden kann, spricht alles dafür, die Berufswahlfreiheit in die Liste aufzunehmen.

Ich vermute, daß ähnliche Überlegungen auf weitere traditionelle Grundrechte zutreffen, die zumindest nicht ausdrücklich in Rawls' Liste enthalten sind. Ich will hier nur die Ehefreiheit erwähnen, die u. a. die Freiheit einschließt, nicht von der parlamentarischen Mehrheit vorgeschrieben zu bekommen, ob man Kinder haben darf.

Die Berufs- und die Ehefreiheit können möglicherweise noch den allgemeinen Freiheiten des Rawlsschen Katalogs zugeordnet werden. Interessant sind derartige Freiheiten vor allem deshalb, weil sie nicht die Reflexion, die Diskussion und die politische Partizipation betreffen, sondern das Handeln von Personen im Rahmen von Lebensplänen. Dieser Handlungsaspekt wird bei der Erörterung der Rawlsschen Theorie der Einschränkbarkeit der Grundfreiheiten von Bedeutung sein. Hier soll es jedoch zunächst weiter um die Liste gehen, und zwar um die Frage, ob entgegen Rawls nicht doch soziale Grundrechte, die allgemeine Handlungsfreiheit und die Garantie des Privateigentums auch an Produktionsmitteln in die Liste aufzunehmen sind.

Soziale Grundrechte sind Rechte des einzelnen gegen den Staat auf etwas, was der einzelne, verfügte er nur über hinreichende finanzielle Mittel und fände sich auf dem Markt ein hinreichendes Angebot, auch von Privaten erhalten könnte.[95] Es geht also anders als bei den bisher behandelten klassischen liberalen Grundrechten nicht um Abwehr-, sondern um Leistungsrechte. Soziale Grundrechte, etwa Rechte auf Fürsorge, Wohnung oder Bildung, schließen eine Umverteilung ein. Sie gehören deshalb in den Bereich des zweiten Gerechtigkeitsgrundsatzes.

Wie schon dargelegt, gehören nach Rawls Forderungen des zweiten Gerechtigkeitsgrundsatzes nicht in die Verfassung. Soziale Grundrechte, gleich welcher Art, werden deshalb von der Liste ausgeschlossen. Die in den Bereich des zweiten Gerechtigkeitsgrundsatzes fallenden Probleme seien nicht von der verfassunggebenden Versammlung, sondern vom parlamentarischen Gesetzgeber zu lösen.[96]

Es ist zwischen minimalen und maximalen sozialen Grundrechten sowie zahlreichen Zwischenformen zu unterscheiden.[97] Hier soll es nur um minimale soziale Grundrechte gehen, also um Rechte auf Nahrung, Kleidung, eine einfache Wohnung, einen Mindeststandard ärztlicher Versorgung, eine elementare Schulbildung und ähnliches, kurz: um Rechte auf das Existenzminimum. Rawls stellt treffend fest, daß die Einstufung eines Rechts als Grundrecht, d. h. seine Verankerung in der Verfassung, bedeutet, daß es von der politischen Tagesordnung genommen und die Entscheidung über das Recht nicht mehr Sache der jeweiligen einfachen parlamentarischen Mehrheit ist.[98] Es wird insofern dem Kalkül sozialer Interessen entzogen.[99] Grundrechte sind Rechte, die so wichtig sind, daß ihre Gewährung oder Nichtgewährung nicht der einfachen parlamentarischen Mehrheit überlassen werden kann.[100]

Damit stellt sich die Frage, ob die Parteien in der ursprünglichen Position und die Teilnehmer der verfassunggebenden Versammlung, wenn sie rational handeln wollen, das Recht auf ein Existenzminimum als so wichtig einzuschätzen haben, daß sie es in die Liste bzw. in den Grundrechtskatalog aufnehmen müssen. Ich meine, daß zwei Überlegungen sie dazu führen. Die erste ist, daß ohne über ein Existenzminimum zu verfügen, also ohne Nahrung, Kleidung, Wohnung, ärztliche Versorgung und elementare Schulbildung, die repräsentierten Personen ihre moralischen Kompetenzen nicht ausüben und eine für sie wertvolle Konzeption des Guten nicht verfolgen können. Hierüber dürfte man kaum streiten können. Die zweite Überlegung sagt, daß dann, wenn das Recht auf ein Existenzminimum nicht in der Verfassung verankert wird, das Risiko besteht, daß die parlamentarische Mehrheit dieses Recht nicht gewährt. Hiergegen könnte man einwenden, daß dieses Risiko nicht bestehe oder so gering sei, daß es vernachlässigt werden könne, weil erstens die Einsicht in den zweiten Gerechtigkeitsgrundsatz und zweitens der durch den Gebrauch öffentlicher Vernunft und die gleichen politischen Rechte gekennzeichnete politische Prozeß dafür sorgten, daß niemand unter das Existenzminimum falle. Dem ist jedoch entgegenzuhalten, daß dann, wenn man sicher sein könnte, daß Einsicht in die Gerechtigkeit, öffentliche Vernunft und der politische Prozeß stets für alle Bürger alle fundamentalen Rechte sichern, die Verankerung von Grundrechten in der Verfassung ganz generell überflüssig wäre. Man könnte dann auf einen Grundrechtskatalog verzichten und alles der Mehrheitsentscheidung im Parlament überlassen. Die Tatsache, daß Rawls von Grundrechten spricht, die die parlamentarische Mehrheit beschränken, zeigt, daß auch er nicht von einem derartigen idealen Zustand ausgeht, in dem der Grundrechtskatalog nur noch eine symbolische Bedeutung hätte. Dann aber sprechen die besseren Gründe dafür, das Recht auf ein Existenzminimum in den Grundrechtskatalog aufzunehmen. Es gibt keine Garantie dafür, daß dieses Recht durch wechselnde parlamentarische Mehrheiten besser gesichert wird als die klassischen liberalen Rechte.

Der Begriff eines Grundrechts auf das Existenzminimum wirft eine Reihe von Fragen auf, die an dieser Stelle nicht behandelt werden können.[101] Hier sei nur hervorgehoben, daß die Realisierung eines solchen Rechts nicht dasselbe ist wie die Realisierung des im zweiten Gerechtigkeitsgrundsatz enthaltenen Differenzprinzips.[102] Ich will offenlassen, ob dieses Prinzip akzeptabel ist. Jedenfalls führt es unter hinreichend günstigen ökonomischen Bedingungen zu mehr als einem Existenzminimum. Seine Realisierung ist dann Sozial- und Verteilungspolitik und muß als solche der parlamentarischen Mehrheit vorbehalten bleiben. Das Grundrecht auf ein Existenzminimum bezieht sich demgegenüber ausschließlich auf elementare Dinge, auf die ein Recht besteht, wenn man den in der ursprünglichen Position zum Ausdruck kommenden Gedanken der Verallgemeinerbarkeit und den liberalen Personenbegriff voraussetzt.

Mit dem Recht auf ein Existenzminimum wird dem Grundrechtskatalog ein sozialstaatliches Element eingefügt. Bei dem von Rawls abgelehnten Recht auf allgemeine Handlungsfreiheit geht es demgegenüber um ein Recht, das zwar nicht allen, aber doch wesentlichen Linien der liberalen Tradition zuzuordnen ist.[103] Rawls ist der Auffassung, daß die allgemeine Handlungsfreiheit kein so überragender Wert sei, daß ihr Priorität gegenüber allem, was keine Grundfreiheit ist, zukomme. Dem ist zuzustimmen. Die Frage ist jedoch, ob hieraus folgt, daß sie ein so geringer Wert ist, daß sie zur Disposition der parlamentarischen Mehrheit stehen kann. Daß die allgemeine Handlungsfreiheit als Freiheit, »to choose, and not to be chosen for«[104], zumindest einen gewissen Wert hat, gibt auch Rawls zu erkennen, wenn er sagt, daß »a general presumption against imposing legal and other restrictions on conduct without sufficient reason« bestehe.[105] Wie aber soll die Beachtung dieser allgemeinen Vermutung garantiert werden, wenn sie nicht auf irgendeine Weise durch die Verfassung gesichert wird? Wenn die Parteien in der ursprünglichen Position und die Mitglieder der verfassunggebenden Versammlung auf eine Verankerung auf der Ebene der Verfassung verzichten, können sie nur hoffen, daß die jeweilige Mehrheit im Parlament die allgemeine Handlungsfreiheit nicht unverhältnismäßig einschränkt. Sie bringen damit zum Ausdruck, daß auch unnötige und unproportionale gesetzgeberische Eingriffe in die Freiheit, selbst zu entscheiden, was man tun und lassen will, für liberale Personen kein Übel darstellen, das unbedingt vermieden werden muß. Unnötige und unproportionale Eingriffe in die allgemeine Handlungsfreiheit sind aber für Personen, die ihre Konzeption des Guten selbst entwerfen und auch realisieren wollen, ein unbedingt zu vermeidendes Übel, und die Parteien in der ursprünglichen Position würden ebenso wie die Mitglieder der verfassunggebenden Versammlung nicht rational handeln, wenn sie dieses Übel in Kauf nehmen würden, obwohl seine Vermeidung nur einen relativ geringen Preis kostet. Der Preis besteht darin, daß auf die Liste und in den Grundrechtskatalog ein Recht aufgenommen werden muß, dem auch im Verhältnis zu kollektiven Gütern keine strikte Priorität mehr zukommt. Die allgemeine Handlungsfreiheit kann nur den Status eines prima facie-Rechts[106] haben. Dessen Rolle besteht nicht darin, die allgemeine Handlungsfreiheit absolut zu schützen, sondern nur darin, sie gegen unnötige und unproportionale Eingriffe abzuschirmen. Genau hierin liegt ein wesentlicher Teil des Sinns der Interpretation des Art. 2 Abs. 1 des Grundgesetzes der Bundesrepublik Deutschland[107] als Garantie der allgemeinen Handlungsfreiheit, an der das Bundesverfassungsgericht seit 1957 festhält.[108]

Rawls dürfte nicht bereit sein, diesen Preis zu zahlen. Sein Ziel besteht gerade darin, die Liste der Grundfreiheiten so zu gestalten, daß zwar zwischen den einzelnen Grundfreiheiten noch Kollisionen zu lösen sind, die Freiheiten der Liste aber gegenüber allen anderen Gütern und Werten ein absolutes Gewicht haben.[109] Die Grundrechte sollen keine prima facie-Rechte sein.[110] In die Liste wird gerade deshalb nur eine begrenzte Zahl von Grundfreiheiten aufgenommen, weil jede Erweiterung die »indeterminate and unguided balancing problems« wieder auf den Plan rufen würde, die Rawls mit seiner Prioritätsregel vermeiden will.[111] Es geht also darum, Abwägungen zu vermeiden.

Gegen Abwägungen kann man vom Standpunkt einer Theorie der Grundrechte aus aus zwei Gründen etwas haben. Der erste ist methodologischer, der zweite substantieller Art. Rawls macht beide Gründe geltend. Der methodologische Einwand sagt, daß die Abwägung ein unbestimmtes und unsicheres Verfahren sei. Das trifft zu. Die Frage kann deshalb nur lauten, wie unbestimmt und wie unsicher dieses Verfahren ist und ob es bessere Methoden gibt. Dieses Problem soll bei der Erörterung der Rawlsschen Theorie der Anwendung der Grundrechte behandelt werden.

Ernster zu nehmen ist der substantielle Einwand. Rawls ist der

Auffassung, daß die Methode der Abwägung seine Idee der Grundrechte im Kern zerstören würde. Die Grundrechte würden zum Gegenstand des Kalküls der sozialen Interessen werden.[112] In verfassungsgerichtlichen Entscheidungen ginge es nur noch um die Maximierung der Nettosumme der sozialen Vorteile.[113] Die Grundrechte würden den Anforderungen sich ändernder Umstände unterworfen. Das erzeuge Streit, Unsicherheit und Feindschaft im öffentlichen Leben.[114] Um die wichtigsten Grundrechte zu sichern, dürfe man deshalb gar nicht erst unwichtigere und abwägungsbedürftige Grundrechte in die Liste aufnehmen.[115]

Dieser Einwand stützt sich auf drei zweifelhafte Annahmen. Die erste ist, daß Abwägungen im Verfassungsrecht nichts anderes sein könnten als die Maximierung der Nettosumme sozialer Vorteile, wobei alle Abwägungsgegenstände auf eine Ebene gestellt werden würden. Das würde in der Tat bedeuten, daß der Einzelne als Einzelner nicht mehr ernst genommen werden würde und seine Rechte Gegenstände wechselnder sozialer Nutzenkalkulationen wären. Ein solches Programm ist jedoch keineswegs notwendig mit dem Begriff der Abwägung verbunden. Unter Abwägung im Verfassungsrecht kann und sollte die Bestimmung der Bedeutung der Grundrechte im Lichte des vorausgesetzten Personenbegriffs angesichts gegenläufiger Anforderungen verstanden werden. Das ist etwas grundsätzlich anderes als ein »calculus of social interests«.[116] Die Abwägung von Gründen (balance of reasons) ist nicht, wie Rawls selbst gelegentlich hervorhebt, mit der Maximierung im Rahmen einer Nutzenfunktion gleichzusetzen.[117]

Die zweite zweifelhafte Annahme ist, daß alle Grundrechte auch in ihrem Kernbereich (central range of application)[118] zur Disposition gestellt werden würden, wenn man Abwägungen im Verfassungsrecht erlaubt. Es gibt einige Grundrechte, deren Kernbereiche für den vorauszusetzenden Personenbegriff eine so wesentliche Bedeutung haben, daß unter normalen Umständen eine Abwägung, wenn sie durchgeführt wird, niemals dazu führt, daß sie zur Disposition stehen.[119] Daß es extreme Situationen geben kann, in denen zwecks Sicherung der demokratischen Institutionen und der Grundfreiheiten im Falle einer Verfassungskrise (constitutional crisis) selbst in den Kernbereich einiger Grundfreiheiten eingegriffen werden darf, räumt auch Rawls ein.[120]

Die dritte zweifelhafte Annahme ist, daß die Aufnahme von Grundrechten mit einem auch auf kollektive Güter bezogenen

Vorbehalt in den Grundrechtskatalog zu einer Schwächung der im Rawlsschen Sinne absolut geschützten Grundrechte führe.[121] Das ist eine verfassungspsychologische These. Sie setzt voraus, daß Verfassungsrichter, Verfassungsjuristen und Bürger nicht zwischen unterschiedlich bedeutsamen und deshalb unterschiedlich stark geschützten Grundrechten unterscheiden können. Es ist einzuräumen, daß es Grenzen dieser Fähigkeit geben kann. In einer Gesellschaft, in der ein übergreifender Konsens über Grundrechte möglich erscheint, dürfte hiermit aber keine so große Gefahr verbunden sein, daß ihr mit einer radikalen Kur begegnet werden muß, die dem Grundsatz folgt: Was die Verfassung nicht absolut garantieren kann, soll überhaupt nicht durch sie geschützt werden. Das wäre ein zu hoher Preis.

Bevor ich mich den Anwendungsproblemen zuwende, möchte ich noch auf ein Problem hinweisen, das die von Rawls vorgeschlagene Behandlung des Eigentumsgrundrechts aufwirft. Dabei soll es nicht um die Probleme gehen, die die Abgrenzung des persönlichen Eigentums, das Rawls grundrechtlich geschützt wissen will,[122] vom Eigentum an Produktionsmitteln und natürlichen Ressourcen bereitet. Vielmehr soll nur die Ebene interessieren, auf der über das Eigentum an Produktionsmitteln und natürlichen Ressourcen zu entscheiden ist. Nach Rawls ist dies die der parlamentarischen Gesetzgebung.[123]

Ich vermute, daß dies nicht akzeptabel ist. Man kann darüber streiten, ob der Begriff einer modernen demokratischen Gesellschaft mit dem Begriff des Privateigentums an Produktionsmitteln notwendig verbunden ist. Es spricht einiges dafür, doch darum soll es nicht gehen. Entscheidend ist allein, daß bei einer Verfassunggebung auch Effektivitätsüberlegungen eine Rolle spielen müssen. Es ist nicht effektiv, wenn eine so grundlegende Frage wie die des Privateigentums an Produktionsmitteln wechselnden parlamentarischen Mehrheiten überlassen wird. Die Bereitschaft zu langfristigen Investitionen wäre gefährdet. Deshalb ist diese Frage durch die Verfassung zu entscheiden, und zwar ganz unabhängig davon, ob das Eigentum an Produktionsmitteln und natürlichen Ressourcen eine Grundfreiheit im Sinne der Überlegungen ist, die in der ursprünglichen Position anzustellen sind, oder nicht. Rawls müßte also, wenn er das umfassende Eigentumsrecht nicht in die Liste der Grundfreiheiten aufnehmen will, seine strikte Kopplung des Katalogs der Grundrechte an die Liste der Grundfreiheiten auf irgendeine Weise lockern. Keine Grundfreiheit kann durch kollektive Güter gerechtfertigt werden. Es ist jedoch möglich, einige Grundrechte zumindest teilweise auf sie zu stützen.[124]

4. Die Anwendung der Grundrechte

Bei der Anwendung der Grundrechte geht es um das zweite Problem, das mit der Klausel »fully adequate scheme of equal basic liberties which is compatible with a similar scheme of liberties for all« verbunden ist: die Bestimmung des Verhältnisses zwischen den in der Liste enthaltenen Grundfreiheiten und, falls man entgegen Rawls die Einschränkung zumindest einiger Grundfreiheiten auch zugunsten kollektiver Güter zuläßt, des Verhältnisses dieser Grundfreiheiten zu kollektiven Gütern. Diese Verhältnisbestimmungen sind das eigentliche Problem jener Klausel. Da allen in der Liste enthaltenen Grundfreiheiten Grundrechte des Grundrechtskatalogs entsprechen, ist eine insoweit äquivalente Formulierung des Problems für Grundrechte möglich.

Man kann fragen, warum das Problem der Anwendung der Grundrechte wesentlich in der Bestimmung des Verhältnisses zwischen ihnen sowie des Verhältnisses dieser Grundrechte zu kollektiven Gütern und nicht schlicht in der Subsumtion unter Grundrechtsnormen besteht. Ein Grund dafür ist, daß es zahlreiche Fälle gibt, in denen dieselben oder verschiedene Grundrechte verschiedener Grundrechtsträger kollidieren.[125] Zu diesen grundrechtsinternen Kollisionen kommen, wenn man zuläßt, daß Grundrechte nicht nur durch Grundrechte anderer eingeschränkt werden können, grundrechtsexterne Kollisionen, nämlich solche mit kollektiven Gütern und anderen Werten.[126] Rawls glaubt, wie dargelegt, alle grundrechtsexternen Kollisionen durch seine Prioritätsregel lösen zu können, nach der Grundfreiheiten nur um der Grundfreiheiten willen eingeschränkt werden können.[127] Es stellen sich damit zwei Fragen. Die erste lautet, ob Rawls' neue Formel ein brauchbares Verfahren zur Lösung grundrechtsinterner Kollisionen bietet. Die zweite ist, ob die Prioritätsregel tatsächlich ausreicht, um das Verhältnis der Grundrechte zu kollektiven Gütern adäquat zu bestimmen.

Es ist eine elementare Einsicht der Grundrechtsdogmatik, daß die Zahl der Grundrechtskollisionen um so geringer wird, je enger man die Grundrechte faßt.[128] Rawls versucht, diese Einsicht zu nutzen, indem er von der im Verfassungsrecht verbreiteten Unterscheidung zwischen Einschränkung (restriction) und Regelung (regulation) Gebrauch macht.[129] Statt des Ausdrucks »Regelung« wird im deutschen Verfassungsrecht häufig der Ausdruck »Ausgestaltung« gebraucht.[130] Da dieser Ausdruck klarer bestimmt ist, soll er hier verwendet werden, um den Gegenbegriff zum Begriff der Einschränkung zu bezeichnen.

Nach Rawls soll keine Grundrechtsbeschränkung[131] vorliegen, wenn Grundrechte lediglich ausgestaltet werden.[132] Das Problem einer Kollision im Sinne der Begrenzung eines Grundrechts durch ein anderes stelle sich dann nicht, denn das Grundrecht sei insofern selbstbegrenzend (self-limiting).[133] Rawls' Hauptbeispiel ist die Redefreiheit. So könne die Freiheit der politischen Rede nicht den unbegrenzten Zugang zu öffentlichen Plätzen einschließen, weil die Verallgemeinerung dieses Einschlusses so undurchführbar und sozial entzweiend (unworkable and socially divisive) sei, daß durch sie letzthin der effektive Umfang der Redefreiheit eingeschränkt werden würde.[134] Dem kann zwar im Ergebnis, nicht aber in der Konstruktion zugestimmt werden. Rawls scheint nur dann eine Grundrechtsbeschränkung annehmen zu wollen, wenn in den Inhalt der Rede (content of speech) eingegriffen wird. Solange es um Zeit, Ort und Ausdrucksmittel geht, soll es sich um eine bloße Ausgestaltung handeln[135], die definitionsgemäß keinen Eingriff und deshalb keine Einschränkung darstellt.

Ein Beispiel soll zeigen, daß diese Konstruktion entweder das Problem verschleiert oder zu einer nicht akzeptablen Begrenzung des grundrechtlichen Schutzes führen kann. Man nehme an, in einer Gemeinde mittlerer Größe herrsche eine intensive Diskussion über eine politische Frage. Die Vertreter der verschiedenen Auffassungen rufen die Bürger regelmäßig zu Diskussionen im Park der Gemeinde zusammen, und die Bürger kommen in Scharen. Der Gemeindeverwaltung gefällt dies aus mehreren Gründen nicht. Der Rasen im Park wird zertreten, die Anwohner werden durch nächtliche Debatten gestört, Blumenfreunde und Mütter mit Kindern können den Aufenthalt im Park nur noch begrenzt genießen. Die Verwaltung verbietet deshalb Diskussionen im Park außer am Sonntagnachmittag und stellt im übrigen einen für alle Bürger ohne größere Schwierigkeiten erreichbaren Parkplatz am Stadtrand für Diskussionen zu jeder Zeit zur Verfügung. Die Regelung betrifft nur den Ort und die Zeit. Dennoch stellt sie einen Eingriff in die Grundrechte der Versammlungs- und der Meinungsfreiheit dar. Es kann sein, daß viele Bürger am Sonntagnachmittag etwas anderes zu tun und im übrigen kein Vergnügen an Diskussionen auf einem zugigen Parkplatz am Stadtrand haben. Eine Verwaltung könnte dann eine ihr unliebsame Diskussion durch eine harmlos aussehende Regelung zum Verstummen bringen. Entsprechendes gilt für die Wahl des Mittels der Meinungsäußerung. Man stelle sich vor, die Verwaltung erlaube nur noch schriftliche Diskussionen oder nur noch Diskussionen im örtlichen Fernsehen.

Wenn man die Freiheit der politischen Rede nicht auf die Modalitäten der Rede, also auf Zeit, Ort und Mittel, erstreckt, könnte nicht einmal mehr gefragt werden, ob Regelungen wie die angeführten das Grundrecht verletzen, denn diese betreffen dann nur Dinge, die von vornherein nicht in den Schutzbereich des Grundrechts fallen. Das führt zu einer nicht akzeptablen Begrenzung des grundrechtlichen Schutzes. Wenn man demgegenüber sagt, daß die Regelungen zwar nicht in das Grundrecht eingreifen, aber doch unzulässig seien, weil sie nicht erforderlich oder unproportional seien, verschleiert man das Problem. Wenn die Regelungen unzulässig sind, dann deshalb, weil sie als nicht erforderliche oder unproportionale Maßnahmen das Grundrecht verletzen. Eine Maßnahme kann aber nur dann ein Grundrecht verletzen, wenn sie in dieses eingreift oder dieses beschränkt. Die Rede von mangelnder Erforderlichkeit oder Proportionalität ist deshalb nur dann verständlich, wenn es um einen Eingriff in das Grundrecht geht.[136] Die Frage hat daher nicht zu lauten, ob die Regelung als solche vernünftig ist, sondern ob sie einen zulässigen Eingriff in das Grundrecht darstellt. Das ist nur dann der Fall, wenn die Gründe für die Einschränkung des Grundrechts schwerer wiegen als die Gründe für seinen Schutz. Was Rawls als »Regelung« oder »Ausgestaltung« bezeichnet, kann deshalb nur dann adäquat beurteilt werden, wenn deutlich ist, daß es einen Eingriff oder eine Beschränkung des Grundrechts darstellt. Nur so kann das Spiel von Grund und Gegengrund erfaßt werden.

Rawls' Idee der Ausgestaltung oder Regelung ist deshalb allenfalls in trivialen Fällen wie dem der gleichmäßigen Verteilung von Redezeiten[137] zu gebrauchen, und auch hier sind Zweifel angebracht, was jedoch nicht verfolgt werden soll.[138] Jedenfalls steht fest, daß die Einführung des Begriffs der Ausgestaltung oder der Regelung die Zahl der Grundrechtskollisionen nicht wesentlich vermindern kann.

2. *Die Idee eines völlig adäquaten Schemas*

Damit spitzt sich alles auf die Frage zu, ob die Klausel »fully adequate scheme« ein akzeptables Kriterium für die Lösung von Grundrechtskollisionen bietet. Ein völlig adäquates Schema soll entstehen, wenn die Grundfreiheiten so spezifiziert und aufeinander abgestimmt werden, daß sie für alle Bürger in gleichem Maße die sozialen Bedingungen für die adäquate Entwicklung und die volle und informierte Ausübung der beiden moralischen Kompetenzen in zwei fundamentalen Fällen garantieren.[139] Im ersten fundamentalen Fall geht es um die Anwendung der Gerechtigkeitsgrundsätze auf die Grundstruktur der Gesellschaft und ihre Sozialpolitik. Das betrifft die Fähigkeit zu einem Gerechtigkeitssinn. Im zweiten fundamentalen Fall geht es um die Anwendung der Prinzipien vernünftiger Überlegung (deliberative reason) bei der Anleitung unseres Verhaltens über ein ganzes Leben. Das betrifft die Fähigkeit zu einer Konzeption des Guten.[140] Vor diesem Hintergrund hat nach Rawls die entscheidende Frage die folgende Struktur: »What more particular liberties, or rules of law, are essential to secure the free, full and informed exercise of this moral power.«[141]

Gegen dieses Kriterium soll nicht eingewandt werden, daß es noch relativ unbestimmt ist. Das sind alle bislang vorgeschlagenen allgemeinen Kriterien für die Lösung von Grundrechtskollisionen. Rawls' Kriterium ist trotz seiner Unbestimmtheit, die unvermeidlich ist, weitaus präziser als viele der angebotenen Alternativen. Ich vergröbere den Rawlsschen Vorschlag sicherlich, hoffe aber, ihn nicht zu sehr zu verzerren, wenn ich sage, daß nach Rawls das entscheidende Kriterium für die Spezifizierung und Abwägung der Grundrechte ihre Eignung und Erforderlichkeit für zwei Dinge ist: (1) die Entwicklung und Ausübung der Fähigkeit, über das eigene Lebensziel und die eigene Konzeption des Guten nachzudenken, und (2) die Entwicklung und Ausübung der Fähigkeit, zu begründeten Gerechtigkeitsurteilen zu gelangen. Eine volle und informierte Reflexion über das Gute und das Gerechte setzt die öffentliche Diskussion voraus, den öffentlichen Gebrauch der Vernunft (public reason).[142] Die politischen Freiheiten sind nach Rawls zwar kein Selbstzweck, aber sie sichern die Realisierung des öffentlichen Gebrauchs der Vernunft.[143] Die übrigen Grundfreiheiten sind der Trias von Reflexion, Diskussion und politischer Partizipation als notwendige Bedingungen zugeordnet.[144]

Rawls' Theorie ist im einzelnen weitaus komplizierter. Immerhin scheint aber eines deutlich zu sein. Das Gewicht (weight)[145] oder die Bedeutung (significance)[146] eines Grundrechts bestimmt sich wesentlich nach seiner Bedeutung für den Prozeß der Reflexion, der Diskussion und der demokratischen Willensbildung. Ich halte dies nicht für falsch, aber für einseitig. Es ist bereits mehrfach darauf hingewiesen worden, daß eine Grundrechtstheorie unvollständig ist, wenn sie nicht auch sagt, wie der Bereich des Handelns nach der je eigenen Konzeption des Guten abzusichern ist. Im Bereich des Denkens und Redens gibt es relativ wenig Fälle, in denen kollektive Güter Eingriffe rechtfertigen können, wenngleich sich solche Fälle an den Rändern des Grundrechts der Meinungsfreiheit natürlich bilden lassen. Man denke nur an die Verwendung geheimer militärischer Informationen in politischen Diskussionen oder an eine Person, die, ohne jemanden aufstacheln zu wollen, in bestürzender Naivität in der allgemeinen Öffentlichkeit die Frage stellt, ob es moralisch gerechtfertigt ist, alle Angehörigen einer bestimmten Minderheit zu töten, damit die kulturelle Einheit der Nation erhalten bleibt oder gestärkt wird, und damit tiefstes Mißtrauen und Haß sät. Insgesamt gilt jedoch, daß man im Bereich der von Rawls primär behandelten Grundrechte der Meinungs- und der Gewissensfreiheit sowie der politischen Betätigung (insbesondere des Wahlrechts) schnell zu einem Kern kommt, der nicht angetastet werden darf, ganz gleich, ob dies mit oder ohne Abwägung geschieht.[147] Insofern ist Rawls' Prioritätsregel richtig. Was das Handeln betrifft, so gilt jedoch der Satz:

> »Leicht beieinander wohnen die Gedanken,
> Doch hart im Raume stoßen sich die Sachen.«[148]

Das illustriert schon der einfachste Demonstrationsfall. Rawls' Kriterium sagt nicht, wie die Interessen derjenigen Personen zu gewichten sind, die sich für die Demonstration nicht interessieren und wegen der Demonstration nicht zur Arbeit oder zu der ihrer Konzeption des Guten entsprechenden Freizeitbeschäftigung gelangen können. Das kollektive Gut der Sicherheit und Leichtigkeit des Verkehrs muß im Ergebnis gewiß ein gutes Stück weit zurückstehen. Sollte es aber nicht einmal in einer Abwägung berücksichtigt werden dürfen? Entsprechendes gilt für die meisten anderen Grundrechte der Liste, wenn man ihnen auch die Dimension des Handelns zuordnet. All dies verstärkt sich, wenn man Rawls' Liste der Grundfreiheiten ergänzt, wofür ich votiert habe. Die Berufsfreiheit, eine nicht nur auf alltägliche private Gegenstände beschränkte Eigentumsgarantie und erst recht die allgemeine Handlungsfreiheit kollidieren nicht nur mit Grundrechten anderer, sondern müssen häufig auch hinter kollektiven Gütern zurückstehen.

Es sind also zwei Dinge, die Rawls' Gedanke der vollen und informierten Ausübung der beiden moralischen Kompetenzen und das in seinem Sinne interpretierte Kriterium des völlig adäquaten Schemas nicht oder nicht befriedigend erfassen kann: (1) den Handlungsaspekt der bereits auf seiner Liste versammelten Grundfreiheiten und (2) die Grundrechte, um die der von ihm vorgeschlagene Grundrechtskatalog zu ergänzen ist. All dies fordert nicht die Aufgabe der Rawlsschen Grundidee, sondern ihren Einbau in ein komplexeres Modell.

5. Person, Konsens und Diskurs

Wie eingangs dargelegt, will Rawls nicht nur zeigen, daß der liberale Personenbegriff dazu führt, daß seine Theorie der Grundfreiheiten aus der ursprünglichen Position begründet werden kann. Er ist auch der Meinung, daß dieser Personenbegriff ein wesentliches Argument dafür ist, daß die tiefe Meinungsverschiedenheit (deep disagreement)[149], die moderne Gesellschaften hinsichtlich der Frage des Verhältnisses von Freiheit und Gleichheit kennzeichnet, durch Herstellung eines übergreifenden Konsenses überwunden werden kann. Dabei wird der liberale Personenbegriff in eine Fülle weiterer Argumente eingebettet. Mit dem Ziel der Herstellung eines rationalen faktischen Konsenses[150] über politische Grundfragen, insbesondere über Grundrechte, nähert sich Rawls der Diskurstheorie.[151] Der liberale Personenbegriff kann aber nur dann – in Verbindung mit weiteren Argumenten – einen übergreifenden Konsens stützen, wenn er tatsächlich die am tiefsten sitzenden Überzeugungen in einem modernen demokratischen Verfassungsstaat ausdrückt. Es spricht einiges dafür, daß er dies nur in begrenztem Umfang tut.

Der demokratische Verfassungsstaat ist zwar wesentlich durch Vorstellungen geprägt, die dem Rawlsschen Personenbegriff entsprechen, daneben schließt er aber auch andere Traditionen ein, die nicht der Kantschen Linie, sondern der Hobbes' zuzuordnen sind. Das zeigt sich nicht nur im faktischen Verhalten von Personen und Institutionen, das man vielleicht noch als Fehlverhalten deuten könnte, sondern auch in reflektierten individuellen Überzeugungen und öffentlich diskutierten langdauernden Zügen des Verfassungsrechts, etwa im Bereich der Eigentumsfreiheit. Das gibt zumindest Anlaß, darüber nachzudenken, ob der übergreifende Konsens nicht auf eine breitere Basis gestellt werden sollte. An der Priorität der Grundrechte – soweit sie berechtigt ist – muß sich dabei nichts ändern.[152]

Ein letzter Punkt betrifft den Gerechtigkeitssinn, der ein wesentliches Element des Rawlsschen Personenbegriffs ist. Die Definition des Gerechtigkeitssinns als Fähigkeit, die Prinzipien der Gerechtigkeit zu verstehen, anzuwenden und sie nicht nur äußerlich zu befolgen, sondern auch aus ihnen heraus oder nach ihnen zu handeln,[153] schließt zwei Kompetenzen ein, die aus systematischen Gründen begrifflich getrennt werden sollten. Ich möchte diese beiden Kompetenzen, die zusammen den Gerechtigkeitssinn bilden, den »Befolgungs-« und den »Urteilssinn« nennen. Der *Befolgungssinn* besteht aus den Fähigkeiten, die Gerechtigkeitsprinzipien zu verstehen (was Voraussetzung ihrer Befolgung ist), eindeutige Fälle unter sie zu subsumieren (was im Begriff des Verstehens enthalten ist) und aus ihnen heraus zu handeln. Dieser Befolgungssinn steht bei Rawls im Vordergrund, wenn er die Rolle des Gerechtigkeitssinns der Bürger aus der Perspektive der Parteien in der ursprünglichen Position schildert.[154] Die Existenz eines Befolgungssinns spielt für ihre Erwägungen über die Vorteile von Stabilität und Kooperation eine entscheidende Rolle. Der *Urteilssinn* ist die Fähigkeit, zu – wie auch immer – begründeten Gerechtigkeitsurteilen zu gelangen. Der Urteilssinn tritt bei Rawls nicht sehr deutlich hervor. In der allgemeinen Definition des Gerechtigkeitssinns, die aus der Trias: Verstehen, Anwenden, Befolgen besteht, ist ein Teil von ihm im Begriff der Anwendung enthalten. So spricht Rawls etwa davon, daß die politischen Freiheiten und die Gedankenfreiheit dazu dienen sollen, die Anwendung der Gerechtigkeitsprinzipien auf die Grundstruktur der Gesellschaft »by means of the full and effective exercise of citizens' sense of justice«[155] zu sichern. Diese Ausübung (exercise) des Gerechtigkeitssinns ist mehr als eine bloße Anwendung der Gerechtigkeitsprinzipien im Sinne einer einfachen Subsumtion. Sie ist eine kreative Anwendung, die eigenständige Gerechtigkeitsurteile im Rahmen der Gerechtigkeitsprinzipien einschließt. Das ist jedoch nicht alles. Wenn die Bürger von den Gerechtigkeitsprinzipien *überzeugt* sein sollen, was Bedingung eines übergreifenden Konsenses ist, der mehr ist als ein bloßer modus vivendi, dann muß der Urteilssinn sich auch auf die Gerechtigkeitsprinzipien selbst beziehen: Sie müssen als richtig erkannt werden. Das setzt nicht voraus, daß sie ewige Wahrheiten darstellen.[156] Was vorausgesetzt wird, ist, daß die Bürger in einem unter den Bedingungen der Freiheit und Gleichheit stattfindenden öffentlichen Diskurs in der Lage sind, gute von schlechten Argumenten zu unterscheiden.

Nimmt man zu dem Urteils- und dem Befolgungssinn noch ein Interesse an der Bildung richtiger Gerechtigkeitsurteile und einem entsprechenden Handeln hinzu, so erhält man einen zwar gänzlich formalen[157], aber doch voll ausgebildeten Gerechtigkeitssinn. Dieser voll ausgebildete Gerechtigkeitssinn weist über Rawls' Einbindung der Gerechtigkeitstheorie in die Tradition westlicher Demokratien hinaus. In keiner Gesellschaft haben alle die in dem voll ausgebildeten Gerechtigkeitssinn eingeschlossenen Interessen, und die in ihm enthaltenen Fähigkeiten sind in jeder Gesellschaft unterschiedlich ausgeprägt. Warum aber sollten nicht in jeder menschlichen Gesellschaft wenigstens bei einigen wenigstens Elemente des gänzlich formalen, aber voll ausgebildeten Gerechtigkeitssinns vorhanden sein? Sollte dies der Fall sein, bestünde die Möglichkeit, die Grundrechte nicht nur auf die Tradition der westlichen Demokratie, sondern auch auf universelle menschliche Kompetenzen und Interessen zu stützen.[158]

Anmerkungen

1 TJ 302; d 336.
2 R 1983: 5; d 1992: 160.
3 Ebd.
4 TJ 302, 250; d 336, 283.
5 R 1983: 4; d 1992: 160.
6 R 1983: 4, 85 ff.; d 1992: 159, 246 ff.
7 H. L. A. Hart 1973: 249, 252; d 1977: 156, 160 f.
8 H. L. A. Hart 1973: 244; d 1977: 149 f.
9 R 1983: 4; d 1992: 159.
10 R 1983: 4; d 1992: 160. Vgl. ferner R 1980: 554; d 1992: 133, wo es als »main idea« des von Rawls befürworteten kantischen Konstruktivismus bezeichnet wird, »to establish a connection between the first principles of justice and the conception of moral persons as free and equal«.
11 D. Gauthier 1986: 7, 253 ff.
12 R 1983: 4; d 1992: 160.
13 R 1983: 16; d 1992: 172.
14 R 1980: 525; d 1992: 93 f.; zu den beiden höchstrangigen Interessen vgl. ferner 521, 531, 534, 543, 547-549, 567 f., 570, 572; d 1992: 89, 102, 106, 119, 125-127, 151 f., 155, 158.
15 Wilfried Hinsch, dem ich noch weitere wertvolle Hinweise zur ersten Fassung dieses Artikels verdanke, hat mich darauf aufmerksam gemacht, daß auch eine andere Interpretation in Frage kommt. Danach gehört zur Kompetenz oder Fähigkeit, aus einem Interesse an Gerechtigkeit heraus zu handeln, immer schon die aktuelle Motivation oder das aktuelle Interesse, gerecht zu handeln. Das höchstrangige Interesse wäre dann ein Interesse zweiter Ordnung daran, das mit der Kompetenz notwendig verbundene aktuelle Interesse, gerecht zu handeln, voll auszubilden. Bei Rawls lassen sich Anhaltspunkte für beide Interpretationen finden. Man nehme nur die bereits zitierte Formulierung: »The capacity for a sense of justice is the *capacity* to understand, to apply and *normally to be moved by an effective desire* to act from (and not merely in accordance with) the principles of justice as the fair terms of social cooperation« (R 1983: 16; d 1992: 172 – Hervorhebung von mir). Das läßt zwei Deutungen zu. Nach der ersten Deutung ist die Fähigkeit oder Kompetenz gemeint, unter normalen Umständen durch ein wirksames Verlangen bewegt zu werden, gerecht zu handeln. Das wäre eine auf normale Umstände bezogene Fähigkeit, die unter normalen Umständen entweder realisiert wird oder nicht, also eine reine Kompetenz mit einem näher spezifizierten Inhalt. Erst durch das höchstrangige Interesse käme eine aktuelle Motivation ins Spiel. Nach der zweiten Deutung bezieht sich das »normally« nicht (oder nicht nur) auf den

Inhalt der Kompetenz, sondern bezeichnet eine hinreichende Bedingung ihrer Aktualisierung: Liberale Personen haben die Fähigkeit, aus Gerechtigkeitsprinzipien heraus zu handeln, und unter normalen Umständen haben sie stets das Verlangen oder das Interesse, dies zu tun. Der Wortlaut der zitierten Formulierung Rawls' scheint mir eher die erste Deutung zu stützen. Zudem ist sie aus systematischen Gründen vorzugswürdig, weil sie Kompetenzen und Interessen an ihrer Ausübung nicht vermengt, sondern trennt, was Voraussetzung dafür ist, beides mit Hilfe der Idee des höchstrangigen Interesses in einem nächsten Schritt klar ins Verhältnis zu setzen. Das alles braucht hier jedoch nicht vertieft zu werden. Solange man in irgendeiner Weise an der Idee des höchstrangigen Interesses festhält, spielt der Unterschied zwischen den beiden Interpretationen für die Theorie der Grundfreiheiten keine entscheidende Rolle. Diese Theorie wäre erst dann betroffen, wenn das Interesse an Gerechtigkeit kein höchstrangiges mehr wäre, sondern nur noch ein Interesse, das mit anderen Interessen auf der gleichen Rangstufe konkurrieren muß.

16 In R 1980: 524 f.; d 1992: 93 läßt Rawls es noch zu, daß auch die Parteien in der ursprünglichen Position durch die beiden höchstrangigen Interessen bewegt werden. In R 1983: 29 ff.; d 1992: 186 ff. wird diese Motivation auf die Bürger beschränkt. Die Parteien in der ursprünglichen Position haben ihr allerdings Rechnung zu tragen.

17 R 1983: 21, 24; d 1992: 178, 181.

18 R 1983: 34; d 1992: 191; vgl. ferner 30; d 1992: 187; R 1988: 270; d 1992: 388 f.

19 R 1983: 87; d 1992: 247; vgl. ferner R 1985: 247; d 1992: 286.

20 R 1983: 83; d 1992: 244.

21 Die Abschwächung dürfte vor allem darin bestehen, daß die höchstrangigen Interessen an den beiden moralischen Kompetenzen deutlicher als früher nicht als aktuelle Interessen eines jeden Bürgers eingestuft werden. Ihr idealer und normativer Charakter tritt klarer hervor, was ihre erwähnte Verbindung mit dem Begriff des »vollständig autonomen Bürgers in einer wohlgeordneten Gesellschaft« zeigt. Jeder hat die Fähigkeit (capacity), sich diesem Ideal anzunähern und an der Realisierung einer wohlgeordneten Gesellschaft mitzuwirken, die die Voraussetzung für die allgemeine Entfaltung der höchstrangigen Interessen ist. Von dieser Fähigkeit machen jedoch nicht alle Gebrauch.

22 Hier wird nur auf eine Schwerpunktverlagerung Bezug genommen. Auch in den späteren Arbeiten bleibt die ursprüngliche Position ein wichtiges Stück der Rawlsschen Theorie. Ihre Rolle als bloßes Darstellungsmittel (simply a device of representation) wird allerdings deutlicher hervorgehoben. Besonders interessant ist, daß Rawls sie als ein Mittel bezeichnet, das erlaubt zu sagen, was gute Gründe (good reasons) im Bereich der politischen Moral sind (R 1985: 237; d 1992: 273).

Das lädt dazu ein, die ursprüngliche Position als Element einer Theorie des moralischen Argumentierens anzusehen.

23 R 1985: 237, Fn. 20; d 1992: 273 f., Fn. 20; TJ 16, 583; d 33, 633.

24 R 1983: 22; d 1992: 178.

25 Ebd. Die Wahl des liberalen Personenbegriffs ist freilich nicht willkürlich. Sie soll aus der praktischen und politischen Aufgabe der Theorie der Gerechtigkeit folgen, die nach Rawls zum Aufsuchen eines übergreifenden Konsenses zwingt. Der liberale Personenbegriff soll dazu dienen, die in der ursprünglichen Position gewonnenen Ergebnisse den impliziten Grundüberzeugungen moderner demokratischer Gesellschaften anzupassen. Vgl. R 1980: 572; d 1992: 157: »So understood, the original position is not an axiomatic (or deductive) basis from which principles are derived but a procedure for singling out principles most fitting to the conception of the person most likely to be held, at least implicitly, in a modern democratic society.«

26 R 1989: 12; d 1992: 350.

27 Rawls bezeichnet eine solche Doktrin als »umfassende moralische Konzeption« (comprehensive moral conception); vgl. R 1987: 3, Fn. 4, 14, Fn. 23; d 1992: 297, Fn. 4, 315, Fn. 24.

28 R 1989: 2; d 1992: 335.

29 R 1989: 2 ff., 5; d 1992: 336 ff., 340. Das gilt jedenfalls für reale Diskurse. Zur These, daß selbst bei einem potentiell unendlichen idealen Diskurs nicht ausgeschlossen werden kann, daß kein Konsens zustande kommt, vgl. R. Alexy 1989a: 85 f.

30 R 1988: 251 ff.; d 1992: 364 ff.

31 R 1987: 11; d 1992: 309.

32 R 1988: 276; d 1992: 396.

33 R 1989: 18; d 1992: 360 f.; vgl. ferner R 1980: 517; d 1992: 82 f.

34 R 1989: 9; d 1992: 346: »But our aim is to specify the special domain of the political in such a way that its main institutions can gain the support of an overlapping consensus.«

35 R 1989: 7; d 1992: 343.

36 R 1985: 234; d 1992: 269.

37 R 1980: 519; d 1992: 85.

38 R 1985: 224, Fn. 2; d 1992: 256, Fn. 2.

39 R 1985: 231; d 1992: 265.

40 R 1985: 225; d 1992: 258.

41 R 1983: 14; d 1992: 170.

42 R 1985: 243; d 1992: 281; vgl. ferner R 1980: 569; d 1992: 153.

43 Auf die weitere Frage, ob Rawls' Konzeption der Person, unabhängig davon, ob sie der Kultur, den Traditionen und den Institutionen des demokratischen Verfassungsstaates zugrunde liegt, vom Standpunkt der Moral aus die beste Personenkonzeption ist, soll hier nicht eingegangen werden.

44 R 1983: 6; d 1992: 162.
45 R 1983: 7; d 1992: 163.
46 Diese Freiheit wird teils als selbständige Freiheit auf der Liste angeführt (R 1983: 5; d 1992: 161), teils als Mittel für die Verwirklichung der Gewissensfreiheit bezeichnet (R 1983: 27; d 1992: 184). Das ist jedoch keine Besonderheit, denn auch die politischen Freiheiten sollen Mittel für die Realisierung der anderen Freiheiten sein.
47 R 1983: 5; d 1992: 161.
48 R 1983: 55 f.; d 1992: 214.
49 R 1983: 49 f.; d 1992: 207 f.
50 Ebd.
51 R 1983: 22; d 1992: 179; R 1988: 257; d 1992: 371.
52 R 1983: 5; d 1992: 160.
53 Dieser Schluß drängt sich insbesondere dann auf, wenn man ausschließlich die ökonomische Seite der Berufsfreiheit und der Freizügigkeit in den Blick nimmt. Dies geschieht etwa bei Rex Martin 1985: 67 ff. Martin geht dann freilich einen gänzlich anderen Weg als Rawls. Er ordnet erstens auch dem zweiten Gerechtigkeitsgrundsatz Grundrechte zu und vertritt zweitens die These, daß innerhalb der so erweiterten Klasse der Grundrechte keine Prioritätsrelationen existieren; vgl. R. Martin 1985: 110 ff., 126, 144. Das kann hier freilich nicht verfolgt werden.
54 R 1983: 50; d 1992: 208.
55 Zu dieser Unterscheidung vgl. R. Alexy 1985: 226.
56 R 1983: 12; d 1992: 168.
57 Ebd.
58 R 1983: 53; d 1992: 211.
59 Das allgemeine Gleichheitsrecht dürfte einerseits im Begriff der »equal basic liberties« eingeschlossen und andererseits in den Rechten und Freiheiten »covered by the rule of law« enthalten sein.
60 R 1983: 5 f.; d 1992: 161.
61 R 1983: 52; d 1992: 210.
62 R 1983: 8; d 1992: 164.
63 R 1983: 9; d 1992: 165.
64 R 1980: 562; d 1992: 144.
65 R 1983: 38, 72; d 1992: 195, 232.
66 Vgl. TJ 195 ff.; d 223 ff.; R 1983: 55; d 1992: 213.
67 Vgl. hierzu R. Alexy 1985: 473.
68 R 1983: 52; d 1992: 210.
69 Unter »Grundfreiheiten« und »Grundrechten« soll hier, sowohl was die Struktur als auch was den Inhalt betrifft, dasselbe verstanden werden. Der einzige Unterschied soll darin bestehen, daß Grundfreiheiten Gegenstände der Entscheidung in der ursprünglichen Position und Grundrechte Gegenstände der Verfassunggebung sind. Dasselbe Ver-

hältnis besteht zwischen den Begriffen der Liste der Grundfreiheiten und des Grundrechtskatalogs. Zu einer anderen Interpretation vgl. R. Martin 1985: 22 ff.

70 R 1983: 52; d 1992: 210.

71 R 1983: 53; d 1992: 211, sowie 54; d 1992: 212: »The rest is left to the legislative stage.«

72 R 1983: 7, 12, 46; d 1992: 163, 168, 203.

73 R 1983: 50; d 1992: 208.

74 R 1983: 56; d 1992: 214.

75 R 1983: 47 ff.; d 1992: 204 ff.

76 R 1983: 7, 57; d 1992: 162, 215.

77 R 1989: 19; d 1992: 361.

78 R 1983: 54; d 1992: 212.

79 R 1983: 57 ff.; d 1992: 215 ff.

80 R 1985: 224; d 1992: 257.

81 R 1987: 14; d 1992: 314; R 1989: 18; d 1992: 360.

82 R 1983: 7; d 1992: 162.

83 R 1980: 526; d 1992: 96.

84 R 1983: 11; d 1992: 166 f.

85 Das entspricht der Intention Rawls'; vgl. R 1978: 58; d 1992: 62. Nur weitgehend analytisch ist das Argument, wenn und soweit die Grundfreiheiten nur Mittel für die Ausübung der moralischen Kompetenzen sind, denn Annahmen über Zweck/Mittel-Relationen haben nicht den Status analytischer Sätze. Vollständig analytisch wäre das Argument nur dann, wenn es ausschließlich darauf abstellen würde, daß die Ausübung der Grundfreiheiten ganz oder zum Teil dasselbe ist wie die Ausübung der beiden moralischen Kompetenzen.

86 H. L. A. Hart 1973: 251 f.; d 1977: 160.

87 Hart hat treffend darauf hingewiesen, daß die Verteilung von Freiheiten nicht nur die Verteilung von Vorteilen ist (H. L. A. Hart 1973: S. 247 ff.; d 1977: 154 ff.). Wenn alle die gleiche Freiheit haben, dann ist jeder der Freiheitsausübung des anderen ausgesetzt, was als Nachteil empfunden werden kann. Hart meint, daß die Frage, ob eine Freiheit trotz des Preises, daß auch die anderen sie haben, vorgezogen wird, vom Temperament und den Wünschen der einzelnen abhänge, weshalb mangels Wissens hierüber in der ursprünglichen Position nicht entschieden werden könne (H. L. A. Hart 1973: 249; d 156). Als Beispiel könnte man einen passiven Traditionalisten anführen, der die Gedanken- und Meinungsfreiheit sowie die Gewissensfreiheit nicht schätzt, weil er in der jeweils historisch gewachsenen Lebensform leben und sich nicht durch Einwände, Diskussionen oder die Vorführung anderer Lebensformen stören und verunsichern lassen möchte. Der liberale Personenbegriff löst dieses Problem dadurch, daß liberale Personen über ihre Konzeptionen des guten Lebens nachdenken und diskutieren wollen

und deshalb definitionsgemäß keine passiven Traditionalisten sind. Wieder trägt der Personenbegriff die Last. Wenn man diesen Personenbegriff voraussetzt, ist nicht der passive Traditionalist, sondern der aktive Fanatiker ein Problem. Dieser ist durch eine Überzeugung definiert, die ihn verpflichtet, seine Mitbürger nicht nur durch Argumente, sondern notfalls auch mit Feuer und Schwert zum Heil zu bewegen, also durch eine *politische* Interpretation des Satzes: extra ecclesiam nulla salus. Doch das ist kein Problem der Begründung der Glaubensfreiheit, sondern ein Problem ihrer Einschränkung.

88 R 1983: 83; d 1992: 244.

89 R 1983: 29; d 1992: 186.

90 R 1983: 25 f.; d 1992: 182.

91 Zur Struktur eines solchen Rechts vgl. R. Alexy 1985: 174 ff.

92 R 1983: 25; d 1992: 181.

93 Vgl. oben S. 270 ff.

94 R 1983: 28; d 1992: 184.

95 Vgl. R. Alexy 1985: 454.

96 R 1983: 52; d 1992: 210.

97 R. Alexy 1985: 457.

98 R 1987: 14; d 1992: 314.

99 R 1987: 19; d 1992: 324.

100 R. Alexy 1985: 406.

101 Vgl. R. Alexy 1985: 454 ff.

102 Rex Martin ist der Auffassung, daß ein – in sich weiter differenziertes – Recht auf ein Existenzminimum auf das Differenzprinzip gestützt und durch dieses näher bestimmt werden kann (R. Martin 1985: 122 ff., 168). Das ist problematisch. Das Differenzprinzip sagt, daß soziale und wirtschaftliche Ungleichheiten dann, aber auch nur dann zulässig sind, wenn sie den am wenigsten Begünstigten den größtmöglichen Vorteil bringen (TJ 75 ff.; d 95 ff.). Es besteht keinerlei Garantie dafür, daß die Anwendung dieses Prinzips stets genau auf den Punkt des Existenzminimums führt. In einer wirtschaftlich günstigen Situation kann die Einräumung nur geringfügig größerer Anteile für die – in welcher Hinsicht auch immer – Produktivsten die am wenigsten Begünstigten bereits weit über den Punkt des Existenzminimums bringen. In einer wirtschaftlich ungünstigen Situation mögen zwar erheblich größere Anteile für die Produktivsten die Situation der am wenigsten Begünstigten verbessern, was dem Differenzprinzip genügt, diese Verbesserung kann aber so gering sein, daß der Punkt des Existenzminimums nicht erreicht wird.

103 Als Beleg sei hier statt vieler nur Kant angeführt: »Freiheit (Unabhängigkeit von eines Anderen nöthigender Willkür), sofern sie mit jedes Anderen Freiheit nach einem allgemeinen Gesetz zusammen beste-

hen kann, ist dieses einzige, ursprüngliche, jedem Menschen kraft seiner Menschheit zustehende Recht« (Kant 1797: 237).

104 I. Berlin 1969: LX.

105 R 1983: 5 f., 10; d 1992: 161, 166.

106 Vgl. hierzu R. Alexy 1985: 87 ff.

107 »Jeder hat das Recht auf die freie Entfaltung seiner Persönlichkeit, soweit er nicht die Rechte anderer verletzt und nicht gegen die verfassungsmäßige Ordnung oder das Sittengesetz verstößt.«

108 BVerfGE 6, 32 (36 ff.); 80, 137 (152 ff.). Gegen die Interpretation des Art. 2 Abs. 1 GG als Garantie der allgemeinen Handlungsfreiheit hat sich der Bundesverfassungsrichter Grimm in seiner abweichenden Meinung zur Entscheidung über das Reiten im Walde gewandt (BVerfGE 80, 137 (164 ff.)). Zur Verteidigung des Grundrechts auf allgemeine Handlungsfreiheit vgl. R. Alexy 1985: 309 ff.

109 R 1983: 8; d 1992: 164.

110 R 1980: 562; d 1992: 144.

111 R 1983: 10; d 1992: 166.

112 R 1987: 19; d 1992: 324.

113 R 1983: 68; d 1992: 227.

114 R 1987: 20; d 1992: 324.

115 R 1983: 10; d 1992: 166.

116 R 1987: 19; d 1992: 324.

117 R 1983: 47, Fn. 41; d 1992: 204, Fn. 42.

118 R 1983: 9; d 1992: 165.

119 Vgl. R. Alexy 1985: 271 f.

120 R 1983: 70; d 1992: 229.

121 R 1983: 10; d 1992: 166.

122 R 1983: 12; d 1992: 168.

123 R 1983: 53 f.; d 1992: 211 f.

124 R. Alexy 1989b: 50, 58 f.

125 Vgl. R 1983: 9; d 1992: 165.

126 Die Klausel »kollektive Güter und andere Werte« knüpft an Rawls' Terminologie an. Im weiteren soll nur von »kollektiven Gütern« die Rede sein. Es mag offenbleiben, ob die »anderen Werte«, die mit den Grundfreiheiten oder Grundrechten kollidieren können, als eine Variante kollektiver Güter aufgefaßt werden können oder nicht.

127 R 1983: 9; d 1992: 165.

128 Vgl. R. Alexy 1985: 278 ff. Diese Einsicht ist ein wesentlicher Grund dafür, daß Rawls Grundrechte mit weiten Schutzbereichen, wie die allgemeine Handlungsfreiheit, gar nicht erst in den Grundrechtskatalog aufnimmt.

129 R 1983: 9; d 1992: 165.

130 R. Alexy 1985: 300 ff.

131 Die Ausdrücke »Beschränkung« und »Einschränkung« werden hier synonym verwendet.
132 R 1983: 9; d 1992: 165.
133 R 1983: 56, 72; d 1992: 214, 231.
134 R 1983: 56; d 1992: 214.
135 R 1983: 51; d 1992: 209; zustimmend R. Martin 1985: 133.
136 Vgl. R. Alexy 1985: 100 ff., 272 ff.
137 R 1983: 10; d 1992: 166.
138 Allgemein zur Verteidigung einer weiten Fassung der Grundrechte vgl. R. Alexy 1985: 290 ff. Die Erstreckung der Versammlungsfreiheit auf die Wahl von Zeit, Ort und Ausdrucksmittel ist nicht nur eine theoretische Position. Sie wird auch praktiziert; vgl. BVerfGE 69, 315 (343): »Als Abwehrrecht, das auch und vor allem andersdenkenden Minderheiten zugute kommt, gewährleistet Art. 8 GG den Grundrechtsträgern das Selbstbestimmungsrecht über Ort, Zeitpunkt, Art und Inhalt der Veranstaltung.«
139 R 1983: 47 f.; d 1992: 204 f.
140 R 1983: 47; d 1992: 205.
141 R 1983: 57; d 1992: 215.
142 R 1987: 8; d 1992: 305.
143 R 1983: 13, 45; d 1992: 169, 202 f.
144 R 1983: 50; d 1992: 207 f.
145 R 1983: 50; d 1992: 208.
146 Ebd.
147 Zur Bestimmung des Kernbereichs mit Hilfe einer Abwägung vgl. R. Alexy 1985: 271 f.
148 Fr. Schiller, Wallenstein, 2. Teil: Wallensteins Tod, Zweiter Aufzug, Zweiter Auftritt.
149 R 1985: 227; d 1992: 260.
150 R 1989: 8, 11, 16; d 1992: 344, 349, 356 f.
151 Vgl. etwa R 1985: 229 f.; d 1992: 263: »It goes without saying that this agreement must be informed and uncoerced, and reached by citizens in ways consistent with their being viewed as free and equal persons.«
152 R. Alexy 1993: 1 ff.
153 R 1980: 525; d 1992: 93 f.; R 1983: 16; d 1992: 172.
154 R 1983: 29 ff.; d 1992: 186 ff.
155 R 1983: 49; d 1992: 207.
156 Insofern ist Rawls' Relativierung der Gerechtigkeitsgrundsätze zuzustimmen; vgl. R 1980: 564; d 1992: 146.
157 Vgl. hierzu R 1983: 30; d 1992: 187.
158 Dieser Artikel wurde im Sommer 1992 abgeschlossen und bezieht sich auf die bis dahin erschienenen Arbeiten Rawls'. Die zitierten Aufsätze sind – teils unverändert, teils verändert – in das 1993 erschienene Buch »Political Liberalism« (New York, Columbia University

Press) eingegangen. Erstmals publiziert ist dort die Vorlesung »The Idea of Public Reason«. In ihr werden die Freizügigkeit (freedom of movement), die Berufsfreiheit (free choice of occupation) und das Existenzminimum (social minimum providing for the basic needs) einerseits klar von den Grundrechten und -freiheiten (basic rights and liberties) des ersten Gerechtigkeitsgrundsatzes getrennt und deutlich als Prinzipien, die Grundfragen der Verteilungsgerechtigkeit regeln (principles regulating basic matters of distributive justice), dem zweiten Gerechtigkeitsgrundsatz zugeordnet; andererseits aber sollen die Freizügigkeit, die Berufsfreiheit und das Existenzminimum wesentliche Verfassungsbestandteile (constitutional essentials) sein (R 1993a: 228). Es gibt nach Rawls vier Gründe dafür, die durch die Grundfreiheiten des ersten Gerechtigkeitsgrundsatzes spezifizierten wesentlichen Verfassungsbestandteile (constitutional essentials specified by the basic freedoms) von den zum zweiten Gerechtigkeitsgrundsatz gehörenden Prinzipien, die für soziale und ökonomische Ungleichheiten maßgeblich sind (principles governing social and economic inequalities), zu unterscheiden: Die Grundfreiheiten sollen erstens die Aufgabe haben, die Grenzen der Ausübung politischer Macht zu definieren, zweitens sei es dringlicher (more urgent), sie festzusetzen, drittens sei ihre Realisierung leichter zu erkennen, und viertens sei über sie leichter Einigkeit zu erzielen. Diese vier Gründe sollen nun auch auf die Freizügigkeit, die Berufsfreiheit und das Existenzminimum zutreffen und deshalb erklären (explain), weshalb sie anders als das Prinzip der fairen Chancengleichheit (principle of fair opportunity) und das Differenzprinzip (difference principle) wesentliche Verfassungsbestandteile sind (R 1993a: 230). Letzterem kann zugestimmt werden. Nur fragt sich, weshalb Rawls die Freizügigkeit, die Berufsfreiheit und das Existenzminimum dann nicht gleich in die Liste der Grundrechte und -freiheiten aufnimmt. Soll ihre fortbestehende Verankerung im zweiten Gerechtigkeitsgrundsatz sie zu wesentlichen Verfassungsbestandteilen zweiten Ranges oder geringeren Gewichts machen? Dagegen läßt sich vorbringen, daß Rawls den zweiten Grund für die Einstufung als wesentlicher Verfassungsbestandteil, die Dringlichkeit (more urgent), auch auf die Freizügigkeit, die Berufsfreiheit und das Existenzminimum bezieht. Es spricht deshalb alles dafür, diese drei Dinge als Grundrechte in vollem Umfang am Vorrang der Verfassung teilhaben zu lassen. Daß sie als Gegenstände des zweiten Gerechtigkeitsgrundsatzes zugleich an dessen Nachrang zu leiden haben, ist damit nur schwer zu vereinbaren. Hier dürfte eine grundsätzliche Korrektur des Rawlsschen Systems erforderlich sein. Einige neue Akzente setzt Rawls auch in dem 1995 publizierten Artikel »Reply to Habermas« (R 1995a, in ds. Bd. S. 196-262). Doch das soll hier nicht mehr verfolgt werden.

Christoph Fehige

Rawls und Präferenzen*

Inhalt

Glauben wir einer langen philosophischen Tradition, so sind Präferenzen (oder Wünsche oder ähnliches) das Alpha und Omega der praktischen Vernunft, Moral inklusive. Wie verhält sich diese Tradition zu John Rawlsens Doktrin? In den Abschnitten 1 und 2 werden die beiden knapp charakterisiert, in Abschnitt 3 wesentliche Berührungs- und Streitpunkte aufgezeigt.

1. Rawls-Gerechtigkeit

Beginnen wir mit den Umrissen der Rawlsschen Theorie. John Rawls fragt, unter welchen Bedingungen die »›basic structure‹ of a modern constitutional democracy« als gerecht bezeichnet werden kann. Unter der »basic structure« versteht er

»the way in which the major social institutions fit into one system. These institutions assign fundamental rights and duties, and by working together they influence the division of advantages which arise through social cooperation.«[1]

Was heißt es, nach der Gerechtigkeit einer solchen Struktur zu fragen? Eine Theorie der Gerechtigkeit, so Rawls, habe die praktische Aufgabe, Menschen unterschiedlicher Wertauffassungen miteinander zu versöhnen. Ihnen die Unterschiede ausreden zu wollen wäre ein hoffnungsloses Unterfangen – das ist »the fact of pluralism«. Wir gucken besser nach, ob die Betreffenden nicht doch ein paar Werte teilen, auf deren Grundlage sich ein Konsens über die Einrichtung des Staatswesens erzielen ließe.[2]

So wendet sich Rawls Werten zu, die in unserer politischen Kultur ohnehin verbreitet sind. Sie lassen sich, so glaubt er, wie folgt darstellen: Die Grundstruktur einer Gesellschaft ist gerecht, falls sie einem Kriterium genügt, das von Leuten in einer bestimmten hypothetischen Entscheidungssituation, der »original position«, gewählt würde. Gewählt würde nach Rawls das folgende Kriterium, in dem Prinzip 1 Vorrang vor Prinzip 2, Prinzip 2.a Vorrang vor Prinzip 2.b hat:

»1. Each person has an equal right to a fully adequate scheme of equal basic rights and liberties which is compatible with a similar scheme for all.

2. Social and economic inequalities are to satisfy two conditions.

2.a They must be attached to offices and positions open to all under conditions of fair equality of opportunity; and

2.b they must be to the greatest benefit of the least advantaged members of society.«[3]

Ohne weiteres besagt dieses Gerechtigkeits-Kriterium wenig, da es an entscheidender Stelle selber Wertwörter verwendet: »fair« und »adäquat« will ja jede Ethik sein – die Frage ist, *was* fair und adäquat ist. Die Prinzipien auszubuchstabieren, sagt Rawls,

»requires specifications [...] [that] assign weights to certain of the primary goods[,] and citizens' fair shares of these goods are specified by an index which uses these weights. The primary goods may be characterized under five headings as follows:

(a) First, the basic liberties as given by a list, for example: freedom of thought and liberty of conscience; freedom of association; and the freedom defined by the liberty and integrity of the person as well as by the rule of law; and finally the political liberties;

(b) Second, freedom of movement and choice of occupation against a background of diverse opportunities;

(c) Third, powers and prerogatives of offices and positions of responsibility, particularly those in the main political and economic institutions;

(d) Fourth, income and wealth;
(e) Finally, the social bases of self-respect.«

Nach den Prinzipien 1 und 2, einschließlich der Prioritäten zwischen und in ihnen, haben alle Bürger »the same equal basic liberties and enjoy fair equality of opportunity« – siehe die Posten (a) und (b), die von Prinzip 1 geschützt werden. »The only permissible difference among citizens is their share of the primary goods in (c), (d) and (e)«, für die Prinzip 2 zuständig ist.[4]

Soweit, wie Rawls es nennt, »justice as fairness«[5]. Der Einfachheit halber sei mit dem Ausdruck »Rawls-Gerechtigkeit« gelegentlich nur das Rawlssche Gerechtigkeits-Kriterium gemeint (Prinzipien 1 und 2 einschließlich Liste der »primary goods«), gelegentlich das Kriterium plus Rawlsscher Argumente dafür; der Zusammenhang wird jeweils die nötige Eindeutigkeit herstellen.

2. Präferenz-Gerechtigkeit

Präferenz-Gerechtigkeit oder Präferentialismus ist die Lehre, deren Beziehung zur Rawls-Gerechtigkeit auf der Tagesordnung steht. Was gut ist (oder richtig, gerecht, geboten), so die Grundidee, setzt sich allein aus dem zusammen, was gut *für* betroffene Parteien ist. Und gut *für* jemanden ist die Erfüllung seiner Wünsche – wobei wir Ausdrücke wie »Wünsche«, »Ziele« oder »Präferenzen« für die Zwecke dieses Aufsatzes synonym verwenden.

Um gut *für Fritz* sein zu können, müßte ein Sachverhalt also etwas damit zu tun haben, ob ein Wunsch, den Fritz zu irgendeinem Zeitpunkt hegt, in Erfüllung geht. Um *moralisch* gut zu sein, müßte ein Sachverhalt eine solche Verbindung zu irgendeinem Wesen aufweisen.

Da all dies nicht für beliebige Wunschbegriffe gelten soll, empfehlen sich einige Erläuterungen, der Kompaktheit des Ausdrucks wegen ein wenig Terminologie:

- Mit Kant und vielen anderen sei stipuliert, daß jeder ceteris paribus seine bewußte Lebenszeit möglichst angenehm verbringen möchte. Nichts Wesentliches hängt an dieser Sprachregelung, aber sie erspart es dem Präferentialisten, neben Wünschen angenehme Bewußtseinszustände gesondert aufzuführen (ἡδονή oder, in Mills Worten, »pleasure, and the absence of pain«); sie stellt sicher, daß die Wunsch-Komponente von jemandes Wohlfahrt die hedonische Komponente mit abdeckt und damit bereits seine gesamte Wohlfahrt ausmacht.[6]

- Daß jemand etwas wünscht, soll nicht implizieren, daß er es bewußt wünscht; nur, daß, falls er es sich bewußt repräsentieren *würde* – und zwar korrekt und vollständig, diese Bedingung gehört immer dazu –, er es bewußt wünschen *würde*. Im Sinne dieses irrealen Konditionalsatzes kann es also Wünsche geben, die bloß implizit sind.
- Wörter wie »wünschen«, »wollen«, »präferieren« beziehen sich, soweit nicht anders erwähnt, auf intrinsische Präferenzen, nicht also auf Präferenzen für bloße Mittel zur Verwirklichung anderer Zwecke.
- Reden wir davon, daß eine Präferenz oder ein Wunsch befriedigt, erfüllt oder frustriert wird, meinen wir damit noch nicht, daß das Bewußtsein des Präferierenden affiziert wird; sondern nur, daß das, was er sich gewünscht hat, der Fall ist resp. nicht der Fall ist. Da man auch Dinge wünschen kann, die anderes als das eigene Bewußtsein betreffen, unterscheidet sich der Präferentialismus deutlich vom Hedonismus.
- Schließlich zwei Neologismen. Jeder Satz, der unter folgendes Schema fällt, heiße ein *Guter Satz*:
  Falls Individuum *a* (zur Zeit *t*, mit Intensität *i*) will, daß *p*, dann *p*.
  Und das *Orektogramm* einer Welt sei sozusagen ihr moralisches Logbuch: eine Liste, die für die betreffende Welt aufführt, welche Wünsche (von wem, zu welcher Zeit, in welcher Stärke) gehegt und welche erfüllt werden.

Vor diesem Hintergrund können wir den Präferentialismus ein wenig präziser charakterisieren:

1 Jede Präferenz zählt. Will sagen: Von jedem Guten Satz gilt, daß es pro tanto gut ist, ihn wahr zu machen.[7]

2 Nur Präferenzen zählen. Wie William James es ausdrückt: »The only possible reason there can be why any phenomenon ought to exist is that such a phenomenon actually is desired.«[8] Moral superveniert demnach über Präferenzbefriedigung, und Orektogramme enthalten alle Informationen, deren es bedarf, um mögliche Welten zu bewerten.

3 Jeder nach seiner Fasson: Auf welche Gegenstände sich Präferenzen richten, ist letztlich ohne Belang. Je zwei Welten, deren Orektogramme sich nur hinsichtlich der Desiderata unterscheiden, sind moralisch gesehen gleich gut.[9]

Präferentialist ist, wer eine Ethik verficht, die diesen drei Bedingungen oder etwas sehr Ähnlichem genügt.[10] Wollen wir neben möglichen Welten andere Entitäten bewerten, etwa Charaktere, Handlungen, Propositionen oder Gesellschafts-Strukturen, so können wir sie als in dem Maße gut, gerecht oder richtig bezeichnen, wie sie Teile guter (oder wenigstens der besten machbaren) Welten sind oder sie herbeizuführen helfen.

Anders als jedes einzelne System der Präferenz-Gerechtigkeit sagt das präferentialistische Credo als solches nichts darüber, was passieren soll, wenn Präferenzen miteinander in Konflikt geraten. Sollten die Beteiligten abstimmen? Sollten wir den Wünschen derjenigen Priorität geben, die am wenigsten Präferenzbefriedigung bekommen? Gibt es so etwas wie Nutzenfunktionen, und würden sie bei der Interessenabwägung eine Rolle spielen? Im Rahmen der präferenzbasierten Ethik sind verschiedene Antworten gegeben worden. Der Utilitarismus, die Lehre, die uns vorschreibt, schlicht das Maximum an Präferenzbefriedigung anzustreben, ist nur eine von ihnen.[11]

Die Grundidee der Präferenz-Gerechtigkeit wird von einer weitverzweigten Familie alter und neuer Theorien geteilt und variiert. Anderer Leute »Zwecke«, so beispielsweise Kant in Sachen Moral, »müssen [...] soviel möglich meine Zwecke sein«. Auch die Wege, von denen mit mehr oder weniger Plausibilität behauptet wird, sie führten zu solchen Thesen, sind zahlreich. Zu ihnen gehören Grundgedanken der praktischen Philosophie Kants, die Goldene Regel, Empathie, Mitleid, moralische Gefühle und Intuitionen, aufgeklärtes Eigeninteresse, die Bedeutung und Universalisierbarkeit moralischer Urteile und die Verwandtschaft von Rationalität und Moral.[12] Hat die Präferenz-Gerechtigkeit recht, so ist das Sollen letztlich durch das Wollen aller bestimmt, wie immer dieses Wollen ausfallen oder genannt werden mag – durch ihren Nutzen, ihr Glück, ihre Wohlfahrt, durch ihre Interessen, Zwecke oder Präferenzen.

3. Rawls und Präferenzen

Beide Theorien, Rawls- und Präferenz-Gerechtigkeit, haben wir umrissen. Was haben sie gemein, was nicht? Wir wollen Rawlsens Theorie durchstreifen und dort verweilen, wo sich Vergleiche anbieten. Auch einige Bedenken, die keiner präferentialistischen Prämissen bedürfen, werden zur Sprache kommen (besonders gegen Anfang, in den Abschnitten 3.1 bis 3.3). Es wird sich in der Tat um eine Art Streifzug handeln: Rawls möchte in seiner Theorie Prämissen nicht von Folgerungen unterscheiden,[13] und das setzt der Linearität der Auseinandersetzung Grenzen. So habe ich die kritischen Bemerkungen im wesentlichen lose nebeneinandergestellt. Bei der Orientierung helfen die Querverweise, die Gliederung in sieben thematische Gruppen (Abschnitte 3.1 bis 3.7), die dem Aufsatz auch voransteht, und das Fazit (Abschnitt 4).

3.1 Konsens und Methode

Naheliegender Ausgangspunkt wären die Methoden. Eine Theorie der Gerechtigkeit hat, so Rawls, die praktische Aufgabe, Menschen unterschiedlicher Wertauffassungen mindestens in einigen Hinsichten miteinander zu versöhnen. Wir sollten herausfinden, ob nicht die Menge der von ihnen *geteilten* Werte ausreicht, um über Kriterien für die Grundstruktur der Gesellschaft einen Konsens zu tragen oder herbeizuführen. Rawls-Gerechtigkeit ist ein Vorschlag für den Inhalt eines solchen Konsenses.[14]

Nun weisen Konsens und Moral nicht immer in dieselbe Richtung. In jedwedem wirklichen Staat wird ein Konsens, sei es zu Grundsätzlichem, sei es zu Speziellem, bestenfalls von der Mehrheit getragen werden, nicht von allen. Soll Rawlsens Konsens-Suche auf unserem Planeten Aussichten haben, muß sie sich also mit großer mehrheitlicher Zustimmung begnügen. Mehrheiten, auch große, können aber das moralisch Falsche tun. Manchmal schicken sie Minderheiten in Konzentrationslager, manchmal machen sie andere Fehler, die nicht ganz so dramatisch sind. In der einzigen Bedeutung von »Konsens«, die dem Rawlsschen Unternehmen eine Chance läßt, d. h. in derjenigen, die keine Einstimmigkeit erfordert, kann ein Konsens ungerecht sein.

Was dann? Mit welcher *Methode* kann Rawls es vermeiden, zu einem moralisch falschen Konsens stehen zu müssen?

Spielen wir mögliche Antworten durch. Erster Versuch: Ein Rawlsianer könnte uns damit trösten wollen, daß es in der Welt, wie sie ist, keine unmoralischen Mehrheiten gebe. Die Behauptung wäre jedoch offensichtlich unzutreffend.

Zweiter Versuch: Wir könnten eine weniger normative Lesart des Projekts ins Auge fassen. Zwar sagt Rawls selbst, daß seine Lehre moralisch und normativ sei.[15] Trotzdem, vielleicht will er nur eine Diagnose in *deskriptiver* Ethik stellen. Vielleicht sagt er nur, daß sich ein bestimmtes Kriterium für die Grundstruktur der Gesellschaft aus den meisten Moralen, die zur Zeit im Umlauf sind, herleiten läßt: Handelsübliche »comprehensive doctrines« (»umfassende Lehren«) »recognize its concepts, principles and virtues as theorems, as it were, at which their several views coincide«.[16]

Die Diagnose ist jedoch weder begründet noch wahrscheinlich. Wir finden im Rawlsschen Werk keine Herleitungen, die sie abstützen könnten. An keiner Stelle sehen wir, daß eine ›umfassende Lehre‹ daraufhin abgeklopft würde, ob Rawls-Gerechtigkeit eines ihrer Theoreme *ist*.

Und wie aussichtsreich wäre das Abklopfen? Zwar erwähnen in der Politik viele Anhänger dieser oder jener Moral oder Partei manche der intuitiven Vorstellungen, die Rawls verwendet, und bekennen sich zu Regierungsformen und Verfassungen, die solchen Vorstellungen nahekommen. Bloß würden viele dieser Leute eine ganze Reihe der Ideale mit Freude über Bord werfen, wenn sie es nur für durchsetzbar hielten, an deren Stelle die eigenen zu implementieren. Für manch einen ist der Staat, in dem er sich findet, ein Modus vivendi, und das ist, wie Rawls sagt, nicht die Art von Konsens, die er im Sinn hat.[17] Kann die moralische Schnittmenge mehr als ein Wunschtraum sein? Millionen von Kirchenanhängern zum Beispiel werden ein Gerechtigkeits-Kriterium nur unterschreiben, wenn nach ihm der Zustand des Gemeinwesens dem *tatsächlichen* Fortbestehen ihrer Religion (nicht nur der *Möglichkeit*, sie zu praktizieren) förderlich zu sein hat (höchstens zähneknirschend, also als Modus vivendi, akzeptieren sie eine Verfassung, die das nicht sagt); Millionen von Nicht-Kirchenanhängern werden nur ein Kriterium unterschreiben, das dies nicht verlangt.[18] Analog in vielen anderen Punkten.

Auch wenn die Schnittmengen-These zuträfe, brächte sie nicht viel. Sie besagt, daß Rawls-Gerechtigkeit viele Anhänger hat – ein Grund für die Anhängerschaft ergibt sich daraus nicht. Jeder von uns muß sich fragen, ob er sich dem moralischen Trend anschließen will, und für diese Entscheidung gibt Rawls ihm nichts an die Hand.

Dritter Versuch: Nachdem auch der Ausflug ins Deskriptive Probleme aufwürfe, könnte der Rawlsianer probieren, *zukünftige* Präskriptivität ins Feld zu führen. Wäre es nicht damit getan zu zeigen, daß die meisten Menschen auf lange Sicht *lernen*, das, was vielleicht als bloßer Modus vivendi begann, um seiner selbst willen zu befürworten? Mit der Zeit könnten sie ihn als Zweck verstehen, nicht mehr bloß als das beste Mittel zur Verwirklichung der eigenen, von ihm abweichenden Zwecke. Rawls-Gerechtigkeit, herrschte sie erst, »may *gain* the allegiance«, die ihr zur Zeit abgeht.[19]

Doch ist es schwierig, eine solche Voraussage zu erhärten – Wahlprognosen etwa führen uns vor Augen, wie schlecht Demoskopen in die Zukunft blicken können. Damit das Argument funktioniert, müßten wir des weiteren zeigen, daß eine unmoralische Theorie, wäre *sie* nur erst implementiert, nicht mit breiter Unterstützung rechnen könnte; falls doch, wäre das Kriterium der zukünftigen Präskriptivität diskreditiert.

Zudem läßt Präskriptivität, die bloß zukünftig ist, uns Heutigen ein Motivationsproblem. Eine Bewertung, selbst eine eigene, vorauszusagen heißt ja nicht, sie zu teilen. Überzeugen wir etwa einen Teenager von der *Prognose*, daß er in zwanzig Jahren andere Dinge schätzen wird als heute, so haben wir ihm noch keinen *Grund* dafür gegeben, bessere Musik zu hören. Auch ein Moralist könnte konsistenterweise das, was seiner Ansicht nach in ein paar Jahrzehnten für wertvoll gehalten wird, trotzdem verurteilen.

Der Mensch, so haben weise Leute gesagt, sei das Tier, das sich an alles gewöhne.[20] Damit, daß er sich auch an Rawls-Gerechtigkeit gewöhnen würde, wäre also wenig bewiesen.

Hier, als vierter Versuch, ein radikaler Vorschlag zur Zusammenführung von Konsens und Moral: Anstatt zu *behaupten*, das Konsensfähige sei das Richtige, könnten wir das Konsensfähige als das Richtige *definieren*. Stimmt die Mehrheit einer Gruppe X darin überein, eine Minderheit zu verfolgen, so ist Verfolgung richtig-für-X, obwohl vielleicht nicht richtig-für-uns. Schließlich gilt, so Rawls: »The aims of political philosophy depend on the society it addresses«.[21]

Zugegeben, wir können eine inadäquate Ethik vermeiden, indem wir uns auf eine inadäquate Metaethik zurückziehen. Oben hieß es, ein bestimmtes moralisches Urteil, nämlich das Akzeptieren eines falschen Konsenses, würde Rawlsens Methode diskreditieren. Nun müßten wir sagen, es gebe so viele *Bedeutungen* der Wörter »moralisch«, »richtig« etc. wie konsentierende Gruppen. Was in Australien letztlich gut oder richtig *ist*, könnte sich dann von dem unterscheiden, was in Spanien letztlich gut oder richtig *ist*. Das jedoch ist moralischer Relativismus und nichts, auf das Rawls festgelegt sein möchte und sollte.

Fünfter Versuch: Ein Rawlsianer könnte den Anwendungsbereich seiner Methode beschränken. Er könnte erklären, sie sei für all diejenigen Fälle, in denen sie zu unmoralischen Ergebnissen führen würde, nicht einschlägig.[22] Aber wissen wir ohne die Methode, welche Ergebnisse unmoralisch sind? Wenn ja, ist die Methode überflüssig. Wenn nein, ist die Beschränkung des Anwendungsbereichs nicht verstehbar.

Sechster Versuch: φρόνησις. Die moralischen Urteile, mit denen unsere Methode arbeitet, so könnte Rawls einwenden, müssen der Reflexion standhalten. Sie müssen »reasonable« sein, und das sind perverse Urteile eben nicht. »We collect«, sagt Rawls,

»settled convictions [...] and try to organize the basic ideas and principles implicit in these convictions into a coherent conception of justice. [...] We look [...] to our public political culture itself [...] as the shared fund of implicitly recognized basic ideas and principles.«[23]

Doch was bedeuten die Wörter »settled convictions«, »considered judgments«, »reasonable«, »reflective« und ihre Verwandten? Bei Rawls finden wir zwei Antworten: erstens intuitionistische Methoden, zweitens Listen moralischer Urteile.

Was intuitionistische Methoden betrifft: Woher wissen wir, daß Rawlsens Objets trouvés, die »basic intuitive ideas [...] from within a certain political tradition«, nicht unmoralisch sind?[24] Was, wenn eine Tradition schlimm ist? Sollten wir uns in einem solchen Fall an die Rawlssche Methode halten? (Was wird dann aus der Moral?) Oder an die Moral? (Wo bleibt dann die Methode?)

Gerade *Kantianern*, die sich zum Rawlsschen System hingezogen fühlen, sollte sein Intuitionismus zu denken geben. Rawls teilt, wie wir alle, mit Kant dieses oder jenes materialethische Ideal. Doch baut er, s. o., auf das moralische »on dit« – kontingent, empirisch, in Raum und Zeit variierend –, das Kant als Grundlage der Moral zu wacklig war.

Was nun eine Liste moralischer Urteile betrifft, so kann sie gewiß dazu verwendet werden, per Dekret die Menge der zugelassenen Konsense zu beschränken: Gerechtigkeit soll nicht alle und jeden miteinander versöhnen, sondern nur diejenigen, die »reasonable« genug sind, ohnehin schon zu meinen, auch Atheisten sollten frei reden dürfen, Sklaverei solle vermieden werden und so fort. Wir schließen einen falschen Konsens aus, indem wir auflisten, welche Inhalte ein richtiger Konsens respektieren müßte – was jemand schon alles glauben muß, um beim Konsens dabeisein zu dürfen. Nur: Wenn wir das vorher auflisten müssen, was bleibt dann von der Methode? Die Listen sind Credos, keine Methode.

Siebter und letzter Versuch: Es könnte jemand einwenden, Toleranz, Versöhnung, Konsens und Grundfreiheiten, all das seien doch tolle Sachen; Rawls mache sie zu seinem Programm und sei deswegen der richtige Mann.

Es machen aber zahlreiche Lehren irgendwelche Spielarten dieser tollen Sachen zu ihrem Programm[25] – da sollte man genau hinschauen, ob man speziell von der Rawlsschen Spielart enthusiasmiert ist. Wer es denn ist und sich Rawls *deswegen* anschließt, sollte nicht ipso facto glauben, Rawls habe ihm ein *Argument* für die betreffenden Dinge gegeben. Freunde bestimmter Werte, sagen wir die auf Rawlssche Weise Toleranten (oder die Intentionalisten, s. u., Abschn. 3.7), haben dann eine Sammlungsbewegung und ein Sprachrohr gefunden. Ähnliches gibt es für Autofahrer, Christen, Nationalisten oder Meditierende. Nur hat Rawls, insofern er ein materialethisches Banner hochhält, hinter dem wir (oder einige von uns) ohnehin marschieren wollen, für die *Plausibilität* von dessen Aufschrift, auch wenn es eine gute wäre, noch nichts *geleistet*.

Eine Begründung fehlt nicht nur in dem Sinne, in dem Rawls selbst dies begrüßt, wenn er sagt, ›Gerechtigkeit als Fairneß‹ wolle ja »a freestanding view« statt einer »comprehensive doctrine« sein. Sie fehlt in einem weitergehenden Sinne: Rawls gibt Vertretern ›umfassender Lehren‹ nicht einmal Gründe für Art und Ausmaß der Toleranz gegenüber anderen solchen Lehren. Alles über ihre Toleranzbereitschaft folgt ja bereits aus einer ›umfassenden Lehre‹. Selbst Rawlsens häufiger Hinweis, seine Konzeption von Gerechtigkeit sei eine politische, suche Stabilität, wolle Bürgerkriege und

Unterdrückung vermeiden und sich daher umstrittener Begründungen und Verdikte enthalten, ... – selbst dieser »political constructivism«[26] kann keines ihrer Gebote rechtfertigen, nicht einmal das Toleranz-Gebot selbst. Er ist einfach äquivalent mit Thesen der Form, daß der innere Frieden wichtiger ist als dieses oder jenes andere Gut. Das sind schlichteste moralische Ansichten, keine Begründungen. Bei jeder von ihnen muß sich Rawlsens Leser von neuem fragen,wie attraktiv er sie findet. Argumente bekommt er nicht.

Rekapitulieren wir. Es ist, als stünde Rawls in einer erregten (wie er sagen würde: vom »fact of pluralism« geprägten) Debatte auf und sagte: »Nun, wenn wir uns nicht einigen können, warum einigen wir uns nicht einfach auf folgendes?« Der Witz eines solchen Wortbeitrages bleibt, vielleicht merkt man es ihm in der vorstehenden Formulierung bereits an, rätselhaft:

(i) *Entweder* führt der Einigungsvorschlag Gründe dafür ins Feld, daß wenigstens einige der Streitenden wenigstens einige ihrer Werte ändern sollten; aber das ist ausdrücklich nicht das Projekt, denn Gründe, so Rawls, sind kontrovers.[27]

(ii) *Oder* er zeigt von einem Kompromiß, daß jede Partei, aufgrund der Macht und Opposition der anderen, mehr Verwirklichung ihrer Werte nicht durchsetzen kann – daß Rawls-Gerechtigkeit, wie der Spieltheoretiker sagen würde, ein Gleichgewichtspunkt ist; doch auch das ist (s. o.) ausdrücklich nicht das Rawlssche Unterfangen.

(iii) *Oder* er zeigt, daß sich die meisten Parteien, ohne es zu merken, in entscheidenden Fragen die ganze Zeit einig waren; nur hat erstens diese These eine geringe Ausgangswahrscheinlichkeit; zweitens hat Rawls in Richtung auf einen solchen Nachweis keine Schritte unternommen; drittens könnte diese Einigkeit, wenn es sie gäbe, moralisch falsch sein; viertens ist das, was es da nachzuweisen gölte – daß sich mehrere Parteien in bestimmten Fragen einig sind –, strukturell so banal, daß der Nachweis keiner Umwälzung der Methoden bedürfte und keiner Innovation in Sachen Witz und Wesen der politischen Philosophie.[28]

(Will der Wortbeitrag statt aktueller Übereinstimmung nachweisen, daß der Befolgung des Vorschlags Werteänderungen zu seinen Gunsten *folgen* würden, dann gilt: Bei Rawls fehlt auch dieser Nachweis; und wäre er erbracht, wäre noch nicht gezeigt, daß die Befolgung *jetzt* rational oder geboten ist.)

Wenn sich (siehe iii) die Parteien in den betreffenden Fragen nicht einig waren und sie (siehe i) keinen Grund für eine Werteänderung bekommen und sie (siehe ii) keinen Anlaß zu der Überzeugung haben, Rawls-Gerechtigkeit sei »the best they can get«, dann wäre es irrational von ihnen, Rawls-Gerechtigkeit zu unterstützen. Bleibt nur:

(iv) Der Einigungsvorschlag ist, wenngleich verpackt in der Rede von der öffentlichen Vernunft, logisch nichts als der Wunsch dessen, der ihn vorbringt: »*Ich* möchte / *meine* Moral möchte, daß wir wie folgt verfahren.«[29]

Rawls hat also gepredigt, nicht begründet. Wie die meisten Menschen ventiliert er seine moralischen Gefühle. Seine Partei, die Toleranz-Partei, ist eine unter vielen; wie die anderen Parteien hofft und versucht sie, eine große Partei zu sein, und wie die meisten bevorzugt sie Vokabeln, die insinuieren, sie habe einen ποῦ στῶ der praktischen Vernunft inne – ein Argument oder eine Methode, die denjenigen von der Parteilinie überzeugen könnte, der nicht ohnehin schon von ihr überzeugt war. Und wie den meisten fehlt ihr dieser ποῦ στῶ.

Versöhnung im Zeichen des Rechten ist ein hehres Ziel, und Rawlsens Einsatz daür hat menschliche Größe. Viele von uns *möchten* an den Erfolg seines Projekts glauben. Falls wir unseren Blick durch diesen Wunsch nicht trüben lassen, müssen wir die schmerzliche Erkenntnis machen, daß Rawls keine Methode hat, die uns hülfe, dieses Ziel zu erreichen. Er möchte darauf hinweisen, daß sich viele Leute in vielem einig sind. Selbst wenn das stimmen würde: Machen wir es zum Kriterium des Moralischen, kommen wir in Teufels Küche; tun wir es nicht, läßt der Hinweis alle moralischen Fragen offen.

3.2 ›Urzustand‹, Toleranz und rationale Wahl

Wechseln wir das Thema: Nimm an, es wäre für dich rational, bestimmte Richtlinien für die Gesellschaft zu wählen, falls du deinen eigenen Platz in der Gesellschaft nicht kennen würdest. Das spräche für die moralische Adäquatheit des Maßstabs. Schließlich wurde er blind gewählt, und Justitia *ist* blind – Moral ist Wahl minus Wissen um Identität.

Dieser Grundgedanke ist von Präferentialisten früh ausgeführt worden, siehe Vickrey 1945 und Harsanyi 1953.[30] John Rawls, mit dessen Namen heute viele den Grundgedanken verbinden, hat ihn modifiziert: *Wäre eine Vielzahl von Bedingungen erfüllt*, so Rawls, *dann* wäre es für unwissende Parteien rational, für ihre Gesellschaft Rawls-Gerechtigkeit zu wählen. Die modifizierte Wahlsituation wird von ihm als »original position« bezeichnet (»Urzustand«), der Informationsmangel der Wähler als »veil of ignorance« (»Schleier der Unwissenheit«).

Zu den Bedingungen gehören folgende: Die Parteien wählen Prinzipien, die »the basic structure of society« zum Gegenstand haben (TJ § 2). Zur Wahl stehen Rawls-Gerechtigkeit, einige ihrer nahen Verwandten und ein paar traditionelle Gerechtigkeits-Konzeptionen (TJ § 21). Die Parteien wählen nur solche Prinzipien, die sich weder direkt noch indirekt auf bestimmte Individuen beziehen (Allgemeinheits-Bedingung); die auf alle und von allen angewandt werden können (Bedingung der unbeschränkten Anwendbarkeit); die jeder kennt und von denen jeder weiß, daß die anderen sie kennen (Öffentlichkeits-Bedingung); und die von allen als endgültig betrachtet werden (Endgültigkeits-Bedingung; zu diesen vier Bedingungen s. TJ §§ 23 f.). Die Parteien wissen nichts über die Besonderheiten der Gesellschaft, in der sie leben werden, und nichts über ihren eigenen Platz in ihr; sie kennen jedoch »general facts about human society« (TJ § 24), einschließlich der Tatsache, daß normale Bedingungen herrschen, »under which human cooperation is both possible and necessary« (TJ § 22).[31]

Welchen Status hat der ›Urzustand‹?

Ein Präferentialist hat mit dem modifizierten Arrangement Probleme, unter anderem, wie gehabt, methodische. Ist es Jargon oder Begründung oder beides? Das ist bei Rawls schwer auszumachen. Einerseits hören wir des öfteren, die moralischen Ergebnisse des ›Urzustandes‹ müßten sich noch dem Gericht unserer moralischen Intuitionen stellen, und er sei bewußt so gestaltet, daß er bestimmte Ergebnisse generiert. Andererseits füllen Versuche zu zeigen, was im ›Urzustand‹ gewählt würde, viele Seiten, und es klingt, als sollten bestimmte Grundsätze durch den Nachweis widerlegt sein, daß die Wahl nicht auf sie fiele; das deutet darauf hin, daß dem ›Urzustand‹ doch moralische Autorität beigemessen wird.

So ergibt sich ein unerfreuliches Pingpong: Fragen wir nach der Autorität des ›Urzustandes‹, werden wir darauf verwiesen, daß die in ihm gewählten Prinzipien moralisch willkommen sind. Fragen wir nach der Adäquatheit ebendieser Prinzipien, werden wir darauf verwiesen, daß sie im ›Urzustand‹ gewählt würden. Dieses Paar von Antworten dreht sich im Kreise. Rawls dazu: Man arbeite »from both ends«.[32]

Am sichersten ist, wir verfahren per Fallunterscheidung. Der ›Urzustand‹, so hatten wir gesagt, muß Jargon oder Begründung oder beides sein. Angenommen, er ist nur Jargon. Der Autor möchte uns sagen, daß seine Vorstellungen von Gerechtigkeit in eine bestimmte und voraussetzungsreiche Geschichte über eine rationale Wahl übersetzt werden können – mehr nicht. Diese Möglichkeit braucht uns nicht weiter zu beschäftigen, würde sie doch implizieren, daß seine *Argumente* für diese Konzeption entweder nirgends oder andernorts stünden. Wahl minus Identität wäre ein fünftes Rad am Wagen.

Nehmen wir also an, die Geschichte von der rationalen Wahl wäre statt als bloßer Jargon zumindest *auch* als Begründung gedacht: Eine Wahl, die unter den genannten Bedingungen stattfindet, soll – und diese These ist so gehalten, daß ihr selbst Verfechter von subtilen Mischungen aus Jargon und Begründung zustimmen müßten – ipso facto wenigstens einige moralische Autorität haben. Aber wieso? Gerechtigkeit als Wahl minus Wissen um Identität ist zwar ein plausibler Grundgedanke. Doch bei Rawls heißt es, wie referiert, nicht nur ›minus Wissen um Identität‹, sondern ›plus zahlreicher anderer Bedingungen‹.

›Urzustand‹: unkontroverse Bedingungen

Den Präferentialisten stört dabei nicht, daß im ›Urzustand‹ Gerechtigkeits-Prinzipien statt möglicher Welten gewählt werden; die ›beiden‹ Typen von Wahlen können im wesentlichen ineinander übersetzt werden. Aus ähnlichen Gründen stört ihn nicht, daß die Gerechtigkeits-Prinzipien die Grundstruktur betreffen sollen. Da es für beliebige Sachverhalte *p* und Grundstrukturen *x* zu den Eigenschaften von *x* gehört, daß *x* dem Sachverhalt *p* förderlich resp. nicht förderlich ist, schließt die Konzentration auf Grundstrukturen keinen Sachverhalt von der moralischen Bewertung aus.

Daher könnte es in die Irre führen, wenn Rawls seine Theorie als weniger ›umfassend‹ denn andere bezeichnet. Urteile über die Grundstruktur sind auch Urteile über einzelne Handlungen, Maßnahmen und Sachverhalte: Daß die Grundstruktur so oder so aussieht, besagen sie, ist wichtiger als jedweder Sachverhalt, der durch ihr Anders-Aussehen herbeigeführt werden könnte. Wer sich auf die Beurteilung der Grundstruktur ›beschränkt‹, praktiziert also, anders als Rawls es darstellt, in keinem sonderlich weitgehenden Sinne moralische Enthaltung oder Neutralität.

Aus wiederum ähnlichen Gründen stört es materialethisch nicht (wohl methodisch, dazu mehr im folgenden Abschnitt, 3.3), daß das Wissen der Wähler auf allgemeine Tatsachen beschränkt ist. Zwar ist Rawlsens Hauptgrund für diese Beschränkung nicht überzeugend:

»If a knowledge of particulars is allowed, then the outcome is biased by arbitrary contingencies. [...] [T]o each according to his threat advantages is not a principle of justice.«[33]

Zur Vermeidung dieser Art von Verzerrungen würde ja der Ausschluß des Wissens darüber, *welche* der (beliebig genau beschriebenen) Rollen man haben wird, reichen. Doch tut das weitergehende Nichtwissen, das Rawls fordert, moralisch nicht weh. Man kann ja ein Gerechtigkeits-Prinzip auch ohne die *Kenntnis* spezieller Tatsachen so formulieren, daß es ihnen gegenüber sensitiv ist: ›Eine Grundstruktur ist gerecht, falls gilt, daß sie, *wenn p* der Fall ist, *q*, andernfalls non-*q* zuträglich ist.‹[34] Rawlsens Theorie wird mit dieser Bemerkung nicht gegen den Strich gebürstet. Da Rechte und Freiheiten konditionale Struktur haben (sie sind, grob gesagt, gewahrt, falls gilt, daß jemand das und das könnte oder erhielte, wenn er es wollte), sind auch die Rawlsschen Gerechtigkeits-Prinzipien im erläuterten Sinne gegenüber speziellen Tatsachen sensitiv.

Wiederum ähnliches gilt für die vielbeachtete Bedingung, daß die Wähler im ›Urzustand‹ nicht einmal wissen, *wie viele* betroffene

Parteien es geben wird. (Denn das ist eine spezielle, keine allgemeine Tatsache.) Man findet das Rawlssche Argument gelegentlich dargestellt, als könnten die Parteien *schon deswegen* – also auch unabhängig von ihrem Unwissen, *welche* Rollen das Leben im Repertoire haben wird – nicht mit Wahrscheinlichkeitsannahmen betreffs ihrer Rolle operieren.

Die korrekte Einschätzung speziell dieses Punktes ist etwas kompliziert. Zunächst ist das »schon deswegen« fehl am Platze: Die Gerechtigkeits-Prinzipien könnten, wie im vorigen Absatz allgemein erläutert, auch in Unkenntnis der Anzahl so gefaßt werden, daß sie, per Fallunterscheidung, gegenüber der Anzahl sensitiv sind – eine Möglichkeit, die oft übersehen wird. *Innerhalb* der in den Gerechtigkeits-Prinzipien aufgeführten Fälle (es gibt n Leute, $n + 1$ Leute, $n + 2$ Leute etc.) könnte dann mit wohlbestimmten Annahmen der Gleichwahrscheinlichkeit der Identitäten operiert werden.

Diese Angelegenheit gilt es von einer anderen zu unterscheiden, die nicht auf dem Anzahl-Unwissen zu fußen versucht: Der zu Beginn dieses Abschnitts skizzierte Grundgedanke besagt nur, daß man, um die moralische Antwort zu bekommen, entscheiden soll, als wisse man nicht, wer man sei. Daraus eine Annahme der Gleichwahrscheinlichkeit der Identitäten zu machen wäre allemal begründungsgbedürftig, selbst bei gegebenem Wissen um die Anzahl der betroffenen Individuen. Vielleicht könnte der Grundgedanke ebensogut als Absenz jeglicher die Identität betreffenden Wahrscheinlichkeitsannahme interpretiert werden. (Und wir wissen aus der Statistik, daß man nicht rationalerweise bei solch einer Absenz Gleichwahrscheinlichkeit voraussetzen darf; bei dem Verfahren könnten verschiedene Arten, den Ereignisraum in Optionen zu unterteilen, Wahrscheinlichkeitsaussagen ergeben, die einander widersprechen.) Wie eine Entscheidungstheorie für wahrscheinlichkeits*lose* Fälle auszusehen hat, ist kontrovers, und davon hängt im wesentlichen ab, welche moralischen Prinzipien sich ergäben, würde man ›Wahl minus Wissen um Identität‹ wahrscheinlichkeitslos interpretieren. Da dieser Unterschied (Gleich- oder keine Wahrscheinlichkeit) keiner zwischen Rawls-Gerechtigkeit und dem Präferentialismus ist[35], sei hier nicht näher auf ihn eingegangen. Er hat jedenfalls wenig mit der Frage zu tun, ob man die Anzahl der betroffenen Individuen kennt.

›Urzustand‹: problematische Bedingungen

Wenden wir uns problematischeren Bedingungen des ›Urzustandes‹ zu. Die Parteien, so haben wir gehört, sollen ihre Grundsätze aus einer gegebenen Liste auswählen. Bloß warum aus einer, die so drastisch beschränkt ist wie die Rawlssche? Viele präferentialistische Moralen sind vorgeschlagen und diskutiert worden, auch nichtutilitaristische.[36] Rawls schließt die meisten von ihnen a priori aus, indem er sie (s. TJ § 21) nicht auf den Wahlschein setzt, den er den Urzuständlern vorlegt! So war es schon immer etwas leichter, Wahlen zu gewinnen.

Eine weitere Schwierigkeit: Wie wir in Abschnitt 3.7 sehen werden, hat Rawls in den letzten Jahren die moralischen Prämissen seiner Theorie weiter verstärkt. Die Parteien des ›Urzustandes‹ sind mit *bestimmten* vorrangigen Interessen ausgestattet worden; rational, wie sie sind, ›wählen‹ sie dann Maßstäbe, die diesen Interessen Vorrang geben.

Präferentialisten stellt sich hier ein moralisches Problem, da für sie letztlich alle Präferenzinhalte gleichwertig sind, siehe Artikel 3 ihres Credos: Was dem einen sin Uhl, ist dem andern sin Nachtigall. Und methodisch verschärft die neue Mega-Prämisse die Frage, wieviel der voraussetzungsreiche ›Urzustand‹ moralisch noch *rechtfertigen* (statt bloß ausdrücken) soll. Bestimmte vorrangige Interessen der Wähler zu stipulieren bringt die Geschichte von der rationalen Wahl um ihren Witz: Je mehr arationalen Input wir vorgeben, dem wichtige Ergebnisse der rationalen Wahl ins Gesicht geschrieben stehen[37], desto weniger bleibt für die Rationalität zu tun. Im Grenzfall wäre rationale Wahl hinter dem ›Schleier der Unwissenheit‹ nur noch ein komplizierter Umweg, eine Simulation von Wahl – wie die umständlich formulierte Frage, welches Speiseeis (oder welche Speiseeis-Richtlinien für eine Gesellschaft) wohl jemand wählen würde, der stets ein vorrangiges Interesse daran hat, Vanille-Eis zu essen. Je mehr und je stärkere Interessen bereits eingebaut sind, desto mehr degeneriert der ganze große Wahl-Apparat zu einem verklausulierten Ausdruck dafür, daß Rawls gerne in einer Gesellschaft leben würde, in der bestimmte Interessen um jeden Preis geschützt werden. Aber warum sagt er das nicht einfach? Wahrscheinlich, weil er glaubt, daß ein moralischer Wunsch, so ausgedrückt, nicht viel hermacht. Das stimmt.

Die Bedingungen der Endgültigkeit und der Öffentlichkeit werfen ein ähnliches Problem auf. Vielleicht ist es *prima facie* richtig, die Grundstruktur, wie diese Bedingungen es verlangen, moralischen Prinzipien zu unterwerfen, die jeder versteht und akzeptiert und von denen er annehmen kann, daß sie von allen anderen verstanden und akzeptiert werden. Aber erstens: Wenn dem so ist, warum zeigt eine moralische Theorie dies nicht?[38] Warum setzt sie es voraus?

Zweitens: Wenn es nach Rawlsens Szenario geht, sind Öffentlichkeit und Endgültigkeit nicht bloß *prima facie* richtig, sondern *Conditiones sine qua non.* Man beachte, worauf das im Verein mit dem allgemeinen psychologischen Wissen der Wähler hinausliefe: *Ein Gerechtigkeits-Prinzip wäre aus dem Rennen, falls es eine allgemeine Tatsache ist, daß ein merklicher Prozentsatz von Menschen zu dumm oder zu unmoralisch ist, es zu befolgen.*[39] Aber nach allem, was wir wissen, *ist* dies für die meisten moralischen Prinzipien eine allgemeine Tatsache. Bislang jedenfalls vermochte die Spezies nicht durch die Seltenheit normativ defekter Exemplare zu glänzen.

Mit anderen Worten: Toleranz hat bei Rawls einen *sehr* hohen Rang. Das ist Teil der Voraussetzungen. In Form der Bedingungen der Öffentlichkeit und der Endgültigkeit gehört es, bevor die moralische Diskussion überhaupt ihren Anfang genommen hat, zur Ausgestaltung des ›Urzustandes‹.[40]

Erste Bemerkung zur Toleranz: Ausmaß, Klarheit, Begründung

Die Rolle der Toleranz lädt zu einer Reihe von Reflexionen ein. Das Problem ist nicht, daß Rawls der Toleranz *unbeschränkten* Vorrang einräumt. Es gibt Äußerungen, in denen er das bestreitet.[41] Wie sie zu den soeben referierten Ausführungen passen, bleibt rätselhaft. Vielleicht ist das Problem daher nicht einmal, daß er *zu* tolerant ist. *Wie* tolerant er ist, ist schwer zu sagen. Die einschlägigen »primary goods« sind exorbitant vage, dito ihre Gewichtung. Die Last, die Grenzen der Toleranz zu bestimmen, bürdet das Rawlssche System heute zum Großteil den Worten »reason« und »reasonable« auf, da Ziel ein Konsens unter den »*reasonable* comprehensive doctrines« ist und das liberale Legitimations-Prinzip davon redet, was Menschen aufgrund der »human reason« anerkennen können, die ihnen gemein ist.[42] Doch auch die Wörter »reason« und »reasonable« werden so nebulös charakterisiert, daß sie dieser Aufgabe nicht gerecht werden können. Den Präferentialisten würde besonders interessieren, auf was all diese Dinge orektisch hinauslaufen würden, aber er bekommt es nicht gesagt; auch die Entscheidungstheorie der Parteien im ›Urzustand‹ wird uns in keiner wenigstens halbwegs präzisen präferentiellen Form präsentiert. Das Problem ist somit weniger ein materialethischer Dissens als dieses: Genaue Form und genaues Ausmaß der Toleranz bleiben erstens (wie soeben erwähnt) un*klar* und zweitens (wie in den vorhergegangenen Absätzen erwähnt) un*begründet.*[43]

Zweite Bemerkung zur Toleranz: Toleranz und ›umfassende Lehren‹

Ein Wort zu einigen weitverbreiteten Assoziationen. Vielleicht denken wir beim Rawlsschen System an Voltaire, Nathan den Weisen und das Edikt von Nantes, während bei dem Terminus »comprehensive doctrine«, also bei Rawlsens Bezeichnung für das, was seine Lehre nicht sein will, Inquisition, islamischer Fundamentalismus und Diktatur des Proletariats anklingen. Das wäre irreführend. Es gibt ›umfassende Lehren‹, die sehr tolerant sind, und in gewisser Hinsicht toleranter als Rawls-Gerechtigkeit.[44] Nehmen wir die Präferenz-Gerechtigkeit: Sie respektiert, was Menschen wollen – ist eine reinere Form von Liberalität und Toleranz vorstellbar? Ein Präferentialist wird davor zurückschrecken, Leute einer Gehirnwäsche zu unterziehen, einzusperren oder zu foltern, denn die präferentiellen Kosten solcher Aktionen sind, per definitionem, gewaltig.

Wir können uns dem Vergleich – welche Rolle spielt Toleranz für Rawls, welche für den Präferentialisten? – auch vom, wie Rawls es ausdrückt, »fact of pluralism« her nähern. Angenommen, es könnte, nachdem jede Partei die Argumente der anderen zur Kenntnis genommen hat, auf Erden weiterhin Präferentialisten und Nichtpräferentialisten geben. Für den Präferentialisten wäre dies, falls denn wirklich unausweichlich, ein technisches Problem unter anderen. Die Welt konfrontiert uns ja an jeder Ecke mit Widrigkeiten: mit Dieben, Krankheiten, Unwettern und dergleichem. Nichtpräferentialisten sind ein weiterer Punkt auf dieser Liste. Man muß halt das beste draus machen.

Die Präferenzen der Nichtpräferentialisten, seien es moralische oder nicht, zählen dabei wie alle anderen Präferenzen, nicht mehr und nicht weniger. Wollen Nichtpräferentialisten mehr, als ihnen präferentialistisch zusteht, so ist es präferentialistisch geboten, sie in ihre Schranken zu weisen; sind sie mächtiger und setzen sich durch, so ist, präferentialistisch gesehen, ein Unrecht geschehen. Beides wäre unerquicklich, doch was will man tun? Es ist auch unerquicklich, daß es Mörder gibt und sie mit Staatsgewalt eingesperrt werden müssen, aber der Schutz unseres Lebens ist uns mehr wert als die Toleranz gegenüber Mördern. Alle Moralen zu tolerieren hieße, alle Handlungen zu tolerieren; daher zeigt das Beispiel vom Mörder auch (falls es dafür einer Illustration bedurfte): Dem Rang, den eine Moral der Toleranz gegenüber anderen Moralen adäquaterweise einräumen kann, sind Grenzen gesetzt – Grenzen, die selbst moralische sind. Toleranz ist immer auch Intoleranz gegenüber den Werten, die sie gefährdet.

Was hier über des Präferentialisten Umgang mit Nichtpräferentialisten gesagt wurde, funktioniert prinzipiell bei John Rawls, dem Versöhner, analog; auch er würde Gegnern der Rawls-Gerechtigkeit, halten sie sich nicht an deren Spielregeln, auf die Finger klopfen (Belege dazu in Anm. 41). Rühmt sich jemand damit, daß so etwas nach seinem moralischen System selten vorkäme, so rühmt er sich, falls es überhaupt stimmt, nicht etwa mit einem interessanten Argumenttyp, sondern schlicht mit einem *materialethischen* Zug des Systems: damit, daß darin Toleranz, verglichen mit der Frage, wozu sie führt, recht hoch rangiert. Aber wie hoch *soll* sie rangieren?

Dritte Bemerkung zur Toleranz: Toleranz, Koordination und Rummelplätze

Methodisch ist vielleicht auch der folgende Vergleich erhellend. Je wichtiger Toleranz ist, desto mehr ähnelt das Problem der Gerechtigkeit einer bestimmten Art von Koordinationsproblem: Angenommen, du und ich wollen einen Nachmittag zusammen auf dem Rummelplatz verbringen; wir verlieren uns schon zu Beginn aus den Augen und haben es versäumt, einen Treffpunkt auszumachen. Jeder Ort wäre als Treffpunkt geeignet; weder für dich noch für mich hat eine Stelle intrinsische Vorzüge, zumindest keinen, der das Wiederfinden des anderen an Wichtigkeit überträfe. Was zählt, ist nicht so sehr, *wo* wir aufeinander warten, sondern daß beide am *selben* Ort warten.[45] Die Spieltheorie weiß auch nicht recht weiter (wie sollte sie?) und bürdet solche Probleme dem psychologischen Merkmal der Augenfälligkeit auf: Geh' zu einem Punkt, der ins Auge springt.

Vieles an Rawlsens Projekt kann in Analogie zum Rummelplatz verstanden werden. In der politischen Philosophie ist es wichtig, daß wir uns irgendwo treffen; und Rawls versucht, einen bestimmten Treffpunkt augenfällig zu machen. Die Bedenken vieler Kritiker lauten: In Sachen Gerechtigkeit könnten sich einige Treffpunkte als so schlecht herausstellen, daß es besser wäre, einander gar nicht statt dort zu treffen. Das sagt gelegentlich Rawls selbst, und für seine Interpretation von »Treffen« ist es besonders plausibel; denn sie impliziert einen stärkeren Konsens als einen *Modus vivendi*, so daß immerhin Modi vivendi, nicht nur Bürgerkriege, zu ihren Alternativen zählen.[46]

Da ein Nichttreffen, so die Kritiker, besser sein kann als manch ein Treffen, ist die moralische Qualität der Treffpunkte eine zentrale Frage. Doch zu ihr sagt Rawls wenig. »The only alternative to a principle of toleration is the autocratic use of state power«[47] – dieser Hinweis genügt nicht. Erstens dürfte das kaum die einzige Alternative speziell zu *Rawlsschen* Vorstellungen von Toleranz sein. Zweitens: Welchen moralischen Preis sind wir bereit zu zahlen, um die Alternative zu vermeiden? Jeden oder nur manchen? Und warum? Welche *Gründe* hat ein jeder von uns, Anhängern anderer Konzeptionen des Guten nicht den Schädel einzuschlagen? Wären (und waren) Reflexionen zu dieser Frage nicht das A und O der politischen Philosophie?

Die Rummelplatz-Analogie hat weitere radikale Konsequenzen. Insofern wir Bürger es als unser Ziel ansehen, uns in Sachen gesellschaftlicher Spielregeln zu einigen (lies: irgendwo zu treffen), sollten wir nicht dauernd fragen, wie es auch in diesem Aufsatz unsere Art ist, *warum* Rawls-Gerechtigkeit dies oder das empfiehlt. Die Frage wäre unvernünftig – als wenn bei der Vereinbarung eines Treffpunkts jemand darauf bestünde, es müßte zusätzlich zu den Gründen, sich überhaupt zu treffen, Gründe für den gewählten

Treffpunkt geben. Im Fall des Rummelplatzes gibt es sie nicht, Riesenrad und Geisterbahn sind gleich gut geeignet.

Spönnen wir diesen Faden weiter, so könnten wir Rawlsens Lehre statt nach ihrer Stichhaltigkeit nach ihrem Nutzen beurteilen: Ist *alles*, was Rawls will, einen Treffpunkt *augenfällig* zu machen? Schießt er, statt ein Argument vorzubringen, auf dem Rummelplatz des Pluralismus eine Leuchtkugel in die Luft? Noch allgemeiner: *Ist Rawlsens Werk eher eine gute Tat als eine gute Theorie?* Stringenz oder nicht, vielleicht sind die *Wirkungen* seiner Äußerungen ein Segen für die Menschheit, und vielleicht sollten wir ihn statt mit Kant mit Gandhi vergleichen – oder mit einem Prediger oder einem Stimulans der Friedfertigkeit. Mag sein, daß er gegen den Perspektivenwechsel nicht einmal etwas einzuwenden hätte.[48] Bloß wäre die neue Frage, und so betrachtet das gesamte Rawlssche Unternehmen, eine Sache der Sozialingenieure und nicht der Philosophen. Die philosophische Frage lautet doch nicht, ob es Rawls *irgendwie* gelingt, Frieden zu stiften; sondern ob er *Gründe* dafür benennt, Frieden zu halten.

Vierte und letzte Bemerkung zur Toleranz: andere Prämissen

Soviel zur Rummelplatz-Analogie. Das Problem der Toleranz, das wir ausgehend von den Bedingungen der Öffentlichkeit und der Endgültigkeit behandelt haben, stellt sich analog bezüglich anderer Elemente der Rawlsschen Theorie, die mit diesen Bedingungen eng verwandt sind. Beispielsweise ist, daß sich etwas vor der »public reason« zu legitimieren habe, – so, wie Rawls diese Wörter zu verwenden beschließt[49] – schlicht ein Plädoyer für Toleranz.

Mit unbedeutenden Änderungen hätten unsere Bedenken auch bei der Prämisse ansetzen können, eine Gesellschaft müsse »well-ordered« sein, also »effectively regulated by a public conception of justice«. Damit ist gemeint: »[I]ts citizens have a normally effective sense of justice [...] [so that] they generally comply with society's basic institutions, which they regard as just.«[50] Rawls richtet diese Forderung an die Gerechtigkeits-Vorstellung, nicht an die Leute: Erstere möge (gegeben, wie die Leute nun mal sind) so ausfallen, daß die Forderung nach »well-orderedness« erfüllt ist. Aber bei dieser Lesart, mit Gerechtigkeit als Variable und dem Verhalten der Leute als Konstante, kann eine wohlgeordnete Gesellschaft moralisch pervers und die beste realisierbare Gesellschaft ungeordnet sein. Und damit stellt sich auch für »well-orderedness« die Frage, wieviel sie uns wert ist – eine Frage, die von Rawls nicht behandelt wird.

Einen analogen Schritt vom Sein zum Sollen legt Rawls auch mit Hilfe des, wie er sagt, »normativen« Begriffs der Person zurück. Personen in Rawlsens normativem Sinn haben »the capacity for a sense of justice: it is the capacity to understand, to apply, and to act from [...] the principles of political justice«. Der Satz kann in zweierlei Hinsicht als normativ verstanden werden. Erste Lesart: Gegeben ein adäquates Gerechtigkeits-Kriterium, (jetzt kommt die Norm:) soll jede Person gerecht handeln. Vielleicht. Doch die Rolle, die dem Personenbegriff in der Rawlsschen Theorie zugewiesen wird,[51] führt wieder zur umgekehrten Lesart: Gegeben, wie Personen im allgemeinen handeln, (jetzt kommt die Norm:) soll das Gerechtigkeits-Kriterium so konstruiert werden, daß sie sich als gerecht erweisen. Das ist nicht plausibel.

Fazit in Sachen ›Urzustand‹

Um die Betrachtungen zur rationalen Wahl minus Identität zusammenzufassen: Zwischen Rawlsens Wahl-Szenario und dem des Präferentialisten liegen Welten, und gewiß sieht Rawls das selbst so. Was sich zumindest für ein Vergleichen von Präferenz- und Rawls-Gerechtigkeit angeboten hätte, ergibt sich aus der Rawlsschen Geschichte nicht: ein klares Bild dessen, auf was ›Gerechtigkeit als Fairneß‹ präferentiell gesprochen hinausliefe.

Die wichtigste Frage war die nach der moralischen Autorität des ›Urzustandes‹ und, insofern Rawls sie aus ihm zu gewinnen glaubt, der Gerechtigkeits-Prinzipien. Dazu kann festgehalten werden: Wie die meisten Präferentialisten heute und lange vor ihm eliminiert Rawls aus der Wahl das Wissen um die Identität. So weit, so gut. Aber dann kommen die Zusatzprämissen. Sie haben die Funktion, die resultierende Moral zu einer zu machen, in der Rawlssche Vorstellungen von Toleranz (oder ein Rawlssches Ideal vom Menschen, s. u., Abschnitt 3.7) wichtiger sind als die meisten anderen Werte. Die These wird jedoch nicht begründet und ist zudem derart unscharf, daß es sogar schwerfällt, auf eigene Faust herauszufinden, ob man geneigt ist, ihr zuzustimmen.

Einige der Zusatzprämissen sind zentralen Konklusionen so ähnlich, daß der ›Urzustand‹ nur noch wenig argumentative Arbeit leisten kann. Und einige sind *moralisch* so unplausibel, daß er keine normative Kraft *hat*, die er auf von ihm induzierte Entscheidungen übertragen könnte. Das ist das Hauptproblem. Es verweist die vieldiskutierte Frage, ob Rawls nun zeigen konnte, daß *sein barockes Konstrukt* eine bestimmte Wahl sanktioniert, auf die hinteren Ränge. Nicht jeden Knall sind wir bereit einen Urknall zu nennen, und mit Zuständen, die sich jemand ausdenkt, sollte es sich ähnlich verhalten. Rawlsens eigentümliche Version von Wahl ohne Identität hilft nicht, weder als Begründung noch als Jargon.

3.3 Allgemeinheit

Rawls sucht nach Gerechtigkeits-Kriterien für die Grundstruktur einer »modern constitutional democracy«.[52] Die Fragestellung selbst wirft einige Fragen auf. Warum sollte die Moralphilosophie voraussetzen, anstatt zu zeigen, daß eine konstitutionelle Demokratie das richtige ist? Wollen wir uns mit einer politischen Philosophie zufriedengeben, die nur etwas zur besten *Spielart* einer Staatsform zu sagen hat – und zur besten Staatsform nichts? Wohldefiniertheit stellt eine weitere Schwierigkeit dar: Welche Fälle sollen abgedeckt werden? Der Anwendungsbereich der Theorie wird nur vage charakterisiert, dito dementsprechend das allgemeine Wissen der Parteien im ›Urzustand‹.

Sehen wir von Prämissenlastigkeit und Vagheit ab, so bleibt ein anderer Zweifel: Bewegt sich die von Rawls gewählte Aufgabe auf einer hilfreichen Stufe von Allgemeinheit?

Die Frage ist erläuterungsbedürftig, denn gewiß wäre es gut zu wissen, wie die Grundstruktur einer modernen konstitutionellen Demokratie aussehen soll. Aber nehmen wir mit Rawls an, daß jeder der Bürger, für die er schreibt, einer ›umfassenden‹ Moral anhängt und wir sie ihm nicht ausreden wollen. Moralisch ›weiß‹ der Bürger dann schon alles. Er ›weiß‹ auch, wie die Grundstruktur aussehen soll: so, wie es seiner großen Moral am dienlichsten ist. (Da die große Moral tolerant sein kann – s. o., Abschn. 3.2 –, macht ihn diese Einstellung nicht zu einem intoleranten Menschen.) Er braucht nur noch die Fragen, vor die ihn das Leben stellt, zu identifizieren und dann in seiner großen Moral nachzusehen, was sie dazu sagt.

Was soll dieser Bürger mit einem *zusätzlichen* Gerechtigkeits-Kriterium für die Grundstruktur moderner konstitutioneller Demokratien? Daß es ein zusätzliches ist, heißt insbesondere, daß das Kriterium nicht einfach (wie das im vorigen Absatz vorgeführte) seine große Moral *zitiert*; es operiert, wie Rawls sagt, mit ganz anderen Begriffen und hat für den Bürger nicht axiomatischen Charakter.[53]

Die Frage nach dem Witz eines im erläuterten Sinne zusätzlichen Kriteriums wird umso drängender, als für die Bürger der Versuch, sich von ihm zu überzeugen, hart und aussichtsarm wäre. Die Angelegenheit würde sehr komplex. De facto vertretene Moralen legen so unterschiedliche Maßstäbe an wie: Lust, die höhere Ehre Gottes, diese oder jene Verteilung von Präferenzbefriedigung, verschiedene Listen von Geboten und Rechten. Welch eine Leistung, die verschiedenen Gewichtungen dieser verschiedenen Dinge in eine andere Währung umzurechnen! Nicht nur vor *einem* empirischen Hintergrund, sondern gleich für alle modernen konstitutionellen Demokratien![54] Und rechnet der Anhänger der ›umfassenden Lehre‹ *nicht* nach, dann kann er ja dem neuen Kriterium nicht zustimmen: »Kommt drauf an, was die Befolgung des neuen Kriteriums für das meiner großen Moral bedeutet«, würde er immer nur sagen können. (Würden wir wollen, daß er zustimmt, *ohne* nachzurechnen, dann würden wir nicht mehr von dem Rawlsschen Projekt reden, die umfassenden Lehren miteinander zu versöhnen, sondern von dem nichtrawlsschen Projekt, sie zu ändern.)

Warum also sollte sich der Anhänger der ›umfassenden Lehre‹ anstrengen, ein zusätzliches Gerechtigkeits-Kriterium für die Grundstruktur moderner konstitutioneller Demokratien zu suchen, das aus seiner großen Moral folgt? Die Antwort, die Rawlsens Werk bestimmt: des Konsenses wegen.

Hilft die Fragestellung dem Konsens?

Nun ist Konsens nur in denjenigen Fragen von Nutzen, seien es politische oder andere, die uns das Leben aufgibt; in Fällen, die nicht auftreten, kann er nichts Gutes bewirken und nichts Schlimmes abwenden. Die Rawlssche Antwort hat uns also höchstens insofern einen Grund gegeben, als konsensfähige Antworten auf Fragen des wirklichen Lebens aus dem zur Debatte stehenden Typ von Gerechtigkeits-Kriterium folgen. *Wenn nun aber aus der großen Moral das Gerechtigkeits-Kriterium folgt und aus dem Gerechtigkeits-Kriterium eine konsensfähige Antwort auf eine Frage des wirklichen Lebens, dann folgt, da die Folgerungsbeziehung transitiv ist, die konsensfähige Antwort auf die Frage des wirklichen Lebens auch aus der großen Moral.* Die von Rawls angelegte Zwischen-Ebene hätte, wenn sie überhaupt möglich wäre, nichts gebracht – außer Mühe.

Bevor wir fortschreiten, ein möglicher Einwand: Da einzelne Tatsachen festzustellen schwierig und konfliktträchtig sei, müsse der Weg zu einem Konsens darin bestehen, moralische Urteile, wie das Rawlssche Kriterium es tut, über eine große Klasse von Situationen zu fällen. Ein moralischer Konsens auf einer derart allgemeinen Stufe wäre robuster; »burdens of reasons« wie die schwierige Frage, genau welche Tatsachen (also genau welche Situationen) vorliegen, könnten ihm nichts mehr anhaben.[55]

Doch der Einwand ist irreführend. Gesetzt den Fall, wir könnten tatsächlich einen Konsens für eine große Klasse von Situationen finden – falls er adäquat ist, hängen zahllose der von ihm getragenen Pflichten weiterhin von Tatsachen ab. Eine moderne Demokratie kann groß oder klein, arm oder reich sein; ein Großteil der Bevölkerung ist vielleicht unterernährt, bestechlich, fatalistisch, abergläubisch oder schießwütig; vielleicht können die meisten weder lesen noch schreiben und leben in einer ungesunden Welt; vielleicht gedeiht das organisierte Verbrechen, wird der Staat von Nachbarstaaten bedroht, mangelt es ihm an natürlichen Ressourcen. Vielleicht aber auch nicht – und so weiter und so fort! Daß solche Umstände moralisch nicht ins Gewicht fallen, ist unwahrscheinlich. (Es soll der Fall sein, so wird man sich zum Beispiel einig sein, daß diese oder jene Schulpolitik, *wenn* sie Gewaltverbrechen langfristig verhindern würde, betrieben wird, und daß sie, *wenn* sie es nicht täte, nicht betrieben wird.) Massen von Konditionen werden *innerhalb* von Geboten auftreten, und haben wir es vermieden, beim *Aufbau* der Moral Tatsachen zu klären, so kommen wir nicht daran vorbei, wenn wir die Moral *anwenden* wollen.[56] Wir haben die Arbeit nur verschoben und nichts gewonnen.

Es bleibt also dabei, daß die Rawlssche Zwischen-Ebene für ihren designierten Zweck, die Suche nach Konsens, fruchtlos ist.

Mehr noch: Oft würde sie uns bei der Suche Steine in den Weg legen. Denn allgemeine moralische Urteile sind logisch stärker, also tendentiell schwieriger und kontroverser als spezielle. (Wenn es sich nicht gerade um solche Allgemeinheiten handelt, die für die Urteilenden axiomatischen Status haben; das aber soll, s. o., bei dem von Rawls angestrebten Typ von Kriterium nicht der Fall sein.) Wir erschweren die Beurteilung eines Falles, je mehr Tatsachen wir bei seiner Beschreibung auslassen: »Ein Teich – soll Maria hineinspringen?« Schwer zu sagen. »Ein Teich, in dem Johann zu ertrinken droht; Maria ist eine gute Schwimmerin, sie und nur sie kann ihn gefahrlos retten. Soll sie hineinspringen?« Nicht ganz so schwer zu sagen.

Was bedeutet das für die Suche nach Konsens? Wir hatten bereits festgestellt, daß sie durch das Auslassen von Tatsachen *nicht erleichtert* wird: »Kommt drauf an«, werden die ›umfassenden Lehren‹ sagen, wenn wir sie zu Allgemeinem befragen; sie werden darauf bestehen, ihre Antworten per Fallunterscheidung zu geben. Durch Allgemeinheit kann kein Dissens überschritten oder aufgelöst werden.

Und nun sehen wir, an Maria und dem Teich und dergleichem, daß die Suche nach Konsens durch das Auslassen von Tatsachen *sogar erschwert* würde. Tatsachen können sozusagen zu extensionaler Übereinstimmung führen, wo intensional unterschiedlich geurteilt wird. Nehmen wir beispielsweise das moralische Problem des Tötens. Je allgemeiner die Frage, desto kleiner der Konsens. Solange wir auch über Abtreibung und Freitod reden, können ein Katholik und ich nicht zum selben Ergebnis kommen. Grenzen wir das Problem in bestimmter Weise ein, finden wir jedoch einen Konsens: Es gibt viele Fälle, in denen wir es beide für falsch halten, daß getötet wird. Genauso kann zusätzliches Wissen über eine Gesellschaft einen Konsens ermöglichen.

Rawls geht *einen* Schritt in diese Richtung, insofern er sich auf die Betrachtung realistischer Situationen beschränkt. Er behauptet nicht, die Moral spreche für sein Gerechtigkeits-Kriterium, sondern die Moral *plus allgemeiner Tatsachen* tue es. (Sie sind es, die den Parteien im ›Urzustand‹ bekannt sind.) Wie der Buddha den »Dorn der Ansichten« zu Themen mied, die er für die Praxis des Nirwana-Erwerbs als unerheblich betrachtete –

»Weil es [...] nicht heilsam [...] ist, nicht zur Abkehr, nicht zur Wendung, nicht zur Auflösung, nicht zur Aufhebung, nicht zur Durchschauung, nicht zur Erwachung, nicht zur Erlöschung führt: darum hab' ich das nicht mitgetheilt.«,

so befolgt auch Rawls eine »method of avoidance«: Kratz nicht, wo es nicht juckt.[57] Daher auch das Ausklammern unrealistischer Situationen. *Wenn* er aber den Bereich moralischer Axiome schon verläßt (siehe oben) und außerhalb desselben Allgemeinheit einen Konsens eher gefährdet als fördert (siehe ebenfalls oben), so könnte er nur gewinnen, wenn er dieselbe Methode einen Schritt weiter führte, die Suche also nicht bloß auf *realistische* Situationen beschränkte, sondern gleich auf *reale*. Rawls kratzt noch immer an Stellen, an denen es nicht juckt, und die weitere Einschränkung könnte das Risiko von Meinungsverschiedenheiten senken.

Sie hätte einen weiteren Vorteil: Sowohl die »intuitive ideas« von der allgemeinsten, d.h. axiomatischen Ebene als auch die von der speziellsten geböten mehr Respekt als die dazwischen. Erlauben wir uns nur das Wissen um einige, aber nicht um alle Tatsachen, muß unser Gehirn die fehlenden Tatsachen und die Werte gleichzeitig berechnen. Das ist ungünstig. Intuitionen sind nur so rein wie die Fragen, aus denen sie entstehen. Am reinsten sind sie also, wenn die Fragen entweder *keine* Tatsachen ins Spiel bringen: dann können wir Propositionen auf ihren intrinsischen Wert hin untersuchen; oder *alle* Tatsachen: dann können wir uns auf die Berechnung von Werten konzentrieren, anstatt Kombinationen aus fehlenden Tatsachen und Werten berechnen zu müssen. Der Intuitionist Rawls wäre ein besserer Intuitionist, wenn er entweder alle denkbaren Situationen oder genau eine im Blick hätte.[58]

Kurz gesagt: Politische Philosophie ist ein Stück angewandter Ethik. Dazu brauchen wir die richtige Ethik und ihre Anwendung, sonst – und dazwischen – nichts. Warum also, wenn es einen Konsens gar nicht erleichtern kann, die Frage so stellen wie Rawls? Das Leben, die Politik inbegriffen, stellt uns vor moralische Probleme. Rawlsens Frage ist nicht allgemein genug, um sie zu *erhellen*; und zu allgemein, um selbst ein solches Problem zu *sein*.

Wie verhalten sich Präferenzen zu den sogenannten Grundgütern (»primary goods«) des Rawlsschen Gerechtigkeits-Kriteriums? Der vorliegende Abschnitt enthält allgemeinere Betrachtungen; Abschnitt 3.5 wird sich speziell der Frage widmen, was Rawls gegen die Orientierung an Präferenzen einzuwenden hat.

In den Rawlsschen Prinzipien, Index der ›Grundgüter‹ eingeschlossen, treten die *Ausdrücke* »Präferenz« oder »Wunsch« nicht auf – s. o., Abschn. 1. Es treten jedoch Ausdrücke auf, die vielleicht präferentiell expliziert werden können. Die Feststellung beispielsweise, Anna habe ein Recht darauf, daß *p*, bedeutet vielleicht so ungefähr dies: Falls sie will, daß *p*, dann soll *p* der Fall sein; oder: Sie soll, falls sie *p* herbeizuführen versuchen möchte, nicht daran gehindert werden. Analog könnten wir andere Rawlssche Wertwörter explizieren: »freedom«, »liberties«, »powers«, »prerogatives«. Und auch den Ausdruck »Liberalismus« selbst: Bezieht er sich, wie zu vermuten wäre, auf die Auffassung, Menschen sollten so leben, handeln und reden können, wie sie es wollen, *dann folgt der Liberalismus aus dem Präferentialismus.* Vielleicht tummeln sich also im *begrifflichen Hintergrund* der Rawlsschen Theorie Myriaden Guter Sätze.[59]

Weitere Gute Sätze könnte der *empirische Hintergrund* liefern. Falls eine Proposition *p* selbst nicht von Präferenzen handelt, der Präferentialist jedoch annimmt, *p* werde das beste machbare Orektogramm verwirklichen helfen, so wird er sagen, *p* solle der Fall sein. Was die Rawls-Gerechtigkeit fällt, könnten korrekte *extrinsische* moralische Urteile sein – so, wie das Urteil »Du sollst nicht auf den Knopf drücken« auch in einem Fall korrekt wäre, in dem der Knopfdruck selbst moralisch neutral ist, aber Schlimmes verursachen würde.[60]

Beide Möglichkeiten, Explizierbarkeit und Extrinsizität, bieten allerdings nur beschränkten Trost. Eine Anbindung der ›Grundgüter‹ an Präferenzen, verliefe sie nun begrifflich oder empirisch, ist von Rawls nicht beabsichtigt. »The fact«, sagt er, »that we have a compelling desire does not argue for the propriety of its satisfaction any more than the strength of a conviction argues for its truth.«[61]

Noch einmal: Gerade das sieht der Präferentialist anders. »Jede Präferenz zählt«, Artikel 1 des präferentialistischen Credos, ist grundlegend für *seine* Vorstellungen von Aufklärung, Freiheit, Gleichheit und Toleranz. Die eine mag dies, der andere jenes; die Vorliebe für Broccoli zu zählen, nicht aber die für Spinat, ist reine Willkür – wie alle Urteile dieser Art. Mit William James gesprochen:

»Take any demand, however slight, which any creature, however weak, may make. Ought it not, for its own sole sake, to be satisfied? If not, prove why not. The only possible proof you could adduce would be the exhibition of another creature who should make a demand that ran the other way.«

Gerechtigkeit verlangt von uns, »everybody [...] for one, nobody for more than one«[62] zu zählen. Zählen wir statt dessen nur den, der den ›richtigen‹ Geschmack hat, schaden wir der Gerechtigkeit, statt ihr zu dienen.

Der Punkt ist wesentlich. Rawls kann nicht einerseits behaupten, daß seine Distribuenda, die ›Grundgüter‹, »all-purpose means« sind, und sich andererseits weigern, sie durch Blick auf der Menschen »purposes« zu validieren.[63] Ohne die Validierung haben wir keinen Grund zu glauben, daß sie ausbuchstabieren, was sie für die Rawlsschen Gerechtigkeits-Prinzipien ausbuchstabieren sollten: was, siehe den Wortlaut der Prinzipien, ein »benefit« für jemanden und »adequate« und »fair« ist. Allgemeiner gesagt: Wir haben dann keinen Grund zu glauben, daß ›Grundgüter‹ im moralischen Denken eine Rolle spielen.

Um etwas vorzugreifen: Mittlerweile versucht Rawls das Problem zu lösen, indem er eine moralische Zusatzprämisse einführt, ein bestimmtes Ideal der Person nämlich, und seine Gerechtigkeits-Prinzipien an den zu diesem Ideal gehörigen Interessen statt an der Menschen Zwecke im allgemeinen festmacht. Auch dieser Schritt, der in Abschnitt 3.2 bereits angesprochen wurde und in Abschnitt 3.7 ausführlicher diskutiert wird, führt von der Behauptung, ›Grundgüter‹ seien dadurch gerechtfertigt, daß sie »all-purpose means« sind, fort; auf die Behauptung und den Terminus sollte dann konsequenterweise verzichtet werden. *Rawlsens Ideal der Person begünstigt eine Handvoll spezieller Zwecke, und zu diesen sollen die ›Grundgüter‹, wie sie von den Rawlsschen Prinzipien verteilt werden, nun die Mittel sein.* Im Einklang mit seinen Regeln 1 und 3 lehnt der Präferentialist die neue normative Prämisse, d.h. die Bevorzugung bestimmter Zwecke auf Kosten anderer, ab.

Nach der Vorschau auf spezielle Zwecke zurück zu Zwecken im

allgemeinen. Logisch möglich wäre, daß in der wirklichen Welt Wünsche mit ›Grundgütern‹ just so korrelieren, daß der an ersteren orientierte Präferentialist einem bestimmten Verteilungskriterium zustimmen kann, das sich an einem Rawlsschen Index der letzteren orientiert. Doch stehen die Chancen dafür nicht gut.[64] Man führe sich vor Augen, in welchem Maße das Interesse an verschiedenen ›Grundgütern‹, zum Beispiel an Wohlstand, freier Berufswahl und Versammlungsfreiheit, von Bürger zu Bürger variiert: Manche Leute nähmen fast jede nichtkriminelle Arbeit an, falls sie gut bezahlt würde, während manche an ihrem Beruf festhalten würden, egal, wie schlecht man sie bezahlte. Et cetera. Und wie unwahrscheinlich ist es, daß ein Verteilungskriterium das Gerechte trifft, wenn schon das, was es verteilt, für die Betroffenen verschieden wichtig ist! Mit der nationalen Seelenverwandtschaft in Sachen Desiderata ist es nicht weit her. Auch das ist, um es mit Rawls zu sagen, eine »Tatsache des Pluralismus« – und zwar eine, die verhindert, daß ›Grundgüter‹ je eine harte moralische Währung sein werden.

Aber nehmen wir an, wir könnten den besagten Index finden. Wäre das der Fall und könnte auch der Präferentialist zur Rawls-Gerechtigkeit ja sagen, so – anders als Rawls, s. Anm. 63 – nur *aufgrund* kontingenter Tatsachen darüber, was Menschen wollen. Möglicherweise sprechen die orektischen Tatsachen unter allen Bedingungen, auf die sie anwendbar sein will, für die Rawls-Gerechtigkeit. Bloß ist das prinzipiell eine offene Frage. Denke an einige deiner stärksten Präferenzen, zum Beispiel an solche, die dein Leben, deinen Geist, deine Kinder oder den Kampf gegen Folter, Hunger und Krebs betreffen. Nun nimm an, daß von 1000 deiner Landsleute 999 ebenso starke, unkorrigierbare Wünsche bezüglich von Dingen hegen, die nicht auf Rawlsens Liste der geschützten Güter stehen; und daß diese Wünsche nur erfüllt werden können, wenn dem Rest, also einem pro Tausend, das Recht auf freie Rede verwehrt wird. Dann wäre mancher Präferentialist gegen eine Rawls-gerechte Grundstruktur. Die Gesellschaft sollte auf das eingehen, was die Bürger wollen.

Das Beispiel ist keine direkte Kritik an Rawls-Gerechtigkeit, die ja auf Science-fiction-Szenarien keine kompetenten Antworten zu geben beansprucht. Es verdeutlicht aber, daß nach Auffassung des Präferentialisten die Adäquatheit eines jeden »objective-list approach«, also auch die der Rawls-Gerechtigkeit, von Präferenzen *abhängt.* Letztlich steht Gerechtigkeit im Dienste von Präferenzen, nicht umgekehrt.[65]

Bemerkenswerterweise zieht auch Rawls gelegentlich Präferenzen und Präferenzstärken zur Unterstützung seiner ›Grundgüter‹ heran. Ein schönes Beispiel ist sein Argument dafür, daß ein rationaler Entscheider im ›Urzustand‹ ein Prinzip wählen würde, das unter anderem der Gewissens- und Religionsfreiheit Vorrang einräumen würde. Rationales Entscheiden könnte, so ist man vielleicht einzuwenden versucht, einen Handel zwischen dieser Freiheit und anderen Vorteilen zulassen: Ist zu erwarten, daß die unterdrückten Gläubigen in der Minderzahl sind, die Mehrheit jedoch von deren Unterdrückung erklecklich profitiert, dann könnte bei der Wahl im ›Urzustand‹ die große Wahrscheinlichkeit großer Nutzengewinne (etwa die, einer der glücklichen Unterdrücker zu werden) die geringe Wahrscheinlichkeit, zu den Unterdrückten zu gehören, rational aufwiegen; und analog, falls abzusehen ist, daß die ihrer Religionsfreiheit Beraubten, ob sie nun in der Minderzahl sind oder nicht, so reich und zufrieden sind, wie sie es aus irgendwelchen Gründen, falls Religionsfreiheit herrschte, nicht wären. Rawls zu solchen Abwägungen: »If the parties were to gamble in this way, they would show that they [...] did not know what a religious, philosophical, or moral conviction *was.*«[66]

Das heißt: Es soll zur Bedeutung des Ausdrucks »religiöse Überzeugung«, wie Rawls ihn verwenden möchte, gehören, daß niemand für irgendeine Summe Geldes seiner religiösen Überzeugung würde abschwören wollen. Mit Terminus technicus: Die Präferenzen der Betroffenen geben dem Glauben gegenüber dem Reichtum lexikographische Vorfahrt. *Deswegen,* so das Rawlssche Argument, werden die Gerechtigkeits-Prinzipien, im Urzustand von den Vertretern der Betroffenen gewählt, diese Vorfahrt wahren. (Das Argument ergibt nur eine ungewöhnlich schwache Religionsfreiheit, nämlich bloß eine für die im erwähnten Sinn Radikal-Religiösen; das nur am Rande.) Doch *wenn* lexikographische Präferiertheit das Argument ist, warum lassen wir die Gerechtigkeits-Prinzipien nicht einfach sagen, daß lexikographisch Präferiertes, *was es auch sein mag,* lexikographisch geschützt wird?[67] Entweder haben in Sachen Gerechtigkeit Präferenzen keine Autorität – dann dürfte Rawls Argumente wie das hier referierte nicht verwenden. Oder sie haben Autorität – dann können und sollen die Gerechtigkeits-Prinzipien sie ihnen auch zugestehen.

Hilft Rawlsens Hinweis, daß der Index der ›Grundgüter‹ nach und nach aufgestellt werden könne?[68] Nein. Insofern das geschieht, wird Rawls-Gerechtigkeit, die ja ohne den Index wenig besagt, zum Proteus – Rawlsens Leser und die Parteien des ›Urzustandes‹ sollen eine Katze im Sack kaufen. Die *creatio continua* wäre zwar trostreich, wenn sie Orektogrammen nachspüren würde, aber das ist ja nicht vorgesehen (s. wiederum Anm. 63). Daß sich der Index konkretisiert oder verformt, ist bestenfalls nutzlos, schlimmstenfalls beängstigend, solange er sich nicht nach den richtigen Faktoren richtet.

Ein speziellerer Punkt: Eine Maßnahme, mit der auch der eine oder andere Präferentialist liebäugelt, ist der Ausschluß von sogenannten anti-sozialen Präferenzen, das sind solche für das intrinsisch Falsche. Mag das in Ordnung sein oder nicht, es ist wichtig zu sehen, daß Rawls weit mehr ausschließen möchte: nicht nur Wünsche, die sich gegen seine Prinzipien *richten*, sondern alle Wünsche (auch die ihrem Inhalt nach harmlosesten), deren Erfüllung uns in der wirklichen Welt zwänge, gegen seine Prinzipien zu verstoßen! »Preferences which would have this *effect* [!], never, so to speak, enter into the social calculus.«[69] Rawls schottet sein Kriterium nicht nur vor widermoralischen oder Rawls-feindlichen Präferenzen ab, er immunisiert es gegen Präferenzen schlechthin.

Gewiß, noch können wir auf einen glücklichen Zufall hoffen: Innerhalb des vorgesehenen Definitionsbereichs der Rawls-Gerechtigkeit könnten seine und unsere Kriterien zufällig auf die gleichen Dinge zutreffen.[70] Zufällig könnten in der wirklichen Welt nach unserem Kalkül andere Präferenzen diejenigen *aufwiegen*, die Rawls diskontiert oder disqualifiziert. Aber es ist per definitionem riskant, auf den Zufall zu setzen, und es gibt im vorliegenden Fall keinen Grund, das Risiko einzugehen: Was spräche dagegen, ein Gerechtigkeits-*Kriterium* gleich von Präferenzen reden zu lassen?

Ein weiterer Ausweg wäre denkbar, wenn Rawlsens Prinzipien, zumindest die von ihnen verfochtenen Diskontierungen, einen anderen Status einnähmen. Vielleicht sind sie nicht als *Kriterium* dafür akzeptabel, was gerecht *ist*, wohl hingegen als *Methode*, deren Anwendung Gerechtigkeit *schafft* – ein Unterschied, über den viel geschrieben worden ist.[71] Bezogen auf die vorliegende Debatte: Vielleicht *bewirken* wir die bestmögliche Befriedigung aller Präferenzen, wenn wir uns Regeln zu eigen machen (etwa die

Rawlsschen), die, auch oder nur, auf anderes als Präferenzen schauen.

Den Gerechtigkeits-Prinzipien diese Rolle zuzuweisen müßte nicht mit der Rawlsschen Forderung nach Transparenz, der Öffentlichkeits-Bedingung, konfligieren.[72] Denn *daß* das Kriterium nur eine Faustregel ist, könnte ja öffentliches Wissen sein.

Moralische Diskussionen und folglich das Gute und Richtige nähmen jedoch Schaden, wenn das Denken auf der Ebene der Faustregeln *stehenbliebe*. Leute vergäßen oder wüßten gar nicht erst, daß das moralische Gewicht der betreffenden Prinzipien auf Normalbedingungen ruht; sie verlören das Gute oder Richtige aus den Augen oder bekämen es nie zu sehen; sie wissen dann nur, mit was es gewöhnlich *einhergeht*. Irgendwann wird sich diese Inkompetenz rächen. Unsauberes Denken, das wissen wir, ist ein Hauptproblem unserer politischen Kultur und ein Haupthindernis auf dem Weg in eine bessere Welt. Insbesondere entsteht bitterer Streit da, wo Faustregeln und die Grenzen ihrer Einschlägigkeit selbst zur Debatte stehen und niemand gelernt hat, tiefer zu graben. Ein Beispiel: Ein Leben ist wertvoll, *wenn* es jemanden gibt, der es führen will. *Normalerweise* wollen Menschen das – aber ist es deshalb ratsam, das unkonditionale Prinzip aufzustellen, Leben sei wertvoll? Wie wir an der verheerenden Wirkung der verkürzten Regel sehen, lautet die Antwort nein. Millionen von Menschen verstehen nicht, um was es bei Problemen wie Abtreibung, Empfängnisverhütung, Euthanasie und Selbsttötung eigentlich geht. Und, noch schlimmer, um was bei moralischen Fragen im allgemeinen.

Prinzipien, deren Anwendung dem Richtigen förderlich wäre, ohne daß sie es richtig charakterisieren, sollten nicht das letzte Wort haben. Dennoch kann ihnen die Moral einen respektablen und rationalen Platz einräumen. Solange Rawls weder diesen Platz einnehmen noch auf das Diskontieren von Präferenzen verzichten will, ist ein Einvernehmen zwischen ihm und dem Präferentialisten unwahrscheinlich. Es wäre ein glücklicher Zufall. Eine Präferenz, die nicht zählt, oder eine Nichtpräferenz, die zählt – beides gibt es für den Präferentialisten nicht. Zu entscheiden, *als ob* bestimmte Präferenzen nicht und bestimmte andere Dinge doch zählen – das könnte angehen.

Welche Gründe führt Rawls gegen die Präferenz-Gerechtigkeit an? Auf diejenigen Einwände, die sich nur gegen bestimmte Spielarten richten, wollen wir hier nicht eingehen. Vielleicht sollten wir tatsächlich – anders als der Utilitarismus –, nach Möglichkeit jedem einzelnen ein Mindestmaß an Präferenzbefriedigung garantieren, bei der Verteilung unser Augenmerk auch auf Gleichheit richten, uns vorrangig um die Schlechtestgestellten kümmern oder anderes in dieser Richtung unternehmen. Doch solchen Forderungen kann *im Rahmen* einer präferenzbasierten Moral Rechnung getragen werden.[73] Noch wollen wir uns in diesem Abschnitt mit der These beschäftigen, keine Spielart des Präferentialismus könne auf breite Zustimmung hoffen. Auch wenn das zuträfe: es wäre nur ein stichhaltiger Einwand, wenn, was Rawls für möglich hält[74], die Inadäquatheit eines Prinzips aus der geringen Zahl seiner Befürworter gefolgert werden könnte.

Präferenzen: Definitheit, Überprüfbarkeit, Genese

Also: Was können ›Grundgüter‹, das erfüllte Wünsche nicht können?

An verschiedenen Stellen sagt Rawls, er führe ›Grundgüter‹ ein, um aus dem ›Urzustand‹ *überhaupt* »a definite result« zu bekommen.[75] Diese Aussage ist schwer zu verstehen. Sind die Parteien im ›Urzustand‹ Zweck-Mittel-rational (und sie sind es, s. TJ § 25), so wird sich ihre Wahl präferentiell charakterisieren lassen. Wo sich Utilitaristen wie Hare oder Harsanyi auf etwas dem ›Schleier der Unwissenheit‹ Vergleichbares beziehen (s. o., Abschn. 3.2-A), erfolgt solch eine Charakterisierung. Und Ihre Ergebnisse sind (s. u., Abschn. 3.6) für Rawls immerhin »definite« genug, um sie zu kritisieren.

Rawls könnte erklären, der Ausdruck »definite result« *bedeute* für ihn »Resultat, das nicht bloß präferentiell charakterisiert ist«. Doch die These, wir müßten von ›Grundgütern‹ reden, um zu einem »definite result« zu gelangen, *bedeutet* dann, daß wir von ›Grundgütern‹ reden müssen, um nicht von Präferenzen reden zu müssen. Sie führt dann keinen *Grund* dagegen an, von Präferenzen zu reden.

Ein anderer Einwand gegen präferentielle Prinzipien bringt die moralischen Kosten ihrer Anwendung aufs Tapet. Der Haken an Begriffen wie dem der Präferenzbefriedigung oder des Nutzens sei:

»We require a workable public interpersonal measure to identify it [...]. The difficulties with [...] utility on this count are substantial. Uncertainty is likely to increase disputes and mistrust for much the same reason that unclear and ambiguous principles do [...].«[76]

Rawls stört wohlgemerkt nicht, daß die Rede von Präferenzen oder von interpersonell vergleichbaren Präferenzstärken ein *begriffliches* Problem sein könnte[77]; ihn stört, daß sie schwer zu überprüfen ist. Erstens können jedoch viele Präferenzen und viele relative Präferenzstärken verläßlich diagnostiziert werden. Ob die verbleibenden Erkenntnisprobleme zahlreicher oder gravierender sind als die, die auf uns zukommen, wenn wir mit vielerlei Rechten und Freiheiten oder ›adäquaten Listen‹ solcher Dinge operieren, ist bestenfalls eine offene Frage. Rawlsens eigenes Kriterium ist ja selbst mit Liste der ›Grundgüter‹ nicht nur allgemein, sondern, was schwerer wiegt, vage. Wer es anläßlich einer konkreten die Gestaltung der Grundstruktur betreffenden Frage zu konsultieren versucht, verdient unser Mitgefühl. (Und Analoga der zahlreichen *Zusatz*-Schritte, die Rawls zur Klärung und Regelung des Konkreten in seiner Theorie vorsieht, müßte er auch dem Präferentialisten zugestehen.)

Zweitens muß es nicht verkehrt sein, verschiedene Prinzipien auf verschiedenen Ebenen zu haben, solange dies allen bekannt ist und niemand getäuscht wird. Wir können konsistenterweise einerseits Präferentialisten sein, wenn wir politische Philosophie betreiben und über Gerechtigkeit und Gesetze nachdenken, andererseits Gesetze verabschieden und anwenden, in denen von Präferenzen nicht oder selten die Rede ist.[78]

Drittens: Ein Einwand, der mit Anwendungsproblemen begründet wird, ist mit der Rawlsschen Öffentlichkeits-Bedingung nicht vereinbar. Er hat ja folgende Form: ›Der Diskussion zuliebe sei zugegeben, daß Prinzip X das Gute oder Richtige zutreffend charakterisiert. Nur wäre sein öffentlicher Gebrauch dem Guten oder Richtigen nicht förderlich.‹[79]

Bestimmt werden Verfechter der Öffentlichkeits-Bedingung den Menschen draußen im Lande auch diesen Einwand nicht verbergen wollen. Wird er nicht verborgen und weiß die Öffentlichkeit also, daß X das Gute oder Richtige zutreffend charakterisiert, wie können wir sie dann davon abhalten, ihr moralisches Denken *letztlich* auf X fußen zu lassen? Selbst ihre moralischen Faustregeln, die vielleicht (s.o., Abschn. 3.4-E) sinnvollerweise anders aussehen als X, werden sie dann im Lichte von X wählen.

Wir sollten uns, das ist die vierte und letzte Antwort auf das Verifikations-Argument, dem Problem der Überprüfung stellen. Wir sollten ›Grundgütern‹ nicht schon deswegen moralisches Gewicht zuschreiben, weil schwer feststellbar ist, was, in Orektogrammen ausgedrückt, bei einer Handlung oder einer Gesellschafts-Struktur herumkommt. Was würden wir von einem Wissenschaftler oder einem Gerichtshof sagen, die sich, wo die Wahrheitsfindung schwierig wäre, gleich an Gerüchte hielten? Sich auf einen Index von ›Grundgütern‹ zu verlassen ist willkürlich und unmoralisch, sofern nicht die begründete Hoffnung besteht, daß wir uns damit den besten orektischen Ergebnissen wenigstens annähern. Denn die haben moralisch das Sagen. Bei Anwendungen notfalls mutzumaßen, wie einem Prinzip am besten gedient ist, ist eines. Das Prinzip durch Mutmaßungen zu ersetzen ist etwas anderes.

Entsprechendes gilt für Rawlsens Kritik, daß für den Präferentialismus vieles nur unter bestimmten Umständen wichtig sei, diese Umstände aber nicht immer gegeben seien; vielleicht könne die Lehre nicht schützen, was sie schützen sollte.[80] Die Bemerkung setzt den Anti-Präferentialismus voraus, sie rechtfertigt ihn nicht. Der Präferentialist wird bestreiten, daß besagte ›wichtige‹ Dinge für sich genommen wichtig seien, und entgegnen, daß die Annahme ihrer unbedingten, orektisch nicht gestützten Wichtigkeit ein Fehler, zumindest ein Rätsel in der Rawlsschen Theorie sei. Rawls-Gerechtigkeit schützt, was zu schützen sich nicht lohnt, und setzt aufs Spiel, was geschützt werden sollte.

Dem Präferentialismus wurde des weiteren vorgehalten, bestimmte Hintergrundbedingungen könnten Präferenzen zu einer untauglichen Richtschnur machen.[81] Ist dein Wunsch, ein Haus zu besitzen, schwach oder gar nicht vorhanden, mag das an Bedingungen liegen, die selbst schon von Übel sind. Sagen wir, bittere Armut hat deinen Wunsch nach Hausbesitz nicht etwa frustriert, sondern bereits seine Entstehung verhindert oder ihn bald nach der Entstehung wieder erstickt. Jetzt wohnst Du noch immer in einem dreckigen Hinterhof, während ein reicher Hausbesitzer eine schwache Präferenz für ein weiteres Haus hat. Sollten wir in diesem Fall das Haus wirklich, wie es die Präferenz-Gerechtigkeit zu implizieren scheint, dem Reichen statt dir geben? Weil er die Präferenz hat und du nicht? (Man erinnere sich an den verwandten Punkt, daß auch Vereinbarungen – genau wie Präferenzen? – nur zählen, wenn sie vor einem fairen Hintergrund zustande gekommen sind; daß etwa ein Vertrag dich nicht bindet, wenn du nur durch deine Unterschrift dem Hungertod entgehen konntest.)

Doch das kontraintuitive Urteil, daß der Reiche das Haus bekommen soll, verschwindet, wenn wir mit Kant Präferenzen für hedonisches Wohlsein voraussetzen, für »Glück«, wie wir im folgenden der Kürze halber sagen werden. Viele Theorien praktischer Vernunft machen diese Voraussetzung, auch die Präferenz-Gerechtigkeit, wie sie in dieser Untersuchung verstanden wird.[82] Präferentialisten unterscheiden also deinen Wunsch, ein Haus zu besitzen, von deinem Wunsch, glücklich zu sein, und dementsprechend Pflichten, dir ein Haus zu geben, von Pflichten, dich glücklich zu machen. Die Immobilien-Vergabe stellt sich dann so dar:

Es gibt, da du nach Voraussetzung glücklich sein willst, präferentialistische Gründe, dich glücklich zu machen. Gesetzt den (exotischen) Fall, dir das Haus zu geben würde dich weder glücklicher machen noch einen anderen Wunsch erfüllen: *Dann* gäbe es in der Tat keinen moralischen Grund, dir das Haus zu geben. (Wer möchte das bestreiten?) Falls es dich hingegen glücklicher macht oder einen anderen Wunsch erfüllt, so gibt es einen moralischen Grund, dir das Haus zu geben. Nichts von all dem ist kontraintuitiv.

Da es beim vorliegenden Fall um die Absenz eines Wunsches geht, sei der Vollständigkeit halber erwähnt, daß auch Präferentialisten eine Meinung dazu haben, welche Präferenzen es geben sollte und welche nicht, mehr dazu gegen Ende dieses Abschnitts. Außerdem zählen auch implizite Präferenzen: Wenn deine Armut dich daran hindert, dir *vorzustellen*, du besäßest ein Haus, dann folgt daraus nicht, daß du es in einem präferentialistisch relevanten Sinne nicht besitzen willst. Schließlich sei daran erinnert, daß wir uns an intrinsischen Wünschen orientieren und doxastisch verseuchte vor der Tür bleiben: Wünschst du das Haus nur in dem Sinne von »wünschen« nicht, in dem ein Wünschen ein Für-erreichbar-Halten impliziert, dann folgt auch daraus nicht, daß du es *im präferentialistischen Sinn* von »wünschen« nicht wünschst. Führt man sich all dies vor Augen, einschließlich des allemal vorhandenen Wunsches nach Wohlbefinden, so ist ganz allgemein die These zweifelhaft, »needs« (in irgendeinem moralisch relevanten Sinn dieses Wortes) seien »different from desires, wishes, and likings«.[83]

Kostspielige Präferenzen

Rawls erwähnt häufig »expensive tastes« als ein Problem, mit dem Präferentialisten nicht fertig würden. Das Wort »taste« ist in diesem Zusammenhang etwas tendentiös; es suggeriert bereits, daß die Propensitäten, um die es geht, entweder keine echten Wünsche sind (aber dann würde der Präferentialist sie ohnehin ignorieren, und Rawlsens Vorwurf wäre dahin) oder Wünsche sind, die es zu ignorieren gilt (was aber von Rawls als moralische These gedacht war und also nicht schon aus dem Wort »taste« folgen sollte).

Von der Wortwahl zu Rawlsens Beispielen: Möglicherweise hat jemand »a strong desire to study quasars with powerful radio telescopes«, »going on pilgrimages to distant places or building magnificent cathedrals or temples« erscheint ihm wichtig, oder er wäre »distraught without expensive wines and exotic dishes«.[84] Präferentialisten sind, so scheint Rawls anzunehmen, darauf festgelegt, diese Wünsche zu erfüllen – obwohl das so aufwendig wäre. Würden wir statt dessen mit einer Liste von ›Grundgütern‹ hantieren, dann könnten wir Teleskope, Petersdom und Chablis einfach von der Liste lassen und dadurch die Gerechtigkeit gegen bestimmte Ansprüche von Astronomen, Klerikern und Weinkennern immunisieren.

In der Tat, die Vorstellung, ausgemergelte Dorfbewohner würden gezwungen, für ihren Potentaten ein Schloß oder ein Teleskop zu bauen, ist abstoßend. Doch das sagt selbst der Utilitarismus, ganz zu schweigen von solchen präferentialistischen Ethiken, die einen Mindestnutzen oder andere Gleichheitserwägungen in den Vordergrund stellen.[85] Denn die einschlägigen Präferenzen der Dorfbewohner und ihrer hungernden Kinder sind zahlreich und heftig; gerade das *macht* das Szenario von der Zwangsarbeit so abstoßend, und gerade deswegen sind Präferentialisten nicht auf eine empörende Behandlung kostspieliger Präferenzen festgelegt. Im übrigen gibt es ein vielleicht nicht lupenreines, aber hinreichend brauchbares Verfahren zur Klärung der Frage, ob eines

Leibeigenen Überlebenswille stärker ist als des Potentaten Wunsch nach einem Teleskop: Man untersuche, ob der Potentat selbst lieber *ohne Teleskop überleben* oder *mit Teleskop verhungern* würde.[86]

Präferentialisten »require society to skew the allocation of resources in an extreme way in favor of the person interested in quasars«[87] – stimmt das? Ja und nein. In einem Science-fiction-Szenario, in dem Nichtastronomen nichts dagegen haben, ihr Geld und ihre Zeit zur Verfügung zu stellen, ist es geboten und unanstößig, diese Ressourcen zugunsten derjenigen einzusetzen, die andernfalls etwas vermissen würden. Im wirklichen Leben hegen Nichtastronomen aber eigene Wünsche und hängen an ihrem Geld und ihrer Zeit; der Präferentialist entschiede also wie Rawls, daß sie nicht enteignet und zwangsverpflichtet werden sollten. Daß alle Präferenzen zählen, kostspielige eingeschlossen, bedeutet nicht, daß kostspielige Präferenzen nach dem Zählen das Rennen machen. Der Zusatz »kostspielig« heißt gerade, daß ihre Gewinn-Chancen gering sind; für den Präferentialisten bedeutet er, daß in der anderen Waagschale viel konkurrierendes Wollen liegt.

Rawls befürchtet, die Berücksichtigung kostspieliger Präferenzen sei »socially divisive«, nahezu »a receipt for [...] civil strife«.[88] Doch siehe oben: Solche Präferenzen so zu berücksichtigen, wie es der Präferentialist täte, empört und belastet nicht sonderlich. Wo also ist der *nennenswerte* Anlaß für soziale Unruhen? Wann immer die Gerechtigkeit sagt (wie sie es manchmal sagen *muß*), daß der eine etwas auf Kosten des andern bekommen soll, wird Unmut in der Luft liegen. Der Vorwurf müßte somit auf einen besonders starken Anlaß verweisen, stärker noch als die teils heftigen Umverteilungen, für die auch Rawls plädiert. Und selbst dann bliebe das Rawlssche Argument unvollständig, solange es nicht die moralischen Kosten auch der Konflikt*vermeidung* in Ansatz bringt. Eine Theorie der Gerechtigkeit sollte sich nicht in Stabilitäts-Tips erschöpfen. Ruhe ist nicht immer erste Bürgerpflicht, und wir müssen die durch Unruhen frustrierten Wünsche gegen die nur zum Preis der Unruhen erfüllbaren abwägen.[89]

Ferner sieht Rawls die Gefahr, daß manch einer schwindeln und kostspielige Präferenzen vortäuschen würde, die er nicht hat.[90] Das Täuschungsproblem ist jedoch ein Spezialfall des Überprüfbarkeitsproblems, und letzteres haben wir bereits diskutiert. Überprüfung ist nicht unmöglich, und wir müssen sie vornehmen, so gut wir können. Schwierig ist sie auch bei anderen Gütern. Geld zum Beispiel ist nicht schwerer zu verstecken als Präferenzbefriedigung.

Die Leute würden, so Rawls, selbst wenn sie nicht *betrögen*,

»*develop* [...] costly conceptions of the good in order to shift the distribution of the means of satisfaction in their direction, if only to protect themselves against exorbitant claims of others.«[91]

Doch wie gesagt: Das Zählen kostspieliger Wünsche führt nicht zu exorbitanten Ansprüchen. Es führt zu Ansprüchen, wohin jede Vorstellung von Gerechtigkeit, auch die Rawlssche, führt. Und kostspielige Wünsche zu *entwickeln, um* die Mittel zu ihrer Erfüllung zu bekommen, wäre die reinste Dummheit – als wenn jemand einen Kredit *allein* zu dem Zweck aufnähme, ihn zurückzuzahlen.[92] Auf die Art ist nichts zu gewinnen.

Nach Rawlsens Beispielen zu urteilen, lassen sich kostspielige Präferenzen durch eine oder mehrere der folgenden Eigenschaften charakterisieren: Sie sind (i) stark, (ii) ausgefallen oder (iii) so beschaffen, daß zu ihrer Befriedigung andere Menschen auf die Befriedigung vieler ihrer Präferenzen (oder auf viele ihrer ›Grundgüter‹) verzichten müßten. Ad (i): Ist eine Präferenz stark, so ist das kaum ein Grund dafür, sie zu übergehen. Ad (ii): Dasselbe gilt für exotische Präferenzen. Will Liesbeth wirklich Spinat mit Erdbeeren essen, dann ist es pro tanto geboten, ihr diesen Wunsch zu erfüllen, unabhängig davon, ob je ein anderer ähnliches zu verzehren wünscht. Ad (iii): Wie könnte der Konflikt mit einer anderen Präferenz dagegen sprechen, alle betroffenen Präferenzen zu *berücksichtigen*? Gerechtigkeits-Probleme entstehen, wenn nicht jeder alles bekommen kann, und eine Theorie der Gerechtigkeit, nach der es nichts abzuwägen gäbe, wäre keine. Wie der Blick auf Eigenschaften (i) bis (iii) zeigt, ist der Ausschluß kostspieliger Präferenzen nicht zu rechtfertigen.

Ist nicht umgekehrt eher Rawlsens Gerechtigkeits-Kriterium in einigen der Hinsichten inadäquat, die er gegen die Berücksichtigung kostspieliger Präferenzen anführt? Etwa bei der lexikographischen Priorität seines Prinzips 1 gegenüber Prinzip 2: Hier werden manche Präferenzen bedient (die von Prinzip 1 protegierten), *egal, wie kostspielig sie sind* (will sagen: egal, wie viele und starke andere Präferenzen dafür frustriert werden müßten). Ähnliches gilt von Prinzip 2.b: Für die kleinste Verbesserung der Situation der Schlechtestgestellten wird jede Frustration, gleich welchen Ausmaßes, von bestimmten Präferenzen anderer Menschen als fairer Preis angesehen.[93] (Klingt uns nicht noch Rawlsens Vorwurf im Ohr, die Berücksichtigung kostspieliger Präferenzen sei »socially divisive«, ein »receipt for [...] civil strife«, und führe zu »exorbitant claims«?) Der Hinweis, Rawls rede in diesem Zusammenhang von Rechten und dergleichem statt von Präferenzen, hülfe hier überhaupt nicht: Das macht die Sache eher schlimmer. Tatsache ist, daß in der Rawlsschen Moral manche Bedürfnisse, Rechte, Präferenzen o. ä. einen Kotau vor manchen anderen vollziehen müssen. »Kotau« ist das richtige Wort, da wir von lexikographischen Prioritäten reden: von Vorfahrt, *egal, wieviel* dagegen spricht.

Präferenz-Änderungen

Präferentialisten sähen nicht, so ein weiterer von Rawlsens Vorwürfen, daß Menschen ihre Präferenzen ändern können und dies von ihnen verlangt werden kann.[94] (Eine Anklage, die sich bei ihm erstaunlicherweise mit derjenigen abwechselt, der Utilitarismus fordere uns auf, unsere Präferenzen dauernd zu ändern – s. u., Abschnitt 3.6.) Der Vorwurf ist jedoch unbegründet. Erfordern es die besten realisierbaren Orektogramme, daß Präferenzen geändert werden, dann ist es auch präferentialistisch geboten, darauf hinzuwirken. Insbesondere sind Mengen ko-erfüllbarer Wünsche anzustreben, denn je mehr Ko-Erfüllbarkeit es tatsächlich gibt, desto weniger Frustration muß es geben. Der Präferentialist ist also für Präferenz-Änderungen; aber nur für solche, für die es einen präferentialistischen Grund gibt.

Die Machbarkeits-Bedingung sollte dabei nicht außer acht gelassen werden. Es ist nicht immer möglich, die eigenen Wünsche kraft Entscheidung zu ändern. Es reicht nicht zu sagen, wir könnten die Präferenz-Änderungen verlangen, weil die Wähler im ›Urzustand‹ Revidierbarkeit wollten und *also* sichern würden.[95] Das »also« ist fehlschlüssig, denn wie feste die Wähler auch wollen, Unmögliches können sie nicht herbeiwählen. Von jeder Präferenz, deren Änderung Rawls fordert, müßte er zeigen, daß sie änderbar *ist*. Da bei ihm das Lob der Änderbarkeit etwas mit Autonomie zu tun hat,[96] wird ihm auch nicht jede Form von Änderung ausreichen, man denke an Drogen oder Gehirnwäschen. Somit müßte gezeigt werden, daß die Änderung autonom herbeigeführt werden kann (im von Rawls intendierten Sinne von »autonom«; genau welcher das sein mag, ist an dieser Stelle nicht wichtig). Nun ist aber in vielen Fällen, in denen man etwas will, alles andere als klar, daß man *autonom* damit aufhören kann, es zu wollen. Kann man es, wird man es dann auch wollen? Wir erinnern uns, daß Rawls gegen *andere* Gerechtigkeits-Kriterien die »strains of commitment« bemüht: Die Urzuständler wählen kein Prinzip, von dem sie glauben, es könnte später so viel von ihnen verlangen, daß sie es nicht einhalten würden.[97] Aber geben nicht auch Präferenz-Änderungen des von Rawls verlangten Ausmaßes einen harten »strain« ab?

Noch etwas ist zu beachten: Wer immer die Revision bestehender Präferenzen verlangt, muß angeben, welcher der konfligierenden Parteien er eine Änderung abverlangen will und warum es gerade diese Partei ist. Gesetzt den Fall, der Papst will, daß ich einen Handstand mache, mir ist nicht danach zumute, und er so gut wie ich könnte die eigene Präferenz ändern. Von wem sollte die Moral nun ein Nachgeben erwarten? Wer ist das Opfer, wer der Schuldige, wenn änderbare Präferenzen aufeinanderprallen?

Die Behauptung, der Fall ließe sich durch den Index der ›Grundgüter‹ entscheiden, übergäbe den Schwarzen Peter an dessen Rechtfertigung. Von dort kann er durch einen ›Urzustand‹ o. ä. einer individuellen rationalen Wahl zugeschoben werden. Spätestens dann müssen wir uns aber auf die tatsächlichen Präferenzen der Beteiligten beziehen, da Aussagen darüber, ob ein Leben mit Handständen (oder mit Handstand-Präferenzen) einem ohne vorzuziehen sei, nicht Axiome der rationalen Entscheidungstheorie sind. (Diesen ›Mangel‹ könnte man dadurch beheben, daß man einfach den Wählern im ›Urzustand‹ starke einschlägige Präferenzen zuschreibt, doch das wäre kein Argument, sondern bereits ein moralisches Verdikt.) Präferentialisten haben ein vernünftiges Procedere anzubieten. Sie nehmen sich die aus jeder machbaren Präferenz-Änderung resultierenden Orektogramme vor und schauen nach, welches das beste ist. Aufgrund des Toleranz- und Neutralitäts-Gebots, Artikel 3 ihres Credos, geschieht dies ohne Ansehen der Wunsch*inhalte*.

Weder Rawlsens ›Grundgüter‹ (Thema des vorhergehenden Abschnitts 3.4) noch seine Argumente gegen Präferenzen (Thema des vorliegenden Abschnitts 3.5) überzeugen. Es ist nicht gerecht, einer Person, die nichts essen will, und einer anderen, die gerne überleben würde, dazu aber zwei Laibe Brot braucht, jeweils einen Laib zu geben. Analoges gilt für weniger dramatische Fälle. Mittel empfangen ihr Leben aus Zwecken. Dinge *werden* erst zu Gütern, insofern sie präferiert werden oder Präferiertem zuträglich sind. Falls wir das übersehen und ›Güter‹ an den Anfang stellen, geraten wir in Schwierigkeiten. Stellen wir hingegen Präferenzen an den Anfang und müssen sich Güter durch sie ausweisen, so erhalten wir eine einheitliche Geschichte: die Suche nach den besten realisierbaren Orektogrammen. In dieser Geschichte sind Güter diejenigen Dinge, die präferiert werden, und Änderungen von Präferenzen werden angemahnt, wenn sie gut und machbar sind.

3.6 Utilitarismus

Der Utilitarismus ist eine so prominente Spielart von Präferenz-Gerechtigkeit, daß auch untersucht werden soll, wie sich Rawlssche ›Gerechtigkeit als Fairneß‹ speziell zu ihm verhält. Explizit erwähnen die Rawlsschen Gerechtigkeits-Prinzipien weder Nutzen noch Maximierung. Doch »[w]e may hope«, so Rawls,

> »[that] there are ways of construing or revising utilitarian doctrine so that it can support a conception of justice appropriate for a constitutional regime, even if it can do so only indirectly [...] as a means to the greatest welfare.«

Was hier gehofft wird, erscheint zunächst nicht ausgeschlossen, selbst dann nicht, wenn wir so tun, als sei mit einer »appropriate« Gerechtigkeits-Konzeption eine Rawlssche gemeint. Denn angenommen, wir wollten unter realistischen Bedingungen konstitutionelle Demokratien so einrichten, daß der Nutzen maximiert wird – ist es nicht denkbar, daß dabei Rawls-gerechte Grundstrukturen herauskämen?[98]

Gedankenexperimente?

Manche Leute halten das für unmöglich. Sie versuchen Beispiele anzuführen, in denen ein Utilitarist Sklaverei oder ähnliche Übel billigen müßte. Ein Sklave genießt nicht die Grundfreiheiten, die er Rawls zufolge genießen sollte, und so meinen sie, den Utilitarismus mit der Rawlsschen Doktrin in Konflikt gebracht zu haben.

Wären die Fälle realistisch *und* legten den Utilitarismus auf die Billigung von Sklaverei fest, würden Rawls-Gerechtigkeit und Utilitarismus hier tatsächlich aufeinanderprallen. (Wer dabei recht hätte, braucht uns im Moment nicht zu beschäftigen.) Bislang hat jedoch niemand ein Beispiel mit *beiden* dieser Merkmale vorgelegt.[99] Sind die Fälle nicht realistisch, so hat Rawls-Gerechtigkeit zu ihnen nichts zu sagen, sie will ja auf exotische Fälle nicht anwendbar sein. Wir haben es dann mit Gedankenexperimenten zu tun, die vielleicht auf eine unglückliche Konsequenz des Utilitarismus hinweisen, auf eine Konsequenz aber, die von der Rawlsschen Theorie – der selbstgewählten Grenzen ihrer Zuständigkeit zufolge – gar nicht angefochten wird.

Auf Rawlsens eigene Haltung zum Utilitarismus treffen ähnliche Bemerkungen zu. Wir finden:

(i) Vorwürfe des Inhalts, daß im Utilitarismus einige willkommene Ergebnisse zu stark von Tatsachenannahmen abhängen;
(ii) die Hoffnung, daß Utilitaristen Rawls-Gerechtigkeit unterstützen können;
(iii) die Bekundung, daß Rawls-Gerechtigkeit nur auf realistische Situationen anwendbar ist, und demgemäß eine großzügige Verwendung empirischer Annahmen in der Rawlsschen Theorie.[100]

Hier stellen sich zwei Probleme. Erstens passen (i) und (ii) schlecht zusammen. Entweder gibt es Situationen, in denen beide Lehren konfligieren. Dann muß (ii) gestrichen werden. Oder es gibt keine. Dann verliert (i) seine Kraft.

Zweitens verträgt sich (i) nicht recht mit (iii). In welcher Hinsicht vergleichen wir die Theorien? In Hinsicht auf alle denkbaren Situationen? Dann ist (iii) problematisch, und Rawls-Gerechtigkeit schuldet uns noch ihr Verdikt über eine große Klasse von Situationen. Oder nur in Hinsicht auf realistische Situationen? Dann ist (i) unfair, weil dort über die Grundlage des Vergleichs hinausgegangen wird: Rawls würde eine konkurrierende Theorie in Punkten kritisieren, zu denen seine eigene nichts sagt. Das wäre Neutralität und Nichtneutralität in derselben Angelegenheit, eine Inkonsistenz, die auch nicht durch Rawlsens Wunsch, in einigen Angelegenheiten neutral zu bleiben, gerechtfertigt werden könnte. Rawls muß sich entscheiden: Entweder dürfen beide Theorien Tatsachen anführen oder beide nicht; die Regel wird kaum lauten, daß Rawls es darf und der Utilitarist nicht.

Wer (i) *und* (iii) vertreten möchte, müßte mindestens eine Situation angeben, auf die beide Theorien anwendbar sind und bezüglich deren Rawls-Gerechtigkeit und Utilitarismus konfligierende Gebote implizieren. Gibt es so etwas? Bekanntlich erlauben es dem Utilitaristen »general facts about human society« – und das ist (TJ § 24) Rawlsens Formulierung für die Tatsachen, die *seine* Theorie nutzt! –, viele kontraintuitive Urteile zu vermeiden.[101] Solange keine Situation vorgelegt worden ist, über die Rawls und der Utilitarist uneins sind, müssen wir vermuten, daß (i) und (iii) zweierlei Maß anlegen; und sobald eine vorgelegt worden wäre, müßte (ii) aufgegeben werden.

Eine Komponente aus der dissonanten Dreier-Gruppe zurückzuziehen wäre ein schwerer Schlag für das Rawlssche Projekt. Der Verlust von (i) würde den Verlust eines wichtigen Arguments für Rawls-Gerechtigkeit und gegen den Utilitarismus bedeuten. Mit dem Verlust von (ii) schwände die Hoffnung auf Konsens, denn obwohl seine Popularität schwankt, ist ein Ende des Utilitarismus nicht abzusehen.[102] Der Verlust von (iii) würde den gesamten Charakter von Rawlsens Theorie ändern, ihr derzeitiger Korpus wäre nur ein Bruchteil dessen, was er sein müßte.

Reprogrammierung, Überbevölkerung, Minderheiten

Wenden wir uns weiteren Einwänden gegen den Utilitarismus zu. Rawls hält ihm vor, er zwinge die Bürger zur ›Reprogrammierung‹ ihrer selbst. Er verlange von ihnen, »to adjust and revise their final ends and desires, and to modify their traits of character and to reshape their realised abilities«. Utilitaristen sähen in Menschen »passive carriers of desires«, »bare persons«, die im Interesse der Maximierung von Präferenzbefriedigung bereit sein müßten, »[to] consider any new convictions and aims«, wann immer dies von ihrer Gerechtigkeits-Vorstellung verlangt werde. Diese Tatsachen, so heißt es, »suffice to illustrate the contrast between utilitarianism and justice as fairness«[103].

Welchen Kontrast? Wir erinnern uns (s. Abschnitt 3.5-E), daß Rawls selber die Änderung von Präferenzen anmahnt. Er führt beispielsweise die Revidierbarkeit von Präferenzen gegen den Vorwurf ins Feld, seine ›Grundgüter‹ könnten sich von Desiderata unterscheiden und damit moralisch irrelevant oder verzerrend sein. Rawls-Gerechtigkeit »relies on a capacity to assume responsibility for our ends« und verpflichtet

»citizens to stand apart from conceptions of the good and to survey and assess their various final ends; [...] this must be done whenever these ends conflict with the principles of justice, for in that case they must be revised.«[104]

Quod licet Rawls non licet Sidgwick? Zwar sagt Rawls, daß bei ihm einige Präferenzen dem Schwert der Gerechtigkeit entgehen sollen.[105] Doch ergibt dieser Dispens keinen bemerkenswerten Unterschied zwischen seiner Theorie und dem Utilitarismus. Erstens können auch bei Rawls zahlreiche und tiefe und starke Präferenzen der Revisionspflicht unterliegen. (Darunter etwa der sehnliche Wunsch der Mutter, ihrem Sohn, dem Dieb, möge das Gefängnis erspart bleiben.) Denn von solchen Präferenzen gilt unter bestimmten realistischen Umständen, daß sie nur unter Verletzung der Rawls-Gerechtigkeit erfüllbar sind. Zweitens bekräftigt die *Form* des Rawlsschen Dispenses (siehe neben dem vorstehenden Zitat auch sein Ideal »zulässiger Konzeptionen des Guten« und das Prinzip »justice draws the limit«) das utilitaristische *tu quoque*[106]: Rawls sagt, die Menschen sollten nur diejenigen revidierbaren Wünsche revidieren, deren Erfüllung mit der Gerechtigkeit konfligieren würde. Aber genau das glaubt der Utilitarist auch. Die Frage ist nur, was Gerechtigkeit ist.

Es sollte kurz auf zwei Aspekte des Nutzenbegriffs hingewiesen werden, die für eine utilitaristische Annäherung an den Common sense, aber auch an die Rawls-Gerechtigkeit, wichtig sein könnten. Der erste Aspekt betrifft »different people choices«, das heißt Entscheidungen, die Auswirkungen darauf haben, welche oder wie viele Menschen je existieren. Rawls selbst schenkt solchen Entscheidungen in der Auseinandersetzung mit dem »total utilitarianism«, also dem an der Maximierung des Gesamt-, nicht des Durchschnittsnutzens orientierten Utilitarismus, große Beachtung.

Es ist sinnvoll, Präferenzbefriedigung, in der moralisch relevanten Bedeutung des Wortes, als verhinderte Präferenzfrustration zu verstehen. Präferenzbefriedigung zu maximieren bedeutet dann, Präferenzfrustration zu minimieren. Das Gebot der Maximierung des Gesamtnutzens würde in dieser Lesart für alle natürlichen Zahlen *m* und *n* mit $m > n$ sagen, daß eine Welt mit *n* glücklichen Bewohnern besser ist als eine mit *m* weniger glücklichen. Rawls hat recht, wenn er manche moralischen Urteile verwirft, die dem widersprechen; zum Beispiel das Urteil, das in der Literatur als »Repugnant Conclusion« bekannt ist: Eine Welt mit vielen Bewohnern, die alle ein gerade noch lebenswertes Leben führen, könne besser sein als eine mit weniger Bewohnern, die allesamt weit glücklicher sind. Aber Rawls irrt, wenn er glaubt, dem »total utilitarianism« diese Urteile unterstellen zu dürfen: Wie gesagt, sie folgen nicht aus ihm. Das ist eine von mehreren möglichen Antworten auf das einzige wesentliche Argument, das Rawlsens *A Theory of Justice* speziell gegen den »total utilitarianism« vorbringt.[107]

Zum zweiten Aspekt des Nutzenbegriffs. Angeblich vertritt der Utilitarismus die These, jeder Nutzen (egal, wie groß) könne stets durch eine Summe von kleinen Nutzen (egal, wie klein) aufgewogen werden; es gebe immer eine Zahl *n*, für die gelte: könnte einem jeden von *n* Menschen aus irgendeinem Grund nur dadurch ein kleiner Zugewinn an Glück bereitet werden, daß eine Handvoll anderer Schreckliches erleidet, dann sollten die letztgenannten leiden, denn so werde der Gesamtnutzen vergrößert. Solche Kompensationen sind die dramatischsten Beispiele – und vielleicht die einzigen, die zumindest prima facie überzeugen – für das angebliche Versäumnis des Utilitarismus, »to take seriously the distinction between persons«[108].

Doch das Greuel-Urteil folgt nicht aus dem Utilitarismus, sondern aus der Verbindung des Utilitarismus mit einem inadäquaten Nutzenbegriff. Wird ein sogenannter nichtarchimedischer Nutzenbegriff zugrunde gelegt, impliziert der Utilitarismus nicht die Entscheidungen gegen Minderheiten, die zu fällen man ihm oft vorhält. Ein solcher Utilitarismus vermeidet zugleich die schlimmsten Folgen des Leximin-Prinzips (d. h. ungefähr: des Gebots, dem Wohl der Schlechtestgestellten Vorrang zu geben): Er wertet nicht jede winzige Verbesserung für die Ärmsten höher als selbst den sehr großen Nutzen anderer.[109] Ist Präferenzbefriedigung verhinderte Präferenzfrustration (s. o.) und ist Nutzen nichtarchimedisch, dann ist wichtiger materialethischer Zündstoff aus dem Weg.

Schließlich eine strukturellere Bemerkung: Rawls verwirft den Utilitarismus nicht als die falsche Moral simpliciter; nur die richtige *politische* Moral könne er nicht sein. Rawls erwartet von einem normativen System die Erfüllung wesentlicher Zusatzbedingungen, bevor er es »political« nennt, darunter vor allem die überraschende Bedingung, es *müsse* bei den meisten Bürgern Unterstützung finden, wenn es adäquat sein wolle. (Die Bedingung ist nicht mit der plausiblen These zu verwechseln, es sei *ceteris paribus* gut, wenn die politische Moral auf breite Zustimmung trifft.) Durch Rawlsens in ihrer Absolutheit ungewöhnliche Forderung reduzieren sich die meisten seiner Argumente ›wider‹ den Utilitarismus auf die Behauptung, es sei unwahrscheinlich, daß der Utilitarismus in großem Umfang Unterstützung finden werde.[110] Daher sollten sich nur solche Nichtutilitaristen auf Rawls berufen, die ihre Sache auf moralische Plebiszite gründen wollen. Das aber sollte, wie in Abschnitt 3.1 ausgeführt, niemand.

Rawlsens Behandlung des Utilitarismus weist, soviel dürfte deutlich geworden sein, ernste Defizite auf. Sie umfaßt Teile, die nicht zueinander oder zum Rest der Rawlsschen Lehre passen, einige angebliche Differenzen zum Beispiel sind gar keine. Zudem sei daran erinnert, daß Rawls-Gerechtigkeit, falls sie nichtutilitaristisch ist, deshalb noch nicht anti-utilitaristisch ist, siehe auch das Zitat zu Beginn dieses Abschnitts. Wäre sie anti-*utilitaristisch*, so wäre sie deshalb noch nicht anti-*präferentialistisch*: Angenommen, jemand »rejects the idea of comparing *and maximising* satisfaction in questions of justice«. Dann muß er noch die gleiche Option *ohne* »maximising« bedenken, bevor er Vergleich und Verteilung von Präferenzbefriedigung als erledigt betrachten darf.[111] Und während Zweifel am *Utilitarismus* zumindest verständlich sind, ist es weitaus schwieriger zu sehen, warum und wie sich eine adäquate Moral vom *Präferentialismus* verabschieden sollte.

3.7 ›Moralische Personalität‹

Noch in der Blüte ihrer Jahre hat Rawlsens Theorie ein in mancher Hinsicht neues Fundament bekommen: ein Ideal der sogenannten moralischen Person, dem die Parteien des ›Urzustandes‹ nun gehorchen. Rawls schreibt:

»we take moral persons to be characterized by two moral powers and by two corresponding highest-order interests in realizing and exercising these powers. The first power is the capacity for an effective sense of justice, that is, the capacity to understand, to apply and to act from (and not merely in accordance with) the principles of justice. The second moral power is the capacity to form, to revise, and rationally to pursue a conception of the good. *Corresponding to the moral powers, moral persons are said to be moved by two highest-order interests to realize and exercise these powers.* [...] [T]he parties [des ›Urzustandes‹] are simply trying to guarantee and to advance the requisite conditions for exercising the powers that characterize them as moral persons.«[112]

Das Richtige, wir erinnern uns, wird von Rawls als das charakterisiert, was im ›Urzustand‹ gewählt würde. Daß die Parteien des ›Urzustandes‹ etwas *wollen*, bedeutet also letztlich, daß es der Fall sein *soll*. Und die heutige Definition des ›Urzustandes‹ stipuliert, siehe vorstehendes Zitat, *was* sie vorrangig wollen: ihre beiden ›moralischen Vermögen‹ pflegen. Daraus folgt: Menschen *sollen* vorrangig ihre ›moralischen Vermögen‹ pflegen. Das ist eine (und vielleicht die) grundlegende Prämisse der Rawlsschen Ethik, wie sie sich heute darstellt.[113]

Materialethische Bedenken: Intentionalismus und Revisionismus

Wenden wir uns zunächst zwei großen materialethischen Problemen dieses Ideals zu. Da ›moralische Personen‹ die Gerechtigkeits-Prinzipien zu verstehen und »*from* (and not merely in accordance with)« ihnen zu handeln wünschen, gilt (siehe die Wollens-Sollens-Bemerkungen des vorigen Absatzes): Leute *sollen* die Gerechtigkeits-Prinzipien verstehen und nicht bloß gerecht, sondern *aus* Gerechtigkeit handeln. Mit anderen Worten: John Rawls ist Intentionalist. Ob Menschen richtig denken, ist für ihn von moralischer Bedeutung.

Nur wieso? *Ceteris paribus* könnten sie sich, statt moralisch zu denken, ebensogut dem traditionellen Mutterbild annähern: viel Wärme, wenig Theorie; oder »wie die Kinder« werden, wie »die Vögel unter dem Himmel« oder »die Lilien auf dem Felde«, um nur ein paar prominente Vorschläge zu nennen.[114] Rawls ist auf die überraschende Behauptung festgelegt, es sei wichtig, daß Sankt Martin nicht nur den Mantel teilt, sondern dies auch noch begründen kann. Aber ist es letztlich nicht egal, *warum* er ihn teilt? Hauptsache, der Bettler friert nicht. Das Gute zu verstehen und anzustreben ist gut, insofern dies dem Guten *dient*, und das heißt: dem Versteher, Anstreber oder anderen Spaß macht oder, mehr oder weniger direkt, nützt. Was moralisch zählt, ist das Ergebnis, nicht das Motiv.

Was es zur Folge hätte, wenn Rawls tatsächlich der Pflege des Gerechtigkeitssinnes nicht nur Wert, sondern höchsten Wert beimäße, verdeutlicht das folgende Gedankenexperiment: Wir stellen uns vor, wir hätten zwischen zwei Welten zu wählen; in der einen leben nur kreuzunglückliche Menschen, die ihren Gerechtigkeitssinn pflegen (zumindest, soweit er die Grundstruktur betrifft), in der anderen umgekehrt nur glückliche, die es nicht tun. Rawls müßte, im Gegensatz zum Präferentialisten, die Welt der Kreuzunglücklichen vorziehen; sie (resp. ein sie favorisierendes Gerechtigkeits-Kriterium) ist es, die (resp. das) die Parteien seines ›Urzustandes‹, hätten sie wirklich ein höchstes Interesse an der Pflege des Gerechtigkeits*sinnes*, wählen würden!

Nun spricht zwar einiges gegen die Interpretation, nach der Rawls der Pflege des Gerechtigkeitssinnes *höchsten* Wert beimißt: Noch gibt es ja, siehe die Definition zu Beginn des vorliegenden Abschnitts 3.7, ein großes Interesse der ›moralischen Personen‹ am zweiten ihrer ›moralischen Vermögen‹ – mehr zu dieser Konkurrenz später. Aber er mißt ihm ohne Zweifel *sehr* hohen Wert bei[115], und damit bleibt das Gedankenexperiment im wesentlichen in Kraft: Rawls wäre bereit, für den Intentionalismus große Mengen von Unglück in Kauf zu nehmen.

Aus ähnlichen Gründen beunruhigt es, daß Rawls bei seinen Überlegungen stets Prachtexemplare der Spezies Homo sapiens vor Augen hat: gesund, langlebig, einsichtig und moralisch interessiert. Sie sind nach seiner Auffassung der paradigmatische Gegenstand politischer Moral[116]; zunächst brauchen wir eine Theorie, die *ihnen* gerecht wird; dann erst werden die Interessen von Behinderten, Eichhörnchen, Kriminellen und Kurzlebigen berücksichtigt.

Aber kann Rawls das gebotene Maß an Rücksicht nachholen? Der Vorrang der ›moralischen Personalität‹ deutet darauf hin, daß nicht. Schließlich ist das Leid eines geistig Behinderten oder auch eines Elefanten unter Umständen wichtiger als mein Recht auf freie Meinungsäußerung. Gegenstand der Moral sind Wesen, die Interessen haben. Ihr moralischer Status wird durch ihre Lebensdauer, Größe, Spezies-Zugehörigkeit, Intelligenz oder Gesundheit nicht berührt. Wie könnten denn solche Eigenschaften entweder einem Wesen moralische Vorfahrt verschaffen oder es zu einem natürlicheren Ausgangspunkt oder zu einem paradigmatischeren Gegenstand der Ethik machen als ein anderes? Eine Moralphilosophie wie die Kantische, die am Ende die Gleichberechtigung nichtrationaler Lebewesen leugnet, ist mangelhaft. Auch dieser Mangel wird nicht dadurch geringer, daß er in einer Theorie auftritt, die sich als politisch bezeichnet. Was Grundstruktur oder Politik an gewichtigen moralischen Auswirkungen haben, das sollte von einer normativen Theorie von Grundstruktur und Politik berücksichtigt werden.

Wer nicht moralischer Deliberator ist, so sehen wir, ist bei Rawls Persona non grata. In welchem Maße non grata, das zeigt auch die Rechtfertigung kostspieliger Therapien: Warum soll die Gesellschaft Schwerkranken teure Behandlungen zukommen lassen? Weil sie leiden? Weil sie nicht sterben wollen? Weil ihre Angehörigen mitleiden und sie nicht verlieren wollen? Falsch, sagt Rawls: um sie wieder zu funktionstüchtigen Bürgern zu machen, die ihre ›moralischen Vermögen‹ kultivieren.[117] Pech für all die, von denen wir wissen, daß sie nach ihrer Rettung froh wären, aber kein Gerechtigkeits-Kriterium mehr verstünden.

Eine zentrale Komponente des Rawlsschen Personen-Ideals, der Intentionalismus, ist wenig überzeugend. Das dürfen wir als erstes Ergebnis dieses Abschnitts festhalten. In ihr spiegelt sich vielleicht, was Rawls und du und ich und andere Verfasser, Verbreiter oder Rezipienten moralischer Theorien sein oder werden wollen; oder was von uns Leuten mit höherer Schulbildung ein bestimmter Prozentsatz sein oder werden will. Präferenzen für das Verstehen von Gerechtigkeits-Prinzipien und für das Vorliegen des Wunsches, sie zu befolgen, sind aber subjektive Präferenzen wie alle anderen; ihren Inhalt (der ja nicht einfach das gerechte Handeln ist) zur Norm zu erheben, nur weil es eben *unsere* Präferenzen sind, wäre illiberal, siehe Artikel 3 des präferentialistischen Credos. Vielleicht *verursachen* solche Präferenzen Gutes – *konstituieren* können sie es nicht.[118] Letztlich wird die Welt dadurch ein besserer Ort, daß viele Lebewesen sind, wie *sie* sein wollen; nicht dadurch, daß viele so sind, wie *wir* sein wollen.

Nun zum zweiten materialethischen Problem: ›Moralische Personen‹ haben (meine Hervorhebung) »highest-order interests to realize *and exercise*« ihre ›moralischen Vermögen‹, deren eines die

»capacity [...] to revise [...] a conception of the good« umfaßt. »*and exercise*« heißt es – sie haben also ein höchstrangiges Interesse unter anderem daran, ihre Konzeption des Guten *tatsächlich* zu revidieren? Und nicht nur: revidieren zu können, wenn sie es möchten? Wer lebenslang derselben Konzeption des Guten anhängt, hat ipso facto das Rawlssche Klassenziel verfehlt? (Little Dorrit zum Beispiel?) Auch dieser Teil des Ideals frappiert.[119]

Das ist keine Haarspalterei. Angenommen, wir nähmen, dem vorstehenden Einwand folgend, die Revision aus dem Skopus des »exercise« heraus. Dann wäre den Parteien nur noch wichtig, daß sie revidieren können, *falls* sie wollen, und diese Bedingung könnte eine Gesellschaft auch durch Herbeiführung der Tatsache, daß sie es nicht wollen, erfüllen – ein Resultat, das Rawls, auch nach eigenem Bekunden, nicht willkommen wäre.[120]

Was geschähe, wenn man die beiden kritisierten Momente ganz aus dem Personen-Ideal entfernte? Verschwinden würden die *speziellen* Präferenzen: erstens das dem gesamten ersten Vermögen entsprechende »highest-order interest«, moralisch zu sein und Moral zu verstehen – das Interesse also, durch das das Rawlssche System ein intentionalistisches wird; zweitens der Wille, die eigene Konzeption des Guten zu revidieren – ein Wille, der im Rawlsschen System, ob von Rawls beabsichtigt oder nicht, auf ein Lob der Revision (und nicht bloß: des Revidieren-Könnens-falls-man-will) hinausläuft.

Es blieben Wähler im ›Urzustand‹, die sich an der Verwirklichung ihrer Konzeption des Guten orientieren (ohne zu wissen, welche das sein wird). Da das mit gutem Willen so verstanden werden kann, daß sie sich an der Befriedigung ihrer Präferenzen orientieren (ohne zu wissen, welche das sein werden), könnte der Präferentialist mit solchen Wählern leben.[121] So gesehen wäre Präferenz-Gerechtigkeit gleich Rawls-Gerechtigkeit minus Intentionalismus minus Lob der Revision.

Personen-Ideal, Gerechtigkeits-Prinzipien, Gewichtungen

Wie zu Beginn des vorliegenden Abschnitts gesagt und belegt: Rawlsens Gerechtigkeits-Prinzipien sollen sich heute im wesentlichen aus seinem Personen-Ideal ergeben. Wie steht es mit Wert und Erfolg dieser Herleitung? Was den Präferentialisten angeht, so haben wir festgestellt: Es gibt Komponenten des Personen-Ideals, die er nicht unterschreibt, nämlich die Huldigungen *bestimmter* Präferenzen – solcher fürs Moralischsein und fürs Revidieren. Für ihn ist somit eine Herleitung, die auf diesen Komponenten fußt, fruchtlos.[122]

Dem Rawlsianer gibt sein Mehr-Komponenten-Ideal ein anderes Problem auf: Welche Gerechtigkeits-Prinzipien die ›moralischen Personen‹ wählen werden, wird von der *Gewichtung* sowohl der Komponenten eines jeden ihrer ›moralischen Vermögen‹ als auch der beiden Vermögen selbst abhängen.

Wie bedeutend die Gewichtungsfrage ist, sei an Rawlsens Lob der Revidierbarkeit veranschaulicht, das (siehe wiederum den Beginn des vorliegenden Abschnitts 3.7) Teil seines Personen-Ideals ist. Gewiß: Stipulieren wir, daß die Urzuständler »think of themselves as beings who can choose and revise their final ends and who *must* preserve their liberty in these matters«[123], so gilt trivialerweise, daß sie, wie Rawls es möchte, ein Gerechtigkeits-Prinzip ›wählen‹, das ebendieser Freiheit absoluten Vorrang gibt. (Hier ist wieder schön zu sehen, wie der ›Urzustand‹ zur moralischen Etikettiermaschine verkommt: Der Moralisierende gibt ihr »highest-order interests« nach seinem Gusto, sie klebt ihnen das Zertifikat »highest-order moral priority« auf.[124])

Doch sehen wir uns diese Wesen näher an: Wie sähe sie aus, die Person, die tatsächlich unkonditional darauf bestünde, zu jedem Zeitpunkt ihre Präferenzen oder ihre Konzeptionen des Guten revidieren zu können? Sie ist lau, schwach, feige. Wirkliches Engagement kennt sie nicht, unter keinen Umständen würde sie ihr Leben riskieren (oder auch nur große Teile ihres Besitzes oder ihrer Lebenszeit); nichts kann sie aufrichtig versprechen, keine Freunde kann sie haben.[125] Schließlich ist es in all solchen Angelegenheiten schwer, manchmal unmöglich, einen Rückzieher zu machen. Liebende, Denker, Helden, Mönche und andere, die Beträchtliches unwiderruflich in ihre Vorstellung vom Guten investieren, würden vom Personen-Ideal ausgeschlossen, übrig blieben niedrige Gestalten. Revidierbarkeit, so wird deutlich, mag eine nette Sache sein, aber höchstens eine unter mehreren. Wer ein höchstrangiges Interesse an ihr hat, ist die personifizierte Unverbindlichkeit.

Vermeiden wir es, den Parteien diese unsympathische Präferenzstruktur zuzuschreiben (d.h. die absolute Vorfahrt für die Revidierbarkeit), dann ist auch zweifelhaft, daß sie bei der Wahl der Gerechtigkeits-Prinzipien den zugehörigen Freiheiten absolute Priorität gäben. Denn haben sie eine weniger perverse Präferenzstruktur – eine, nach der sie für viel Realisierung einer Konzeption des Guten Einbußen bei deren Revidierbarkeit in Kauf nehmen –, dann werden sie ein entsprechendes Gerechtigkeits-Kriterium wählen – eines, das, grob gesprochen, für ganz viel Gutes (ganz viel *Realisierung* einer Konzeption des Guten) auch mal bei dieser oder jener ›Freiheit‹ fünfe gerade sein läßt. Und schon droht der Utilitarismus.

Anders gesagt: Was soll geschehen, wenn viele autonome Denker bei einer Konzeption des Guten landen, die mit der Rawls-Gerechtigkeit nicht vereinbar ist, zum Beispiel, weil sie anderen Gütern als der Revidierbarkeit Priorität gibt? Wer's paradox liebt: Es ist unklar, warum ausgerechnet die Revidierbarkeit der Revidierbarkeit entgeht; und warum meine Autonomie nicht so weit reicht, daß ich Teilen meiner Autonomie zugunsten anderer Ziele autonom entsagen darf. Das tut Odysseus, um gefahrlos den Gesang der Sirenen zu hören (»Wenn ich denn flehe und euch befehle, ihr möchtet mich lösen / Alsdann sollt ihr mich fester mit noch mehr Banden umschnüren«), und die meisten von uns haben ihm gegönnt, daß der Coup gelingt.[126]

Religiöse Überzeugungen geben ein weniger exotisches Beispiel ab.[127] Nach Rawls ist es, wie wir in Abschnitt 3.4 gesehen haben, wesentlich für sie, daß der Wunsch, an ihnen festzuhalten, stark ist. Doch kann nicht beides – das Festhalten an einer religiösen Überzeugung und die Möglichkeit, sie zu revidieren – von überragender Wichtigkeit sein. Es fällt nicht schwer, sich Wahlsituationen auszudenken, in denen die beiden Ziele miteinander konfligieren. Man denke an Märtyrer, die nach ihrem Tod nicht mehr viel revidieren können. Tatsächlich würden die meisten Religionen bereits das Interesse daran, seinen Glauben revidierbar zu halten, (ganz zu schweigen von einem höchsten solchen Interesse) als Unglaube werten. Rawls kann nicht die höchste Wichtigkeit der Revidierbarkeit *und* die höchste Wichtigkeit dessen, was revidiert wird, verfechten. In manchen Situationen läßt sich nur eines von beidem haben, also muß abgewogen werden. Das gilt für die Religion und genauso für Schutz versus Revidierbarkeit anderer Ziele.

Welche Gerechtigkeits-Prinzipien die ›moralischen Personen‹ wählen werden, so hatten wir gesagt, und so illustrieren die vorstehenden Betrachtungen und Beispiele, hängt davon ab, wie sich ihre Interessen an den ›moralischen Vermögen‹ erstens auf die beiden Vermögen, zweitens innerhalb eines jeden Vermögens auf dessen Komponenten verteilen. Wie *gewichten* ›moralische Personen‹ die vielen Interessen, die sie per definitionem – und in moralisch so folgenreicher Weise – haben?[128]

Die These, zu jedem Vermögen gehöre ein »highest-order interest«, sagt darüber gar nichts, sondern gibt nur weitere Rätsel auf: Was soll es heißen, *zwei* »highest-order interests« zu haben? Rawls meint (mehr dazu in Anm. 112) mit »highest-order« auch Vorrang oder höchste Wichtigkeit. Wer vernünftig ist, kann jedoch nicht zugleich ein höchstrangiges Interesse an Gut A und ein höchstrangiges Interesse an einem von A verschiedenen Gut B haben.[129] Sind die beiden Güter voneinander verschieden, so kann es Situationen geben, in denen man nur genau eines von beiden haben kann; dann müßte ein höchstrangiges Interesse dem anderen weichen – und wäre gar nicht höchstrangig.

Wenn Rawls also von *zwei* höchstrangigen Interessen an Dingen redet, deren jedes auch noch zusammengesetzt ist, so kann er damit vernünftigerweise nur *ein* höchstrangiges Interesse an einer *Mixtur* aus allen beteiligten Komponenten meinen. Aber an welcher Mixtur? Einerseits ist nach Architektur der Rawls-Gerechtigkeit klar, daß an dieser Frage *alles*, wirklich alles hängt – die an der Mixtur höchstrangig Interessierten sind es ja, die die Gerechtigkeits-Prinzipien wählen! Andererseits sagt Rawls zu ihr so gut wie nichts.

Um Mißverständnissen vorzubeugen: Wenngleich sie reichlich Gewichtungsfragen offen lassen (darunter diejenige, wie sich die Freiheiten innerhalb eines »fully adequate scheme« zueinander verhalten), nehmen Rawlsens Gerechtigkeits-Prinzipien manch eine Gewichtung vor – siehe die Prioritäten zwischen und in ihnen. Bloß ist der einzigen in seinem heutigen System denkbaren *Quelle* der Gewichtungen, nämlich den »highest-order interests« an der Pflege der ›moralischen Vermögen‹, in dieser Hinsicht nichts zu entnehmen. *Das Mischungsverhältnis der »highest-order interests«, obwohl allentscheidend, wird uns verschwiegen.* Daraus folgt bereits, daß es sich bei den Gerechtigkeits-Prinzipien – in dem Maße, in dem sie überhaupt gewichten – um eine Gewichtung ex nihilo handeln muß.

Wer glaubt, Rawls habe die Liste seiner ›Grundgüter‹ oder die

Gerechtigkeits-Prinzipien oder die weiteren, zu ihrer Ausbuchstabierung nötigen Gewichtungen aus irgend etwas heraus entwickelt (und sei es nur aus seinem selbst bereits unplausiblen Personen-Ideal oder aus demselben plus ›Urzustand‹), sollte sich die entsprechenden Passagen von »The Basic Liberties and their Priority«, »Kantian Constructivism in Moral Theory« und *Political Liberalism* ansehen:[130] Alles, was wir zu *der* Frage der Gerechtigkeitstheorie schlechthin finden, sind ein paar Beispiele, Impressionen, Intuitionen und Skizzen. Im Zentrum der Lehre klafft ein großes Loch.

Status des Personen-Ideals

Jetzt noch einige Bemerkungen zum *Status* der ›moralischen Personalität‹. Der Lobpreis der ›moralischen Vermögen‹ könnte nach Rawlsens eigenem Bekunden nicht einfach aus der Theorie gestrichen werden. Für die Parteien im ›Urzustand‹ ist ihr vorrangiges Interesse daran, diese Vermögen zu pflegen, in vielen ihrer Überlegungen eine wesentliche Prämisse.[131] Das Interesse ist, anders gesagt, eine wesentliche Prämisse von Rawlsens Gerechtigkeits-Prinzipien: der Adäquatheit der ›Grundgüter‹, des Vorranges der Grundfreiheiten, der Leximin-Struktur und der Diskriminierung bestimmter Präferenzen auf Kosten anderer.

Insbesondere läßt sich vereinfacht sagen, daß bei Rawls (i) Intentionalismus plus (ii) »the fact of pluralism« (iii) die Toleranz generieren: Da die Urzuständler (i) wollen, daß sie später die jetzt zu wählenden Gerechtigkeits-Prinzipien unterstützen (Intentionalismus), und (ii) wissen, daß später viele verschiedene Ethiken verfochten werden (»fact of pluralism«), (iii) wählen sie jetzt Gerechtigkeits-Prinzipien, die mit möglichst vielen der später de facto vertretenen Ethiken verträglich sind (Toleranz).[132]

Vergleicht man nun die Wichtigkeit, die die Prämisse von der ›moralischen Personalität‹ für das Rawlssche System haben soll, mit der Chronologie und Nonchalance ihrer Einführung, so springen eigentümliche Mißverhältnisse ins Auge. Beginnen wir mit der Chronologie: Rawls reicht wesentliche Prämissen nach – Jahre, nachdem seine Moral fertig ist. Hat er wirklich neue Gründe entdeckt? Gründe, die zufällig ziemlich genau den alten Konklusionen in die Hände spielen? Oder liebt er die alten Konklusionen so, daß uns nun maßgedrechselte Stützpfeiler für sie als »basic intuitive ideas« verkauft werden? Ideen, die erstaunlicherweise *sowohl* in unserer politischen Kultur weit verbreitet *als auch* bis neulich verborgen gewesen sein sollen? Ein Atlantis der Stammtische, entdeckt von John Rawls?

Auch die Geschwindigkeit des Stapellaufs überrascht: Rawlsens Begriff der moralischen Person – siehe den Beginn des vorliegenden Abschnitts 3.7 – ist ein filigranes Gebilde und wird in einer sorgfältig formulierten Definition präsentiert, die viele Zeilen umfaßt. Wie Rawls an anderer Stelle erklärt, sind jedoch Intuitionen und die in der politischen Kultur verbreiteten Werte nicht *prêt-à-porter.* Sie überkommen uns in roherem, vagerem Zustand und müssen erst bearbeitet (analysiert, expliziert, verfeinert, geändert) werden, Rawlssche Metapher: Es gilt, sie in ein »reflective equilibrium« zu bringen.[133] Bei dieser Arbeit fallen Entscheidungen an, viele und wichtige. (Einige Arten, sie zu treffen, führen zur präferenzbasierten Ethik.) Zu den meisten von ihnen gibt es Argumente, teils wohlbekannte. Wer auf Intuitionen oder ähnlichem aufbauen möchte, sollte uns auf diese Entscheidungen und Argumente hinweisen, besonders im Fall der einen Idee, die die Last fast seines gesamten Systems tragen soll. Betont er, mit seiner Theorie an bestehende Ideen anzuknüpfen, dann sollte er nicht zu einer von tausend Interpretationen dieser Ideen *springen.* Tut er es, so gerät er in den Verdacht, nur zu wissen, wo *er* hin will, anstatt, wie er es zu tun bekundet, wiederzugeben, was seine Mitbürger anstreben oder anzustreben Grund haben könnten.

An einer Stelle führt Rawls Sklavenhalter an, die nur die Ansprüche der restlichen Gesellschaft und nicht die der Sklaven gelten lassen. Das Beispiel soll zeigen, daß jemanden »as a self-originating source of claims« zu akzeptieren soviel heiße wie »counting moral personality as a source of claims«. Das Beispiel zeigt aber nichts dergleichen und geht an dem Problem völlig vorbei. Wir können, wie der Präferentialist, konsistent das eine unterlassen (»counting moral personality« im Rawlsschen Sinne) und das andere tun (jemanden »as a self-originating source of claims« akzeptieren).[134]

Kritik am Rawlsschen Personen-Ideal kann auch nicht mit der Forderung erledigt werden, »that the conception of citizens as persons be seen as a political conception and not as one belonging to a comprehensive doctrine«.[135] Wenn Rawlsens politische Konzeption *weniger* vorschreibt als moralische Auffassungen, mit deren

Unterstützung sie nach eigenem Bekunden steht und fällt, ist das vielleicht in Ordnung. Nicht jedoch, wenn sie anderes und Unplausibles vorschreibt; das wäre, anders als partielle moralische Enthaltung, eine Abweichung, die durch die Politizität der Theorie nicht gerechtfertigt werden kann. Von solch einer Abweichung wäre umgekehrt die Politizität selbst gefährdet.

Erinnern wir uns, bevor wir ihn beenden, an die anderen Ergebnisse des vorliegenden Abschnitts 3.7: Die Gerechtigkeits-Prinzipien sollen sich aus dem Personen-Ideal ergeben; aber die Prinzipien gewichten, das Ideal nicht. Daraus folgt bereits, daß ein drastisches *non sequitur* vorliegt – ausgerechnet bei den Gerechtigkeits-Prinzipien, einem nicht ganz unwesentlichen Teil einer Theorie der Gerechtigkeit. Und einige Gewichtungen, die von den Gerechtigkeits-Prinzipien gefordert, aber nicht spezifiziert werden (siehe z. B. das »fully adequate scheme of [...] rights and liberties«), bleiben weitgehend unspezifiziert.

Zusätzlich, so haben wir gesehen, sind große Teile der materialethischen Grundtendenz des Personen-Ideals zu beanstanden: der Intentionalismus und die Revisionsfreude. Spätestens mit ihnen haben sich in die Grundlagen der Rawlsschen Lehre Komponenten eingeschlichen, denen unser aller »considered judgments«, die Rawls ja als letzte Instanz anerkennt,[136] die Gefolgschaft verweigern sollten. Und wie es aussieht, müßten ausgerechnet diese Komponenten, damit sich die Rawlsschen Gerechtigkeits-Prinzipien ergäben, großes Gewicht bekommen.

Rawlsens Theorie enthält im Kern eine Idealvorstellung vom Menschen, die nicht einfach auf dessen Präferenzen oder dessen Glück aufbaut. Noch einmal im Original:

»Were the parties moved solely by lower-order impulses, say for food and drink, or [wie ein Priester oder eine liebende Mutter?] by certain particular affections for this or that group of persons, association, or community, we might think of them as heteronomous and not as autonomous. But [...] the parties are simply trying to guarantee and to advance the requisite conditions for exercising the powers that characterize them as moral persons. Certainly this motivation is neither heteronomous nor self-centered: we expect and indeed want people to care about their liberties and opportunities in order to realize these powers, and we think they show a lack of self-respect and weakness of character in not doing so.«[137]

Wie zu erwarten, heißt der Präferentialist dann und nur dann die von Rawls gepriesenen Eigenschaften und Präferenzen willkommen, wenn sie den Menschen (oder den Tieren) nützen. Rawlsens Würdigung hingegen ist unkonditional, und unkonditional macht der Präferentialist bei den normativen Prämissen des Projekts nicht mit. Das Lob der ›moralischen Person‹ läuft auf die These hinaus, daß über Gerechtigkeitstheorie nachzudenken intrinsisch besser sein kann als sackzukhüpfen, zu beten, Leiden zu lindern, Bilder zu malen oder Vögel zu beobachten – besser sein kann also auch dann, wenn die letztgenannten Tätigkeiten allen Beteiligten genausoviel Spaß machen würden, will sagen: die gleiche Menge und die gleiche Verteilung von Präferenzbefriedigung mit sich brächten. Aber was für ein Liberalismus ist das, der uns verkündet, welche Arten zu leben »fully worthy of human endeavour«[138] sind und welche nicht? Rawls reiht sich in die paradoxe Tradition ein, die uns *im Namen der Autonomie* vorschreibt, wie wir zu sein und was wir zu wollen haben; und welche unserer Präferenzen zählen und welche nicht.

4. Fazit

Ziel dieses Aufsatzes war es, einen Überblick über die Beziehungen zwischen Rawls-Gerechtigkeit und Präferenz-Gerechtigkeit zu geben. Listen wir zum Schluß die wichtigsten Ergebnisse auf.

Rawlsens nichtpräferentielle Wortwahl ist (prinzipiell) unproblematisch, da sie (prinzipiell) Raum für eine Übersetzung ins Präferentielle und für eine empirische Kongruenz seiner und präferentieller Grundsätze ließe (Abschnitt 3.4-A). Rawls steht speziell dem Utilitarismus in mancher Hinsicht näher, als die meisten denken, Rawlsianer und Utilitaristen inbegriffen (3.6): in Sachen Populationsethik, Minderheitenschutz und bei der Beurteilung zahlreicher realistischer Fälle. Ist Rawlsens Lehre nichtutilitaristisch, so muß sie deswegen nicht anti-utilitaristisch sein; ist sie anti-utilitaristisch, so muß sie deswegen nicht anti-präferentialistisch sein (2-E, 3.5-A, 3.6-E).

Davon abgesehen sind die Aussichten nicht rosig. Rawlsens Methode, der Respekt vor einem ›übergreifenden Konsens‹, ist bestenfalls mysteriös. Sie könnte, da es Konsense gibt, die moralisch falsch sind, Unmoralisches empfehlen. Angenommen, wir beschränken deswegen die Methode darauf, die *richtigen* Konsense zu respektieren (die vernünftigen o. ä.): wird nicht dabei gesagt, was ›richtig‹, ›vernünftig‹ etc. ist, so haben wir es mit einer deontischen Tautologie zu tun; im andern Fall mit einer moralischen Meinung; in keinem Fall mit einem moralischen Argument (3.1).

Von keinem aktuellen oder zukünftigen Konsens ist gezeigt worden, daß er vorliegt oder, wenn er vorläge, moralische Aussagekraft hätte. Zudem will Rawls weder für das Vorliegen eines Modus vivendi noch für eine Änderung von irgendjemandes Werten argumentieren. Was an ›Methode‹ bleibt, ist blanker Intuitionismus (3.1).

Sich auf das Bewerten der Grundstruktur zu beschränken ist kein Akt weitreichender Liberalität oder Neutralität: Es besagt ja, daß der geforderte Typ von Grundstruktur und seine Konsequenzen wichtiger als alle Sachverhalte sind, die sich nur mit einer anderen Grundstruktur herbeiführen ließen (3.2-A). Die Ebene, auf der Rawls eine moralische Antwort sucht, ist weder allgemein genug noch speziell genug, als daß auf ihr ein fruchtbares Resultat zu erwarten wäre (3.3). Diverse Rawlssche Bemerkungen zum Utilitarismus passen weder zueinander noch zu anderen Teilen seines Credos (3.6).

Der ›Urzustand‹ ist Rawlsens eigentümliche Spielart des präferentialistischen Gedankens, daß Moral Wahl minus Wissen um Identität ist. Die Spielart leistet argumentativ so gut wie nichts, da sie mit Prämissen überfrachtet ist, unter anderem mit solchen, die wichtigen Konklusionen wie aus dem Gesicht geschnitten sind (3.2, 3.4, 3.7). Materialethisch krankt sie daran, daß einige der Prämissen schlicht unplausibel sind (3.2, 3.7). Auch als Jargon hat sie nichts gebracht. Die Plädoyers für Toleranz bleiben vage und – anders, als man es von einer politischen Philosophie erwarten würde – im wesentlichen unbegründet (3.2).

Die Huldigung eines bestimmten Personen-Ideals ist heute, sofern es so etwas gibt, das Rückgrat der Rawlsschen Theorie. Doch entscheidende Bausteine dieses Ideals, Intentionalismus und Revisionsfreude, sind intrinsisch wertlos. Nähmen wir Rawls beim Wort und räumten ihnen auch noch sehr hohen Rang ein, dann, so wurde gezeigt, würden wir bei moralischen Greuel-Urteilen landen. Die Rawlsschen Gerechtigkeits-Prinzipien bleiben in Gehalt und Begründung, anders als Rawls es möchte, auch durch das Personen-Ideal drastisch unterbestimmt (3.7).

Was wollen die Betroffenen? Güter nach anderen Kriterien zu verteilen als diesem ist nicht gerecht (3.4, 3.5). Bestimme Klassen von Präferenzen und bestimmte Individuen werden von Rawls diskriminiert (3.4, 3.5, 3.7). Insofern täuscht die liberale Fassade: »Jeder nach *meiner* Fasson« ist das Motiv, das Rawls-Gerechtigkeit ein weiteres mal variiert (3.7).

Präferentialisten, auch Utilitaristen, legen oft auf dieselben Dinge Wert wie Rawls. In vielem dürfte Einigkeit herrschen: Die Verfassung sollte Menschenrechte garantieren; Protestanten sollten nicht verfolgt werden; bevor Müller noch ein Haus bekommt, soll Meier etwas zu essen bekommen; und so fort. Geht es um eine *bestimmte* Gesellschaft zu einem *bestimmten* Zeitpunkt, so könnten Rawls und ein Präferentialist zufällig darin übereinstimmen, was Bürger, Regierung, gesetzgebende Versammlung, Parlament oder Gerichte als nächstes tun sollten.

Im *allgemeinen* zu sagen, wie weit der materialethische Konsens reicht, ist schwer. Zum einen aufgrund der Vagheit des Rawlsschen Kriteriums. Zum andern aufgrund der Konvertierungsprobleme: Präferentialisten haben zwar auf *alle* moralischen Fragen eine präferenzbasierte Antwort. Und zusätzlich auf *konkrete* Fragen, politische und konstitutionelle inbegriffen, Antworten, in denen von Präferenzen nicht die Rede ist: »Du sollst Meier das Brot geben«, »Wir sollten geheime Wahlen abhalten« etc. Nur haben oder brauchen sie auf *allgemeine* Fragen keine Antworten, in denen von Präferenzen nicht die Rede ist. Zum Beispiel auf Fragen nach Kriterien der Gerechtigkeit.

Anmerkungen

* *Dank*: Für die enzyklopädische Hausaufgabe, John Rawlsens Philosophie aus der Sicht Präferenz-orientierter Ethiken zu beleuchten, danke ich Wilfried Hinsch. Für hilfreiche Anregungen und Diskussionen: zuvörderst Ulla Wessels; des weiteren Wolfgang Enderlein, Richard Hare, Wilfried Hinsch, Georg Meggle, Elijah Millgram, Cornelius Wertmüller und den Teilnehmern der Tagung »Zur Idee des politischen Liberalismus«, Bad Homburg, Juli 1992. Für einen schönen Arbeitsaufenthalt: den Trägern, Organisatoren und Gästen des Center for Philosophy of Science, University of Pittsburgh, an dem 1992 Teile dieses Aufsatzes verfaßt wurden. Für die Förderung des Forschungsprojekts »Was zählt?«, in dessen Rahmen diese Arbeit entstanden ist: der Deutschen Forschungsgemeinschaft.

Zur Zitierweise in diesem Aufsatz: Angaben wie »IV«, »IV.6«, »3.5«, »2-A«, »2-E« stehen für Abschnitte oder Kapitel, schlichte arabische Ziffern, sofern nicht anders gekennzeichnet, für Seiten. (Da Paginierungen von Ausgabe zu Ausgabe variieren, stehen da – und nur da –, wo ohne ernsten Präzisionsverlust möglich, Abschnitts- statt Seitenangaben.) Für manche Quellen sind im Literaturverzeichnis dieses Bandes Original und Übersetzung angegeben; Seitenzahlen beziehen sich in solchen Fällen auf die englischsprachige Ausgabe. »Vg.« heißt »Vorlesung«, »-A« heißt »gegen Anfang«, »-E« heißt »gegen Ende«.

1 Erstes Zitat aus R 1985: I-A, langes Zitat aus R 1982: II-A. Eine detailliertere Einführung in Rawlsens Denken ist z. B. Hinsch 1992. Mehr zur »basic structure« in TJ § 2, R 1978 (analog PL VII) und PL I.2.1; zu ihr als Gegenstand der Moral s. auch unten, Abschn. 3.2, Teilabschnitt zu den unkontroversen Bedingungen des ›Urzustandes‹.

2 Der »fact of pluralism« findet sich z. B. in R 1987: 4 und PL I.6.2. Zu den Vorstellungen darüber, wie angesichts seiner eine Gerechtigkeitstheorie und die Suche nach ihr aussehen sollten, siehe u. a. R 1980: 1. Vg.: I, R 1985: I f., PL I.6 und unten, Abschn. 3.1 f.

3 R 1983: I-A (analog PL VIII.1-A); für das Zitat wurde »First, they« zu »2.a They« und »second,« zu »2.b« geändert. Zu den Prinzipien s. auch R 1982: II-A und PL I.1.1. Die Änderungen gegenüber den Formulierungen aus TJ werden in R 1983 (analog PL VIII) motiviert und erläutert. Zur »original position« Weiteres unten, in Abschn. 3.2.

4 Die drei Zitate stammen aus R 1982: II-A. Zu »primary goods« und der Orientierung an ihnen s. auch TJ § 15, PL V.3 f. sowie unten, Abschn. 3.4 f.

5 Der Ausdruck taucht z. B. in TJ und PL passim auf, s. deren Register. Da wir, wie erwähnt, alle für Fairneß sind (nur was ist Fairneß?), ist der Versuch, den Ausdruck als Namen eines *bestimmten* Gerechtigkeits-Kriteriums einzuführen, nicht hilfreich. Das Vorgehen ist ähnlich problematisch, als würde uns ein Autor sagen, daß er auf seine Theorie von nun an mit dem Namen »die richtige Theorie« referieren wolle.

6 Mill-Zitat aus 1861: II-A; derselbe Gedanke findet sich in Bentham 1789: I. Zu Kants Position s. z. B. Kant 1785: 415 f.

7 Ist es besser, ihn durch die Nichtexistenz des Wunsches oder durch die Existenz des erfüllten Wunsches wahr zu machen? Diese Frage wird von Prinzip 1 offengelassen. Sie ist Thema z. B. des Symposions über mögliche Präferenzen in Fehige/Wessels 1997. Unter anderem hängt von ihr die präferentialistische Populationsethik ab, siehe auch unten, Abschn. 3.6.

8 Zitat aus James 1891: 149.

9 Berühmt ist Benthams Formulierung, die sich an »pleasure« statt an Wunscherfüllung orientiert: »Prejudice apart, the game of push-pin is of equal value with the arts and sciences of music and poetry. If the game

of push-pin furnish more pleasure, it is more valuable than either« (1825: 253). In der neueren Literatur firmiert das Prinzip auch als »Neutralitätsbedingung«, s. z. B. Kern/Nida-Rümelin 1994: 6.1.
Die Beziehung von Rawls-Gerechtigkeit speziell zu den vorstehenden Artikeln 1 bis 3 des präferentialistischen Credos wird vor allem in den Abschn. 3.2 sowie 3.4 bis 3.7 zur Sprache kommen; ihre Beziehung zum *Format* einer Moral wie der des Präferentialismus (s. auch nächsten Absatz) vor allem in den Abschn. 3.1 bis 3.3.

10 Manchmal wird beispielsweise vorgeschlagen, bestimmte Wünsche sollten doch nicht zählen: widermoralische etwa (s. auch unten, Abschn. 3.4) oder vergangene oder solche, die der Wünschende auf bestimmte Weise revidiert hat. Eine längere Liste solcher Streitfälle findet sich in Abschn. 1.2 der Einleitung zu Fehige/Wessels 1997.

11 Zu anderen s. beispielsweise Blackorby/Donaldson 1977, Kutschera 1982: 4.3, Sen 1973, 1982 und 1992 (dort, auf S. 93, zahlreiche weitere Literaturangaben), Trapp 1992: Abschn. 2 und unten, Abschn. 3.5-A.

12 Zu den beiden letztgenannten Wegen s. auch unten, Abschn. 3.2-A. Kant-Zitat aus 1785: 430, im Original »meine« kursiv. Der Präferentialismus ist ein Versuch, den Welfarismus (die bereits erwähnte Lehre, daß sich das Gute genau aus dem zusammensetzt, was gut *für* Individuen ist) zu präzisieren, nämlich mit einer präferentiellen Explikation von ›gut für‹ respektive »welfare«. Dem Welfarismus grosso modo zurechnen lassen sich u. a. die Arbeiten von: Arrow, Bentham, Brandt, Broome, Gaertner, Gauthier, Hare, Harsanyi, Hume, Lumer, Mill, Sen, Sidgwick, Singer, Smart, Trapp u. v. m. Viele, aber nicht alle Autoren von dieser Liste sind Präferentialisten; einige andere sind z. B. Hedonisten. Eine Auswahlbibliographie zum Präferentialismus findet sich in Fehige/Wessels 1997, dito eine längere Einführung in ihn.

13 Siehe z. B. TJ §§ 4 (»we work from both ends«), 9 und 24-E (»We want to define the original position so that we get the desired solution«), R 1983: III-A (»To fill the gap«; analog PL VIII.3-A), R 1983: 26 (analog PL 311), PL I.3.4 sowie S. 45 und – sehr deutlich – S. 242, Fn. Siehe auch unten, Abschn. 3.1 (bes. Anm. 23), Abschn. 3.2, Teilabschnitt zum Status des ›Urzustandes‹, und 3.7.

14 Zur Konsensualität s. bes. R 1987, R 1989 und PL IV.

15 Siehe z. B. R 1988: I-A (analog PL V.1.1), PL I.2.1, inkl. Fn. 11, und R 1995a: 149.

16 R 1985: V-E. Rawls nennt Moralen »comprehensive«, wenn sie so gut wie alles bewerten; s. dazu z. B. R 1985: I, R 1987: I, R 1988: I (analog PL V.1.1) und PL I.2.2.

17 Siehe z. B. R 1987: III sowie PL IV.3 und V.5.4.

18 Vielleicht gibt es gute moralische Argumente dafür, daß eine der Parteien ihre Position *aufgeben* sollte; aber das ist erklärtermaßen nicht Rawlsens Ziel.

19 Meine Hervorhebung. Siehe zum Übergang von der Diagnose zur Prognose die Einleitung von R 1989, aus der auch das vorstehende Zitat stammt.

20 Dostojewski, *Aufzeichnungen aus einem Totenhaus*: I.1 und II.3-A, ders., *Verbrechen und Strafe*: I.2-E (vor der allgemeinen Sentenz dort auch: »Erst weint man, und dann gewöhnt man sich dran«), Tolstoi, *Anna Karenina*: VII.13-A; andere Betrachtungen und Quellen zur Gewöhnung in Macmillan 1890: 7-9. Warum die moralische Aussagekraft von Ex-post-Präferenzen beschränkt ist, wird auch in Wessels 1997 erläutert.
Ein Vergleich von Rüdiger Bittner (mündlicher Diskussionsbeitrag): Pascal empfiehlt, daß wir uns ungeachtet der Indizien dazu bringen, an Gott zu glauben; Rawlsens Hinweis auf die Werte, die sich *nach* der Verwirklichung von Rawls-Gerechtigkeit einstellen würden, verdienen dieselbe Skepsis wie die Meinungen, die sich nach einer Pascal-Therapie einstellen würden: Man würde dann also etwas Bestimmtes glauben (im Pascalschen Fall) oder wollen (im Rawlsschen Fall) – doch was besagt das? Wie *vernünftig* sind diese Einstellungen?

21 R 1987: Einleitung. Die Schwierigkeit, eine Interpretation dieses Satzes zu finden, die einerseits relevant, andererseits akzeptabel ist, ist für die hier verhandelten Fragen bezeichnend: Welche Ziele politische Philosophen *de facto* haben, ist uninteressant; und als Aussage darüber, welche Ziele sie haben *sollten*, scheint der Satz auf moralischen Relativismus hinauszulaufen.

22 Siehe z. B. R 1987: IV-E (analog PL IV.4.3); s. auch unten, Anm. 41.

23 R 1985: 228 (analog PL I.1.3); zu »reasonable«, »reflection« und dergl. s. z. B. TJ §§ 4 und 9, R 1980: 518, R 1985: 228 f., PL I.6.2, II.1.2, II.3, III.7.4, IV.3.1 (und Register unter »reflective equilibrium« und »due reflection«) sowie R 1995a: 139, 148 und 153. Zu Rawlsens Intuitionismus äußert sich treffend auch Hare 1983: Abschn. 1. Er wird umso merklicher, je konkreter die Probleme werden, s. z. B. PL 243, Fn. Siehe auch Habermas 1995: III-A (»Rawls remains dependent on substantive normative assumptions«) sowie oben, Anm. 13.

24 Zitat aus R 1985: I (analog PL I.1.3). Daß Rawls Akzeptanz und Geltung nicht hinreichend auseinanderhält, kritisiert auch Habermas (1995: 121 f.). Auf das hier angesprochene Problem werden wir immer wieder stoßen, bes. in Abschn. 3.2; zum Thema »reasonable« s. dort z. B. Anm. 49.

25 S. o., Abschn. 2, sowie unten, Abschn. 3.2 (bes. die zweite Bemerkung zur Toleranz), 3.4 f. (bes. 3.4-A) und 3.7.

26 Titel und Thema von PL III; s. auch R 1980: 3. Vg.

27 Siehe z. B. R 1989: § 2, PL II.2 sowie im Register von PL unter »freestanding view«. Wohl wahr, möchte man antworten; doch nehmen wir Abstand von Gründen, dann haben wir nur noch Meinungen und

nichts mehr, wonach wir sie beurteilen können; und die konsensfähigste Meinung ist vielleicht eine moralisch falsche.

28 Zum letztgenannten Argument unten mehr, in Abschn. 3.3.

29 Anders ausgedrückt: Rawlssche ›Gerechtigkeit als Fairneß‹ ist viel intuitionistischer als vorgesehen (s. R 1980: 3. Vg.: II sowie PL III.1) und damit in entscheidender Hinsicht (s. R 1985 sowie PL 10) weder unmetaphysischer noch politischer als andere Lehren. Von der »öffentlichen Vernunft« ist u. a. in PL VI die Rede.

30 Mehr dazu z. B. an folgenden Stellen: Fehige 1995: 2-E, Hare 1981: 129 und Harsanyi 1977: I.4; s. auch unten, Anm. 35.

31 Wichtigste Quelle für diese Aufzählung ist Rawlsens Überblick in TJ § 25. Zur »original position« s. auch R 1983: IV (analog PL VIII.4) und PL I.4. Die Öffentlichkeits-Bedingung wird noch im vorliegenden Abschnitt behandelt (Teilabschnitt über die problematischen Bedingungen des ›Urzustandes‹), aber auch weiter unten, in den Abschn. 3.4 f. Was das allgemeine Wissen der Parteien betrifft, so s. auch unten, Abschn. 3.3 und 3.6, dort im Teilabschnitt über Gedankenexperimente.

32 TJ § 4. Siehe zu diesem und dem vorhergehenden Absatz auch TJ §§ 9 und 24-E (»We want to define the original position so that we get the desired solution«), R 1983: III-A (»To fill the gap«; analog PL VIII.3-A) sowie oben, die Einleitung zu Abschn. 3 und Anm. 23 (beides allgemein zu Holismus und Intuitionismus), und unten, speziell mit Blick auf das Personen-Ideal, Abschn. 3.7 sowie im vorliegenden Abschnitt den Teilabschnitt über die problematischen Bedingungen des ›Urzustandes‹.

33 TJ § 24-E.

34 »andernfalls non-*q*« stünde nicht unbedingt immer dabei. Das Argument zeigt auch, daß das weitergehende Nichtwissen gar nicht ausschließen könnte, was es nach Rawls ausschließen sollte. Die im vorliegenden Teilabschnitt bislang vorgebrachten Argumente ähneln denen Adrian Pipers (in Piper 1982) gegen die Unterscheidbarkeit von deontologischen und konsequentialistischen Ethiken. Zur Tatsachen-Sensitivität s. auch unten, Abschn. 3.3.
Höhlt die erwähnte Möglichkeit der Konditionalität nicht sogar den harten Kern, das Nichtwissen um die eigene Identität, aus? Würde sie es nicht erlauben, ein Prinzip wie ›Falls ich zu den Millionären gehöre, sollen die Steuern niedrig sein‹ zu wählen? Das Problem kann auf verschiedene Weise umgangen werden, zum Beispiel durch das Verbot von Prinzipien, in denen Individuenkonstanten auftreten (ein Leitmotiv von Richard Hares Moralphilosophie, das, s. Beginn des vorliegenden Abschnitts 3.2, als Allgemeinheits-Bedingung Eingang in den ›Urzustand‹ gefunden hat); oder dadurch, daß man die Wähler statt Gerechtigkeits-Prinzipien ganze mögliche Welten (minus Identität) wählen läßt.

35 Höchstens einer zwischen ihr und dem Utilitarismus, denn letzterer ergibt sich bei Gleichwahrscheinlichkeit; s. dazu beispielsweise Arrow 1973: II, Harsanyi 1975, Resnik 1987: Kap. 2 und 6, Kutschera 1995: 67-70 und Hares Antwort darauf (im selben Band). Allgemein zu wahrscheinlichkeitslosen Entscheidungen s. z. B. die soeben erwähnte Stelle bei Arrow sowie Ferschl 1975: § 7.

36 Siehe oben, Anm. 11, und unten, Abschn. 3.5-A.

37 Die These ist hier nicht, daß Parteien mit den ihnen von Rawls zugeschriebenen Interessen im ›Urzustand‹ tatsächlich die Rawlsschen Gerechtigkeits-Prinzipien wählen würden – dazu unten, in Abschn. 3.7, mehr, bes. im Teilabschnitt zu Gewichtungsfragen. Kritisiert wird nur, daß bereits in Rawlsens *Versuch*, die Gerechtigkeits-Prinzipien herzuleiten, derart handfeste Voraussetzungen eine tragende Rolle spielen. (Daß sie es tun, sagt Rawls selbst: s. u., Anm. 131.)

38 Rawls sagt explizit, daß seine politische Theorie eine moralische sein will, s. o., Anm. 15.

39 Siehe dazu auch die vierte Bemerkung zur Toleranz, weiter unten im vorliegenden Abschnitt.

40 Siehe z. B. TJ 132 sowie, über die »strains of commitment«, S. 145 und § 29-A. Hilft die Beschränkung auf Leute, die »reasonable« sind? Siehe dazu die folgende »Erste Bemerkung zur Toleranz« sowie oben, Abschn. 3.1. Unten mehr zur Öffentlichkeits-Bedingung, in den Abschn. 3.4 f., und zur Toleranz, in den Abschn. 3.4 (bes. 3.4-A) bis 3.7. Das methodologische Gegenstück zum Toleranz-Problem wurde in Abschn. 3.1 diskutiert.

41 Siehe z. B. TJ § 35, R 1987: I-E und IV-E sowie PL II.3.6, Fn., und IV.4.3.

42 »reasonable« von mir hervorgehoben. Siehe PL II.3 sowie S. 137 und 217; s. auch oben, Anm. 23 und ihr Umfeld.

43 Der Begründungsmangel besteht nicht darin, daß Rawls *keine* Prämissen angäbe, aus denen der Wert der Toleranz folgt (s. Ende des vorigen Teilabschnitts und weiter unten im vorliegenden Abschnitt die vierte Bemerkung zur Toleranz, dito den Beginn des letzten Teilabschnitts von Abschn. 3.7); sondern darin, daß die Prämissen dieselben Fragen aufwerfen und unbeantwortet lassen wie das Toleranzgebot selbst.

44 Siehe auch unten, Abschn. 3.4 (bes. 3.4-A) und 3.7.

45 Zu Problemen dieses Typs s. z. B. Lewis 1969: Kap. I und Schelling 1960: Kap. 4.

46 Rawls dazu, daß einiges als Treffpunkt nicht in Frage kommt: s. wiederum obige Anm. 41; zu Konsensen und Modi vivendi: s. o., Abschn. 3.1.

47 R 1985: II-E, ähnlich R 1987: 4.

48 Siehe z. B. R 1980: 1. Vg.: I-E: »[T]he practical social task [der Gerechtigkeitstheorie] is primary.«

49 Siehe PL VI. Daß »reasonable« in Rawlsschem Sprachgebrauch bereits »tolerant« *bedeutet*, wird u. a. in PL II.3 f. und IV.1.4 deutlich.

50 Erstes Zitat aus TJ § 69-A, zweites aus PL I.6.1; s. auch TJ § 24 sowie unten, Abschn. 3.7, bes. den Beginn des letzten Teilabschnitts.

51 In Ansätzen bereits in TJ 145 und 176 f.; mehr dazu unten, in Abschn. 3.7, bes. gegen Anfang sowie gegen Anfang des letzten Teilabschnitts. Das Zitat und das Wort »normative« stammen aus R 1990: 7.1 f., das Wort »normative« und eine analoge Charakterisierung der Person finden sich auch in PL I.3.3. Eine ausführlichere Kritik an Rawlsens Personen-Ideal und der Schlüsselrolle, die es in seiner Theorie spielt, folgt in Abschn. 3.7.

52 R 1985: I-A und PL I.2.1, ähnlich R 1980: 518 und R 1988: I (analog PL V.1.1).

53 Siehe bes. R 1985, R 1987, R 1988: I-A (analog PL V.1.1), R 1989 und PL IV; s. auch PL zum Thema »freestanding view« (s. Register) und oben, in Abschn. 3.1, das Theorem-Zitat.

54 Zur Anwendung dieser allgemeinen Bemerkung auf den Spezialfall des Präferentialismus s. auch unten, Abschn. 3.4.

55 Siehe z. B. R 1989: § 2 und PL II.2.

56 Daß wir ›nur‹ über die Grundstruktur urteilen, hilft an dieser Stelle auch nicht. Adäquate Urteile über sie werden ebenfalls konditionale Struktur haben, wie auch die Rawlsschen Prinzipien; s. dazu und allgemein zur Tatsachen-Sensitivität auch oben, Abschn. 3.2, Teilabschnitt über die unkontroversen Bedingungen des ›Urzustandes‹.

57 »method of avoidance« z. B. in R 1985: II-E. Langes Buddha-Zitat aus *Majjhimanikaya*: Rede 63; der Vielfrager wird dort kritisch mit dem vom Pfeile Verwundeten verglichen, der so unvernünftig ist, nicht behandelt werden zu wollen, ehe er alles über den Schützen weiß. Siehe auch Rede 72, wo vom »Dorn der Ansichten« die Rede ist. (Beide Buddha-Zitate aus Neumanns Übersetzung.) Zu der Eigenart, Werte und Machbarkeit simultan zu verhandeln, s. Kukatahas/Pettit 1990: Kap. 1; was den beschränkten Skopus der Theorie betrifft, so s. auch unten, Abschn. 3.4 und 3.6, dort den Teilabschnitt zu Gedankenexperimenten.

58 Der Einwand, *alle* Tatsachen könnten wir ohnehin nicht kennen, berührt das Argument dieses Absatzes nicht. Es ist dann halt ein Argument dafür, (anders als Rawls) entweder keine Tatsachen oder alle *wißbaren* Tatsachen zuzulassen (oder alle *möglichen*, unter Berücksichtigung der *Wahrscheinlichkeit* ihres Eintretens).

59 Gute Sätze im präferentialistischen Sinne, s. o., Abschn. 2. Da Rawls *bestimmte* Rechte und Freiheiten auflistet, kämen wir auf dem hier skizzierten Wege höchstens dahin, daß auch er von Präferenzen redet; nie dahin, daß er *alle* Präferenzen respektiert. Präferenzen- oder interessenbezogene Explikationen des Rechtsbegriffs finden sich u. a. bei

Bentham, Feinberg, Frey, Godwin, Hare (1981: Kap. 9), Hutcheson, Lyons, MacCormick, Nelson, Raz und Tooley; Hinweise zu dieser Tradition gibt auch Waldron 1984: 9-11. Einige der im vorliegenden und dem folgenden Abschnitt vorgebrachten Gedanken zum Verhältnis von »primary goods« zu Präferenzen ähneln denen von Arrow in 1973: III.1. Siehe auch die Diskussionen zum Thema Toleranz an vielen Stellen dieses Aufsatzes, bes. oben, in Abschn. 3.2, und unten, in Abschn. 3.7.

60 Mehr dazu im Laufe des vorliegenden Abschnitts.

61 R 1982: V-A; s. auch unten, Anm. 63.

62 Bentham, zitiert nach Mill 1861: V-E. James-Zitat aus 1891: 149. Zur Toleranz siehe auch oben, Abschn. 3.2, und unten, Abschn. 3.5 und 3.7.

63 Siehe zu diesem Einerseits-Andererseits u. a. R 1980: 1. Vg.: IV-E und 2. Vg.: III, R 1982: II-E, IV-E und V-A, R 1983: 22, R 1985: 244, R 1988: IV sowie PL I.5.4, V.3.2, 4.1, 4.3 und S. 308 (das Wort »all-purpose means« findet sich u. a. dort). Einen Hoffnungsschimmer bietet R 1988: III-E (analog PL V.3.4): Schmerzlosigkeit wird dort zumindest als Anwärter auf den Status eines »primary good« behandelt. Allgemein zu »primary goods« s. auch TJ § 15, PL V.3 f. und oben, Abschn. 1-E.

64 Mehr zu der Suche nach Korrelationen sowohl weiter oben im vorliegenden Abschnitt als auch weiter unten in ihm. Zu der These, daß sie sich schwierig gestalten würde, s. allgemein auch oben, Abschn. 3.3-A.

65 Was nicht heißt, daß es keine präferentiellen Pflichten zur Präferenz-Änderung gäbe, s. auch unten, den entsprechenden Teilabschnitt von Abschn. 3.5. »objective-list approach« ist Griffins Ausdruck, 1986: 33 f. Falls Rechte und dergleichen implizit auf Präferenzen referieren (s. o., zweiter Absatz des vorliegenden Abschnitts), ist dann Rawlsens Liste eine »objective list«? Ich verfahre in diesem Aufsatz durchgehend so, als ob die Antwort ja lautet. Denn nichts deutet darauf hin, daß Rawls mit einer »interest theory of rights« sympathisiert, und allemal lehnt er eine in vollem Sinne präferentialistische Lesart der ›Grundgüter‹ ab, s. o., Anm. 63. Zu Rawls-Gerechtigkeit und Science-fiction s. o., Abschn. 3.3, und unten, Abschn. 3.6, Teilabschnitt zu Gedankenexperimenten.

66 R 1983: 26 (analog PL 311), meine Hervorhebung; ähnlich R 1985: 241 und R 1990: 29.4-A und 30.1-E. Mehr zur Religionsfreiheit unten, in Abschn. 3.7, Teilabschnitt zu Gewichtungsfragen.

67 Mehr dazu, und zwar im Zusammenhang mit nichtarchimedischem Nutzen, in Fehige 1995 und unten, in Abschn. 3.6, Teilabschnitt über Minderheiten.

68 Siehe z. B. R 1974b: IV-E, R 1982: 148, Fn., und R 1983: 48 (analog PL 333).

69 R 1982: V, Fn., meine Hervorhebung. Ein Präferentialist, der anti-

soziale Präferenzen ausschließen möchte, ist Harsanyi, s. z. B. 1977: I.4.6-E.

70 Zum beschränkten Anwendungsbereich s. o., Abschn. 3.3, und unten, Abschn. 3.6, Teilabschnitt zu Gedankenexperimenten.

71 Parfit (1984: Teil I) diskutiert die Angelegenheit und die zugehörige Literatur. Auch das Paradox des Hedonismus (man wird nicht glücklich, indem man versucht, glücklich zu werden) gehört zu diesem Thema. Siehe auch oben, in der dritten Bemerkung zur Toleranz aus Abschn. 3.2, die Unterscheidung von Plausibilität und Wirkung der Rawlsschen Theorie und unten, im ersten Teilabschnitt von Abschn. 3.5, die Bemerkung über die Möglichkeit zweier Ebenen. Eine Zwei-Ebenen-Lösung findet sich in Sidgwick 1874: IV.IV f. sowie in Hare 1981: Kap. 3 und passim.
Es gibt kaum Indizien dafür, daß Rawls selber seine Prinzipien als bloße Faustregeln anzusehen bereit wäre. Allerdings spricht er vom Primat der Praxis (s.o., Anm. 48) und wirft präferentiellen Gerechtigkeits-Kriterien angebliche Nachteile ihrer *Anwendung* vor (s. wiederum den ersten Teilabschnitt von Abschn. 3.5). Sollte uns *das* dazu ermuntern, seine Gerechtigkeits-Prinzipien letztlich als Methode statt als Kriterium aufzufassen?

72 Zur Öffentlichkeits-Bedingung s. TJ § 23, PL II.2 sowie oben, Abschn. 3.2, Teilabschnitt zu den problematischen Bedingungen des ›Urzustandes‹, und unten, Abschn. 3.5, erster Teilabschnitt. Die Literatur zur Öffentlichkeits-Frage ist umfangreich, s. z. B. Platons *Staat*: 414 f., Sidgwick 1874: IV.V.3 sowie Williams 1985: 107-110 und 1988: 14.4-6. Auch die Religion wird ja manchmal als nützliche Lüge verteidigt; der anonyme Traktat *De tribus impostoribus* schockierte das 17. Jahrhundert mit dieser und ähnlichen Thesen, und TJ 454 erwähnt den Großinquisitor aus den *Brüdern Karamasow*.

73 S. o., Anm. 11; und zum Teil sogar innerhalb des Utilitarismus: s. u., in Abschn. 3.6, die Bemerkungen zu realistischen Fällen und zum Nutzenbegriff. Einige der im vorliegenden Abschnitt diskutierten Einwände treten bei Rawls allerdings als Einwände gegen *spezielle* präferentialistische Systeme auf, z. B. gegen den Utilitarismus oder, in R 1975c: VII, gegen das bizarre System der »equal proportionate satisfaction«. Wo nicht ausgeschlossen werden kann, daß Rawls solche Punkte auch als Einwände gegen den Präferentialismus im allgemeinen vorbringen möchte oder würde, diskutiere ich sie hier sicherheitshalber mit, und zwar so, als habe er sie als solche vorgebracht.

74 Siehe dazu oben, Abschn. 1, 3.1 und 3.2, Teilabschnitt zu den problematischen Bedingungen des ›Urzustandes‹ und vierte Bemerkung zur Toleranz, sowie unten, Beginn des letzten Teilabschnitts von Abschn. 3.

75 R 1980: 1. Vg.: IV und PL II.3; ähnlich R 1975c: I, R 1983: 21 (analog PL 307) und PL II.5.3. Zu »primary goods« s. o., Abschn. 1-E und 3.4.

76 R 1990: 38.1.
77 Siehe TJ § 15-A.
78 Siehe Hare 1981: Kap. 3 und oben, Abschn. 3.4-E.
79 Wer die Annahme, die der Einwand der Diskussion zuliebe macht, nicht unterschriebe, beriefe sich nicht nur auf Probleme bei der Anwendung (und nur um die geht es an dieser Stelle), sondern bereits auf andere vermeintliche Inadäquatheiten von X. Zur Öffentlichkeits-Bedingung s. auch TJ § 23, PL II.4 und oben, Abschn. 3.2, Teilabschnitt über die problematischen Bedingungen des ›Urzustandes‹ sowie vierte Bemerkung zur Toleranz, und 3.4-E.
80 Siehe z. B. R 1972 (dort Abschn. c der Replik auf Lyons), TJ § 26-E, R 1974b: 640 und unten, Abschn. 3.6.
81 Siehe z. B. Hinsch 1995: V und Rawls: »[We] want to go behind de facto preferences generated by given conditions« (TJ 155).
82 S. o., Abschn. 2. Unsere Stipulation wurde nicht auf den Einwand zugeschnitten. Historisch und biographisch gesehen sind Präferentialisten in der Regel Ex-Benthamianer, die gesehen haben, daß Glück gut ist, aber nicht ganz genügt. So gut wie jeder Verfechter des Präferentialismus oder ähnlicher Lehren sagt, daß Glück zählt. Entweder sagt er nämlich (wie wir), daß jeder es ceteris paribus vorzieht, glücklicher zu sein (so daß die Rede von Präferenzen die von Glück umfaßt), oder daß sowohl Glück als auch Präferenzen zählen.
83 R 1982: V-E; ähnlich R 1975c-E und R 1985: 244. S. a. oben, Anm. 63.
84 Die drei Zitate stammen, in dieser Reihenfolge, aus: R 1975c: VII-A, R 1983: 44 (analog PL 329) und R 1982: IV-A.
85 S. o., Anm. 11 und Beginn des vorliegenden Abschnitts 3.5.
86 Siehe auch Hare 1981: Kap. 5 und Harsanyi 1977: I.4.1-4.4.
87 R 1975c: 552.
88 R 1983: 44 (analog PL 329 f.); mehr dazu am Ende des vorliegenden Teilabschnitts.
89 Ein Leitmotiv dieses Aufsatzes; Weiteres dazu in jedem Abschnitt, bes. aber oben, in 3.1 und in der Toleranz-Diskussion in 3.2.
90 R 1975c: VII-A.
91 R 1975c: VII-A, meine Hervorhebung.
92 Siehe auch Fehige 1997; obgleich zu anderen Zwecken eingeführt, illustriert das Drogenbeispiel in Parfit 1984: 497 denselben Punkt.
93 S. o., Abschn. 1; s. dazu auch Arrow 1973: II, Harsanyi 1975: Abschn. 3 und Postskriptum sowie oben, Abschn. 3.4, und unten, Abschn. 3.6 und 3.7, dort bes. das erste materialethische Bedenken.
94 Siehe z. B. R 1982: 168 f.; ähnlich PL V.3.6. Siehe dazu auch unten, Abschn. 3.7.
95 Siehe PL V.3.6; zu den Revidierbarkeits-Wünschen im ›Urzustand‹ s. auch unten, Abschn. 3.7, Teilabschnitte zur materialen Ethik und zur Gewichtung.

96 Genauer gesagt: mit ›moralischer Personalität‹, die selbst wieder mit Autonomie zu tun hat, s. z. B. PL II.5 und unten, das lange Zitat gegen Ende von Abschn. 3.7.
97 Siehe z. B. TJ 145 und § 29-A.
98 Zitat aus R 1987: III-E; ähnlich R 1974a: 143. Siehe zur Korrelation von Präferenzbefriedigung und ›Grundgütern‹ auch oben, Abschn. 3.3 und 3.4.
99 Siehe Hare 1981: Kap. 8.
100 Ad (i): Siehe z. B. TJ § 26-E, R 1972 (dort Abschn. c der Replik auf Lyons), R 1974b: 640, R 1982: VII-E sowie oben, ersten Teilabschnitt von Abschn. 3.5. Ad (ii): Siehe z. B. R 1974a: 143 und, zitiert zu Beginn des vorliegenden Abschnitts 3.6, R 1987: III-E. Ad (iii): Siehe z. B. TJ §§ 22, 24 und 26-E, PL II.4.1-A sowie oben, Abschn. 3.3 bis 3.5.
101 Zum Beispiel die Tatsache, daß es schwer ist, etwas geheimzuhalten, oder daß Menschen fehleranfällig sind; all dies ausführlich u. a. in Sidgwick 1874: IV.IV f. und Hare 1981: Kap. 8.
102 Rawls ist sich des Problems bewußt, s. R 1987: III-E.
103 Zitate aus R 1982: VI-E sowie S. 169 und 180 f. Zur Präferenz-Änderung s. auch oben, den entsprechenden Teilabschnitt von Abschn. 3.5, und unten, Abschn. 3.7, Teilabschnitte zur materialen Ethik und zur Gewichtung.
104 Erstes Zitat aus R 1982: 169; zweites aus R 1980: 2. Vg.: III-A, ähnlich R 1974b: III-E. Sind die Gerechtigkeits-Prinzipien nichtpräferentielle, so drängt sich auch wieder die Frage auf, ob nicht manchmal sie gegenüber Präferenzen statt Präferenzen gegenüber ihnen sensitiv sein sollten, s. o., Abschn. 3.4 f.
105 Siehe z. B. R 1980: 2. Vg.: III.
106 Zum Thema »admissible conceptions« s. z. B. R 1982: I-A und R 1988: III (analog PL V.3); »justice draws the limit« findet sich in der Einleitung zu R 1988 (und dementsprechend in der zu PL V).
107 Siehe TJ § 27. Eine andere Antwort ergibt sich aus der Verwendung eines nichtarchimedischen Nutzenbegriffs, wie er im übernächsten Absatz erwähnt wird; zum Zusammenhang zwischen Nichtarchimedizität und Populationsethik s. Fehige 1995: 4.2: Frage 14. Eine ganz andere Antwort würde lauten, die »Repugnant Conclusion« sei gar nicht »repugnant«; dafür argumentiert z. B. Hare in 1993: Aufsätze 5 f. und 10-12 sowie in 1997. Zu Nutzen als Frustrationsvermeidung s. Fehige 1997 sowie oben, Anm. 7. »different people choices« und »Repugnant Conclusion« sind Derek Parfits Ausdrücke, s. 1984: Abschn. 120 und Kap. 17.
108 TJ § 5-E.
109 Zum nichtarchimedischen Nutzen s. Fehige 1995; zum Vorteil eines nichtarchimedischen Utilitarismus gegenüber Leximin s. ebd.: 4.2:

Frage 15. Zu Leximin s. des weiteren Harsanyi 1975, bes. Abschn. 3 und Postskriptum, TJ § 13, Sen 1970: 9.2 und oben, in Abschn. 3.5, den Teilabschnitt über kostspielige Präferenzen.

110 Speziell zum Utilitarismus siehe u. a. TJ 145 und § 29 und beachte, daß beispielsweise die Argumente in R 1982 solche gegen den Gedanken einer »*well-ordered* utilitarian society« mit einer »*shared* highest-order preference function« sind (VII-A, meine Hervorhebungen). Zum allgemeinen Punkt s. z. B. R 1985: II-E, R 1989: § 4 sowie oben, Abschn. 3.1 und die Diskussionen von Öffentlichkeits-Bedingung und »well-orderedness« in Abschn. 3.2, Teilabschnitt über die problematischen Bedingungen des ›Urzustandes‹ sowie vierte Bemerkung zur Toleranz, und unten, den Beginn des letzten Teilabschnitts von Abschn. 3.7.

111 Zitat aus R 1982: IV-E, meine Hervorhebung. Lyons gehört zu den vielen, die den Utilitarismus für Rawlsens Hauptrivalen halten, s. die Einleitungssätze von Lyons 1972. Was Rawlsens eigene Neigung, die Wahl einzuschränken, betrifft, s. o., Abschn. 3.2, Teilabschnitt zu den problematischen Bedingungen des ›Urzustandes‹. Zu nichtutilitaristischen präferentialistischen Ethiken s. ebenfalls oben, und zwar Anm. 11 und Abschn. 3.5-A.

112 R 1980: 1. Vg.: IV-A, meine Hervorhebung. Ein ähnliches Ideal wird in TJ bereits erwähnt (s. dort im Register unter »moral person«, aber weit weniger strapaziert; Rawls selbst thematisiert diese Änderung z. B. in den im letzten Absatz dieser Anmerkung aufgeführten Werken.

Ein drittes Interesse der Personen, »a higher-order interest in protecting and advancing their conception of the good as best as they can« (R 1980: 1. Vg.: IV-A; ähnlich PL II.5.2), werde ich der Einfachheit halber ignorieren; nach R 1980, selbe Stelle wie gehabt, ist es »subordinate to the highest-order interests«. Da sich meine Kritik, grob gesagt, gegen die Existenz und die unklare Gewichtung der zwei Interessen richtet, die den ›moralischen Vermögen‹ entsprechen, wird sie durch die Existenz eines dritten und ihnen nicht übergeordneten Interesses falls berührt, dann höchstens bekräftigt. Analoges gilt für die Tatsache, daß in PL streckenweise nur noch von »high*er*-order interests« die Rede ist, s. u., Anm. 125.

Daß eine Präferenz oder dergleichen von höchster Ordnung oder Stufe ist, heißt nach üblichem philosophischen Sprachgebrauch noch nicht, daß sie außerordentlich stark oder wichtig ist, sondern daß sie nicht Inhalt einer anderen Präferenz desselben Präferierenden ist. Rawlsens Erläuterungen (z. B. R 1980: 1. Vg.: IV-A und PL II.5.2) und sein Umgang mit den »highest-order interests« machen jedoch hinreichend deutlich, daß er (zumindest *auch*) ersteres im Sinn hat.

Zum Personen-Ideal und zu seiner Verbindung mit dem ›Urzustand‹

s. auch R 1980: 1. Vg.: I-A und 2. Vg.: IV-A, R 1982: III, R 1983: III (analog PL VIII.3), PL I.5; R 1990: 15 und Hinsch 1992: V. Angesprochen wurde das Thema bereits oben, in den Abschn. 3.2, Teilabschnitt über die problematischen Bedingungen des ›Urzustandes‹ und vierte Bemerkung zur Toleranz, und 3.4.

113 Jedenfalls so grundlegend, wie die Dinge bei Rawls werden – s. dazu auch oben, Anm. 32 und Einleitung zu Abschn. 3, und unten, im vorliegenden Abschnitt.

114 Kinder, Vögel, Lilien: Matthäus 18:3 f., 6:26, 28; ein großartiges Plädoyer für ein solches Ideal ist Schlick 1927, bes. S. 349 f. Mehr zum Intentionalismus z. B. bei Kant (1785: »Erster Abschnitt«-A) und – kritisch – bei Kutschera (1982: 2.5). Rawls betont, seine ›moralische Personalität‹ sei kein »ideal for personal life« und charaktierisiere nur, »how citizens are to think of themselves [...] in their political and social relationships as specified by the basic structure« (R 1983: III-A, analog PL VIII.3-A). Daß sich auch zu denjenigen unserer Beispiele, die nicht ›politisch‹ sind, analoge ›politische‹ finden lassen, dürfte jedoch klar sein.

115 Siehe neben dem Personen-Ideal selbst auch die Bedingung der »well-orderedness« der Gesellschaft, oben, Abschn. 3.2, vierte Bemerkung zur Toleranz.

116 Siehe z. B. TJ § 3-E, R 1974a: 142, R 1980: 2. Vg.: III-E, R 1983: 16 f. (analog PL 302 f.), R 1985: III-E sowie PL I.3.4 und II.5.2.

117 Beispielsweise PL V.3.5: »The aim is to restore people by health care so that once again they are fully cooperating members of society.«

118 Der Pflege des Gerechtigkeitssinnes nur hohen *instrumentellen* Wert beizumessen kann nicht sein, was Rawls im Sinn hat. Einschlägige instrumentelle Erwägungen treten bei ihm kaum auf und hätten in einer Konzeption der Person auch wenig zu suchen. Und ginge es ihm nur um solche Erwägungen, dann würde er für den Schutz des Gerechtigkeitssinnes nicht das Kantische Erbe bemühen (wie z. B. in R 1980: 1. Vg.: I-A).

119 Würde hier eingewandt, mit »Revision« sei nur ein Überdenken gemeint, das nicht in eine Änderung münden müsse, so bliebe das Ideal frappierend; auch wäre fraglich, ob Rawls gerechtigkeitstheoretisch auf ihm noch alles fußen lassen könnte, was er möchte. Mehr zur Revidierbarkeit oben, in Abschn. 3.5, Teilabschnitt zu Präferenz-Änderungen, und im nächsten Teilabschnitt des vorliegenden Abschnitts.

120 Siehe z. B. R 1974a: 143 und R 1983: 27 f. (analog PL 313 f.).

121 Siehe dazu auch R 1983: 20 (analog PL 306), Fn. Anders gesagt: Heraus käme in etwa Rawlsens System mit Wählern, die genau das nach seiner Zählung dritte Interesse haben: »to enable the persons represented to protect and advance some determinate (but unspeci-

fied) conception of the good«; s. auch oben, Anm. 112, zweiter Absatz.

122 Es gibt Anlaß zu der Vermutung, daß dies für die Herleitung von beträchtlichen Teilen der Rawlsschen Gerechtigkeits-Prinzipien gilt, s. z.B. Rawlsens Ausführungen über die Priorität der Grundfreiheiten und dazu auch den Beginn des nächsten Teilabschnitts.

123 R 1974: 143, meine Hervorhebung; ähnlich R 1983: 27 (analog PL 313 f.).

124 Siehe auch oben, Abschn. 3.2, bes. Anm. 32 und Teilabschnitt zu den problematischen Bedingungen des ›Urzustandes‹, sowie 3.4.

125 Etwas korrekter, aber in der Sache nicht minder bizarr: *Falls* sie Beziehungen und Projekte hat, wählt sie selbige mit vorrangigem Blick darauf aus, daß sie maximal revidierbar sind. Gewiß sind die unschönen Seiten der Revisionsfreude keine, die zu propagieren Rawls im Sinn hatte; die These ist nur, daß er sie sich de facto eingehandelt hat.

126 *Odyssee* XII: Vers 163 f. (Hampes Übersetzung); mehr dazu z.B. in Elster 1979: II.

127 Des Urzuständlers Gewichtung von Schutz versus Revidierbarkeit seines Glaubens wird unter anderem darüber entscheiden, was als Gotteslästerung verboten und was als freie Rede erlaubt sein soll – in mehreren Demokratien der Welt eine Frage von Leben und Tod.

128 Einige der folgenden Bemerkungen zum Gewichtungsproblem sind verwandt mit den Einwänden Harts (Hart 1973), die Rawls in R 1983 (analog PL VIII) zu beantworten versucht hat – im wesentlichen erfolglos.

129 Rawls ist sich des Problems bewußt, s. R 1983: VIII (analog PL VIII.8). Die im folgenden vorgetragenen Bedenken werden auch nicht dadurch ausgeräumt, daß wir nur noch von »high*er*-order interests« reden (PL II.5.2, meine Hervorhebung); der Komparativ läßt die Gewichtungsfrage mindestens so offen wie der Superlativ.

130 Und *sie* sind einschlägig, nicht TJ; s. dazu die Erläuterungen in R 1983 (analog PL VIII). Wie ad hoc es bei der Gewichtung zugeht, wenn ihr der Konkretheit der Probleme wegen nicht länger aus dem Weg gegangen werden kann, ist gut in PL 243, Fn., zu sehen.

131 Wenngleich eine, die, wie wir gesehen haben, nicht für alles hinreicht, für das sie hinreichen soll. R 1983 (analog PL VIII) sagt, daß und warum die Prämisse notwendig ist; teils wird es auch in dem langen Zitat am Ende des vorliegenden Abschnitts deutlich.

132 Siehe dazu auch oben, Abschn. 3.2, Ende des Teilabschnitts zu den problematischen Bedingungen des ›Urzustandes‹ sowie die vierte Bemerkung zur Toleranz.

133 TJ § 4 und PL III.1.4; s. auch oben, Anm. 13, 23 und 32.

134 Wie William James es uns aufträgt – s. o., das lange Zitat in Abschn. 3.4-A. Rawls-Zitat aus R 1980: 2. Vg.: III-A; ähnlich PL I.5.3.

135 R 1988: III-A sowie PL V.3.1 und VIII.3-A.
136 Siehe wiederum die Anm. 13, 23 und 32.
137 R 1980: 1. Vg.: IV-E.
138 R 1982: IV-E; zur Toleranz s. auch oben, Abschn. 3.2 und 3.4, bes. 3.4-A.

Ludwig Siep
Rawls' politische Theorie der Person

In den Vorträgen und Aufsätzen, die John Rawls seit 1980 publiziert hat, spielt der »politische« Begriff freier und gleicher Personen eine zentrale Rolle. Zusammen mit dem der »wohlgeordneten Gesellschaft« stellt er die Grundlage von Rawls' liberaler Gerechtigkeitstheorie dar. Die »ursprüngliche Position«[1], in der die Mitglieder einer Gesellschaft ihre Regeln wählen, muß diesen ihren wesentlichen Charakter, Personen zu sein, zum Ausdruck bringen.

Daß die Teilnehmer der ursprünglichen Position freie und gleiche Personen *sind*, ist schon in *Eine Theorie der Gerechtigkeit* hinreichend klar. Nicht so deutlich wurde in diesem Buch, daß ihre *Wahl* von einer Konzeption freier und gleicher Personen geleitet wird. In seiner Erwiderung auf H. L. A. Harts Kritik (Hart 1973) in dem Aufsatz »Der Vorrang der Grundfreiheiten« räumt Rawls ein, daß in seinem Buch »nur unzureichend erläutert wird, aus welchen Gründen sich die Parteien im Urzustand für die Grundfreiheiten entscheiden und sich auf deren Vorrang einigen« (R 1992: 159). Diesem Mangel will er durch eine Korrektur (im Original »revision«) abhelfen, die in dem Nachweis besteht, daß »die Grundfreiheiten und ihr Vorrang auf einer erkennbar liberalen Konzeption der Person basieren, und nicht, wie Hart annimmt, allein auf Erwägungen des rationalen Interesses« (R 1992: 160).

Rawls beansprucht, daß dieser »politische« Begriff der Person gegenüber metaphysischen und psychologischen Konzepten neutral ist. Ob dieser Anspruch zu Recht besteht, erörtere ich im ersten Teil der folgenden Ausführungen (I). Im zweiten Teil geht es um den epistemischen Status dieser Personkonzeption (II). Im dritten erörtere ich die Frage, ob diese Konzeption die Begründungslast tragen kann, die ihr zugedacht ist. Vor allem diskutiere ich, ob das »berühmtere« der beiden Rawlsschen Gerechtigkeitsprinzipien, das »Differenzprinzip« (vgl. TJ d 86 ff.), aus dem Personbegriff mittels des Verfahrens der Wahl in einer ursprünglichen Position hergeleitet werden kann (III). Der vierte Teil beschäftigt sich mit dem Status von Nicht-Personen in Rawls' Theorie – vor dem Hintergrund der Frage, ob der Personbegriff als Grundlage einer Rechtsphilosophie ausreichend ist (IV).

I

Rawls bezeichnet seine Theorie der Gerechtigkeit in dem gleichnamigen Buch als »Teil einer Theorie der rationalen Wahl«.

Gleichwohl sind die Teilnehmer an dieser Wahl keine rationalen Egoisten, sie wählen nicht, was immer in ihrem Interesse liegen könnte, sondern sie haben aufgrund ihrer Personalität eine Rangordnung von Interessen. Dies konnte zumindest der »Kantischen Deutung« der Gerechtigkeitsprinzipien entnommen werden. Seit den Vorlesungen über »Kantischen Konstruktivismus in der Moraltheorie« (R 1992: 80-158) hat Rawls diesen Punkt hinreichend klar gemacht: Personen sind durch bestimmte moralische Fähigkeiten gekennzeichnet, deren Ausübung ihr »höchstrangiges Interesse« ist. »Wir betrachten Personen als durch zwei moralische Vermögen und zwei ihnen korrespondierende höchstrangige Interessen an der Verwirklichung und Ausübung dieser Vermögen gekennzeichnet. Das erste Vermögen ist die Anlage zu einem wirksamen Gerechtigkeitssinn ... Das zweite moralische Vermögen ist die Befähigung, eine Konzeption des Guten auszubilden, zu revidieren und rational zu verfolgen ... Indem ich sie *»höchstrangig«* nenne, will ich zum Ausdruck bringen, daß diese Interessen, so wie die Modellvorstellung einer moralischen Person beschrieben wurde, in höchstem Maße regulativ und wirksam sind.« (R 1992: 93 f.).

Die Beteiligten an der Wahl der Gerechtigkeitsgrundsätze betrachten sich nicht nur wechselseitig als Personen, sie haben auch eine fundamentale Präferenz bzw. ein höchstrangiges Interesse an der Erhaltung und Verwirklichung ihrer Personalität. Traditionell gesprochen: sie sind sich als solche Personen Selbstzweck. Die ursprüngliche Position selber ist »Ausdruck« ihrer moralischen Persönlichkeit. Sie sind Wesen, die sich ihre Vorstellungen des Erstrebenswerten (*conception of the good*) und die Regeln der Erfüllung ihres Lebensplanes in rationaler Überlegung und Wahl aneignen. Da sie sich bei dieser Erfüllung stören oder unterstützen können, ist rational nur eine gemeinsame Wahl von Regeln der Kooperation unter Fairneßgesichtspunkten.

Den Primat der gewählten Regeln müssen dabei die Grundfreiheiten haben, die der Sicherung der freien Zielwahl und der Beteiligung an der Regelsetzung auf den Ebenen unterhalb der ursprünglichen Position (Verfassung, Gesetzgebung etc.) dienen. Wie weit auch der zweite Teil des »Differenzprinzips«, die Regel der Maximierung des Anteils der Schlechtestgestellten an den Primärgütern, aus den »höchstrangigen« Interessen der Person folgt oder nur aus den hochrangigen an Mitteln zur Verfolgung ihrer Ziele, ist noch zu erörtern (III).

Rawls' Kombination einer Theorie der rationalen Wahl mit einer Konzeption von Personalität, die den Kreis des Wählbaren einschränkt, folgt der Entwicklung der neuzeitlichen Vertragstheorie seit dem 18. Jahrhundert: während noch bei Hobbes auch ein Unterwerfungs- oder Sklavereivertrag rational (weil im berechtigten Selbsterhaltungsinteresse) war, können seit Rousseau Menschen als freie Wesen auf ihre Entscheidungsfreiheit nicht verzichten. Sie können es nicht, ohne ihr »Wesen« zu negieren, das heißt: sie dürfen es nicht. Sklavereiverträge sind unzulässig bzw. unsittlich. Genau dieser Einschränkung der Wahlmöglichkeiten der Vertragspartner dient schon bei Kant der Begriff der Person: Personen sind Wesen, die sich – in ihrem Pflichtbewußtsein bzw. ihrem Bedürfnis nach Selbstachtung – unter der Forderung finden, nur nach Gesetzen zu handeln, die man sich als Mitglied einer Gemeinschaft gleichberechtigter Vernunftwesen geben könnte. Daher darf man sich nicht in den »goldenen Käfig« persönlicher Abhängigkeit oder des Paternalismus verkaufen. Der Personbegriff soll Kants Rezeption des Rousseauschen Autonomiebegriffs sichern und rechtfertigen.[2]

Bei Rawls hat die Personkonzeption dieselbe Funktion: Sie schränkt ein, worüber sich die Vertragspartner auf dem Wege eines Vorteilstausches einigen können. Da Personen ihre zukünftige Entscheidungsfreiheit und ihre Mitwirkung an der Regelbestimmung nicht veräußern können, einigen sie sich auf ein System gleicher Grundfreiheiten und auf Verfahren gemeinsamer Regel- bzw. Gesetzgebung. Was bei Rousseau und Kant sittliche Pflicht ist, heißt bei Rawls »höchstrangiges Interesse«.

Aber Rawls Personkonzeption ist eine »politische«, keine moralische im Sinne Kants oder Rousseaus. Sie will von Voraussetzungen einer Rousseauschen Willensmetaphysik ebenso frei sein wie von einer Kantischen *Metaphysik der Sitten*. Nicht um voraussetzungsfrei im Sinne von »letztbegründet« zu sein, sondern um eine nicht-kontroverse Basis für eine Gerechtigkeitstheorie im Zeitalter des Pluralismus anzubieten.

Wie voraussetzungsfrei ist sie wirklich? Und warum sollen sich Mitglieder einer Gesellschaft als Personen betrachten, wenn sie nicht sittlich dazu verpflichtet sind und auch andere »höchstrangige« Interessen haben könnten?

In seinem Aufsatz »Gerechtigkeit als Fairneß: Politisch und nicht metaphysisch« (R 1992: 255-292) unterscheidet Rawls zwischen metaphysischen und nicht-metaphysischen Theorien der Person. Unter »metaphysisch« versteht er vor allen Dingen umfassende Theorien des Selbstbewußtseins, der Leib-Seele-Beziehung und der Identität der Person in der Zeit. Descartes, Leibniz, Kant sind seine Beispiele. Indessen wird nicht ganz klar, wie weit der Begriff »metaphysisch« zu fassen ist. Rawls möchte im Sinne seiner »Vermeidungsstrategie« die philosophischen Kontroversen aus der Grundlegung der politischen Philosophie ausklammern. Aber sind alle philosophischen Theorien der Person, die miteinander unvereinbare Wahrheitsansprüche stellen, dann »metaphysisch«? Oder nur solche, die nicht-empirische Begriffe benutzen wie »Seele«, »Substanz«, »Wesen« etc.?

Etwas genauer diskutiert Rawls unterschiedliche Arten der personalen Identität. Er unterscheidet (1) die psycho-physische Identität, (2) die moralische (als »nicht-öffentliche«) und (3) die öffentliche oder politische Identität (R 1992: 279 f.).

Theorien der persönlichen Identität im Sinne von (1) müssen Kriterien angeben, nach denen Zustände oder Handlungen, die zu verschiedenen Zeiten auftreten, »als Zustände oder Handlungen derselben, während dieser Zeit mit sich identischen Person bezeichnet werden können.« (R 1992: 280) Wenn zu diesen Kriterien die »Kontinuität grundsätzlicher Ziele und Bestrebungen« gehört, dann gibt es keine scharfe Unterscheidung mehr zwischen (1) und (2). Denn durch ihre handlungsleitenden Ziele und Überzeugungen ist die moralische Identität der Person gekennzeichnet. Wer, wie Parfit oder Locke, die psychische Kontinuität von derjenigen der Ziele bzw. der Sorge um die eigene Zukunft abhängig sieht, kann die Unterscheidung also nicht aufrechterhalten.

Aber auch die Unterscheidung zwischen öffentlicher und nichtöffentlicher Identität hat nach meiner Auffassung spezifische, sogar historische Voraussetzungen. Sie setzt eine klare Trennung zwischen Moralität und Legalität voraus. Ob man bei einem

Wechsel seiner moralischen, religiösen, theoretischen etc. Überzeugungen seine Rolle als »Bürger« und Rechtssubjekt unverändert beibehält, hängt von der Rechtsordnung ab («Ungläubige« können ihren rechtlichen Status auch verlieren). Es ist sicher auch fraglich, ob in »vor-pluralistischen« Gesellschaften zwischen öffentlichen Rollen und moralischen Zielen deutlich unterschieden werden kann.

Rawls' politische Theorie der Person folgt einer Vermeidungsstrategie, die ebenfalls schon auf die »liberale« Theorie der Person bei Locke und Kant zurückgeht. Beide wollten mit dem auf Bedingungen der Zurechenbarkeit beschränkten Personbegriff metaphysischen Streitigkeiten über die Seelensubstanz, das Leib-Seele-Verhältnis, die biologischen Grenzen der menschlichen Art usw. umgehen. Beide hielten es freilich für notwendig, die Bedingungen ihrer eigenen Personkonzeption in einer »schwachen«, im Sinne von Rawls aber noch immer »metaphysischen« Theorie zu entwickeln. Der Begriff der Rechtsperson setzt für Locke wie für Kant psychologische Kontinuität sowie die Fähigkeit des Gedächtnisses und der Subsumtion von Handlungen unter Regeln voraus. Für Locke ferner die Sorge um wahres Glück und die Vermeidung von Unglück, für Kant zumindest das Interesse an Freiheit zu äußerem Handeln – für beide schließlich das Interesse oder sogar das Bewußtsein der Pflicht zur »Mitgesetzgebung«.

Auch Rawls' politische Konzeption der Person enthält solche Voraussetzungen. Rawls möchte aber eine philosophische Theorie darüber vermeiden. Er versteht Person zum einen als einen normativen Begriff, der unseren Rechtsordnungen zugrundeliegt. Zum andern möchte er ihn aus einem »alltäglichen« Verständnis aufgreifen, in dem die Person als »grundlegende Einheit des Denkens, Überlegens und der Verantwortlichkeit« verstanden wird (R 1992: 267).

Nun kann sich ein solches alltägliches Verständnis natürlich täuschen, was ihm Philosophen immer wieder nachzuweisen versuchen – man denke zuletzt an Derek Parfit (1984). Zudem gibt es auch für ein alltägliches Verständnis Bedingungen, die in Theorien der Identität der Person der ersten Art (1) formuliert werden müssen. Offenbar rechnet Rawls auch hier mit einem »übergeifenden Konsens« zwischen den diskutablen Theorien der Identität der Person in der Zeit. Das setzt aber voraus, daß keine diese Theorien unser Alltagsverständnis und unsere Rechtspraxis infrage stellt, jedenfalls was die Elemente des Personrechts angeht. Wiederum am Beispiel Parfit läßt sich dies in Zweifel ziehen. Parfits »reduktionistische Ansicht« der persönlichen Identität möchte beides aufgrund einer theoretisch-philosophischen Einsicht korrigieren: »Reduced psychological connectedness would reduce both responsibility for past crimes, and obligations to fulfill past commmtiments« (Parfit 1984: 446).

Es scheint mir sehr fraglich, ob Rawls' Begriff des freien und gleichen Bürgers, der Lebenspläne verfolgt und ein Interesse an seiner Identität als Rechtssubjekt und Ursprung von Ansprüchen (»self-originating source of claims«) hat (R 1992: 280), mit einer solchen reduktionistischen Ansicht vereinbar ist. Vermutlich beruht er doch auf theoretischen Annahmen, die in der »philosophy of mind« kontrovers sind. Klar scheint mir, daß er ein Bewußtsein der Identität in der Zeit voraussetzt, ohne das es keine Zielvorstellungen und Ausführungsabsichten, keine rationale Mittelwahl und erst recht keine »Lebenspläne« gibt. Eine weitere Voraussetzung ist die Zurechenbarkeit von Handlungen zu einem identischen Handlungssubjekt, aufgrund derer Verträge, Sanktionen, Strafen etc. möglich sind. Diese Zurechnung muß aus der Perspektive »dritter Person« möglich sein, also sicher auch körperliche Kontinuität implizieren.

Rawls könnte seine Strategie der Vermeidung kontroverser Persontheorien darauf stützen, daß sein Personbegriff ein normativer ist, der nur »ausbuchstabiert«, was in demokratischen Rechtsordnungen an Annahmen über die Rechtssubjekte enthalten ist. Ist seine Theorie dann nur eine »Hermeneutik« der demokratisch-rechtsstaatlichen Kultur? Oder sind die moralischen Fähigkeiten, die die Person kennzeichnen, doch Wesenseigenschaften des Menschen? Das führt uns zu der Frage nach ihrem epistemischen Status.

II

Rawls macht es dem Leser nicht leicht, den epistemischen Status seiner Aussagen über die Personalität zu identifizieren. Handelt es sich um anthropologische Wesensaussagen oder hermeneutische Aussagen über die Grundlagen des Selbstverständnisses einer bestimmten Kultur? Schon im Kapitel über die »Kantische Deutung der Gerechtigkeit als Fairneß« in *Eine Theorie der Gerechtigkeit* wird vielfach betont, daß die ursprüngliche Position und die darin gewählten Grundsätze die Natur des Menschen als freie und gleiche Vernuftwesen ausdrücken (TJ d 288 f.). Zugleich heißt es aber (in der deutschen Ausgabe), die ursprüngliche Position sei Teil einer »empirischen Theorie« (TJ d 289).

Rawls' Theorie ist keine transzendentale. Sie geht nicht, wie Kant zumindest in der *Grundlegung* fordert, von »anthropologiefreien« Wahrheiten über praktische (willensbegabte) Vernunftwesen aus, von denen der Mensch nur eine Subspezies ist. Sie rechnet mit »Grundtatsachen über den Menschen und seine Stellung in der Natur« (TJ d 290). Gehört dazu der Personbegriff und die beiden moralischen Fähigkeiten? Oder handelt es sich um den Grundbegriff einer bestimmten Gesellschaftsform, eines kulturellen Selbstverständnisses?

Man kann Rawls' Konzeption der Person nach beiden Seiten hin interpretieren. Die Methode des Reflexionsgleichgewichts scheint nur die »hermeneutische« Deutung zuzulassen: Die Annahmen über die Grundbegriffe und Modelle der Theorie müssen ja mit den wohlüberlegten Urteilen von Menschen in einer bestimmten Kultur übereinstimmen. Der Begriff der Person bzw. des freien und gleichen Bürgers muß den Urteilen eines Mitglieds moderner demokratischer Rechtsstaaten entsprechen. Er muß ihnen gleichsam als ihr »normatives Selbstbild« einleuchten. In modernen demokratischen Gesellschaften wollen Personen ihren eigenen Vorstellungen des Guten folgen und ihre Lebenspläne selber entwerfen und durchführen. Zugleich wollen sie als kooperative Mitglieder und verläßliche Partner in der Gesellschaft anerkannt werden. Sie wissen, daß dies nur in Institutionen und Regeln wechselseitigen Respekts für ihre moralischen Fähigkeiten möglich ist. In dieser Hinsicht scheint tatsächlich ein »übergreifender Konsens« zwischen Vertretern verschiedener Konzeptionen des Guten zu bestehen, die in einer Rechtsordnung gewaltlos miteinander vereinbar sind.

Aber eine philosophische Rechtstheorie kann dieses »System« nicht bloß beschreiben – sie muß auch begründen, warum es richtig ist, darin zu leben. Warum soll man eine freie und gleiche Person sein wollen?

Rawls folgt schon in *Eine Theorie der Gerechtigkeit* der ethischen Tradition der moralischen Gefühle (*moral sentiments*) und der Entwicklungspsychologie von Piaget, Kohlberg etc. Die moralischen Eigenschaften, vor allem der Gerechtigkeitssinn, sind mit natürlichen Dispositionen verbunden. Doch geht er offenbar stärker als Piaget von einer Wechselwirkung zwischen natürlichen Dispositionen und kulturellen Gewohnheiten aus: »Ich habe aber nicht behauptet, die Phasen der Entwicklung seien angeboren oder von psychologischen Mechanismen bestimmt ... Es dürfte einleuchten, daß in einer von der Vertragstheorie geleiteten Gesellschaft das moralische Lernen in der dargestelten Reihenfolge stattfindet« (TJ d 538). Sogar für die Moralpsychologie selber gilt, daß sie von bestimmten Gerechtigkeitsvorstellungen abhängt: »Die Grundsätze der Moralpsychologie enthalten eine Gerechtigkeitsvorstellung und ändern sich mit dieser« (TJ d 533). Rawls geht offenbar auch nicht von einem Parallelismus zwischen der moralischen Entwicklung des Individuums und der Gattung aus.

Die politische Theorie der Person wird also allenfalls Verträglichkeit mit anthropologischen und moralpsychologischen Tatsachen anstreben können. Verschiedene Kulturen erlauben die Entwicklung verschiedener natürlicher Tendenzen und moralischer Fähigkeiten. Die moderne demokratische Gesellschaft erlaubt die Entwicklung der beiden moralischen Fähigkeiten der Person als Bürger. Man könnte hinzufügen: andere Gesellschaftsformen erlauben die Entwicklung anderer Fähigkeiten – die Aristokratie ist der Tapferkeit, die Theokratie der Frömmigkeit günstig usw. Wir kämen damit zu einer vergleichenden Tugend- und Verfassungslehre, wie Montesquieu (1748) sie entwickelt hat.

Rawls will aber sicher mehr behaupten. Die liberale Demokratie beruht für ihn gewiß auf vernünftigeren und kohärenteren Prinzipien und sie »paßt« besser zur menschlichen Natur als Theokratien, absolute Monarchien oder antike Demokratien ohne Gleichheit, persönliche Rechte und private Moral. Die historische Entwicklung zu dieser Gesellschaftsform betrachtet er sicher nicht als Verfall oder als ungerichtet, sondern als Fortschritt. Aber ist das möglich ohne einige elementare geschichtsphilosophische Annahmen? Und setzen diese nicht wiederum »metaphysische« Annahmen über Notwendigkeit und Freiheit, individuelles und kollektives Handeln etc. voraus?

Philosophen, die wie Kant oder Fichte von einem Primat der praktischen Vernunft ausgehen, haben sich darum bemüht, eine mit der menschlichen Freiheit kompatible Theorie der Natur, des

Geistes und der Geschichte zu entwicklen. Solche Theorien enthalten in der Tat »metaphysische« Annahmen, die eine »konsensfähige« politische Philosophie heute wird vermeiden wollen. Aber eine schwächere Form der Explikation theoretischer (anthropologischer, psychologischer, handlungstheoretischer) Voraussetzungen wird auch einer solchen Theorie nicht erspart bleiben. Wenn sie, wie Rawls, keine transzendentalen Ansprüche erhebt, wird sie der Stützung durch empirische (also auch kontroverse) Annahmen über den Menschen und seine Geschichte nicht entbehren können.

Statt dem weiter nachzugehen, möchte ich aber in den folgenden beiden Abschnitten erörtern, ob der Personbegriff *die* Leistungen für politische Philosophie und Rechtsphilosophie erbringt, die Rawls und andere davon erwarten.

III

Personen, die sich als frei und gleich betrachten, sich eigene Zielsetzungen und einen Sinn für Gerechtigkeit zuschreiben, wählen nach Rawls die beiden Prinzipien der Gerechtigkeit. Mit dem ersten wählen sie zugleich eine Liste von Grundfreiheiten, die den traditionellen Katalogen der Grund- und Menschenrechte entspricht. Rawls folgt insofern dem klassischen Liberalismus seit Locke. Er unterscheidet sich aber von dieser Tradition durch das zweite Prinzip, das Differenz- oder Unterschiedsprinzip, vor allem in der »egalitären« Deutung, die Rawls ihr in seinem Hauptwerk gegeben hat (TJ d 121).

Schon hinsichtlich des ersten Prinzips ist die Tragweite der »politischen« Konzeption der Person freilich eingeschränkt: Sie reicht nur zur Begründung der Grundfreiheiten des Individuums und seine Beteiligung an der Gesetzgebung aus. Ob sich die konkreten Inhalte traditioneller Grundrechtskataloge aus dieser Personkonzeption folgern lassen, bezweifelt Rawls selbst. Er läßt seinen freien und gleichen Personen konkrete Listen vorlegen, leitet deren Inhalt aber nicht aus der Personalität, d. h. der Freiheit, Gleichheit und Autonomie selber ab. Die Mitglieder der ursprünglichen Position wählen solche Listen und ihren Primat vor allen anderen sozialen Regeln, weil sie sich als freie und gleiche Personen betrachten, aber sie entwickeln sie nicht aus dem Begriff ihrer Personalität.

Den auffälligsten Unterschied zwischen Rawls' Theorie der Gerechtigkeit und den klassisch-liberalen Positionen des neuzeitlichen Naturrechtes stellt aber der erste Teil des zweiten Gerechtigkeitsgrundsatzes dar. Nach ihm verlangt die Fairneß zwischen freien und gleichen Personen, daß Ungleichverteilung nur gerechtfertigt ist, wenn sie »den am wenigsten Begünstigten die bestmöglichen Aussichten bringt« (TJ d 104). Die Grundlage dieser Aussichten ist der Anteil an sozialen Primärgütern (TJ d 111, vgl. 177).

Nun ist Rawls' Personbegriff, wie wir gesehen haben, bis auf die »metaphysischen« Grundlagen von den Personbegriffen Lockes und Kants nicht wesentlich unterschieden. Wieso wählen Personen nach diesen Theorien dann *nicht* das Differenzprinzip?

Bei Locke und Kant gehört zur Person untrennbar das Recht, über seinen Körper und die Sachen zu verfügen, die zur Verfolgung eigener Zwecke in Anspruch genommen werden, so lange dies unter allgemeine Regeln gleicher Verfügung subsumierbar ist. Jede Person hat das gleiche Recht, Eigentum an Sachen zu erwerben oder – abhängig nur von der Qualifikation – Positionen einzunehmen. Aber niemand hat Anspruch auf einen bestimmten Anteil an Gütern, Einkommen etc. Eine »öffentliche« Verteilung würde in die individuellen Rechte zum Erwerb von Eigentum eingreifen.

Allerdings hat mindestens seit Kant der Staat eine Pflicht, für das Existenzminimum notleidender Staatsbürger Sorge zu tragen.[3] Weil es zu den Zwecken der staatlichen Vereinigung gehört, »die Glieder dieser Gesellschaft, die es nicht selbst vermögen, zu erhalten«, ist nach Kants Anmerkung zu § 49 der *Metaphysischen Anfangsgründe der Rechtslehre* die Regierung »von Staatswegen ... berechtigt, die Vermögenden zu nötigen, die Mittel der Erhaltung derjenigen, die es selbst den notwendigsten Naturbedürfnissen nach nicht sind, herbeizuschaffen« (Kant 1797: 326). Dies muß nach Kant durch Steuergesetze geschehen.

Warum sollten freie und gleiche Personen in der ursprünglichen Position darüber hinausgehen und das Differenzprinzip in der »egalitären« bzw. »demokratischen« Interpretation wählen? Ist dies ein Erfordernis ihrer Gleichheit?

Das ist kaum plausibel. Wenn die Mitglieder der ursprünglichen Position noch nicht an ihren persönlichen Vorteil, sondern nur an ihren zukünftigen Status in einer Rechtsgemeinschaft denken, dann ist die Wahl eines Prinzips der Rechtsgleichheit ausreichend.

Es darf keine Rechtsprivilegien geben, jeder ist in gleicher Weise der Träger rechtlicher Ansprüche (*self-originating source of claims*). Und jeder hat ein gleiches Recht, an der Festlegung der gemeinsamen Regeln teilzunehmen. Mehr ist durch den Begriff gleicher Personen nicht gedeckt.

Wie steht es aber mit dem zweiten moralischen Vermögen der Person, dem Sinn für Gerechtigkeit (*sense of justice*)? Ein allgemeiner Gerechtigkeitssinn, der nicht schon die beiden Rawlsschen Gerechtigkeitsprinzipien voraussetzt, würde wohl nur verlangen, daß die Teilnehmer der ursprünglichen Person ihre wechselseitigen Ansprüche respektieren und bereit sind, zugunsten fremder Ansprüche die eigenen zu begrenzen. Sicher sollte eine faire Zusammenarbeit auch allen Vorteile bieten – aber dafür genügten geringe Vorteile für jeden verglichen mit dem Zustand der Nichtkooperation. Da bei Nicht-Kooperation die »Starken« besser gestellt sein dürften als die Schwachen, könnte dies sogar für eine disproportionale Verteilung »nach oben« sprechen.

Erst wenn man von den *höchstrangigen* Interessen der Person an der Verwirklichung ihrer moralischen Fähigkeiten »absteigt« zu den *hochrangigen* Interessen an sozialen Primärgütern jenseits der Grundfreiheiten, kann die Wahl bestimmter Verteilungsregeln einleuchten. Betrachtet man die Teilnehmer an der ursprünglichen Position als Beauftragte (*trustees*) einer Gruppe, dann kann das Votum für eine vorteilhafte Verteilung sogar als eine Pflicht erscheinen. Gleichwohl haben wir es jetzt, anders als bei Kants »reinen« Personen, die nur ihre äußere Handlungsfreiheit regeln, mit Vertragspartnern zu tun, die eigene oder Gruppeninteressen an »Wohl« bzw. sozialen Gütern verfolgen.

Rawls geht davon aus, daß solche Vertragspartner nicht nur eine für sie günstige Verteilung anstreben, sondern mindestens Gleichverteilung beanspruchen können. Nur wenn Ungleichverteilung auch den Schlechtestgestellten mehr als Gleichverteilung bringt, kann sie daher von allen akzeptiert werden – denn jeder könnte nach Lüftung des Schleiers des Nichtwissens unter den Schlechtestgestellten sein.

Wodurch ist das begründet? Durch das Personprinzip und seine beiden moralischen Fähigkeiten offenbar nicht. Durch den Begriff der sozialen Kooperation auch nicht, denn der verlangt nur Vorteile gegenüber Nicht-Kooperation, die für natürlich Benachteiligte weit unterhalb der Gleichverteilung liegen können.

Nicht erst die Maximierung des Anteils der Schlechtestgestellten über die Gleichverteilung hinaus, sondern schon der Anspruch auf Gleichverteilung selber setzt ein Prinzip der Kompensation natürlicher und schicksalhafter Nachteile voraus, das nur in einem starken moralischen Sinne »rational« genannt werden kann. Rawls nennt den Einfluß natürlicher Fähigkeiten und zufälliger Ereignisse auf die gesellschaftliche Verteilung »unter moralischen Gesichtspunkten willkürlich« (TJ d 94). Das impliziert aber eine eigene Theorie der Moral, nach der nur die durch sozial nützliche Leistungen und durch soziale Regeln begründete Verteilung rational bzw. moralisch akzeptabel ist. Eine solche Theorie würde auch das Ausgleichsprinzip (principle of redress) zu begründen haben, das nach Rawls verlangt, die unverdienten Ungleichheiten der Geburt und der natürlichen Veranlagung durch gesellschaftliche Verteilungsregeln auszugleichen (TJ d 121 ff.). Wenn dieses Prinzip aus der Gleichheit von Personen folgen sollte, dann hätten wir es mit einem reinen, nicht-empirischen Personbegriff zu tun: Für Personen wären alle natürlichen Eigenschaften äußerlich. Einen solchen »überempirischen« Personbegriff weist Rawls aber ausdrücklich zurück (R 1992: 276).

In *Eine Theorie der Gerechtigkeit* lehnt Rawls die »liberale Interpretation« der Gerechtigkeitsprinzipien ab, die sich auf das Prinzip fairer Chancengleicheit für gleich Begabte und gleich Motivierte beschränkt. Stattdessen votiert er für die »demokratische« Interpretation, die die Maximierung der Anteile der Schlechtestgestellten verlange (TJ d 93 ff.). Es geht ihm nicht bloß, wie Kant, um die Existenzsicherung jedes Mitglieds der Rechtsgemeinschaft. Ob aber das Prinzip des Ausgleichs für die Nachteile der natürlichen Ausstattung und der individuellen Biographie zu den unumstrittenen Prinzipien einer pluralistischen Gesellschaft gehört, oder zu einer »brüderlichen« Moral, ist fraglich. In den politischen Debatten der westlichen Demokratien sind der Umfang sozialer Maßnahmen für Benachteiligte, die kompensatorische Erziehung, die Nivellierung der Einkommensunterschiede etc. jedenfalls Gegenstände des politischen Streites mit stärker »liberalen« oder leistungsorientierten Richtungen. Sie sind auch durch das »Sozialstaatsprinzip« etwa des deutschen Grundgesetzes nicht vorgeschrieben. Von Rawls' Prinzipien des politischen Liberalismus, dem Begriff freier und gleicher Personen und der fairen Kooperation scheint mir weder das Ausgleichsprinzip noch die Maximierung des Anteils der Schlechtestgestellten gefordert.

IV

Wie die meisten politischen Philosophen der Neuzeit betrachtet Rawls Personen als Träger oder Ursprung von Rechten (source of claims). Wenn eine Rechtsgemeinschaft aus Personen besteht und diese durch besondere Fähigkeiten der Vernunft und des Willens ausgezeichnet sind, dann fragt sich aber, wie es mit den Rechten derer bestellt ist, die diese Fähigkeiten vorübergehend oder dauerhaft *nicht* besitzen. In der modernen angewandten Ethik ist über diese Fragen mit Bezug auf Tiere, Embryonen, Neugeborene, Behinderte und unheilbar Kranke ausführlich diskutiert worden. Ich will darauf hier nicht eingehen, sondern nur an Rawls' Theorie die Frage stellen, wie Personen die Rechte von Nicht-Personen sichern können.

In der *Theorie der Gerechtigkeit* sehe ich zwei mögliche Argumentationen für die Rechte von Nicht-Personen:
a) Menschen sind potentielle Personen. Als solche sind sie Mitglieder der Rechtsgemeinschaft, auch wenn man ihnen aktive Personrechte, z.B. Vertragsfreiheit, aktives und passives Wahlrecht etc. vorenthalten muß.
b) Nicht-Personen gehören zu den Schlechtgestellten, vielleicht sogar Schlech*test*gestellten, deren Lage nach dem zweiten Prinzip der Gerechtigkeit optimiert werden muß. Dazu gehört offenbar die Anerkennung von Rechten.
a) Das erste Argument findet sich in TJ § 77. Dort heißt es: »Ich sagte, die Minimalforderungen, die die moralische Persönlichkeit definieren, bezögen sich auf eine Fähigkeit, und nicht auf ihre Verwirklichung. Ein Wesen mit dieser Fähigkeit, sei sie bereits entwikkelt oder nicht, muß den vollen Schutz der Gerechtigkeitsgrundsätze genießen. Diese Deutung der Bedingungen scheint nötig, wenn sie unseren wohlüberlegten Urteilen entsprechen soll, denn man schreibt ja Kindern jedes Alters (infants and children) Grundrechte zu ... also ist es vernünftig, sich auf den Standpunkt zu stellen, daß jemand, der nur aufgrund zufälliger Umstände nicht an der ursprünglichen Vereinbarung teilnehmen kann, auch in den Genuß gleicher Gerechtigkeit kommen soll.« (TJ d 553)[4] Nicht

nur Kinder, sondern auch Erwachsene, denen durch »unglückliche Umstände, Unfälle oder seelische Belastung« die Ausübung von personaler Vernunft nicht möglich ist, sollen nach Rawls »in den Genuß gleicher Gerechtigkeit« kommen (ebd.). Anders als die meisten modernen Autoren der angewandten Ethik betrachtet er die »Möglichkeit« (*potentiality*) der Personalität als »hinreichend« für personale Rechte (ebd).

Rawls bezeichnet diese Überlegungen freilich als »im strengen Sinne kein Argument« (ebd).

Nehmen wir sie gleichwohl einmal als ein solches, so haben sie zwei Schwächen: Zum einen ist die potentielle Personalität an die Zugehörigkeit zur menschlichen Spezies gebunden. Denn da Rawls verwirklichte Personalität offenbar nur Menschen zuschreibt, können wir die Potentialität dazu auch nur Wesen dieser biologischen Art zusprechen. Die von Locke vollzogene Entlastung der Rechtsphilosophie von biologischen Grenzziehungen wird damit rückgängig gemacht. Das mag erträglich sein, denn das Problem von Mischwesen und Monstern beunruhigt uns weniger als Locke, und die Frage nach der Personalität von Robotern und Bewohnern anderer Sterne stellt sich noch nicht ernsthaft. Nur muß eine solche Position mit »Speziesismus«-Vorwürfen rechnen.

Die zweite Schwäche ist wichtiger: Nach Rawls käme wohl auch ungeborenem menschlichem Leben schon der »volle Schutz« der Gerechtigkeitsgrundsätze zu. Also zumindest der volle Lebensschutz, da andere »basic liberties« ja noch nicht in Anspruch genommen werden können. Damit wäre z. B. in der Abtreibungsdebatte nur eine sehr konservative Position vereinbar. Rawls hat nun in *Political Liberalism* für die Abtreibungsfrage einen anderen Vorschlag gemacht (PL 243). Es handele sich um ein Problem der Abwägung von Werten. Die Abwägung zwischen dem Schutz menschlichen Lebens, der geordneten Reproduktion einer Gesellschaft und der Gleichheit der Frau führt für ihn zu einer »Fristenlösung«. Ob diese Terminologie der Werte das Problem der Rechte nicht-personaler oder potentiell personaler Menschen insgesamt löst, erscheint mir aber zweifelhaft.

b) Nach der ursprünglichen *Theorie der Gerechtigkeit* könnte man auch versuchen, die Rechte von Nicht-Personen oder potentiellen Personen auf das Differenzprinzip zurückzuführen. Nicht-Personen gehörten dann zu den Benachteiligten, deren Position möglichst günstig zu gestalten wäre.

Man muß dann freilich zu einer etwas sonderbaren Konstruktion greifen: Personen wählen für den Fall, daß sie nach Lüftung des Schleiers zufällig keine Person sind, den größtmöglichen Anteil an den Rechten, der ihnen qua Personen zusteht. Und zwar nicht, weil sie darin ihr Wesen als Personen am besten ausdrücken, sondern weil sie so den größten Vorteil, nämlich den wirksamsten Lebensschutz und andere Rechte erhalten. Ob man Person ist oder nicht, wäre selber hinter dem »Schleier des Nicht-Wissens« verdeckt. Kann das sein, wenn Personalität die wesentliche Eigenschaft ist, die durch die Wahl der Gerechtigkeitsprinzipien ausgedrückt und verwirklicht werden soll?

Vielleicht zeigt sich an dieser Schwierigkeit, daß der Sinn der Rechtsgemeinschaft doch über den der Verwirklichung von Personalität hinausgeht: daß dazu der Schutz der Schwächeren, Person oder nicht, wesentlich gehört. Kann man den Rechtsschutz dann nicht auch auf nicht-menschliche Wesen ausdehnen – und zwar nicht nur, weil Personen das zu ihrer »Verwirklichung« brauchen, sondern weil es der Stellung des Menschen zu solchen Wesen angemessen ist? Für Rawls gibt es gegenüber der nicht-menschlichen Natur zwar Verpflichtungen (*requirements*), aber keine strengen Rechtspflichten (*strict justice*). (TJ d 556) Welcher Art diese Verpflichtungen sind, hängt von einer »Theorie der natürlichen Ordnung und unserer Stellung in ihr« (ebd.) ab.

Was immer die Unterschiede zwischen schützenswerten Ansprüchen und strengen Rechten sein mögen – zu einer Theorie der Gerechtigkeit scheinen auch die ersten hinzuzugehören. Wenn aber die Rechte nicht-personaler Menschen und die Ansprüche der nicht-menschlichen Natur nicht aus den Prinzipien der Person und der wohlgeordneten sozialen Kooperation folgen, dann sind diese Prinzipien für eine umfassende Rechts- oder Gerechtigkeitstheorie offenbar unzureichend. Vielleicht wäre es am Ende für eine solche Theorie doch angemessener, die Personalität nur als *eine* Eigenschaft des Menschen anzusehen, die seiner Rechtsordnung bestimmte Einschränkungen auferlegt, aber nicht als die einzige, die diese Ordnung zum Ausdruck bringen muß.

Anmerkungen

1 Mir scheint die von Hermann Vetter eingeführte Übersetzung »Urzustand« für »original position« problematisch, weil diese weder ein historischer noch ein rechtlicher »status naturalis« ist, sondern eine theoretische Ausgangsposition kollektiver Wahl.

2 Kants Autonomiebegriff ist Rousseaus Gedanken der Selbst- und Mitgesetzgebung verpflichtet. Der Vertragsgedanke ist bei ihm dagegen von geringerer Bedeutung. Das Recht geht nicht auf einen Vertrag zurück; es ist vielmehr ein kategorischer Imperativ der reinen praktischen Vernunft. Die Idee des Vertrages ist bei Kant nur die einzig mögliche Weise, sich die selber »rechtmäßige« Entstehung eines Staates zu denken, der das Recht verwirklicht, d. h. öffentlich und erzwingbar macht. Vgl. § 47 der *Metaphysischen Anfangsgründe der Rechtslehre* (Kant 1797: 315).

3 Nach Peter Lasletts Interpretation könnte auch Lockes Begriff von »property« als »rights in their concrete form« sozialstaatliche Eingriffe in das Sacheigentum («redistributive taxation, perhaps nationalization«) rechtfertigen. Vgl. Laslett 1960: 102, 104.

4 Auch dieses Potentialitätsargument setzt entweder die Gleichsetzung von Person und Mensch voraus oder einen »reinen« Personbegriff, für den die Differenz zwischen der Möglichkeit und der Verwirklichung personaler Fähigkeiten unwesentlich ist. Dann kommt man freilich, wie schon Kant, in Probleme des Verhältnisses zwischen reiner und empirischer Person. Vgl. Siep 1992: 96 ff.

Rainer Forst
Gerechtigkeit als Fairneß: ethisch, politisch oder moralisch?

»Im Idealfall besteht die Rechtfertigung einer Gerechtigkeitsvorstellung gegenüber jemandem darin, daß ihre Grundsätze aus Voraussetzungen abgeleitet werden, die auch er anerkennt, und daß die Grundsätze wiederum zu Folgerungen führen, die auch seinen wohlüberlegten Urteilen entsprechen.« (TJ 580 f., d 630)

John Rawls' Theorie der Gerechtigkeit kann als der großangelegte Versuch verstanden werden, eine Theorie vorzulegen, die sich sowohl mit »unseren« wohlüberlegten Urteilen als auch mit philosophischen Argumenten über die Person, das Gute und die Moral oder auch mit Argumenten der politischen Theorie und der Ökonomie in einem »Überlegungsgleichgewicht« befindet. Und der Erfolg der Theorie – auch angesichts der produktiven Kritik, die zu ihrer Rezeption gehört – scheint Rawls recht zu geben: Der von ihm in das Zentrum der Theorie gestellte Begriff der *Fairneß* ist wie kein anderer für uns mit der Bedeutung von »Gerechtigkeit« verbunden. Die Klarheit dieses Gedankens wie auch die Komplexität der auf dieser Basis errichteten Theorie haben Rawls' Werk zu einem Markstein der politischen Philosophie gemacht.

Worin kann jedoch der Grund dafür gelegen haben, daß Rawls Veränderungen an seiner Theorie vornahm, die zunächst wie kleine Schritte erschienen, nun jedoch, angesichts der umfassenden Reformulierung in *Political Liberalism* (1993), der Theorie ein neues Gesicht verleihen? Eine Antwort auf diese Frage kann m. E. nur gefunden werden, wenn die Fortentwicklungen nicht als Abkehr von der Intention der *Theorie der Gerechtigkeit* gewertet werden, sondern als Reflexion darauf, was eine Gerechtigkeitstheorie Rawls zufolge leisten muß. Gesucht wird demnach eine *politische* Theorie,

– die den Vorrang von Prinzipien gleicher Rechte und Freiheiten vor den Auffassungen des Guten behauptet, die innerhalb einer pluralistischen Gesellschaft bestehen, ohne diese Konzeptionen des Guten illegitim zu beschneiden,

- die dies nur leisten kann, wenn sie selbst nicht auf einer metaphysischen oder religiösen, partikularen ethischen Theorie des Guten beruht, sondern auf allgemein geteilten Prämissen, die moralische Geltung beanspruchen dürfen und
- die daher mit einer Pluralität ethischer Konzeptionen begründungslogisch und auch praktisch, hinsichtlich der Frage sozialer Stabilität, kompatibel ist und die von den »umfassenden« ethischen Lehren (*comprehensive doctrines*) nicht nur toleriert, sondern aus moralischen Gründen akzeptiert werden kann.

Die Theorie ist erst dann in einem praktischen Sinne »vernünftig«, wenn sie zugleich moralisch begründet ist und Aussicht darauf hat, Zentrum eines »übergreifenden Konsenses« (*overlapping consensus*) zu sein. »The aim of justice as fairness, then, is practical: it presents itself as a conception of justice that may be shared by citizens as a basis of a reasoned, informed, and willing political agreement. It expresses their shared and public political reason.« (PL 9)

Rawls zufolge verfehlte die *Theorie der Gerechtigkeit* dieses Ziel: Sie war noch zu sehr auf einen Begriff der »menschlichen Natur« gegründet, der eine Theorie »sub specie aeternitatis« erlaubte (TJ 257 u. 587, d 290 u. 637), während ihre Konzeption sozialer Stabilität von der möglichen »Kongruenz« zwischen der Gerechtigkeit und dem Guten der Personen ausging und somit den Pluralismus des Guten innerhalb einer Gesellschaft unterschätzte (TJ § 60, 86). Eine Theorie der Gerechtigkeit muß jedoch, um »vernünftig« zu sein, »politischer« sein: in ihren Prämissen wie in ihrer Theorie der Stabilität.

Im folgenden soll untersucht werden, wie Rawls diesen »vernünftigen« Charakter der politischen Konzeption der Gerechtigkeit expliziert. Denn offensichtlich oszilliert der Begriff der Vernunft, der dem zugrunde liegt, zwischen der Bescheidenheit schwacher Prämissen und der Unbescheidenheit des Vorranganspruches der Gerechtigkeitsprinzipien vor dem Guten. Ersteres besagt, daß eine Theorie dann allgemein akzeptabel und vernünftig ist, wenn sie auf fundamentalen Ideen beruht, die eine jede Konzeption des Guten aus ihrer Perspektive akzeptieren kann; letzteres besagt, daß eine Theorie dann akzeptabel und vernünftig ist, wenn ihre Begriffe »nicht vernünftigerweise zurückgewiesen werden können« – mit Scanlon (1982: 110) formuliert –, so daß sich eine Konzeption des Guten als »unvernünftig« erweist, wenn sie die Gerechtigkeit ablehnt (und nicht die Gerechtigkeit sich als unvernünftig erweist, wenn sie von ethischen Konzeptionen nicht akzeptiert wird). Wie kann dieser Vorrang der allgemeinen Vernunft vor dem besonderen Guten begründet werden?

Meine Diskussion geht in drei Schritten vor. Erstens wird gezeigt, inwiefern Rawls' Theorie nicht »ethisch oder metaphysisch«, d.h. nicht selbst im Sinne einer »umfassenden« ethischen Lehre begründet sein kann. Sie steht gleichsam über diesen Lehren und an ihrer Seite, sie ist mit ihnen kompatibel, weil sie auf einer anderen Ebene liegt (I). Die Theorie der Gerechtigkeit als Fairneß darf jedoch nicht als »auf falsche Weise politisch« verstanden werden, als bloßer Kompromiß zwischen »umfassenden Lehren« (II). Daraus wird geschlossen, daß die Theorie in einem bestimmten Sinne »moralisch« sein muß: Sie beruht auf dem Vorrang der Vernunft vor dem Guten, sie beruht auf Prämissen der praktischen Vernunft, die nicht vernünftigerweise bestreitbar sind. Es wird zu fragen sein, ob Rawls' Begriff der »moralischen Person« dieses Kriterium erfüllt (III). Meine These ist, daß Rawls' Versuch, die Annahme der »moralischen Person« in einem schwachen Sinne zum allgemein und unkontrovers akzeptierten, »vernünftigen« Fundament zu machen, dabei jedoch in einem starken Sinne als moralisch vorrangig zu verteidigen und zur Begründung der beiden Gerechtigkeitsprinzipien zugleich substantiell (hinsichtlich »höchstrangiger Interessen« und bestimmter Grundgüter) aufzuladen, in das Dilemma gerät, den deontologischen Geltungsanspruch der Theorie begründungslogisch als nichtmetaphysisch-»politisch« abschwächen und gleichzeitig moralisch-»politisch« als vorrangig bekräftigen und ihre Grundbegriffe substantiell-»politisch« interpretieren zu müssen – drei Verwendungsweisen von »politisch«, deren Vereinbarkeit bezweifelt werden muß.

In diesem Zusammenhang ist auf eine terminologische Besonderheit meiner Diskussion hinzuweisen. Während Rawls den Begriff »moralisch« zur Bezeichnung »umfassender Lehren« verwendet, die dadurch »umfassend« sind, daß sie das Selbst- und Weltverständnis einer Person im ganzen bestimmen und auf bestimmten metaphysischen oder religiösen Wahrheiten beruhen, gebraucht er den Begriff »politisch« zur Bezeichnung der Gerechtigkeitstheorie, die sich allein auf die Grundstruktur einer Gesellschaft bezieht und nicht metaphysisch begründet ist. Dieser Sprachgebrauch wird jedoch dem Umstand nicht gerecht, daß die

»politische« Konzeption der Gerechtigkeit gegenüber »umfassenden« Lehren in Fragen der Gerechtigkeit einen »moralisch« begründeten Vorrang hat (vgl. PL 11 u. 174 ff.). Daher schlage ich vor, »umfassende Lehren« als *ethisch* zu bezeichnen, Gerechtigkeitsprinzipien dagegen als *moralisch*: Erstere antworten auf die Frage nach dem guten und sinnvollen Leben für Personen innerhalb von Gemeinschaften, die über einen gemeinsamen Wertehorizont integriert sind, letztere antworten auf die Frage nach allgemeinen Prinzipien der Gerechtigkeit, die von keiner Person, welche ethische Identität sie auch haben möge, mit moralischen Gründen zurückgewiesen werden können (vgl. dazu Habermas 1991a; Forst 1994). Gerechtigkeitsprinzipien, die beanspruchen, allgemein zu gelten, müssen allgemein und reziprok gerechtfertigt werden können; ethische Werte sind in ihrer Geltung primär auf eine Person in ihrer besonderen Identität bezogen.

1. Gerechtigkeit als Fairneß: nicht ethisch oder metaphysisch

Rawls' Reinterpretation seiner Theorie als »politische« Konzeption wird häufig als Zugeständnis an seine kommunitaristischen Kritiker (z. B. Sandel 1982) verstanden – als Zurücknahme des formalen und universalistischen Ansatzes einer kontraktualistischen Moraltheorie, die auf einem atomistischen, kontextlosen Begriff der Person basiert. Rawls sei von diesem Begründungsansatz abgewichen und argumentiere nun mit Begriffen, die dem Kontext einer bestimmten politischen Kultur entstammen und die die Geltung der Gerechtigkeitsprinzipien auf diese Kultur beschränken (Rorty 1988). Das Gedankenexperiment des Urzustands wird – so scheint es – vom transzendentalen Kopf auf kontextualistische Füße gestellt.

Die kommunitaristischen Einwände betreffen somit (a) den Atomismus der Personenkonzeption (und demzufolge den Vorrang subjektiver Rechte vor dem gemeinschaftlichen Guten und, auf einer anderen Ebene, die mangelhafte Erklärung sozialer Integration und Stabilität) und (b) den abstrakten Universalismus der Theorie (vgl. Forst 1993, 1994). Rawls' Antwort auf diese Einwände ist indes keinesfalls ein Zugeständnis, sondern eine Kritik dieser

Argumente: Weder ist der Beschreibung der Parteien des Urzustandes eine Personentheorie zu entnehmen, noch liegt der Theorie der Gerechtigkeit als ganzer eine individualistische (Nagel 1975) oder metaphysische (Parfit 1973) Theorie des Selbst zugrunde (R 1975a, 1975c). Zwar stimmt es, daß »in den Gerechtigkeitsgrundsätzen ein Ideal des Menschen enthalten« ist (TJ 584, d 634), doch ist dies ein formales Ideal zweiter Ordnung, das Personen als »moralische Personen« mit den beiden Vermögen einer Vorstellung von ihrem Guten und einem Sinn für Gerechtigkeit begreift (TJ 19, d 36 f.). Dieser Begriff der moralischen Person ist hingegen nicht nur nicht atomistisch, sondern ein allgemein geteilter, in »unserer« Kultur basaler Begriff dessen, was es heißt, *Bürger* einer demokratischen Gesellschaft zu sein. Das in diesem Sinne »kontextualistische« Argument bestreitet demnach den ersten kommunitaristischen Vorwurf des Atomismus und den zweiten des abstrakten Universalismus – damit bleibt jedoch die Frage offen, ob der Begriff der moralischen Person, der für »uns« unhintergehbar ist, »für uns« *nur* als politisch-kulturelles Faktum gilt.

Die »moralische Person« ist nicht in der Beschreibung der »rationalen« (*rational*) Parteien des Urzustandes zu finden, sondern in der Gesamtkonstruktion der Ausgangsposition, besonders in den »vernünftigen« (*reasonable*) Bedingungen des »Schleiers der Unwissenheit«, der den Parteien auferlegt ist und eine Verallgemeinerung der subjektiven Perspektiven fordert. In dieser damit bewirkten Verallgemeinerung liegt das kantische Element der Konstruktion: Sie ist eine »verfahrensmäßige Deutung von Kants Begriff der Autonomie« (TJ 256, d 289). Der Urzustand ist ein »Darstellungsmittel« (R 1985: 236; d 1992: 271) freier und gleicher moralischer Personen und ihrer beiden »moralischen Vermögen« zu einer Konzeption des Guten und einem Gerechtigkeitssinn. Der »rationale« Teil des Urzustandes entspricht dem »rationalen« moralischen Vermögen bzw. dem Interesse »höherer Ordnung«, das eigene Gute realisieren zu können, der »vernünftige« Teil korrespondiert dem »vernünftigen« Vermögen, dies unter fairen Bedingungen zu tun (vgl. R 1983: 19; d 1992: 175). So darf die »rationale Autonomie« der Parteien nicht mit der »vollen Autonomie« von Bürgern verwechselt werden – und auch die »volle Autonomie« der Bürger bezieht sich allein auf die »öffentliche Identität« von Personen als *Personen des Rechts* »in bezug auf die grundlegenden Rechtsbeziehungen«, nicht auf die »nichtöffentliche«, *ethische*

Identität von Personen, ihre konkreten Auffassungen des Guten und identitätsbestimmenden Bindungen (R 1985: 241; d 1992: 278 f.). Beide Ebenen konkurrieren nicht miteinander, sondern setzen sich wechselseitig voraus: Rechtlich-»negative« Freiheit schützt die ethisch-»positive« Freiheit individueller (oder kollektiver) Selbstverwirklichung.

Rawls' Begriff der Person ist insofern »politisch«, als er *begründungslogisch* nicht in einer ethischen Konzeption des Guten wurzelt und sich in *praktischer* Hinsicht auch nicht direkt auf diese Ebene bezieht: Er ist ein Begriff »zweiter Ordnung«, der »höchstrangigen Interessen« von Personen, ihre beiden grundlegenden moralischen Vermögen realisieren zu können (R 1980: 525; d 1992: 93 f.). Er dient als Basis der Konstruktion von Prinzipien – mit Hilfe des Urzustands –, die sich nicht auf die ethische, sondern allein auf die rechtlich-politische Identität von Personen beziehen. In ethischer Hinsicht ist es von äußerster Bedeutung, ob Saulus zu Paulus wird, in rechtlicher Hinsicht behält die so gewandelte Person ihre Bürgerrechte, bleibt die gleiche Person des Rechts (R 1985: 242; d 1992: 279). »In verschiedenen Kontexten können wir ohne Widerspruch unterschiedliche Standpunkte in bezug auf unsere Person einnehmen, solange diese Standpunkte, wenn die Umstände es erfordern, miteinander verträglich sind« (R 1980: 545; d 1992: 121).

Auf einen solch formalen Begriff der Person, so Rawls, können sich in theoretischer Hinsicht eine Vielzahl ethischer »umfassender Lehren« einigen und sich praktisch-politisch mit ihm arrangieren. Er präjudiziert keine besonderen Lebensformen, Maßstäbe der ethischen Wertschätzung, Lebensziele oder religiösen Auffassungen des Menschseins. Auch die Theorie der Grundgüter, die auf dieser Personenkonzeption beruht, ist, so Rawls, ethisch neutral (vgl. besonders R 1983: IV) – sie sind formal definierte »allgemein dienliche Mittel« (*all-purpose means*) der Realisierung der beiden moralischen Fähigkeiten. Die »Methode der Vermeidung« (R 1985: 231; d 1992: 265) umgeht den ethisch-metaphysischen »Kampf der Götter und Dämonen« (Max Weber) und beschränkt sich auf die Grundbegriffe, die unhintergehbar sind, wenn es um die Begründung von Prinzipien einer pluralistischen und doch wohlgeordneten Gesellschaft unter freien und gleichen Bürgern geht. Die Theorie basiert auf einem Begriff der Person, der »nicht vernünftigerweise zurückgewiesen werden kann«, wenn überhaupt soziale Kooperation möglich sein soll. Nur eine so begründete Theorie ermöglicht die Konstruktion von Prinzipien, die Grundlage eines »übergreifenden Konsenses« sein können. Und nur so kann Rawls zufolge eine Theorie ihre praktische Aufgabe erfüllen, in einer pluralistischen Gesellschaft Basis eines politischen Konsenses zu sein.

Rawls' zentraler Gedanke, wie auf das »Faktum des (ethischen) Pluralismus« innerhalb einer Gesellschaft theoretisch reagiert werden kann, besteht somit darin, die Theorie zu stärken, indem sie abgeschwächt wird: Ihre Grundbegriffe sind deshalb nicht vernünftigerweise bestreitbar, weil sie einer Pluralität ethischer Konzeptionen Raum lassen und allein die »öffentliche Identität« der Bürger betreffen, nicht ihre ethische Identität. Die Ideen des Guten, auf die die Theorie der Gerechtigkeit sich beruft, sind »politische Ideen«, keine ethischen: »Das heißt, sie müssen zu einer vernünftigen politischen Gerechtigkeitskonzeption gehören, so daß wir annehmen können, daß sie (1) von freien und gleichen Bürgern geteilt werden könnten und (2) daß sie nicht irgendeine besondere vollständig (oder teilweise) umfassende Lehre voraussetzen« (R 1988: 253; d 1992: 366).

Die Grundbegriffe der Gerechtigkeitstheorie sind somit, folgt man Rawls, nicht ethisch oder metaphysisch. Wie ist jedoch ihr »politischer« Charakter zu verstehen? Wie schwach dürfen diese grundlegenden Annahmen sein, um nicht »auf falsche Weise politisch« zu sein; und wie stark können diese Annahmen sein, um nicht selbst zu einer »umfassenden Lehre« zu werden? In welchem Sinne kann der Vernunftanspruch einer Gerechtigkeitstheorie »praktisch« sein: in einem kantischen oder einem praktisch-politischen Sinne? Noch ist die oben gestellte Frage offen, ob Rawls' Theorie kontextualistisch geworden ist.

2. Gerechtigkeit als Fairneß: nicht auf falsche Weise politisch

Die Methode der Vermeidung, d. h. der Abschwächung der moralischen Geltungsansprüche der Theorie als Beitrag zu einer Stärkung ihrer Akzeptabilität durch ethische Konzeptionen des Guten, birgt die Gefahr, die Theorie »auf falsche Weise politisch« zu machen (R 1989: 234; d 1992: 333). Demnach hinge die Geltung ihrer Prinzipien und Grundbegriffe davon ab, in einem faktischen Konsens ethischer Lehren akzeptabel zu sein. Rawls hätte sich in einen »Politiker« (Raz 1990: 10) verwandelt, der einem gravierenden Mißverständnis darüber aufsitzt, was es heißt, eine »praktikable« Gerechtigkeitstheorie zu konzipieren. Das Ergebnis wäre ein »Modus vivendi« auf zwei Ebenen: sowohl in bezug auf die Begründung der Theorie als auch in bezug auf soziale Stabilität; die Theorie liefe den ethischen Lehren mit ihrem Angebot hinterher und handelte mit ihnen ihre Zustimmung aus, eine Zustimmung, die fragil wäre und mehr einem Kompromiß als einem Konsens gliche.

Gegen dieses Verständnis des »politischen« Charakters der Theorie besteht Rawls (PL 11) auf ihrem »moralischen« Geltungsanspruch. Er unterscheidet daher zwischen zwei Stufen der Darstellung der Gerechtigkeit als Fairneß: der ersten Stufe der *Begründung* der Theorie und der zweiten der Konzeption sozialer *Stabilität*, die ihr entspricht. Weder darf die zweite Stufe, auf der erst der Begriff des »übergreifenden Konsenses« eine Rolle spielt, mit der ersten verwechselt werden, noch ist die zweite Stufe selbst ein »Modus vivendi«.

Auf der ersten Stufe wird die Gerechtigkeitskonzeption als »freistehende« (PL 12) Theorie gerechtfertigt, die auf bestimmten »grundlegenden Ideen« beruht, die nicht zufällig, sondern *notwendig* im Zentrum einer demokratischen politischen Kultur stehen. Sie bilden die »sehr bedeutenden (moralischen) Werte« (R 1989: 250; d 1992: 357), die »eine öffentliche Grundlage der Rechtfertigung« von Prinzipien darstellen und so soziale Kooperation unter freien und gleichen Bürgern ermöglichen. Sie sind nicht dadurch vernünftig, daß sie allgemein geteilt sind, sondern sie sind vernünftig und teilbar, weil sie allein erst vernünftige, begründete Allgemeinheit herstellen. Die politische Gerechtigkeitskonzeption baut auf Begriffen der Person und sozialer Kooperation auf, die in einer politischen Kultur geteilt sein *müssen*, damit diese demokratisch genannt werden kann – und die in einer pluralistischen politischen Kultur geteilt werden *können*, weil sie keine starken ethischen Konnotationen haben. Die »politischen Werte« gleicher Freiheiten, Chancen und gegenseitiger Achtung können »nicht leicht ausgestochen« werden: Sie sind moralische Werte, die der »fundamentalen Idee« der Gesellschaft als System fairer Kooperation entsprechen (und ihren »begleitenden fundamentalen Ideen« von freien und gleichen Bürgern und einer Gesellschaft, die durch eine öffentliche Gerechtigkeitskonzeption wohlgeordnet ist [vgl. PL 14]). Dies verdeutlicht, daß die kommunitaristischen Einwände Rawls nicht zu einem Kontextualismus in der Begründung geführt haben, der an die »geteilten Überzeugungen« seiner politischen Kultur anknüpft. »We turn to political philosophy when our shared political understandings, as Walzer might say, break down, and equally when we are torn within ourselves.« (PL 44)

Nur diese starke, »freistehende« Begründung der Theorie setzt Rawls in die Lage, ihren deontologischen Charakter zu unterstreichen. Diesen bestimmt er als den »Vorrang des Gerechten (*right*) vor dem Guten«. Das bedeutet zwar einerseits, daß, wie oben ausgeführt, die Gerechtigkeitstheorie sich nicht auf der Ebene ethischer Konzeptionen bewegt, sondern ihnen Raum läßt, dies bedeutet aber andererseits auch, daß in Fragen der Gerechtigkeit (nicht in Fragen des guten Lebens) die Gerechtigkeitsprinzipien *Vorrang* vor ethischen Konzeptionen haben: »[D]ie Gerechtigkeit zieht die Grenze, das Gute setzt das Ziel.« (R 1988: 252; d 1992: 365) Die »Methode der Vermeidung« kann nicht vermeiden, diese Grenze zu ziehen, und sie kann sie *nur* ziehen, indem sie sich auf *moralische* Grundsätze beruft, die in einem starken Sinne »nicht vernünftigerweise zurückgewiesen werden können«. Die ethische »Neutralität« der Gerechtigkeitstheorie besagt *nicht*, daß eine Gerechtigkeitskonzeption in der politischen Praxis allen ethischen Gemeinschaften die gleichen Ausbreitungs- und Überlebenschancen bietet – es gibt keine soziale Welt ohne Verlust (R 1988: 265; d 1992: 382). Es kommt jedoch darauf an, daß in einer liberalen Gesellschaft keine ethische Gemeinschaft besonders bevorteilt oder benachteiligt wird, indem der Staat selbst bestimmte ethische Werte zu politischen Werten erklärt. »Neutralität« heißt im deontologisch-prozeduralen Sinne »Neutralität der Rechtfertigung« (vgl. Larmore 1987: 44; de Marneffe 1990): Ethisch »neutrale« Prinzipien gewähren allen ethischen Gemeinschaften und Personen die gleichen Rechte, Freiheiten und Möglichkeiten, ihre Ansprüche politisch vorzubringen, und alle politischen Argumente und Maßnahmen werden mit allgemeinen Gründen gerechtfertigt, die sich auf fundamentale »politische Werte« beziehen (vgl. PL Kap. VI, dt. in diesem Band; S. 116-141).

Es ist daher nicht ethischer Pluralismus überhaupt, auf den

Rawls' Theorie paßt, sondern ein »vernünftiger Pluralismus« (PL 36, 63 f.): Die Theorie ist nicht mit allen umfassenden Lehren vereinbar, sondern sie ist *selbst* ein Maßstab für die Unterscheidung zwischen »vernünftigen« und »unvernünftigen« ethischen Konzeptionen. »Vernünftig« sind Personen (und umfassende Lehren) dann, wenn sie mit der Möglichkeit »vernünftiger Meinungsverschiedenheiten« (R 1989: 236; d 1992: 336) rechnen und akzeptieren, daß bestimmte »Bürden der Vernunft« dazu führen können, daß selbst wohlmeinende Bürger sich nicht in einer Frage einigen können, weil sie in ihren Werturteilen aus verschiedenen Gründen nicht übereinstimmen, die im wesentlichen auf ethische Differenzen (und nicht auf Egozentrismus oder Irrationalität) lebensgeschichtlich unterschiedlich situierter Personen zurückgehen. In diesem Falle erkennen die Bürger diese Differenzen an und tolerieren die Meinung des Anderen. Sie verzichten darauf, ihre Meinung mit politischer Gewalt durchsetzen zu wollen; sie müssen sie zwar nicht weniger für wahr halten, müssen jedoch in der Lage sein, zwischen *ihrer* Wahrheit und dem *allgemein* Einsehbaren und Zustimmungsfähigen zu unterscheiden – ein Unterschied, den Nagel (1987: 230) als Differenz zwischen Überzeugung (*belief*) und allgemein nachvollziehbarer Wahrheit (*truth*) beschreibt. Während Nagel freilich »Wahrheit« als »objektive Wahrheit« versteht, die öffentlich und allgemein gerechtfertigt werden kann, weil sie objektiv ist, verzichtet Rawls auf einen Objektivitäts- und Wahrheitsanspruch allgemeiner Prinzipien der Gerechtigkeit: Sie sind lediglich »vernünftig« und konkurrieren nicht mit ethischen Wahrheitsansprüchen; sie sind allgemein, weil sie »politisch« sind, auf politischen Werten beruhen. Eine nicht allgemein geteilte ethische Wahrheit kann demnach weiterhin als wahr angesehen werden, es ist jedoch unvernünftig, sie zur allgemein verbindlichen Wahrheit zu erklären (vgl. R 1989: 243; d 1992: 347; PL 61). Hier taucht freilich wiederum die Frage auf: Kann ein solch starker Anspruch, der *Vernunft* in Fragen der Gerechtigkeit Vorrang vor der *Wahrheit* zu geben, anders begründet werden als mit einem moralischen Begriff der Vernunft in einem kantischen Sinne?

Bevor diese Frage erörtert werden kann, ist die neben der Begründungsebene zweite Hinsicht zu betrachten, in der die Theorie der Gerechtigkeit nicht auf falsche Weise politisch ist: Ihre Prinzipien korrespondieren nicht einem »Modus vivendi« in dem Sinne, daß die soziale Stabilität einer solchermaßen geordneten Gesellschaft auf einem Waffenstillstand ethischer Konzeptionen beruht, sondern die öffentliche Gerechtigkeitskonzeption ist als »moralische Konzeption« selbst »aus moralischen Gründen anerkannt« (R 1987: 11; d 1992: 309). Die wohlgeordnete Gesellschaft ist keine rein »private« oder »instrumentelle« Gesellschaft, denn sie sieht die Gerechtigkeit als gemeinsames Ziel an, das jedem einzelnen Bürger zugute kommt – ein Ziel, das von den Bürgern nicht nur instrumentell verfolgt wird, sondern ihren »moralischen Vermögen« entspricht und ihnen die Anerkennung als freie und gleiche Bürger ermöglicht. Das Gut der Gerechtigkeit ist selbst kein ethisches Gut, das das gute Leben der Bürger definiert, wohl aber ein moralisches Gut, das nicht nur »rational«, sondern aus »vernünftigen« Motiven in einem »überlappenden« (oder »übergreifenden«) Konsens ethischer Konzeptionen unterstützt wird (vgl. PL 81 ff. zur moralischen Motivation vernünftiger Personen).

Ein genauerer Blick auf die Eigenschaft des »übergreifenden Konsenses«, Schnittmenge zwischen ethischen Lehren zu sein, zeigt eine Zweideutigkeit in Rawls' Terminologie: Was heißt es, daß die Gerechtigkeitsprinzipien als Gegenstand dieses Konsenses »aus moralischen Gründen« anerkannt sind? Bedeutet *»moral«* hier »ethisch« oder »moralisch«? Es heißt nicht: »politisch auf falsche Weise«. Und es müßte, folgt man Rawls' Unterscheidung zwischen der Stufe der »freistehenden« moralisch-politischen Begründung der Theorie auf der Basis »sehr bedeutender (moralischer) Werte« (s. o.) und der starken These vom Vorrang der Gerechtigkeit vor dem Guten, eine moralische Anerkennung sein: moralisch in dem Sinne, daß die Prinzipien anerkannt werden müssen, weil sie »nicht vernünftigerweise zurückgewiesen werden können«, ohne gegen Grundprinzipien der praktischen Vernunft zu verstoßen (insbesondere die gleiche Achtung moralischer Personen und die Toleranz, die aus den »Bürden der Vernunft« folgt). Rawls aber glaubt, daß die Theorie nur dann – auf der zweiten Stufe – Aussicht hat, zu einem stabilen gesellschaftlichen Konsens zu führen, wenn ihre Prinzipien aus ethischen Gründen akzeptiert werden können – sozusagen als Edelstein, der in jedem ethischen Licht verschiedenfarbig glänzt, immer aber als wertvoll betrachtet wird. Die Gerechtigkeitskonzeption (und besonders die fundamentalen Ideen der moralischen Person und sozialer Kooperation) kann von Christen, von Utilitaristen, von Kantianern oder auch von anderen Auffassungen des Guten aus ihren eigenen

Gründen – aus Achtung vor Gottes Schöpfung, aus allgemeinen Nutzenerwägungen, aus Achtung vor dem moralischen Gesetz etc. – akzeptiert werden. »Die Tatsache, daß diejenigen, welche der politischen Konzeption zustimmen, von ihren eigenen umfassenden Anschauungen und deshalb von unterschiedlichen Voraussetzungen und Grundlagen ausgehen, macht ihre Zustimmung je nachdem nicht weniger religiös, philosophisch oder moralisch« (R 1987: 11; d 1992: 310). Entgegen der Annahme, daß der Vorrang der Gerechtigkeit vor dem Guten »freistehende« *moralische* Gründe benötigt, sind es scheinbar *ethische*, partikulare Gründe, die diesen Vorrang tragen. In dieser Eigenschaft der »politischen« Theorie sieht Rawls ihren größten Vorzug gegenüber ihrer ursprünglichen Form. Nun konkurriert die politische Konzeption nicht mehr mit ethischen Lehren, sondern kann als Teil von ihnen gesehen werden, ohne mit deren partikularen Werten zu streiten. »Die politische Konzeption mag einfach ein Teil oder ein Zusatz zu einer umfassenden Lehre sein; oder sie wird bejaht, weil sie aus einer umfassenden Lehre abgeleitet werden kann« (R 1989: 249; d 1992: 355). Entsprechend glaubt Rawls, für den Geltungsanspruch der Theorie allein das Prädikat »vernünftig« verwenden zu müssen, das die »Wahrheit« ethischer Konzeptionen nicht in Frage stellt.

Die terminologische Differenzierung der Begriffe »ethisch« und »moralisch« erlaubt jedoch zu sehen, inwiefern Rawls' Gebrauch des Begriffs »politisch« diese Differenz überdeckt und seine Position problematisch werden läßt. Denn aus der bisherigen Diskussion hat sich ergeben, daß eine Gerechtigkeitskonzeption nicht ethisch und nicht auf falsche Weise politisch begründet sein kann, sondern moralisch: in der Berufung auf »freistehende« Prinzipien der Vernunft, die nicht deshalb gelten, weil sie von ethischen Lehren faktisch akzeptiert werden *können*, sondern weil sie aus moralischen Gründen akzeptiert werden *müssen*. Diese Frage der Begründung trennt Rawls zwar von der Frage der Stabilität, er führt beide Fragen jedoch auf unzulässige Weise zusammen, wenn der *empirische* Aspekt, daß eine Konzeption zu mehr sozialer Stabilität beiträgt, sofern ethische Gemeinschaften sie aus ihren eigenen (z. B. religiösen) Gründen akzeptieren können, mit dem *normativen* Sachverhalt vermischt wird, daß der Grund, *warum* sie dies überhaupt tun *sollten*, und warum sie, wenn sie dies nicht tun, *unvernünftig* sind, ein moralischer Grund sein muß. Zwar sollten ethische Konzeptionen mit den Gerechtigkeitsprinzipien zutiefst und nicht bloß äußerlich übereinstimmen können, um sich in ihnen wiederzufinden und der gesellschaftlichen Grundstruktur Stabilität zu verleihen; sie kommen jedoch gar nicht umhin, bestimmte Normen moralischer Anerkennung und moralischer Rechtfertigung anzuerkennen, die moralische und nicht bloß faktische oder ethische Geltung »für uns« haben. Eine Gerechtigkeitskonzeption mag »Teil« oder »ein Modul, ein wesentlicher konstitutiver Bestandteil« (PL 12 f., 144 f.; Übers. R. F.) einer ethischen Lehre sein, und sie mag daher aus ethischen Gründen akzeptiert werden – sie mag sogar als »ethische Wahrheit« gelten. Diese Geltung bleibt jedoch von der Möglichkeit abhängig, daß die Gerechtigkeitskonzeption sich als ethisch kompatibel erweist – tut sie es nicht, würde sie demnach für diese ethische Lehre nicht gelten. Diese Abhängigkeitsbeziehung trifft jedoch nicht auf die moralische Geltung der Gerechtigkeit zu: Sie gilt auch dann, wenn sie nicht in eine ethische Wahrheit inkorporiert werden kann. Nicht die empirische, ethische Kompatibilität bestimmt ihre Geltung, sondern ihre *allgemeine* und *kategorische* moralische Kraft, nicht vernünftigerweise mit reziprok-allgemeinen Gründen zurückgewiesen werden zu können. Nur so kann zwischen sozialer Geltung und moralischer Gültigkeit unterschieden werden.

Dies kann man sich anhand der Frage klarmachen, wie und weshalb wir argumentieren, wenn wir jemanden auf die Notwendigkeit der Beachtung der Gerechtigkeitsgrundsätze hinweisen. Wir tun dies nicht, weil wir davon überzeugt sind, daß diese Person sich und ihre ethische Identität besser versteht, wenn sie gerecht handelt, sondern weil dieses Handeln – mag dies für das Glück und Wohlergehen der Person, die im Begriff ist, ungerecht zu handeln, zuträglich sein oder nicht – aus moralischen und nicht aus ethischen Gründen gefordert ist. Aus der Tatsache, daß sich eine Person mit der Gerechtigkeit auch ethisch identifizieren können muß, um hinreichend motiviert zu sein, gerecht zu handeln, folgt nicht, daß das Fehlen dieser Identifikation die Geltung der Moral entwertet. Die Gerechtigkeit mag ein Edelstein sein und in dem Lichte verschiedener ethischer Konzeptionen verschiedenfarbig glänzen – daß sie überhaupt einen so großen moralischen Wert hat, hängt jedoch nicht von diesem ethischen Glanz ab.

Nur so ist der Vorrang der Vernunft vor dem Guten und der ethischen »Wahrheit« aufrechtzuerhalten. Eine »politische« Konzeption, die einen deontologischen und nicht auf falsche Weise politischen Charakter hat, kann nicht vermeiden, diesen moralischen Anspruch zu erheben. Daß Rawls sich scheut, dies zu tun, ist auf seine mangelnde Unterscheidung zwischen ethischen und moralischen Fragen zurückzuführen; Rawls zufolge kann ein starker moralischer Anspruch, der über den »politischen« Anspruch hinausgeht, nur »metaphysisch« und in Anlehnung an eine »umfassende Lehre« gestützt werden. Dieses Gegenargument kann nur entkräftet werden, wenn ein Modus moralischer Geltung gefunden werden kann, der nicht, wie Rawls befürchtet, zurück zur Metaphysik und zum moralischen Realismus führt. Sein »konstruktivistischer« Ansatz weist selbst in diese Richtung.

3. Gerechtigkeit als Fairneß: Auf welche Weise moralisch?

Rawls' Konstruktivismus ist der Versuch der Begründung einer Theorie, die die Skylla des Relativismus ebenso wie die Charybdis des metaphysischen Realismus vermeidet; sie setzt nicht eine moralische Wahrheit an die Stelle ethischer Wahrheiten, sondern beschränkt sich auf die »politische« Ebene der Grundstruktur der Gesellschaft; zugleich jedoch gibt sie auf dieser Ebene den Vorranganspruch der Vernunft nicht auf. Die Differenz zwischen dem Guten und dem Gerechten kann sich folglich nicht auf eine »höhere«, metaphysisch beglaubigte Wahrheit berufen, sondern auf ein Kriterium, das die praktische Vernunft selbst nahelegt: Dieses Kriterium kann eine postmetaphysische kantische Theorie allein am Grundsatz der Universalisierung festmachen, d. h. an dem *Prinzip der praktischen Vernunft*, daß nur die Normen allgemeine und reziproke Geltung beanspruchen dürfen, die allgemein und reziprok gerechtfertigt werden können. Wie die Diskursethik, Scanlons Kontraktualismus, (zum Teil) Nagels »öffentliche Rechtfertigung«, O'Neills (1989) »rekursiv-diskursive« Vernunftkonzeption und schließlich Rawls' Konstruktivismus auf je eigene Weise zeigen, ist dies keine tautologische Wendung: Da die praktische Vernunft in Fragen, die die Allgemeinheit betreffen, allgemeine Rechtfertigung fordert, gelten die Normen als gerechtfertigt, denen nicht vernünftigerweise widersprochen werden kann (vgl.

Baynes 1992), d.h. die Normen, die *reziprok* (ohne dem Anderen mehr abzuverlangen als sich selbst, d.h. ohne den Anderen als Mittel und nicht als Zweck zu betrachten und eigene Überzeugungen auf ihn zu projizieren) und *allgemein* (ohne Verletzung von Bedürfnissen und Interessen, die von ausnahmslos allen Betroffenen selbst mit allgemeinen Gründen geltend gemacht werden können) gerechtfertigt werden können (vgl. Forst 1994: Kap. II.1 u. IV.2). Als im moralischen Sinne »richtig« im Sinne von »bestbegründeter und uneingeschränkter Geltung« kann demnach nur die Norm gelten, die diese Kriterien erfüllt – woraus folgt, daß es keine »letzten« Gründe für normative Geltung geben kann, sondern eine jede Begründung sich stets aufs Neue reziprok und allgemein bewähren können muß. In der Abwesenheit eines »endgültigen« allgemeinen Standpunktes müssen alle moralischen Geltungsansprüche diskursiv gegenüber jeder moralischen Person einlösbar und von ihr bestreitbar bleiben – auf diese Weise schließen sich kategorische moralische Geltung und moralische Fallibilität nicht aus, sondern ein. Moralische Normen erheben notwendig einen Geltungsanspruch auf allgemeine und stets diskursiv zu erweisende Begründungsfähigkeit und rationale Akzeptabilität (vgl. Habermas 1983b: 67 ff.; 1991b: 130 ff.). Sie treten demzufolge auch nicht an die Stelle ethischer Überzeugungen, sondern sind mit ihnen kompatibel, solange diese nicht selbst moralische Geltungsansprüche stellen, die anders als solche ethischer Art nicht partikular vor dem Hintergrund identitätsbestimmender Selbstinterpretationen, sondern allgemein, d.h. im Interesse aller Betroffenen, gerechtfertigt werden müssen. Von dieser »Umschaltung« der Geltungsrechtfertigung in ethischen und moralischen Fragen kann keine Theorie absehen, die den Anspruch erhebt, »faire« Prinzipien zu begründen und die in Gerechtigkeitsfragen dem Standpunkt der Allgemeinheit gegenüber besonderen Interessen Vorrang gewährt.

Mit Hilfe einer solchen, »rekursiven« Rekonstruktion der Logik der Rechtfertigung des unvermeidlich allgemeinen Geltungsanspruchs von Gerechtigkeitsprinzipien können der Begriff der »Bürden der Vernunft« (s.o.) und das Kriterium des »nicht vernünftigerweise Zurückweisbaren« prozedural reformuliert werden: Es ist »unvernünftig«, ethische Auffassungen allgemein verbindlich zu machen, wenn sie nicht allgemein und reziprok zu rechtfertigen sind (was ihre partikulare Geltung nicht in jedem Fall in Frage stellt). »Vernünftige« Personen erkennen die Grenze von

Allgemeinheit und Reziprozität an: Sie sind zu einer Selbstrelativierung ethischer Ansprüche auf dieser Basis kognitiv fähig und (was wichtiger ist) moralisch bereit. Dies korrespondiert Rawls' Beschreibung vernünftiger Personen: »Persons are reasonable in one basic aspect when, among equals say, they are ready to propose principles and standards as fair terms of cooperation and to abide by them willingly, given the assurance that others will likewise do so. Those norms they view as reasonable for everyone to accept and therefore as justifiable to them; and they are ready to discuss the fair terms that others propose« (PL 49). Auf dieser Basis einer Konzeption praktischer Vernunft als reziproker Rechtfertigung zwischen moralisch autonomen Personen wäre es weiterhin möglich, eine Theorie diskursiver, deliberativer politischer Legitimation zu formulieren, die der politischen Autonomie der Bürger einen zentralen Stellenwert zuweist. Die Differenz zwischen Moral und Ethik auf der Ebene der Rechtfertigung von Gerechtigkeitsprinzipien ist nicht eindimensional in eine Grenze zwischen öffentlichen und nichtöffentlichen Gründen zu übersetzen (dazu neigt Rawls in PL Kap. VI, dt. in ds. Bd., S. 116-141). Von der »öffentlichen Vernunft« der Bürger sind keine Argumente a priori auszuschließen – wohl aber ist das prozedurale (und nicht primär inhaltlich-substantielle) Kriterium allgemeiner und reziproker Rechtfertigung auch in politischen Diskursen das wichtigste Legitimitätskriterium (vgl. dazu Forst 1994: Kap. III.1).

Darüber hinaus ermöglicht diese Vernunft- und Moralauffassung eine Verteidigung des Vorrangs der Gerechtigkeit, ohne selbst auf einer »umfassenden Lehre« zu basieren – und sei dies auch eine liberale, formale Auffassung des Gutes der Autonomie (vgl. Raz 1986, Kymlicka 1992). Damit erst wäre der Anspruch der Theorie, nicht ethisch begründet zu sein, eingelöst, denn eine jede ethische Begründung würde ihre Geltung auf die (hypothetische) Akzeptanz dieses Gutes einschränken. Zwar spielt das »Gut« der Autonomie auch bei Rawls eine zentrale Rolle, dies jedoch als Korrelat zum Prinzip der praktischen Vernunft der reziproken Rechtfertigung von Normen unter Freien und Gleichen. Es ist nun zu fragen, ob und wie Rawls' Ansatz diesem kantischen Deutungsvorschlag entspricht.

In *Theorie* ist der kantische Charakter offensichtlich, sowohl was den Geltungsanspruch der Prinzipien als auch den des Begriffs der »moralischen Person« anlangt. Die Allgemeinheit der Geltung von Gerechtigkeitsprinzipien, die bei ethischen »Werturteilen« (TJ 448, d 488) nicht gefordert ist, läßt Rawls den Vergleich mit Kant in der Weise ziehen, daß der Urzustand eine »verfahrensmäßige Deutung von Kants Begriff der Autonomie und des Kategorischen Imperativs« ist, da sich in ihm Prinzipien begründen lassen, die »unsere Natur als freie und gleiche vernünftige Wesen« ausdrücken (TJ 256, d 289). Die Gerechtigkeitsprinzipien »entsprechen kategorischen Imperativen« (TJ 253, d 285), die der moralischen Autonomie praktisch vernünftiger Personen Ausdruck verleihen.

Die »Dewey-Lectures« über den kantischen Konstruktivismus stellen einerseits eine Revision dieser Auffassung dar, insofern als Rawls sich nun nicht mehr explizit auf einen Begriff der menschlichen Vernunftnatur beruft, der der Theorie zugrunde liegt, andererseits aber findet sich noch folgende Formulierung: »Schließlich stellt die Form, in der das Vernünftige das Rationale im Urzustand umrahmt, einen Aspekt der Einheit der praktischen Vernunft dar. In Kants Terminologie wird empirische praktische Vernunft durch die rationalen Überlegungen der Parteien repräsentiert; reine praktische Vernunft wird durch die Einschränkungen repräsentiert, innerhalb derer diese Überlegungen stattfinden.« (R 1980: 532; d 1992: 103) Der »rationale« und »vernünftige« Begriff der Person (und ihrer beiden moralischen Vermögen) mag zwar ein Begriff sein, der »in der öffentlichen Kultur einer demokratischen Gesellschaft implizit vorhanden ist« (R 1980: 517; d 1992: 83), dies kann jedoch nicht das Kriterium seiner Geltung als Begriff der praktischen Vernunft sein. Der kantische Konstruktivismus »nimmt einen bestimmten Begriff der Person als Element eines vernünftigen Konstruktionsverfahrens, dessen Ergebnis den Inhalt der obersten Gerechtigkeitsgrundsätze festlegt« (R 1980: 516; d 1992: 81 f.). Dieses Verfahren ist dadurch »kantisch«, daß die Grundsätze, die solchermaßen konstruiert werden, Grundsätze sind, deren Befolgung moralische Autonomie bedeutet. Und es ist dadurch »konstruktivistisch«, daß ein postmetaphysisches Verständnis von praktischer Vernunft und Autonomie »erfordert, daß keine (...) Ordnung vorgegebener Gegenstände existiert, welche die obersten Grundsätze von Recht und Gerechtigkeit unter freien und gleichen moralischen Personen festlegt« (R 1980: 559; d 1992: 140), wie der rationale Intuitionismus nahelegt. Konstruktivismus und Autonomie bilden einen Zusammenhang, der über einen im praktisch-moralischen Sinne »vernünftigen« Begriff der Person hergestellt wird. Als gerechtfertigt gelten die Prinzipien, die durch alle und gegenüber allen freien und gleichen Personen gerechtfertigt sind.

So wie Rawls' Kritik am rationalen Intuitionismus (nach dem moralische Urteile gemäß einer unabhängigen Ordnung moralischer Werte für wahr gehalten werden) und am moralischen Realismus ihn einerseits zu einer prozedural-konstruktivistischen Autonomieauffassung führt, so andererseits zu einer Abschwächung des Geltungsanspruchs der Gerechtigkeitsprinzipien. Denn um sich nicht für die eine oder andere Theorie moralischer Wahrheit entscheiden zu müssen, bescheidet sich Rawls damit, die Grundprinzipien als »vernünftig« und nicht als »wahr« auszuzeichnen (R 1980: 565 ff.; d 1992: 147 ff.). Die Theorie der Gerechtigkeit »stellt sich nicht als eine Gerechtigkeitskonzeption dar, die wahr ist, sondern die als Grundlage einer informierten und bereitwilligen Übereinkunft zwischen Bürgern dienen kann, die als freie und gleiche betrachtet werden« (R 1985: 230; d 1992: 264). Diese Bescheidenheit, so Rawls, ist jedoch die Stärke einer »politischen« Gerechtigkeitstheorie, die auf einem »politischen« Begriff der Person beruht. Ihr geht es nicht darum, eine »wahre« moralische Theorie zu begründen, sondern Prinzipien, die allgemein akzeptiert werden können.

Diese Einschränkung des theoretischen Anspruchs korrespondiert einem zweiten »nicht-kantischen« Charakteristikum der Theorie: Der zugrundegelegte Begriff der Person ist nicht in dem Sinne moralisch, in dem Kant die »moralische Persönlichkeit« auszeichnet – nämlich als »die Freiheit eines vernünftigen Wesens unter moralischen Gesetzen« (Kant 1797: 223) –, sondern wird von Rawls über die beiden »moralischen Vermögen« zu einem Guten und zu einem Sinn für Gerechtigkeit bestimmt, die als substantielle Grundlage der Theorie der Grundgüter und der Herleitung der beiden Gerechtigkeitsgrundsätze (und ihrer lexikalischen Ordnung) dienen (R 1983: Abschnitt III, IV). Hier zeigt sich der Zusammenhang zwischen der moraltheoretisch schwachen und der in bezug auf die konkrete Herleitung der Gerechtigkeitsprinzipien substantiellen Auffassung der Person: sie ist »politisch« und nicht ethisch oder metaphysisch begründet, und zu ihrem »politischen« Charakter gehören die beiden moralischen Vermögen, die »Interessen höchster Ordnung«, diese Vermögen zu realisieren, und die dazu notwendigen Grundgüter. All dies fließt maßgeblich in die Bestimmung des Urzustandes und die Begründung substantiell gehaltvoller Prinzipien ein.

Gleichzeitig führt ihn diese Konstruktion in ein *Dilemma*: Einerseits können die Gerechtigkeitsprinzipien nur in dem Sinne »politisch« sein, daß sie den moralischen Vorrang der Vernunft vor dem Guten (und der ethischen Wahrheit) behaupten, andererseits können die Prinzipien, die mit Hilfe des Urzustandes konstruiert werden, nur dann substantiell gehaltvoll sein, wenn in den Urzustand Bestimmungen der Person eingehen, die »politisch« in dem Sinne sind, daß sie einem konkreteren Verständnis dessen entsprechen, was es in einer demokratischen politischen Kultur heißt, Bürger zu sein. Selbst letzteres ist noch eine allgemeine Bestimmung, jedoch nicht in einem starken moralischen Sinne. Die Person muß einmal eine Person der moralischen praktischen Vernunft sein, einmal eine Person der konkreten politischen Vernunft.

Rawls' Kapitel über »politischen Konstruktivismus« in *Political Liberalism* (PL Kap. III) kann als Versuch einer Antwort auf dieses Dilemma gelesen werden. Bereits im Titel zeigt es die Veränderung gegenüber dem »Kantischen Konstruktivismus in der Moraltheorie« (R 1980) an; Kants Moralphilosophie wird nun selbst als »umfassende Lehre« verstanden (PL 99 ff.). Rawls bestimmt gleichwohl den Begriff der Person als »Idee der praktischen Vernunft«, ohne jedoch seine substantielle Interpretation abzuschwächen und ohne den Anspruch, »vernünftig« zu sein, als Wahrheitsanspruch zu verstehen. Gegenüber umfassenden Lehren, wie z. B. der des rationalen Intuitionismus, nimmt die politische Konzeption im Unterschied zu den »Dewey-Lectures« eine neutrale Haltung ein; sie konkurriert nicht mit der Wahrheit dieser Theorie (vgl. PL 95 f.). Dies impliziert, daß der »politische« Konstruktivismus nicht mehr wie der »moralische« davon ausgeht, daß der Anspruch auf eine »autonome« Begründung von Moralprinzipien die Konstitution einer Werteordnung durch Vernunft einschließt. Anders als solch eine »konstitutive Autonomie« besagt die »doktrinale Autonomie« (PL 99) des politischen Konstruktivismus lediglich, daß das Verfahren der Konstruktion von Gerechtigkeitsprinzipien auf Ideen und Prinzipien der praktischen Vernunft beruht, die zwar in der Vernunft gründen (hier folgt Rawls Kant), jedoch in einer politisch-praktischen Vernunft, deren Grundbegriffe »politisch« bescheiden sind und deren (konstruierte) Prinzipien sich allein auf die Sphäre des »Politischen« beziehen. Sie sind von keiner ethischen Lehre vernünftigerweise bestreitbar, sofern diese akzeptiert, daß es keine Alternative zur Rechtfertigung allgemeiner Prinzipien gibt als durch ein Verfahren der Rechtfertigung zwischen freien und gleichen Bürgern. Hier zeigt sich wiederum, daß Rawls auch dann, wenn er den Geltungsanspruch seiner Gerechtigkeitskonzeption »politisch« einschränkt, ihren Anspruch, allgemein und reziprok begründbar zu sein, aufrechterhalten muß. Auch wenn sie auf die Sphäre des Politischen beschränkt ist, bleibt sie dort die einzig zu rechtfertigende Konzeption.

Die praktische Vernunft, auf die die »politische« Theorie sich beruft, beinhaltet bestimmte Prinzipien und Ideen, die nicht auf eine »tiefere« ontologische Ebene zurückgeführt, sondern in der Reflexion darauf erschlossen bzw. »versammelt« (*assembled*, PL 108) werden, was es heißt, praktisch vernünftig zu sein. »For the constructivist's conjecture is that the correct model of practical reason as a whole will give the correct principles of justice on due reflection.« (PL 96) Die *Prinzipien* der praktischen Vernunft »are expressed in the thought and judgment of reasonable and rational persons and applied by them in their social and political practice« (PL 107), während die *Ideen* der praktischen Vernunft – Konzeptionen von *Person* und *Gesellschaft* – die Akteure und den Kontext der Anwendung dieser Prinzipien des *Rationalen* und des *Vernünftigen* bezeichnen. Diese Prinzipien und Ideen der praktischen Vernunft sind nicht selbst Gegenstand der Konstruktion, sondern ihre Voraussetzung; sie werden reflexiv rekonstruiert im Nachvollzug dessen, was es heißt, praktisch vernünftig zu denken und zu urteilen – »we can reflect on how these ideas appear in our practical thought and try to set out an order in which they can be related, from the general and simpler to the more specific and complex« (PL 108).

Die Rekonstruktion dieser Prinzipien und Ideen praktischer Vernunft fließt somit in die Darlegung (*lay out*) des Urzustandes ein, der die Prinzipien des Rationalen und des Vernünftigen mit den Ideen von Person und Gesellschaft als System fairer Kooperation auf eine Weise verbindet, die die Konstruktion von Gerechtigkeitsgrundsätzen erlaubt. Drei Stufen des »politischen Konstruktivismus« sind folglich zu unterscheiden. Erstens die reflexive *Rekonstruktion* der Prinzipien und Ideen der praktischen Vernunft, zweitens ihre Verwendung in der *Darlegung* des Verfahrens

– des Urzustandes –, das diese Ideen und Prinzipien verkörpert, und drittens schließlich die *Konstruktion* der Gerechtigkeitsprinzipien anhand der Annahmen, die in den Urzustand einfließen. Erst die dritte Stufe ist die eigentlich »konstruktivistische« Stufe; die praktische Vernunft steht am Anfang, d. h. ihre Ideen und Prinzipien, dann der Urzustand und schließlich die Prinzipien der Gerechtigkeit.

Rawls bezeichnet, wie erwähnt, die solchermaßen begründete politische Gerechtigkeitskonzeption als »autonom«, da sie allein auf praktischer Vernunft beruht: Ihre Prinzipien sind für freie und gleiche Personen – entsprechend ihrer beiden moralischen Vermögen – handlungsleitend. Sie stellen eine »öffentliche Basis der Rechtfertigung« zwischen »vernünftigen« Bürgern dar. Damit ermöglicht die Theorie ein nichtmetaphysisches Objektivitätskriterium: Sie unterscheidet zwischen einem subjektiven und einem »objektiven« Standpunkt, wobei dieser objektive Standpunkt ein Standpunkt der auf vernünftige Weise verallgemeinerten Perspektive von Personen ist, deren moralische Vermögen in die Darlegung des Urzustandes eingehen. Der »objektive« Standpunkt ist ein intersubjektiv-idealisierter Standpunkt vernünftiger und rationaler Personen – kein »view from nowhere« (Nagel 1986), sondern »from somewhere«: der Blick aus einer verallgemeinerten Perspektive, die einen gemeinsamen, »öffentlichen« Standpunkt der Rechtfertigung erlaubt (PL 114 f.). Die Vernunft ist »self-originating and self-authenticating« (PL 100), indem sie aus sich selbst auf formale Prinzipien und Ideen verweist, die zu einem normenbegründenden Verfahren der Rechtfertigung allgemein gültiger Prinzipien führen. Die praktische Vernunft ist nur dann autonom, wenn sie rekursiv und diskursiv ist: wenn ihr Modus allgemeiner Rechtfertigung keine Werte a priori anerkennt außer dem Verfahren allgemeiner Rechtfertigung gegenüber freien und gleichen moralischen Personen.

Wie aber kann eine solche auf praktische Vernunft gestützte konstruktivistische Theorie, die ihre Prinzipien nicht stärker, aber auch nicht schwächer als die »Prinzipien der Logik« (PL 45) gegründet sieht, die »Wahrheit« der Gerechtigkeitskonzeption davon abhängig machen, daß sie von einer »wahren« umfassenden Lehre unterstützt werden kann? Dieser scheinbare Widerspruch, der Raz (1990: 15) zufolge besagt, daß Rawls paradoxerweise eine Theorie vorschlägt, für die er keinen Wahrheitsanspruch erheben will, ergibt sich nur, wenn man übersieht, daß der Anspruch, »reasonable« zu sein, einen *moralischen* Geltungsanspruch beinhalten muß, der auf eine andere Weise zu verstehen ist als der *ethische* Wahrheitsanspruch umfassender, insbesondere metaphysisch begründeter Lehren. Ein moralischer Anspruch auf allgemeine Geltung zeichnet sich nicht dadurch aus, daß er (a) die Wahrheit moralischer Werte in einer apriorischen Wirklichkeit gegründet sieht und sich (b) in einer umfassenden Weise auf das gute Leben und eine ganze »Weltanschauung« bezieht, sondern (a') moralische Geltung, abgekoppelt von korrespondenztheoretischen Wahrheitsbegriffen, an die niemals endgültige, doch stets anzustrebende Erfüllung der Rechtfertigungskriterien von Reziprozität und Allgemeinheit knüpft und daher (b') moralische Normen stets auf die Pflicht zur Begründung gegenüber den Einwänden all derer verweist, auf die sich ihr Geltungsanspruch bezieht. Die Gerechtigkeitstheorie kann einen solchen Anspruch nicht vermeiden; sie muß dazu nicht, worauf es Rawls ankommt, Wahrheit im gleichen Sinne und im gleichen Umfang wie ethische Konzeptionen für sich behaupten. Sie beschränkt sich auf den Bereich von Normen, die intersubjektiv und allgemein gerechtfertigt werden können. Ethische Wahrheit ist eine Wahrheit »für mich« oder »für uns« auf der Basis »meiner« oder »unserer« Selbstverständnisse und tiefsten Überzeugungen; diese Wahrheit kann jedoch nur dann moralische Geltung »für alle« verlangen, wenn sie sich »allen« gegenüber mit allgemein und reziprok nicht zurückweisbaren und somit vernünftigerweise einsehbaren Gründen – *reasons we can share* (Korsgaard 1993) – rechtfertigen kann. Diese »Schwelle« schränkt ethische Konzeptionen nicht in dem Sinne ein, daß moralische Normen an die Stelle ethischer Überzeugungen treten und diese usurpieren. Personen, die die Gerechtigkeitsnormen beachten müssen, müssen nicht ihre ethische Identität aufgeben – sie müssen jedoch das Recht anderer auf eine eigene ethische Identität anerkennen. Und dies nicht, weil (wie deontologischen Theorien bisweilen vorgeworfen wird) die Bedeutung ethischer Identitäten unterschätzt wird, sondern weil sie in hohem Maße als schutzbedürftig angesehen werden. Ethik und Moral sind keine ontologisch getrennten oder inkompatiblen normativen Sphären; sie sind allein nach der Logik der Rechtfertigung praktischer Geltungsansprüche zu unterscheiden. Damit ist nicht ausgeschlossen, daß moralische Normen Teil ethischer Lehren sein können.

Dieser Vorschlag eines nichtmetaphysischen moralischen Geltungsanspruches kommt Rawls' zentraler Intention entgegen, eine Theorie der Gerechtigkeit zu begründen, die »nicht vernünftigerweise zurückgewiesen werden kann«, weil sie allgemeine Prinzipien nicht »auf falsche Weise ethisch« oder »auf falsche Weise politisch« konzipiert. So kann dem Autonomie- und Objektivitätsanspruch der Theorie genüge getan werden, ohne eine »platonische« Objektivität behaupten zu müssen. »Praktische Vernunft« wäre in einem formalen, kantischen Sinne verstanden, und die Bedeutung von »reasonable« – und die Unterscheidung zwischen ethischen und moralischen Werten und Normen – wäre anhand der prozeduralen Kriterien der Allgemeinheit und der Reziprozität zu erläutern. Der (von Rawls in dem meiner Diskussion vorangestellten Zitat beschriebene) »Idealfall der Rechtfertigung«, die Gerechtigkeitsgrundsätze aus allgemein anerkannten Voraussetzungen ableiten zu können, läge dann darin, das Kriterium der allgemeinen Anerkennungswürdigkeit von Normen selbst »rekursiv« und »diskursiv« zu interpretieren.

Obwohl dieser Vorschlag in diesem Sinne in Rawls' »Konstruktivismus« inkorporiert werden kann (und implizit, hinsichtlich des moralischen Anspruchs der Theorie, inkorporiert werden muß), kollidiert er mit einer zentralen Annahme der Rawlsschen Theorie. Rawls versucht nämlich einerseits, sich auf Begriffe der praktischen Vernunft zu berufen, die allgemein gültig sind, die andererseits jedoch substantielle Annahmen – bezüglich der höchstrangigen Interessen von Personen, ihre moralischen Vermögen zu entwickeln, und der dazu notwendigen Grundgüter – enthalten, die ihn dazu führen, den Anspruch auf moralische Allgemeinheit in der Weise abzuschwächen, daß es die in einer bestimmten politischen Kultur vorfindbaren Selbstverständnisse dessen sind, was es heißt, »Bürger« zu sein, die den Gehalt des »nicht vernünftigerweise Zurückweisbaren« bezeichnen. Das Dilemma bleibt: Der Vorranganspruch der Gerechtigkeit gründet sich auf ihren starken moralisch-kantischen Gehalt, die substantiellen Annahmen der Person, ihrer Interessen und der Grundgüter, die in den Urzustand einfließen, sind jedoch notwendig, um die beiden Gerechtigkeitsgrundsätze mit Hilfe des »Urzustandes« konstruieren zu können. Wieder taucht der Doppelbegriff von »vernünftig« auf: im moralischen Sinne »vernünftig« wie auch in einem auf die Eigenschaften und Interessen von Bürgern einer bestimmten politischen Kultur bezogenen Sinne »vernünftig«. Die *substantiellen* Annahmen, die in den Urzustand eingehen, können nicht allein mit Hilfe eines *prozeduralen* Begriffs der praktischen Vernunft gerechtfertigt werden – und in diesem Sinne ist Rawls' Berufung auf die fundamentalen Ideen, die der politischen Kultur innewohnen, in der wir »beginnen«, folgerichtig (PL 100). Die praktische Vernunft muß so jedoch ein »moralisch«-»politisch« ambivalenter Begriff bleiben.

So sehen sich denn die Versuche, die Theorie der Gerechtigkeit nicht als »idealbegründete« (R 1985: 236 Fn. 19, d 272), sondern als »vernunft-« und »verfahrensbegründete« Theorie zu verstehen (vgl. Scanlon 1982: 119 ff.; O'Neill 1989: 215 ff.; Habermas in diesem Band), gezwungen, auf einen im Rawlsschen Sinne gehaltvollen Begriff der Person und damit auf deren Repräsentation in einem »Urzustand« zu verzichten. Dies schafft jedoch besonders dort Probleme, wo es um Prinzipien distributiver Gerechtigkeit geht, die ohne einen substantiellen Gehalt nicht denkbar sind. Und so ist neben der unzureichenden Unterscheidung zwischen moralischer Geltung und ethischer Wahrheit ein Teil der Rawlsschen Schwierigkeiten auf seinen Versuch zurückzuführen, universalistische moralische Normen und ein auf gehaltvolle Annahmen gestütztes Prinzip distributiver Gerechtigkeit zwar in lexikalischer Ordnung, doch *gleichursprünglich* zu begründen. Daher bleibt zu zeigen, daß eine Theorie, die die Vorteile hat, das Dilemma zwischen moralischer und politischer Vernunft zu umgehen, in der Lage ist, eine Konzeption der Gerechtigkeit zu formulieren und Prinzipien politischer *und* distributiver, sozialer Gerechtigkeit zu begründen, die Rawls' Vorschlag nicht nachstehen (vgl. Forst 1994). Seine Theorie bleibt der Maßstab für die Versuche, den deontologischen Vorrang von universalistischen Prinzipien gleicher moralischer Anerkennung mit Verfahren demokratischer Selbstbestimmung und substantiellen Kriterien sozialer Gerechtigkeit zu verbinden.

Friedo Ricken
Ist eine moralische Konzeption der politischen Gerechtigkeit ohne umfassende moralische Lehre möglich?

Für eine politische Konzeption der Gerechtigkeit, wie sie der politische Liberalismus vertritt, sind drei Merkmale charakteristisch. (1) Sie ist eine moralische Konzeption, die für einen speziellen Gegenstandsbereich, die Grundstruktur einer konstitutionellen Demokratie, erarbeitet wird. (2) Diese moralische Konzeption ist nicht von einer umfassenden moralischen Lehre abgeleitet. Sie setzt keine philosophische Ethik voraus. Es handelt sich nicht um die Anwendung einer allgemeinen Ethik auf einen speziellen Gegenstandsbereich. Unabhängig von jeder philosophischen Argumentation ist sie in sich selbst überzeugend. (3) Sie ist nicht in der Terminologie einer umfassenden moralischen Lehre formuliert (PL I § 2; V § 1.1). Auf den ersten Blick scheinen diese drei Merkmale nicht miteinander vereinbar zu sein. Wie soll eine politische Philosophie, wie es der politische Liberalismus ist, ohne eine philosophische Terminologie möglich sein? Kann es eine Moral für einen speziellen Bereich geben, die nicht auf allgemeinen moralischen Prinzipien beruht? Oder wenn man an den Begriff der Person denkt, mit dem Rawls in *Political Liberalism* arbeitet: Ist das nicht ein differenzierter moralphilosophischer Begriff? Wie kann Rawls immer wieder betonen, es handle sich nicht um einen metaphysischen, sondern um einen politischen Begriff? Ich möchte zunächst versuchen, zu verstehen, wie Rawls zu diesen drei Merkmalen kommt (I), um dann die Frage nach ihrer Konsistenz und damit der des politischen Liberalismus zu stellen (II und III).

I

Rawls' Gerechtigkeit als Fairneß verfolgt ein praktisches Ziel: Sie will die Zustimmung aller Bürger gewinnen und so die Einheit und Stabilität der politischen Gemeinschaft sichern. Das ist aber nur unter der Voraussetzung möglich, daß die hier entwickelte Konzeption der Gerechtigkeit unabhängig ist von kontroversen philosophischen und religiösen Lehren. Der politische Liberalismus will deshalb das Toleranzprinzip auf die Philosophie selbst anwenden (PL I § 1.4). In diesem Punkt liegt nach Rawls' eigenen Worten der entscheidende Unterschied zwischen *Political Liberalism* und *A Theory of Justice. A Theory of Justice* habe nicht zwischen Moralphilosophie und politischer Philosophie unterschieden. Die modifizierte Theorie vom Gesellschaftsvertrag, die *A Theory of Justice* vertrete, sei eine »umfassende« moralische Lehre und nicht auf den Bereich des Politischen beschränkt. Dadurch erhalte der Begriff der wohlgeordneten Gesellschaft in *A Theory of Justice* einen unrealistischen Zug: Ein Konsens über die Gerechtigkeitsgrundsätze sei nur möglich, wenn alle Bürger dieser umfassenden Lehre zustimmten, was angesichts des weltanschaulichen Pluralismus nicht zu erwarten sei (PL Introduction § 3).

Wie aber läßt das Toleranzprinzip sich auf die Philosophie selbst anwenden? Was ist der Unterschied zwischen einer auf den Bereich des Politischen angewandten allgemeinen Moralphilosophie und einer trotz des Pluralismus konsensfähigen politischen Philosophie? Ich möchte diese Fragen beantworten, indem ich versuche, die Argumentationsstruktur von *Political Liberalism* in ihrem Umriß nachzuzeichnen. Folgendes halte ich für grundlegend: Es handelt sich um ein analytisches Verfahren. Die Konstruktion der Gerechtigkeitsgrundsätze setzt bereits eine Analyse voraus. Dieses analytische Verfahren ist deshalb eine politische Philosophie und keine Moralphilosophie, weil Gegenstand der Analyse eine politische Idee (ein Wert, ein Begriff, ein Ideal) ist und weil diese Idee von allen Bürgern akzeptiert wird und deshalb für sie nicht argumentiert zu werden braucht. Alle anderen tragenden Begriffe des politischen Liberalismus werden aus dieser einen politischen Idee deduziert. Ich bringe zunächst einige Belege für diese Interpretationshypothese.

Gegenstand der Analyse ist die Idee »einer Gesellschaft als eines fairen Systems sozialer Kooperation zwischen freien und gleichen Personen, die betrachtet werden als voll kooperierende Mitglieder einer Gesellschaft während eines ganzen Lebens« (PL I § 1.3). Rawls entfaltet diese Idee, indem er nach den Bedingungen der Möglichkeit für die Verwirklichung dieser Idee fragt. Neu gegenüber *A Theory of Justice* ist der Gesichtspunkt, daß es sich um eine notwendig pluralistische Gesellschaft handelt, die durch die verschiedenen vernünftigen religiösen, philosophischen und moralischen Lehren tief gespalten ist. Dadurch erhält das Problem der Stabilität ein besonderes Gewicht (PL I Einleitung).

Ein erster Schritt fragt, welcher Begriff der Person aus dieser Idee folgt. Eine erste Antwort findet sich bereits in der Formulierung der Idee. Eine genauere Bestimmung ergibt sich aus dem Begriff der Kooperation. Sie erfordert u.a. eine faire Gegenseitigkeit in dem Sinn, daß alle in gleicher Weise von ihr profitieren. Kooperation ist ferner nur dort möglich, wo Personen ihren eigenen Vorteil und ihre eigenen Ziele verfolgen. Das setzt zwei »moralische Kräfte« der Person voraus: den Gerechtigkeitssinn und die Fähigkeit, eine eigene Konzeption des Guten zu entfalten. Aufgrund dieser beiden moralischen Kräfte sind die Personen gleich (PL I § 3). Den beiden moralischen Kräften entspechen zwei Interessen, die den anderen Interessen der Personen übergeordnet sind: das Interesse, diese beiden Kräfte zu entfalten (PL II § 5.2).

Aus den beiden moralischen Kräften und der Tatsache, daß die Personen Vernunft haben, d.h. die Fähigkeit, Begriffe zu bilden, zu urteilen und zu schließen, folgt ihre Freiheit, bei der Rawls drei Aspekte unterscheidet: Die Personen sind erstens frei, ihre Konzeption des Guten zu ändern. Die zu analysierende Idee fordert, daß die Personen eine vernünftige Konzeption des Guten haben, aber sie läßt es offen, welche Konzeption das ist. Sie sind zweitens frei in dem Sinn, daß sie berechtigt sind, gegenüber den Institutionen den Anspruch zu erheben, daß ihre eigene Konzeption des Guten gefördert wird. Das ergibt sich aus der im Begriff der Kooperation implizierten Forderung der Gegenseitigkeit. Sie sind drittens für ihre Ziele verantwortlich. Das heißt, das Gewicht ihrer Ansprüche bemißt sich nicht nach der psychologischen Intensität ihrer Wünsche. Sie sind imstande, ihre Wünsche den Mitteln anzupassen, die sie vernünftigerweise zu erwarten haben. Dieser Aspekt der Freiheit ergibt sich aus dem Gerechtigkeitssinn, denn nur so sind eigene Ansprüche und Gegenseitigkeit miteinander vereinbar (PL I § 5).

Der Begriff der Person wird in einem Paragraphen über die moralische Motivation weiter entfaltet (PL II § 7). Auf die dort durchgeführte Deduktion im einzelnen einzugehen ist für unseren Zusammenhang nicht erforderlich. Wichtig ist dagegen, daß Rawls abschließend nochmals ausdrücklich sein Anliegen und sein Vorgehen formuliert. Die Moralpsychologie sei aus der politischen Konzeption der Gerechtigkeit als Fairneß deduziert. Es gehe um einen politischen Begriff der Person und ein Ideal des Bürgers. Der Begriff sei anhand praktischer Kriterien zu beurteilen: ob er verständlich, anwendbar und motivierend sei (PL II § 8.1).

Als eine weitere Folgerung sei die Unterscheidung zwischen dem Rationalen und dem Vernünftigen und die These, daß das Vernünftige nicht auf das Rationale zurückgeführt werden kann, angeführt. ›Rational‹ wird von der einzelnen Person ausgesagt, insofern sie ihre eigenen Ziele verfolgt. Es qualifiziert die Art und Weise, wie die Person ihre Konzeption des Guten verwirklicht (PL II § 2.1). Dagegen ergibt der Begriff des Vernünftigen sich aus dem der Kooperation; etwas ist, vereinfachend gesagt, vernünftig, wenn es der Forderung der Gegenseitigkeit entspricht (PL I § 3.2; PL II § 1.1). Beides sind also voneinander unabhängige Begriffe; das Vernünftige läßt sich nicht, wie es egoistische Theorien versuchen, auf das Rationale reduzieren (PL II § 1.3). Rawls unterscheidet zwei Aspekte des Vernünftigen. Das ist zum einen die eben genannte Bereitschaft zu fairer Kooperation und zum anderen die Bereitschaft, wo es um die legitime Ausübung der politischen Gewalt geht, nicht mit Gründen zu argumentieren, die einer umfassenden religiösen, moralischen oder philosophischen Lehre entnommen sind (PL II § 2.1). Dieser zweite Aspekt formuliert die für die Verwirklichung der grundlegenden Idee erforderliche Einstellung gegenüber dem vernünftigen Pluralismus in einer demokratischen Gesellschaft. Dieser Pluralismus ist kein kontingentes geschichtliches Faktum, sondern er folgt notwendig aus zwei Prämissen: den Freiheiten und Rechten in einer demokratischen Gesellschaft (PL I § 6.2) und den Grenzen oder »Bürden« der menschlichen Vernunft (PL II § 3).

Der notwendige vernünftige Pluralismus und die Forderung, die ideale demokratische Gesellschaft müsse stabil sein, ergeben den Begriff des »übergreifenden Konsenses«: Unter der Voraussetzung des Pluralismus ist die Stabilität nur möglich, wenn die Gerechtigkeit als Fairneß die Unterstützung der verschiedenen von den einzelnen Bürgern vertretenen vernünftigen umfassenden Lehren finden kann (PL IV § 2.3).

II

Die tragenden Begriffe des politischen Liberalismus ergeben sich also analytisch aus der Idee der Gesellschaft. Damit stehen wir vor der Frage, was unter dieser »Idee« formal genauer zu verstehen ist und wodurch sie als Ausgangspunkt der Deduktion legitimiert ist. Mein Eindruck ist, daß sich auf diese Frage in *Political Liberalism* keine eindeutige Antwort findet; deshalb schlage ich drei Interpretationen vor.

Interpetation 1: Es handelt sich um ein in einer demokratischen Gesellschaft von allen geteiltes Ideal. Es ist Gegenstand eines einhelligen Konsenses, daß eine Gesellschaft so sein soll oder daß die ideale Gesellschaft diese Eigenschaften aufweist. Aufgrund dieses unangefochtenen Konsenses ist dieses Ideal einer Begründung weder fähig noch bedürftig. Für diese Interpretation sprechen die öfters gebrauchten Formulierungen, diese Idee sei »enthalten in der öffentlichen Kultur einer demokratischen Gesellschaft« (z. B. PL I § 8.1) oder es handle sich um »öffentliche und allgemein geteilte Ideen« (z. B. PL III Einleitung). Sie wird gestützt durch die Zielsetzung des politischen Liberalismus: den Konsens über die Gerechtigkeitsgrundsätze für die Grundstruktur der Gesellschaft. Er kann nur herbeigeführt werden, wenn wir auf einen Konsens als Basis der Rechtfertigung zurückgreifen können, und diese Basis ist die Idee der Gesellschaft (PL IV § 4.1). Dem Ziel des Konsenses über die Gerechtigkeitsgrundsätze dient der politische Konstruktivismus (PL III § 1.5). Das Verfahren der Konstruktion, der Urzustand, ist nichts anderes als eine Operationalisierung des Personenbegriffs (PL III § 3.2). Die Konstruktion kann den intendierten Konsens über die Gerechtigkeitsgrundsätze also nur unter der Voraussetzung herbeiführen, daß das Verfahren und damit die Ideen der Gesellschaft und der Person allgemein akzeptiert sind. Sie geht aus von dem, »was allgemein angenommen ist oder angenommen werden kann« (PL III § 2.2).

Bei dieser Interpretation könnte man gegen Rawls den Einwand des Naturalismus erheben. Genügt das Faktum, daß diese Vorstellung von allen geteilt wird, um sie als gültige Norm oder gültiges Ideal zu legitimieren? Zuvor könnte man jedoch fragen, ob ein inhaltlich derart spezifischer Konsens in einer demokratischen Gesellschaft tatsächlich besteht. In Rawls' Idee der Gesellschaft ist seine gesamte politische Theorie impliziert. Ist der Grundkonsens, auf dem eine demokratische Gesellschaft beruht, in dieser Weise festgelegt und spezifiziert? Oder ist er offen für die Interpretation durch unterschiedliche politische Theorien?

Interpretation 2: An verschiedenen Stellen nennt Rawls die Ideen der Gesellschaft und der Person Ideen oder Begriffe »der praktischen Vernunft« (z.B. PL III Einleitung; PL III § 4.1; § 4.2). Das ist offensichtlich ein stärkerer Begriff als der eines allgemein angenommenen Ideals, denn der Begriff der praktischen Vernunft impliziert den der Normativität. Bei dieser Interpretation ist zunächst zu fragen, welcher Vernunftbegriff hier vorliegt. Es ist klar, daß es nicht der Vernunftbegriff sein kann, den Rawls aus dem Begriff der Gesellschaft deduziert, denn dieser ist, weil aus dem grundlegenden Begriff abgeleitet, ein innertheoretischer Vernunftbegriff. Daß vernünftige Personen dieses Ideal teilen, wie Rawls es in seiner Moralpsychologie ausführt (PL II § 8.4), ist bereits aus der ursprünglichen Idee abgeleitet und kann deshalb nicht dazu dienen, diese als Vernunftidee zu legitimieren. Wir würden vorgängig zur Analyse der Idee der Gesellschaft einen irgendwie gearteten Aufweis erwarten, daß es sich bei der Idee der Gesellschaft für uns um eine Vernunftidee handelt. Eine Möglichkeit, diesen Einwand zu lösen, ist, daß man auf Rawls' Begriff der öffentlichen Vernunft zurückgreift. Dann würden die in Interpretation 2 aufgeführten Formulierungen nichts anderes bedeuten als die in Interpretation 1 genannten. Es würde sich deshalb um eine Vernunftidee handeln, weil sie von einer demokratischen Gesellschaft allgemein geteilt wird und in diesem Sinn eine Idee der öffentlichen Vernunft ist. Aber auch dagegen erhebt sich ein Einwand. In PL III § 2.1 entwickelt Rawls den kantischen Begriff der konstitutiven Autonomie. Er besage, daß die Ordnung der Werte nicht unabhängig existiert, sondern durch die Tätigkeit der praktischen Vernunft konstituiert wird. Der politische Konstruktivismus, so fährt Rawls fort, akzeptiere Kants These, daß die Prinzipien der praktischen Vernunft ihren Ursprung haben »in our moral conscious as informed by practical reason. They derive from nowhere else«. Ist dieser Vernunftbegriff mit dem der öffentlichen Vernunft identisch?

Interpretation 3: Die Idee der Gesellschaft ist das Ergebnis eines Abstraktionsprozesses, wie ihn Rawls in PL I § 8.1 beschreibt. Abstraktion sei ein Weg, die politische Diskussion fortzusetzen, wenn eine Verständigung auf einer weniger allgemeinen Ebene zusammengebrochen sei. Je tiefer der Konflikt, um so höher sei die Ebene der Abstraktion, zu der wir aufsteigen müssen, um eine gemeinsame Voraussetzung zu finden. Das Ergebnis dieser Abstraktion, so die dritte Interpretation, ist dann anhand des Kriteriums des Überlegungsgleichgewichts auf seine Richtigkeit hin zu prüfen.

Bei dem Versuch, diese Interpretation aus dem Text zu belegen, stößt man auf verschiedene Mehrdeutigkeiten. Unklar ist einmal die Methode, nach der Rawls hier vorgeht. In dem eben referierten Abschnitt spricht er von einer Abstraktion. Um den Konflikt zu beheben, suchen wir nach einer gemeinsamen Prämisse, die den kontroversen Auffassungen zugrunde liegt. Nach dieser Methode wäre die Idee der Gesellschaft also das Ergebnis eines Abstraktionsprozesses. An anderer Stelle (PL I § 1.3) beschreibt Rawls die Methode dagegen als ein Ordnen (*to organize*) der Ideen. Bei dieser Methode wäre die Idee der Gesellschaft nicht das Ergebnis einer Abstraktion, sondern eine uns unmittelbar gegebene, vertraute Idee, und die Aufgabe bestände darin, nach ihrem Verhältnis zu anderen Ideen zu fragen. Damit hängt eine weitere Unklarheit zusammen. Welche Rolle spielt die Idee der Gesellschaft im Prozeß des Überlegungsgleichgewichts? Eben wurde die Möglichkeit angedeutet, daß sie eine Abstraktion ist, die durch das Überlegungsgleichgewicht geprüft wird. Dagegen legt PL I § 1.3 eine andere Deutung nahe: Die Idee der Gesellschaft ist eines der Daten, von denen wir ausgehen, um die politische Konzeption der Gerechtigkeit zu entwickeln, und die durch diese abstrakte Konzeption miteinander in Einklang zu bringen sind. Nicht hinreichend klar ist schließlich, was Rawls unter »fundamental« bzw. »basic idea« versteht (PL I § 8.1; § 8.2). Werden diese beiden Termini synonym gebraucht? Lassen wir diese Frage offen, um uns der Mehrdeutigkeit des Ausdrucks »basic idea« zuzuwenden. Die Idee der Gesellschaft ist eine »basic idea«. Das kann bedeuten: (a) Sie ist eines der in unserer politischen Kultur gegebenen Daten, die dem Überlegungsgleichgewicht als Ausgangspunkt dienen. (b) Sie ist einer der tragenden Begriffe der Theorie. Diese Bedeutung findet sich in PL I § 8.1. Hier werden alle tragenden Begriffe der Theorie, auch die aus der Idee der Gesellschaft deduzierten, als »basic ideas« bezeichnet. (c) Sie ist die »fundamental organizing idea« (PL I § 1.3), d.h. der oberste Einheitsgesichtspunkt der Theorie, wie immer das genauer zu verstehen ist.

Nehmen wir an, »basic idea« sei im Sinne der Möglichkeit (a) zu verstehen und sämtliche tragenden Begriffe der Theorie seien in diesem Sinne basal. Dann würde das dritte der drei Merkmale des politischen Liberalismus, von denen wir ausgingen, verständlich: Der politische Liberalismus ist nicht in den Termini einer umfassenden Lehre formuliert, sondern in den Termini bestimmter fundamentaler Ideen, die in der politischen Kultur einer demokratischen Gesellschaft verborgen sind. Rawls' Theorie hätte dann lediglich die Aufgabe, diese Ideen zu ordnen (*to organize*). Dann ergeben sich jedoch zwei Schwierigkeiten:

Erstens geht Rawls tatsächlich, wie ich zu zeigen versuchte, nicht in dieser Weise vor. Sein Verfahren ist vielmehr deduktiv; die tragenden Begriffe der Theorie ergeben sich analytisch aus der Idee der Gesellschaft. Zweitens: Wenn wir davon einmal absehen und annehmen, es handle sich tatsächlich lediglich um ein Ordnen vorgegebener Ideen, stehen wir wiederum vor der Frage, wie wir zu diesen Ideen kommen. Wenn wir an den Personenbegriff oder an die Unrückführbarkeit des Vernünftigen auf das Rationale denken, dann wird deutlich, daß sie zu viele kontroverse Elemente enthalten, als daß wir annehmen könnten, sie seien Gegenstand eines unumstrittenen Konsenses. Legt man dagegen den Akzent darauf, daß diese Ideen in unserer politischen Kultur nicht ausdrücklich, sondern lediglich implizit oder »verborgen« gegeben sind und daß sie zunächst durch einen hermeneutischen Prozeß ausdrücklich gemacht werden müssen, dann setzt Rawls' Theorie bereits auf einem hohen Abstraktionsniveau ein. Der hermeneutische Prozeß wird nicht durchgeführt, sondern vorausgesetzt; *Political Liberalism* setzt ein mit den aus ihm gewonnenen Begriffen; das Verfahren, mit dem sie gewonnen wurden, wird lediglich genannt, aber nicht angewendet. Da verschiedene Interpretationen der politischen Kultur einer demokratischen Gesellschaft möglich sind, können die tragenden Begriffe des politischen Liberalismus dann keinen Anspruch auf allgemeine Zustimmung erheben. Es ist nicht meine Aufgabe, zugunsten einer dieser Interpretationen zu argumentieren. Worauf es ankam, war, auf Mehrdeutigkeiten bei Rawls hinzuweisen und zu zeigen, daß jede dieser Interpretationen in Aporien führt. Ich wende mich jetzt der kritischen Analyse dreier für meine Fragestellung wichtiger abgeleiteter Begriffe zu: »umfassende moralische Lehre« (III A), »übergreifender Konsens« (III B) und »freistehende politische Konzeption der Gerechtigkeit« (III C).

Was versteht Rawls unter einer umfassenden Lehre? Wie grenzt er seine Gerechtigkeit als Fairneß von einer umfassenden Lehre ab? Wie kann Rawls den Einwand entkräften, der Begriff der umfassenden Lehre sei eine ad-hoc-Konstruktion, um die eigene Position dem Streit der Philosophen zu entziehen?

Eine umfassende moralische Lehre weist zwei Charakteristika auf. Sie ist erstens allgemein. Dieses Merkmal betrifft den Bereich ihrer Anwendung. Sie erhebt den Anspruch, für viele und im Grenzfall für alle Bereiche des menschlichen Lebens zu gelten. Als Beispiel bringt Rawls den Utilitarismus. Der Geltungsbereich des Nützlichkeitsprinzips erstrecke sich vom Verhalten des Individuums über die verschiedenen Arten der menschlichen Gemeinschaft bis hin zum Völkerrecht. Sie ist zweitens umfassend. Dieses Merkmal betrifft die inhaltliche Vollständigkeit. Eine umfassende moralische Lehre macht Aussagen über den Sinn, den Wert und das Ziel des menschlichen Lebens. Sie enthält Ideale für das persönliche Leben und für zwischenmenschliche Beziehungen wie Freundschaft und Familie. Sie schließt also eine Konzeption des Guten ein, d.h. ein System von Zielen, die wir um ihrer selbst willen verwirklichen wollen, Ideale von Bindungen an andere Personen und Gemeinschaften und schließlich eine Weltanschauung, die uns die erforderlichen Wertgesichtspunkte liefert. Beide Merkmale lassen unterschiedliche Grade zu. Rawls unterscheidet deshalb zwischen vollständig und teilweise umfassenden Lehren. Ein Grenzfall wäre eine Lehre, die auf sämtliche Fragen des menschlichen Lebens eine Antwort gibt (PL I § 2.2).

Weshalb eine politische Konzeption der Gerechtigkeit nicht auf einer umfassenden Lehre beruhen kann, liegt auf der Hand. Das Charakteristikum der Allgemeinheit stünde im Widerspruch zum politischen Liberalismus. Der Anwendungsbereich der Norm wäre nicht auf die Grundstruktur der Gesellschaft beschränkt; aus der Norm würden sich vielmehr Folgerungen für andere Bereiche des menschlichen Lebens ergeben, und das wäre mit dem politischen Liberalismus unvereinbar (PL III § 2.1). Der für die Stabilität der politischen Grundordnung erforderliche Konsens kann also nur dadurch gewährleistet werden, daß eine moralische Norm postuliert wird, die ausschließlich die Grundstruktur der Gesellschaft zum Gegenstand hat und folglich nicht auf einer umfassenden, d.h. allgemeinen Lehre beruhen kann. Daß eine politische Konzeption der Gerechtigkeit nicht auf einer Lehre beruhen kann, die im Sinn des zweiten Charakteristikums umfassend ist, folgt aus Rawls' These von der Priorität des Rechten gegenüber dem Guten (PL V).

Ich halte die sich aus dem ersten Charakteristikum ergebende Konstruktion einer moralischen Norm, die ausschließlich die Grundstruktur einer Gesellschaft zum Gegenstand hat, für nicht konsistent. Aus ihr ergibt sich, daß der Begriff der Person, von dem Rawls ausgeht, und dessen normative Implikationen für alle anderen Bereiche des menschlichen Lebens folgenlos bleiben und damit zu einer bloßen Fiktion werden. Dieser normative Begriff müßte wenigstens in dem schwachen Sinn allgemein sein, daß die Frage sinnvoll ist, ob eine bestimmte Handlungsweise mit ihm vereinbar oder nicht vereinbar ist. Ohne Zweifel muß die politische Philosophie von diesen Implikationen abstrahieren; sie kann sie aber nicht negieren. Ich möchte diesen Einwand anhand der Lehre von den Grundgütern verdeutlichen. Es sei zugegeben, daß eine politische Gerechtigkeit nur die Bedürfnisse der Personen als Bürger berücksichtigen und nicht auf deren unterschiedliche Konzeptionen des Guten eingehen kann. Der Anspruch auf Grundgüter beruht jedoch darauf, daß ihr Besitz notwendige Bedingung dafür ist, daß die Person ihre moralischen Interessen verwirklichen kann. Als Allzweckmittel sind sie aber ihrerseits Voraussetzung dafür, daß die Person sich spezifischere Güter verschaffen kann, die sie für die Verwirklichung dieser Interessen braucht. Aus dem Anspruch auf die Grundgüter folgt daher der moralische Anspruch der Person auf diese spezifischeren Güter und damit die moralische Forderung, diese Güter nicht ohne Grund anzutasten. Denn ohne diese moralische Forderung würde der Anspruch auf die Grundgüter seinen Sinn verlieren; das Mittel würde gesichert, aber es wäre freigestellt, den Zweck, dem das Mittel dienen soll, zu vereiteln. Rawls wird antworten, in diesen Einwänden werde sein politischer mit einem moralischen Personenbegriff verwechselt. Aber diese Antwort wiederholt nur in anderen Worten die These von der Einschränkung der moralischen Norm auf die politische Grundstruktur. Es ist wesentlich durch den Begriff der Person bedingt, daß der politische Liberalismus eine moralische Konzeption ist. Deshalb ist es schwer einzusehen, wie dieser Begriff lediglich ein politischer Begriff sein kann.

In der Auseinandersetzung mit dem zweiten Charakteristikum einer umfassenden moralischen Lehre möchte ich von folgender Unterscheidung ausgehen:

(1) Eine moralische Lehre ist umfassend, wenn sie nicht nur eine Konzeption des Rechten, sondern auch eine des Guten enthält, und wenn die Konzeptionen des Guten und des Rechten logisch nicht voneinander unabhängig sind.

(2) Eine moralische Lehre ist umfassend, wenn sie argumentativ mit einer zu diesem Zweck entwickelten Terminologie unabhängig von einer Konzeption des Guten eine Konzeption des Rechten entwickelt, die aber, wie jede philosophische Konzeption, der philosophischen Kontroverse ausgesetzt ist.

Diese beiden Möglichkeiten sind bei Rawls nicht hinreichend klar unterschieden. Daß eine im ersten Sinn umfassende moralische Lehre für den politischen Liberalismus unbrauchbar ist, steht außer Frage, denn hier sind der Vorrang des Rechten und seine Unabhängigkeit vom Guten nicht gewahrt. Aber wenn Rawls die Autonomie der politischen Philosophie gegenüber jeder Form der philosophischen Ethik fordert, wenn er darauf hinweist, daß die Grundordnung einer Gesellschaft nicht auf philosophisch kontroversen Positionen aufbauen könne und wenn nach ihm folglich eine politische Konzeption der Gerechtigkeit nicht in der Terminologie einer umfassenden Lehre formuliert werden kann, so wird deutlich, daß er auch die zweite Möglichkeit ablehnt.

Rawls' Beurteilung der traditionellen Moralphilosophie läßt diese mangelnde Unterscheidung deutlich werden. Platon, Aristoteles und die durch Augustinus und Thomas repräsentierte christliche Tradition verträten eine Konzeption der Gerechtigkeit, die nur eine Konzeption des Guten zulasse, d. h. eine umfassende Lehre im Sinn der ersten Möglichkeit. Aber auch Kant und J. St. Mill gehörten insofern zu dieser Gruppe, als das von ihnen vertretene liberale Ideal ein »umfassendes Ideal« sei, das mit anderen Konzeptionen des Guten unvereinbar sei. Das Ideal der Autonomie habe bei Kant eine regulative Rolle für das gesamte Leben; das mache es unvereinbar mit dem Liberalismus der Gerechtigkeit als Fairneß. Die grundlegenden Begriffe der Gesellschaft und der Person seien in Kants transzendentalem Idealismus fundiert (PL III § 2).

Diese Einordnung der Tradition läßt den Eindruck entstehen, als sei jede philosophische Ethik von weltanschaulichen und metaphysischen Voraussetzungen abhängig und von daher als Grundlegung für eine politische Konzeption der Gerechtigkeit nicht geeignet. Ich möchte demgegenüber eine differenziertere Sicht vorschlagen. Es ist zu unterscheiden zwischen der Frage, ob eine Moralphilosophie eine Konzeption des Guten hat, und der anderen Frage, ob die Konzeption des Rechten in dieser Moralphilosophie von ihrer Konzeption des Guten abhängt bzw. ob ihre Konzeption des Rechten logisch nur eine Konzeption des Guten zuläßt. Für Aristoteles z. B. ist die erste Frage zu bejahen. Seine Ethik ist in dem Sinn eine umfassende Lehre, daß sie ein Ideal der persönlichen Vollkommenheit und der verschiedenen Formen des menschlichen Zusammenlebens, eine Glücksvorstellung u.a.m. enthält. Dagegen ist die zweite Frage für ihn zu verneinen. Das fünfte Buch der Nikomachischen Ethik ist eine Abhandlung über die für das Gelingen der Kooperation zwischen Menschen notwendigen Bedingungen. Diese Theorie der Gerechtigkeit ist nicht von einer bestimmten Konzeption des Guten abhängig, es sei denn, man sehe das Gute ausschließlich in der gelungenen Kooperation.

Außerdem scheint es mir wichtig zu beachten, wie die Tradition – hier sind vor allem Aristoteles und Kant zu nennen – das Verhältnis zwischen praktischer Philosophie und Metaphysik gesehen hat. Die praktische Vernunft ist gegenüber der theoretischen Vernunft autonom. Kants transzendentaler Idealismus ist nicht Voraussetzung seiner praktischen Philosophie; vielmehr führt seine Analyse des sittlichen Bewußtseins anhand der Frage nach den Bedingungen der Möglichkeit in einem letzten Schritt zum transzendentalen Idealismus. In diesem Sinne könnte man in Rawls' Terminologie sagen, daß eine Ethik zu einer umfassenden moralischen Lehre, die ein Ideal im Sinne Kants enthält, entfaltet werden kann. Aber das wäre ein letzter Schritt, von dem die argumentative Stringenz der ethischen Analysen in keiner Weise abhängig ist. Wir können bei der Frage nach den Voraussetzungen immer weiter zurückgehen. Das besagt aber nicht, daß die vorhergehenden Schritte der Analyse erst durch eine auf diese Weise entwickelte umfassende Metaphysik des sittlichen Handelns gültig würden. In der analytischen Kant-Interpretation wird die Transzendentale Analytik häufig ohne Berücksichtigung der Transzendentalen Dialektik interpretiert. Die Analytik mag Fragen offenlassen, aber davon wird die Frage nach der Schlüssigkeit ihrer Argumentation nicht berührt.

Ein übergreifender Konsens umfaßt »alle *vernünftigen* einander entgegengesetzten religiösen, philosophischen und moralischen Lehren [...]« (PL I § 1.3; Hervorh. F. R.). Wann ist eine umfassende Lehre vernünftig?

»To conclude: reasonable persons see that the burdens of judgment set limits on what can be reasonably justified to others, and so they endorse some form of liberty of conscience and freedom of thought. It is unreasonable for us to use political power, should we possess it, or share it with others, to repress comprehensive views that are not unreasonable.« (PL II § 3.3)

Dieses Zitat soll als Beleg dafür dienen, daß Rawls nicht hinreichend deutlich zwischen folgenden beiden Begriffen von »vernünftiger Lehre« unterscheidet:

(1) ›Vernünftig‹ ist eine Qualität, die dem Inhalt einer Lehre zugesprochen wird. Dann ist eine Lehre vernünftig, die die Bürden der Vernunft zu ihrem Inhalt hat, die die Gewissensfreiheit u.a. in dem Sinn zum Inhalt hat, daß sie Gründe dafür bringt.

(2) ›Vernünftig‹ ist eine Qualität des Aktes (und folglich der Person), der (die) einen Inhalt behauptet. Eine Person behauptet eine Lehre. Sie ist sich aber bei dieser Behauptung der Bürden der Vernunft bewußt. Sie respektiert die Gedankenfreiheit der anderen, indem sie bereit ist, sich mit Einwänden gegen die von ihr behauptete Lehre auseinanderzusetzen. Sie respektiert die Gewissensfreiheit der anderen, indem sie außer einer sachlichen Argumentation keinerlei Mittel gebraucht, um die anderen zur Annahme ihrer Lehre zu bringen. Aber die genannten Qualitäten des Aktes der Behauptung sind nicht Inhalt der Lehre. In diesem zweiten Sinn kann z. B. auch eine naturwissenschaftliche These vernünftig oder nicht vernünftig sein. Ohne Zweifel ist auch bei der zweiten Interpretation zu fordern, daß der Inhalt der Lehre der Vernünftigkeit des Aktes nicht widerspricht. Was jedoch nicht verlangt werden kann, ist, daß eine in diesem Sinn vernünftige Lehre die politische Konzeption der Gerechtigkeit positiv unterstützt. Gründe sind dem Inhalt einer Lehre und nicht dem Akt der Behauptung zuzuordnen. Bei dieser Interpretation ist es nicht erforderlich, von einer Überlappung von Lehren zu reden, denn das soll ja besagen, daß eine politische Konzeption der Gerechtigkeit sich von unterschiedlichen umfassenden Lehren her begründen läßt. Es würde

sich nicht um einen Inhalt, sondern um eine formale Diskursethik handeln, und nur die Lehren würden zur Diskussion gestellt, deren Vertreter diese formalen diskursethischen Normen anerkennen. Der Vorteil dieser Interpretation ist, daß sich auf dieser Ebene tatsächlich eine allgemeine Übereinstimmung zumindest vernünftigerweise fordern ließe.

Rawls muß jedoch von der ersten Interpretation ausgehen. Sie führt aber zu einem sehr starken und engen Begriff der vernünftigen Lehre. Eine vernünftige Lehre müßte dann z. B. die Bürden der Vernunft zum Inhalt haben und folglich sämtliche erkenntnistheoretischen und wissenschaftstheoretischen Voraussetzungen, auf denen diese These beruht (PL II § 2). Der Gegenstand des übergreifenden Konsenses ist, so betont Rawls gegenüber dem Einwand, es handle sich um einen bloßen modus vivendi, »eine moralische Konzeption«. Zu seinem Inhalt zählen »die Konzeptionen der Gesellschaft und der Bürger als Personen« (PL IV § 4.4). Wie würde es in diesem Fall aussehen mit der umfassenden Lehre des Utilitarismus, die Rawls' Personenbegriff nicht teilt, oder mit einer egoistischen Ethik, die Rawls' scharfe Trennung des Rationalen vom Vernünftigen ablehnt? Oder nehmen wir das Beispiel eines Erkenntnistheoretikers, der sich an die formalen Normen der Diskursethik hält, der aber die erkenntnistheoretischen Voraussetzungen der Bürden der Vernunft nicht akzeptiert? Handelt es sich bei diesen Beispielen um umfassende Lehren, die am übergreifenden Konsens teilhaben? Es wäre zu fragen, wie man zu dem Vernunftbegriff kommt, anhand dessen der Inhalt einer umfassenden Lehre als vernünftig qualifiziert wird. Es müßte der Einwand entkräftet werden, dieser Begriff sei mit dem Inhalt des übergreifenden Konsenses, d. h. der Gerechtigkeit als Fairneß, identisch und folglich sei die ganze Konstruktion zirkulär.

III C

Rawls macht sich selbst den Einwand, ohne eine allgemeine und umfassende Lehre sei es unmöglich, die vielen Konflikte des politischen Lebens zu lösen. Je tiefer die begrifflichen und philosophischen Grundlagen eines solchen Konflikts reichten, umso allgemeiner und umfassender müsse die Ebene der philosophischen Reflexion sein, damit die Wurzeln der Konflikte bloßgelegt und die Konflikte durch die richtige Gruppierung der Ideen behoben werden könnten. Es sei also nutzlos, ohne eine umfassende Lehre eine politische Konzeption der Gerechtigkeit zu entwickeln. Rawls beantwortet den Einwand mit dem Hinweis auf eine »freistehende politische Konzeption der Gerechtigkeit« (PL IV § 5.1).

Rawls unterscheidet drei Sichtweisen, die jeweils dazu führen, einer politischen Konzeption der Gerechtigkeit zuzustimmen. Die Zustimmung könne sich einmal aus einer Religion ergeben, z. B. weil die Freiheit des Glaubensaktes und des Gewissens Inhalt der religiösen Überzeugung sind. Eine zweite Sichtweise sei eine umfassende moralische Lehre; so können z. B. die liberalen Ideale von Kant oder Mill der Grund sein, die Gerechtigkeit als Fairneß anzunehmen. Am wichtigsten ist für Rawls die dritte Möglichkeit, die freistehende Konzeption, mit der er auf die oben referierte Objektion antwortet: Die politische Konzeption der Gerechtigkeit bedürfe keiner Begründung durch umfassende Lehren; sie sei aus sich selbst imstande, die politischen Werte so zu präsentieren, daß deutlich werde, daß diese Werte (unter günstigen Voraussetzungen) alle anderen Werte überwiegen (PL IV § 3.2).

Rawls fragt, aufgrund welcher politischen Werte eine liberale Konzeption der Gerechtigkeit unabhängig von umfassenden Lehren aus sich selbst überzeugt, und er nennt drei: Erstens würden die Grundrechte und Grundfreiheiten dem Kalkül der sozialen Interessen entzogen; zweitens könne jeder ohne weltanschauliche Voraussetzungen einsehen, daß die Konzeption der Gerechtigkeit richtig und zuverlässig ist; drittens fördere sie die kooperativen Tugenden des politischen Lebens (PL IV § 6.3-5). Die politische Konzeption der Gerechtigkeit, so möchte ich interpretierend zusammenfassen, überzeugt aus sich selbst, weil sie den Wert der stabilen Kooperation sichert (vgl. PL IV § 5.3). Ich setze mit Rawls voraus, daß der Wert der stabilen Kooperation alle anderen Werte, die mit ihm in Konflikt kommen können, überwiegt. Um das Spezifische seines Ansatzes herauszuarbeiten, stelle ich zwei Fragen. (1) Worauf beruht die Stabilität, d. h. wie kommt sie zustande und wie wird sie gesichert? Eine mögliche Antwort wäre, daß sie ein bewährter *modus vivendi* ist. Die Erfahrung hat gezeigt, daß auch für den einzelnen und die verschiedenen Gruppen innerhalb einer Gesellschaft der Wert der stabilen Kooperation auf lange Sicht größer ist als die kurzfristigen Vorteile, die sie aufgrund einer zeitweiligen Überlegenheit gewinnen könnten. Von dieser Erfahrung aus-

gehend, wäre eine rein teleologische Begründung einer politischen Konzeption der Gerechtigkeit denkbar. Man könnte z. B. argumentieren, die Menschen hätten ein ausgeprägtes egoistisches Bewußtsein für Benachteiligungen, die ihnen zugefügt würden, und deshalb seien Gerechtigkeitsgrundsätze eine notwendige Bedingung für eine stabile Kooperation.
(2) Wie wird der Vorrang des Wertes der stabilen Kooperation gegenüber allen möglicherweise konkurrierenden Werten begründet? Eine denkbare Antwort wäre: Sie ist ein Allzweckmittel für die Verwirklichung aller möglichen Ziele rein rationaler, jedoch nicht vernünftiger Personen. Wir hätten es mit einer egoistischen Moral zu tun, nach der es für die Verfolgung der egoistischen Ziele nur die eine Einschränkung gäbe, daß sie die Kooperation nicht gefährden darf. Sie ergäbe sich aus einer rein zweckrationalen Überlegung: Ein solches Handeln wäre kontrapoduktiv; es würde seine eigenen Voraussetzungen zerstören.

Weder die erste noch die zweite Frage werden von Rawls in der eben angedeuteten Weise beantwortet. Was er mit der skizzierten Position teilt, ist allein die These vom Vorrang des Wertes der stabilen Kooperation. Dagegen lehnt Rawls den *modus vivendi* ab; er ist vielmehr der Auffassung, die stabile Kooperation könne nur durch einen Konsens, der bis zu den fundamentalen intuitiven moralischen Ideen reicht, gesichert werden. Außerdem ist die stabile Kooperation bei ihm nicht ein Allzweckmittel für beliebige Ziele, sondern sie dient der Verwirklichung der beiden Interessen höchster Ordnung der Personen, der Entfaltung und Betätigung ihrer beiden moralischen Fähigkeiten. Schließlich vertritt Rawls keine teleologische, sondern eine deontologische Begründung der Gerechtigkeit.

Die politische Konzeption der Gerechtigkeit, so hatte ich die dritte Sichtweise interpretiert, überzeugt aus sich selbst, weil sie den Wert der stabilen Kooperation sichert. Der Vergleich anhand der beiden Fragen hat nun gezeigt, daß in der Position von Rawls dieser überwiegende Wert in zweifacher Weise durch andere Werte bedingt ist. Erstens kommt er nur durch moralische Werte zustande, und zweitens ist er Mittel zur Verwirklichung der moralischen Interessen der Person. Das heißt, den intuitiven moralischen Ideen kommt in der freistehenden Konzeption eine tragende und unverzichtbare Rolle zu. Meine Frage ist, wie diese intuitiven Ideen sich von einer umfassenden moralischen Lehre unterscheiden.

Bevor ich darauf eingehe, möchte ich die These vom Vorrang der politischen Werte differenzieren. Die politischen Werte überwiegen insofern alle anderen, als sie notwendige Bedingung für die Betätigung der beiden moralischen Fähigkeiten sind; sie überwiegen insofern alle Werte, die mit einer bestimmten Konzeption des Guten, die auf einer umfassenden Lehre beruhen mag, gegeben sind, weil keiner dieser Werte ohne die politischen Werte verwirklicht werden kann. Von dieser Ordnung der notwendigen Bedingung ist jedoch eine andere Ordnung des Vorrangs zu unterscheiden, die Rawls in den Worten formuliert: »the good shows the point« (PL V Einleitung). Die politischen Werte sind insofern bedingte Werte, als sie kein Selbstzweck, sondern nur Mittel dafür sind, daß die Personen ihre moralischen Fähigkeiten und ihre Konzeption des Guten verwirklichen können. Daß die politischen Werte in einem Konflikt mit anderen Werten, die sich aus einer Konzeption des Guten und einer umfassenden Lehre ergeben, überwiegen, kann also nicht bedeuten, daß sie in der Ordnung der Ziele die höchsten Werte wären. Es besagt vielmehr, daß eine Person, die die politischen Werte gegenüber anderen Werten zurücksetzt, in dem Sinn kontraproduktiv handelt, daß sie die Voraussetzung für die Verwirklichung der anderen Werte zerstört. Aber das, was sie um seiner und um ihrer selbst willen verwirklichen möchte, sind nicht die politischen Werte, sondern die Werte, die mit ihrer eigenen Konzeption des Guten gegeben sind.

Meine Interpretation der freistehenden Konzeption sollte zeigen, daß die Gerechtigkeit als Fairneß auf intuitiven moralischen Ideen beruht. Der Hinweis auf eine politische Kultur genügt nicht; Rawls' Theorie verlangt vielmehr, daß die Personen diese moralischen Ideen in der spezifischen von Rawls entwickelten Form als ihre eigene moralische Überzeugung teilen. Wie unterscheiden sich dann aber diese die freistehende Konzeption tragenden intuitiven Ideen noch von einer umfassenden moralischen Lehre? Rawls geht von diesen intuitiven Ideen aus. Er lehnt eine wie auch immer geartete Deduktion ab, und er verzichtet bewußt darauf, den Akt der Intuition durch epistemologische Reflexionen abzusichern. Grund für diese Beschränkung ist das praktische Ziel seiner politischen Philosophie: Jede weitere Reflexion hätte spaltende Kontroversen zur Folge, die er um des notwendigen Konsenses willen vermeiden muß. Man kann Rawls' Vorgehen als einen aus praktischen Gründen motivierten Verzicht auf das Instrumentarium einer umfassenden moralischen Lehre bezeichnen. Die Methode, mit der Rawls arbeitet, ergibt sich als Folgerung aus seiner Theorie. Das in der Ausgangsidee enthaltene Ideal des Konsenses und der Stabilität läßt eine moralphilosophische Methode, die als solche notwendig der Kontroverse ausgesetzt wäre, nicht zu. Auch die politische Philosophie unterliegt also offensichtlich den Restriktionen der »öffentlichen Vernunft«. Damit erweist der Ansatz sich als zirkulär. Die Theorie soll durch eine Methode gerechtfertigt werden, die sich aus der Theorie ergibt und damit deren Gültigkeit bereits voraussetzt. Die Methode von *Political Liberalism* und Rawls' Ablehnung umfassender moralischer Lehren sind eine Konsequenz aus seinem Begriff der öffentlichen Vernunft, also aus einer der aus der Ausgangsidee deduzierten Ideen.

Rawls schreibt in seiner Einleitung zu *Political Liberalism* (§ 3), die Konzeption von *A Theory of Justice* sei »unrealistisch« gewesen, weil sie das Faktum des Pluralismus nicht berücksichtigt habe. Läßt sich ein entsprechender Einwand nicht auch gegen den politischen Liberalismus erheben? Rawls legt Wert darauf, daß seine Theorie nicht utopisch ist. Wenn das in der Ausgangsidee formulierte Ideal soll verwirklicht werden können, dann müssen die dafür erforderlichen notwendigen Voraussetzungen real gegeben sein. Eine der wesentlichen Bedingungen ist in Rawls' Begriff der Person formuliert. Für die Realisierbarkeit des Ideals ist es also erforderlich, daß die Personen tatsächlich so sind, wie Rawls sie beschreibt. Es genügt nicht, ihnen die beiden moralischen Fähigkeiten lediglich »zuzuschreiben« (PL I § 3.3) und den Personenbegriff in Abgrenzung zu einem moralischen und einem metaphysischen Begriff zu einem ausschließlich politischen Begriff zu deklarieren. Dagegen könnte man einwenden, der politische Liberalismus sehe von der Frage, ob die Personen tatsächlich so sind, ab; er brauche diese moralphilosophische und metaphysische Frage nicht zu stellen. Der Preis dafür ist, daß wir es dann nur noch mit hypothetischen Aussagen zu tun haben. Der politische Liberalismus ist unter der Voraussetzung keine Utopie, daß die Personen tatsächlich die beiden moralischen Fähigkeiten haben. Zugleich muß er es aber offenlassen, ob diese Voraussetzung erfüllt ist, denn damit würde er sich auf ein moralphilosophisch und metaphysisch kontroverses Gebiet begeben.

Literatur

Schriften von John Rawls

(1950): *A Study in the Grounds of Ethical Knowledge: Considered with Reference to Judgements on the Moral Worth of Character*, Ph. D. Diss., Princeton.

(1951a): »Outline of a Decision Procedure for Ethics«, *The Philosophical Review* 60, S. 177-197.

(1951b): Besprechung von Stephen Toulmins *An Examination of the Place of Reason in Ethics*, *The Philosophical Review* 60, S. 572-580.

(1955): »Two Concepts of Rules«, *The Philosophical Review* 64, S. 3-32; dt.: »Zwei Regelbegriffe«, in: Otfried Höffe (Hrsg.), *Einführung in die utilitaristische Ethik*, München 1975, S. 96-120.

(1957): »Justice as Fairness«, *The Journal of Philosophy* 54, S. 653-662.

(1958): »Justice as Fairness«, *The Philosophical Review* 67, S. 164-194; dt.: »Gerechtigkeit als Fairneß«, in: Höffe 1977, S. 34-83.

(1963a): »Constitutional Liberty and the Concept of Justice«, in: Carl J. Friedrich und John W. Chapman (Hrsg.): *Justice: Nomos VI*, New York 1963, S. 98-125.

(1963b): »The Sense of Justice«, *The Philosophical Review* 72, S. 281-305; dt.: »Der Gerechtigkeitssinn«, in: Höffe 1977, S. 125-164.

(1964): »Legal Obligation and the Duty of Fair Play«, in: Sydney Hook (Hrsg.), *Law and Philosophy*, New York, S. 3-18.

(1967): »Distributive Justice«, in: Peter Laslett und W. G. Runciman (Hrsg.), *Philosophy, Politics and Society*, Third Series, London, S. 58-82.

(1968): »Distributive Justice: Some Addenda«, *Natural Law Forum 13*, S. 51-71; dt.: »Distributive Gerechtigkeit – Zusätzliche Bemerkungen«, in: Höffe 1977, S. 84-124.

(1969): »The Justification of Civil Disobidience«, in: Hugo A. Bedau (Hrsg.), *Civil Disobedience: Theory and Practice*, New York, S. 240-255; dt.: »Die Rechtfertigung bürgerlichen Ungehorsams«, in: Höffe 1977, S. 165-191.

(1971a): »Justice as Reciprocity«, in: Samuel Gorovitz (Hrsg.), *Utilitarianism: John Stuart Mill: With Critical Essays*, New York, S.242-268.

(1971b): *A Theory of Justice*, Cambridge, Mass.; dt. (von Hermann Vetter auf der Grundlage eines revidierten Textes): *Eine Theorie der Gerechtigkeit*, Frankfurt a. M. 1975.

(1972): »Reply to Lyons and Teitelman«, *The Journal of Philosophy* 69, S. 556-557.

(1973): »Distributive Justice«, in: Edmund S. Phelps (Hrsg.), *Economic Justice*, London, S. 319-362.

(1974a): »Some Reasons for the Maximin Criterion«, *The American Economic Review 64*, S. 141-146.
(1974b): »Reply to Alexander and Musgrave«, *Quarterly Journal of Economics 88*, S. 633-655.
(1975a): »The Independence of Moral Theory«, Presidential Address to the American Philosophical Association, Eastern Division, *Proceedings and Addresses of the American Philosophical Association 48*, S. 5-22.
(1975b): »A Kantian Conception of Equality«, *The Cambridge Review*, S. 94-99.
(1975c): »Fairness to Goodness«, *Philosophical Review 84*, S. 536-554.
(1978): »The Basic Structure as Subject«, in: A. Goldman, J. Kim (Hrsg.), *Values and Morals, Essays in Honor of William Frankena, Charles Stevenson, and Richard B. Brandt*, Dordrecht, S. 47-71; dt.: »Die Grundstruktur als Gegenstand«, in: R 1992, S. 45-79.
(1980): »Kantian Constructivism in Moral Theory«, *Journal of Philosophy 77*, S. 515-572; dt.: »Kantischer Konstruktivismus in der Moraltheorie«, in: R 1992, S. 80-158.
(1982): »Social Unity and Primary Goods«, in: Amartya K. Sen, Bernard Williams (Hrsg.), *Utilitarianism and Beyond*, Cambridge, S. 159-185.
(1983): »The Basic Liberties and their Priority«, in: Sterlin McMurrin (Hrsg.), *The Tanner Lectures on Human Values 1982*, Salt Lake City, Cambridge, S. 3-87; dt.: »Der Vorrang der Grundfreiheiten«, in: R 1992, S. 159-248.
(1985): »Justice as Fairness: Political not Metaphysical«, *Philosophy and Public Affairs 14*, S. 223-251; dt.: »Gerechtigkeit als Fairneß: politisch und nicht metaphysisch«, in: R 1992, S. 255-292.
(1987): »The Idea of an Overlapping Consensus«, *Oxford Journal of Legal Studies 7*, S. 1-25; dt.: »Der Gedanke eines übergreifenden Konsenses«, in: R 1992, S. 293-332.
(1988): »The Priority of Right and Ideas of the Good«, *Philosophy and Public Affairs 17*, S. 251-276; dt.: »Der Vorrang des Rechten und die Ideen des Guten«, in: R 1992, S. 364-397.
(1989): »The Domain of the Political and Overlapping Consensus«, *New York Law Review 64*, S. 233-255; dt.: »Der Bereich des Politischen und der Gedanke eines übergreifenden Konsenses«, in: R 1992, S. 333-363.
(1990): *Justice as Fairness: A Restatement*, Typoskript, Cambridge, Mass.
(1992): *Die Idee des politischen Liberalismus*, hrsg. v. Wilfried Hinsch, Frankfurt a. M.
(1993a): *Political Liberalism*, New York.
(1993b): »*Law of the People*« (Amnesty International Lectures in Oxford), New York 1993.
(1995a): »Reply to Habermas«, *Journal of Philosophy 92*, S. 132-180.
(1995b): »50 Years After Hiroshima«, *Dissent*, S. 323-327; dt.: »Hiroshima nach 50 Jahren«, *Lettre International 30*, S. 104 f.

Schriften anderer Autoren

Ackerman, Bruce (1980): *Social Justice in the Liberal State*, New Haven.

– (1991): *We The People*, Volume I: Foundations, Cambridge.

Alexy, Robert (1983): *Theorie der juristischen Argumentation*, Frankfurt a. M.

– (1985): *Theorie der Grundrechte*, Frankfurt a. M.

– (1989a): »Probleme der Diskurstheorie?«, *Zeitschrift für philosophische Forschung 43*, S. 81-93; ebenso in: Alexy 1995, S. 109-126.

– (1989b): »Individuelle Rechte und kollektive Güter«, *Internationales Jahrbuch für Rechtsphilosophie und Gesetzgebung 1*, S. 49-70; ebenso in: Alexy 1995, S. 232-261.

– (1992): *Begriff und Geltung des Rechts*, Freiburg.

– (1993): »Eine diskursethische Konzeption der praktischen Vernunft«, *Archiv für Rechts- und Sozialphilosophie*, Beiheft 51, S. 11-29.

– (1995): *Recht, Vernunft, Diskurs*, Frankfurt a. M.

Arendt, Hannah (1963): *On Revolution*, New York.

Arrow, Kenneth J. (1973): »Some Ordinalist-Utilitarian Notes on Rawls's Theory of Justice«, *Journal of Philosophy 70*, S. 245-263; dt. in: Höffe 1977, S. 199-223.

Barry, Brian (1989): *Theories of Justice*, London.

Baynes, Kenneth (1992): *The Normative Grounds of Social Criticism. Kant, Rawls, and Habermas*, Albany, NY.

Beitz, Charles (1989): *Political Equality*, Princeton.

Benhabib, Sheila (1989): »In the Shadow of Aristotle and Hegel: Communicative Ethics and Current Controversies in Practical Philosophy«, *The Philosophical Forum 21*, S. 1-31

– (1992): *Situating the Self*, Cambridge 1992

Bentham, Jeremy (1789): *An Introduction to the Principles of Morals and Legislation*, hrsg. v. J. H. Burns u. H. L. A. Hart, London 1970.

– (1825): *The Rationale of Reward*, in: *The Works of Jeremy Bentham*, hrsg. v. J. Bowring, Edinburgh 1838-43, Bd. 2.

Berlin, Isaiah (1969): *Four Essays on Liberty*, Oxford.

Blackorby, Charles, und David Donaldson (1977): »Utility vs. Equity: Some Plausible Quasi-Orderings«, *Journal of Public Economics 7*, S. 365-381.

Buchanan, Allen (1975): »Revisability and Rational Choice«, *Canadian Journal of Philosophy 5*, S. 395-408.

Buchanan, James (1975): *The Limits of Liberty*, Chicago.

Cohen, Joshua (1989a): »Deliberation and Democratic Legitimacy«, in: Hamlin & Pettit 1989, S. 17-34.

– (1989b): Notes on Deliberative Democracy, unveröffentlichtes Manuskript.

– (1991): Besprechung von R. A. Dahls *Democracy and its Critics*, *Journal of Politics 53*, S. 221-225.
– (1993): »Moral Pluralism and Political Consensus«, in: David Copp und Jean Hampton (Hrsg.), *The Idea of Democracy*, Cambridge, S. 270-291.
– (1994): »Pluralism and Proceduralism«, *Chicago-Kent Law Review 69*, S. 589-618.
Dahl, Robert (1989): *Democracy and Its Critics*, New Haven.
Dworkin, Ronald (1971): »Lord Devlin and the Enforcement of Morals«, in: Richard A. Wasserstrom (Hrsg.), *Morality and the Law*, Belmont, S. 55-72.
– (1985): *A Matter of Principle*. Cambridge.
Elkins, Stanley, und Eric McKittrick (1993): *The Age of Federalism*, New York.
Elster, John (1979): *Ulysses and the Sirens*, Cambridge (zweite, revidierte Aufl. 1984).
Ely, John H. (1981): *Democracy and Distrust*, Cambridge, Mass.
Fehige, Christoph (1995): »Das große Unglück der kleineren Zahl«, in: Fehige/Meggle 1995, Bd. 2, S. 139-175.
– (1997): »A Pareto Principle for Possible People«, in: Fehige/Wessels 1997.
– und Georg Meggle (Hrsg.) (1995): *Zum moralischen Denken*, Frankfurt a. M.
– und Ulla Wessels (Hrsg.) (1997): *Preferences*, Berlin.
Ferschl, Franz (1975): *Nutzen- und Entscheidungstheorie*, Opladen.
Fleming, James (1993): »Constructing the Substantive Constitution«, *Texas Law Review 72*, S. 211-219.
Forst, Rainer (1992): »Justice as Fairness. Ethical, Political or Moral«, Ms. (dt. in diesem Band)
– (1993): »Kommunitarismus und Liberalismus – Stationen einer Debatte«; in: Axel Honneth (Hrsg.), *Kommunitarismus*, Frankfurt a. M., S. 181-212.
– (1994): *Kontexte der Gerechtigkeit. Politische Philosophie jenseits von Liberalismus und Kommunitarismus*. Frankfurt a. M.
Franklin, Julian (1978): *Souvereignty of the People*, New York.
Freeman, Samuel (1992): »Original Meaning, Democratic Interpretation, and the Constitution«, *Philosophy and Public Affairs 21*, S. 3-42.
– (1994): »Political Liberalism and the Possibility of a Just Political Constitution«, *Chicago-Kent Law Review 69*, S. 619-668.
Griffin, James (1986): *Well-Being*, Oxford.
Gauthier, David (1986): *Morals by Agreement*, Oxford.
Greeanawalt, Kent (1988): *Religious Convictions and Political Choice*, Oxford.
Gutman, Amy, und Thompson, Denis (1990): »Moral Conflict and Political Consensus«, *Ethics 101*, S. 76-86.

Habermas, Jürgen (1962): Strukturwandel der Öffentlichkeit, Frankfurt a. M.
– (1981): *Theorie des kommunikativen Handelns*. 2 Bde., Frankfurt a. M. (dritte, durchgesehene Aufl. 1985).
– (1983a): Moralbewußtsein und kommunikatives Handeln, Frankfurt a. M.
– (1983b): »Diskursethik – Notizen zu einem Begründungsprogramm«, in: Habermas 1993, S. 53-125.
– (1988): *Nachmetaphysisches Denken*, Frankfurt a. M.
– (1991a): »Vom pragmatischen, ethischen und moralischen Gebrauch der praktischen Vernunft«, in: Habermas 1992a, S. 100-118.
– (1991b): »Erläuterungen zur Diskursethik«, in: Habermas 1992a, S. 119-226.
– (1992a): *Erläuterungen zur Diskursethik*, Frankfurt a. M.
– (1992b): *Faktizität und Geltung*, Frankfurt a. M., (vierte, um ein Nachwort ergänzte Aufl. 1994).
– (1995): »Reconciliation through the Public Use of Reason: Remarks on John Rawls's Political Liberalism«, *The Journal of Philosophy 92*, S. 109-131 (dt. in diesem Band).
Hamlin, Alan, und Philip Pettit (Hrsg.) (1989): *The Good Politiy*, Cambridge.
Hampshire, Stuart (1993): »Review of ›Political Liberalism‹«, *New York Review of Books*, (Augustheft), S. 44.
Hare, Richard M. (1981): *Moral Thinking*, Oxford.
– (1983): »Rawls's Theory of Justice«, in: ders., *Essays in Ethical Theory*, Oxford 1989, S. 145-174.
– (1993): *Essays in Bioethics*, Oxford.
– (1997): »The Preferences of Possible People«, in: Fehige/Wessels 1997.
Harsanyi, John C. (1953): »Cardinal Utility in Welfare Economics and in the Theory of Risk-Taking«, in: Harsanyi 1976, S. 3-5.
– (1975): »Can the Maximin Principles Serve as a Basis for Morality? A Critique of John Rawls's Theory«, in: Harsanyi 1976, S. 37-63.
– (1976): *Essays on Ethics, Social Behavior and Scientific Explanation*, Dordrecht.
– (1977): *Rational Behavior and Bargaining Equilibrium in Games and Social Situations*, Cambridge.
Hart, H. L. A. (1961), *The Concept of Law*, Oxford.
– (1973): »Rawls on Liberty and its Priority«, *University of Chicago Law Review* 40, S. 534-555; dt. in: Höffe 1977, S. 131-161.
Hinsch, Wilfried (1992): »Einleitung«, in: John Rawls, *Die Idee des politischen Liberalismus: Aufsätze 1978-1989*, Frankfurt a. M., hrsg. v. Wilfried Hinsch, S. 9-44.
– (1995): »Präferenzen im moralischen Denken«, in: Fehige/Meggle 1995, S. 87-112.

Höffe, Ottfried (Hrsg.) (1977): *Über John Rawls Theorie der Gerechtigkeit*, Frankfurt a. M.
James, William (1891): »The Moral Philosopher and the Moral Life«, in: ders., *The Will to Believe and Other Essays in Popular Philosophy*, Cambridge, Mass., 1979, S. 141-162.
Kamm, Francis M. (1992): *Creation and Abortion*, Oxford.
Kant, Immanuel (1781): *Kritik der reinen Vernunft*, in: Kants Werke, hrsg. von der Preußischen Akademie der Wissenschaften (Akademie-Ausgabe), Bd. 3, Berlin 1911.
– (1784): »Was ist Aufklärung?«, in: Kants Werke, hrsg. von der Preußischen Akademie der Wissenschaften, Bd. 8, Berlin 1923, S. 33-42.
– (1785): *Grundlegung der Metaphysik der Sitten*, in: Kants Werke, hrsg. von der Preußischen Akademie der Wissenschaften, Bd. 4, Berlin 1911, S. 385-464.
– (1793): »Über den Gemeinspruch: Das mag in der Theorie richtig sein, taugt aber nicht für die Praxis«, in: Kants Werke, hrsg. von der Preußischen Akademie der Wissenschaften, Bd. 8, Berlin 1912, S. 273-314
– (1797): *Die Metaphysik der Sitten*, in: Kants Werke, hrsg. von der Preußischen Akademie der Wissenschaften, Bd. 6, Berlin 1907, S. 203-493
Kern, Lucian, und Julian Nida-Rümelin (1994): *Logik kollektiver Entscheidungen*, München.
Keynes, John Maynard (1936): *The General Theory of Employment, Interest and Money*, Cambridge
Korsgaard, Christine (1993): »The Reasons We Can Share. An Attack on the Distinction between Agent-Relative and Agent-Neutral Values«, in: E. F. Paul, J. Paul, F. D. Miller (Hrsg.): *Altruism*, Cambridge.
Kukathas, Chandran, und Philip Pettit (1990): *Rawls. A Theory of Justice and its Critics*, Cambridge.
Kutschera, Franz von (1983): *Grundlagen der Ethik*, Berlin.
– (1995): »Drei Versuche einer rationalen Begründung der Ethik: Singer, Hare, Gewirth«, in: Fehige/Meggle 1995, Bd. 1, S. 54-76.
Kymlicka, Will (1992): »Two Models of Pluralism and Tolerance«, *Analyse und Kritik 13*, S. 33-56.
Larmore, Charles (1987): *Patterns of Moral Complexity*, Cambridge.
– (1990): »Political Liberalism«, *Political Theory 18*, S. 339-360.
– (1993): Besprechung von J. Habermas' *Faktizität und Geltung*, *Deutsche Zeitschrift für Philosophie 41*, S. 321-27.
Laslett, Peter (1960): Einleitung zu *John Locke's Two Treatises of Government*, 2. Aufl., Cambridge.
Laursen, J. C. (1986): »The Subversive Kant«, *Political Theory 20*, S. 584-593.
Lewis, David (1969): *Convention*, Cambridge, Mass.
Lyons, David (1973): »Rawls versus Utilitarianism«, *Journal of Philosophy* 69, S. 535-557.

Mackie, John (1977): *Ethics. Inventing Wright and Wrong*, Hardmonsworth.
Macmillan, Michael (1890): *The Promotion of General Happiness*, London.
Marneffe, Peter de (1990): »Liberalism, Liberty, and Neutrality«, *Philosophy and Public Affairs 19*, S. 253-274.
Martin, Rex (1985): *Rawls and Rights*, Lawrence, Kans.
McCarthy, Thomas (1994): »Kantian Constructivism and Reconstructivism: Rawls and Habermas in Dialogue«, *Ethics 105*, S. 44-63.
McPherson, James (1964): *The Struggle for Equality*, Princeton.
Mendus, Susan (Hrsg.) (1988): *Justifying Toleration*, Cambridge.
Michelman, Frank (1988): »Law's Republic«, *The Yale Law Journal 97*, S. 1493-1537.
Mill, John Stuart (1861): *Utilitarianism*, hrsg. v. M. Warnock, London 1962.
Montesquieu, Charles de Secondat (1748): *Vom Geist der Gesetze*, Stuttgart 1967.
Nagel, Thomas (1975): »Rawls on Justice«, in N. Daniels (Hrsg.): *Reading Rawls*. New York, S. 1-16.
– (1986): *The View from Nowhere*. New York.
– (1987): »Moral Conflict and Political Legitimacy«, in: *Philosophy and Public Affairs 16*, S. 215-240.
– (1991): *Equality and Partiality*, Oxford.
O'Neill, Onora (1989): *Constructions of Reason*. Cambridge.
Parfit, Derek (1973): »Later Selves and Moral Principles«, in: A. Montefiore (Hrsg.), *Philosophy and Personal Relations*, London, S. 137-169.
– (1984): *Reasons and Persons*, rev. Aufl., Oxford 1987.
Pease, William u. Jane (1965): *The Antislavery Argument*, London/New York.
Peterson, Merrill (Hrsg.) (1984): *Thomas Jefferson. Writings*, New York.
Philosophy and Social Criticsm (1988): Special Issue: Universalism vs. Communitarism, *Philosophy and Social Criticism 14*, No. 3/4.
Piper, Adrian M. S. (1982): »A Distinction without a Difference«, *Midwest Studies in Philosophy 7*, S. 403-435.
Platon, *Der Staat*; zitiert nach der Stephanus-Paginierung.
Rasmussen, David (1994): Besprechung von *Faktizität und Geltung*, *Philosophy and Social Criticism 20*, S. 21-44.
Raz, Joseph (1986): *The Morality of Freedom*, Oxford.
– (1990): »Facing Diversity: The Case of Epistemic Abstinence«, in: *Philosophy and Public Affairs 19*, S. 3-46.
Rehg, William R. (1994): *Insight and Solidarity. The Idea of a Discourse Ethics*, Berkeley.
Resnik, Michael D. (1987): *Choices*, Minneapolis.
Richards, David (1986): *Toleration and the Constitution*, Oxford.

Rorty, Richard (1988): »Der Vorrang der Demokratie vor der Philosophie«, in ders., *Solidarität oder Objektivität?*, Stuttgart, S. 82-125.
Rosenblum, Nancy (Hrsg.) (1989): *Liberalism and the Moral Life*, Cambridge.
Rousseau, Jean-Jacques (1762): *Du Contrat Social*, hrsg. von Robert Derathé, in: J.-J. Rousseau, *Œuvres Complètes*, Bd. 3, Paris, S. 347-470.
Sandel, Michael (1982): *Liberalism and the Limits of Justice*, Cambridge.
Scanlon, Thomas M. (1982): »Contractualism and Utilitarianism«, in: A. Sen u. B. Williams (Hrsg.), *Utilitarianism and Beyond*, Cambridge, S. 103-128.
Schelling, Thomas C. (1960): *The Strategy of Conflict*, Cambridge (2. Aufl. 1980).
Schlick, Moritz (1927): »Vom Sinn des Lebens«, *Symposion 1*, S. 331-354.
Sen, Amartya (1970): *Collective Choice and Social Welfare*, San Francisco.
– (1973): *On Economic Inequality*, Oxford.
– (1982): *Choice, Welfare and Measurement*, Oxford.
– (1992): *Inequality Reexamined*, Oxford.
– u. Bernhard A. O. Williams (Hrsg.) (1982): *Utilitarianism and Beyond*, Cambridge.
Shklar, Judith (1989): »The Liberalism of Fear«, in: Rosenblum 1989, S. 21-38.
Sidgwick, Henry (1874): *The Methods of Ethics*, 7. Aufl., London 1907.
Siep, Ludwig (1992): »Personbegriff und praktische Philosophie bei Locke, Kant und Fichte«, in: ders., *Praktische Philosophie im Deutschen Idealismus*, Frankfurt a. M.
Thomson, Judith Jarvis (1971): »A Defense of Abortion«, *Philosophy and Public Affairs 1*, S. 47-66.
Trapp, Rainer W. (1992): »Interessenaggregationsethik«, in: A. Pieper (Hrsg.), *Geschichte der neueren Ethik*, Bd. 2, Tübingen, S. 306-343.
Tribe, Laurence (1985): *Constitutional Choices*, Cambridge.
Tugendhat, Ernst (1984): *Probleme der Ethik*, Stuttgart.
Vickrey, William S. (1945): »Measuring Marginal Utility by Reactions to Risk«, *Econometrica 13*, S. 319-333.
Waldron, Jeremy (1984): »Introduction«, in: ders. (Hrsg.), *Theories of Rights*, Oxford, S. 1-20.
– (1993): *Liberal Rights*, Cambridge.
Warren, Mary Ann (1973): »On the Moral and Legal Status of Abortion«, *The Monist* 57, S. 43-61
Washington, J. M. (Hrsg.) (1986): *A Testament of Hope. The Essential Writings of Martin Luther King*, New York.
Wessels, Ulla (1997): »Ex-post-Präferenzen – eine moralische Richtschnur?«, in: G. Meggle (Hrsg.), *Analyomen 2*, Berlin.
Williams, Bernard A. O. (1976): »Persons, Character and Morality«, in: A. O. Rorty (Hrsg.), *The Identities of Persons*. Berkeley, S. 197-216.

– (1985): *Ethics and the Limits of Philosophy*, London.
– (1988): »The Structure of Hare's Theory«, in: D. Seanor u. N. Fotion (Hrsg.), *Hare and Critics*, Oxford, S. 185-196.
Wood, Gordon (1969): *The Creation of the American Republic*, 1776-1787, New York.
Young, Iris M. (1990): *Justice and the Politics of Difference*, Princeton.

Namenregister

Adressen der Herausgeber

Philosophische Gesellschaft Bad Homburg e.V.
Prof. Dr. Siegfried Blasche
Prof. Dr. Peter Rohs
Heuchelheimer Straße 19
D-61348 Bad Homburg

Dr. Wilfried Hinsch
Philosophisches Seminar
Westfälische Wilhelms-Universität Münster
Domplatz 23
D-48143 Münster

Adressen der Autoren

Prof. Dr. Robert Alexy
Rechtswissenschaftliche Fakultät
Christian-Albrechts-Universität Kiel
Olshauser Straße 40
D-24098 Kiel

Prof. Dr. Rüdiger Bittner
Abteilung Philosophie
Universität Bielefeld
Postfach 8640
D-33615 Bielefeld

Dr. Christoph Fehige
Institut für Philosophie
Universität Leipzig
D-04081 Leipzig

Dr. Rainer Forst
Fachbereich Philosophie
Johann Wolfgang Goethe-Universität
Dantestraße 4-6
D-60054 Frankfurt am Main

Prof. Dr. Jürgen Habermas
Fachbereich Philosophie
Johann Wolfgang Goethe-Universität
Dantestraße 4-6
D-60054 Frankfurt am Main

Dr. Wilfried Hinsch
Philosophisches Seminar
Westfälische Wilhelms-Universität Münster
Domplatz 23
D-48143 Münster

Prof. Peter de Marneffe
Arizona State University
Philosophy Department YB 1001
Tempe, Arizona 85287 - 2004
U.S.A.

Prof. John Rawls
Harvard University
Emerson Hall
Cambridge, Massachussets 02138
U.S.A.

Prof. Dr. Dr. Friedo Ricken
Berchmanskolleg SJ
Kaulbachstraße 31
D-80539 München

Prof. Dr. Ludwig Siep
Philosophisches Seminar
Westf. Wilh.-Universität Münster
Domplatz 23
D-48143 Münster

Prof. Dr. Ursula Wolf
Philosophisches Seminar
Freie Universität Berlin
Habelschwerdter Allee 30
D-14195 Berlin

suhrkamp taschenbücher wissenschaft
Philosophie

Adorno: Ästhetische Theorie. stw 2
– Drei Studien zu Hegel. stw 110
– Einleitung in die Musiksoziologie. stw 142
– Kierkegaard. stw 74
– Die musikalischen Monographien. stw 640
– Negative Dialektik. stw 113
– Philosophie der neuen Musik. stw 239
– Philosophische Terminologie. Bd. 1. stw 23
– Philosophische Terminologie. Bd. 2. stw 50
– Zur Metakritik der Erkenntnistheorie. stw 872
Adorno-Konferenz 1983. Hg. v. L. v. Friedeburg und J. Habermas. stw 460
Analytische Handlungstheorie, *siehe Beckermann und Meggle*
Angehrn u.a. (Hg.): Dialektischer Negativismus. stw 1034
Apel: Der Denkweg von Charles Sanders Peirce. stw 141
– Diskurs und Verantwortung. stw 893
– Transformation der Philosophie. Bd. 1/2. stw 164/165
– *siehe auch Kuhlmann/Böhler*
Apel (Hg.): Sprachpragmatik und Philosophie. stw 375
Apel/Kettner (Hg.): Zur Anwendung der Diskursethik in Politik, Recht und Wissenschaft. stw 999
Assmann/Hölscher (Hg.): Kultur und Gedächtnis. stw 724
Bachelard: Die Bildung des wissenschaftlichen Geistes. stw 668
– Die Philosophie des Nein. stw 325
Barth: Wahrheit und Ideologie. stw 68
Bateson: Geist und Natur. stw 691
– Ökologie des Geistes. stw 571
Batscha: »Despotismus von jeder Art reizt zur Widersetzlichkeit.« stw 759
Batscha (Hg.): Materialien zu Kants Rechtsphilosophie. stw 171
Batscha/Saage (Hg.): Friedensutopien. stw 267
Beckermann (Hg.): Analytische Handlungstheorie. Bd. 2: Handlungserklärungen. stw 489
– *siehe auch Meggle*
Benjamin: Gesammelte Schriften I–VII. stw 931-937
– *siehe auch Tiedemann*
Berkeley: Schriften über die Grundlagen der Mathematik und Physik. stw 496
Biervert/Held/Wieland (Hg.): Sozialphilosophische Grundlagen ökonomischen Handelns. stw 870
Bloch: Werkausgabe in 17 Bänden. stw 550-566
– Bd. 1: Spuren. stw 550
– Bd. 2: Thomas Münzer als Theologe der Revolution. stw 551

201/1/8.92

suhrkamp taschenbücher wissenschaft
Philosophie

suhrkamp taschenbücher wissenschaft
Philosophie

Bungard/Lenk (Hg.): Technikbewertung. Philosophische und psychologische Perspektiven. stw 684
– *siehe auch Lenk*
Cassirer: *siehe Braun/Holzhey/Orth (Hg.)*
Castoriadis: Durchs Labyrinth. Seele, Vernunft, Gesellschaft. stw 435
– Gesellschaft als imaginäre Institution. stw 867
Condorcet: Entwurf einer historischen Darstellung der Fortschritte des menschlichen Geistes. stw 175
Cramer/Fulda/Horstmann/Pothast (Hg.): Theorie der Subjektivität. stw 862
Danto: Analytische Philosophie der Geschichte. stw 328
– Die Verklärung des Gewöhnlichen. stw 957
Davidson: Handlung und Ereignis. stw 895
– Wahrheit und Interpretation. stw 896
Picardi/Schulte (Hg.): Die Wahrheit der Interpretation. Beiträge zur Philosophie Donald Davidsons. stw 897
Deleuze: Foucault. stw 1023
Deleuze/Guattari: Anti-Ödipus. stw 224
Demmerling/Kambartel (Hg.): Vernunftkritik nach Hegel. stw 1038
Derrida: Vom Geist. stw 995
Descombes: Das Selbe und das Andere. stw 346
Dewey: Kunst als Erfahrung. stw 703
Dilthey: Der Aufbau der geschichtlichen Welt in den Geisteswissenschaften. stw 354
Materialien zur Philosophie Wilhelm Diltheys. Hg. von F. Rodi und H.-U. Lessing. stw 439
Duerr: Ni Dieu – ni mètre. stw 541
Dummett: Ursprünge der analytischen Philosophie. stw 1003
Durkheim: Soziologie und Philosophie. stw 176
Edelstein/Nunner-Winkler (Hg.): Zur Bestimmung der Moral. stw 628
Euchner: Naturrecht und Politik bei John Locke. stw 280
Ferguson: Versuch über die Geschichte der bürgerlichen Gesellschaft. stw 739
Fetscher: Rousseaus politische Philosophie. stw 143
Feyerabend: Wider den Methodenzwang. stw 597
Fichte: Ausgewählte politische Schriften. stw 201
– *siehe auch Batscha/Saage*
Fischer/Retzer/Schweitzer (Hg.): Das Ende der großen Entwürfe. stw 1032
Foerster: Wissen und Gewissen. stw 876
Forum für Philosophie Bad Homburg (Hg.): Die Ideen von 1789 in der deutschen Rezeption. stw 798
– Intentionalität und Verstehen. stw 856

201/3/8.92

suhrkamp taschenbücher wissenschaft
Philosophie

– Kants transzendentale Deduktion und die Möglichkeit von Transzendentalphilosophie. stw 723
– Martin Heidegger: Innen- und Außenansichten. stw 779
– Philosophie und Begründung. stw 673
– Realismus und Antirealismus. stw 976
– Zeiterfahrung und Personalität. stw 986
– Zerstörung des moralischen Selbstbewußtseins – Chance oder Gefährdung? stw 752
Foucault: Archäologie des Wissens. stw 356
– Die Ordnung der Dinge. stw 96
– Sexualität und Wahrheit 1. Der Wille zum Wissen. stw 716
– Sexualität und Wahrheit 2. Der Gebrauch der Lüste. stw 717
– Sexualität und Wahrheit 3. Die Sorge um sich. stw 718
– Überwachen und Strafen. stw 184
– Wahnsinn und Gesellschaft. stw 39
Frank, M.: Eine Einführung in Schellings Philosophie. stw 520
Frank, M. (Hg.): Selbstbewußtseinstheorien von Fichte bis Sartre. stw 964
Frank, M./Kurz (Hg.): Materialien zu Schellings philosophischen Anfängen. stw 139
Frank, Ph.: Das Kausalgesetz und seine Grenzen. stw 734
Friedeburg: *siehe Adorno-Konferenz*
Frisby: Georg Simmel. stw 926
Fulda/Horstmann/Theunissen: Kritische Darstellung der Metaphysik. stw 315
Furth: Intelligenz und Erkennen. Die Grundlagen der genetischen Erkenntnistheorie Piagets. stw 160
Gert: Die moralischen Regeln. stw 405
Gethmann (Hg.): Logik und Pragmatik. stw 399
Gethmann-Siefert/Pöggeler (Hg.): Heidegger und die praktische Philosophie. stw 694
Goodman: Tatsache, Fiktion, Voraussage. stw 732
– Weisen der Welterzeugung. stw 863
Goodman/Elgin: Revisionen. Philosophie und andere Künste und Wissenschaften. stw 1050
Haag: Der Fortschritt in der Philosophie. stw 579
Habermas: Erkenntnis und Interesse. stw 1
– Erläuterungen zur Diskursethik. stw 975
– Moralbewußtsein und kommunikatives Handeln. stw 422
– Nachmetaphysisches Denken. stw 1004
– Philosophisch-politische Profile. stw 659
– Der philosophische Diskurs der Moderne. stw 749
– Strukturwandel der Öffentlichkeit. stw 891

201/4/8.92

suhrkamp taschenbücher wissenschaft
Philosophie

- Texte und Kontexte. stw 944
- Theorie und Praxis. stw 243
- Zur Logik der Sozialwissenschaften. stw 517
- Zur Rekonstruktion des Historischen Materialismus. stw 154
- *siehe auch Honneth/Joas*
- *siehe auch McCarthy*

Hahn: Empirismus, Logik, Mathematik. stw 645

Hampe/Maaßen (Hg.): Prozeß, Gefühl und Raum-Zeit. stw 920
- Die Gifford Lectures und ihre Deutung. stw 921

Hare: Freiheit und Vernunft. stw 457
- Die Sprache der Moral. stw 412

Harman: Das Wesen der Moral. stw 324

Hausen/Nowotny (Hg.): Wie männlich ist die Wissenschaft. stw 590

Haussmann: Erklären und Verstehen: Zur Theorie und Praxis der Geschichtswissenschaft. stw 918

Hegel: Werke in 20 Bänden. stw 601-621
- Bd. 1: Frühe Schriften. stw 601
- Bd. 2: Jenaer Schriften. stw 602
- Bd. 3: Phänomenologie des Geistes. stw 603
- Bd. 4: Nürnberger und Heidelberger Schriften. stw 604
- Bd. 5: Wissenschaft der Logik I. stw 605
- Bd. 6: Wissenschaft der Logik II. stw 606
- Bd. 7: Grundlinien der Philosophie des Rechts. stw 607
- Bd. 8: Enzyklopädie der philosophischen Wissenschaften I. stw 608
- Bd. 9: Enzyklopädie der philosophischen Wissenschaften II. stw 609
- Bd. 10: Enzyklopädie der philosophischen Wissenschaften I-II. stw 610
- Bd. 11: Berliner Schriften. stw 611
- Bd. 12: Philosophie der Geschichte. stw 612
- Bd. 13: Ästhetik I. stw 613
- Bd. 14: Ästhetik II. stw 614
- Bd. 15: Ästhetik III. stw 615
- Bd. 16: Philosophie der Religion I. stw 616
- Bd. 17: Philosophie der Religion II. stw 617
- Bd. 18: Geschichte der Philosophie I. stw 618
- Bd. 19: Geschichte der Philosophie II. stw 619
- Bd. 20: Geschichte der Philosophie III. stw 620
- Bd. 21: Registerband von H. Reinicke. stw 621

Materialien zu Hegels ›Phänomenologie des Geistes‹. stw 9

Materialien zu Hegels Rechtsphilosophie. Bd. 1/2. stw 88/89
- *siehe auch Horstmann*
- *siehe auch Jakobson/Gadamer/Holenstein*
- *siehe auch Jamme/Schneider*

201/5/8.92

suhrkamp taschenbücher wissenschaft
Philosophie

– *siehe auch Kojève*
– *siehe auch Lukács*
– *siehe auch Taylor*
Hegselmann/Merkel (Hg.): Zur Debatte über Euthanasie. stw 943
Heidegger: *siehe Forum für Philosophie Bad Homburg*
– *siehe Gethmann-Siefert/Pöggeler*
Hobbes: Leviathan. stw 462
Höffe: Ethik und Politik. stw266
– Die Moral als Preis der Moderne. stw 1046
– Politische Gerechtigkeit. stw 800
– Sittlich-politische Diskurse. stw 380
– Strategien der Humanität. stw 540
Hoerster: Abtreibung im säkularen Staat. stw 929
Hogrebe: Metaphysik und Mantik. stw 1039
– Prädikation und Genesis. stw 772
d'Holbach: System der Natur. stw 259
Holenstein: Roman Jakobsons phänomenologischer Strukturalismus. stw 116
– Menschliches Selbstverständnis. stw 534
Hollis: Rationalität und soziales Verstehen. stw 928
Holzhey (Hg.): Ethischer Sozialismus. stw 949
Holzhey/Rust/Wiehl (Hg.): Natur, Subjektivität, Gott. Zur Prozeßphilosophie Alfred N. Whiteheads. stw 769
Honneth: Kritik der Macht. stw 738
– Die zerrissene Welt des Sozialen. stw 849
Honneth/Jaeggi (Hg.): Theorien des Historischen Materialismus 1. stw 182
– Arbeit, Handlung, Normativität. Theorien des Historischen Materialismus 2. stw 321
Honneth/Joas (Hg.): Kommunikatives Handeln. stw 625
Horstmann (Hg.): Dialektik in der Philosophie Hegels. stw 234
Husserl: *siehe Jamme/Pöggeler*
Jakobson/Gadamer/Holenstein: Das Erbe Hegels II. stw 440
Jamme/Pöggeler (Hg.): Phänomenologie im Widerstreit. stw 843
Jamme/Schneider (Hg.): Mythologie der Vernunft. Hegels »ältestes Systemprogramm des deutschen Idealismus«. stw 413
– Der Weg zum System. Materialien zum jungen Hegel. stw 761
Janich (Hg.): Entwicklungen der methodischen Philosophie. stw 979
Kambartel: Philosophie der humanen Welt. stw 773
Kant: Band I: Vorkritische Schriften bis 1768/1. stw 186
– Band II: Vorkritische Schriften bis 1768/2. stw 187
– Band III/IV: Kritik der reinen Vernunft 1/2. 2 Bde. stw 55

201/6/8.92

suhrkamp taschenbücher wissenschaft
Philosophie

– Band V: Schriften zur Metaphysik und Logik 1. stw 188
– Band VI: Schriften zur Metaphysik und Logik 2. stw 189
– Band VII: Kritik der praktischen Vernunft. stw 56
– Band VIII: Die Metaphysik der Sitten. stw 190
– Band IX: Schriften zur Naturphilosophie. stw 191
– Band X: Kritik der Urteilskraft. stw 57
– Band XI: Schriften zur Anthropologie, Geschichtsphilosophie, Politik und Pädagogik 1. stw 192
– Band XII: Schriften zur Anthropologie, Geschichtsphilosophie, Politik und Pädagogik 2. Register. stw 193

Kopper/Malter (Hg.): Immanuel Kant zu ehren. stw 61

Materialien zu Kants Rechtsphilosophie. stw 171
– *siehe auch Batscha/Saage*
– *siehe auch Böhme*

Kempski: Schriften 1-3. stw 922-924
– Brechungen. stw 922
– Recht und Politik. stw 923
– Prinzipien der Wirklichkeit. stw 924

Kenny: Wittgenstein. stw 69

Kienzle/Pape (Hg.): Dimensionen des Selbst. stw 942

Kierkegaard: *siehe Theunissen/ Greve*
– *siehe Adorno*

Klibansky/Panofsky/Saxl: Saturn und Melancholie. stw 1010

Kojève: Hegel. Eine Vergegenwärtigung seines Denkens. stw 97

Koppe (Hg.): Perspektiven der Kunstphilosophie. stw 951

Koselleck: Kritik und Krise. stw 36

Kosík: Die Dialektik des Konkreten. stw 632

Kracauer: Geschichte – Vor den letzten Dingen. stw 11

Kripke: Name und Notwendigkeit. stw 1056

Kuhlmann/Böhler (Hg.): Kommunikation und Reflexion. Zur Diskussion der Transzendentalpragmatik. stw 408

Lange: Geschichte des Materialismus. 2 Bde. stw 70

Leist (Hg.): Um Leben und Tod. stw 846

Lenk: Philosophie und Interpretation. stw 1060
– Zur Sozialphilosophie der Technik. stw 414
– Zwischen Sozialpsychologie und Sozialphilosophie. stw 708
– Zwischen Wissenschaft und Ethik. stw 980
– Zwischen Wissenschaftstheorie und Sozialwissenschaft. stw 637
– *siehe auch Bungard/Lenk*

Locke: Zwei Abhandlungen über die Regierung. stw 213

201/7/8.92

suhrkamp taschenbücher wissenschaft
Philosophie

Lorenzen: Grundbegriffe technischer und politischer Kultur. stw 494
– Methodisches Denken. stw 73
Luhmann/Spaemann: Paradigm lost: Über die ethische Reflexion der Moral. stw 797
Lukács: Der junge Hegel. 2 Bde. stw 33
Mandeville: Die Bienenfabel oder Private Laster, öffentliche Vorteile. stw 300
Marquard: Schwierigkeiten mit der Geschichtsphilosophie. stw 394
McCarthy: Kritik der Verständigungsverhältnisse. stw 782
McGuinness: Wittgensteins frühe Jahre. stw 1014
McGuinness/Habermas/Apel u.a.: »Der Löwe spricht ... und wir können ihn nicht verstehen«. stw 866
McGuinness/Schulte (Hg.): Einheitswissenschaft. stw 963
Meggle (Hg.): Analytische Handlungstheorie. Bd. 1: Handlungsbeschreibungen. stw 488
– *siehe auch Beckermann*
Menke: Die Souveränität der Kunst. stw 958
Merleau-Ponty: Die Abenteuer der Dialektik. stw 105
Millar: Vom Ursprung des Unterschieds in den Rangordnungen und Ständen der Gesellschaft. stw 483
Mises: Kleines Lehrbuch des Positivismus. stw 871
Mittelstraß: Der Flug der Eule. stw 796
– Leonardo-Welt. stw 1042
– Die Möglichkeit der Wissenschaft. stw 62
– Wissenschaft als Lebensform. stw 376
Morris: Pragmatische Semiotik und Handlungstheorie. stw 179
Moscovici: Versuch über die menschliche Geschichte der Natur. stw 873
Münch (Hg.): Kognitionswissenschaft. stw 989
Neurath: Wissenschaftliche Weltauffassung, Sozialismus und Logischer Empirismus. stw 281
Niehues-Pröbsting: Der Kynismus des Diogenes und der Begriff des Zynismus. stw 713
Oelmüller: Die unbefriedigte Aufklärung. stw 263
Pannenberg: Wissenschaftstheorie und Theologie. stw 676
Peirce: Naturordnung und Zeichenprozeß. stw 912
– Schriften zum Pragmatismus und Pragmatizismus. stw 945
– *siehe auch Apel*
Peukert: Wissenschaftstheorie - Handlungstheorie - Fundamentale Theologie. stw 231
Piaget: Einführung in die genetische Erkenntnistheorie. stw 6
– Weisheit und Illusionen der Philosophie. stw 539
– *siehe auch Furth*
Picardi/Schulte: *siehe Davidson*

201/8/8.92

suhrkamp taschenbücher wissenschaft
Philosophie

Plessner: Die verspätete Nation. stw 66
Polanyi, M.: Implizites Wissen. stw 543
Pothast: Die eigentlich metaphysische Tätigkeit. stw 787
– Die Unzulänglichkeit der Freiheitsbeweise. stw 688
Pothast (Hg.): Freies Handeln und Determinismus. stw 257
Putnam: Vernunft, Wahrheit und Geschichte. stw 853
Quine: Grundzüge der Logik. stw 65
– Theorien und Dinge. stw 960
– Wurzeln der Referenz. stw 764
Rawls: Eine Theorie der Gerechtigkeit. stw 271
Ricœur: Die Interpretation. stw 76
Riedel: Für eine zweite Philosophie. stw 720
– Urteilskraft und Vernunft. stw 773
Riedel (Hg.): Materialien zu Hegels Rechtsphilosophie. Bd. 1/2. stw 88/89
– Hegel und die antike Dialektik. stw 907
Riegas/Vetter (Hg.): Zur Biologie der Kognition. stw 850
Ritter: Metaphysik und Politik. stw 199
Rodi: Erkenntnis des Erkannten. stw 858
– *siehe auch Dilthey*
Ropohl: Technologische Aufklärung. stw 971
Rorty: Kontingenz, Ironie und Solidarität. stw 981
– Der Spiegel der Natur. stw 686
Rusch/Schmidt (Hg.): Konstruktivismus: Geschichte und Anwendung. DELFIN 1992. stw 1040
Sandkühler (Hg.): Natur und geschichtlicher Prozeß. Studien zur Naturphilosophie F. W. J. Schellings. stw 397
Schadewaldt: Die Anfänge der Philosophie bei den Griechen. stw 218
Scheidt: Die Rezeption der Psychoanalyse in der deutschsprachigen Philosophie vor 1940. stw 589
Schelling: Ausgewählte Schriften. 6 Bde. stw 521-526
– Bd. 1: Schriften 1794-1800. stw 521
– Bd. 2: Schriften 1801-1803. stw 522
– Bd. 3: Schriften 1804-1806. stw 523
– Bd. 4: Schriften 1807-1834. stw 524
– Bd. 5: Schriften 1842-1852. 1. Teil. stw 525
– Bd. 6: Schriften 1842-1852. 2. Teil. stw 526
– Philosophie der Offenbarung. stw 181
– Philosophische Untersuchungen über das Wesen der menschlichen Freiheit. stw 138
Materialien zu Schellings philosophischen Anfängen. Hg. von M. Frank und G. Kurz. stw 139
– *siehe auch Frank*

201/9/8.92

suhrkamp taschenbücher wissenschaft
Philosophie

201/10/8.92

suhrkamp taschenbücher wissenschaft
Philosophie

– Aufsätze und Abhandlungen 1901-1908. Band II. stw 808
– Das individuelle Gesetz. stw 660
– *siehe auch Frisby*
Skirbekk (Hg.): Wahrheitstheorien. stw 210
Sommer: Lebenswelt und Zeitbewußtsein. stw 851
– Identität im Übergang: Kant. stw 751
Sorel: Über die Gewalt. stw 360
Spierling: *siehe Schopenhauer*
Spinner: Pluralismus als Erkenntnismodell. stw 32
Strauss: Naturrecht und Geschichte. stw 216
Taylor: Hegel. stw 416
– Negative Freiheit. stw 1027
Theorie der Subjektivität. Hg. v. K. Cramer, H. F. Fulda, R.- P. Horstmann, U. Pothast. stw 862
Theunissen: Negative Theologie der Zeit. stw 938
– Sein und Schein. stw 314
– *siehe auch Angehrn*
Theunissen/Greve(Hg.): Materialien zur Philosophie Sören Kierkegaards. stw 241
Tiedemann: Dialektik im Stillstand. stw 445
Toulmin: Kritik der kollektiven Vernunft. stw 437
– Voraussicht und Verstehen. stw 358
Tugendhat: Philosophische Aufsätze. stw 1017
– Selbstbewußtsein und Selbstbestimmung. stw 221
– Vorlesungen zur Einführung in die sprachanalytische Philosophie. stw 45
Turgot: Über die Fortschritte des menschlichen Geistes. stw 657
Varela: Kognitionswissenschaft - Kognitionstechnik. stw 882
Vranicki: Geschichte des Marxismus. stw 406
Wahl (Hg.): Einführung in den Strukturalismus. stw 10
Waldenfels: In den Netzen der Lebenswelt. stw 545
– Phänomenologie in Frankreich. stw 644
– Der Spielraum des Verhaltens. stw 311
– Der Stachel des Fremden. stw 868
Waldenfels/Broekman/Pažanin (Hg.): Phänomenologie und Marxismus. Bd. 1. stw 195
– Phänomenologie und Marxismus. Bd. 2. stw 196
– Phänomenologie und Marxismus. Bd. 3. stw 232
– Phänomenologie und Marxismus. Bd. 4. stw 273
Wellmer: Ethik und Dialog. stw 578
– Zur Dialektik von Moderne und Postmoderne. stw 532
Whitehead: Prozeß und Realität. stw 690
– Wie entsteht Religion? stw 847
– Wissenschaft und moderne Welt. stw 753
Whitehead/Russell: Principia Mathematica. stw 593
– *siehe auch Holzhey/Rust/Wiehl*

201/11/8.92

suhrkamp taschenbücher wissenschaft
Philosophie

– siehe auch Hampe/Maaßen
Winch: Die Idee der Sozialwissenschaft und ihr Verhältnis zur Philosophie. stw 95
Wittgenstein: Werkausgabe in 8 Bänden. stw 501-508
– Bd. 1: Tractatus logico-philosophicus. Tagebücher 1914-1916. Philosophische Untersuchungen. stw 501
– Bd. 2: Philosophische Bemerkungen. stw 502
– Bd. 3: Ludwig Wittgenstein und der Wiener Kreis. stw 503
– Bd. 4: Philosophische Grammatik. stw 504
– Bd. 5: Das Blaue Buch. Eine Philosophische Betrachtung (Das Braune Buch). stw 505
– Bd. 6: Bemerkungen über die Grundlagen der Mathematik. stw 506
– Bd. 7: Bemerkungen über die Philosophie der Psychologie. Letzte Schriften über die Philosophie der Psychologie. stw 507
– Bd. 8: Bemerkungen über die Farben. Über Gewißheit. Zettel. Vermischte Bemerkungen. stw 508
– Philosophische Bemerkungen. stw 336
– Vorlesungen 1930-1935. stw 865
– Vortrag über Ethik und andere kleine Schriften. stw 770
»Der Löwe spricht ... und wir können ihn nicht verstehen.« Ein Symposion an der Universität Frankfurt anläßlich des 100. Geburtstages von Ludwig Wittgenstein. stw 866
Ludwig Wittgenstein: Porträts und Gespräche. Hg. v. R. Rhees. stw 985
Texte zum Tractatus. Hg. v. J. Schulte. stw 771
– siehe auch Kenny
– siehe auch McGuinness
– siehe auch Wright
Wolf (Hg.): Eigennamen. stw 1057
Wright: Wittgenstein. stw 887

Über sämtliche bis Mai 1992 erschienenen suhrkamp taschenbücher wissenschaft (stw) informiert Sie das Verzeichnis der Bände 1 – 1000 (stw 1000) ausführlich. Sie erhalten es in Ihrer Buchhandlung.

201/12/8.92